Quellen zum Aktiengesetz vom 18. Juli 1884

Rechtshistorische Reihe

Band 467

Zur Qualitätssicherung und Peer Review der vorliegenden Publikation

Die Qualität der in dieser Reihe erscheinenden Arbeiten wird vor der Publikation durch den einen Herausgeber der Reihe geprüft.

Notes on the quality assurance and peer review of this publication

Prior to publication, the quality of the work published in this series is reviewed by one of the editors of the series.

Werner Schubert (Hrsg.)

Quellen zum Aktiengesetz vom 18. Juli 1884

PL ACADEMIC RESEARCH

Bibliografische Information der Deutschen Nationalbibliothek
Die Deutsche Nationalbibliothek verzeichnet diese Publikation in der Deutschen Nationalbibliografie; detaillierte bibliografische Daten sind im Internet über http://dnb.d-nb.de abrufbar.

Umschlagabbildung:
Justitia. Allegorie der Gerechtigkeit. Druck aus dem 17. Jahrhundert.

ISSN 0344-290X
ISBN 978-3-631-71782-0 (Print)
E-ISBN 978-3-631-71788-2 (E-PDF)
E-ISBN 978-3-631-71789-9 (EPUB)
E-ISBN 978-3-631-71790-5 (MOBI)
DOI 10.3726/b10859

PL Academic Research ist ein Imprint der Peter Lang GmbH.

Peter Lang – Frankfurt am Main · Bern · Bruxelles · New York · Oxford · Warszawa · Wien

Diese Publikation wurde begutachtet.

www.peterlang.com

Inhaltsverzeichnis

Einleitung

Der vorliegende Band ist eine Fortsetzung der Quellensammlung zur Aktienrechtsnovelle von 1870[1] und zugleich eine Vervollständigung der Text- und Quellensammlung zur Aktienrechtsreform von 1884: „Hundert Jahre modernes Aktienrecht“ (1984)[2], in der wegen der umfangreichen Materialien wichtige Quellenbereiche nicht berücksichtigt werden konnten. Da der neue Band auch ohne Heranziehung der Sammlung von 1985 verständlich sein soll, wurden noch einmal der Text der Novelle von 1870, der Entwurf von 1882 und der Text des Gesetzes von 1884 wiedergegeben. Nicht aufgenommen in die neue Sammlung wurden die umfangreichen Materialien zur Entstehung des Entwurfs von 1882[3]. Die Einleitung beschränkt sich auf einige Erläuterungen zu den edierten Quellen, da eine ausführliche Entstehungsgeschichte und inhaltliche Erschließung des Gesetzes durch *Peter Hommelhoff* und den *Hrsg.* bereits vorliegen[4].

1. In der Edition wird im ersten Teil zunächst die Aktienrechtsnovelle von 1870 wiedergegeben. Sie ist die Grundlage des Gutachtens des Reichsoberhandelsgerichts von 1877 und Ausgangspunkt für den Entwurf vom 7.9.1883 (Bundesratsvorlage).

2. Im folgenden Teil werden mitgeteilt die Voten der preußischen Minister für Justiz und Handel vom 27.4. und 13.7.1876[5], die trotz des Bundesratsbeschlusses von 1874 die Wiederaufnahme der Aktienrechtsreform wünschten, was das Staatsministerium am 7.9.1876

---

1 Vom Konzessions- zum Normativsystem. Materialien zur Aktienrechtsnovelle vom 11.6.1870, hrsg. von *W. Schubert*, Berlin 2017; zum Aktiengesetz 1884 *Sibylle Hofer*, in: *Bayer, Walter/Habersack, Mathias*, Aktienrecht im Wandel, Bd. 1, Tübingen 2007, 388 ff.

2 Hrsg. von *Werner Schubert* und *Peter Hommelhoff*, Berlin 1985.

3 BA Berlin, R 3001/22859.

4 In dem in Fn. 2 genannten Werk.

5 Grundlage dieser Voten waren deren Stellungnahmen vom 28.11.1873 (Handelsminister) und vom 5.5.1884 (Justizminister). Den hier abgedruckten Voten war vorausgegangen ein Antrag des preußischen Abgeordnetenhauses vom 29.3.1876 (Sten. Berichte über die Verhandlungen des Hauses der Abgeordneten, 1876, Bd. 2, 915 (Antrag Nr. 141 im Anlagenband 2, 954).

billigte. Vom daraufhin beim Bundesrat gestellten preußischen Antrag vom 17.11.1876 wird nur der Antrag als solcher, nicht jedoch die dazugehörige Denkschrift mitgeteilt, die bereits in der Edition von 1985 enthalten ist[6]. Es folgt der den preußischen Antrag befürwortende Bericht der Bundesratsausschüsse für Justiz und für Handel und Gewerbe vom 12.2.1877 und der Bericht der Hanseatischen Gesandtschaft vom 8.2.1877 nach Hamburg.

Noch bevor das preußische Staatsministerium über den Antrag auf Reform des Aktienrechts entschieden hatte, hatte das Reichskanzleramt das Reichsoberhandelsgericht am 31.7.1876 um ein Gutachten darüber gebeten[7], ob und inwieweit das bestehende Recht sich als derart unzureichend erwiesen habe, „dass der Erlass eines Zwischengesetzes geboten oder wünschenswerth" erscheine. Das Reichsoberhandelsgericht sollte über die nach seinen Erfahrungen „bei der Gründung, Verwaltung und dem geschäftlichen Betriebe von Aktienunternehmungen hervorgetretenen Übelstände und die geeignetsten Mittel zur Abhülfe derselben" berichten[8]. Hierbei sollte die preußische Denkschrift vom November 1876 zur Grundlage dienen. Der größere Teil des Gutachtens des ROHG vom 31.3.1877 wurde bereits in der Edition von 1985[9] mitgeteilt. Im vorliegenden Band werden nunmehr die noch unveröffentlichten Teile des Gutachtens

---

6 *Schubert/Hommelhoff* (Fn. 2), 127 ff. – Zur Entwicklung *Steffen Eube*, Der Aktienmarkt vor dem Ersten Weltkrieg. Eine Indexanalyse, Frankfurt a.M. 1998.

7 BA Berlin, R 3001/2859, Bl. 62.

8 BA Berlin, R 3001/2859, Bl. 107.

9 *Schubert/Hommelhoff* (Fn. 2), 157 ff.; zu dem Gutachten *R. Ogorek*, ZHR 150 (1986), 106 ff. – Veranlasst durch den Abg. Starke (Antrag in RT-Verh., 1. Session 1874, Anlage Nr. 176) hatte das Reichskanzleramt das ROHG bereits beauftragt, ein Gutachten zu der Frage über die Umwandlung von Aktien in Reichswährung zu erstatten. Das ablehnende Gutachten ist inhaltlich wiedergegeben in ZHR, Bd. 21 (1876), 44 ff., Fn. 2 (Sachs). Zum Antrag von Starke vgl. Bericht der Reichstagskommission in RT-Verh. 1874/75, Bd. 4, 1099 ff. – Das Gesetz betr. Umwandlung von Aktien in Reichswährung vom 26.12.1875 im RGBl. 1875, 317.

Ferner lag dem Reichstag noch ein Antrag nationalliberaler Abgeordneter im Frühjahr 1874 vor (RT-Verh., 1. Session, Bd. 3, Nr. 167), den Art. 215 Abs. 3 ADHGB zu ändern. Hierzu erstattete *Goldschmidt* als ROHG-Richter im Auftrag des Reichskanzleramts ein ablehnendes Gutachten (abgedruckt in ZHR 21 [1876], 1–11). Der Reichstag befasste sich nicht mehr mit dem Antrag. Über die im Gutachten angeschnittene Rechtsfrage entschied das ROHG am 7.5.1875 (ROHG 17, 381 ff.).

abgedruckt. Diese befassen sich mit den Nachweisen beim Registerrichter und Gründerverantwortlichkeit, der Unterpariemission und den Gründervorteilen, den Nachtragsemissionen, den Bauzinsen, der Bilanz, der Auflösung der Gesellschaft und deren Liquidation, der Verjährung und der „Einwirkung des neuen Gesetzes auf die Rechtsverhältnisse der bisherigen Actiengesellschaft". Das Gutachten, an dem der Reichsgerichtsrat *Wiener* maßgeblich beteiligt gewesen sein dürfte[10], behandelte die vorliegenden Reformvorschläge ausführlich und unterbreitete hierzu auch Abänderungsvorschläge. Gleichwohl verneinte das ROHG, wie dem Übersendungsschreiben des Präsidenten des Gerichts *Eduard Pape* zu entnehmen ist[11], die „Erforderlichkeit wie die Zweckmäßigkeit" des baldigen „Erlasses eines Zwischengesetzes in der gedachten Materie". Obwohl mit dem Beschluss des Bundesrates ein eindeutiger Auftrag an das Reichsjustizamt vorlag, behandelte man dort die Reform des Aktienrechtes zunächst sehr dilatorisch und begnügte sich mit einer Zusammenstellung der Äußerungen der Bundesregierungen und der ausländischen Gesetzgebung sowie mit dem Beschaffen statistischen Materials[12]. Nachdem der Reichskanzler unter dem 9.12.1877 um eine Beschleunigung der Arbeiten gebeten hatte, stellten die zuständigen Referenten des Reichsjustizamts unter dem 8.2.1878 in einer Aktennotiz fest[13], die Reform der Aktiengesetzgebung gehöre nicht zu den „dringlicheren Aufgaben" des Reichsjustizamts. Auch das preußische Handelsministerium mahnte das Reichsjustizamt wiederholt zur Aufstellung eines Reformentwurfs. *Friedberg* (Staatssekretär des Reichsjustizamts) teilte

10 Über Wiener *Thomas Henne*, Rechtsharmonisierung durch das „Reichsgericht" in den 1870ger Jahren, Startbedingungen, Methoden und Erfolge, Frankfurt 2002 (unveröffentl.), 399 f.

11 Vgl. unten S. 37, das Übersendungsschreiben.

12 Vgl. die Akte des Reichsjustizamts, BA Berlin, R 3011/22859; *Schubert* bei *Schubert/Hommelhoff*, aaO. (Fn. 2), 20. – Der bleibende Ausschuss des Deutschen Handelstags hatte in einer Eingabe an den Reichskanzler im Oktober 1877 dahin votiert, die Reform des Aktienrechts mit der Reform des HGB bzw. des ganzen Gesellschaftsrechts zu verbinden. Überdies verdiene es die „gewissenhafteste Erwägung", ob die Gesellschaftsformen, unter deren Anwendung der Wirtschaftsverkehr sich entwickelt habe, „einer den Bedürfnissen anzupassenden Vervollständigung und weiteren Ausbildung bedürfen".

13 BA Berlin, R 3001/22859, Bl. 207 ff. (Hagens und Gutbrod).

dem Handelsminister unter dem 4.1.1879 mit[14], er sei nach wie vor der Ansicht, dass eine Reform zum gegenwärtigen Zeitpunkt nicht dringend sei, und halte deshalb den Beschluss des Bundesrats für verfehlt. Ende Oktober 1880 löste *von Schelling* den zum preußischen Justizminister avancierten, wirtschaftsliberal eingestellten Friedberg als Staatssekretär des Reichsjustizamts[15] ab. Dieser konnte sich der von Bismarck betriebenen neuen Wirtschafts- und Sozialpolitik nicht mehr entziehen und ließ seine Mitarbeiter Deegen und Kayser einen bereits im Juni 1880 vorliegenden Referentenentwurf[16] fertigstellen, der noch stark den Reformvorschlägen des ROHG verpflichtet war. Im Reichsjustizamt wurde der Referentenentwurf zunächst in zwei Lesungen endgültig festgestellt und am 3.12.1880 dem Reichskanzleramt übersandt. Dieses übermittelte am 7.6.1881 ein ausführliches Votum des Reichsamtes des Innern (Abteilung für wirtschaftliche Angelegenheiten) vom 22.4.1881. Beide Reichsämter waren sich darüber einig[17], den Entwurf durch „Sachverständige des wirthschaftlichen Gebiets“ und durch juristische Sachverständige begutachten zu lassen.

3. Der dritte Teil beginnt mit der Wiedergabe des Entwurfs eines Gesetzes, betreffend die KGaA und AG vom Januar 1882, auf den sich das Reichsjustizamt und das Reichsamt des Innern geeinigt hatten. Dieser Entwurf wurde von einer Sachverständigenkommission zwischen dem 24.3. und 8.4.1882 in 14 Sitzungen beraten[18]. Anschließend stellte das Reichsjustizamt die Beschlüsse dieser Kommission zusammen[19], übernahm diese jedoch nur teilweise in den von ihr abgeänderten Entwurf, worüber es das Reichsamt des Innern in einem kurzen Schreiben vom 20.5.1882 unterrichtete. Letzteres

14 Vgl. Geh. StA Berlin-Dahlem, Rep. 120 a 5 Nr. 1, 1 vol. 1.

15 Zum Reichsjustizamt *Hans Schulte-Nölke,* Das Reichsjustizamt und die Entstehung des BGB, Frankfurt a.M. 1995, 7 ff, 23 ff.

16 Zum Inhalt des Entwurfs *Schubert,* bei *Schubert/Hommelhoff,* aaO. (Fn. 2), 22 ff. (BA Berlin, R 3001, 22859).

17 Zum Folgenden *Schubert* bei *Schubert/Hommelhoff,* aaO. (Fn. 2), 26 ff.; hierzu die Akte des Reichsamts des Innern, BA Berlin, Nr. 1, Bl. 53 ff.

18 Die Prot. dieser Kommission bei *Schubert/Hommelhoff,* aaO. (Fn. 2), 288 ff.

19 Zum Folgenden die Quellen unten S. 81 ff.

setzte sich in einem ausführlichen Schreiben vom 28.7.1882 mit der neuen Gesetzesfassung auseinander. Insbesondere wünschte es, die auf 2000 M festgesetzte Mindestnominalhöhe der Inhaberaktien auf 5000 M heraufzusetzen. Das Reichsjustizamt war mit den meisten Vorschlägen des Reichsamts des Innern einverstanden und stellte nach einem erneuten Schriftwechsel die Entwurfsfassung im Januar 1883 fertig. Am 2. und 3.7.1883 fanden im Reichsjustizamt noch Besprechungen mit dem Reichsamt des Innern und Vertretern der preußischen Minister des Handels und der Justiz statt. Diese führten nur noch zu geringfügigen Änderungen der Vorlage. Der neue Entwurf zu einem Gesetz, betreffend die KGaA und AG[20] wurde, nachdem der Kaiser sich hiermit einverstanden erklärt hatte, im Bundesrat am 7.9.1883 eingebracht. Die Änderungen und Ergänzungen gegenüber dem Aktienrecht der Novelle vom 18.8.1870 sind durch Kursivdruck[21] kenntlich gemacht. Die Änderungen des Entwurfs von 1882, die sich aus den Kommissionsbeschlüssen und den Beratungen zwischen den Reichsämtern ergeben, lassen sich einem Vergleich mit der Bundesratsvorlage entnehmen.

4. Der vierte Teil über den Aktiengesetzentwurf im Bundesrat (1883 – März 1884)[22] enthält zunächst das die Vorlage ablehnende Gutachten der Handelskammer zu Hamburg (wohl von Januar 1884) und anschließend eine Zusammenstellung der Gutachten der Handelskammern durch den Deutschen Handelstag (Januar 1884), die sich überaus kritisch über die Vorschläge des Regierungsentwurfs äußerten. Die Deputation des Hamburger Senats für Handel und Schifffahrt bezeichnete in ihrem Protokoll vom 12.2.1884 den Entwurf „in seiner vorliegenden Gestalt für unannehmbar", während sich Bayern in seiner Stellungnahme mit dem „System" des Entwurfs – ungeachtet einiger Änderungswünsche – einverstanden erklärte. Zu den Beratungen in den Bundesratsausschüssen für Justiz sowie für Handel und Gewerbe legte der Referent – Ministerialrat *Kastner*

20 Unten S. 107 ff.

21 In der Gesetzesvorlage gesperrt gedruckt.

22 Die folgenden Quellen sind unten S. 143 ff. wiedergegeben; vgl. auch *Schubert,* in: *Schubert/Hommelhoff* (Fn. 2), 34 ff.

(Bayern) – Anträge vor, die im Benehmen mit dem Reichsjustizamt „formiert“ worden waren. Über die Beratungen in den Vereinigten Ausschüssen unterrichten die Berichte des bayerischen Sitzungsvertreters *v. Raesfeld* und des hanseatischen Ministerresidenten *Krüger*. In den Beratungen konnte sich insbesondere Hamburg mit seinen Wünschen so gut wie nicht durchsetzen. Bereits unter dem 26.2.1884 teilten die Vereinigten Ausschüsse dem Plenum des Bundesrats ihre 75 Änderungswünsche mit. Die Mindestnominalhöhe der Inhaberaktien sollte auf 2000 M herabgesetzt werden. Der Bundesrat stimmte in seiner Sitzung vom 1.3.1884 den Änderungen der Ausschüsse, z.T. mehrheitlich, zu. Lediglich Hamburg lehnte den Gesetzentwurf im Ganzen „in der durch die Beschlüsse der Einzelberatung erzielten abgeänderten Fassung“ ab.

5. Bereits am 7.3.1884 legte die Reichsregierung den Entwurf eines Gesetzes[23], betreffend die KGaA und AG dem Reichstag vor, der die Vorlage am 24.3.1884 beriet und seiner IX. Kommission überließ. Kurz danach hatte der Deutsche Handelstag in einer Resolution vom 3.4.1884 fast einmütig eine grundlegende Umarbeitung des Entwurfs für notwendig erklärt[24]. In den Beratungen des Handelstags war es zu scharfen Auseinandersetzungen gekommen zwischen dem Referenten *Russell*, der bereits an der Sachverständigenkonferenz von 1882 teilgenommen hatte, und den beiden Regierungskommissaren *Hagens* und *Schmidt*, die das Gesetzesprojekt als Referenten betreut hatten. Die IX. Kommission verabschiedete ihre Änderungsvorschläge in ihrer 22. Sitzung am 17.6.1884. Die Beratungen der IX. Kommission werden erschlossen durch die Berichte von Kastner (Bayern), die sich wohl im Wesentlichen auf die amtlichen Kurzprotokolle der Kommission[25] stützen, zum Teil jedoch etwas ausführlicher sind. Die IX. Kommission ermäßigte u. a. die Mindestnominalhöhe der Inhaberaktien auf 1000 M – ein immer noch sehr hoher Betrag –, welcher heute wohl 8000 bis 10.000 Euro entsprechen dürfte.

---

23 Zum Folgenden der fünfte Quellenteil.

24 Das Prot. dieser Sitzung in den Verhandlungen des Deutschen Handelstages vom 2.-3.4.1884 (Mitteilungen an die Mitglieder, Jg. 1884), 1 ff.

25 Die Protokolle im BA Berlin, R 101/797.

Mit dem Abschluss der Plenarberatungen des Reichstags am 23. und 28.6.1884 wurde der gegenüber der Ausschussvorlage nur noch geringfügig abgeänderte Entwurf mit „großer Mehrheit“ angenommen[26]. Der Bundesrat stimmte der vom Reichstag beschlossenen Gesetzesfassung ebenfalls zu.

6. Das vom Kaiser am 18.7.1884 ausgefertigte Gesetz wurde am 31.7.1884 im Reichsgesetzblatt verkündet[27]. In der Edition wird im Sechsten Teil der Gesetzestext ohne die Übergangsvorschriften unter Kennzeichnung der Beschlüsse der IX. Kommission des Reichstags und des Plenums abgedruckt.

Hommelhoff bescheinigte dem Reformgesetzgeber von 1884, ein „treffliches Grundkonzept unterschiedlich erfolgreich, aber eben doch stets erfolgreich in konkrete Einzelregelungen umgesetzt zu haben“[28]. Im Zusammenhang mit dem 1896 verabschiedeten BGB erfolgte eine Neufassung des HGB von 1897, zu der die Quellen bereits vorliegen. Der Neufassung des Aktienrechts bescheinigte *Pahlow* in seiner „Entwicklungsgeschichte“ eine „eigenständige Bedeutung“[29].

Kurzbiografien der an der Aktienrechtsreform hauptsächlich beteiligten Minister, Ministerialbeamten und Mitgliedern des Reichstags[30]

Achenbach, Heinrich (v.), Dr. iur. (geb. 1829 in Saarbrücken, gest. 1899 in Potsdam). Mitglied des preußischen Abgeordnetenhauses von 1867–1898. 1856 Gerichtsassessor, 1858 Hilfsjustitiar am Oberbergamt

26 Sten. Berichte des Reichstags, 5. Legislaturperiode, 4. Session, 1163.

27 RGBl. 1884, 123.

28 *Hommelhoff,* in: *Schubert/Hommelhoff* (Fn. 2), 102.

29 *Pahlow,* in: *Bayer/Habersack* (Fn. 1), 415 ff., 438.

30 Im Folgenden wird verwiesen auf *Bernd Haunfelder,* Die liberalen Abgeordneten des deutschen Reichstags 1871–1918, Münster 2004; *ders.,* Die konservativen Abgeordneten des Reichstags 1871–1918, Münster 2010; *ders.,* Reichstagsabgeordnete der Deutschen Zentrumspartei 1871–1933, Düsseldorf 1999; *Joachim Lilla,* Föderalismus in historisch-vergleichender Perspektive, Bd. 1: Der Bundesrat 1867–1919 – ein biographisches Nachschlagewerk, Baden-Baden 2014; *Bernhard Mann,* Biographisches Handbuch für das Preußische Abgeordnetenhaus 1867–1918, Düsseldorf 1988.

in Bonn, (1860 Oberbergrat). 1859 Habilitation a.d. Universität Bonn (1860 ao. Prof.). 1866–1869 Oberbergrat und Vortragender Rat im Handelsministerium, 1871 Oberregierungsrat im Reichskanzleramt, 1872 Unterstaatssekretär im preuß. Kultusministerium, 1873 im Handelsministerium. 1873–1878 preuß. Handelsminister. 1878 Oberpräsident der Provinz Westpreußen, 1879 der Provinz Brandenburg (bis 1882 zugleich Regierungspräsident in Potsdam). Umfangreiche sozialpolitische Aktivitäten. – *Quellen: Lilla,* 119 f.; *Dirk Hainbuch/Florian Tennstedt,* Biografisches Lexikon zur Geschichte der deutschen Sozialpolitik 1871–1945, Bd. 1: Sozialpolitik im Deutschen Kaiserreich 1871–1918, Kassel 2010.

Aufseß, Otto Frhr. von (geb. auf Schloss Unteraufseß 1825, gest. 1903). Mitglied des Reichstags vom Dezember 1883 bis Oktober 1884 für die Deutsche Fortschrittspartei.

Beisert, Robert (1833–1893). Kreisgerichtsdirektor bis 1878; anschließend Syndikus der Kaufmannschaft Berlin. Mitglied der Deutschen Freisinnigen Partei. – *Quellen: B. Haunfelder,* Liberale Abgeordnete, 64.

Bötticher, Karl Heinrich (1833–1907). 1861/62 Regierungsassessor bei der Regierung in Potsdam, anschließend bei den Regierungen in Gumbinnen, Danzig, Stralsund und wieder in Potsdam. Ab 1869 im Ministerium des Innern; 1872–1876 Landdrost in Hannover, 1876–1880 Regierungspräsident, Oberpräsident in Schleswig-Holstein. 1880 bis 1897 Staatssekretär des Reichsamts des Innern (zugleich preuß. Minister). – *Quellen: Lilla,* 154; *Haunfelder,* Konservative Abgeordnete, 62 f.

Büsing, Otto (1837–1916). Rechtsanwalt und Bürgerschaftssyndikus in Rostock; Rechtsgelehrtes Mitglied des Magistratskollegiums, Präses dieses Gerichts. Ab 1871 Bankdirektor in Rostock. Reichstagsabgeordneter für die Nationalliberalen. – *Quellen: Haunfelder,* Liberale Abgeordnete, 94.

Deegen. Regierungsrat im Reichjustizamt.

Dieden, Christian (1810–1898). Rechtswissenschaftliches Studium. Kaufmann und Weingutsbesitzer in Uerzig (Mosel). *Quellen: Haunfelder,* Zentrumspartei, 145; *Mann,* 106.

Feustel, Friedrich (1824–1891). 1879 aus der Nationalliberalen Partei zur rechtsliberalen Gruppe um Schauß/Holder übergetreten; ab 1881 wieder bei den Nationalliberalen. – *Quellen: Haunfelder,* Liberale Abgeordnete, 134.

Friedberg, Heinrich (1813–1895). 1843 beim preuß. Minister des Innern; 1845 beim preuß. Justizministerium. 1848 Staatsanwalt am Kammergericht, 1850–1854 Oberstaatsanwalt am Appellationsgericht Greifswald. 1854 Vortragender Rat im Justizministerium (Mitwirkung an der Ausarbeitung des Strafgesetzbuchs für den Norddeutschen Bund von 1870). 1873 Unterstaatssekretär im Justizministerium. 1876 bis Okt. 1879 Staatssekretär im Reichsjustizamt. 1879–1889 preuß. Justizminister. – *Quellen: Lilla,* 257.

Geiger, Joseph (1833–1912). Landgerichtsrat (1887 OLG-Rat) in München. Reichstagsabgeordneter für das Zentrum. – *Quellen: Haunfelder,* Zentrumspartei, 161.

Goldschmidt, Johannes Friedrich (1837–1902). Direktor einer Berliner Brauerei. Handelsrichter am Landgericht Berlin. Reichstagsmitglied für die Liberale Vereinigung, später für die Deutsche Freisinnige Partei. – *Quellen: Haunfelder,* Liberale Abgeordnete, 159 f.

Hagens, Carl (1838–1924). Sohn eines Oberappellationsgerichtsrats. 1874 am Stadtgericht in Berlin. 1875 beim Reichskanzleramt (Abt. Justizwesen), 1877 beim Reichsjustizamt. Mitwirkung u. a. an der Aktienrechtsreform. 1890 OLG-Präsident in Frankfurt/Main. – *Quellen:* DJZ 1924, 796 f. (R. Marsson).

Hartmann, Karl Alvin (1840–1921). Dr. iur. 1879 Erster Staatsanwalt in Plauen; 1894 Landgerichtspräsident ebd. Reichstagsabgeordneter für die Deutsche Konservative Partei. – *Quellen: Haunfelder,* Konservative Abgeordnete, 120.

Held, Hermann Gustav (1830–1894). Stellv. Bevollmächtigter Sachsens zum Bundesrat. 1857 Staatsanwalt beim Bezirksgericht Dresden; 1869 Stellvertreter des Generalstaatsanwalts v. Schwarze; 1870 Vortragender Rat im sächs. Justizministerium. 1885 Generalstaatsanwalt am OLG Dresden. – *Quellen: Lilla,* 305 f.

Heß, Albert (1836–1911). 1869 am Kreisgericht Stuttgart. 1872–1880 Bevollmächtigter Württembergs zum Bundesrat; 1880–1887 stellv. Bevollmächtigter zum Bundesrat. 1879 Ministerialrat im Departement der Justiz. 1884 OLG-Rat in Stuttgart. 1894 beim Württembergischen Verwaltungsgerichtshof (1894 dessen Präsident). – *Quellen: Lilla,* 317.

Heydemann, Karl (1845–1904). Landgerichtsrat (später LG-Präsident in Güstrow), anschließend OLG-Rat in Rostock. Nationalliberaler Reichstagsabgeordneter. – *Quellen: Haunfelder,* Liberale Abgeordnete, 194.

Kastner, Wilhelm (1824–1911). Stellv. Bevollmächtigter Bayerns zum Bundesrat von 1877–1887. 1863 Stadtrichter am Stadtgericht Regensburg, später in München. 1873 Appellationsgerichtsrat (später Rat am Obersten Landesgericht). 1880 Ministerialrat. – *Quellen: Lilla,* 352 f.

Kayser, Paul (1845–1898). 1872 preuß. Assessorexamen. 1875 Richter am Stadtgericht Berlin, ab 1879 im Reichsjustizamt (1880 Regierungsrat). Ab 1885 beim Auswärtigen Amt. 1896 Senatspräsident am Reichsgericht. – *Quellen: Lilla,* 354.

Kehler, Friedrich v. (1820–1901). Jurist, Legationsrat (preuß. Außenministerium). Zentrumsabgeordneter. – *Quellen: Haunfelder,* Zentrumspartei, 189.

Kochhann, Heinrich (1830–1903). Kaufmann in Berlin. Abgeordneter für die Liberale Vereinigung. – *Quellen: Haunfelder,* Liberale Abgeordnete, 237; *Mann,* 222.

Köller, Ernst Matthias (1841–1929). Landrat des Kreises Cammin/Pommern. 1894/95 preuß. Innenminister. 1897–1901 Oberpräsident von Schleswig-Holstein. Abgeordneter für die Deutsche Konservative Partei. – *Quellen: Haunfelder,* Konservative Abgeordnete, 159.

Krüger, Daniel Christian Friedrich (geb. 1819 in Lübeck; gest. 1896 in Berlin). 1868–1896 Bevollmächtigter Lübecks beim Bundesrat (ab 1873 auch stellv. Bevollmächtigter Hamburgs). Sohn eines Kaufmanns und Senators. Nach dem Staatsexamen am Oberappellationsgericht Lübeck 1844 Advokat in Lübeck (Prokurator am Niedergericht und am Oberappellationsgericht). Vertreter Lübecks beim Erfurter Parlament (1850) und bei den Verhandlungen der Elbschifffahrtskommission in Magdeburg (1851). 1856–1864 hanseatischer Ministerresident und Generalkonsul in Kopenhagen. Ab 1866 hanseatischer Ministerresident in Berlin; seine Berichte über die Beratungen im Justizausschusses des Bundesrates gingen auch nach Hamburg. – *Quellen: Lilla,* 380 f.; Wikipedia.org. m. w. Literaturnachweisen.

Leonhardt, Adolf (geb. 1815 in Hannover; gest. 1880 ebd.). Nach dem Studium der Rechtswissenschaften und der Promotion in Göttingen juristische Ausbildung, die Leonhardt 1842 mit der 2. juristischen Prüfung abschloss. 1842–1848 Advokat in Hannover; 1848 Eintritt in das dortige Justizministerium als Ministerialreferent (Justizrat), 1853 Oberjustizrat, 1862 Generalsekretär des Justizministeriums; Mitglied der hannoverschen Zivilprozesskommission des Deutschen Bundes; 1865–66 Justizminister Hannovers; nach der Annexion Hannovers 1866 Vizepräsident des Oberappellationsgerichts Celle, ab 1.9.1867 Präsident des Berliner Oberappellationsgerichts für die neuen preußischen Provinzen in Berlin; 5.12.1867–29.10.1879 preußischer Justizminister. Unter Leonhardt entstanden grundlegende Gesetze Preußens (Eigentumserwerbsgesetz, Vormundschaftsordnung) und des Reichs (Reichsjustizgesetze, Konkursordnung, Rechtsanwaltsordnung). – *Quellen: Lilla,* 397 f.; NDB Bd. 14, 253 f. (*W. Schubert*).

Liebe, Friedrich (geb. 1809 in Braunschweig; gest. 1885 in Berlin). 1867–1885 Bevollmächtigter Braunschweigs zum Bundesrat. Nach der juristischen Staatsprüfung 1831 zunächst Advokat; nach der zweiten Staatsprüfung 1837 Eintritt in den braunschweigischen Justizdienst, 1841 in das Braunschweiger Staatsministerium. 1848 Bundestagsgesandter, 1851 braunschweigischer Geschäftsträger am preußischen Hof, 1861 wieder im braunschweigischen Staatsministerium. Ab 1867 Ministerresident in Berlin. – *Quellen: Lilla,* 402 f.; Braunschweigisches biographisches Lexikon, 381.

Lipke, Gustav (1820–1889). Rechtsanwalt in Danzig. Abgeordneter für die Liberale Vereinigung. – *Quellen: Haunfelder,* Konservative Abgeordnete; *Mann,* 248.

Majunke, Paul (1842–1899). Katholischer Prieser; Publizist bei der „Germania". – *Quellen: Haunfelder,* Zentrumspartei, 211 f.; *Mann,* 260.

Meyer, Alexander (1832–1908). Dr. iur. 1871–1876 Generalsekretär des Deutschen Handelstages. 1876–1879 Chefredakteur der „Schlesischen Presse" (Breslau); danach wieder in Berlin. Reichstagsabgeordneter für die Liberale Vereinigung/Deutsche Freisinnige Partei. – *Quellen: Haunfelder,* Liberale Abgeordnete; *Mann,* 270.

Neidhardt, Karl (1831–1909). Bevollmächtigter für Hessen-Darmstadt zum Bundesrat. 1858–1861 Advokat; ab 1861 im hess. Ministerium des Großherzoglichen Hauses und des Äußern; 1874 Ministerialrat im Gesamtministerium; 1876 ao. Gesandter am Preußischen Hof zu Berlin. – *Quellen: Lilla,* 452 f.

Perglas, Maximilian v. (1817–1893). Studium der Rechtswissenschaften. 1843 Eintritt in den diplomatischen Dienst Bayerns. 1868–1877 Bevollmächtigter Bayerns zum Bundesrat. – *Quellen: Lilla,* 473.

Pfetten-Arnbach, Sigmund Frhr. v. (1847–1931). Rechts- und forstwissenschaftl. Studium. Gutsbesitzer in Niederbarnbach/Oberbayern. Mitglied des Reichstags für das Zentrum. – *Quellen: Haunfelder,* Zentrumspartei, 229.

Pilgrim, Adolf v. (1821–1909). 1853–1863 Landrat in Bochum; 1862–1875 Polizeipräsident in Königsberg; 1875–1882 Landdrost in Hannover; Regierungspräsident in Minden von 1882–1894. Mitglied des Reichstags für die Freikonservative Vereinigung. – *Quellen: Haunfelder,* Konservative Abgeordnete, 210.

Porsch, Felix (1853–1930). Rechtsanwalt am OLG Breslau und Fürstbischöflicher Konsistorialdirektor. Reichstagsabgeordneter für das Zentrum. – *Quellen: Haunfelder,* Zentrumspartei, 232 f.

Rademacher, Hermann (1841–1919). Amtsgerichtsrat (später Landgerichtsrat) in Potsdam. Reichstagsabgeordneter für die Deutsche Fortschrittspartei. – *Quellen: Haunfelder,* Liberale Abgeordnete, 326.

Raesfeldt, Ferdinand (1835–1914). Stellv. Bevollmächtigter Bayerns zum Bundesrat von 1880–1894. Ab 1877 im bayer. Staatsministerium der Finanzen (1879 Ministerialrat). – *Quellen: Lilla,* 495.

Reichensperger, Peter Franz (1810–1892). Mitbegründer der Zentrumspartei. 1859 Obertribunalsrat in Berlin. – *Quellen: Haunfelder,* Zentrumspartei, 240.

Richter, Eugen (1838–1906). Regierungsassessor a.D. Reichstagsabgeordneter für die Fortschrittspartei/Deutsche Freisinnige Partei. – *Quellen: Haunfelder,* 331 f.

Schalscha, Alexander v. (1836–1895). Studium der Rechtswissenschaften. Rittergutsbesitzer in den Kreisen Brieg und Gnesen. Reichstagsabgeordneter für das Zentrum. – *Quellen: Haunfelder,* Zentrumspartei, 291.

Schelling, Hermann (1824–1908) Studium der Philosophie und der Rechtswissenschaften. Ab 1849 im preuß. Justizdienst (1863 Oberappellationsgerichtsrat in Glogau). Ab 1864 im preuß. Justizministerium tätig (1866 Vortragender Rat). 1874 Präsident des Appellationsgerichts Halberstadt. 1875 Vizepräsident des Obertribunals Berlin. Dezember 1876 Unterstaatssekretär im preuß. Justizministerium. 30.10.1879–31.1.1889 Staatssekretär im Reichsjustizamt. 1889–1894 preuß. Justizminister. – *Quellen: Lilla,* 530.

Schmidt, Finanzrat im preuß. Handelsministerium.

Träger, Albert (1830–1912). Rechtsanwalt und Notar in Cölleda (Thüringen). Reichstagsabgeordneter für die Freisinnige Vereinigung. – *Quellen: Haunfelder,* Liberale Abgeordnete, 402.

Türckheim, Hans Frhr. v. (1814–1892). Nach dem Studium der Rechtswissenschaften 1842 Eintritt in das badische Ministerium des Äußern. 1873–1883 ao. Gesandter und bevollmächtigter Minister in Berlin. – *Quellen: Lilla,* 607 f.

Uechtritz-Steinkirch, Oswald v. (1824–1902). Staatsanwalt in Breslau (ab 1859 Kammergerichtsrat). Abgeordneter des Reichstags für die Deutschkonservative Partei. – *Quellen: Haunfelder,* Konservative Abgeordnete, 271 f.

Vequel-Westernach, Theodor Frhr. v. (1853–1940). Studium der Ingenieurwissenschaften. Gutsbesitzer von Schloss Kronburg bei Memmingen. Reichstagsabgeordneter für das Zentrum. – *Quellen: Haunfelder,* Zentrumspartei, 275 f.

Windhorst, Ludwig (1812–1891). 1862–1865 hann. Justizminister; 1866 Generalstaatsanwalt in Celle. Führender Zentrumspolitiker. – *Quellen: Haunfelder,* Zentrumsabgeordnete, 284 f.; *M. L. Anderson,* Windhorst. Zentrumspolitiker und Gegenspieler Bismarcks, Düsseldorf 1988; *Rüdiger Drews,* Ludwig Windhorst. Katholischer Volkstribun gegen Bismarck. Eine Biografie. Regensburg 2011.

Erster Teil: Art. 173–249 a des HGB in der Fassung der Aktienrechtsnovelle vom 11.6.1870*

Zweiter Abschnitt
Von der Kommanditgesellschaft auf Aktien insbesondere

Art. 173. Das Kapital der Kommanditgesellschaften kann in Aktien oder Aktienanteile zerlegt werden.

Die Aktien oder Aktienanteile müssen auf Namen lauten. Sie müssen auf einen Betrag von mindestens fünfzig Vereinstalern gestellt werden, wenn nicht die Landesgesetze nach Maßgabe der besonderen örtlichen Bedürfnisse einen geringeren Betrag gestatten. Aktien oder Aktienanteile, welche auf Inhaber lauten, oder welche auf einen geringeren als den gesetzlich bestimmten Betrag gestellt werden, sind nichtig. Die Ausgeber solcher Aktien oder Aktienanteile sind den Besitzern für allen durch die Ausgabe verursachen Schaden solidarisch verhaftet.

Die vorstehenden Bestimmungen gelten auch von Promessen und Interimsscheinen.

Art. 174. Eine Kommanditgesellschaft auf Aktien gilt als Handelsgesellschaft, auch wenn der Gegenstand des Unternehmens nicht in Handelsgeschäften besteht.

Über die Errichtung und den Inhalt des Gesellschaftsvertrages muss eine gerichtliche oder notarielle Urkunde aufgenommen werden. Zur Aktienzeichnung genügt eine schriftliche Erklärung.

Art. 175. Der Gesellschaftsvertrag muss enthalten:

1. den Namen, Vornamen, Stand und Wohnort jedes persönlich haftenden Gesellschafters;
2. die Firma der Gesellschaft und den Ort, wo sie ihren Sitz hat;
3. den Gegenstand des Unternehmens;
4. die Zeitdauer des Unternehmens, im Fall dasselbe auf eine bestimmte Zeit beschränkt sein soll;
5. die Zahl und den Betrag der Aktien und Aktienanteile;
6. die Bestimmung, dass ein Aufsichtsrat von mindestens drei [RT-Vorlage: fünf] Mitgliedern aus der Zahl der Kommanditisten durch Wahl derselben bestellt werden müsse;
7. die Form, in welcher die Zusammenberufung der Generalversammlung der Kommanditisten geschieht;

---

* Entnommen aus: R. Schröder [Hrsg.], Das Allgemeine Deutsche Handelsgesetzbuch und die Allgemeine Deutsche Wechselordnung, 6. Aufl., 1884, S. 34–53.

8. die Form, in welcher die von der Gesellschaft ausgehenden Bekanntmachungen erfolgen, sowie die öffentlichen Blätter, in welche dieselben aufzunehmen sind.

Art. 176. Der Gesellschaftsvertrag muss bei dem Handelsgericht, in dessen Bezirk die Gesellschaft ihren Sitz hat, in das Handelsregister eingetragen und im Auszuge veröffentlicht werden.

Der Auszug muss enthalten:

1. das Datum des Gesellschaftsvertrages;

2. den Namen, Vornamen, Stand und Wohnort jedes persönlich haftenden Gesellschafters;

3. die Firma der Gesellschaft und den Ort, wo sie ihren Sitz hat;

4. die Zahl und den Betrag der Aktien und Aktienanteile;

5. die Form, in welcher die von der Gesellschaft ausgehenden Bekanntmachungen erfolgen, sowie die öffentlichen Blätter, in welche dieselben aufzunehmen sind.

Ist in dem Gesellschaftsvertrage bestimm6t, dass das Austreten eines oder mehrerer persönlich haftender Gesellschafter die Auflösung der Gesellschaft nicht zur Folge habe (Art. 199), so ist auch diese Bestimmung zu veröffentlichen [Abs. 3 von RT eingefügt].

Art. 177. Der Anmeldung behufs der Eintragung in das Handelsregister muss beigefügt sein:

1. die Bescheinigung, dass der gesamte Betrag des Kapitals der Kommanditisten durch Unterschriften gedeckt ist;

2. die Bescheinigung, dass mindestens ein Vierteil des von jedem Kommanditisten gezeichneten Betrages von ihm eingezahlt ist;

3. der Nachweis, dass der Aufsichtsrat nach Inhalt des Vertrages (Art. 175 Ziff. 6) in einer Generalversammlung der Kommanditisten gewählt ist.

Die Anmeldung muss von sämtlichen persönlich haftenden Gesellschaftern vor dem Handelsgerichte unterzeichnet oder in beglaubigter Form eingereicht werden. Die der Anmeldung beigefügten Schriftstücke werden bei dem Handelsgerichte in Urschrift oder in beglaubigter Abschrift aufbewahrt.

Art. 178. Vor erfolgter Eintragung in das Handelsregister besteht die Kommanditgesellschaft als solche nicht. Die vor der Eintragung ausgegebenen Aktien oder Aktienanteile sind nichtig. Die Ausgeber sind den Besitzern für allen durch die Ausgabe verursachten Schaden solidarisch verhaftet.

Wenn vor erfolgter Eintragung im Namen der Gesellschaft gehandelt worden ist, so haften die Handelnden persönlich und solidarisch.

Art. 179. Die Vorschriften der Art. 152 und 153 sind auch bei der Kommanditgesellschaft auf Aktien zu befolgen; die Anmeldung muss die im Art. 176 Ziffer 1-5 bezeichneten Angaben enthalten. Das Handelsgericht hat die persönlich haftenden Gesellschafter zur Befolgung dieser Vorschriften von Amts wegen durch Ordnungsstrafen anzuhalten.

Art. 180. Wenn ein Gesellschafter eine Einlage macht, welche nicht in barem Gelde besteht, oder wenn er sich zu seinen Gunsten besondere Vorteile ausbedingt, so muss in einer Generalversammlung der Kommanditisten die Abschätzung und Prüfung der Zulässigkeit angeordnet und in einer späteren Generalversammlung die Genehmigung durch Beschluss erfolgt sein.

Der Beschluss wird nach der Mehrheit der in der Versammlung anwesenden oder durch Vollmacht vertretenen Kommanditisten gefasst; jedoch muss diese Mehrheit mindestens ein Vierteil der sämtlichen Kommanditisten begreifen und der Betrag ihrer Anteile zusammen mindestens ein Vierteil des Gesamtkapitals der Kommanditisten darstellen. Der Gesellschafter, welcher die Einlage macht oder sich besondere Vorteile ausbedingt, hat bei der Beschlussfassung kein Stimmrecht.

Ein gegen den Inhalt dieser Bestimmung geschlossener Vertrag hat keine rechtliche Wirkung.

Art. 181. Für die gesellschaftlichen Kapitalanteile, welche auf die Einlagen der persönlich haftenden Gesellschafter fallen oder welche denselben als besondere Vorteile ausbedungen sind, dürfen keine Aktien ausgegeben werden; diese Kapitalanteile dürfen von den persönlich haftenden Gesellschaftern, solange die letzteren in diesem ihrem Rechtsverhältnisse zur Gesellschaft stehen, nicht veräußert werden.

Art. 182. Die Aktien oder Aktienanteile sind unteilbar.

Sie müssen mit genauer Bezeichnung des Inhabers nach Namen, Wohnort und Stand in das Aktienbuch der Gesellschaft eingetragen werden.

Sie können, sofern nicht der Gesellschaftsvertrag ein Anderes bestimmt, ohne Einwilligung der übrigen Gesellschafter auf andere Personen übertragen werden.

Die Übertragung kann durch Indossament geschehen.

In Betreff der Form des Indossaments kommen die Bestimmungen der Art. 11-13 der allgemeinen deutschen Wechselordnung zur Anwendung.

Art. 183. Wenn das Eigentum der Aktie auf einen Anderen übergeht, so ist dies, unter Vorlegung der Aktie und des Nachweises des Überganges, bei der Gesellschaft anzumelden und im Aktienbuche zu bemerken.

Im Verhältnisse zu der Gesellschaft werden nur diejenigen als die Eigentümer der Aktien angesehen, welche als solche im Aktienbuche verzeichnet sind.

Zur Prüfung der Legitimation ist die Gesellschaft berechtigt, aber nicht verpflichtet.

Art. 184. Solange der Betrag einer Aktie nicht vollständig eingezahlt ist, bleibt der ursprüngliche Zeichner zur Einzahlung des Rückstandes an die Gesellschaft verpflichtet; die Gesellschaft kann ihn dieser Verbindlichkeit nicht entlassen.

Art. 185. Die persönlich haftenden Gesellschafter sind verpflichtet, dem Aufsichtsrat und des Kommanditisten spätestens in den ersten sechs Monaten jedes Geschäftsjahres eine Bilanz des verflossenen Geschäftsjahres vorzulegen.

Art. 186. Die Rechte, welche den Kommanditisten gegenüber den persönlich haftenden Gesellschaftern nach dem Gesellschaftsvertrage oder nach den Bestimmungen des vorigen Abschnitts in Beziehung auf die Führung der Geschäfte, die Einsicht und Prüfung der Bilanz, die Bestimmung der Gewinnverteilung, die Auflösung oder Kündigung der Gesellschaft und die Befugnis, das Ausscheiden eines persönlich haftenden Gesellschafters zu verlangen, zustehen, werden von der Gesamtheit der Kommanditisten in der Generalversammlung ausgeübt.

Die Beschlüsse der Generalversammlung werden durch den Aufsichtsrat ausgeführt, wenn nicht im Gesellschaftsvertrage ein Anderes bestimmt ist.

Art. 187. Die Generalversammlung der Kommanditisten wird durch die persönlich haftenden Gesellschafter oder durch den Aufsichtsrat berufen, sofern nicht nach dem Gesellschaftsvertrage auch andere Personen dazu befugt sind.

Art. 188. Eine Generalversammlung der Kommanditisten ist außer den im Gesellschaftsvertrage ausdrücklich bestimmten Fällen zu berufen, wenn dies im Interesse der Gesellschaft erforderlich erscheint.

Die Generalversammlung muss auch dann berufen werden, wenn dies von einem Kommanditisten oder einer Anzahl von Kommanditisten, deren Aktien zusammen den zehnten Teil des Gesamtkapitals der Kommanditisten darstellen, in einer von ihnen unterzeichneten Eingabe unter Angabe des Zwecks und der Gründe verlangt wird. Ist im Gesellschaftsvertrage das Recht, die Berufung einer Generalversammlung zu verlangen, an den Besitz eines größeren oder eines geringeren Anteils am Gesamtkapitale geknüpft, so hat es hierbei sein Bewenden.

Art. 189. Die Berufung der Generalversammlung hat in der durch den Gesellschaftsvertrag bestimmten Weise zu erfolgen.

Der Zweck der Generalversammlung muss jederzeit bei der Berufung bekannt gemacht werden. Über Gegenstände, deren Verhandlung nicht in dieser Weise angekündigt ist, können Beschlüsse nicht gefasst werden; hiervon ist jedoch der Beschluss über den in einer Generalversammlung gestellten Antrag auf Berufung einer außerordentlichen Generalversammlung ausgenommen.

Zur Stellung von Anträgen und zu Verhandlungen ohne Beschlussfassung bedarf es der Ankündigung nicht.

Art. 190. Soweit nicht der Gesellschaftsvertrag ein Anderes bestimmt, werden die Beschlüsse der Generalversammlung der Kommanditisten mit einfacher Stimmenmehrheit gefasst, und jede Aktie gewährt dem Inhaber eine Stimme.

Art. 191. Der Aufsichtsrat kann das erste Mal nicht auf länger als ein Jahr, später nicht auf länger als fünf Jahre gewählt werden.

Insofern die Wahl auf einen längeren Zeitraum geschieht, ist dieselbe ohne rechtliche Wirkung.

Art. 192. Den Mitgliedern des ersten Aufsichtsrats darf eine Vergütung für die Auflösung ihres Berufs nur durch einen nach Ablauf des ersten Geschäftsjahres einzuholenden Beschluss der Generalversammlung der Kommanditisten bewilligt werden.

Ist die Vergütung früher, oder in einer anderen als der vorstehenden Weise bewilligt, so ist diese Festsetzung ohne rechtliche Wirkung.

Art. 193. Der Aufsichtsrat überwacht die Geschäftsführung der Gesellschaft in allen Zweigen ihrer Verwaltung; er kann sich von dem Gange der Angelegenheiten der Gesellschaft unterrichten, die Bücher und Schriften derselben jederzeit einsehen und den Bestand der Gesellschaftskasse untersuchen.

Er hat die Jahresrechnungen, die Bilanzen und die Vorschläge zur Gewinnverteilung zu prüfen und darüber alljährlich der Generalversammlung Bericht zu erstatten.

Art. 194. Der Aufsichtsrat ist ermächtigt, gegen die persönlich haftenden Gesellschafter die Prozesse zu führen, welche die Generalversammlung beschließt.

Jeder Kommanditist ist befugt, als Intervenient in den Prozess auf seine Kosten einzutreten.

Handelt es sich um die eigene Verantwortlichkeit des Aufsichtsrats, so kann letzterer ohne und selbst gegen den Beschluss der Generalversammlung gegen die persönlich haftenden Gesellschafter klagen.

Art. 195. Wenn die Kommanditisten selbst in Gesamtheit und im gemeinsamen Interesse gegen die persönlich haftenden Gesellschafter auftreten wollen oder gegen die Mitglieder des Aufsichtsrats einen Prozess zu führen haben, so werden sie durch Bevollmächtigte vertreten, welche in der Generalversammlung gewählt werden.

Falls aus irgendeinem Grunde die Bestellung von Bevollmächtigten durch Wahl in der Generalversammlung gehindert wird, kann das Handelsgericht auf Antrag die Bevollmächtigten ernennen.

Jeder Kommanditist ist befugt, als Intervenient in den Prozess auf seine Kosten einzutreten.

Art. 196. Die Gesellschaft wird durch die persönlich haftenden Gesellschafter berechtigt und verpflichtet; sie wird durch dieselben vor Gericht vertreten.

Zur Behändigung von Vorladungen und anderen Zustellungen an die Gesellschaft genügt es, wenn dieselbe an einen der zur Vertretung befugten Gesellschafter geschieht.

Die Bestimmung des Art. 167 in Betreff des Kommanditisten, welcher für die Gesellschaft Geschäfte schließt, findet bei der Kommanditgesellschaft auf Aktien keine Anwendung.

Art. 197. Die Einlagen können den Kommanditisten, solange die Gesellschaft besteht, nicht zurückgezahlt werden.

Zinsen von bestimmter Höhe können für die Kommanditisten nicht bedungen noch ausbezahlt werden; es darf nur dasjenige unter sie verteilt werden, was sich nach der jährlichen Bilanz, und wenn im Gesellschaftsvertrage die Innehaltung eines Reservekapitals bestimmt ist, nach Abzug desselben als reiner Überschuss ergibt.

Die Kommanditisten haften für die Verbindlichkeiten der Gesellschaft, wenn und insoweit sie diesen Bestimmungen entgegen Zahlungen von der Gesellschaft empfangen haben; sie sind jedoch nicht verpflichtet, die in gutem Glauben bezogenen Dividenden zurückzuzahlen.

Art. 198. Jede Abänderung des Gesellschaftsvertrages bedarf zu ihrer Gültigkeit der notariellen oder gerichtlichen Abfassung.

Der abändernde Vertrag hat keine rechtliche Wirkung, bevor derselbe bei dem Handelsgericht, in dessen Bezirk die Gesellschaft ihren Sitz hat, in das Handelsregister eingetragen ist.

Art. 199. Eine Übereinkunft, durch welche das Austreten eines oder mehrerer persönlich haftender Gesellschafter bestimmt wird, steht der Auflösung der Gesellschaft gleich. Zu derselben bedarf es der Zustimmung einer Generalversammlung der Kommanditisten.

Es kann jedoch durch den Gesellschaftsvertrag oder durch einen denselben abändernden Vertrag (Art. 198) bestimmt werden, dass das Austreten eines oder mehrerer persönlich haftender Gesellschafter die Auflösung der Gesellschaft dann nicht zur Folge habe, wenn mindestens noch ein persönlich haftender Gesellschafter bleibt. In Ansehung der Eintragung in das Handelsregister finden die Bestimmungen des Art. 129 Anwendung.

Art. 200. Wenn ein Kommanditist stirbt, oder in Konkurs verfällt, oder zur Verwaltung seines Vermögens rechtlich unfähig wird, so hat dies die Auflösung der Gesellschaft nicht zur Folge. Der Art. 126 findet in Bezug auf die Privatgläubiger eines Kommanditisten keine Anwendung. Im Übrigen gelten die Art. 123 bis 128 auch für die Kommanditgesellschaft auf Aktien.

Art. 201. Die Auflösung der Gesellschaft muss, wenn sie nicht in Folge der Eröffnung des Konkurses über die Gesellschaft geschieht, in das Handelsregister eingetragen werden.

Diese Eintragung muss selbst dann geschehen, wenn die Gesellschaft durch Ablauf der Zeit, für welche sie eingegangen war, beendigt wird.

Art. 202. Bei der Auflösung einer Kommanditgesellschaft auf Aktien, welche außer dem Falle der Eröffnung des Konkurses erfolgt, darf die Verteilung des Vermögens unter die Gesellschafter nicht eher vollzogen werden, als nach Verlauf eines Jahres, von dem Tage an gerechnet, an welchem die Auflösung der Gesellschaft in das Handelsregister eingetragen ist.

Die aus der Handelsbüchern der Gesellschaft ersichtlichen oder in anderer Weise bekannten Gläubiger sind durch besondere Erlasse aufzufordern, sich zu melden; unterlassen sie dies, so ist der Betrag ihrer Forderungen gerichtlich niederzulegen.

Das Letztere muss auch in Ansehung der noch schwebenden Verbindlichkeiten und streitigen Forderungen geschehen, sofern nicht die Verteilung des Gesellschaftsvermögens bis zu deren Erledigung ausgesetzt bleibt, oder den Gläubigern eine angemessene Sicherheit bestellt wird.

Art. 203. Eine teilweise Zurückzahlung des Kapitals der Kommanditisten kann nur vermöge einer Abänderung des Gesellschaftsvertrages erfolgen.

Die Zurückzahlung kann nur unter Beobachtung derselben Bestimmungen geschehen, welche für die Verteilung des Gesellschaftsvermögens im Falle der Auflösung maßgebend sind (Art. 201, 202).

Art. 204. Die Mitglieder des Aufsichtsrats sind gleich den persönlich haftenden Gesellschaftern solidarisch zur Erstattung geleisteter Zahlungen verpflichtet, wenn mit ihrem Wissen und ohne ihr Einschreiten:

1. Einlagen an die Kommanditisten zurückgezahlt oder
2. Zinsen oder Dividenden gezahlt sind, welche nicht aus dem auf die Aktien fallenden Gewinne entnommen wurden, oder
3. die Verteilung des Gesellschaftsvermögens oder eine teilweise Zurückzahlung des Kapitals der Kommanditisten ohne Beobachtung der gesetzlichen Bestimmungen (Art. 202, 203) erfolgt ist.

Art. 205. Die Liquidation erfolgt, sofern der Gesellschaftsvertrag nicht ein Anderes bestimmt, durch sämtliche persönlich haftende Gesellschafter und eine oder mehrere von der Generalversammlung der Kommanditisten gewählte Personen.

Art. 206. Die persönlich haftenden Mitglieder und die Mitglieder des Aufsichtsrates werden mit Gefängnis bis zu drei Monaten bestraft:

1. wenn sie vorsätzlich behufs der Eintragung des Gesellschaftsvertrages in das Handelsregister falsche Angaben über die Zeichnung oder Einzahlung des Kapitals der Kommanditisten machen;
2. wenn durch ihre Schuld länger als drei Monate die Gesellschaft ohne Aufsichtsrat geblieben ist, oder in dem letzteren die zur Beschlussfähigkeit erforderliche Zahl von Mitgliedern gefehlt hat;
3. wenn sie in ihren Darstellungen, in ihren Übersichten über den Vermögensstand der Gesellschaft oder in den in der Generalversammlung gehaltenen Vorträgen wissentlich den Stand der Verhältnisse der Gesellschaft unwahr darstellen oder verschleiern.

Wir in den Fällen zu 2 *und* 3 festgestellt, dass mildernde Umstände vorhanden sind, so ist auf Geldstrafe bis zu eintausend Talern zu erkennen.

Dritter Titel. Von der Aktiengesellschaft
Erster Abschnitt. Allgemeine Grundsätze

Art. 207. Eine Gesellschaft ist eine Aktiengesellschaft, wenn sich die sämtlichen Gesellschafter nur mit Einlagen beteiligen, ohne persönlich für die Verbindlichkeiten der Gesellschaft zu haften.

Das Gesellschaftskapital wird in Aktien oder auch in Aktienanteile zerlegt.

Die Aktien oder Aktienanteile sind unteilbar.

Dieselben können auf Inhaber oder auf Namen lauten.

Art. 207 a. Die Aktien oder Aktienanteile müssen, wenn sie auf Namen lauten, auf einen Betrag von mindestens fünfzig Vereinstalern, wenn sie auf Inhaber lauten, auf einen Betrag von mindestens einhundert Vereinstalern gestellt werden. Bei Versicherungsgesellschaften müssen auch solche Aktien oder Aktienanteile, welche auf Namen lauten, auf einen Betrag von mindestens einhundert Vereinstalern gestellt werden.

Aktien oder Aktienanteile, welche auf einen geringeren Betrag gestellt werden, sind nichtig. Die Ausgeber solcher Aktien oder Aktienanteile sind den Besitzern für allen durch die Ausgabe verursachten Schaden solidarisch verhaftet.

Der Nominalbetrag der Aktien oder Aktienanteile darf während des Bestehens der Gesellschaft weder vermindert noch erhöht werden.

Die vorstehenden Bestimmungen gelten auch von Promessen und Interimsscheinen.

Art. 208. Eine Aktiengesellschaft gilt als Handelsgesellschaft, auch wenn der Gegenstand des Unternehmens nicht in Handelsgesellschaften besteht.

Über die Errichtung und den Inhalt des Gesellschaftsvertrages (Statuts) muss eine gerichtliche oder notarielle Urkunde aufgenommen werden.

Zur Aktienzeichnung genügt eine schriftliche Erklärung.

Art. 209. Der Gesellschaftsvertrag muss insbesondere bestimmen:

1. die Firma und den Sitz der Gesellschaft;
2. den Gegenstand des Unternehmens;
3. die Zeitdauer des Unternehmens, im Falle dasselbe auf eine bestimmte Zeit beschränkt sein soll;
4. die Höhe des Grundkapitals und der einzelnen Aktien oder Aktienanteile;
5. die Eigenschaft der Aktien, ob sie auf Inhaber oder auf Namen gestellt werden sollen, ingleichen die etwa bestimmte Zahl der einen oder der anderen Art, sowie die etwa zugelassene Umwandlung derselben;
6. die Bestellung eines Aufsichtsrates von mindestens drei, aus der Zahl der Aktionäre zu wählenden Mitgliedern;
7. die Grundsätze, nach welchen die Bilanz aufzunehmen und der Gewinn zu berechnen und auszuzahlen ist, sowie die Art und Weise, wie die Prüfung der Bilanz erfolgt;
8. die Art der Bestellung und Zusammensetzung des Vorstandes und die Formen für die Legitimation der Mitglieder desselben und der Beamten der Gesellschaft;
9. die Form, in welcher die Zusammenberufung der Aktionäre geschieht;
10. die Bedingungen des Stimmrechts der Aktionäre und die Form, in welcher dasselbe ausgeübt wird;
11. die Gegenstände, über welche nicht schon durch einfache Stimmenmehrheit der auf Zusammenberufung erschienenen Aktionäre, sondern nur durch eine größere Stimmenmehrheit oder nach anderen Erfordernissen Beschluss gefasst werden kann;

12. die Form, in welcher die von der Gesellschaft ausgehenden Bekanntmachungen erfolgen, sowie die öffentlichen Blätter, in welche dieselben aufzunehmen sind.

Art. 209 a. Nach der Zeichnung des Grundkapitals hat eine Generalversammlung der Aktionäre aufgrund der ihr vorzulegenden Bescheinigungen durch Beschluss festzustellen, dass das Grundkapital vollständig gezeichnet, und dass mindestens zehn Prozent, bei Versicherungsgesellschaften mindestens zwanzig Prozent, auf jede Aktie eingezahlt sind, sofern nicht der Gesellschaftsvertrag zwischen den sämtlichen Aktionären abgeschlossen und darin die Erfüllung jener Erfordernisse anerkannt ist.

Über den Beschluss ist eine gerichtliche oder notarielle Urkunde aufzunehmen.

Art. 209 b. Wenn ein Aktionär eine auf das Grundkapital anzurechnende Einlage macht, welche nicht in barem Gelde besteht, oder wenn Anlagen oder sonstige Vermögensstücke von der zu errichtenden Gesellschaft übernommen werden sollen, so ist in dem Gesellschaftsvertrage der Wert der Einlage oder des Vermögensstücks festzusetzen und die Zahl der Aktien oder der Preis zu bestimmen, welche für dieselben gewährt werden. Jeder zugunsten eines Aktionärs bedungene besondere Vorteil ist im Gesellschaftsvertrage gleichfalls festzusetzen.

Nach der Zeichnung des Grundkapitals muss in den Fällen, welche in dem vorstehenden Absatz bezeichnet sind, sofern nicht der Gesellschaftsvertrag zwischen den sämtlichen Aktionären abgeschlossen ist, die Genehmigung des Vertrages in einer Generalversammlung der Aktionäre durch Beschluss erfolgen.

Die den Vertrag genehmigende Mehrheit muss mindestens ein Vierteil der sämtlichen Aktionäre begreifen und der Betrag ihrer Anteile mindestens ein Vierteil des gesamten Grundkapitals darstellen. Der Gesellschafter, welcher die betreffende Einlage macht oder sich besondere Vorteile ausbedingt, hat bei der Beschlussfassung kein Stimmrecht.

Über den Beschluss ist eine gerichtliche oder notarielle Urkunde aufzunehmen.

Art. 209 c. Die Zusammenberufung der Generalversammlung erfolgt in den Fällen der Art. 209 a und 209 b nach den Bestimmungen, welche der Gesellschaftsvertrag über die Zusammenberufung der Generalversammlung enthält.

Art. 210. Der Gesellschaftsvertrag muss bei dem Handelsgericht, in dessen Bezirk die Gesellschaft ihren Sitz hat, in das Handelsregister eingetragen und im Auszuge veröffentlicht werden.

Der Auszug muss enthalten:

1. das Datum des Gesellschaftsvertrages;
2. die Firma und den Sitz der Gesellschaft;
3. den Gegenstand und die Zeitdauer des Unternehmens;
4. die Höhe des Grundkapitals und der einzelnen Aktien oder Aktienanteile;
5. die Eigenschaft derselben, ob sie auf Inhaber oder auf Namen gestellt sind;
6. die Form, in welcher die von der Gesellschaft ausgehenden Bekanntmachungen erfolgen, sowie die öffentlichen Blätter, in welche dieselben aufzunehmen sind.

Ist im Gesellschaftsvertrage eine Form bestimmt, in welcher der Vorstand seine Willenserklärungen kundgibt und für die Gesellschaft zeichnet, so ist auch diese Bestimmung zu veröffentlichen.

Art. 210 a. Der Anmeldung behufs der Eintragung in das Handelsregister muss beigefügt sein:

1. Die Bescheinigung, dass der gesamte Betrag des Grundkapitals durch Unterschriften gedeckt ist;
2. die Bescheinigung, dass mindestens zehn Prozent, bei Versicherungsgesellschaften mindestens zwanzig Prozent, des von jedem Aktionär gezeichneten Betrages eingezahlt sind;
3. der Nachweis, dass der Aufsichtsrat nach Inhalt des Vertrages in einer Generalversammlung der Aktionäre gewählt ist;
4. betreffenden Falls die gerichtliche oder notarielle Urkunde über die in den Artikeln 209 a und 209 b bezeichneten Beschlüsse der Generalversammlung.

Die Anmeldung muss von sämtlichen Mitgliedern des Vorstandes vor dem Handelsgericht unterzeichnet oder in beglaubigter Form eingereicht werden. Die der Anmeldung beigefügten Schriftstücke werden bei dem Handelsgericht in Urschrift oder in beglaubigter Abschrift aufbewahrt.

Art. 211. Vor erfolgter Eintragung in das Handelsregister besteht die Aktiengesellschaft als solche nicht. Die vor der Eintragung ausgegebenen Aktien oder Aktienanteile sind nichtig. Die Ausgeber sind den Besitzern für allen durch die Ausgabe verursachten Schaden solidarisch verhaftet.

Wenn vor erfolgter Eintragung in das Handelsregister im Namen der Gesellschaft gehandelt worden ist, so haften die Handelnden persönlich und solidarisch.

Art. 212. Bei jedem Handelsgerichte, in dessen Bezirk die Aktiengesellschaft eine Zweigniederlassung hat, muss dies behufs der Eintragung in das Handelsregister angemeldet werden.

Die Anmeldung muss von sämtlichen Mitgliedern des Vorstandes vor dem Handelsgericht unterzeichnet oder in beglaubigter Form eingereicht werden und die in Art. 210 Abs. 2 und 3 bezeichneten Angaben enthalten. Das Handelsgericht hat die Mitglieder des Vorstandes zur Befolgung dieser Vorschriften von Amts wegen durch Ordnungsstrafen anzuhalten.

Art. 213. Die Aktiengesellschaft als solche hat selbständig ihre Rechte und Pflichten; sie kann Eigentum und andere dingliche Rechte an Grundstücken erwerben; sie kann vor Gericht klagen und verklagt werden.

Ihr ordentlicher Gerichtsstand ist bei dem Gerichte, in dessen Bezirk sie ihren Sitz hat.

Art. 214. Jeder Beschluss der Generalversammlung, welcher die Fortsetzung der Gesellschaft oder eine Abänderung der Bestimmungen des Gesellschaftsvertrages zum Gegenstande hat, bedarf zu seiner Gültigkeit der notariellen oder gerichtlichen Beurkundung.

Ein solcher Beschluss muss in gleicher Weise wie der ursprüngliche Vertrag in das Handelsregister eingetragen und veröffentlicht werden (Art. 210, 212).

Der Beschluss hat keine rechtliche Wirkung, bevor derselbe bei dem Handelsgericht, in dessen Bezirk die Gesellschaft ihren Sitz hat, in das Handelsregister eingetragen ist.

Art. 215. Die Abänderung des Gegenstandes der Unternehmung der Gesellschaft kann nicht durch Stimmenmehrheit beschlossen werden, sofern dies nicht im Gesellschaftsvertrage ausdrücklich gestattet ist.

Dasselbe gilt von dem Falle, wenn die Gesellschaft durch Übertragung ihres Vermögens und ihrer Schulden an eine andere Aktiengesellschaft gegen Gewährung von Aktien der letzteren aufgelöst werden soll.

Die Aktiengesellschaft darf eigene Aktien nicht erwerben. Sie darf eigene Aktien auch nicht amortisieren, sofern dies nicht durch den ursprünglichen Gesellschaftsvertrag oder durch einen, den letzteren abändernden, vor Ausgabe der Aktien gefassten Beschluss zugelassen ist.

Zweiter Abschnitt. Rechtsverhältnis der Aktionäre

Art. 216. Jeder Aktionär hat einen verhältnismäßigen Anteil an dem Vermögen der Gesellschaft.

Er kann den eingezahlten Betrag nicht zurückfordern und hat, solange die Gesellschaft besteht, nur einen Anspruch auf den reinen Gewinn, soweit dieser nach dem Gesellschaftsvertrage zur Verteilung unter die Aktionäre bestimmt ist.

Art. 217. Zinsen von bestimmter Höhe dürfen für die Aktionäre nicht bedungen, noch ausbezahlt werden; es darf nur dasjenige unter sie verteilt werden, was sich nach der jährlichen Bilanz und, wenn im Gesellschaftsvertrage die Innehaltung eines Reservekapitals bestimmt ist, nach Abzug desselben als reiner Überschuss über die volle Einlage ergibt. Die Aktionäre können bis zur Widerergänzung des durch Verlust verminderten Gesamtbetrages der Einlagen Dividenden nicht beziehen.

Jedoch können für den im Gesellschaftsvertrage angegebenen Zeitraum, welchen die Vorbereitung des Unternehmens bis zum Anfange des vollen Betriebes erfordert, den Aktionären Zinsen von bestimmter Höhe bedungen werden.

Art. 218. Der Aktionär ist in keinem Falle verpflichtet, die in gutem Glauben empfangenen Zinsen und Dividenden zurückzugeben.

Art. 219. Der Aktionär ist nicht schuldig, zu den Zwecken der Gesellschaft und zur Erfüllung ihrer Verbindlichkeiten mehr beizutragen, als den für die Aktie statutenmäßig zu leistenden Betrag.

Art. 220. Ein Aktionär, welcher den Betrag seiner Aktie nicht zur rechten Zeit einzahlt, ist zur Zahlung von Verzugszinsen von Rechts wegen verpflichtet.

Im Gesellschaftsvertrage können für den Fall der verzögerten Einzahlung des gezeichneten Aktienbetrages oder eines Teils desselben Konventionalstrafen ohne

Rücksicht auf die sonst stattfindenden gesetzlichen Einschränkungen festgesetzt werden; auch kann bestimmt werden, dass die säumigen Aktionäre ihrer Anrechte aus der Zeichnung der Aktien und der geleisteten Teilzahlungen zugunsten der Gesellschaft verlustig gehen.

Art. 221. Ist im Gesellschaftsvertrage keine besondere Form, wie die Aufforderung zur Einzahlung geschehen soll, bestimmt, so geschieht dieselbe in der Form, in welcher die Bekanntmachungen der Gesellschaft nach dem Gesellschaftsvertrage überhaupt erfolgen müssen (Art. 209, Ziff. 12).

Jedoch kann in keinem Falle ein Aktionär seines Anrechts verlustig erklärt werden, wenn nicht die Aufforderung zur Zahlung mindestens dreimal in den hierzu bestimmten öffentlichen Blättern (Art. 209, Ziff. 12), das letzte Mal wenigstens vier Wochen vor dem für die Einzahlungen gesetzten Schlusstermine, bekannt gemacht worden ist. Wenn die Aktien auf Namen lauten und ohne Einwilligung der übrigen Aktionäre nicht übertragbar sind, so kann die Bekanntmachung dieser Aufforderungen durch besondere Erlasse an die einzelnen Aktionäre statt der Einrückungen in die öffentlichen Blätter erfolgen.

Art. 222. Wenn die Aktien oder Aktienanteile auf Inhaber gestellt werden, so kommen folgende Grundsätze zur Anwendung:

1. Die Ausgabe der Aktien darf vor Einzahlung des ganzen Nominalbetrages derselben nicht erfolgen; ebenso wenig dürfen über die geleisteten Partialzahlungen Promessen oder Interimsscheine, welche auf Inhaber lauten, ausgestellt werden.
2. Der Zeichner der Aktie ist für die Einzahlung von 40 Prozent des Nominalbetrages der Aktie unbedingt verhaftet; von dieser Verpflichtung kann derselbe weder durch Übertragung seines Anrechts auf einen Dritten sich befreien, noch seitens der Gesellschaft entbunden werden; wird der Zeichner der Aktie, wegen verzögerter Einzahlung, seines Anrechts aus der Zeichnung verlustig erklärt (Art. 220), so bleibt er dessen ungeachtet zur Einzahlung von 40 Prozent des Nominalbetrages der Aktie verpflichtet.
3. Im Gesellschaftsvertrage kann bestimmt werden, dass und unter welchen Maßgaben nach erfolgter Einzahlung von 40 Prozent die Befreiung des Zeichners von der Haftung für weitere Einzahlungen zulässig sei, und dass im Falle der eingetretenen Befreiung über die geleisteten Einzahlungen Promessen oder Interimsscheine, welche auf Inhaber lauten, ausgestellt werden dürfen.

Diejenigen Landesgesetze, welche die Höhe der Einzahlung (Art. 222, Ziff. 2 und 3) auf 25 Prozent des Nominalbetrages der Aktie herabgesetzt haben, werden hierdurch nicht berührt.

Art. 223. Wenn die Aktien auf Namen lauten, so kommen die bei der Kommanditgesellschaft auf Aktien gegebenen Bestimmungen über die Eintragung der Aktien in das Aktienbuch der Gesellschaft und über die Übertragung derselben auf Andere (Art. 182, 183) auch hier zur Anwendung.

Solange der Betrag der Aktie nicht vollständig eingezahlt ist, wird der Aktionär durch Übertragung seines Anrechts auf einen Anderen von der Verbindlichkeit zur

Zahlung des Rückstandes nur dann befreit, wenn die Gesellschaft den neuen Erwerber an seiner Stelle annimmt und ihn der Verbindlichkeit entlässt.

Auch in diesem Falle bleibt der austretende Aktionär auf Höhe des Rückstandes für alle bis dahin von der Gesellschaft eingegangenen Verbindlichkeiten noch auf ein Jahr, vom Tage des Austritts an gerechnet, subsidiarisch verhaftet.

Art. 224. Die Rechte, welche den Aktionären in den Angelegenheiten der Gesellschaft, insbesondere in Beziehung auf die Führung der Geschäfte, die Einsicht und Prüfung der Bilanz und die Bestimmung der Gewinnverteilung zustehen, werden von der Gesamtheit der Aktionäre in der Generalversammlung ausgeübt.

Jede Aktie gewährt dem Inhaber Eine Stimme, wenn nicht der Gesellschaftsvertrag ein Anderes festsetzt.

Art. 225. Die für den Aufsichtsrat einer Kommanditgesellschaft auf Aktien in den Art. 191 und 192 gegebenen Bestimmungen finden auch auf den Aufsichtsrat einer Aktiengesellschaft Anwendung.

Art. 225 a. Der Aufsichtsrat überwacht die Geschäftsführung der Gesellschaft in allen Zweigen der Verwaltung; er kann sich von dem Gange der Angelegenheiten der Gesellschaft unterrichten, die Bücher und Schriften derselben jederzeit einsehen und den Bestand der Gesellschaftskasse untersuchen.

Er hat die Jahresrechnungen, die Bilanzen und die Vorschläge zur Gewinnverteilung zu prüfen und darüber alljährlich der Generalversammlung der Aktionäre Bericht zu erstatten.

Er hat eine Generalversammlung zur berufen, wenn dies im Interesse der Gesellschaft erforderlich ist.

Art. 225 b. Die Mitglieder des Aufsichtsrates sind persönlich und solidarisch zum Schadensersatz verpflichtet, wenn mit ihrem Wissen und ohne ihr Einschreiten:

1. Einlagen an die Aktionäre zurückgezahlt, oder, der Bestimmung des Art. 215 Abs. 3 entgegen, eigene Aktien der Gesellschaft erworben oder amortisiert worden sind;

2. Zinsen oder Dividenden gezahlt sind, welche nach Maßgabe der Bestimmungen des Art. 217 nicht gezahlt werden durften;

3. die Verteilung des Gesellschaftsvermögens oder eine teilweise Zurückzahlung oder eine Herabsetzung des Grundkapitals ohne Beobachtung der gesetzlichen Bestimmungen (Art. 245 und 248) erfolgt ist.

Art. 226. Handelt es sich um die Führung von Prozessen gegen die Mitglieder des Vorstandes oder des Aufsichtsrates, so kommen die für die Kommanditgesellschaft auf Aktien gegebenen Bestimmungen (Art. 194, 195) auch hier zur Anwendung.

Dritter Abschnitt. Rechte und Pflichten des Vorstandes

Art. 227. Jede Aktiengesellschaft muss einen Vorstand haben (Art. 209 Ziff. 8). Sie wird durch denselben gerichtlich und außergerichtlich vertreten.

Der Vorstand kann aus einem oder mehreren Mitgliedern bestehen; diese können besoldet oder unbesoldet, Aktionäre oder Andere sein.

Ihre Bestellung ist zu jeder Zeit widerruflich, unbeschadet der Entschädigungsansprüche aus bestehenden Verträgen.

Art. 228. Die jeweiligen Mitglieder des Vorstandes müssen alsbald nach ihrer Bestellung zur Eintragung in das Handelsregister angemeldet werden. Der Anmeldung ist ihre Legitimation beizufügen.

Sie haben ihre Unterschrift vor dem Handelsgerichte zu zeichnen, oder die Zeichnung derselben in beglaubigter Form einzureichen.

Das Handelsgericht hat die Mitglieder des Vorstandes zur Befolgung dieser Vorschrift von Amts wegen durch Ordnungsstrafen anzuhalten.

Art. 229. Der Vorstand hat in der durch den Gesellschaftsvertrag bestimmten Form seine Willenserklärungen kundzugeben und für die Gesellschaft zu zeichnen. Ist nichts darüber bestimmt, so ist die Zeichnung durch sämtliche Mitglieder des Vorstandes erforderlich.

Die Zeichnung geschieht in der Weise, dass die Zeichnenden zu der Firma der Gesellschaft oder zu der Benennung des Vorstandes ihre Unterschrift hinzufügen.

Art. 230. Die Gesellschaft wird durch die von dem Vorstande in ihrem Namen geschlossenen Rechtsgeschäfte berechtigt und verpflichtet; es ist gleichgültig, ob das Geschäft ausdrücklich im Namen der Gesellschaft geschlossen worden ist, oder ob die Umstände ergeben, dass es nach dem Willen der Kontrahenten für die Gesellschaft geschlossen werden sollte.

Art. 231. Der Vorstand ist der Gesellschaft gegenüber verpflichtet, die Beschränkungen einzuhalten, welche in dem Gesellschaftsvertrage oder durch Beschlüsse der Generalversammlung für den Umfang seiner Befugnis, die Gesellschaft zu vertreten, festgesetzt sind.

Gegen dritte Personen hat jedoch eine Beschränkung der Befugnis des Vorstandes, die Gesellschaft zu vertreten, keine rechtliche Wirkung. Dies gilt insbesondere für den Fall, dass die Vertretung sich nur auf gewisse Geschäfte oder Arten von Geschäften erstrecken, oder nur unter gewissen Umständen oder für eine gewisse Zeit oder an einzelnen Orten stattfinden soll, oder dass die Zustimmung der Generalversammlung, eines Verwaltungsrates, eines Aufsichtsrates oder eines anderen Organes der Aktionäre für einzelne Geschäfte erfordert ist.

Art. 232. Eide namens der Gesellschaft werden durch den Vorstand geleistet.

Art. 233. Jede Änderung der Mitglieder des Vorstandes muss bei Ordnungsstrafe zur Eintragung in das Handelsregister angemeldet werden.

Dritten Personen kann die Änderung nur insofern entgegengesetzt werden, als in Betreff dieser Änderung die im Art. 46 in Betreff des Erlöschens der Prokura bezeichneten Voraussetzungen vorhanden sind.

Art. 234. Der Betrieb von Geschäften der Gesellschaft, sowie die Vertretung der Gesellschaft in Bezug auf diese Geschäftsführung kann auch sonstigen Bevollmächtigten oder Beamten der Gesellschaft zugewiesen werden. In diesem Falle bestimmt sich die Befugnis derselben nach der ihnen erteilten Vollmacht; sie erstreckt sich im Zweifel auf alle Rechtshandlungen, welche die Ausführung derartiger Geschäfte gewöhnlich mit sich bringt.

Art. 235. Zur Behändigung von Vorladungen und anderen Zustellungen an die Gesellschaft genügt es, wenn dieselbe an ein Mitglied des Vorstandes, welches zu zeichnen oder mitzuzeichnen befugt ist, oder an einen Beamten der Gesellschaft, welcher dieselbe vor Gericht zu vertreten berechtigt ist, geschieht.

Art. 236. Die Generalversammlung der Aktionäre wird durch den Vorstand berufen, soweit nicht nach dem Gesellschaftsvertrage auch andere Personen dazu befugt sind.

Art. 237. Eine Generalversammlung der Aktionäre ist, außer den im Gesellschaftsvertrage ausdrücklich bestimmten Fällen, zu berufen, wenn dies im Interesse der Gesellschaft erforderlich erscheint.

Die Generalversammlung muss auch dann berufen werden, wenn dies ein Aktionär oder eine Anzahl von Aktionären, deren Aktien zusammen den zehnten Teil des Grundkapitals darstellen, in einer von ihnen unterzeichneten Eingabe unter Angabe des Zwecks und der Gründe verlangen. Ist in dem Gesellschaftsvertrage das Recht, die Berufung einer Generalversammlung zu verlangen, an den Besitz eines größeren oder eines geringeren Anteils am Grundkapital geknüpft, so hat es hierbei sein Bewenden.

Art. 238. Die Berufung der Generalversammlung hat in der durch den Gesellschaftsvertrag bestimmten Weise zu erfolgen.

Der Zweck der Generalversammlung muss jederzeit bei der Berufung bekannt gemacht werden. Über Gegenstände, deren Verhandlung nicht in dieser Weise angekündigt ist, können Beschlüsse nicht gefasst werden; hiervon ist jedoch der Beschluss über den in einer Generalversammlung gestellten Antrag auf Berufung einer außerordentlichen Generalversammlung ausgenommen.

Zur Stellung von Anträgen und zu Verhandlungen ohne Beschlussfassung bedarf es der Ankündigung nicht.

Art. 239. Der Vorstand ist verpflichtet, Sorge zu tragen, dass die erforderliche Bücher der Gesellschaft geführt werden. Er muss den Aktionären spätestens in den ersten sechs Monaten jedes Geschäftsjahres eine Bilanz des verflossenen Geschäftsjahres vorlegen und solche innerhalb dieser Frist in der Form und in den öffentlichen

Blättern, welche für die Bekanntmachungen der Gesellschaft in dem Gesellschaftsvertrage bestimmt sind, veröffentlichen.

Zur Entlastung des Vorstandes bei Legung der Rechnung können Personen nicht bestellt werden, welche auf irgendeine Weise an der Geschäftsführung teilnehmen.

Dieses Verbot bezieht sich nicht auf die Personen, welchen die Aufsicht über die Geschäftsführung zusteht.

Art. 239 a. Für die Aufstellung der Bilanz sind folgende Vorschriften maßgebend:

1. kurshabende Papiere dürfen höchstens zu dem Kurswerte, welchen dieselben zur Zeit der Bilanzaufstellung haben, angesetzt werden;
2. die Kosten der Organisation und Verwaltung dürfen nicht unter die Aktiva aufgeführt werden, müssen vielmehr ihrem vollen Betrage nach in der Jahresrechnung als Ausgabe erscheinen;
3. der Betrag des Grundkapitals und des etwa im Gesellschaftsvertrage vorgeschriebenen Reserve- oder Erneuerungsfonds ist unter die Passiva aufzunehmen;
4. der aus der Vergleichung sämtlicher Aktiva und sämtlicher Passiva sich ergebende Gewinn oder Verlust muss am Schlusse der Bilanz besonders angegeben werden.

Art. 240. Ergibt sich aus der letzten Bilanz, dass sich das Grundkapital um die Hälfte vermindert hat, so muss der Vorstand unverzüglich eine Generalversammlung berufen und dieser davon Anzeige machen.

Ergibt sich, dass das Vermögen der Gesellschaft nicht mehr die Schulden deckt, so muss der Vorstand hiervon dem Gericht behufs der Eröffnung des Konkurses Anzeige machen.

Art. 241. Die Mitglieder des Vorstandes sind aus den von ihnen im Namen der Gesellschaft vorgenommenen Rechtshandlungen Dritten gegenüber für die Verbindlichkeiten der Gesellschaft persönlich nicht verpflichtet.

Mitglieder des Vorstandes, welche außer den Grenzen ihres Auftrages oder den Vorschriften dieses Titels oder des Gesellschaftsvertrages entgegen handeln, haften persönlich und solidarisch für den dadurch entstandenen Schaden. Dies gilt insbesondere, wenn sie der Bestimmung des Art. 217 entgegen an die Aktionäre Dividenden oder Zinsen zahlen, oder wenn sie zu einer Zeit noch Zahlungen leisten, in welcher ihnen die Zahlungsunfähigkeit der Gesellschaft hätte bekannt sein müssen.

Vierter Abschnitt. Auflösung der Gesellschaft

Art. 242. Die Aktiengesellschaft wird aufgelöst:

1. durch Ablauf der im Gesellschaftsvertrage bestimmten Zeit;
2. durch einen notariell oder gerichtlich beurkundeten Beschluss der Aktionäre;
3. durch Eröffnung des Konkurses.

Wenn die Auflösung einer Aktiengesellschaft aus anderen Gründen erfolgt, so finden die Bestimmungen dieses Abschnitts ebenfalls Anwendung.

Art. 243. Die Auflösung der Gesellschaft muss, wenn sie nicht eine Folge des eröffneten Konkurses ist, durch den Vorstand, bei Ordnungsstrafe, zur Eintragung in das Handelsregister angemeldet werden: sie muss zu drei verschiedenen Malen durch die hierzu bestimmten öffentlichen Blätter (Art. 209 Ziff. 12) bekannt gemacht werden.

Durch diese Bekanntmachung müssen zugleich die Gläubiger aufgefordert werden, sich bei der Gesellschaft zu melden.

Art. 244. Die Liquidation geschieht durch den Vorstand, wenn nicht dieselbe durch den Gesellschaftsvertrag oder einen Beschluss der Aktionäre an andere Personen übertragen wird.

Es kommen die bei der offenen Handelsgesellschaft über die Anmeldung und das Rechtsverhältnis der Liquidatoren gegebenen Bestimmungen auch hier zur Anwendung, mit der Maßgabe, dass die Anmeldungen behufs der Eintragung in das Handelsregister durch den Vorstand zu machen sind.

Die Bestellung der Liquidatoren ist jederzeit widerruflich

Art. 245. Das Vermögen einer aufgelösten Aktiengesellschaft wird nach Tilgung ihrer Schulden unter die Aktionäre nach Verhältnis ihrer Aktien verteilt.

Die Verteilung darf nicht eher vollzogen werden, als nach Ablauf eines Jahres, von dem Tage an gerechnet, an welchem die Bekanntmachung in den hierzu bestimmten öffentlichen Blättern (Art. 243) zum dritten Male erfolgt ist.

In Ansehung der aus den Handelsbüchern ersichtlichen oder in anderer Weise bekannten Gläubiger und in Ansehung der noch schwebenden Verbindlichkeiten und streitigen Forderungen kommen die bei der Kommanditgesellschaft auf Aktien gegebenen Bestimmungen (Art. 202 Abs. 2 und 3) zur Anwendung.

Mitglieder des Vorstandes und Liquidatoren, welche diesen Vorschriften entgegen handeln, sind persönlich und solidarisch zur Erstattung der geleisteten Zahlungen verpflichtet.

Art. 246. Die Handelsbücher der aufgelösten Gesellschaft sind an einem von dem Handelsgerichte zu bestimmenden sicheren Orte zur Aufbewahrung auf die Dauer von zehn Jahren niederzulegen.

Art. 247. Bei der Auflösung einer Aktiengesellschaft durch Vereinigung derselben mit einer anderen Aktiengesellschaft (Art. 215) kommen folgende Bestimmungen zur Anwendung:

1. das Vermögen der aufzulösenden Gesellschaft ist solange getrennt zu verwalten, bis die Befriedigung oder Sicherstellung ihrer Gläubiger erfolgt ist.

2. Der bisherige Gerichtsstand der Gesellschaft bleibt für die Dauer der getrennten Vermögensverwaltung bestehen; dagegen wird die Verwaltung von der anderen Gesellschaft geführt.

3. Der Vorstand der letzteren Gesellschaft ist den Gläubigern für die Ausführung der getrennten Verwaltung persönlich und solidarisch verantwortlich.

4. Die Auflösung der Gesellschaft ist zur Eintragung in das Handelsregister bei Ordnungsstrafe anzumelden.

5. Die öffentliche Aufforderung der Gläubiger der aufgelösten Gesellschaft (Art. 243) kann unterlassen oder auf einen späteren Zeitpunkt verschoben werden. Jedoch ist die Vereinigung der Vermögen der beiden Gesellschaften erst in dem Zeitpunkte zulässig, in welchem eine Verteilung des Vermögens einer aufgelösten Aktiengesellschaft unter die Aktionäre erfolgen darf (Art. 245).

Art. 248. Eine teilweise Zurückzahlung des Grundkapitals an die Aktionäre oder eine Herabsetzung desselben kann nur auf Beschluss der Generalversammlung erfolgen.

Die Zurückzahlung oder Herabsetzung kann nur unter Beobachtung derselben Bestimmungen erfolgen, welche für die Verteilung des Gesellschaftsvermögens im Falle der Auflösung maßgebend sind (Art. 243, 245).

Die Mitglieder des Vorstandes, welche dieser Vorschrift entgegen handeln, sind den Gläubigern der Gesellschaft persönlich und solidarisch verhaftet.

Fünfter Abschnitt. Schlussbestimmungen

Art. 249. Die Mitglieder des Aufsichtsrates und des Vorstandes werden mit Gefängnis bis zu drei Monaten bestraft:

1. wenn sie vorsätzlich behufs der Eintragung des Gesellschaftsvertrages in das Handelsregister falsche Angaben über die Zeichnung oder Einzahlung des Grundkapitals machen;

2. wenn durch ihre Schuld länger als drei Monate die Gesellschaft ohne Aufsichtsrat geblieben ist, oder in dem letzteren die zur Beschlussfähigkeit erforderliche Zahl von Mitgliedern gefehlt hat;

3. wenn sie in ihren Darstellungen, in ihren Übersichten über den Vermögensstand der Gesellschaft oder in den in der Generalversammlung gehaltenen Vorträgen wissentlich den Stand der Verhältnisse der Gesellschaft unwahr darstellen oder verschleiern.

Wird in den Fällen zu 2 und 3 festgestellt, dass mildernde Umstände vorhanden sind, so ist auf Geldstrafe bis zu eintausend Talern zu erkennen.

Art. 249 a. Die Mitglieder des Vorstandes werden mit Gefängnis bis zu drei Monaten bestraft, wenn sie der Vorschrift des Art. 240 zuwider dem Gericht die Anzeige zu machen unterlassen, dass das Vermögen der Gesellschaft nicht mehr die Schulden deckt.

Die Strafe tritt nicht ein, wenn von ihnen nachgewiesen wird, dass die Anzeige ohne ihr Verschulden unterblieben ist.

Zweiter Teil: Die Anträge Preußens und des Bundesrats wegen Reform der Aktiengesetzgebung und das Gutachten des Reichsoberhandelsgerichts über die Reform des Aktienrechts 1876/77

I. Votum des preußischen Handelsministers Achenbach vom 27.4.1876

In einem an das Kgl. Staatsministerium gerichteten, sämtlichen Herren Ressortchefs abschriftlich mitgeteilten Votum vom 28.11.1873 habe ich mich auf das an die bekannte Interpellation des Reichstagsabgeordneten Lasker anknüpfende Schreiben des Reichskanzleramtes vom 7.4.1873 in dem Sinne geäußert, dass mit einer legislativen Reform des Aktiengesellschaftsrechts – wenn auch nur in mehr oder minder dringenden, des Näheren bezeichneten und ausgeführten Punkten – alsbald vorzugehen sein werde.

Indes wurde, nachdem unter dem 5.5.1874 auch noch der Herr Justizminister sich eingehend zur Sache geäußert hatte, die weitere Verfolgung des Gegenstandes, insbesondere die Beratung des Kgl. Staatsministeriums, mit Rücksicht darauf ausgesetzt, dass inzwischen der Bundesrat (Prot. 32 vom 22.6.1874 § 328) auf den Bericht des Ausschusses für Justizwesen vom 9.6.1874 (Nr. 78) beschlossen hatte, die Revision der Gesetzgebung über die Aktiengesellschaften mit der Revision des HGB zu verbinden.

Um die Tragweite dieses Beschlusses, soweit er sich auf den Zeitpunkt der Wiederaufnahme des Gegenstandes bezieht zu ermessen, ist es unerlässlich, den in dem Ausschussbericht für jene legislativen Reformen vorgezeichnete Weg sich zu vergegenwärtigen und ferner zu berücksichtigen, dass in Beziehung auf den ersten und nächsten Gegenstand des Ausschussberichts, nämlich der Gutachten der zur Beratung des Planes und der Methode für die Aufstellung des Entwurfs eines deutschen bürgerlichen Gesetzbuches gewählten Kommission (Nr. 53 der Drucks.), der Bundesrat zugleich ausdrücklich eine allgemeine Billigung der darin enthaltenen Ansichten und Vorschläge ausgesprochen hat. Nachdem unter V. der Ausschussdrucksache des Näheren entwickelt worden ist, dass und aus welchen Gründen die Revision der Gesetze über Aktiengesellschaften und der des HGB zu verbinden sein werde, äußert sich der Ausschuss unter VI. darüber, wie die Revision und Ergänzung des HGB zustande zu bringen sein würde [hierzu bei Schubert, in *H.H. Jakobs/W. Schubert,* Die Beratung des BGB. Materialien, Berlin 1978, S. 198].

Im Anschluss hieran hat demnächst der Bundesrat beschlossen, die weitere Bestimmung über Zusammensetzung der mit der Aufstellung des Entwurfs des deutschen HGB zu beauftragenden Kommission vorzubehalten. Auf diesem Wege liegen demnach die Ansichten, das Aktiengesellschaftswesen auf eine neue gesetzliche Basis gestellt oder doch einer solchen unmittelbar entgegengeführt zu sehen, vom Ziele noch *sehr weit* entfernt. Eine lange, nach Jahren zu bemessende Kette ebenso umfassender wie schwieriger Vorarbeiten ist vor der Annäherung an das Ziel nicht nur in den Grundzügen abzuwickeln, sondern auch zu einem gewissen formellen Abschluss zu bringen und wenn allenfalls noch für die nächste Zukunft der Druck, welcher einem freieren Aufschwung des wirtschaftlichen Verkehres zur Zeit daniederhält, das Bedürfnis einer Reform minder dringlich erscheinen lassen mag, so hat man doch nicht nur auf die Möglichkeit sich gefasst zu halten, sondern man darf es auch nicht mit einer Zuversicht erwarten. Dass dieser Zustand nicht während der ganzen Dauer des noch zurückzulegenden Weges fortbestehen, vielmehr schon weit früher der Unternehmungsgeist sich wieder heben und regen wird – eine Wendung, mit der dann auch wieder zu den früheren oder auch ähnlichen Ausschreitungen neue Versuchung und neue Gelegenheit gegeben sein würde. Hiergegen aber die erforderlichen Schranken und Garantien aufzurichten, soweit dies mittelst Gesetzes überhaupt möglich ist, scheint nicht erst dem Augenblick überlassen werden zu dürfen, in welchem die Wendung sich vielleicht und die neuen Bestimmungen sich praktisch wirksam erweisen sollen.

Mochte von diesen Gesichtspunkten aus eine Vertagung schon zu der Zeit, da in solchem Sinne Beschluss gefasst wurde, nicht unbedenklich erscheinen, so kommt nunmehr ferner in Betracht, dass inzwischen auch noch von Seiten der Landesvertretung eine weitere Anregung gegeben ist, die, – wenn auch vielleicht nicht nach dem Wortlaute des bezüglichen Beschlusses, doch nach den Intentionen, wie solche auch im Laufe der Beratung zum Ausdruck gelangen – auf ein früheres und alsbaldiges Vorgehen abzielt.

Im Anschluss an den in der Sitzung vom 29. v.M. zur Beratung gelangenden Bericht der Spezialkommission zur Untersuchung des Eisenbahnwesens hat nach Inhalt des mir und dem Herrn Justizminister vorgelegten, inzwischen meinerseits an letzteren weiterbeförderten Schreibens der Präsidenten des Hauses der Abgeordneten von demselben Tage das Haus auf den Antrag der Abgeordneten Dr. Lasker und von Köller (Drucks. Nr. 141) beschlossen:

Indem er von dem Berichte der „Spezialkommission zur Untersuchung des Eisenbahnkonzessionswesens", an den in demselben dargestellten Missständen und den hieran sich anschließenden Vorschlägen Kenntnis nimmt:

I. in Betreff des Eisenbahnkonzessionswesens und des Eisenbahnbaues

a) die Erwartung auszusprechen, dass die Kgl. Staatsregierung darauf Bedacht nehmen werde, den Missständen, welche beim Privateisenbahnbau wahrgenommen und in Folge von Scheinmanipulationen und Umgehungen des Gesetzes ermöglicht worden sind, mit den Mitteln der den Staatsbehörden anvertrauten Konzessionsbefugnis und Aufsicht über den „Eisenbahnbau" entgegenzutreten;

b) von weiteren Beschlüssen aber mit Rücksicht darauf, dass die von der Kgl. Staatsregierung eingebrachten und angekündigten Gesetzesvorlagen die Erörterung der in dem Bericht dargelegten Gesichtspunkte in Aussicht stellen, zur Zeit Abstand zu nehmen;

II. in Betreff des Aktienwesens die Kgl. Staatsregierung aufzufordern, dahin zu wirken, dass die Reform der Gesetze über das Aktienwesen im Sinne

a) eines besseren Schutzes aller im öffentlichen Interesse gegebenen Gesetzesvorschriften;

b) der verstärkten Verantwortlichkeit aller bei Gründung, Leitung und Beaufsichtigung des Unternehmens beteiligten Personen;

c) einer selbständigeren und wirksameren Kontrolle über die Verwaltung;

d) der leichteren Verfolgbarkeit der Übertretungen der im öffentlichen Interesse gegebenen Vorschriften durch die Reichsgesetzgebung baldigst in Angriff genommen werde.

In Betreff des ersten, auf das Eisenbahnwesen bezüglichen Teiles ist auf den Beschluss für jetzt ein Weiteres nicht zu veranlassen. Aufgrund des zweiten Teiles dagegen gestatte ich mir, dem Kgl. Staatsministerium die Frage zur anderweiten geneigten Erwägung und Beschlussfassung zu unterbreiten,

ob nicht preußischerseits bei dem Reiche darauf hinzuwirken sein möchte, dass unabhängig von der Revision des HGB und unbeschadet der mit dieser demnächst zu verbindenden generellen Revision des gesamten Handelsgesellschaftsrechts ein Zwischengesetz erlassen werde, welches einer Wiederkehr der unter der Herrschaft des Gesetzes vom 11.6.1870 bisher wahrgenommenen Ausschreitungen bei der Gründung, der Verwaltung und dem geschäftlichen Betriebe von Aktienunternehmungen tunlichst entgegenzuwirken geeignet erscheint.

Wird der Gegenstand des neuen Gesetzes von vornherein in dieser Weise beschränkt, so möchte ich damit insbesondere auch die Besorgnis ausgeschlossen sein, dass etwa aus der formellen Lage der Verhandlungen entscheidende Bedenken hergeleitet werden könnten.

Jedenfalls würde m.E. der Bundesrat es vorziehen müssen, auf Anregung von Seiten eines der Bundesstaaten als auf solche des Reichstages von einem früheren Beschlusse teilweise wieder abzugehen. Dass aber, wenn nicht der Bundesrat die Initiative ergreift, demnächst der Reichstag seinerseits zu solcher übergehen würde, scheint nach den darüber in maßgebenden parlamentarischen Kreisen dem Vernehmen nach herrschenden Intentionen in *sicherer* Aussicht zu stehen.

Ebenso wenig wird, wenn bereits die Vorlage für das projektierte Gesetz lediglich den Charakter eines Interimistici in Anspruch und Verbesserung nur nach einer bestimmten Richtung hier in Rücksicht nimmt, etwa der Einwand zu befürchten sein, dass derselbe der anderweiten definitiven Regelung, wie sie demnächst in Verbindung mit der Revision des HGB nachzufolgen hätte, mehr oder minder vorgreife und die freie Bewegung des Gesetzgebers bei letzterer Gelegenheit beeinträchtigen könne. Mag nun bei der Auswahl der jetzt vorwegzunehmenden einzelnen Punkte noch eine weitere Beschränkung geübt werden, als ich solche bereits in meinem Votum vom 28.11.1873 geübt zu haben glaube oder mögen im Großen und Ganzen die dort angedeuteten Grenzen Billigung finden, in keinem Falle möchte es überwindliche Schwierigkeiten bieten, das neue Gesetz in der Art anzulegen, dass der größte Teil prinzipiell unverändert auch in das revidierte HGB übergehen kann und dass, soweit dies dennoch nicht erreichbar, aus dem Wechsel der Gesetzgebung und den Abweichungen dem Verkehre keine wesentlichen Nachteile oder Belästigungen erwachsen. Im Übrigen darf ich auf mein vorbezeichnetes Votum mit dem ganz ergebensten Anheimstellen Bezug nehmen, evtl. zugleich im Einzelnen über die darin enthaltenen Vorschläge – unter Berücksichtigung der Vota des Herrn Justizministers vom 5.5. und des Herrn Ministers des Inneren vom 5.8.1874 – sich geneigtest schlüssig zu machen.

Die Erfahrungen auf dem Gebiete des Aktiengesellschaftswesens, zu denen die seit meiner früheren Äußerung verflossene Zeit Gelegenheit geboten hat, geben mir keine Veranlassung, jene Vorschläge wesentlich zu modifizieren. In Frage könnte kommen, ob etwa bei gegenwärtiger Gelegenheit auf die unter dem 20.4.1874 dem Reichstage eingebrachten Antrag von Mosle, Dr. Schwarze und Dr. Meyer (Thorn) – Nr. 167 – betreffend das Verbot des Erwerbs und der Amortisierung eigener Aktien (HGB Art. 205) zurückzukommen sein möchte. Im Hinblick indes auf das bekannte, inzwischen ergangene Erkenntnis des ROHG [ROHGE 17, 381] glaube ich auch diese Frage verneinen zu sollen. Es wird zunächst abgewartet werden dürfen, ob nicht die Praxis sich dieser Entscheidung insoweit fügt, dass das Bedürfnis einer Deklaration des Gesetzes damit als erledigt anzusehen ist.

II. Votum des preußischen Justizministers Leonhardt vom 13.7.1876

Durch den Beschluss, mit welchem das Haus der Abgeordneten die Beratung des Berichts der Spezialkommission zur Untersuchung des Eisenbahnkonzessionswesens zur Erledigung gebracht hat, wird, soweit derselbe das Aktiengesellschaftsrecht betrifft, *die Staatsregierung aufgefordert, dahin zu wirken, dass die Reform der Gesetze über das Aktienwesen in dem in dem Beschluss näher angedeuteten Sinne durch die Reichsgesetzgebung „baldigst“ in Angriff genommen werde.*

In Anlass dessen befürwortet der Herr Handelsminister in dem Votum vom 25.4. d.J., Preußischerseits bei dem Reiche darauf hinzuwirken, dass unabhängig von der Revision des HGB und unbeschadet der mit dieser demnächst zu verbindenden Revision des gesamten Handelsgesellschaftsrechts ein Zwischengesetz erlassen werde, welches eine Wiederkehr der „unter der Herrschaft des Gesetzes vom 11.6.1870 bisher wahrgenommenen“ Ausschreitungen bei der Gründung, der Verwaltung und dem geschäftlichen Betriebe von Aktiengesellschaften tunlichst entgegenzuwirken geeignet erscheint.

Ich nehme keinen Umstand, diesem Vorschlage seinem wesentlichen Inhalt nach mich anzuschließen.

Als in Folge der im Frühjahr 1873 an den Herrn Reichskanzler gerichteten Anfrage des Abgeordneten Lasker, das Reichskanzleramt eine Erörterung des Gegenstandes angeregt hatte, sprach ich in dem, dem Kgl. Staatsministerium ganz ergebenst vorgelegten Votum vom 5.5.1874 mich dahin aus, dass ein Vorgehen auf dem Wege der Gesetzgebung mir nicht dienlich erscheine. Die gleiche Auffassung liegt dem, in dem Votum des Herrn Handelsministers in Bezug genommenen Bericht des Ausschusses des Bundesrats für Justizwesen (Nr. 78) und dem, dem Antrag des Ausschusses entsprechenden Beschluss des Bundesrats zugrunde, *die Revision der Gesetzgebung über die Aktiengesellschaften sei mit der Revision des HGB zu verbinden (§ 328 Nr. 6).*

Nachdem inzwischen ein Zeitablauf von weiteren zwei Jahren eine Minderung der in meinem damaligen Votum hervorgehobenen Aufregung der öffentlichen Stimmung herbeigeführt hat, und, namentlich auch in Folge der durch die Rechtsprechung auf dem Gebiet sowohl des bürgerlichen Rechts wie des Strafrechts gewonnenen Ergebnisse, in mehrfachen Beziehungen eine Klärung der Anschauungen vorbereitet ist, glaube ich die damals verneinte Frage der Dringlichkeit in den Hintergrund treten lassen zu können. Es mag dahingestellt bleiben, ob eine, gegen jede politische Erwägung sich abschließende Beurteilung nicht zu der Überzeugung führen würde, die Aufrechthaltung des Beschlusses des Bundesrats fortdauernd für gerechtfertigt zu erachten. Eine derartige Abschließung möchte sich jedoch widersprechen. Der Herr Handelsminister hält es nicht nur für möglich, sondern erwartet selbst mit einiger Zuversicht, dass noch vor Abschluss der Revision des HGB der auf den wirtschaftlichen Verkehr zur Zeit ruhende Druck einem freieren Aufschwunge weichen werde, und befürchtet, dass damit den dann sich regenden Unternehmungsgeist die früheren oder ähnliche Ausschreitungen sich erneuern werden. Diesen Annahmen vermag ich, zumal sie auf Wahrnehmungen beruhen, die außerhalb meines Ressorts liegen, nicht zu widersprechen. Von der hierdurch gegebenen tatsächlichen Grundlage aus vermag ich ebenso wenig der an dieselben sich anknüpfenden Empfehlung entgegenzutreten, den Ausschreitungen durch eine Reform der Gesetzgebung, soweit als tunlich, zu begegnen und vorzubeugen.

Allerdings kann es von vornherein fraglich erscheinen, ob eine Reform, welche sich innerhalb der in dem Votum des Herrn Handelsministers angedeuteten Schranken bewegt, den vielgestaltigen Mitteln gegenüber, welche die Gewinnsucht der Ausbeuter zur Ausbeutung der Gewinnsucht oder Einsichtslosigkeit der ihnen Verfallenden zu erfinden weiß, ein der Erwartung entsprechendes Maß der Abhilfe gewähren wird. Einem derartigen Zweifel dürfte jedoch, abgesehen davon, dass er, auf die Spitze getrieben, gegen jeden Versuch einer Besserung der Gesetzgebung auf dem in Rede stehenden Gebiet erhoben werden könnte, schon aus den, bereits von dem Herrn Handelsminister angedeuteten politischen Erwägungen keine Folge zu geben sein. Überdies wird von dem gleichen Standpunkt aus zugunsten des Vorschlages des Herrn Handelsministers nicht außer Acht gelassen werden dürfen, dass, sofern mit einer Abänderung des Aktiengesellschaftsrechts nicht rechtzeitig vorgegangen wird, die öffentliche Meinung die Übelstände, welche bei einem Aufleben des Verkehrs auf dem Gebiet des Aktienwesens sich wiederholen oder neu auftreten mögen, im weitesten Umfange der Unterlassung zur Last legen, und für diese in erster Linie die Regierungen verantwortlich machen wird.

Nach der Fassung des Vorschlages soll das bei dem Reich zu befürwortende Zwischengesetz sich darauf beschränken, einer Wiederkehr *der unter der Herrschaft des Gesetzes vom 11.6.1870 bisher wahrgenommenen Ausschreitungen* entgegenzuwirken. Diese Fassung kann zu Missverständnissen Anlass geben. Sie erweckt zunächst den

Anschein, dass nach der ihr zugrunde liegenden Auffassung die Ausschreitungen ausschließlich oder vorzugsweise erst seit Erlass des Gesetzes vom 11.6.1870 sich bemerklich gemacht und durch das letztere, insbesondere also durch Beseitigung der staatlichen Konzessionierung und der staatlichen Beaufsichtigung der Aktiengesellschaften hervorgerufen worden seien, während nach Ausweis gerade auch des Berichts der Spezialkommission nicht vor Erlass jenes Gesetzes, sondern auch vor Einführung des HGB gleiche und ähnliche Übelstände zu beklagen gewesen sind. Ihrem Wortlaut nach schließt sie ferner die Berücksichtigung von Ausschreitungen aus, welche zwar tatsächlich zu besorgen, aber bisher nicht wahrgenommen sind. Eine Streichung der beschränkenden Worte dürfte bei der sonstigen Fassung des Vorschlages das Wesen desselben unberührt lassen, in den für das Zwischengesetz in Aussicht genommene Schranken insoweit erweitern, als sie ohnedies nicht würden inne gehalten werden können.

Die auf die Reform der Gesetzgebung über das Aktiengesellschaftsrecht sachlich eingehenden früheren Voten des Herrn Ministers des Innern, des Herrn Handelsministers und meines Ministeriums sind nebst den damals über den Gegenstand eingegangenen Äußerungen der Bezirksregierungen, der Landesdrosteien, der Handelskammern und der kaufmännischen Korporationen als Material zur Benutzung für die Revision des HGB dem Reichskanzleramt mitgeteilt worden. Dieselben können diesem in gleicher Weise als Material für die Aufstellung des Zwischengesetzes dienen. Eine Beschlussfassung des Kgl. Staatsministeriums über die in jenem Votum im Einzelnen enthaltenen Vorschläge, wie sie seitens des Herrn Handelsministers eventuell beantragt ist, möchte in dem gegenwärtigen Stadium der Angelegenheit sich kaum empfehlen. Derselben würde zunächst, unter Berücksichtigung der inzwischen auf dem Gebieten des Verkehrs, der Rechtsprechung und der Literatur hervorgetretenen Erscheinungen, eine nochmalige sorgsame Vorbereitung durch die beteiligten Ressortminister und der Versuch einer Einigung zwischen den letzteren vorangehen müssen. Der hierzu und zu der demnächstigen Beratung des Kgl. Staatsministeriums erforderliche Aufwand nicht nur von Kräften, sondern insbesondere auch an Zeit aber dürfte eine genügende Ausgleichung nur finden, wenn es sich darum handelte, bei dem Reich einen bereits formulierten Gesetzentwurf in Vorschlag zu bringen. Hierauf scheint jedoch der Antrag des Herrn Handelsministers sich nicht erstrecken zu sollen.

gez. Friedberg.

III. Beschluss des Preuß. Staatsministeriums vom 7.9.1876

Anwesend der Vizepräsident des Staatsministeriums, die Staatsminister Dr. Leonhardt, Dr. Falk, Dr. Achenbach, von Bülow und Hofmann, sowie der Wirkl. Gh. Ob. Regierungsrat v. Klützow.

In der heutigen Sitzung des k. Staatsministeriums wurde Folgendes verhandelt und beschlossen:

1. Der Herr Handelsminister motivierte unter Bezugnahme auf sein Votum vom 7.4. c. und dasjenige des Herrn Justizministers vom 13.7. c. den Antrag:

Preußischerseits bei dem Reiche darauf hinzuwirken, dass unabhängig von der Revision des HGB und unbeschadet der mit dieser demnächst zu verbindenden generellen Revision des gesamten Handelsgesellschaftsrechts ein Zwischengesetz erlassen werde, welches eine Wiederkehr der Ausschreitungen bei der Gründung, der Verwaltung und dem geschäftlichen Betriebe von Aktienunternehmungen möglichst entgegenzuwirken geeignet erscheint.

Bei der Erörterung des Gegenstandes wurde erwogen, dass die Preußische Regierung zwar die im Gange befindlich gewesenen Vorarbeiten zu einem solchen Antrage einstweilen unterbrochen habe, als der Bundesrat am 22.6.1874 beschlossen hatte, die Revision des Aktiengesetzes mit derjenigen des HGB zu verbinden, dass es jedoch nicht ratsam sei, die Sache noch länger auf sich beruhen zu lassen, weil gegenwärtig ersichtlich sei, dass das Zustandekommen der Revision des HGB noch in weiter Ferne liege und gehofft werden könne, dass inzwischen günstigere Konjunkturen für Handel und Gewerbe und mit diesen neue Gründungen von Aktiengesellschaften eintreten werden, denen der Charakter der Solidität durch gesetzliche Bestimmungen mehr als bisher gewährt werden müsse; ferner weil das Haus der Abgeordneten unter dem 29.8. d.J. unter Zustimmung aller Parteien an die Staatsregierung das Ersuchen gerichtet habe, auf die Revision des Aktiengesetzes in einer Richtung hin zu rücken, welche den Intentionen der Regierung entspricht, endlich weil zu erwarten sei, dass bei einer Zögerung des Bundesrates der Reichstag die Initiative ergreifen möchte, was politisch und materiell unerwünscht sein würde.

Mit Rücksicht darauf beschloss das Staatsministerium, nach dem Antrage des Herrn Handelsministers in der Angelegenheit vorzuschreiten und zu diesem Behufe die Allerhöchste Ermächtigung einzuholen, seitens Preußens einen entsprechenden Antrag an den Bundesrat gelangen zu lassen.

Von der Formulierung eines Gesetzentwurfes wurde zwar teils der Zeitersparnis halber, teils um der Tätigkeit des Bundesrates nicht vorzugreifen, abgesehen; dagegen wurde es für notwendig gehalten, die Punkte, welche den Inhalt des Gesetzes nach der diesseitigen Ansicht bilden sollen, genau zu präzisieren und mit ausreichenden Erläuterungen zu versehen. Auch sollen in dem Antrage an den Bundesrat die Gründe angegeben werden, welche einer längeren Verschiebung der Revision des Aktiengesetzes entgegenstehen.

Die Herren Minister für Handel pp., der Justiz und des Innern übernehmen es, im Sinne des vorstehenden Beschlusses den Immediatbericht und demnächst den Antrag an den Bundesrat vorbereiten zu lassen. Man hielt es zwar nicht für wahrscheinlich, dass der Gesetzentwurf dem in den bevorstehenden Herbste zu berufenen Reichstage werde vorgelegt werden könne, trotzdem wurde es aber für politisch wichtig erachtet, dass Preußen den Antrag bald an den Bundesrat bringe.

IV. Antrag Preußens vom 17.11.1876 im Bundesrat, betreffend die Reform der Aktiengesetzgebung (Ds. 89/1876)

Unter dem 27.3.1873 brachte der Abgeordnete Lasker eine Interpellation folgenden Inhalts ein:

1. Sind die Missbräuche, welche im Zusammenhange mit dem jetzigen Zustande und der üblichen Handhabung der Gesetze über das Aktienwesen bei der Gründung und Verwaltung von Aktiengesellschaften obwalten und zur Schädigung der Interessen des Publikums gereichen, zur Kenntnis der Reichsregierung gekommen?

2. Gedenkt die Reichsregierung den Übelständen Abhilfe zu verschaffen? Beabsichtigt sie zu diesem Zwecke eine Abänderung der jetzt bestehenden Gesetze herbeizuführen und dem Reichstag hierüber eine Vorlage zu machen?

Die Reichsregierung erkannte die bemerkenswerten Übelstände an, welche auf dem Gebiete des Aktienwesens hervorgetreten waren und richtete an die einzelnen Bundesregierungen das Ersuchen um Mitteilung ihrer Ansichten sowohl über die hervorgetretenen Missstände, als in Beziehung auf die Richtung, in welcher Abhilfe zu gewähren sei. Als diese Äußerungen vorlagen, waren inzwischen die Einleitungen zur Ausarbeitung eines Deutschen Civilgesetzbuchs, welche sich auch auf eine allgemeine Revision des Handelsgesetzbuchs und der in demselben enthaltenen Bestimmungen über die Aktiengesellschaften zu erstrecken hat, getroffen. Die sich aus dieser Sachlage ergebende Frage: ob die wegen eventueller Änderung des Aktienrechts eingeleiteten Verhandlungen bis zur allgemeinen Revision des Handelsgesetzbuchs zu sistieren seien, wurde in der Sitzung des Bundesrats vom 22.6.1874 bejaht. Man ging von der Ansicht aus, dass, so sehr der Gegenstand der Aufmerksamkeit wert sei, so wenig es geraten scheine, sofort mit besonderen gesetzlichen Maßregeln einzuschreiten. Die eingetretenen schlimmen Folgen seien nicht mehr rückgängig zu machen und nach der hoffentlich in der Hauptsache überstandenen Krisis sei die Lage im Augenblick nicht der Art, dass rasche Maßregeln nötig wären. Es könne sich ohnehin nicht empfehlen, gerade unter dem Eindrucke einer überstandenen Kalamität ein gesetzgeberisches Werk zu unternehmen.

Inzwischen hat in Preußen das Haus der Abgeordneten in der Sitzung vom 29.3. d.J. bei Gelegenheit der Beratung über den Bericht der Spezialkommission zur Untersuchung des Eisenbahnkonzessionswesens eine Aufforderung an die Staatsregierung gerichtet, dahin zu wirken, dass die Reform der Gesetze über das Aktienwesen im Sinne

a) eines besseren Schutzes aller im öffentlichen Interesse gegebenen Gesetzesvorschriften,

b) der verstärkten Verantwortlichkeit aller bei Gründung, Leitung und Beaufsichtigung des Unternehmens beteiligten Personen,

c) einer selbständigeren und wirksameren Kontrolle über die Verwaltung,

d) der leichteren Verfolgbarkeit der Übertretungen der im öffentlichen Interesse gegebenen Vorschriften durch die Reichsgesetzgebung baldigst in Angriff genommen werde.

In der Tat ist die Sachlage gegenwärtig eine andere, als zur Zeit des Beschlusses des Bundesrats vom 22.6.1874. Seit diesem Beschlusse hat ein Zeitablauf von mehr als zwei Jahren eine Minderung der einer gesetzgeberischen Tätigkeit nicht günstigen Aufregung der öffentlichen Meinung herbeigeführt und, namentlich auch in Folge der durch die Rechtsprechung auf dem Gebiet sowohl des bürgerlichen Rechts wie des Strafrechts gewonnenen Ergebnisse, in mehrfachen Beziehungen eine Klärung der Anschauungen vorbereitet. Wenn andererseits noch für die nächste Zukunft der Druck, welcher einen freieren Aufschwung des wirtschaftlichen Verkehrs zur Zeit darniederhält, das Bedürfnis einer Reform minder dringlich erscheinen lassen mag, so hat man doch nicht nur auf die Möglichkeit sich gefasst zu halten, sondern man darf es wohl auch mit einer Zuversicht erwarten, dass dieser Zustand nicht allzu lange mehr fortbestehen wird. Die verschiedenen Nationen haben den Prozess des Misstrauens durchgemacht und die Krisis geht vielleicht schon bald ihrer letzten Abwicklung entgegen. Hebt sich aber früher oder später der Unternehmungsgeist wieder, so wird auch zu den früheren oder ähnlichen Ausschreitungen neue Versuchung und neue Gelegenheit gegeben sein. Hiergegen aber die erforderlichen Schranken und Garantien aufzurichten, soweit dies mittelst Gesetzes überhaupt möglich ist, wird nicht erst dem Augenblick überlassen werden dürfen, in welchem die Wendung sich vollzieht und die neuen Bestimmungen sich praktisch wirksam erweisen sollen. Geschähe dies, so würde die öffentliche Meinung die Übelstände, welche bei einem Aufleben des Verkehrs auf dem Gebiete des Aktienwesens sich wiederholen oder neu auftreten mögen, im weitesten Umfange der Unterlassung zur Last legen und für diese in erster Linie die Regierungen verantwortlich machen.

Hinzu kommt, dass für das Zustandekommen eines deutschen Civilgesetzbuchs und der damit verbundenen Revision des HGB ein längerer, mit zehn Jahren vielleicht nicht zu weit bemessener Zeitraum in Aussicht zu nehmen ist. Dass hierzwischen wieder Verhältnisse eintreten werden, welche das Bedürfnis nach einer Reform der Aktiengesetzgebung nicht abweisen lassen, ist mit Bestimmtheit anzunehmen. Die gebührende Rücksicht auf die formelle Lage der weitergreifenden Verhandlungen über die Revision des HGB wird in der Weise möglich und empfehlenswert sein, dass sich das Zwischengesetz nur die Aufgabe stellt, einer Wiederkehr der der Ausschreitungen bei der Gründung, der Verwaltung und dem geschäftlichen Betriebe von Aktienunternehmungen tunlichst entgegenzuwirken. Ein solches Gesetz wird der anderweiten definitiven Regelung nicht in unerwünschter Weise vorgreifen und die freie Bewegung des Gesetzgebers bei Gelegenheit der allgemeinen Revision nicht beeinträchtigen. Es wird keine unüberwindlichen Schwierigkeiten bieten, das Zwischengesetz in der Art anzulegen, dass der größte Teil desselben prinzipiell unverändert auch in das revidierte HGB übergehen kann und dass, soweit dies dennoch nicht erreichbar wäre, aus dem Wechsel der Gesetzgebung und den Abweichungen dem Verkehre keine wesentlichen Nachteile oder Belästigungen erwachsen. Ein solcher Wechsel, der auch in anderen Ländern, namentlich in Frankreich und England, stattgefunden hat, erklärt sich aus den Schwierigkeiten, welche die Natur des Gegenstandes bietet und aus der besonderen Natur des Systems der

Normativbestimmungen überhaupt. Erst durch die Erfahrungen, welche sich aus der praktischen Handhabung solcher Gesetze ergeben, wird die Grenzlinie zwischen einem Zuwenig und Zuviel allmählich in befriedigender Weise klargelegt. Insofern wird ein Eingehen auf ein Zwischengesetz den allgemeinen Revisionsarbeiten nur förderlich und willkommen sein können.

Der Bundesrat wolle daher seine Zustimmung erteilen: dass unabhängig von der Revision des HGB und unbeschadet der mit dieser demnächst zu verbindenden generellen Revision des gesamten Handelsgesellschaftsrechts ein Zwischengesetz erlassen werde, welches einer Wiederkehr der Ausschreitungen bei der Gründung, der Verwaltung und dem geschäftlichen Betriebe von Aktienunternehmungen tunlichst entgegenzuwirken geeignet erscheint.

Diejenigen Punkte, auf welche sich eine in den bezeichneten Grenzen gehaltene Reform vorzugsweise zu erstrecken haben möchte, sind in der beiliegenden Denkschrift [bei *Schubert/Hommelhoff*, 128ff.] zusammengestellt. Selbstverständlich soll dadurch weiteren Erwägungen nicht vorgegriffen werden. Auf eine genauere Feststellung der angeregten Punkte hat für jetzt verzichtet werden müssen. Aus Anlass der im Jahre 1873 gegebenen Anregung sind dem Herrn Reichskanzler auch seitens anderer Landesregierungen ausführliche Äußerungen zugegangen, welche in Betracht gezogen werden müssen, ehe die aufgeworfenen Fragen zum Abschluss gebracht und zu formulierten Gesetzesbestimmungen gestaltet werden können. Vorläufig kam es darauf an, aus dem seitens der preußischen Regierung gesammelten Material bestimmte Gesichtspunkte abzuleiten und für die weiteren Beratungen als beachtenswert zu bezeichnen.

V. Bericht der Vereinigten Ausschüsse für Handel und Verkehr und für Justizwesen vom 12.2.1877 betreffend den Antrag Preußens wegen Reform der Aktiengesetzgebung (Ds. 18 der Session 1876/77) und im Anhang: Bericht der Hanseatischen Gesandtschaft

Bei den Beratungen über die Ausarbeitung eines Zivilgesetzbuchs und die Revision des HGB war die Frage aufgeworfen, ob nicht sofort zu einer Revision der Aktiengesetzgebung zu schreiten sei. Nach dem Vorschlage des Justizausschusses hat sich damals in der Sitzung vom 22. Juni 1874 der Bundesrat dafür entschieden, dass die Revision der Gesetzgebung über Aktiengesellschaften mit der Revision des HGB zu verbinden sei.

Seitdem haben im preußischen Abgeordnetenhause Erörterungen über eine Reihe, namentlich beim Eisenbahnkonzessionswesen bemerkter Übelstände stattgefunden. Eine Spezialkommission hat nähere Untersuchungen angestellt, deren Resultate in einem umfangreichen Berichte niedergelegt sind, und schließlich ist ein Antrag angenommen worden, durch welchen die Staatsregierung aufgefordert wird, dahin zu wirken, dass die Reform der Aktiengesetzgebung im Sinne

a) eines besseren Schutzes aller im öffentlichen Interesse gegebenen Gesetzesvorschriften,

b) der verstärkten Verantwortlichkeit aller bei Gründung, Leitung und Beaufsichtigung des Unternehmens beteiligten Personen,

c) einer selbständigeren und wirksameren Kontrolle über die Verwaltung,

d) der leichteren Verfolgbarkeit der Übertretungen der im öffentlichen Interesse gegebenen Vorschriften

durch die Reichsregierung baldigst in Angriff genommen werde. Zu erwähnen ist, dass der Gegenstand auch in der gegenwärtigen Sitzung des preußischen Herrenhauses angeregt wurde, dessen Beschlussfassung zur Zeit der Ausschussberatungen noch ausstand. Der erstgedachte Beschluss des Abgeordnetenhauses hat den in Nr.89 vorliegenden Antrag veranlasst. Man hält schon jetzt und unabhängig von der Revision des HGB den Erlass eines auf Abstellung von Missbräuchen gerichteten Zwischengesetzes für tunlich. Teils sei die öffentliche Meinung dem Erlasse eines solchen Gesetzes in Folge der Klärung der Ansichten nicht abgeneigt, teils aber lasse sich – wenn auch augenblicklich die Unternehmungslust gesunken sei – doch in nicht ferner Zukunft ein regeres Treiben im Gebiete der materiellen Interessen erwarten, mit welchem die wahrgenommene Missbräuche aufs Neue zur Erscheinung kommen könnten.

Über die hiermit aufgeworfene Frage lässt sich nur urteilen, wenn man den Zusammenhang der Gesetzgebung im Ganzen auffasst.

Die Aktiengesellschaft enthält eine erhebliche Abweichung von allgemeinen Rechtsgrundsätzen. Da sie die Natur einer juristischen Person hat, so verschwindet dem Publikum gegenüber der einzelne Teilnehmer. Dritte, die mit der Gesellschaft kontrahieren, haben sich lediglich an die juristische Person der Gesellschaft zu halten. Der einzelne Unternehmer ist nur mit dem Betrage seiner Aktie verhaftet, und auch nur der Gesellschaft; er nimmt an dem Gewinne teil, und ist für entstehende Ausfälle nicht weiter verantwortlich, als dass sein Anteil im Werte sinken und allenfalls wertlos werden kann.

Aus der Natur dieser Geschäftsform ergeben sich mit Notwendigkeit mancherlei Gefahren und unerwünschte Konsequenzen. Hat die Aktiengesellschaft auf dem Felde der materiellen Interessen durch das Gewicht vereinigter Kapitalkräfte Großes geleistet, so ist sie doch immer mit jenen Gefahren verbunden gewesen, und in Perioden eines regen industriellen Treibens und entfesselter Gewinnsucht haben die Übelstände in mehr oder weniger schroffer Weise zutage treten müssen.

Den Begründern einer Aktiengesellschaft ist alsdann oft an dem Unternehmen selbst gar nichts gelegen, sondern nur an dem Gewinn, der bei der Gründung zu machen ist. Das Unternehmen selbst wird zum bloßen Vorwande. Das sich beteiligende Publikum folgt mehr oder weniger auf derselben Bahn. Viele wollen sich durch den Kurs der Aktien bereichern. Die meisten sind aber gewohnt geworden, ihre Dividenden als eine Art ihnen geschuldeter Rente zu betrachten und zu vergessen, dass sie nicht Gläubiger, sondern anonyme Teilnehmer eines oft gefährlichen Geschäfts sind. Von diesem können sie immer hoffen, sich rechtzeitig durch Veräußerung ihrer Aktien zurückzuziehen. Die Übertragbarkeit der Aktien macht diese zu einem Gegenstande des Handels und der Spekulation. Der Wert der Aktien wird ein Kurswert, auf den je nach den sich geltend machenden, oft ganz im

Verborgenen bleibenden Interessen durch allerlei Manipulationen eingewirkt, und der dann durch letztere und nicht von dem wirklichen Zustande und Fortgange des Unternehmens bestimmt wird. Der Verwaltung selbst steht der Aktionär meist ganz fern: er hat sich auf deren Gewissenhaftigkeit und Ehrlichkeit zu verlassen und es liegt ihm weit näher, sich, wenn die Umstände bedenklich werden, seiner Aktien zu entledigen, als sich um den weiteren Gang des Unternehmens selbst zu bestimmen.

Die Aufhebung der Staatsgenehmigung und Staatsaufsicht ist aus guten Gründen erfolgt. Es kann deshalb auf die Motive des Gesetzes vom 11.6.1870 Bezug genommen werden. An eine Wiedereinführung wird jetzt nicht zu denken sein.

Es handelt sich also nur um die teils schon im HGB gegebenen, teils durch das Gesetz vom 11.6.1870 hinzugefügten Vorschriften. Diese werden als unzureichend angesehen und die Aufgabe wäre daher, dieselben in einer Weise zu ergänzen und zu vervollständigen, dass dadurch dem Zwecke besser entsprochen würde. Es fragt sich also, ob unter Abänderung des Bundesratsbeschlusses vom 17.6.1874 schon jetzt ein Zwischengesetz in der im Antrage bezeichneten Richtung zu erlassen sei.

In den Ausschüssen sprach sich eine Minorität für die Verneinung dieser Frage, die Majorität für die Bejahung derselben aus.

Für die Ansicht der Minorität wurde im Wesentlichen Folgendes geltend gemacht:

Das geltende Recht der Aktiengesellschaften bestehe bereits wesentlich aus kautelarischen Vorschriften: die aus dem Wesen des Instituts folgenden und dasselbe charakterisierenden Vorschriften hätten sich in wenigen Paragraphen geben lassen, es hätte dazu der Olliviersche Entwurf von 1870 [Émile Ollivier war 1870 franz. Justizminister] in neun Artikeln genügt. Bei Erlass des Gesetzes vom 11.6.1870 habe man Inhalts der Motive wohl vorausgesehen, dass eine Periode des Schwindels und der Missbräuche eintreten könne. Sei diese eingetreten und überwunden, so sei es nicht indiziert, die damals gegebenen Vorschriften zu schärfen. Es lasse sich nicht sagen, dass man sich damals geirrt und jetzt einen Irrtum zu verbessern habe. Der Fehler liege nicht in der Mangelhaftigkeit der gegebenen Vorschriften, sondern teils in der gefährlichen Natur des Instituts selbst, teils in der menschlichen Schwäche, der Gewinnsucht und der Leichtgläubigkeit des Publikums. Habe man einmal das Bevormundungsprinzip aufgegeben, so müsse man darauf zählen, dass die harten Lehren, welche das Publikum erhalten, zu größerer Vorsicht und Besonnenheit, ja zu strengeren sittlichen Ansichten führten. Für jetzt sei an die Stelle zu großen Vertrauens Ängstlichkeit und Misstrauen getreten. Man fange an zu begreifen, dass Aktien keine passende Kapitalanlage für solche bilden könnten, welche auf die Erträge eines mäßigen Vermögens für ihre Existenz angewiesen sind. Sollte – was jetzt nicht zu besorgen – eine ähnliche Periode, wie die überstandene eintreten, so würden sich immer Leute finden, die sich durch neue Unternehmungen – bei denen es sich gar nicht um betrügerische Anpreisungen zu handeln brauche – verlocken ließen, ihr Vermögen auf das Spiel zu setzen. Dem sei überhaupt nicht abzuhelfen. Neue kautelarische Vorschriften würden dagegen wenig helfen. Habe man das Bevormundungsprinzip verlassen, so müsse man erwarten, dass die Gesellschaften vermöge ihrer Autonomie statutarisch solche Sicherheit böten, die auch Vorsichtigeren genügte, oder dass das Publikum sich der Teilnahme enthalten werde. Gehe man im

Wege des Gesetzes mit allgemeinen Vorschriften vor, so sei die Gefahr, dass man – da die Gesellschaften nach Umfang, nach Beschaffenheit des Gegenstandes, selbst nach Persönlichkeit der Gründer sehr verschieden seinen – Vorschriften gebe, die in vielen Fällen unnötig, in anderen sogar eine lästige und drückende Fessel seien. Die Möglichkeit von Missbräuchen und Vereitelungen der Absicht des Gesetzgebers werde durch neue Detailvorschriften kaum ausgeschlossen. Neue Strafvorschriften seien misslich. Man befinde sich meist auf der Grenze zwischen der Kriminalität und der moralischen Verwerflichkeit. Allgemein gehaltene Strafvorschriften könnten wirksam sein, aber zu weit führen und seien auch nicht durchzusetzen. Speziellere ließen durch scharfe Bezeichnung der Grenze des Verbotenen Spielraum für das, was eben auszuschließen sei. Auch die Art. 405 und 419 des Code pénal hätten Missbräuche nicht verhindert.

Art. 405. Quinconque, soit en faisant usage de faux noms ou de fausses qualités, soit en employant des manœuvres frauduleuses pour persuader l'existence de fausses entreprises, d'un pouvoir ou d'un crédit imaginaire, ou pour faire naître l'espérance ou la crainte d'un succès, d'un accident ou de tout autre événement chimérique, se sera fait remettre ou délivrer des fonds, des meubles ou des obligations, dispositions, billets, promesses, quittances ou décharges, et aura, par un de ces moyens, escroqué ou tenté d'escroquer la totalité ou partie de la fortune d'autrui, sera puni d'un emprisonnement d'un an au moins et de cinq ans au plus, et d'une amende de cinquante francs au moins et de trois mille francs au plus.

Le coupable pourra être, en outre, à compter du jour où il aura subi sa peine, interdit, pendant cinq ans au moins et dix au plus, des droits mentionnés en l'article 42 du présent code : le tout, sauf les peines plus graves, s'il a crime de faux.

Art. 419. Tous ceux qui, par des faits faux ou calomnieux semés à dessein dans le public, par des suroffres fait au prix que demandaient les vendeurs eux-mêmes, par réunion ou coalition les principaux détenteurs d'une même marchandise ou denrée tendant à ne la pas vendre ou à ne la vendre qu'à un certain prix, ou qui, par des voies ou moyens frauduleux quelconques, auront opéré la hausse ou la baisse du pris des denrées ou marchandises ou des papiers et effets publics au-dessus ou au-dessous des prix qu'aurait déterminés la concurrence naturelle et libre du commerce, seront punis d'un emprisonnement d'un mois au moins, d'un an au plus, et d'une amende de cinq cents francs à dix mille francs. Les coupables pourront de plus être mis, par l'arrêt ou le jugement, sous la surveillance de la haute police pendant deux ans au moins et cinq au plus.

Hiermit solle indes bloß von einem auf parlamentarischen Wunsch zu erlassenden Notgesetze abgeraten sein. Eine gründliche Revision der Aktiengesetzgebung scheine allerdings rätlich. Die Aufgabe sei danach freilich eine größere, als die in der Vorlage bezeichnete. Außer den in dieser hervorgehobenen Punkten gebe es noch andere – nicht gerade auf Kautelen hinauslaufende, – die der Berücksichtigung wert seien. Selbst die 18 Punkte der Vorlage führten über ein bloßes Zwischengesetz vor der allgemeinen Revision hinaus. Auf die Hauptpunkte, etwa die drei den Wienerschen Vorschlägen [von 1873] entsprechenden, könne man sich nicht wohl beschränken. Indes führe schon der dritte Punkt – das Gründungskomitee von sieben Personen – auf eine abweichende, dem englischen Rechte entsprechende Konstruktion in Bezug auf die Entstehung der Gesellschaften. Man werde sich bei der Arbeit bald überzeugen, dass es nicht auf einzelne Zusätze und Abstriche, sondern auf Umarbeitung der ganzen Materie ankomme. Eine Redaktionsweise, die sich dem HGB anpasse und dessen Geschlossenheit nicht störe, sei jedenfalls notwendig: die Prüfung, wie sich das Neue in das Bestehende einfüge, könne man sich nicht ersparen. Dabei werde man finden, dass die Aufgabe einen weiteren Umfang gewinne. Die Kommanditgesellschaften auf Aktien könnten schon zur Ausgleichung jetzt vorhandener nicht motivierter Verschiedenheiten schwerlich unberührt bleiben und es werde sogar in Frage kommen, ob man nicht das Genossenschafts- und Gesellschaftsrecht überhaupt zu revidieren habe. Mit Recht habe die bekannte Keyßnersche Schrift vor einem bloßen Notgesetze gewarnt und eine vorsichtige Durcharbeitung der Gesetzgebung über das Gesellschaftswesen verlangt.

Bei dieser Erweiterung der Aufgabe müsse man aber fragen, ob man den früheren Beschluss ändern und nicht vielmehr die Lösung der jetzt gestellten Aufgabe mit der Revision des Handelsgesetzbuchs verbinden solle. Eine eigentliche Notlage sei nicht vorhanden. Die Arbeiten für das Civilgesetzbuch hätten nach der dem Bundesrat gemachten Mitteilung einen so günstigen Fortgang, dass die einzelnen Entwürfe nach Ablauf eines Jahres der Vollendung nahe gebracht sein würden. Es stehe also nichts im Wege, sehr bald mit der Ausarbeitung des hier in Frage stehenden Abschnitts des HGB zu beginnen und sich die Ausarbeitung eines bloßen Zwischengesetzes zu ersparen. Dieses werde – wenn es nicht bloß auf den Satz interim aliquid fit ankommen solle – auch nicht in kurzer Zeit fertig zu stellen sein.

Dagegen wurde von Seiten der Majorität im Wesentlichen Folgendes geltend gemacht:

Man könne nicht annehmen, dass die jetzige Aktiengesetzgebung dem Hauptbestandteile nach aus kautelarischen Vorschriften bestehe; den Hauptbestandteil bildeten vielmehr die über Entstehung, Organisation, Verwaltung usw. der Gesellschaften auf allen Fall notwendigen Bestimmungen. Insofern handle es sich auch nicht gerade um eine Vermehrung der Kautelen. Eine eigentliche Notlage sei freilich nicht vorhanden, und unter dem Eindrucke einer solchen solle auch kein neues Gesetz erlassen werden. Die schlimme Periode sei vielmehr überstanden, und man habe deren Erfahrungen hinter sich. Diese Erfahrungen könne man jetzt benutzen, und der Zeitpunkt sei für die Erlassung eines neuen Gesetzes gerade recht günstig, indem man jetzt in ganz unbefangener Würdigung der Zustände gegen die in Zukunft möglichen Missbräuche Vorkehrung treffen könne. Eine Periode des lebhafteren Treibens auf dem Gebiete der materiellen Interessen könne wiederkehren. Die Industrie müsse sich notwendig wieder heben und auf das jetzige Stadium der Erschlaffung werde ganz naturgemäß wieder ein Stadium der Erregung folgen. Dann könnten sich die gemachten schlimmen Erfahrungen rücksichtlich der Aktiengesellschaften wiederholen. Hätten die Regierungen alsdann die ruhige Zwischenzeit nicht benutzt und die Gesetzgebung verbessert, so bleiben sie schwer zurückzuweisenden Vorwürfen ausgesetzt. Dazu komme ein politischer Grund. Im preußischen Abgeordnetenhause sei die Sache angeregt worden, im Herrenhause sei eine ähnliche Anregung erfolgt. Der Reichstag werde ganz unzweifelhaft ebenfalls eine Verbesserung des Rechts der Aktiengesellschaften verlangen, und es werde schwer sein, diesem Verlangen entgegenzutreten. Um ein eigentliches Notgesetz oder bloße Kautelen handle es sich, wie schon bemerkt, nicht; die gemachten Vorschläge hätten vielmehr im Wesentlichen eine Verbesserung in der Organisation der Gesellschaften zum Ziele. Die Form anlangend, so habe man eine ähnliche Gestaltung des neuen Gesetzes vor Augen, wie die des Gesetzes vom 11.6.1870, so dass die Einheit und Geschlossenheit des HGB nicht gestört werde. Die Arbeit beeinträchtige auch die künftige Revision des HGB nicht, sondern könne als präparatorische Arbeit für diese Revision von wesentlichem Nutzen sein.

Von anderen Seiten wurde anerkannt, dass es sich um kein bloßes Notgesetz handle. Möglich sei sehr wohl, das Recht der Aktiengesellschaften schon jetzt und unabhängig von der Revision des HGB zu revidieren. Rücksichtlich dieser habe man noch mit einem Zeitraum von acht bis zehn Jahren zu rechnen, und dafür verlohne es sich schon, ein interimistisches Gesetz zustande zu bringen. Ähnliche Schwindelperioden, wie die überstandene, waren freilich nicht in naher Aussicht. Die jetzt lebende Generation sei gewitzigt. Der moralische Druck auf die Gesellschaften habe ebenfalls geholfen. Man stelle bereits genauere Bilanzen auf und gewähre vollständigere Öffentlichkeit in wesentlichen Dingen. Auch die strafrechtliche Praxis habe gewirkt, und man dürfe sich nicht beklagen, dass dieses nicht noch früher geschehen sei. Die Tatsachen seien im Ganzen erst spät an die Gerichte gelangt, indem die Beteiligten längere Zeit durch Veräußerung ihrer Aktien den Schaden zu vermeiden gesucht und erst am Ende der Katastrophe gerichtliches Einschreiten verlangt hätten. Künftig werde hier das Prinzip der freien Beweiswürdigung noch gründlicher helfen. Gleichwohl wären die Gründe für ein baldiges Einschreiten überwiegend. Der Grund der empfundenen Übelstände liege nicht allein in der Unbesonnenheit des Publikums: das Gesetz selbst habe Mängel, deren schlimme Folgen auch in ganz regelmäßigen Zeiten hervortreten könnten. Das erfordere Abhilfe. Volle Vertragsfreiheit sei auf diesem Gebiete wegen der höheren sozialen und politischen Interessen, die der Staat wahrnehme, nicht anzuerkennen: auf diesem Gebiete dürfe man der Einsicht des Einzelnen nicht schlechtweg vertrauen. Die Aktiengesetzgebung – wurde ferner bemerkt – sei nicht so theoretisch konsequent, dass man nicht ohne Verletzung der Konsequenz einzelne praktische Punkte nach dem Bedürfnis regeln könne.

Nachdem man so zu einer Entscheidung über die Hauptfrage gekommen war, ging die Ansicht der Ausschüsse dahin, dass man auf das Einzelne der in der vorgelegten Denkschrift berührten Punkte nicht einzugehen habe. Die Einzelheiten würden bei der Abfassung des Gesetzentwurfs zu erwägen sein, und zur Prüfung und Erörterung des Bundesrates kommen, sobald der Entwurf vorliege. In Sonderheit wurde hervorgehoben, dass man nicht nur selbstverständlich die von den Regierungen gemachten und dem Reichskanzleramt mitgeteilten Bemerkungen, sondern auch die wichtigeren Statuten der Gesellschaften, sowie ergangene Sprüche der Gerichte werde zu beachten haben. Man könne mit dem Rechte der Gesellschaften überhaupt und der Gewerbegesetzgebung in Berührung kommen, und es werde sich finden, inwieweit und ob eine abgesonderte Behandlung möglich sei und ob man nicht in Sonderheit das Recht der Kommanditgesellschaften auf Aktien zu berühren habe. Einige Freiheit müsse hier bleiben. Der Antrag Preußens solle mehr eine Direktive als eine Schranke geben: die Aufgabe werde sein, das Gesetz vom 11.6.1870 jetzt so zu gestalten, wie es gleich damals hätte gestaltet werden sollen. Der preußische Antrag wurde allerdings dahin erläutert, dass es dabei nur auf Verhütung von Ausschreitungen und Missbräuchen abgesehen sei; Ziel und Grenze seien damit bezeichnet. Eine genauere Begrenzung für den Inhalt des neuen Gesetzes im Einzelnen, in Sonderheit eine Aufzählung der einzelnen reformbedürftigen Punkte haben die Ausschüsse nicht vorschlagen zu sollen gemeint. Teils würde damit für die Arbeit eine möglicherweise recht lästige und nachteilige Schranke gegeben; bei dieser selbst müsse sich ergeben, auf welche Einzelheiten sie zu erstrecken sei und welche Modifikationen der einzelnen jetzt geltenden Vorschriften sich als notwendig ergeben würden.

Die Form anlangend, so war man darüber einverstanden, dass das neue Gesetz sich in gleicher Weise dem HGB anzuschließen habe, wie das Gesetz vom 11.6.1870 sich dem HGB und die Novelle vom 26.2.1876 dem Strafgesetzbuch anschließe.

Der Antrag der Ausschüsse geht sonach dahin, der Bundesrat wolle beschließen: den Herrn Reichskanzler zu ersuchen, den Entwurf eines Gesetzes ausarbeiten und vorlegen zu lassen, welches, unabhängig von der Revision des HGB und unbeschadet der mit dieser demnächst zu verbindenden generellen Revision des gesamten Handelsgesellschaftsrechts, den Ausschreitungen bei der Gründung, der Verwaltung und dem geschäftlichen Betriebe der Aktienunternehmungen entgegenzuwirken geeignet ist.

gez. Friedberg. Perglas. Held. Heß. Türckheim, Neidhardt. v. Liebe
Jacobi. Landgraf. v. Rostitz Wallwitz. Spitzemberg. Krüger

Anhang: Bericht von Friedrich Krüger (Hanseatische Gesandtschaft) vom 8.2.1877

... beehre ich mich zu berichten, dass die Ausschüsse für Handel und Verkehr und für Justizwesen den Antrag Preußens Nr. 89 von 1876, betr. die Reform der Aktiengesetzgebung, eingehend beraten haben.

Der Referent Herr *von Liebe* sprach sich entschieden für die Vertagung der Reform und Verbindung derselben mit der generellen Revision des HGB aus. Dass Kautelen der Aktiengesetzgebung nicht ausreichen würden, das Publikum vor Benachteiligung zu schützen, wenn dieses nicht selbst seine Interessen überwache, habe man sich schon 1870 nicht verhehlt. Allgemeine Kautelen, wie sie der Code enthalte, seien bei uns nicht durchzuführen, neue *spezielle* Kautelen werden aber nicht helfen. Der Grund des Schwindels liege auch nicht in dem Mangel an Kautelen, sondern in der Gewissenlosigkeit der Gründer und in der Gewinnsucht und Leichtgläubigkeit des Publikums. Aufgabe der Aktionäre sei es, sich von den Statuten der Gesellschaften die nötigen Garantien gegen Ausbeutung zu verschaffen. Bedenklich wäre es, an dem bestehenden Gesetze von Neuem zu arbeiten. Schon das Gesetz von 1870 habe auffallende Disparitäten zuwege gebracht. Wollte man eingreifen, müsse man die Gesetzgebung über das Aktienwesen überhaupt, ja vielleicht die ganze Lehre vom Gesellschaftswesen reformieren. Eine solche Reform durch ein Zwischengesetz herbeizuführen, sei nicht rätlich, die Schwindelperiode sei vorüber, man könne also bis zur Revision des HGB warten.

Der Ministerialdirektor *Jacobi* rechtfertigte den preußischen Antrag, indem er betonte, dass gerade der jetzige Zeitpunkt industrieller Ruhe, wo man die Erfahrungen der Schwindelperiode vor Augen habe, besonders geeignet sei, die Mängel bestehenden Gesetzgebung zu prüfen, und denselben abzuhelfen. Sei auch die Wiederkehr des Schwindels zur Zeit nicht zu besorgen, so würden doch die Gründungen sich wiederholen, sobald nur die gegenwärtige Krisis überwunden sei. Auch die industrielle Krisis von 1857, die namentlich in den Bergbaugesellschaften ähnliche Kalamitäten herbeigeführt, habe die Krisis von 1873/74 nicht verhindert. Die Abschreckung des Publikums dauere nur eine verhältnismäßig kurze Zeit. Es sei deshalb unerlässlich, denjenigen Schäden vorzubeugen, die sich nach Maßgabe der Erfahrung herausgestellt hätten. Sowohl das Abgeordnetenhaus als auch ein, freilich noch nicht erledigter Antrag des Herrenhauses hätten sich in diesem Sinne ausgesprochen. Indem man dieser Anrege Folge gebe, werde man auch präparatorisch für die zukünftige generelle Revision des HGB wirken. Letztere könne vor Ablauf von 10 Jahren nicht zum Abschluss gelangen. Die Regierungen würden sich gerechten Vorwürfen aussetzen, wenn sie bis dahin die Hände in den Schoß legen wollten. Preußen müsse das größte Gewicht darauf legen, dass sein Antrag angenommen würde.

Sachsen – Geheimer Rat Held – hielt eine Revision der Bestimmungen über das Aktienwesen, weil dieselben im Wesentlichen nur eine Sammlung kautelarischer Vorschriften seien, für tunlich. Allerdings sei die jetzige Generation durch die Erfahrung gewitzigt. Die Lehren der Vergangenheit spiegelten sich schon in den neuen Statuten wider. Speziellere Bilanzen und ein größeres Maß von Öffentlichkeit schütze die Interessenten. Auch die Strafrechtspraxis bezeuge die Wirksamkeit der bestehenden Gesetze. Die freiere Beweiswürdigung infolge der neuen Prozessgesetze werde ebenfalls von Einfluss sein, so dass man im Allgemeinen wohl sagen könne, dass die Individualrechte der Aktionäre einer günstigen Periode entgegengingen. Dennoch wolle Sachsen sich nicht ganz ablehnend verhalten. Nicht die Schuld des Publikums allein, sondern Mängel der Gesetzgebung lägen vor. Die reine Vertragsfreiheit sei wegen der politischen und sozialen Folgen bedenklich. Die in den aufgedeckten Schäden verletzte öffentliche Moral müsse gesetzgeberisch gesühnt werden. Eine Direktive zu diesem Ende brauche der Bundesrat nicht zu geben. Einblick in eine große Reihe von Statuten, sowie in die abgeurteilten Strafrechtsfälle sei erforderlich. Im Übrigen liege das wissenschaftliche Material reichlich vor. Nicht undenkbar wäre es, dass man bei dem Versuche, den Gedanken der Reform plastisch zu gestalten, auch Schäden der Gewerbegesetzgebung und des Genossenschaftsrechts in den Kreis der Erwägung ziehen müsse. Möglicherweise komme man dann mit dem Referenten zu der Überzeugung, dass eine partielle Reform ihrem Zwecke nicht entsprechen würde. Aber politisch notwendig sei es, wenigstens den guten Willen nach außen zu betätigen. Geh. Rat Held fügte *nicht* hinzu: ut aliquid fecisse videatur, aber dem Sinne nach ging seine Beweisführung darauf hinaus.

Der Ansicht des Referenten mich anschließend suchte *ich* die Auffassung Preußens zu widerlegen, indem ich einerseits die Bedenken geltend machte, welche mit einem erneuten partiellen Eingreifen in das HGB verbunden seien, andererseits betonte, dass die Gefahr, es könne sich eine Schwindelperiode wiederholen, für eine lange Reihe von Jahren ausgeschlossen sei. Der Zeitpunkt, wo die Revision des HGB in Angriff genommen werden könne, liege nicht so ferne. Schon nach Jahresfrist werde mit der ersten Lesung des Civilgesetzbuchs begonnen werden. Voraussichtlich würden der allgemeine Teil und das Obligationenrecht, welches schon früher legislatorisch bearbeitet worden, innerhalb der Kommission zunächst zum Abschlusse kommen. Damit sei aber der Zeitpunkt gegeben, wo die Revision des HGB in Angriff genommen werden könne. In jedem Falle sei diese Revision früher zu erwarten, als von der Wiederkehr einer Gründerperiode die Rede sein könne. Der Erlass eines Zwischengesetzes werde demnach weder durch ein praktisches Bedürfnis, noch durch Gründe der Zweckmäßigkeit geboten. Der Ausdruck einer augenblicklichen Stimmung aber, wie sie sich in dem preußischen Landtage manifestiert habe, sei für die Gesetzgebung kein hinreichendes Motiv. Der allein richtige Weg sei, die Revision des HGB *früher* als bisher beabsichtigt, in Angriff zu nehmen und *gleichzeitig* mit dem Zivilgesetzbuch zum Abschluss zu bringen.

Bayern erklärte, dass es kein Bedenken trage, sich dem preußischen Antrage anzuschließen, weil es annehme, dass der Zeitpunkt der Beendigung des Zivilgesetzbuchs noch ziemlich ferne liege. Anerkannte Schäden auf eine lange Reihe von Jahren fortbestehen zu lassen, sei nicht rätlich. Bayern aber setze voraus, dass seine schon vor dem Beschlusse vom 22.6.1874 kund gegebenen Ansichten bei der partiellen Reform Berücksichtigung finden würden.

In ähnlichem Sinne äußerten sich, wenn auch noch ohne Instruktion, der Bevollmächtigte *Württembergs* und *Mecklenburgs*.

Hessen erklärte, dass es ein Bedürfnis für ein Zwischengesetz bisher nicht empfunden habe, jedoch Preußen nicht entgegentreten wolle.

Preußen machte zugunsten seines Antrages noch geltend, die Ausbildung des Aktienwesens sei verhältnismäßig noch neu. Das Institut sei entwickelungsfähig und deshalb einer legislatorischen Einwirkung besonders bedürftig. Die Entgegnung, dass man gerade unter solchen Verhältnissen die Rechtsentwicklung zunächst dem Leben selbst überlassen müsse, vermochte die Majorität nicht umzustimmen. Leider war der Staatssekretär Dr. Friedberg, der wie das Reichsjustizamt überhaupt, dem Antrage Preußens sehr entgegen ist, verhindert, an der Sitzung teilzunehmen. Nach einem Eindruck war für die Mittelstaaten wesentlich dass *politische* Moment bestimmend, Preußen gefällig zu sein. Demzufolge wurde auch der Antrag mit 5 gegen 2 Stimmen angenommen und zugleich beschlossen, dass die Änderungen so zu formulieren seien, dass sie sich in das HGB einfügen ließen.

gez. Krüger, Dr.

VI. Beschluss des Bundesrats vom 13.3.1877 (§ 126)

Der IV. und VI. Ausschuss haben unter Nr. 18 der Drucksachen Bericht erstattet über den Antrag Preußens wegen Reform der Aktiengesetzgebung (Nr. 89 der Drucksachen für 1876). Auf den Vortrag des Wirklichen Geheimen Rats *von Liebe* wurde beschlossen,

den Herrn Reichskanzler zu ersuchen, den Entwurf eines Gesetzes ausarbeiten und vorlegen zu lassen, welches, unabhängig von der Revision des Handelsgesetzbuchs und unbeschadet der mit dieser demnächst zu verbindenden generellen Revision des gesamten Handelsgesellschaftsrechts, den Ausschreitungen bei der Gründung, der Verwaltung und dem geschäftlichen Betriebe der Aktienunternehmungen entgegenzuwirken geeignet ist.

Die Form anlangend, so war man darüber einverstanden, dass das neue Gesetz sich in gleicher Weise dem HGB anzuschließen habe, wie das Gesetz vom 14.6.1870 sich dem HGB und die Novelle vom 26.2.1876 dem Strafgesetzbuch anschließe.

VII. Gutachten des Reichsoberhandelsgerichts vom 31.3.1877 über die Reform des Aktienrechts

1. Schreiben des Präsidenten des Reichsoberhandelsgerichts Eduard Pape vom 31.3.1877 an den Reichskanzler Bismarck

Eurer Durchlaucht überreichen wir in der Anlage gehorsamst das unter dem 31.7. bzw. 7.12.1876 erforderte Gutachten über die Reform der auf die Aktiengesellschaften sich beziehenden Gesetzgebung, indem wir uns zugleich die Bemerkung gestatten, dass bei der Ausführlichkeit der die einzelnen Reformvorschläge betreffenden Motivierung davon hat abgesehen werden müssen, neben dem wesentlichen Inhalte der Motive noch jede minder wichtige Einzelheit der näheren Begründung durch Kollegialbeschluss besonders festzustellen.

Wenn die in unserem Gutachten gemachten Reformvorschläge über die in der Denkschrift das Kgl. Preuß. Handelsministeriums hervorgehobenen 18 Punkte weit hinausgehen, so liegt der Grund hiervon nicht in der Absicht, mit möglichster Vollständigkeit alle wünschenswerten Verbesserungen äußerlich zusammenzustellen, so dass der Gesetzgeber veranlasst sein könnte, die anscheinend dringendsten zur Zeit in Angriff zu nehmen, andere aber der Revision des HGB vorzubehalten, sondern in der Überzeugung, dass nur von einer organischen und umfassenden Revision des Aktiengesellschaftsrechts, mindestens in dem unseren Gutachten zugrunde liegenden Umfange, diejenigen Wirkungen zu erwarten sind, behufs deren Erzielung eines Zwischengesetzes in Anregung gekommen ist.

Es liegt in der Natur des Gegenstandes, dass nicht von der einen oder anderen Kautelarvorschrift oder auch nur von mehreren allein, sondern nur von einem Zusammenwirken einer Gesamtheit von Vorschriften, welche einem einheitlichen System entstammen, der Erfolg einer Verhütung der Wiederkehr der beklagten Missbräuche bei der Gründung, der Verwaltung und dem geschäftlichen Betriebe der Aktienunternehmungen zu erwarten ist. Eine Auseinanderhaltung der erforderlichen Vorschriften nach ihren Eigenschaften als wichtige oder minder wichtige, als solche, welche flagranten Ausschreitungen entgegen wirken und solche, welche hauptsächlich nur durch systematische Folgerichtigkeit geboten wäre, erscheint daher untunlich.

In Folge dieser Erwägungen haben wir, obwohl nach dem Reskript vom 7.12.1876 uns eine gutachtliche Äußerung über die Erfordernisse eines Zwischengesetzes vor der in Aussicht genommenen Revision des HGB und über die Opportunität des jetzigen Zeitpunkts hierfür nicht mehr oblag, der Prüfung dieser Frage nicht ausweichen zu können geglaubt.

Die Revision des Aktiengesellschaftsrechts ist in vielen Partien von der Lösung weittragender Fragen des Obligationenrechts überhaupt abhängig. Eine gleichzeitige Revision des Rechts, betreffend die Kommanditgesellschaften auf Aktien, erscheint bei der Entwickelung, welche diese Gesellschaftsform tatsächlich genommen hat, unabweislich. Soweit die Kommanditgesellschaften auf Aktien in Wahrheit unechte Gesellschaften sind, erscheint es gerechtfertigt, sie unter die für das Aktiengesellschaftsrecht maßgebenden Gesichtspunkte zu stellen. Fraglich könnte es aber erscheinen, ob nicht hierdurch die gedachte Gesellschaftsform überhaupt ihrer eigentlichen Bestimmung entfremdet wird.

Es führt demnach jeder auch nur partielle Revisionsversuch, wenn er rationell bewirkt werden soll, auf eine Prüfung der Grundprinzipien des Handelsgesellschaftsrechts überhaupt und es erscheint sehr zweifelhaft, ob ohne eine solche gleichzeitige Revision dieser Grundprinzipien eine folgerichtige und förderliche gesetzgeberische Ordnung einer bestimmten Gesellschaftsform ausführbar ist.

Vielleicht von noch größerem Belange ist die Erwägung, dass es sich bei der neuen gesetzlichen Regelung des Aktiengesellschaftsrechts in letzter Instanz wesentlich um wirtschaftliche Fragen handelt, in Betreff deren, wenn sie auch in Folge der Ereignisse der letzten Jahre in erhöhtem Maße in Fluss gekommen, zur Zeit eine entscheidende Klärung noch nicht als erreicht zu erachten ist.

Sieht man selbst von den das ganze Gründungswesen beherrschenden und noch durchaus nicht als erledigt zu erachtenden Frage der wirtschaftlichen Unvermeidlichkeit der Unter-Pari-Emission ab, so ist fast bei jeder einzelnen Detailbestimmung streitig, inwieweit in Kautelarvorschriften und Normativbestimmungen zur Verhütung von Missbräuchen gegangen werden kann, ohne die nötige Aktionsfreiheit und die Möglichkeit gesunden Funktionierens der Gesellschaften zu gefährden.

Ob der Gesetzgeber in einem Zeitpunkte, wie dem jetzigen, in welchem die Eindrücke der Gründungsphase noch mit großer Unmittelbarkeit wirken, besonders befähigt sein möchte, hier die richtige Grenze zu finden, lässt sich füglich sehr bezweifeln.

Alle diese Bedenken würden schweigen müssen, wenn in der Tat zwingende Gründe für eine Inangriffnahme der Reform in nächster Zeit vorlägen. Die herbe Lehre, welche das Publikum mittelst der Ergebnisse der Periode der Überspekulation erhalten hat, wird noch für lange Jahre nachwirken. Mag auch die Zuversicht berechtigt sein, dass der auf dem wirtschaftlichen Verkehr zur Zeit bestehende

Druck vor Ablauf des für das Zustandekommen des deutschen Zivilgesetzbuchs und die hiermit zu verbindende Revision des HGB bemessenen Zeitraums schwinden wird, so ist doch nach den Erfahrungen über den Verlauf und die Wiederkehr wirtschaftlicher Krisen die Wiederkehr einer auch nur annähernd gleichen Versuchung zu ungemessener Spekulation, wie sie in der abgelaufenen Epoche zutage getreten, innerhalb des gedachten Zeitraums nicht zu befürchten. Träte sie wider Erwarten ein, so setzte dies das Wirken so anormaler wirtschaftlicher Verhältnisse voraus, wie sie bei einer jetzt vorzunehmenden Gesetzesarbeit nicht in Berechnung gezogen werden können, denen gegenüber daher auch auf eine ausreichende Widerstandsfähigkeit des jetzt zu erlassenden Gesetzes nicht zu rechnen wäre.

Viel höher veranschlagen wir die Gefahr, dass eine unter dem Eindruck der Hergänge in der Gründungsperiode jetzt ins Werk gesetzte coerzitive Gesetzgebung späterhin, wenn für einen Aufschwung des wirtschaftlichen Verkehrs wieder die Möglichkeit gegeben ist, schon mit Rücksicht auf die Zeit ihrer Entstehung, gerade als eine Fessel dieses Aufschwungs bezeichnet werden und man so in die Bahn einlenken möchte, das Aktiengesellschaftsrecht einer steten Wandelung je nach der augenblicklichen gesellschaftlichen Zweckmäßigkeit zu unterwerfen.

Anscheinend zögert man auch in anderen Staaten, die Reformarbeiten in dieser Materie abzuschließen und das Schicksal des österreichischen Reformwerks, welches, mit Umsicht und Eifer eingeleitet und vom Abgeordnetenhaus mit erheblichen Mehrheiten akzeptiert, aber von den großen Kapitalsassoziationen lebhaft bekämpft, die weiteren für seine Erhebung zum Gesetz erforderlichen Stadien nicht zu überwinden vermochte, ist sicherlich nicht zum kleinsten Teile Erwägungen, wie der hier vertretenen, zuzuschreiben.

Diese Erwägungen sind es, welche uns dazu geführt haben, die Erforderlichkeit wie die Zweckmäßigkeit des Erlasses eines Zwischengesetzes in der gedachten Materie zur Zeit zu verneinen.

gez. Pape

2. Gutachten vom 31.3.1877 über die geeignetsten Mittel zur Abhilfe der nach den Erfahrungen des Reichs-Oberhandelsgerichts bei der Gründung, der Verwaltung und dem geschäftlichen Betriebe von Aktienunternehmungen hervorgetretenen Übelstände (Wiedergabe der in der Aktienrechtsedition von 1984 nicht berücksichtigten Teile des Gutachtens)

Einleitung

I. Gründung der Aktiengesellschaft (*Schubert/Hommelhoff*, S. 160)
- § 1 Allgemeines (S. 160)
- § 2 Abänderung des Art. 222 HGB (S. 165)
- § 3 Die Form der Errichtung der Aktiengesellschaften (S. 173)
- § 4 Nachweise beim Registerrichter und Gründerverantwortlichkeit (unten S. 40)

§ 5 Die qualifizierten Gründungen oder die Einbringegesellschaft (*Schubert/Hommelhoff*, S. 180)
§ 6 Unterpariemission und Gründervorteile (unten S. 47)
§ 7 Nachtragsemissionen (unten S. 52)
§ 8 Bauzinsen (unten S. 53)
§ 9 Bekanntmachungen (unten S. 54)
II. Geschäftsführung der Aktiengesellschaft (*Schubert/Hommelhoff*, S. 199)
§ 10 Allgemeines und Abgrenzung der Kompetenzen der Gesellschaftsorgane, insbesondere Stellung des Aufsichtsrats
§ 11 Vorstand und Aufsichtsrat (*Schubert/Hommelhoff*, S. 207)
a) Allgemeines
b) Verantwortlichkeit des Vorstandes
c) Verantwortlichkeit des Aufsichtsrats
§ 12 Die Generalversammlung (*Schubert/Hommelhoff*, S. 230)
a) Stimmrecht in der Generalversammlung
b) Zuständigkeit und Beschlussfähigkeit der Generalversammlung
c) Berufung der Generalversammlung
d) Vorsitz in der Generalversammlung und Form der Generalversammlungsprotokolle
e) Veröffentlichung der Generalversammlungsbeschlüsse und Eintragung derselben
f) Die ordentliche Generalversammlung
§ 13 Die Bilanz (unten S. 54)
§ 14 Auflösung der Gesellschaft und Liquidation (unten S. 56)
§ 15 Verjährung (unten S. 58)
§ 16 Beweisvorschriften in Betreff der Zivilverantwortlichkeit und Strafvorschriften (unten S. 60)
§ 17 Individualrechte (*Schubert/Hommelhoff*, S. 253)
§ 18 Einwirkung des neuen Gesetzes auf die Rechtsverhältnisse der bisherigen Aktiengesellschaft (unten S. 64)

§ 4. Nachweise beim Registerrichter und Gründerverantwortlichkeit. No. 6 und 7 der Denkschrift

Wenn das Gesetz Nachweise der Erfüllung seiner Voraussetzungen vor dem Registerrichter fordert, zugleich aber diese Nachweise so einrichtet, bez. nicht anders einrichten kann, als dass sie in ihrem wesentlichen Teile in den Versicherungen von Personen über Hergänge beruhen, so folgt hieraus von selbst eine Verantwortlichkeit der Versichernden gegenüber denjenigen Interessentenkreisen, welche durch die Nachweise gesichert werden sollten. Das bisherige Gesetz hat hier eine ausdrückliche Verantwortlichkeitsvorschrift nur im Art. 249 für die Mitglieder des Vorstandes und des Aufsichtsrates. Die Anmeldung der Gesellschaft erfolgt durch den Vorstand, der die Bescheinigungen des Art. 210 a mit überreicht. Die Vorschrift in Betreff des Aufsichtsrates kann demnach nur dahin verstanden werden, dass er strafbar ist, wenn er wissentlich jene Anmeldung falscher Angaben geschehen lässt. Aus der durch Strafbestimmung anerkannter Verantwortlichkeit wird man folgern dürfen auch die zivilrechtliche Verantwortlichkeit Geschäftsgläubigern und vielleicht auch Aktienerwerbern gegenüber für den diesen in Folge Fehlens von verbindlichen Zeichnungen oder Einzahlungen durch die wissentlich unrichtigen Angaben, bzw. die Entstehung der Gesellschaft aufgrund dieser erwachsene Schaden.

Nach der Konstruktion des Gesetzes verschwinden demnach die eigentlichen Gesellschaftsgründer als solche und Vorstand und Aufsichtsrat lösen sie in der Verantwortlichkeit ab. Anerkennung der Erfüllung der gesetzlichen Erfordernisse im Gesellschaftsvertrage, falls ihn alle Aktionäre schließen, bez. Erklärung der bewirkten Erfüllung unter Vorlegung der Belege in der Zeichnerversammlung äußern danach keine nachhaltige Wirkung und doch müssen unseres Erachtens gerade sie als die entscheidenden und für die Eintragung der Gesellschaft nachwirkenden Konstituierungsakte erachtet werden. Aufsichtsrat und Vorstand können ihre Handlungen und Anmeldungen nur auf jenen Konstituierungsakten zugrundeliegende Bescheinigungen stützen. Sie selbst existieren erst nach jenen Akten bzw. mit deren Abschluss. Ihre Personen brauchen nicht unter den Begründern der Gesellschaft gewesen zu sein. Muss man sie auch mit ihrem Eintreten in die Funktion schon gegenüber der Gesellschaft für verpflichtet erachten, Zeichnungen und Einzahlungen, die sie erst von den Gründern empfangen, zu prüfen, ehe die Anmeldung stattfindet, so sind doch auch sie als solche wesentlich nur auf eine Nachprüfung und auf die Angabe der Gründe hingewiesen. Insbesondere brauchen sie die besonderen Verträge, durch welche die Gründer die vom Gesetz vorausgesetzte Wirkung der Zeichnungen und Zahlungen abzuschwächen gewusst haben, zur Zeit nicht zu kennen. Endlich erscheint es nicht billig, dass, während diejenigen von der Verantwortlichkeit frei sind, welche die Lage geschaffen haben, die Verantwortlichkeit von denen getragen werden soll, die vielleicht ohne eigenes Interesse als von den Anderen abhängige Personen sie nur akzeptiert haben.

Diese Erwägungen führen unseres Erachtens zur Verantwortlichkeit der Gründer und zugleich zu derjenigen Beschränkung dieses Begriffs, welche ihn für den Gesetzgeber verwertbar macht. Gewiss ist der Begriff schwankend und vieldeutig, wenn man mittelst seiner alle tatsächlichen weiteren Förderer des Unternehmens von dem ersten Keim des Projekts bis zur erfolgten Ausführung zusammenfassen und alle diese Personen in allen möglichen Rechtsverhältnissen durch die zu normierende Verantwortlichkeit treffen will. Die Definition der Französ. Praxis und in den Motiven des Entwurfes zum Gesetze vom 23.5.1863 geben nur eine Aufzählung aller möglichen faktischen Urhebertätigkeiten, keine Definition [*Dalloz P.* 60.2.23; 61.1.435; 69.2.147 u. die citierten Motive bei *Jassuda Bédarride,* Com. de la loi du 24 Juillet 1867, Paris 1871, t. II, S. 55. Bei Beratungen in Belgien wurde gesagt, fondateurs seien ceux qui prennent l'initiative de la société (*Jules Guillery,* Des sociétés commerciales en Belgique, Commentaire, Bruxelles 1874, t. 2, S. 248)]. Beschränkt aber der Gesetzgeber seinen Blick auf den Kreis von Errichtungshandlungen, die er behufs Erstehung der Gesellschaft überhaupt allein normiert, so sind die Gründer diejenigen Personen, welche bestimmte im Gesetz zur Entstehung der Gesellschaft für wesentlich erachtete Nachweise und Grundlagen auf sich nehmen. Speziell im

Falle der Errichtung der Gesellschaft durch Beitritt mittelst Zeichnungen sind diejenigen, welche die Zeichnungen und ersten Einzahlungen empfangen, sich schlüssig darüber machen, ob und wann das Grundkapital als durch Zeichnungen vollständig gedeckt und die Einzahlungen für geleistet zu erachten, die Versammlung der Zeichner berufen und dieser die Erfüllung jener Erfordernisse erklären, nach dem Willen der Beteiligten der Gründer der Gesellschaft. Die auferlegten Entschließungen und Tätigkeiten lassen es als Regel erscheinen, dass diese Personen auch in Wahrheit faktische Urheber des Unternehmens sind. Der Möglichkeit, dass absichtlich zur Umgehung der Verantwortlichkeit eine andere Verteilung der Funktionen stattfindet, wird vorgebeugt, wenn ebenfalls unter Verantwortlichkeit gestellt werden alle diejenigen, die unter Kenntnis der Unwahrheit der Angabe über Zeichnung und Einzahlung zur Errichtung der Gesellschaft mitgewirkt haben. [Der fondateur des franz. Gesetzes ist deshalb wesentlich, weil er bei Nullität der Gesellschaft anstelle des weggefallenen Rechtssubjekts den Gesellschaftsgläubigern haftet. Diese Haftung ist die einzige dem fondateur als solchem obliegende formelle Verantwortlichkeit, während die franz. Praxis für sonstige Schäden von Aktionären, Aktienerwerbern etc. alle bei der Errichtung der unregelmäßig entstandenen Gesellschaft Beteiligten im Falle einer faute, deren Vorhandensein sehr souverän tatsächlich bemessen wird, unter Anwendung der Vorschriften über quasi-délit für haftbar erklärt.]

Bei der Errichtung der Gesellschaft mittelst Abschlusses des Gesellschaftsvertrages in beglaubigter Form seitens aller Aktionäre kann allerdings die tatsächliche Stellung der einzelnen, ob sie Promotoren oder Herangezogene, verschieden sein, ohne dass dies aus ihrem urkundlichen Auftreten hervorgeht. Dass hier alle Beteiligten vom Gesetze als Gründer angesehen werden, kann aber keinen Bedenken unterliegen, da für die Scheidung zwischen den Gründern und den bloßen Zeichnern die Wahl des anderen Konstituierungsweges offen steht. Eventuell wäre anzuordnen, dass die Aktionäre im Gesellschaftsvertrage oder der Nebenurkunde selbst diejenigen unter ihnen zu bezeichnen hätten, welche die Gründer wären, und dass diese alsdann die Versicherung in Betreff der Ernstlichkeit der Verbindlichkeit und des nicht Vorhandenseins von Separatabmachungen abzugeben hätten.

Unter Verantwortung gestellt sind bisher nur die wissentlich falschen Angaben über die Zeichnung und Einzahlung des Grundkapitals.

Die Vorschriften in Betreff der Zeichnung und Einzahlung sind bisher häufig nur der Form nach erfüllt worden, während die mannigfachsten Kombinationen zu dem Zweck stattgefunden haben, die vom Gesetze bei den gedachten Erfordernissen vorausgesetzten Garantien zu vernichten. Im rechtlichen Sinne gibt es allerdings keine Scheinzeichnung, da jede Zeichnung, in deren Inhalt nicht selbst Beschränkungen oder ihre Wirksamkeit aufhebende Vorbehalte aufgenommen sind, sofern auf dieselben hin die Gesellschaftserrichtung stattfindet, lediglich nach Maßgabe dieses Inhalts Verpflichtungen erzeugt und Nebenabreden nicht zu berücksichtigen sind (vgl. Entsch. des Reichsoberhandelsgerichts, Bd. VII, S. 158, 437, Bd. IX, S. 69) und in Sachen Pommersche Central-Eisenbahn wieder Bolle v. 11.4.1876, Rep. 114/76 [Entscheid. Bd. XX, S. 270]. Allein durch diesen Rechtssatz werden die Gefahren der tatsächlichen Zeichnungen nicht beseitigt.

Der gefährlichste Fall ist der, dass mit den Zeichnern von den Gründern namens der Gesellschaft bezweckt ist, sie sollten aus den Zeichnungen von der Gesellschaft nicht in Anspruch genommen werden. Ist auch diese Abmachung rechtlich nicht gültig, so wird sie doch von den unter dem Einfluss der Gründer zunächst stehenden Gesellschaftsorganen befolgt. Dieselben verkaufen die Aktien dann – welches der unzuträglichste Fall ist – für Rechnung der Gesellschaft und ein etwaiger späterer Rückgriff scheitert, wenn sich die Gesellschaft außer Stand gesetzt hat, Aktien dafür zu gewähren (vgl. Entsch. der Reichsoberhandelsgerichts, Bd. XX, S. 227).

Häufig haben sich Personen zur Zeichnung bestimmen lassen, indem die Gründer sich dagegen verpflichteten, *entweder* ihnen für jede daraus entstehende Verbindlichkeit aufzukommen, so dass sie – die Gründer – die entsprechenden Aktien erhielten und Verlust und Gewinn beim Weiterverkauf nur sie angehen sollte, oder sonst für ihre – der Zeichner – Rechnung die Aktien zu verkaufen. Kann auch rechtlich den Zeichnern nicht verwehrt werden, wegen Übernahme der Aktien mit anderen zu kontrahieren, so sind doch diese mit der Zeichnung koinzidierenden Abmachungen System dafür, dass es auf eine Vereitelung des Zwecks des Gesetzes abgesehen ist. Im Fall der ersten Alternative kann dies gar keinem Bedenken unterliegen. Hier ist die bloße Vorschiebung der Person klar. Aber auch beim zweiten Falle liegt die Tendenz zugrunde, dass vermöge des Einflusses, welchen die Gründer auf die Gesellschaftsorgane ausüben können, die Ausschreibung der Raten auf die Zeichnungen seitens der Gesellschaft dem Aktienverkaufsgeschäft subordiniert und von dessen Prosperieren abhängig gemacht werden soll.

Dem Zweck des Gesetzes wird aber nur dann entsprochen, wenn die gezeichneten Beträge wie die eingezahlten Prozente zur völlig freien, lediglich vom Gesellschaftsinteresse geleiteten Verfügung der Gesellschaft stehen.

Freilich wird diese Leitung seitens des ersten Vorstandes und Aufsichtsrates auch ohne vorausgegangene Abmachungen lediglich in Folge der Natur der Verhältnisse nach der Richtung des Interesses der Gründer gravitieren und es könnte als ein unfruchtbarer Formalismus bezeichnet werden, wenn z. B. der Gesetzgeber jede nicht effektive Zahlung der Aktienraten zur Gesellschaftskasse verpönt, während er doch nicht hindern kann, dass unmittelbar darauf derselbe Betrag von den Gesellschaftsorganen an den Einzahler unter irgendeinem Rechtstitel wieder ausgeantwortet wird. Allein gegen das Verhalten des Gesellschaftsvorstandes und Aufsichtsrats muss das Korrektiv in dessen Verantwortlichkeit gefunden werden, welche dadurch besonders zu verschärfen ist, dass unter die verantwortlich und strafbar machenden Handlungen die Ausantwortung von Aktien vor Einzahlung deren Nominalbetrages – abgesehen von Versicherungsgesellschaften – und besondere Vereinbarungen, welche die Vereitelung voller Barzahlung bezwecken, besonders aufzunehmen sind, und welche besonders wirksam durch die noch später zu statuierende Befugnis der Einzelaktionäre, die Schadensansprüche der Gesellschaft geltend zu machen, zu gestatten ist. Ebenso wird, wie noch später zu erörtern, dem Vorstand und Aufsichtsrat aufzugeben sein, bis zur Vollzahlung den Stand der Einzahlungen jährlich zweimal zu publizieren. Um nun die Verantwortlichkeit der Gründer auch auf die Ernstlichkeit der Zeichnungen und ersten Einzahlungen in dem eben angegebenen

Sinne zu erstrecken, ist unter die in § 2 aufgeführten Konstituierungsvorschriften auch die Versicherung der Gründer in Betreff der Ernstlichkeit der Zeichnungen, sowie dass keine Abmachungen getroffen wären, welche auf eine Vereitelung oder Beeinträchtigung der freien, dem Gesellschaftsvertrage entspringenden Verfügung der zu errichtenden Gesellschaft über die gezeichneten Beträge wie über die geleisteten Einzahlungen abzielten, aufgenommen. Wir schlagen demnach hier die Aufstellung folgender Normen vor:

a) Die Anmeldung der Gesellschaft zum Handelsregister erfolgt gemeinschaftlich durch den ersten Vorstand und Aufsichtsrat. Mit derselben sind einzureichen, sofern der Gesellschaftsvertrag von allen Aktionären gerichtlich oder notariell vollzogen ist, die Urkunden über die Aufnahme des Gesellschaftsvertrags und die Liste der Aktionäre und der von ihnen gemachten Einzahlungen, sofern der Gesellschaftsvertrag durch Zeichnungen zustande gekommen, außer der Vertragsurkunde und der Liste der Zeichner und ihrer Einzahlungen das Protokoll über die Zeichnerversammlung und sämtliche Zeichnungsscheine.

b) In beiden Fällen ist eine Erklärung des Vorstandes und Aufsichtsrates beizufügen, dass sie die von den Gründern gemachten Angaben für richtig erachten und von denselben die eingezahlten Prozentbeträge ihnen bar übergeben sind.

c) Handelt es sich um eine Gesellschaft, bei welcher der Gegenstand des Aktienunternehmens einer staatlichen Genehmigung bedarf, so ist zugleich ein Zeugnis der genehmigenden Verwaltungsbehörde darüber vorzulegen, dass aufgrund derselben Gesellschaftsurkunden, bez. Zeichnungsscheine die Genehmigung erteilt und insbesondere das Anlagekapital als nachgewiesen erachtet worden.

d) Die Zeichnungsscheine werden vom Registerrichter zurückgegeben, dagegen bleiben die sonstigen überreichten Urkunden, insbesondere auch die Zeichner- bez. Aktionärslisten bei den Registerakten.

e) Die Gründer haften für die Richtigkeit der ihnen obliegenden Erklärungen solidarisch. Mit ihnen haften solidarisch die Mitglieder des Vorstandes und Aufsichtsrates, welche vorsätzlich in den ihnen behufs Eintragung der Gesellschaft obliegenden Erklärungen falsche Angaben gemacht haben, sowie diejenigen, welche wissend, dass der wahre Hergang mit den Erklärungen der Gründer im Widerspruch steht, zur Errichtung der Gesellschaft, sei es auch nur durch Zeichnung mitgewirkt haben, für den durch die unwahren Erklärungen entstandenen Schaden jedem Beschädigten.

f) Inwieweit Mitglieder des Vorstandes und Aufsichtsrats auch für bloße Verletzung der schuldigen Sorgfalt bei ihren Angaben der Gesellschaft wie Dritten auf Schadensersatz haften, ergibt sich aus den über die Verantwortlichkeit der Gesellschaftsorgane noch später zu treffenden Bestimmungen.

g) Gründer, Mitglieder des Vorstandes und Aufsichtsrats, welche vorsätzlich in den ihnen obliegenden Erklärungen falsche Angaben gemacht haben, sowie die nach Nr. e) unter Kenntnis der Unwahrheit an der Errichtung der Gesellschaft Mitwirkenden unterliegen der Strafe des Betruges (§ 263 StGB).

Hierzu dienen noch folgende Erläuterungen:

Offenbar muss der Registerrichter durch Vorlegung der Originalverpflichtungserklärungen in die Lage gesetzt werden, deren Verbindlichkeit zu prüfen und die Liste der Zeichner wie das Verzeichnis der geleisteten Einzahlungen müssen beim Handelsregister zur Einsicht des Publikums offen liegen. Ein anderer Nachweis für die erfolgte Einzahlung als neben der Erklärung der Gründer die Empfangserklärung der ersten Gesellschaftsorgane ist nicht angänglich. Jedes Mehr enthielte keine größere Sicherheit. Im Falle der für das Gesellschaftsunternehmen erforderlichen Staatsgenehmigung die Eintragung der Gesellschaft im Handelsregister vor der Staatsgenehmigung zu veranlassen, erachten wir nicht für zweckmäßig, dagegen wird allerdings dem Registerrichter auch der Beweis der erfolgten Staatsgenehmigung und zwar speziell dahin, wie oben angegeben, zu führen sein. Die Identität der der Staatsbehörde vorgelegten Urkunden, bez. Zeichnungsscheine mit den dem Registerrichter vorgelegten wird unschwer durch irgendeine äußerliche Verbindung der Konzessionsurkunde oder des Transmissorialschreibens mit jener Urkunde zu beweisen sein. Inwieweit die Verwaltungsbehörde ihr Verfahren mit den andern Vorschriften dahin in Einklang setzen wird, dass auch sie im entsprechenden Falle erst die Abhaltung der Zeichnerversammlung verlangt, ehe sie die Konzessionen verteilt, kann dahingestellt bleiben. Nur wird sie allerdings an die Zeichnungsscheine dieselben Erfordernisse stellen müssen, die das Gesetz aufstellt. Die Konzessionsabteilung kann übrigens den Registerrichter der selbständigen Prüfung, ob die gesetzlichen Erfordernisse erfüllt sind, nicht entheben.

Die neuen Straf- und Verantwortlichkeitsvorschriften begreifen den Fall der Ableugnung von den Wert der Zeichnungen und Einzahlungen degenerierenden Nebenverträgen. Eine spezielle Aufführung aller dieser möglichen Abmachungen ist nicht tunlich. Hier muss dem verständigen Ermessen des Straf- bez. Zivilrichters Spielraum gewährt werden.

Der Verantwortlichkeit der Gründer für ihre Erklärungen ohne Rücksicht auf dolus oder culpa erscheint gerechtfertigt, da die wirklichen Gründer den wahren Sachverhalt kennen müssen und auf das Nichtwissen, welcher daher rührt, dass sie nur als formelle Gründer vorgeschoben, keine Rücksicht vom Gesetze zu nehmen ist. Eine verschärfte Strafvorschrift erscheint wünschenswert, um die Bedeutung, welche das Gesetz den aufgestellten Erfordernissen für die Eintragung der Gesellschaft beilegt, schärfer hervortreten zu lassen. Die bisherige Strafvorschrift macht zu sehr den Eindruck, als handle es sich um eine bloße Ordnungsvorschrift.

Die Erstreckung der Verantwortlichkeit auf die trotz der Unwahrheit der angegebenen Tatsachen bei der Errichtung der Gesellschaft wissentlich Mitwirkenden soll die Komplizen, bzw. die Scheinzeichner selbst treffen und findet auch für den Fall Anwendung, dass die Angaben als objektiv unwahr den Mitwirkenden bekannt sind, möchten sie auch von den Angebenden selbst irrtümlich für wahr gehalten werden. – Die einzelnen, möglicherweise verletzten Interessentenkreise bedürfen keiner Aufführung. Der Ausdruck: „jedem Beschädigten“ umfasst sowohl den derzeitigen Aktionär, der an die Gesellschaft gebunden wird, obwohl seine Voraussetzung, dass die gesetzlichen Erfordernisse erfüllt, nicht zutrifft, wie die Aktiengesellschaft selbst, wie der Aktienerwerber, der im Vertrauen auf die erfolgte Aufbringung des Kapitals Aktien an sich bringt wie den Gesellschaftsgläubiger. Alle können beschädigt sein.

Über das Vorhandensein des Grundes der Verantwortlichkeit wie darüber, ob und in welcher Höhe der Schaden entstanden, wird hier wie in allen sonstigen Verantwortlichkeitsfällen, welche aus dem Aktiengesetz herzuleiten, freies richterliches Ermessen zu entscheiden haben. Eine besondere Stellung zur Sache nehmen Aufsichtsrat und Vorstand ein. Ihre Verpflichtung, die Zeichnungen und Einzahlungen bez. die ganze von den Gründern geschaffene Lage zu prüfen, gehört zu ihren Funktionen als Gesellschaftsorgane. In deren Ausübung haften sie aber, wie später noch auszuführen, für omnis culpa. Diese Haftung, soweit sie über Vertretung des dolus hinausgeht, liegt ihnen aber nach heutigen deutschen Rechten nur der Gesellschaft und unter Umständen – vgl. Art. 241, 225 b – Dritten gegenüber ob. Die Aktionäre haben kein unmittelbares Recht auf Schadensersatz gegen die Gesellschaftsorgane (ROHGZ, 19, 178).

Dieser Rechtszustand wird, wie weiter unten näher zu erörtern, beizubehalten, aber dahin zu entwickeln sein, dass das Recht der Gesellschaft unter bestimmten Umständen auch von den Einzelaktionären zu verfolgen ist, sowie dass die Haftung Dritten gegenüber näher präzisiert wird und dass als „Dritte" auch Aktionäre insofern angesehen werden können, als sie *in Folge von Emanantionen* des Aufsichtsrats und des Vorstandes erst *Aktionäre geworden* sind und hierauf ihren Schadensanspruch gründen. Deshalb ist hier ein Vorbehalt in Betreff dieser weitergehenden Haftung gedachter Organe gemacht. Ausgegangen wird dabei von der Terminologie, dass, wo von Haftung gegenüber *jedem Beschädigten* die Rede ist, darunter auch der Aktionär als solcher begriffen wird, während bei der Haftung gegen die Gesellschaft und Dritte der Aktionär als solcher nicht gemeint, sondern durch die Gesellschaft vorbehaltlich seines Individualrechts, deren Rechte zu verfolgen, absorbiert ist.

Es wird wiederholt in Reformvorschlägen von Gründerdecharge gesprochen und gemeint, dieselbe dürfe nicht stattfinden, weil sonst die selbst an den Unregelmäßigkeiten Beteiligten bald als Generalversammlung die Gründer dechargieren würden. Eine solche Decharge könnte selbstverständlich nur das Schadensersatzrecht der Gesellschaft berühren. Man kann aber von einer Decharge nicht eigentlich sprechen, da die Gründer nicht in dem Sinne ein Gesellschaftsorgan sind, dass ihre Rechnungslegung und Entlastung zu den in dem Organismus der Gesellschaftsverwaltung gehörigen Gesellschaftsakten zu rechnen wäre. Aber allerdings könnte der Vorstand, jedenfalls bei Genehmigung der Generalversammlung, auf die Ansprüche gegen die Gründer, wie auf irgendeine andere Forderung verzichten. Es wird daher, worauf ebenfalls bei den Individualrechten noch zurückzukommen, auszusprechen sein, dass solcher Verzicht auf Geltendmachung der Schadensansprüche der Gesellschaft gegen die Gründer der Verfolgung dieser Ansprüche durch den Einzelaktionär nicht präjudiziert.

Die Vorschriften erscheinen auf die Kommanditgesellschaften übertragbar mit der selbstverständlichen Modifikation, dass anstelle des Vorstandes der persönlich haftende Gesellschafter tritt.

§ 6. Unterpari-Emission und Gründervorteile. (No. 5 u No. 2 der Denkschrift)

Die Verteidiger der Zulässigkeit der Unterpari-Emission gehen davon aus, dass der Hang zu verdienen, bez. bei Unternehmungen, erst die Herstellung einer zu betreibenden Anlage zum Zwecke haben, das Misstrauen in das Gelingen der Herstellung ohne Aufnahme neuer Gelder die Aktie in der Regel beim Publikum nur zu einem Kurse unter der Nominalziffer absatzfähig macht. Deshalb sollen, um eine bestimmte Summe vereinnahmen zu können, die Aktien auf einen entsprechend höheren Betrag gestellt werden müssen und dies soll unbedenklich sein, weil die Aktien nur Quotenberechtigungen am Unternehmen ausdrücken, demnach nicht die Ziffer, sondern die Zahl der konkurrierenden Aktien entscheidet. Allein die Ausführung selbst ergibt, wenn sie richtig ist, gerade, dass das Publikum auf die Nominalziffer Wert legt und in dem Differenzbetrage zwischen Nominalziffer und Preis seine Befriedigung wegen der Profitlust, bez. seine Beruhigung in Betreff der Bedenken findet und dass es gerade darauf abgesehen wird, diese Auffassung des Publikums zu benutzen. Damit ist für den Gesetzgeber u.E. die Verneinung der Zulässigkeit der Unterpari-Emission als einer absichtlichen Täuschung oder bez. der absichtlichen Benutzung einer täuschenden Vorstellung im Allgemeinen geboten, gleichviel, ob jene Vorstellung des Publikums eine haltlose ist oder nicht. Übrigens lässt sich eine absolute Haltlosigkeit nicht einmal behaupten. Die sog. Quotenbeteiligung, welche durch die Aktie ausgedrückt wird, solange die Gesellschaft die zu betreibende Anlage noch nicht hergestellt und andere Vermögensobjekte nicht besitzt, nur eine Beteiligung an dem Kapitalsbetrage sein, welche bis zur Ausführung der Anlage als aufgebracht vorausgesetzt ist. Die Ausführung, es komme auf dessen ziffermäßige Höhe nicht an, wenn nur mit dem wirklich Aufgebrachten die Anlage hergestellt werden könne, erscheint nicht zutreffend, weil selbst, wenn wirklich die Gesellschaft gegen irgendeine Person durch Bauvertrag das Recht erworben hätte, dass diese die Anlage, gleichviel welches Ergebnis die Aktienausgabe habe, fertigstelle, hiervon, bez. davon, dass dies Recht das einzige zeitige Vermögensobjekt der Gesellschaft, dem Publikum nichts zu erkennen gegeben wird. Es kann deshalb derjenige, der Aktien eines Unternehmens, welches erst die Herstellung eines Betriebskörpers bezweckt, erwerben will, nur prüfen, ob das angegebene Grundkapital auch wirklich zu dieser Herstellung ausreichen wird und er muss dabei davon ausgehen dürfen, dass das Grundkapital der Angabe entsprechend aufgebracht ist und dem gedachten Zwecke dienen soll, sofern ihm nicht das Abgehen bestimmter Prozente auf Kursverluste kund gegeben wird.

Die Berücksichtigung dieser Sachlage wie andererseits der angeblichen Unmöglichkeit, die Abneigung des Publikums gegen die Abnahme zum Parikurse zu überwinden, hat den Vorschlag hervorgerufen, es solle die Unterpari-Emission dann gestattet sein, wenn zuvor Ausgabe zu einem bestimmten, überall einzuhaltenden Emissionskurse beschlossen, dieser Beschluss veröffentlicht und der Emissionskurs auf jeder Aktie außer der Nominalziffer angegeben wird.

Die Beurteilung dieses Vorschlags setzt eine Erörterung der Frage der Zulässigkeit der Gründervorteile voraus, mit welcher die Unterpari-Emission in einem nicht immer genügend gewürdigten Zusammenhange steht.

Gemeint sind hierbei nicht die gesellschaftlichen Vorzugsrechte oder Voraus-erhebungen von Dividenden oder Bezugsrechte, welche häufig Aktionären oder Gründern eingeräumt sind, sondern die Zuwendungen aus dem Grundkapital oder die Gewährungen von Aktien für die Gründertätigkeit.

Schon im vorhergehenden § sind beide Kategorien mit behandelt und ist die Vorschrift, dass sie im Gesellschaftsvertrage offenzulegen, im Gesellschaftsvertrags-auszuge zu veröffentlichen und in den Aktienurkunden anzugeben sind, enthalten. Ebenso ist eine Verantwortlichkeit für den Fall übermäßiger Überschätzung der wirklich vergütungsfähigen Leistungen mittelst Gewährung von Vorteilen aus dem Grundkapital statuiert. Grundsätze über den Umfang, in welchem Leistungen eine Vergütung aus dem Grundkapital erhalten dürfen, sind bisher nicht aufgestellt. Bei der Genehmigung der Einlagen und Überlassungen von Vermögensstücken bedarf es derselben nicht, weil hier den Maßstab für den zu genehmigenden Preis der Wert der Vermögensstücke gibt.

Lässt man nun unter den zu bewilligenden Vorteilen auch Abgeltungen für das Risiko der Gründertätigkeit, bez. eine sog. Deckung des Unternehmerverlustes, sofern alles dies nur offengelegt ist, zu, so hat man in Wahrheit eine nur offengelegte Unterpari-Emission, denn welche andere Bedeutung hat es, wenn zwar das Grund-kapital auf 500.000 Rth. angegeben, zugleich aber zugelassen und erklärt wird, dass die Gründer 100.000 Rth. erhalten, also, soweit sie selbst Zeichner sind, so viel weniger einzuzahlen brauchen? Will man dies zulassen, so muss man noch viel eher dem oben erwähnten Vorschlage beistimmen, welcher die Gesellschaft in die Möglichkeit versetzen soll, statt Gründern deren Kursverluste zu ersetzen, sich selbst unter möglichst geringen Kursverlusten direkt an das Publikum zu wenden.

Wir verkennen die prinzipielle Wichtigkeit der Frage nicht, aber wir meinen, dass, wenn Unternehmungen nur dadurch ins Leben treten können, dass unter Billigung des Gesetzes die Kapitalien durch Scheinziffern angelockt werden, ihre Ausführung mit Privatmitteln unterbleiben muss.

Für die Manipulation der Normierung eines Grundkapitals mit offengelegtem Wiederabzug von Prozenten zugunsten der Gründer oder behufs Deckung von Kursverlusten treffen dieselben Erwägungen wie für die Unterpari-Emission unter Angabe des geringeren Emissionskurses zu. Entweder beseitigt für das Publikum der Emissionskurs, bez. die Angabe über die an den Gründer aus dem Grundkapital wieder herausgehenden Beträge, die Wirkung der Nominalziffer. Dann nützt die Maßregel nichts. Vielmehr wird die Aktie immer wieder nur einem Kurse unter dem erkannten wirklichen Betrage absatzfähig sein. Oder die Angaben beseitigen die Wirkung der Nominalziffer nicht – und hierauf ist es in Wahrheit abgesehen. – Alsdann bleibt es bei der beabsichtigten Benutzung einer täuschenden Vorstellung bei der nur zur *Ausflucht* ein Zusatz gemacht ist, der die bona fides dartun soll. In der Tat erscheint es sogar sehr wohl möglich, dass, wenn bei einer Aktie über 100 Rth. ein Emissionskurs von 92 % maßgebend ist, dadurch erst recht im kleineren Publikum der Glaube erweckt wird, man erhielte, obwohl man nur 92 zu geben brauche, 100 zurück.

Aktien ohne Angabe eines Nominalbetrages, aber mit Angabe des Emissionskurses würden nach der behaupteten Gewöhnung des Publikums nur unter dem angegebenen Emissionskurse zu begeben sein, während Aktien ohne jede Angabe eines Nominalbetrages oder Emissionskurses bei ersten Emissionen, da es an jeder Grundlage für den Aktienwert, insbesondere bei Unternehmungen, welche erst die Herstellung einer zu betreibenden Anlage voraussetzen, fehlen würde, überhaupt nicht bezahlbar sein möchten.

Was aber die Gründervorteile überhaupt anlangt, welche aus dem Grundkapitale, sei es in Geld oder Aktien, gewährt werden sollen, so erscheint es uns weder rechtlich noch wirtschaftlich gerechtfertigt, einen Unternehmergewinn für die Gründertätigkeit aus dem Grundkapital zuzulassen. Die Gründer mögen ihre Belohnung in der Ausbedingung von Vorausbezügen an Gewinn und sonstigen gesellschaftlichen Vorrechten suchen. Nur empfiehlt sich eine Modifikation dieses allgemeinen Satzes. Die Gründer können durch ihre Tätigkeit Leistungen bewirkt haben, welche, ohne eigentlich als Einlagen qualifiziert werden zu können, der errichteten Gesellschaft zugutekommen, für deren Erzielung die Gesellschaft eventuell selbst Zeit und Geld zu verwenden hätte, z.B. die sog. Vorarbeiten bei Eisenbahnen, die Organisierung des Betriebs, etc. – Dass die Gründer derartige Aufwendungen an Geld und Zeit angemessen vergütet erhalten, ist selbstverständlich und diese Vergütungen fallen nicht in die Kategorie der besonderen Vorteile. Es ist aber nicht zu bestreiten, dass die Tätigkeit des Zustandebringens der Gesellschaft selbst Aufwendungen von Geld und Zeit erfordern kann, ja im Fall der Errichtung der Gesellschaft mittelst Beteiligung des Publikums am Projekt im Gegensatze zur eigentlichen Gründung in der Regel erfordert. Es ist zwar vom ROHG entschieden worden, dass die Tatsache der Entstehung der Gesellschaft nicht als ein Vorteil der Gesellschaft zu erachten und dass jedenfalls in Ermangelung einer desfallsigen Bestimmung im Gesellschaftsvertrage eine Vergütung für Auslagen und Zeitaufwendungen behufs der Errichtung nicht zu gewähren ist (vgl. ROHG, Bd. XX, 208 ff.). Die Notwendigkeit der Festsetzung der Vergütungen durch den Gesellschaftsvertrag und ihrer Kundbarmachung wird allerdings aufrecht erhalten bleiben müssen und für dieselbe ist bereits durch im vorigen § aufgestellten Grundsatze Sorge getragen. Von dem Gesichtspunkte aus, dass bei der Versagung innerlich berechtigter Ersatzansprüche die Gefahr der Wahl illegitimer Mittel besonders nahe gelegt wird und dass den Gründern nicht zugemutet werden kann, die sog. sachlichen Kosten, die, wenn auch nicht rechtlich für die Gesellschaft, doch tatsächlich in deren Interesse aufgewendet werden [auch in Frankreich u. Belgien werden solche Vergütungen pour études, démarches, examens nécessaires pour la création des sociétés unter dem titre de prime zugelassen. Vergl. *Auguste Mathieu/Auguste Bourguignat,* No. 39, 40; *Dalloz,* Rep. Alph. Sociétés No. 1182; *Guillery,* Bd. 2, S. 231 und die dort zitierten belgischen Entscheidungen. Das italienische HGB Art. 134 verbietet jeden Vorausempfang aus Grundkapital in bar oder Aktien. *Renaud* erachtet Vermögensempfang in Aktien unzulässig, dagegen Erstattung von Gründungskosten in bar bei Vorbehalt im Statut oder Genehmigung durch die Generalversammlung zulässig, 2. Aufl., S. 758, 783, 784; *Thöl,* 5. Aufl., I, S. 442 erachtet auch dies für unzulässig. Die Eisenbahn-Unters.-Kommission will offen gelegte Vergütungen für Mühewaltungen zum Nutzen der Gesellschaft zulassen. Abg.-Haus, Drucksachen von 1873/74, Bd. 1, S. 130], z.B. auch wirkliche Maklerprovisionen für den Grundstückserwerb, aus eigenen Mitteln zu bestreiten, erscheint es zweckmäßig, eine angemessene Vergütung hierfür zuzulassen.

Die aufgestellte Verantwortung wegen Übermaßes wird auch hier ein geeignetes Korrektiv gegen Überschätzungen bilden. Selbstverständlich dürfen unter diesem Titel den Gründern nicht an die Kapitalzeichner gewährte Provisionen vergütet werden, während die Vergütung der Zahlungen üblicher Provisionen an die Zeichnungsstellen nicht ausgeschlossen sein kann. Unter den Begriff der Gründervorteile im weitesten Sinne – weiter als im Vorhergehenden vorausgesetzt – fallen auch die bei Errichtung der Gesellschaft erfolgenden Besetzungen der Vorstandsstellen auf langjährige Dauer mit derartigen Entschädigungsbewilligungen zu Lasten der Gesellschaft für den Fall des Widerrufs, dass dadurch das gesetzliche Widerrufsrecht tatsächlich illusorisch wird. Häufig sind auch die Fälle, in denen die Entlassung ohne Entschädigung erfolgen kann, durch den Vertrag derartig eingeschränkt, dass die Gesellschaft einen seiner Stellung offenbar nicht gewachsenen Vorstand doch nicht entlassen kann, ohne ihn gleich einem willkürlich Entlassenen vertragsmäßig zu entschädigen.

Wir entscheiden uns dafür, dass es für Abschluss der Dienstverträge mit dem Vorstand der Genehmigung der Generalversammlung bedürfen soll.

Aber der erste Vorstand wird, gleichviel ob er formell von den Gründern bestellt oder vom Aufsichtsrat oder der Generalversammlung gewählt ist und wer den Dienstvertrag genehmigt hat, in Wahrheit immer von den Gründern auferlegt sein. Deshalb ist es in verschiedenen neuen Gesetzen und Gesetzentwürfen diesem ersten Vorstand nur eine bestimmte Funktionsdauer [ungar. HGB § 183 länger als auf drei Jahre. Österr. Entwurf Art. 227 auf ein Jahr und dann immer wieder nur auf drei Jahre. Die Kritiken des österr. Entwurfs akzeptieren dies, weil man die Abgehenden durch vertragsmäßige Abfindungen (entschädigen) könne] gesetzlich zugewiesen, nach deren Ablauf die Neuwahl durch die Generalversammlung zu erfolgen hat.

Soll eine solche Vorschrift wirksam sein, so muss – dahin führt ihre ratio – jede Stipulation von Entschädigungen für den Fall der Nichtwiederwahl nach Ablauf des gesetzlich limitierten Zeitraums zu Lasten der Gesellschaft ungültig sein. Ohne diese Konsequenz ist die Bestimmung ziemlich zwecklos, da ja das gesetzliche Widerrufsrecht der Generalversammlung unter Vorbehalt der Ansprüche aus den Verträgen existiert. Mit jener Konsequenz würde aber eine solche Vorschrift leicht den Vorwurf, der in der ganzen Materie immer im Auge zu behalten ist, verdienen, dass sie das Interesse derjenigen gerade schädigt, zu deren Nutzen sie aufgestellt wird. In erster Reihe steht, ehe man zu Verhütungen möglicher Missbräuche zu schreiten hat, das Interesse der Gesellschaft, möglichst qualifizierte Vorstandsmitglieder erhalten zu können. Es ist aber nicht ersichtlich, wie sie reifere und bereits geschulte Männer zu diesem Zwecke soll erlangen können, wenn diese nach kurzer Zeit wieder ohne eine Vergütung dafür, dass sie ihre früheren Stellungen aufgegeben haben, entlassen werden können. Wir vermögen uns demnach nur dafür zu entscheiden, dass, wenn die Mitglieder des ersten Vorstandes in Folge Widerrufs der

Generalversammlung aus ihrer Stellung scheiden, bezüglich ihrer vertragsmäßigen Entschädigungsansprüche [Der erste Aufsichtsrat erhält überhaupt keine vertragsmäßigen Bezüge. Vergl. Art. 192, 225 HGB] ein richterliches Ermäßigungsrecht wegen offenbarer Unbilligkeit der normierten Höhe stattfinden soll. Der Richter wird hierbei die Widerrufsarten, auch soweit sie vertragsmäßige Entlassungsgründe nicht sind, berücksichtigen dürfen. Die Vorschrift wird sich aber auch auf alle erste Gesellschaftsbeamte i. S. d. Art. 235 HGB erstrecken müssen, da, wenn auch bisher die sog. Direktorstellung in der Regel mit der des Vorstandes verbunden gewesen ist, doch gerade mit Rücksicht auf die neue Bestimmung eine Trennung eintreten kann und den betreffenden Personen beamtete Direktorenstellen zugewiesen werden möchten.

Die ganze bisherige Ausführung ergibt schon die Konsequenz, dass wir, gerade um das Grundkapital gegen jeden Angriff zu schützen und die Gründer wegen ihrer Belohnung auf die Gesellschaftserrungenschaften hinzuweisen, jedes im Gesellschaftsvertrage vorgesehene gesellschaftliche Vorrecht für Gründer für zulässig erachten. Insbesondere finden wir auch keine ausreichenden Gründe fur ein absolutes Verbot der Bezugsrechte von Gründern qua Gründer bei neuen Emissionen, wenigstens dann nicht, wenn, wie wir befürworten, die neue Emission nur mit Genehmigung der Generalversammlung und nach Vollzahlung des bisherigen Grundkapitals zulässig ist. Der bloße Umstand, dass solche Gründervorrechte Anlass zu einem Missbrauch bieten könne, scheint uns nicht entscheidend, hier in die Vertragsfreiheit einzugreifen. Diese Gründerrechte, die in der Wirkung Bezugsrechte auf den Kurs über Pari anstelle der Gesellschaft sind, können wohlverdiente Prämien für die Urheberschaft der Gründer an der Prosperität des Unternehmens sein. Sie können auch Korrelate einer von den Gründern übernommenen Verpflichtung, bei neuem Geldbedarf die neue Emission zu übernehmen, sein. Notwendig wird aber für die Bezugsrechte eine Zeitgrenze sein, über welche hinaus sie nicht wirken können, da sonst bei der unbemessbaren Zeit der Existenz der Aktiengesellschaften eine zu weit gehende wirtschaftliche Abhängigkeit derselben von einzelnen Personen, bez. deren Rechtsnachfolgern eintreten möchte.

Unter diesen Gründerbezugsrechten sind Bezugsrechte zu verstehen, welche den Gründern als solchen zustehen sollen, mag auch noch außerdem ein Besitz von Aktien zur Zeit der neuen Emission Vorbedingung der Ausübung sein. Ihnen gegenüber stehen die Bezugsrechte der Aktionäre als solcher, deren unbeschränkte Zulässigkeit von keiner Seite beanstandet wird. Demnach befürworten wir folgende Grundsätze:

a) Als besondere Vorteile zu Lasten des Grundkapitals dürfen nur angemessene Vergütungen für den tatsächlichen Gründungsaufwand gewährt werden.

Provisionen für Zeichnungen auf das Grundkapital oder für Beschaffung von Zeichnungen gehören nicht zum erstattungsfähigen Gründungsaufwand.

b) Dagegen können gesellschaftliche Vorzugsrechte jeder Art bedungen werden.

Bezugsrechte der Gründer oder ersten Zeichner auf Aktien neuer Emissionen gelten, insofern ein bestimmter kürzerer Zeitraum für ihre Wirksamkeit nicht angegeben ist, nur für die Dauer von fünfzehn Jahren von der Eintragung der Gesellschaft ab.

c) Die den ersten oder im Laufe des ersten Jahres bestellten Vorstandsmitgliedern oder Gesellschaftsbeamten in Verträgen für den Fall der Aufhebung der Verträge vor Ablauf der normierten Vertragsdauer bewilligten Entschädigungen unterliegen der richterlichen Ermäßigung bei offenbarer Unbilligkeit.

Die Vorschriften ad a und b sind auf die Kommanditaktiengesellschaften übertragbar.

§ 7. Nachtragsemissionen, No. 5 der Denkschrift

Bei früheren Aktienemissionen werden der Regel nach dieselben Vorschriften wie bei der ersten zu gelten haben, indem nur anstelle der Gründer mit den ihnen obliegenden Verpflichtungen Vorstand und Aufsichtsrat treten. Es wird über Bedingung der neuen Emission der Beschluss einer Generalversammlung und, abgesehen von Versicherungsgesellschaften, die erfolgte Vollzahlung auf das bisherige Grundkapital sein. Die Erfüllung dieser letzten Bedingung wird dem Registerrichter von Vorstand und Aufsichtsrat zu erklären sein [*Renaud,* S. 130]. Auf wissentlich unrichtige Erklärung wird Gefängnisstrafe anzudrohen sein.

Für diese Nachtragsemissionen kann aber auch die Ausgabe zu einem bestimmten, von keiner Nominalziffer abhängigen Emissionskurse zugelassen werden. Wir beziehen uns hier auf die Erwägungen der Denkschrift ad I. Nr. 5 [vgl. auch *Renaud*]. Hier ist auch im Verkehr vielfach die Auffassung verbreitet, es sei die Ausgabe neuer Aktien rechtlich immer ein Verkauf. Bei großen Emissionen sind nicht unerhebliche Kosten – für Beschaffung von Zeichenstellen etc. – schon an sich ganz unvermeidlich. Es handelt sich um einen Gründungsaufwand, der ohne weiteres die Gesellschaft trifft, weil sie die Gründerin der Neuemission ist. Die Quotenaktie hat hier eine Unterlage. Es ist hier bereits ein Grundkapital vorhanden, es können also neue Aktien ohne Nominalziffer ausgegeben werden, welche nur die Zahl der auf die Grundkapitalerhöhung überhaupt ausgegebenen Aktien und deren gleiche oder prioritätische Berechtigung gegenüber den älteren Aktien kundgeben. Voraussetzung ist dabei der Beschluss eines bestimmten Emissionskurses durch die Generalversammlung, dessen Anmeldung zum Handelsregister und Veröffentlichung von der Ausgabe sowie Einhaltung bei der Ausgabe.

Wir erachten es aber für erforderlich, dass der Emissionskurs auf den Aktien angegeben wird und dass er den Nominalbetrag des Art. 207 a HGB einhalten muss. Die Zirkulation eines jeden ziffermäßigen Anhalts entbehrenden Inhaberpapieres möchte leicht zu großen Unzuträglichkeiten führen, insbesondere Unerfahrenen gegenüber betrügliche Ausbeutungen veranlassen. Soll indessen die Zulässigkeit dieser Art der Emission nicht dazu führen, die gesetzlichen Bedingungen für die Errichtung der Gesellschaft illusorisch zu machen, so muss bestimmt werden, dass dieselbe erst nach Ablauf eines längeren Zeitraums von der Errichtung Abstand finden darf.

Zu erwägen ist ferner, ob eine solche Emission, die in Wahrheit auch bei Gleichberechtigung mit den alten Aktien eine prioritätische ist, mittelst bloßen

Mehrheitsbeschlusses der Generalversammlung zulässig sein soll. Wir würden uns, da sonst die ganze Statuierung der Zulässigkeit ohne praktischen Wert sein würde und da derartige Emissionen ohne dringendes Geldbedürfnis der Gesellschaft kaum stattfinden dürften [vgl. § 12, *Renaud,* S. 106], mangels einer Einschränkung im Statut dafür ebenso wie überhaupt für die Zulässigkeit von Emissionen mit Prioritätsrechten durch Mehrheitsbeschluss der Generalversammlung entscheiden. Die Wirkungen, die dadurch eintreten, stehen denen der Aufnahme eines Anlehens bei ungünstigen Verhältnissen der Gesellschaft meistens nach. Als ein Gegengewicht gegen diese Zulässigkeit wird das weiterhin zu erörternde Recht einer Minorität, die Frage der Auflösung der Gesellschaft aus wichtigen nicht im Statut vorgesehenen Gründen zur Entscheidung vor den Richter zu bringen, wirken können. Demgemäß schlagen wir vor:

a) Erhöhungen des Grundkapitals können nur aufgrund Beschlusses der Generalversammlung und nach Vollzahlung auf das bisherige Grundkapital stattfinden. Dem Registerrichter haben vor der Eintragung der Erhöhung Vorstand und Aufsichtsrat die geleistete Vollzahlung auf das bisherige Grundkapital anzuzeigen. Im Übrigen gelten alle Vorschriften in Betreff der Errichtung der Gesellschaft auch für die Erhöhung des Grundkapitals und liegen alle Verpflichtungen der Gründer auch dem Vorstand und Aufsichtsrat ob.

b) Sind seit der Errichtung der Gesellschaft zwei Jahre verflossen, so kann eine Erhöhung des Grundkapitals auch in der Weise erfolgen, dass zu einem von der Generalversammlung beschlossenen und vor der Eintragung veröffentlichten Emissionskurse eine bestimmte Anzahl untereinander gleichberechtigter Aktien ohne Nominalziffer ausgegeben wird. In den Aktienurkunden sind die Zahl der überhaupt behufs der Erhöhung ausgegebenen Aktien und das Anteilsverhältnis gegenüber den bisherigen Aktien sowie der Emissionskurs anzugeben.

Der Emissionskurs muss den Art. 207 a HGB festgesetzten Mindestbetrag einhalten.

Bezugsrechte von Gründern oder ersten Zeichnern können bei derartigen Kapitalerhöhungen nicht geltend gemacht werden.

Die Vorschriften ad a sind auf die Kommanditaktiengesellschaft übertragbar. Zur Übertragung der Vorschriften ad b dürfte kein Bedürfnis vorhanden sein.

§ 8. Bauzinsen

Da Zweifel darüber entstanden sind, ob der Art. 217 Abs. 2 HGB bereits die Angabe einer bestimmten kalendermäßigen Maximalfrist, bis zu welcher die Verzinsung allein stattzufinden hat, vorschreibt, – vgl. ROHGZ, Bd. XIII, S. 129 –, der Mangel einer solchen Vorschrift aber bei nachträglichen übermäßigen Ausdehnungen des Vorbereitungszeitraumes sehr erheblich sein würde, schlagen wir vor, auszusprechen:

Es bedarf für die Zulässigkeit der Zinsgewährung an Aktionäre der Feststellung eines bestimmten kalendermäßigen Endtermins der Vorbereitungszeit im Gesellschaftsvertrage. Bei neuen Emissionen, wie sie § 7 ad b vorsieht, kann nur der Betrag des Emissionskurses zur Verzinsung gelangen.

Zu einer Beschränkung des Zinssatzes erachten wir keine zwingenden Gründe für gegeben.

§ 9. Bekanntmachungen

Bereits erwähnt ist, dass der Registerrichter bei Veröffentlichung des Gesellschaftsvertragsauszuges die Namen der Gründer mit veröffentlichen soll. Hierauf legen wir Gewicht, weil diese Personen für den Wert des Unternehmens, bez. das Vertrauen, das es verdient, von entscheidendem Belang sind, bez. sein sollen. Auf ihre formelle und materielle Verantwortlichkeit ist die ganze Gesellschaftserrichtung basiert.

§ 13. Die Bilanz

So wesentlich auch die Aufstellung einer richtigen Bilanz ist und so schwierige Fragen sich hierbei erheben können, so kann das Gesetz keine diese Fragen entscheidende Grundsätzen, welche für alle Fälle passen möchten, aufstellen. Umso mehr möchte sich fragen, ob nicht schon die Bestimmung des Art. 239 a HGB zum Teil nicht überall zutreffende Grundsätze aufstellen, zum Teil zu unrichtiger Bilanzaufstellung induzieren.

Wie wichtig die richtige Abschätzung der Werte bei Einstellung in der Bilanz ist, ergibt die Erwägung, dass, wenn der Aktionär ein Recht auf den sich aus richtiger Bilanz ergebenden Gewinnüberschuss hat und in Höhe desselben Gläubiger der Gesellschaft wird, eine nach Ablauf des Geschäftsjahres erfolgende Entwertung derselben Werte an diesem Gläubigerrecht nichts ändern kann und daher, wenn auch im Falle einer solchen Entwertung der Vorstand die Vorschrift des Art. 240 HGB zu berücksichtigen hat, in Wahrheit eine Verwendung des Grundkapitals zur Zahlung der Dividende unter Umständen stattfinden kann. Es muss also bei der Wertsabschätzung die höchste Vorsicht obwalten. Nun kann aber die Nr. 1 des Art. 239 c zu der Ansicht verleiten, es seien die Gesellschaftsorgane immer gedeckt, wenn sie die kurshabenden Papiere zum Kurswerte zur Zeit der Bilanzaufstellung ansetzen, während offenbar die Tatsache einer um die Zeit der Bilanzaufstellung eintretenden Kurssteigerung allein keinen Rechtstitel für die Ansetzung dieses Kurses zu geben vermag. In gleicher Weise könnte jene Vorschrift zu einer analogen Anwendung dahin verleiten, dass man alle Werte zum Marktpreise des 31.12. ansetzen dürfe. Es könnte daher in Erwägung kommen, ob nicht diese Vorschrift dahin zu erweitern wäre, dass die kurshabenden Papiere zu dem Durchschnittskurse, wie er sich aus den Kursnotizen einer bestimmten längeren Zeitperiode ergibt, mit der Einschränkung, dass der so ermittelte Kurs aber keinesfalls den Kurs zur Zeit der Bilanzaufstellung übersteigen dürfte, anzusetzen wären.

Andererseits fragt es sich, ob nicht die generelle Bestimmung der Nr. 2, soweit sie anordnet, dass die Lasten der Organisation unter keinen Umständen unter den Aktiven angesetzt werden dürfen, in dieser Allgemeinheit zu weit geht. Soweit in dem Begriff „Kosten der Organisation“ reine Gründungskosten enthalten sind, erscheint die Auffassung gerechtfertigt, obwohl man auch hier schon in Betreff der aus Anlass der Errichtung des Gesellschaftsvertrages bezweckten Stempelgebühren einen Zweifel erheben kann. [Der österr. Entwurf Art. 185 a gestattet ihre Verteilung auf die ersten fünf Geschäftsjahre.] Anders steht es aber mit den Kosten für den organisierten Betrieb. Der organisierte Betrieb kann insbesondere bei Gesellschaften, die, um arbeiten zu können, einen solchen in ausgedehntem Maßstabe voraussetzen, wie z.B. bei Versicherungsgesellschaften die Einrichtung von Agenturen und Zweigniederlassungen, die Erzielung fester Rückversicherungsbeziehungen, einen dauernden Wert darstellen und es möchte die Errichtung solcher Gesellschaften erheblich erschwert erscheinen [vgl. *(Theodor) Herzka*, Die Mängel des österr. Aktiengesetzentwurfes (Wien 1875), S. 81; *Keymer* in Busch Bankarchiv, Bd. 8, S. 413], wenn die Aktionäre solange keine Dividende erhielten, bis der für diese Organisationskosten verausgabte Betrag wieder ergänzt ist. In der Tat sind auch anscheinend von den Versicherungsgesellschaften diese Organisationskosten stets auf eine bestimmte Zahl von Jahren verteilt und jährlich nur in diesen Teilbeträgen abgeschrieben worden, indem gegenüber den betreffenden Kosten der Passiven entweder der ganze Betrag der Kosten auch unter die Aktiva aufgenommen und dann von dem Aktivsaldo der für das Jahr abzuschreibende Betrag abgezogen oder in den Aktien gleich um den jedes Jahr abzuschreibenden Betrag gekürzt angesetzt wurde. Ob hierin eine materielle Änderung seit der Novelle von 1870 stattgefunden hat, möchten wir bezweifeln, wenn auch die betreffenden Wertserzeugungen unter anderen Posten in den Aktiva untergebracht worden sein mögen.

Es erscheint uns aber auch einleuchtender, dass die Erzeugung einer Betriebsorganisation mit Grundkapital rationell bewirkt, kein Verlust an Grundkapital, sondern eine Wertserzeugung in Höhe des verwandten entsprechenden Grundkapitalanteils ist, so dass die Gläubiger nicht neben dem Vorhandensein dieses Werts noch die Ergänzung des verwendeten Grundkapitals verlangen könnten, als die zur inneren Rechtfertigung der Bauzinsen aufgestellte Erwägung, dass die Bauherstellungen um den – rationell – festgesetzten Zinsenbetrag mehr wert seien, als das dafür verwendete Geld. Allerdings verliert die hergestellte Betriebsorganisation ihren selbständigen Wert in der Entwicklung des Betriebs. Sie setzt sich im Laufe der Zeit in erfolgreichen Betrieb um oder geht bei erfolglosem – als Wert verloren. Demgemäß erscheint die Amortisation dieses Werts erforderlich, nicht aber im ganzen Betrage mit Ablauf des ersten Geschäftsjahres. Es erscheint bedenklich, Gesetzesvorschriften allgemein hinzustellen, wenn man nicht sicher ist, dass sie nicht auch von rationell und solid wirtschaftenden Geschäftsleuten als irrationell erachtet werden. Demnach möchten wir wenigstens zur Erwägung anheimgeben, ob nicht die Nr. 2 des Art. 239 a dahin zu ändern [Bei 15.000 Rth. Organisationskosten also nach Ablauf des ersten Geschäftsjahres -3000 = 12.000, nach Ablauf des zweiten Geschäftsjahres 12.000-3000 = 9000; nach Ablauf des dritten Geschäftsjahres 9000-3000 = 6000; nach Ablauf des vierten Geschäftsjahres 6000-3000 = 3000; nach Ablauf des fünften Geschäftsjahres : 3000-3000 = 0. Bemerkenswert ist, dass weder das franz. noch das belg. Gesetz Bestimmungen über die Bilanzgrundsätze erhalten, ähnlich wie die des Art. 239 a, mit der hier vorgeschlagenen Änderung das Ungar. HGB § 199.]: „Die Kosten der Gründung und Verwaltung dürfen nicht unter den Activis aufgeführt werden, müssen vielmehr ihrem vollen Betrage nach in der Jahresrechnung als Ausgabe erscheinen. Als Kosten der ersten Organisation darf gegenüber deren vollem, als Ausgabe erscheinenden Betrag so viel unter die Activa aufgenommen werden, als bei Verteilung dieser Kosten auf höchstens fünf Jahre der Jahresrate für jedes Geschäftsjahr entspricht".

§ 14. Auflösung der Gesellschaft und Liquidation

Es ist bereits wiederholt darauf hingewiesen worden, dass auch einem bestimmten Bruchteil von Aktionären das Recht zustehen soll, ohne Rücksicht auf die Bestimmungen des Gesellschaftsvertrages aus wichtigen, vom Richter zu erwägenden Gründen, wie dies Art. 125 HGB für die OHG zulässt, auf Auflösung der Gesellschaft zu klagen. Der bloße Wille der Generalversammlung, die Gesellschaft aufrecht zu erhalten, darf hier nicht präjudizieren. Auf bloße Illusionen über die Lage der Gesellschaft hin soll deren Existenz nicht aufrecht erhalten, soll die klarer sehende Minorität nicht an ein Unternehmen gefesselt bleiben.

[Nach franz. Recht bedarf es einer Generalversammlungsberufung bei Verlust von 3/4 des Grundkapitals. Wird sie nicht berufen oder kann sie sich nicht ordnungsgemäß konstruieren, so kann jeder Interessent vor Gericht die Auflösung fordern. Ebenso kann jeder Interessent dieselbe fordern, wenn seit Reduzierung der Zahl der Gesellschafter unter 7 ein Jahr verflossen ist. Art. 37, 38. Ähnlich Art. 72, 73 des belg. Gesetzes. Danach muss, wenn der Verlust 3/4 des Grundkapitals beträgt, auf Antrag 1/4 der an der Generalversammlung vertretenen Stimmberechtigten aufgelöst werden. In das Ermessen des Richters stellt die Auflösungsgründe das engl. Recht.] Zweckmäßig erscheint es, hier nicht bestimmte Gründe der Auflösung zu fixieren. Der Richter soll frei ermessen, ob die Gesellschaft nicht in Wahrheit nicht mehr existenzwürdig ist und wird dabei insbesondere auch darauf Rücksicht nehmen dürfen, ob nicht auch im Interesse des Publikums der Schein der Existenzberechtigung zu beseitigen ist. Sowohl namhafte Verluste an Grundkapital wie lang dauernde Unterbrechungen des Geschäftsbetriebes können einen hinreichenden Grund geben. Unzureichend sind die Vorschriften des HGB über die Liquidation von Aktiengesellschaften. Der vom ROHG in Entsch. Bd. VII, S. 284, ausgesprochene und völlig unentbehrliche Satz, dass die Gesellschaftsorgane während des Liquidationszustandes zum Zweck der Liquidation fortexistieren, soweit ihre Funktionierung nicht mit dem Wesen der Liquidation in Widerspruch steht, dass also Generalversammlung und Aufsichtsrat fortexistieren und anstelle des Vorstandes die Liquidatoren treten, wird klar auszusprechen sein. Es bedarf aber auch der Aufstellung bestimmter Normen über die Verpflichtungen zur Rechnungslegung in Betreff des Liquidationsgeschäftes an die Generalversammlung. Hier fehlt es an jeder Norm. Bei der Wichtigkeit der Funktionen, deren Tätigkeit unmittelbarer auf den Vermögensstand des Einzelaktionärs einwirkt, wie die des Vorstandes, muss auch einem Beschluss von Aktionären das Recht eingeräumt werden, trotz der statutarischen Bestimmung der Liquidatoren oder ihrer Wahl durch Generalversammlungsbeschluss einen Antrag auf Berufung anderer Liquidatoren bez. auf Abberufung bestellter Liquidatoren aus wichtigen Gründen vor den Richter bringen zu können.

Was die bei den sogenannten Entgründungen von Etablissements verkennenden Missbräuche anlangt, so werden auch die Liquidatoren die für den Vorstand in § 11 sub. a vorgeschlagenen Gebote der Enthaltung von allen Geschäften für die Gesellschaft bei eigenem kollidierenden Interesse und von allen Geschäften mit der Gesellschaft mit den dort angegebenen Rechtswirkungen im Falle ihrer Übertretung anwendbar sein müssen. Es wird ferner die Erteilung einer Vollmacht an die Liquidatoren zum Verkauf unbeweglicher Sachen oder der von der Gesellschaft betriebenen gewerblichen Anlagen anders als im Wege öffentlicher Versteigerung als eine besonders wichtige, eine Veräußerung zum Nachteil der Gesellschaft erleichternde Maßregel trotz entgegenstehender Bestimmungen des Gesellschaftsvertrages von einem denselben Beschränkungen, wie eine Statutenänderung, unterliegenden Generalversammlungsbeschluss abhängig zu machen sein. Hiernach empfiehlt es sich, folgende Grundsätze auszusprechen:

a) Ein oder mehrere Aktionäre, deren Aktien zusammen den zehnten Teil des Grundkapitals darstellen, können die Auflösung der Gesellschaft vor Ablauf der für ihre Dauer bestimmten Zeit und ohne Rücksicht auf einen die Auflösung ablehnenden Beschluss der Generalversammlung im Wege der Klage gegen die Gesellschaft verfolgen, sofern für die Auflösung wichtige Gründe vorhanden sind. – Die Beurteilung, ob solche Gründe anzunehmen, bleibt dem Ermessen des Richters überlassen.

b) Ungeachtet der Auflösung der Aktiengesellschaft kommen bis zur Beendigung der Liquidation in Beziehung auf das Rechtsverhältnis der Aktionäre zueinander und zur Aktiengesellschaft zu Dritten sowie in Beziehung auf die Organe der Aktiengesellschaft und ihre Rechte und Pflichten die bisher aufgeführten Vorschriften zur Anwendung, soweit sich nicht aus den nachfolgenden Bestimmungen etwas Anderes ergibt oder sie mit dem Wesen der Liquidation unvereinbar sind.

c) Die Liquidatoren treten an die Stelle des Vorstandes und unterliegen allen für den Vorstand normierten Vorschriften und Verantwortlichkeiten.

d) Auf den Antrag eines oder mehrerer Aktionäre, deren Aktien zusammen den zehnten Teil des Grundkapitals darstellen, oder des Aufsichtsrats kann trotz entgegenstehender Bestimmungen des Gesellschaftsvertrages oder Beschlüsse der Generalversammlung die Ernennung von Liquidatoren aus wichtigen Gründen durch den Richter erfolgen.

Der Richter kann Personen zu Liquidatoren ernennen, welche nicht Aktionäre sind. Die Bestellung von Liquidatoren durch die Gesellschaft kann seitens der Generalversammlung jederzeit widerrufen werden. Die Abberufung derselben sowie der vom Richter ernannten durch den Richter kann unter denselben Voraussetzungen, wie die Ernennung seitens des Richters, stattfinden.

e) Die Ermächtigung zur Veräußerung von unbeweglichen Sachen oder von der Gesellschaft betriebener gewerblicher Anlagen oder Kaufmannshandlungen ohne öffentliche Versteigerung kann den Liquidatoren trotz entgegenstehender Bestimmung des Gesellschaftsvertrages nur durch einen Generalversammlungsbeschluss erteilt werden, welcher den gesetzlichen Erfordernissen eines Beschlusses auf Abänderung des Gesellschaftsvertrages entspricht. Die Liquidatoren haben sofort beim

Beginne der Liquidation eine Bilanz aufzustellen. Ergibt diese oder eine später aufgestellte Bilanz, dass das Vermögen der Gesellschaft nicht mehr die Schulden deckt, so haben sie sofort die Eröffnung des Konkurses zu beantragen.

f) Dem Aufsichtsrat liegt während der Liquidation in mindestens drei monatlichen Fristen die Prüfung des Abwicklungsgeschäfts sowie der von den Liquidatoren mit Abschluss der Liquidation der Generalversammlung zu legenden Rechnung und die Berichterstattung über diese Rechnung an die Generalversammlung ob.

g) Überschreitet die Liquidation die Dauer eines Jahres, so haben die Liquidatoren innerhalb der ersten drei Monate nach Ablauf des Jahres und ebenso beim Verlaufe weiterer Jahre eine Generalversammlung zu berufen und dieser über den Stand der Liquidation Auskunft zu erteilen. Auch hat in diesen Generalversammlungen der Aufsichtsrat Bericht über seine Prüfung des Standes der Liquidation zu erstatten.

h) Innerhalb vier Wochen nach Abhaltung der Generalversammlung haben die Liquidatoren Ausweise über den Stand der Abwicklung und nach Beendigung der Liquidation über deren Ergebnis durch die Gesellschaftsblätter zu veröffentlichen, auch ein Exemplar der Gesamtrechnung über das Abwicklungsgeschäft unter Angabe der bei der Verteilung des Vermögens an die Aktionäre beobachteten Grundsätze zum Handelsregister einzureichen.

Die jährlichen Ausweise sind schon deshalb erforderlich, weil, sofern die Liquidatoren während der Liquidation noch Raten auf die nicht vollbezahlten Aktien ausschreiben, wozu sie behufs Deckung der Schulden befugt sein müssen, die Erforderlichkeit dieser Ausschreibungen wenigstens nachträglich in nicht zu langer Zeit gerechtfertigt werden muss. Auf die Grundsätze der Verteilung des Gesellschaftsvermögens an die Aktionäre können Generalversammlungsbeschlüsse keine Einwirkung ausüben. Hier haben die Liquidatoren bei eigener Vertretung entsprechend den vertragsmäßigen Rechten der einzelnen Aktionäre zu verfahren und prinzipielle Streitpunkte – dieselben können bei der Konkurrenz mehrerer Emissionen, von denen einige nicht voll eingezahlt sind, leicht eintreten – richterlicher Entscheidung zu unterbreiten. Der Dechargebeschluss der letzten Generalversammlung kann sich nur auf die Geschäftsführung der Liquidatoren bei der Versilberung und Schuldenzahlung, nicht auf die Verteilung an die Aktionäre beziehen, welche in dieser Beziehung den Liquidatoren als Einzelpersonen gegenüberstehen. Alle diese Grundsätze sind auch auf die Kommanditgesellschaften übertragbar, weil der sich aus der selbständigen Stellung der Komplementare ergebenden Modifikation, dass ohne ihre Einwilligung Generalversammlungsbeschlüsse nicht vollziehbar sind.

§ 15. Verjährung

Das Verkehrsinteresse und die Möglichkeit einer Rechtsprechung auf sicherer Grundlage, welche bei der dem Richter einzuräumenden freien Würdigung ganz besonders in Betracht zu ziehen ist, erfordern es, dass die zahlreichen möglichen Ersatzansprüche bei Vermeidung eintretender Verwirkung in nicht zu langer Frist geltend gemacht werden. Betrachtet man auch die Vorschriften des Preuß. Landrechts über den Verwaltungsvertrag, so erscheint in Anwendung auf die Geschäftsführung der Organe einer Aktiengesellschaft es entschieden verkehrswidrig, wenn die Gesellschaft durch die Beanstandung und Monitur der Rechnung sich das Recht der Geltendmachung aller Ansprüche für den Lauf der gewöhnlichen Verjährungszeit soll vorbehalten[eine kurze Verjährung hat auch Art. 127 des Belg. Gesetzes], die erteilte Decharge noch innerhalb zehn Jahren wegen Irrtums und Omissionen und noch darüber hinaus wegen offenbarer Rechnungsfehler und wegen Betruges soll anfechten dürfen. Vergl. §§ 148, 150, 151 Tit. 14 T. I Preuß. ALR. Was die Ansprüche Dritter anlangt, so ist es nach dem Verlauf langer Jahre unter ganz veränderten wirtschaftlichen Verhältnissen äußerst schwierig, den behaupteten Kausalzusammenhang zwischen dem unrechtmäßigen Verhalten der in Anspruch Genommenen und einer Handlung oder Unterlassung der Beteiligten zu würdigen. Demgemäß schlagen wir die Annahme folgender Grundsätze vor:

Es verjähren innerhalb *fünf* Jahren und zwar:

1. von der Errichtung der Gesellschaft ab alle in diesem Titel vorgesehenen Ansprüche aus der Gründung der Gesellschaft gegen die Gründer auf Ersatz von Schaden, Ergänzung von Gesellschaftsvermögen und Herausgabe von Vorteilen seitens der Aktiengesellschaft, der Gesellschaftsgläubiger und dritter Personen,

2. von dem Tage der Einreichung des die Jahresbilanz genehmigenden Beschlusses der ordentlichen Generalversammlung zum Handelsregister ab alle Ansprüche der ad 1. gedachten Art gegen die Mitglieder des Vorstandes und Aufsichtsrats der bestehenden Gesellschaft aufgrund ihrer Geschäftsführung und Überwachung derselben während des abgeschlossenen Geschäftsjahres sowie ihre Kundgebungen in Bezug auf dasselbe bis zur gedachten Generalversammlung und in derselben seitens der Aktiengesellschaft, der Gesellschaftsgläubiger und dritter Personen.

Es verjähren innerhalb *zwei* Jahren,

3. vom Tage der Zahlung der Zinsen oder Dividenden ab alle Ansprüche wider die empfangene Aktionäre auf Rückgewähr derselben als zu Unrecht bezogen – Art. 218 HGB,

4. vom Tage der Einreichung des Protokolls über die beim Abschluss der Liquidation berufene Generalversammlung zum Handelsregister ab alle Ansprüche der ad 1. gedachten Art gegen die Liquidatoren und die Mitglieder des Aufsichtsrats der aufgelösten Gesellschaft aufgrund der Führung und Überwachung der Liquidation und der Verteilung des Gesellschaftsvermögens unter die Aktionäre seitens der Aktiengesellschaft, der Gesellschaftsgläubiger, der Aktionäre und dritter Personen,

5. vom Tage der verletzenden Ausübung eines Stimmrechts ab alle Ansprüche auf Schadensersatz gegen diejenigen Personen, welche den gesetzlichen Vorschriften zuwider ein Stimmrecht ausgeübt oder zu der Ausübung mitgewirkt haben, seitens der dadurch Beschädigten. – Ansprüche Dritter, welche auf Vertragsverhältnissen mit den verantwortlichen Personen beruhen, werden durch diese Verjährung nicht betroffen. Auch bleibt, wenn die verantwortlichen Personen wegen eines Verbrechens oder wegen einer mit Gefängnis bedrohten Handlung durch Strafurteil rechtskräftig verurteilt werden, diese Verjährung gegenüber allen aus jener Handlung herzuleitenden Ansprüchen ausgeschlossen.

Die zuerst angenommene fünfjährige Frist erscheint ausgiebig genug. In einem fünfjährigen Zeitraum verjähren strafrechtlich Betrug, Untreue und Unterschlagung. Vergl. § 67 RStGB. Eine Einschränkung des Zeitraums bei Ansprüchen aus der

Liquidation erscheint zweckmäßig, da sich mit dem Liquidationsschluss die Sachlage genau muss übersehen lassen. Erlöschen sollen in den gedachten Fristen alle Ansprüche der Gesellschaft, sie mag ausdrücklich Decharge verweigert haben, oder den Dechargebeschluss wegen dolus oder Omissionen oder wegen Rechnungsfehler oder wegen formeller Ungültigkeit des gefassten Generalversammlungsbeschlusses anfechten können. Da die Klagerechte der Einzelaktionäre wegen Beschädigung des Gesellschaftsvermögens nur von der Gesellschaft abgeleitete Rechte sind, so trifft sie die gedachte Verjährung. Erlöschen sollen ebenfalls in der vorgegebenen Frist die Ersatzansprüche Dritter aus arglistigem Verhalten der angegebenen Organe. Gemeint sind aber nur Ansprüche aus Delikt, bez. dem demselben in §§ 4 sub e, 5 sub k und 11 sub b) gleichgestellten wissentlichen Handeln. Dagegen soll anlässlich dieses Gesetze in die Materie der Verjährung der Ansprüche aus zwischen den Dritten und den verantwortlichen Personen bestehenden Vertragsverhältnissen nicht eingegriffen werden, so dass die Vertretung des dolus in Vertretungsverhältnissen mit Dritten durch die zu treffende Bestimmung nicht berührt wird.

Eine Ausnahme erscheint endlich geboten, wenn eine rechtskräftige Verurteilung wegen strafbarer Handlungen erheblicherer Natur erfolgt ist, in Betreff der aus diesen Handlungen herzuleitenden Ansprüche. Hat innerhalb der strafrechtlichen Verfolgungsfrist eine solche Verfolgung begonnen und mit einer Verurteilung geendet, so erscheint es angemessen, die daraus fließenden Entschädigungsansprüche uneingeschränkt offen zu halten. [in Original gestrichen]

Zweckmäßig dürfte es sein, die Bestimmungen der Art. 148 Abs. 2 und 149 HGB auch auf diese Verjährung für anwendbar zu erklären.

Die Grundsätze erscheinen auch auf die Kommanditgesellschaft übertragbar.

§ 16. Beweisvorschriften in Betreff der Zivilverantwortlichkeit und Strafvorschriften

Als Konsequenzen bereits früher angenommener Erörterungen und um den aufgestellten Geboten und Verboten die erforderliche Wirkung zu verleihen, erscheinen uns folgende Vorschläge angemessen:

a) Bei allen in diesem Titel vorgesehenen Ansprüchen wider Gründer, Mitglieder des Vorstandes und Aufsichtsrates, Liquidatoren und Aktionäre auf Schadensersatz, Ergänzung des Gesellschaftsvermögens und Herausgabe von Vorteilen entscheidet das Gericht über die Wahrheit der tatsächlichen Behauptungen unter Berücksichtigung des gesamten Inhalts der Verhandlungen nach freier Überzeugung. Es hat ebenso unter Würdigung aller Umstände über die Höhe des zu ersetzenden Schadens nach freiem Ermessen zu erkennen.

b) Die Mitglieder des Vorstandes werden, insofern sie nach allgemeinen Strafgesetzen keiner strengeren Ahndung unterliegen, mit Gefängnis bis zu einem Jahre bestraft,

1. wenn sie namens der Gesellschaft Verträge abschließen, an denen sie ein dem Gesellschaftsinteresse zuwider laufendes eigenes Interesse haben, oder ohne Genehmigung der Generalversammlung entweder mit der Gesellschaft für eigene oder fremde Rechnung Verträge abschließen, oder an sich von Anderen mit der

Gesellschaft geschlossenen Geschäften auf Seiten des Gegenkontrahenten der Gesellschaft beteiligen,

2. wenn sie wissentlich

a) ungültige Aktien oder Aktienanteile (Promessen, Interimsscheine) ausgeben – vgl. § 5 sub i) und l),

b) Aktien auf den Inhaber vor Einzahlung des vollen Nominalbetrages ausgeben (Art. 222 Nr. 1), oder mit den Zeichnern Abmachungen treffen, welche darauf abzielen, die diesen obliegende volle Bareinzahlung zu vereiteln oder der Wahrheit zuwider als erfolgt darzustellen,

c) in den ihnen und dem Aufsichtsrat bis zur erfolgten Volleinzahlung von Inhaberaktien obliegenden halbjährlichen öffentlichen Bekanntmachungen des Betrages der von jedem Aktionär geleisteten Einzahlungen falsche Angaben machen,

d) Aktien (Interimsscheine, Promessen) auf eine Erhöhung des Grundkapitals vor Vollzahlung des bisherigen Grundkapitals oder unter dem veröffentlichten Emissionskurse ausgeben – vgl. § 7 sub m,

e) das Verzeichnis über die behufs Teilnahme an den Generalversammlungen hinterlegten Aktien oder das Verzeichnis über die in der Generalversammlung vertretenen Aktien falsch aufstellen,

f) eigene Aktien der Gesellschaft für dieselbe als Pfand annehmen oder mit dem Vermögen der Gesellschaft zu anderen Zwecken als zu entsprechend Art. 248 HGB erfolgender Minderung des Grundkapitals oder einer nach Art. 215 HGB zulässigen Amortisation erwerben,

g) ohne Beobachtung der gesetzlichen Bestimmungen (Art. 245, 248 HGB) das Grundkapital an die Aktionäre ganz oder teilweise zurückbezahlen oder die Aktionäre von den Verbindlichkeiten in Betreff rückständiger Einlagen befreien,

h) der Generalversammlung unrichtige Jahresbilanzen vorlegen oder Zinsen oder Dividenden gegen die Bestimmung des Art. 217 HGB zahlen,

i) in den der Generalversammlung gemachten Vorlagen oder in den in derselben gehaltenen Verträgen den Stand der Gesellschaft unwahr darstellen oder verschlimmern. – Die gleiche Strafe trifft die Mitglieder des Aufsichtsrats und die Liquidatoren, soweit ihnen Handlungen der gedachten Art zur Last fallen, Mitglieder des Aufsichtsrats auch, wenn sie zu den ad 2 a) bis i) aufgeführten Handlungen, möchten sie auch von den Mitgliedern des Vorstandes unwissentlich begangen sein, wissentlich mitwirken.

c) die Mitglieder des Vorstandes sowie die Liquidatoren werden mit Gefängnis bis zu drei Monaten bestraft,

1. wenn durch ihre Schuld während eines Zeitraums von mehr als drei Monaten die Gesellschaft ohne Aufsichtsrat geblieben ist oder in demselben die zur Beschlussfähigkeit erforderliche Zahl von Mitgliedern gefehlt hat,

2. wenn sie sich beharrlich ohne ausreichenden Grund weigern, dem Auftrage des Handelsgerichts, eine Generalversammlung zu berufen – vgl. insbesondere hier § 12 No. c – oder die Handelsbücher und Schriften zur Einsicht an Revisoren vorzulegen, Folge zu leisten,

3. wenn sie im Falle des Art. 240 Abs. 1 HGB es unterlassen, die unverzügliche Anzeige an eine zu berufende Generalversammlung zu machen oder im Falle des Art. 240 Abs. 2 HGB die Zahlungen nicht einstellen.

Die Bestimmung ad No. 2 ist auf die Mitglieder des Aufsichtsrats anwendbar, wenn dem Aufsichtsrat die Berufung der gewöhnlichen Generalversammlungen im Gesellschaftsvertrage übertragen ist.

d) Die Mitglieder des Vorstandes und die Liquidatoren unterliegen Ordnungsstrafen von fünfzehn bis sechshundert Mark, wenn sie es innerhalb der gesetzlich bestimmten Fristen unterlassen, die Generalversammlungen zu berufen – Art. 239 HGB, § 12 No. c), § 14 sub f) und g) -, das Verzeichnis der Aktionäre, welche ihre Aktien hinterlegt, abschließen zu lassen und dasselbe wie die Jahresrechnung, das Inventar und die Bilanz zur Einsicht auszulegen, die vom Gesetz erforderten Nachweise und Bilanzen zu veröffentlichen – Art. 239 HGB, § 12 No. a) 2 und f), § 14 sub h), § 16 b), 2 c) -, die Protokolle über die abgehaltenen Generalversammlungen zum Handelsregister einzureichen und die Änderungen des Gesellschaftsvertrages zur Eintragung anzumelden – § 12 b) – oder wenn sie den in Betreff aller dieser sowie aller sonstigen ihnen obliegenden Verpflichtungen vom Handelsgericht gemachten besonderen Auflagen innerhalb der dafür bestellten Fristen nicht nachkommen. Soweit die Handlungen dem Aufsichtsrat obliegen, unterliegen dessen Mitglieder den gedachten Ordnungsstrafen.

e) Mit Gefängnis bis zu drei Monaten oder mit Geldbuße bis zu 3000 Mark wird bestraft, insofern nicht nach allgemeinen Strafgesetzen eine strengere Ahndung eintritt,

1. wer in einer Generalversammlung dadurch, dass er sich oder einen Dritten fälschlich als Eigentümer von das Stimmrecht begründenden Aktien ausgibt, ein ihm nicht gebührendes Stimmrecht im eigenen Namen oder im Namen des Dritten ausübt, sowie derjenige, welcher ihm die Aktien zu diesem Zwecke überlassen hat,

2. wer als Aktionär in Generalversammlungen durch Mitstimmen zu Beschlüssen mitwirkt, welche seine Entlastung von einer der Gesellschaft gegenüber begründeten Verantwortlichkeit oder den Abschluss eines Rechtsgeschäfts seitens der Gesellschaft, an dessen Vorteilen er in noch anderer Weise als in seiner Eigenschaft als Aktionär beteiligt ist, bezwecken,

3. wer wissentlich Bescheinigungen zum Nachweis einer behufs Teilnahme an den Generalversammlungen erfolgten Hinterlegung von Aktien der Wahrheit zuwider ausstellt – § 12 No. a) 2. -.

Hierzu dienen noch folgende Bemerkungen:

Nicht bloß die Zahlung nicht rechtmäßiger Dividenden und Zinsen, sondern auch die Aufstellung einer unrichtigen Bilanz, welche gefahrbringend sein kann, auch wenn diese Bilanz nicht mit einem verteilungsfähigen Gewinn abschließt, ist, sofern sie wissentlich erfolgt, unter Strafe zu stellen. Beharrlicher Widerstand gegen Aufträge des Handelsgerichts, eine Generalversammlung zu berufen, welche Aufträge nicht bloß im Falle vergeblichen Antrags von 1/10 des Aktienkapitals, sondern in allen Fällen gesetzlicher oder vertragsmäßiger Verpflichtung, Generalversammlungen zu berufen, zulässig sein soll, wird durch bloße Ordnungsstrafen nicht hinreichend gesühnt, deshalb ist hier eine besondere Strafvorschrift vorgeschlagen. Sie trifft den Aufsichtsrat, wenn dieser das statutenmäßig zur Berufung von Generalversammlungen bestimmte Organ ist. Die Pflicht dagegen, die Generalversammlung bei Verlust der Hälfte des Grundkapitals zu berufen, welche das Gesetz dem Vorstand auferlegt, muss lediglich beim Vorstande verbleiben, wenn auch statutenmäßig im Allgemeinen die Berufungen der Generalversammlung dem Aufsichtsrat übertragen ist.

Was die allgemeinen Bestimmungen in Betreff der Ordnungsstrafen anlangt, so erscheint es zweckmäßig, dass nicht, wie bisher, dieselben erst angedroht werden, wenn das Handelsgericht in Folge amtlicher Kenntnis oder – wie es meist der Fall ist – erst im Falle der Anregung durch Interessenten die Nachholung einer Handlung fordert, welche längst hätte erfolgt sein müssen. Vielmehr müssen für diese Verpflichtungen ohne weiteres, soweit sich feste Zeitpunkte für den Fristenlauf gewinnen lassen, Fristen laufen, so dass schon durch die Unterlassung während der Frist eine Ordnungsstrafe begründet wird. Ausgeschlossen ist dadurch nicht, dass nicht durch eine neue erfolglose Auflage seitens des Handelsgerichts neue Ordnungsstrafen begründet werden. Das Einschreiten des Handelsgerichts durch Auflagen mit Androhung von Ordnungsstrafen muss aber überhaupt für diejenigen Fälle vorgesehen werden, in denen die Gesellschaftsorgane durch das Gesetz Vorlegung von Inventur, Bilanz, Generalversammlungsprotokollen, bez. der Duldung von Abschriftnahmen Aktionären gegenüber und zur Vorlegung aller Geschäftsbücher und Papiere an von der Generalversammlung oder vom Richter bestellte Revisoren verpflichtet sind. Sollen diese Vorschriften nicht illusorisch sein, so kann man hier den Aktionär nicht auf den Weg der Klage verweisen. Sie müssen vielmehr, wenn sie Weigerungen der Gesellschaftsorgane behaupten, das Handelsgericht darum anrufen dürfen, dass es dieselben durch Ordnungsstrafe zur Gewährung anhalte. Bei der Verhandlung über den eventuell zu erhebenden Einspruch wird erörtert werden, ob zur Weiterung Grund vorlag.

Bei der Strafvorschrift für Ausübung des Stimmrechts bei vorhandenem Sonderinteresse ist der Fall, dass das Interesse in einem zu erlangenden Aktionärvorrecht besteht, als nicht geeignet für eine Strafsanktion absichtlich weggelassen.

Die Vorschriften sind mit der Einschränkung auf die KGaA übertragbar. Dass hier die Strafvorschriften sub Nr. 2 b und c (Ausgabe der Aktien vor Einzahlung des Nominalbetrags und falsche Mitteilung des Standes der Einzahlung), [!] da bei der KGaA nur Namensaktien, sowie die Strafvorschrift für Verletzung des Art. 214 Abs. 2 HGB fortfallen.

Erwogen wird noch werden müssen, dass bis zur Wirksamkeit der deutschen Gemeinschuldordnung es an einer Strafvorschrift für den betrüglichen und einfachen Bankrott, bzw. für den Fall des § 308 der jetzigen [preuß.] Konkursordnung, wenn die Verübung seitens der Vorstandsmitglieder einer Aktiengesellschaft, welche ihre Zahlungen eingestellt hat, erfolgt ist, fehlt. Vergl. Entscheid. des Preuß. Ober-Trib., Bd. 73, S. 379, und dass daher der Bestimmung des § 264 der deutschen Gemeinschuldordnung entsprechend, Vorschriften erlassen werden müssen, wenn die Aktiennovelle vor der Gemeinschuldordnung in Wirksamkeit tritt. Endlich erscheint es der Erwägung bedürftig, ob der Begriff der Urkunde im Sinne des § 266 Nr. 2 RStGB einer Erweiterung bedarf, um unter den Bevollmächtigten, welche über Vermögensstücke des Auftraggebers verfügen, auch Mitglieder des Vorstandes und Aufsichtsrats bei Verfügung über Gesellschaftsvermögen zu verstehen.

§ 18. Einwirkung des neuen Gesetzes auf die Rechtsverhältnisse der bisherigen Aktiengesellschaften (IV der Denkschrift)

Überwiegende Zweckmäßigkeitsgründe sprechen dafür, dem neuen Gesetze die Anwendbarkeit auf die bereits bestehenden Gesellschaften, zum mindesten auf die unter der Herrschaft des Gesetzes vom 11.6.1870 entstandenen Aktiengesellschaften, und zwar nicht bloß subsidiarisch neben den statutarischen Bestimmungen, sondern auch gegen die Bestimmungen des Statuts zuzusprechen. Andernfalls würde für die Bedeutung des Gesetzes sehr gering sein. Gegenüber der ungeheuren Zahl der seit 1870 entstandenen Gesellschaften wird die Zahl der in absehbarer Zeit – und nur für eine solche und ihre voraussichtlichen wirtschaftlichen Verhältnisse kann das neue Gesetz berechnet werden – neu zu errichtenden voraussichtlich verschwindend klein sein. Diese sog. Rückwirkung muss unseres Erachtens [vgl. österr. Entwurf § 12] aber nicht bloß Platz greifen, insoweit das neue Gesetz bereits bestehenden Rechten die fehlenden Mittel zur Geltendmachung gewährt oder unvollkommenere Rechte vollkommen ausbildet. Der Gesichtspunkt, dass das Gesetz Schutzmaßnahmen gegen den Missbrauch von Rechten aufrichten soll, muss dahin führen, dass auch die durch dasselbe aufgestellten Normativbestimmungen gegenüber den bisherigen statutarischen laxeren Bestimmungen Anwendung finden müssen. Zur Rechtfertigung dieser Normativbestimmungen ist gerade davon ausgegangen, dass entgegenstehende Bestimmungen eines Gesellschaftsvertrages in der Regel nicht auf einer innerlichen Aufnahme der Fortsetzungen in den Willen der Interessenten, sondern auf einer Auferlegung seitens weniger Projektanten beruhen. Diese Annahme ist gerade aus den Erfahrungen der verflossenen Jahre geschöpft. Legt demnach das Gesetz der zukünftigen sog. Vertragsfreiheit der Kontrahenten, soweit sie nur äußerlicher Natur, Schranken auf, so erscheint es zweckmäßig, dass sie auch der bisher betätigten, welche unter dem Eindruck exzeptioneller wirtschaftlicher Verhältnisse in hervorragendem Maße an diesem inneren Mangel gelitten hat, in ihrer Anwendung auf nach der Herrschaft des neuen Gesetzes stattfindende gesellschaftliche Akte die Anerkennung gegenüber den aufgestellten Schranken versagt.

Selbstverständlich müssen aber von dieser Rückwirkung diejenigen Handlungen der Gesellschaft, welche bereits vor der Wirksamkeit des neuen Gesetzes stattgefunden haben, und ihre Wirkungen unberührt bleiben.

In der Anwendung dieses Prinzips auf die einzelnen neu aufgestellten Grundsätze würde sich Folgendes ergeben:

Die Verpflichtungen aus den vor dem neuen Gesetz erteilten Zeichnungen richten sich nach dem bisherigen Gesetz. Auch kann für diese Zeichnungen noch unter Herrschaft des neuen Gesetzes die Liberierung seitens der Gesellschaftsorgane beschlossen werden. Dies ergibt sich daraus, dass den im Statut vorgesehenen Liberierungsbeschluss eventuell die Generalversammlung aussprechen könnte, die

Herbeiführung eines solchen also als ein Recht des Zeichners zu erachten ist. Die Verantwortlichkeit der Gründer und Gesellschaftsorgane für die Gründung der unter der Herrschaft des bisherigen Gesetzes eingetragenen Gesellschaften richtet sich nach dem bisherigen Gesetz. Werden unter der Herrschaft des neuen Gesetzes für bereits bestehende Gesellschaften Kapitalerhöhungen eingetragen, so gelten für die Bedingungen und Folgen alle Bestimmungen des neuen Gesetzes. Die unter der Herrschaft des bisherigen Gesetzes konstituierten Bezugsrechte der Gründer unterliegen dem alten Gesetze. Vom Zeitpunkte des Eintritts der Wirksamkeit des neuen Gesetzes ab kann der Aufsichtsrat älterer Gesellschaften eine Mitwirkung bei der Geschäftsführung nur noch in dem Maße, wie es das neue Gesetz zulässt, eine Mitwirkung bei der Vertretung überhaupt nicht mehr ausüben, können Vorstand und Aufsichtsrat keine Bezugsrechte mehr ausüben, welche das neue Gesetz der Generalversammlung zuweist, können Generalversammlungs- und Statutenänderungsbeschlüsse nur unter den Voraussetzungen des neuen Gesetzes, soweit der Gesellschaftsvertrag nicht noch weitere Beschränkungen aufstellt, gefasst werden. Eine Ausnahme wird hier nur in Betreff der neuen Bestimmung, dass jeder Aktionär mindestens eine Stimme haben muss, zu machen sein. Sollten bisher bestehende Gesellschaften, welche das Stimmrecht nur an den Besitz von mehr als einer Aktie knüpfen, die neue Bestimmung anerkennen müssen, so würden sie zu einer völligen Umgestaltung des Stimmrechtsverhältnisses genötigt sein. Es wird daher darauf verzichtet werden müssen, die Bestimmung auf bereits bestehende Gesellschaften anzuwenden.

Soweit das neue Gesetz Bruchteilen von Aktionären Rechte gibt, stehen diese Rechte auch diesen Bruchteilen von Aktionären älterer Gesellschaften in Betreff der unter der Wirksamkeit des neuen Gesetzes stattfindenden Geschäftsführung und Kontrolle zu. Erweiterungen dieser Rechte im Gesellschaftsvertrage bleiben in Geltung. Dasselbe gilt von den Rechten der Einzelaktionäre. Mit der Wirksamkeit des neuen Gesetzes tritt Vorstand und Aufsichtsrat in die Verpflichtungen, welche das neue Gesetz auferlegt. Weitergehende Verpflichtungen, welche der Gesellschaftsvertrag auferlegt, bleiben in Geltung.

Ohne weiteres anwendbar auch auf vor der Herrschaft des neuen Gesetzes stattgehabte Akte möchten wir erachten die freie Würdigung des Richters bei, unter der Herrschaft des neuen Gesetzes aufgestellten Ansprüchen gegen Gründer und Gesellschaftsorgane aus vor der Wirksamkeit des Gesetzes verübten Handlungen in Betreff der Wahrheit der aufgestellten Behauptungen und der Schadenshöhe, die prozessualen Vorschriften und Rechtskraftwirkungen bei Anfechtungen von Generalversammlungsbeschlüssen und Klagen der Einzelaktionäre und die Verjährungsvorschriften, letztere mit der Modifikation, dass, soweit die Verjährung der Ansprüche nicht nach dem bisherigen Gesetz berechnet, in einem früheren Zeitpunkt eintritt, sie mit Ablauf der im neuen Gesetz gestellten Frist vom Zeitpunkte der Wirksamkeit des neuen Gesetzes ab für eingetreten zu erachten ist. Vergl. ROHG, Bd. XX, S. 2.

Dass diejenigen Klagerechte, welche das neue Gesetz dem Einzelaktionär anstelle der Gesellschaft einräumt, ihm auch für Ansprüche aus Handlungen oder

Unterlassungen der verantwortlichen Personen aus der Zeit vor der Wirksamkeit des neuen Gesetzes zustehen sollen, möchten wir nicht auszusprechen vorschlagen. Ob im Wesen der Stellung des Einzelaktionärs an und für sich auch nur in den Grenzen unserer Vorschläge ein solches Recht schon jetzt begründet ist, für welches das neue Gesetz nur die wirksame Handhabe gewährte, ist zweifelhaft und mag der Judikatur überlassen werden. Hiernach schlagen wir folgende Übergangsbestimmungen vor:

Die Bestimmungen des neuen Gesetzes finden auch auf die bereits bestehenden Aktiengesellschaften und Kommanditgesellschaften auf Aktien, soweit es sich um ihren Geschäftsbetrieb nach Eintritt der Wirksamkeit nach diesem Eintritt stattfindender Rechtsakte handelt, Anwendung. Insoweit indessen im Gesellschaftsvertrage die Ausübung des Stimmrechts von dem Besitze von mehr als einer Aktie abhängig gemacht ist, bleibt diese Bestimmung auch fernerhin in Gültigkeit.

Die Bestimmungen des neuen Gesetzes über die Entscheidung nach freier richterlicher Überzeugung in Betreff der Wahrheit der Parteibehauptungen und der Schadenshöhe bei den näher bezeichneten Schadensansprüchen sowie über die Pflicht der Aktionäre zur Streitgenossenschaft nebst ihren Wirkungen bei Streitigkeiten über die Gültigkeit eines Generalversammlungsbeschlusses und bei Verfolgung von Ansprüchen der Gesellschaft durch Einzelaktionäre finden auf alle unter der Herrschaft des neuen Gesetzes vor Gericht gebrachten Streitigkeiten der gedachten Art, ohne Rücksicht darauf, ob sich die den Anspruch begründende Tatsache vor oder nach der Wirksamkeit des neuen Gesetzes ereignet hat, Anwendung. Soweit Ansprüche, welche nach dem neuen Gesetz bestimmten Verjährungsvorschriften unterstellt sind, sich auf vor der Wirksamkeit des neuen Gesetzes vorgefallene Tatsachen gründen und nicht nach den bisherigen Gesetzen ein früherer Eintritt der Verjährung begründet ist, verjähren sie mit Ablauf der eingeführten Verjährungsfrist vom Zeitpunkt der Wirksamkeit des neuen Gesetzes ab gerechnet.

Dritter Teil: Vom Aktiengesetzentwurf von 1882 zum Entwurf der Reichsregierung vom 7.9.1883 zu einem Gesetz, betreffend die Kommanditgesellschaften auf Aktien und die Aktiengesellschaften

I. Der Entwurf eines Gesetzes, betreffend die Kommanditgesellschaften auf Aktien und die Aktiengesellschaften (Januar 1882)

*1. Text des Entwurfs**

§ 1. Die Bestimmungen im zweiten Abschnitte des zweiten Titels und im dritten Titel des Handelsgesetzbuchs, Art. 173 bis 249 a, werden durch nachstehende Bestimmungen ersetzt:

*Zweiter Abschnitt: Von der Kommanditgesellschaft auf Aktien insbesondere***

Art. 173. Das Gesamtkapital der Kommanditisten kann in Aktien zerlegt werden. – Die Aktien sind unteilbar. – Dieselben können auf Inhaber oder auf Namen lauten.

Art. 173 a. Die Aktien müssen, wenn sie auf Namen lauten, auf einen Betrag von mindestens eintausend Mark, wenn sie auf Inhaber lauten, auf einen Betrag von mindestens fünftausend Mark gestellt werden. – Für ein gemeinnütziges Unternehmen kann, wenn das Gesamtkapital der Kommanditisten weniger als eine Million Mark beträgt, der Reichskanzler nach Anhörung der Ausschüsse des Bundesrats für Handel und Verkehr und für Justizwesen die Ausgabe von Aktien, welche auf Namen lauten, zu einem geringeren, jedoch mindestens zweihundert Mark erreichenden Betrage zulassen. – Die vorstehenden Bestimmungen gelten auch von den über das Aktienrecht ausgegebenen Promessen und Interimsscheinen.

Art. 180. Der Gesellschaft sind die persönlich haftenden Gesellschafter für die Richtigkeit und Vollständigkeit ihrer Angaben rücksichtlich der Zeichnung und Einzahlung des Kapitals der Kommanditisten, sowie rücksichtlich der in Art. 175 b

* Wiedergegeben, soweit vom ADHGB in der Fassung von 1870 abweichend, nach der Akte des Reichsamts des Innern, ZStA Potsdam, Nr. 2, Bl. 144–193. – Absätze sind durch Gedankenstriche kenntlich gemacht.

** Nur wiedergegeben, soweit in den Art. 207 ff. zitiert.

vorgesehenen Festsetzungen solidarisch verhaftet; sie haben unbeschadet der Verpflichtung zum Ersatze des sonst etwa entstandenen Schadens, insbesondere einen an der Zeichnung des Gesamtkapitals der Kommanditisten fehlenden Betrag zu übernehmen, fehlende Einzahlungen zu leisten und eine Vergütung, welche nicht unter den zu bezeichnenden Gründungsaufwand aufgenommen ist, zu ersetzen. Von dieser Verbindlichkeit ist ein persönlich haftender Gesellschafter befreit, wenn er beweist, dass er ohne Verletzung der Sorgfalt eines ordentlichen Kaufmannes keine Kenntnis von der Unrichtigkeit oder Unvollständigkeit gehabt hat. – Für den Ersatz einer Vergütung, welche nicht unter den zu bezeichnenden Gründungsaufwand aufgenommen ist, haften der Gesellschaft außer den persönlich haftenden Gesellschaftern solidarisch der Empfänger, wenn er zur Zeit des Empfanges wusste, oder nach den Umständen annehmen musste, dass die Verheimlichung beabsichtigt oder erfolgt war, und jeder Dritte, welcher zur Verheimlichung wissentlich mitgewirkt hat. – Ist die Gesellschaft durch Einlagen oder Übernahmen der im Art. 175 b bezeichneten Art böslicher Weise von persönlich haftenden Gesellschaftern geschädigt, so sind ihr die letzteren und jeder Dritte, welcher zu der böslichen Handlungsweise wissentlich mitgewirkt hat, solidarisch zum Schadensersatz verpflichtet. – Für einen durch Zahlungsunfähigkeit eines Kommanditisten entstehenden Ausfall haften der Gesellschaft solidarisch die persönlich haftenden Gesellschafter, welche bei der Anmeldung des Gesellschaftsvertrages die Zahlungsunfähigkeit kannten.

Art. 184–184b siehe S. 326

Art. 185 a. Für die Aufstellung der Bilanz sind neben den allgemeinen Vorschriften des Artikels 31 folgende Vorschriften maßgebend:

1. Wertpapiere und Waren, welche einen Börsen- oder Marktpreis haben, dürfen höchstens zu dem Markt- oder Börsenpreise zur Zeit der Bilanzaufstellung, jedoch nicht höher als zu dem Durchschnittspreise des letzten Monats vor diesem Zeitpunkte angesetzt werden;

2. andere Vermögensgegenstände sind zum gemeinen Werte zur Zeit der Bilanzaufstellung, jedoch nicht höher, als zu dem Anschaffungs- oder Herstellungspreise anzusetzen;

3. Anlagen und sonstige Gegenstände, welche nicht zur Weiterveräußerung, vielmehr dauernd zum Geschäftsbetriebe der Gesellschaft bestimmt sind, dürfen zu dem Anschaffungs- oder Herstellungspreise angesetzt werden, sofern ein der Abnutzung gleichkommender Betrag in Abzug gebracht oder ein derselben entsprechender Erneuerungsfonds in Ansatz gebracht wird;

4. die Kosten der Organisation und Verwaltung dürfen nicht als Aktiva, müssen vielmehr ihrem vollen Betrage nach in der Jahresrechnung als Ausgabe erscheinen. Durch den Gesellschaftsvertrag oder die Generalversammlung kann zugelassen werden, dass Kosten der Organisation, welche einen dauernden Ertrag zu sichern bestimmt sind, auf mehrere, jedoch höchstens auf fünf Jahre verteilt werden;

5. der Betrag des Gesamtkapitals der Kommanditisten und eines Reserve- und Erneuerungsfonds sind unter die Passiva aufzunehmen;

6. der aus der Vergleichung sämtlicher Aktiva und sämtlicher Passiva sich ergebende Gewinn oder Verlust muss am Schlusse der Bilanz besonders angegeben werden.

Art. 185 b. In dem Falle einer Erhöhung des Gesamtkapitals der Kommanditisten bleibt, auch wenn der für die Aktien festgesetzte Betrag niedriger als der Nominalbetrag ist, dieser für die Aufstellung der Bilanz maßgebend; übersteigt er den Nominalbetrag, so ist der Gewinn vollständig einem Reservefonds zuzuführen, welcher nur zur Deckung eines aus der Bilanz sich ergebenden Verlustes verwendet werden darf.

Art. 190. Die Ausübung des Stimmrechts erfolgt nach den Aktienbeträgen; im Gesellschaftsvertrage kann jedoch ein Höchstbetrag festgesetzt werden, über welchen hinaus ein Kommanditist das Stimmrecht nicht ausüben kann. – Zu Bevollmächtigten können Mitglieder des Aufsichtsrats nicht bestellt werden. – Lauten die Aktien auf Namen, so darf ein Bevollmächtigter nicht mehr als drei Kommanditisten vertreten. Die Vollmacht erfordert zu ihrer Gültigkeit die schriftliche Form. – Der Kommanditist, welcher durch die Beschlussfassung von einer Verpflichtung befreit oder mit welchem ein Rechtsgeschäft abgeschlossen werden soll, hat sich der Abstimmung zu enthalten. – Im Übrigen ist für die Bedingungen des Stimmrechts und die Form, in welcher dasselbe auszuüben ist, der Gesellschaftsvertrag maßgebend.

Dritter Titel. Von der Aktiengesellschaft
Erster Abschnitt. Allgemeine Grundsätze

Art. 207. Eine Gesellschaft ist eine Aktiengesellschaft, wenn sich die sämtlichen Gesellschafter nur mit Einlagen beteiligen, ohne persönlich für die Verbindlichkeiten der Gesellschaft zu haften. – Das Einlagekapital (Grundkapital) wird in Aktien zerlegt ... (wie Art. 207 ADHGB i.d. Fassung von 1870).

Art. 207 a Auf die Höhe der Aktien sowie der über das Aktienrecht ausgegebenen Promessen und Interimsscheine finden die Bestimmungen des Art. 173 a Anwendung.

Art. 208 (wie Art. 208 Abs. 1 v. 1870).

Art. 209. Der Inhalt des Gesellschaftsvertrages (Statut) muss durch mindestens sieben Aktionäre (Gründer) in gerichtlicher oder notarieller Verhandlung festgestellt werden. In derselben ist zugleich der Betrag der von jedem Gründer übernommenen Aktien anzugeben. – Der Gesellschaftsvertrag muss bestimmen: 1. die Firma und den Sitz der Gesellschaft; 2. den Gegenstand des Unternehmens; 3. die Höhe des Grundkapitals und der einzelnen Aktien; 4. die Art der Aktien, ob sie auf Inhaber oder auf Namen lauten, ingleichen die Zahl der einen oder der anderen Art; 5. die Form, in welcher die von der Gesellschaft ausgehenden Bekanntmachungen erfolgen, sowie die öffentlichen Blätter, in welchen dieselben aufzunehmen sind.

Art. 209 a. Der Aufnahme in den Gesellschaftsvertrag bedürfen Bestimmungen, nach welchen 1. das Unternehmen auf eine gewisse Zeit beschränkt wird, 2. eine Umwandlung der Aktien rücksichtlich ihrer Art statthaft ist; 3. über gewisse Gegenstände die Generalversammlung der Aktionäre nicht schon durch einfache Stimmenmehrheit, sondern nur durch eine größere Stimmenmehrheit oder nach anderen Erfordernissen Beschluss fassen kann.

Art. 209 b. Jeder zu Gunsten einzelner Aktionäre bedungene besondere Vorteil muss in dem Gesellschaftsvertrage unter Bezeichnung des Berechtigten festgesetzt werden. – Werden auf das Grundkapital von Aktionären Einlagen, welche nicht in barem Gelde bestehen, gemacht oder seitens der zu errichtenden Gesellschaft vorhandene oder herzustellende Anlagen oder sonstige Vermögensstücke übernommen, so müssen die Person des Aktionärs oder des Kontrahenten, der Gegenstand der Einlage oder der Übernahme und der Betrag der für die Einlage zu gewährenden Aktien oder die für den übernommenen Gegenstand zu gewährende Vergütung in dem Gesellschaftsvertrage festgesetzt werden. – Von diesen Festsetzungen gesondert ist der Gesamtaufwand, welcher zu Lasten der Gesellschaft an Aktionäre oder Andere als Entschädigung oder Belohnung für die Gründung oder deren Vorbereitung gewährt wird, in dem Gesellschaftsvertrage festzusetzen. – Jedes Abkommen der Gründer über die vorbezeichneten Gegenstände, welches nicht die vorgeschriebene Festsetzung in dem Gesellschaftsvertrage gefunden hat, ist der Gesellschaft gegenüber unwirksam.

Art. 209 c. In dem Falle, dass sämtliche Aktien durch die Gründer übernommen werden, gilt mit der Übernahme die Gesellschaft als errichtet. – Soweit die Übernahme nicht schon bei Feststellung des Statuts erfolgt ist, kann sie in einer besonderen gerichtlichen oder notariellen Verhandlung unter Angabe der Beträge, welche die einzelnen Gründer noch übernehmen, bewirkt werden.

Art. 209 d. In dem Falle, dass nicht sämtliche Aktien durch die Gründer übernommen werden, muss der Errichtung der Gesellschaft die Zeichnung der übrigen Aktien vorhergehen. Zur Zeichnung genügt eine schriftliche Erklärung (Zeichnungsscheine). Der Zeichnungsschein hat zu enthalten: 1. das Datum des Statuts und die im Art. 209 Abs. 2 und 209 b vorgesehenen Festsetzungen; 2. den Namen, Stand und Wohnort der Gründer; 3. den Zeitpunkt, mit dessen Eintritt die Zeichnung unverbindlich wird, sofern nicht bis dahin die Errichtung der Gesellschaft beschlossen ist. – Zeichnungsscheine, welche diesen Erfordernissen nicht entsprechen, sind zum Nachweise der Zeichnung des Grundkapitals ungeeignet.

Art. 209 e. Jeder Aktiengesellschaft muss einen Vorstand und einen Aufsichtsrat haben. – Die Bestellung des Vorstandes und des Aufsichtsrats findet in dem Falle, dass die sämtlichen Aktien von den Gründern übernommen werden, gleichzeitig mit der Errichtung der Gesellschaft oder in einer besonderen gerichtlichen oder notariellen Verhandlung statt. Anderenfalls hat nach der Zeichnung des Grundkapitals die Bestellung des Aufsichtsrats und, sofern der Gesellschaftsvertrag für die Bestellung des Vorstandes nicht einen anderen Zeitpunkt vorsieht, auch diese in einer von den Gründern zu berufenden Generalversammlung zu erfolgen.

Art. 209 f. Die Mitglieder des Vorstandes und des Aufsichtsrats haben den Hergang der Gründung zu prüfen. Zu dem Behufe müssen für Mitglieder, welche zugleich Gründer sind, Stellvertreter bestellt werden. – Die Prüfung hat sich insbesondere auf die Zeichnung und Einzahlung des Grundkapitals und die in Art. 209 b vorgesehenen Festsetzungen zu erstrecken. – Über die Ergebnisse der Prüfung ist schriftlich Bericht zu erstatten.

Art. 210. Der Gesellschaftsvertrag muss ... (wie Art. 210 Abs. 1 ADHGB v. 1870). – Der Anmeldung behufs der Eintragung in das Handelsregister müssen beigefügt sein: 1. in dem Falle des Art. 209 b die den bezeichneten Festsetzungen zugrunde liegenden oder zu ihrer Ausführung geschlossenen Verträge und eine Berechnung des Gründungsaufwands, in welcher die Vergütung nach Art und Höhe und die Empfänger einzeln aufzuführen sind.

2. In dem Falle, dass nicht alle Aktien von den Gründern übernommen sind, die zum Nachweise der Zeichnung des Grundkapitals gehörigen Zeichnungsscheine und ein von den Gründern in beglaubigter Form unterschriebenes Verzeichnis der sämtlichen Aktionäre, welches die auf jeden entfallenen Aktien sowie die auf letztere geschehenen Einzahlungen angibt.

3. Die Urkunden über die Bestellung des Vorstandes und des Aufsichtsrats und der von denselben in Gemäßheit des Art. 209 f erstattete Bericht.

Sind rücksichtlich der eingelegten oder übernommenen Gegenstände Ermittlungen angestellt oder von Mitgliedern des Vorstandes oder des Aufsichtsrats Ausstellungen gegen den im Gesellschaftsvertrage festgesetzten Wert dieser Gegenstände gemacht, so sollen auch die hierauf bezüglichen Schriftstücke beigefügt werden. – In der Anmeldung ist die Erklärung abzugeben, dass, soweit nicht auf das Grundkapital anzurechnende Einlagen gemacht sind, mindestens ein Vierteil des auf jede Aktie zu leistenden Betrages eingezahlt und dem Vorstande bar übergeben sei. – Die Anmeldung muss von sämtlichen Gründern und Mitgliedern des Vorstandes und Aufsichtsrats vor dem Handelsgericht unterzeichnet oder in beglaubigter Form eingereicht werden. – Die der Anmeldung beigefügten Schriftstücke bleiben mit Ausnahme der Zeichnungsscheine, welche dem Vorstande zurückgegeben werden, bei dem Handelsgericht in Urschrift oder in beglaubigter Abschrift zur Einsicht der Aktionäre niedergelegt.

Art. 210 a. In dem Falle, dass die Gründer nicht alle Aktien übernommen haben, beruft das Handelsgericht eine Generalversammlung der in dem Verzeichnisse aufgeführten Aktionäre zur Beschlussfassung über die Errichtung der Gesellschaft. – Die Versammlung findet unter der Leitung des Gerichts statt. – Vorstand und Aufsichtsrat haben sich über die Ergebnisse der ihnen rücksichtlich der Gründung obliegenden Prüfung aufgrund ihres Berichts zu erklären. Jedes Mitglied des Vorstandes und des Aufsichtsrats kann bis zur Beschlussfassung die Unterzeichnung der Anmeldung zurückziehen. – Die der Errichtung der Gesellschaft zustimmende

Mehrheit der erschienenen Aktionäre muss mindestens ein Vierteil sämtlicher Aktionäre begreifen und der Betrag ihrer Anteile mindestens ein Vierteil des gesamten Grundkapitals darstellen. Der im Falle des Art. 209 b beteiligte Aktionär hat hierbei kein Stimmrecht. Die Zustimmung aller erschienenen Aktionäre ist erforderlich, wenn die im Art. 209 Ziff. 1–4 und 209 a bezeichneten Bestimmungen des Gesellschaftsvertrages abgeändert oder die im Art. 209 b vorgesehenen Festsetzungen zu Lasten der Gesellschaft erweitert werden sollen. – Die Beschlussfassung ist zu vertagen, wenn es von den Aktionären mit einfacher Stimmenmehrheit verlangt wird.

Art. 210 b. Auf die Berufung und Beschlussfassung der in Art. 209 c und 210 a bezeichneten Generalversammlungen finden, soweit nicht in letzterem Artikel ein Anderes bestimmt ist, die Regeln entsprechende Anwendung, welche für die Gesellschaft nach der Eintragung maßgebend sind.

Art. 210 c. Der eingetragene Gesellschaftsvertrag ist im Auszuge von dem Handelsgericht zu veröffentlichen. – Die Veröffentlichung muss enthalten: 1. das Datum des Gesellschaftsvertrages und die in Art. 209 Abs. 2 und 209 b bezeichneten Festsetzungen; 2. den Namen, Stand und Wohnort der Gründer und die Angabe, ob sie die sämtlichen Aktien übernommen haben; 3. den Namen, Stand und Wohnort der Mitglieder des Vorstandes und des Aufsichtsrats. – Ist das Unternehmen auf eine bestimmte Zeit beschränkt oder im Gesellschaftsvertrage eine Form bestimmt, ... (wie Art. 210 c ADHGB v. 1870).

Art. 211 (wie Art. 211 Abs. 1 Satz 1 und Abs. 2 ADHGB v. 1870).

Art. 212 (wie Art. 212 Abs. 1, Abs. 2 Satz 1 ADHGB v. 1870).

Art. 213 (wie Art. 213 ADHGB v. 1870).

Art. 213 a. Der Gesellschaft sind die Gründer für die Richtigkeit und Vollständigkeit ihrer Angaben rücksichtlich der Zeichnung und Einzahlung des Grundkapitals sowie rücksichtlich der in Art. 209 b vorgesehenen Festsetzungen solidarisch verhaftet; sie haben, unbeschadet der Verpflichtung zum Ersatze des sonst etwa entstandenen Schadens, insbesondere einen an der Zeichnung des Grundkapitals fehlenden Betrag zu übernehmen, fehlende Einzahlungen zu leisten und eine Vergütung, welche nicht unter den zu bezeichnenden Gründungsaufwand aufgenommen ist, zu ersetzen. Von dieser Verbindlichkeit ist ein Gründer befreit, wenn er beweist, dass er ohne Verletzung der Sorgfalt eines ordentlichen Geschäftsmannes keine Kenntnis von der Unrichtigkeit oder Unvollständigkeit der Angaben gehabt hat. – Für den Ersatz einer Vergütung, welche nicht unter den zu bezeichnenden Gründungsaufwand aufgenommen ist, haften der Gesellschaft außer den Gründern solidarisch der Empfänger, wenn er zur Zeit des Empfanges wusste, oder nach den Umständen annehmen musste, dass die Verheimlichung beabsichtigt oder erfolgt war, und jeder Dritte, welcher zur Verheimlichung wissentlich mitgewirkt hat. – Ist die Gesellschaft durch Einlagen oder Übernahmen der im Art. 209 b bezeichneten Art von Gründern böslicher Weise geschädigt worden, so sind ihr die letzteren und jeder Dritte, welcher zu der böslichen Handlungsweise wissentlich mitgewirkt hat, solidarisch zum Schadensersatze verpflichtet. – Für einen durch Zahlungsunfähigkeit eines Aktionärs entstehenden Ausfall haften der Gesellschaft solidarisch die Gründer, welche bei der Anmeldung des Gesellschaftsvertrages die Zahlungsunfähigkeit kannten.

Art. 213 b. Wer vor Ablauf von zwei Jahren seit Eintragung des Gesellschaftsvertrages in das Handelsregister ein öffentliches Angebot von Aktien erlässt, um solche in den Verkehr einzuführen, ist der Gesellschaft in gleicher Weise wie ein Mitglied des Aufsichtsrats für die Prüfung der Angaben verantwortlich, welche rücksichtlich der Zeichnung und Einzahlung des Grundkapitals sowie der in Art. 209 b vorgesehenen Festsetzungen von den Gründern gemacht sind.

Art. 213 c. Vergleiche und Verzichtleistungen, welche die der Gesellschaft aus der Gründung zustehenden Ansprüche gegen Gründer, Mitglieder des Vorstandes und des Aufsichtsrats, sowie gegen die in Gemäßheit der Art. 213 a, 213 b verpflichteten Personen betreffen, sind erst nach Ablauf von zwei Jahren seit Eintragung des Gesellschaftsvertrages in das Handelsregister und nur mit Zustimmung der Generalversammlung zulässig; sie sind unzulässig, soweit in der Versammlung eine Minderheit, deren Anteile den fünften Teil des Grundkapitals darstellen, Widerspruch erhebt.

Art. 213 d. Werden vor Ablauf von zwei Jahren seit Eintragung des Gesellschaftsvertrages in das Handelsregister seitens der Gesellschaft Verträge geschlossen, durch welche sie vorhandene oder herzustellende Anlagen oder sonstige Vermögensstücke für eine den zehnten Teil des Grundkapitals übersteigende Vergütung erwerben soll, so bedürfen dieselben zu ihrer Gültigkeit der Zustimmung der Generalversammlung. – Vor der Beschlussfassung hat der Aufsichtsrat den Vertrag zu prüfen und über die Ergebnisse seiner Prüfung schriftlich Bericht zu erstatten. – Die Anteile der dem Vertrage zustimmenden Mehrheit müssen mindestens ein Vierteil des Grundkapitals darstellen. – Der genehmigte Vertrag ist in Urschrift oder in beglaubigter Abschrift mit dem Nachweis über die Beschlussfassung zum Handelsregister einzureichen.

Hat der Erwerb in Ausführung einer vor der Errichtung der Gesellschaft von den Gründern getroffenen Vereinbarung stattgefunden, so kommt in Betreff der Rechte der Gesellschaft auf Entschädigung und in Betreff der ersatzpflichtigen Personen die Vorschriften der Art. 213 a und 213 c zur Anwendung.

Art. 214. Jeder Beschluss der Generalversammlung, welcher die Fortsetzung der Gesellschaft oder eine Abänderung der Bestimmungen des Gesellschaftsvertrages zum Gegenstande hat, muss in gleicher Weise, wie der ursprüngliche Vertrag in das Handelsregister eingetragen und veröffentlicht werden (Art. 210 c, 212). – Der Beschluss hat keine rechtliche Wirkung, bevor derselbe bei dem Handelsgerichte, in dessen Bezirk die Gesellschaft ihren Sitz hat, in das Handelsregister eingetragen ist.

Art. 215. Eine Abänderung von Bestimmungen des Gesellschaftsvertrages kann nicht anders als durch Beschluss der Generalversammlung erfolgen. – Die Abänderung des Gegenstandes der Unternehmung kann nicht durch Stimmenmehrheit beschlossen werden, sofern dies nicht im Gesellschaftsvertrage ausdrücklich gestattet ist. – Dasselbe gilt von dem Falle, wenn die Gesellschaft durch Übertragung ihres Vermögens und ihrer Schulden an eine andere Aktiengesellschaft gegen Gewährung von Aktien der letzteren aufgelöst werden soll.

Art. 215 a. Eine Erhöhung des Grundkapitals der Gesellschaft darf nicht vor der vollen Einzahlung desselben erfolgen. Für Versicherungsgesellschaften kann der Gesellschaftsvertrag ein Anderes bestimmen.

Über die Erhöhung hat die Generalversammlung zu beschließen. In dem Falle, dass auf die neu auszugebenden Aktien ein anderer als der Nominalbetrag eingezahlt werden soll, ist der Betrag in dem Beschlusse festzusetzen. Bei einer Erhöhung, welche in den ersten zwei Jahren seit Eintragung des Gesellschaftsvertrages in das Handelsregister beschlossen wird, darf ein geringerer als der Nominalbetrag nicht festgesetzt werden. – Zur Zeichnung der Aktien genügt eine schriftliche Erklärung. – Die stattgefundene Erhöhung des Grundkapitals ist behufs der Eintragung in das Handelsregister anzumelden. Die Anmeldung hat nach Maßgabe des ersten Absatzes die Angabe zu enthalten, ob das bisherige Grundkapital eingezahlt sei. – Im Übrigen finden auf dieselbe die Vorschriften in Art. 210 und 212 entsprechende Anwendung.

Art. 215 b. Aktien dürfen nicht vor der vollen Einzahlung des Nominalbetrages oder im Falle des Art. 215 a Abs. 2 des von der Generalversammlung festgesetzten Betrages ausgegeben werden. – Promessen und Interimsscheine dürfen nicht auf Inhaber lauten. – Aktien, Promessen und Interimsscheine, welche den vorstehenden Bestimmungen zuwider ausgegeben werden, sind nichtig. Die Ausgeber haften den Besitzern solidarisch für allen durch die Ausgabe verursachten Schaden. – Das Gleiche gilt, wenn die Aktien, Promessen oder Interimsscheine auf einen geringeren als den nach Art. 207 a zugelassenen Betrag gestellt sind oder wenn sie ausgegeben werden, bevor der Gesellschaftsvertrag und im Falle des Art. 215 a die Erhöhung des Grundkapitals bei dem Handelsgerichte, in dessen Bezirk die Gesellschaft ihren Sitz hat, in das Handelsregister eingetragen ist.

Art. 215 c. Die Aktiengesellschaft soll eigene Aktien im geschäftlichen Betriebe weder erwerben noch zum Pfande nehmen. – Eine Amortisation der Aktien ist zulässig, sofern sie unter Beobachtung der für die Zurückzahlung oder Herabsetzung des Grundkapitals maßgebenden Vorschriften erfolgt. Ohne Beobachtung derselben darf die Gesellschaft ihre Aktien nur aus dem nach der jährlichen Bilanz sich ergebenden Gewinn und nur in dem Falle amortisieren, dass dies durch den ursprünglichen Gesellschaftsvertrag oder durch einen, den letzteren vor Ausgabe der Aktien abändernden Beschluss zugelassen ist.

Zweiter Abschnitt. Rechtsverhältnis der Aktionäre

Art. 216 (wie Art. 216 ADHGB v. 1870).

Art. 217. Zinsen von bestimmter Höhe dürfen für die Aktionäre nicht bedungen, noch ausbezahlt werden; es darf nur dasjenige unter sie verteilt werden, was sich nach der jährlichen Bilanz als reiner Gewinn ergibt. – Jedoch können ... [Wie Art. 217 ADHGB v. 1870].

Art. 218 (wie Art. 218 ADHGB v. 1870).

Art. 219. Die Verpflichtung des Aktionärs, zu den Zwecken der Gesellschaft und zur Erfüllung ihrer Verbindlichkeiten beizutragen, wird durch den Nominalbetrag der Aktie und im Falle des Art. 215 a Abs. 2 durch den von der Generalversammlung festgesetzten Betrag begrenzt. – Rücksichtlich der Einzahlung der auf die Aktie zu leistenden Beträge finden die Bestimmungen der Art. 184 bis 184 b [im Anhang] auf den Aktionär und die Rechtsvorgänger desselben Anwendung.

Art. 220. Für die Eintragung der Promessen oder Interimsscheine und der auf Namen gestellten Aktien in das Aktienbuch sowie für die Übertragung derselben auf andere Personen sind die Vorschriften der Art. 182 und 183 maßgebend.

Art. 221. Die Rechte, welche den Aktionären in den Angelegenheiten der Gesellschaft insbesondere in Beziehung auf die Führung der Geschäfte, die Einsicht und Prüfung der Bilanz und die Bestimmung der Gewinnverteilung zustehen, werden in der Generalversammlung durch Beschlussfassung der erschienenen Aktionäre ausgeübt. – Zu Bevollmächtigten können Mitglieder des Vorstandes und des Aufsichtsrats nicht bestellt werden. – Im Übrigen kommen rücksichtlich der Bedingungen und der Ausübung des Stimmrechts die Vorschriften im Art. 190 zur Anwendung.

Art. 222. Ein Beschluss der Generalversammlung kann wegen Verletzung der Vorschriften des Gesetzes oder des Gesellschaftsvertrages als ungültig von jedem Aktionär, welcher in der Versammlung gegen den Beschluss Widerspruch zu Protokoll erklärt hat, binnen drei Monaten durch Erhebung der Klage ausschließlich vor dem Landgericht, in dessen Bezirke die Gesellschaft ihren Sitz hat, angefochten werden. – Zur Anfechtung des Beschlusses aus dem Grunde, dass die Berufung der Generalversammlung oder die Ankündigung des Gegenstandes der Beschlussfassung nicht gehörig erfolgt war, ist auch ein nicht erschienener Aktionär berechtigt. – Die Erhebung der Klage ist unverzüglich von dem Vorstand in den für die Bekanntmachungen der Gesellschaft bestimmten Blättern zu veröffentlichen. – Wird ein in das Handelsregister eingetragener Beschluss rechtskräftig für ungültig erklärt, so ist zur Eintragung in gleicher Weise das Urteil durch den Vorstand einzureichen.

Art. 223. Die Ansprüche der Gesellschaft gegen die Gründer und die übrigen in Gemäßheit der Art. 213 a und 213 b verpflichteten Personen, gegen die Mitglieder des Vorstandes und des Aufsichtsrats, sowie gegen die Liquidatoren sind zu erheben, wenn in der Generalversammlung dies mit einfacher Stimmenmehrheit beschlossen oder von einer Minderheit, deren Anteile den fünften Teil des Grundkapitals darstellen, verlangt wird. Die Erhebung des Anspruchs auf Verlangen der Minderheit muss binnen drei Monaten seit der Generalversammlung erfolgen; die von der Minderheit bezeichneten Personen können durch das Handelsgericht als Bevollmächtigte der

Gesellschaft zur Führung des Prozesses ernannt werden. – Im Übrigen kommen die Bestimmungen der Art. 194 und 195 zur entsprechenden Anwendung.

Art. 224. Auf Antrag von Aktionären, deren Anteile den zehnten Teil des Grundkapitals darstellen, kann das Handelsgericht, sofern glaubhaft gemacht wird, dass bei der Gründung, Geschäftsführung oder Liquidation der Gesellschaft Unredlichkeiten oder grobe Verletzungen des Gesetzes oder des Gesellschaftsvertrages stattgefunden haben, Revisoren zur Prüfung des Herganges ernennen. – Vor der Anordnung sind Vorstand und Aufsichtsrat zu hören. Die Anordnung kann von einer nach freiem Ermessen zu bestimmenden Sicherheitsleistung abhängig gemacht werden. – Der Vorstand hat den Revisoren die Einsicht der Bücher und Schriften der Gesellschaft und die Untersuchung des Bestandes der Gesellschaftskasse wie der Bestände an Effekten, Handelspapieren und Waren zu gestatten. – Der Bericht über das Ergebnis der Prüfung ist bei dem Handelsgerichte zur Einsicht der Aktionäre niederzulegen.

Art. 225. Die für den Aufsichtsrat ... (wie Art. 225 ADHGB v. 1870).

Art. 225 a. Der Aufsichtsrat hat den Vorstand bei seiner Geschäftsführung in allen Zweigen der Verwaltung zu überwachen und sich von dem Gange der Angelegenheiten der Gesellschaft zu unterrichten. Er kann jederzeit über dieselben Berichterstattung von dem Vorstande verlangen und, selbst oder durch einzelne Mitglieder die Bücher und Schriften der Gesellschaft einsehen, sowie den Bestand der Gesellschaftskasse und die Bestände an Effekten, Handelspapieren und Waren untersuchen. Er muss mindesten einmal in jedem Monate die Untersuchung der Gesellschaftskasse und mindestens alle drei Monate eine genaue Prüfung der Verwaltung vornehmen. Er hat die Jahresrechnungen, die Bilanzen und die Vorschläge zur Gewinnverteilung zu prüfen und darüber alljährlich der Generalversammlung der Aktionäre Bericht zu erstatten. – Er hat eine Generalversammlung zu berufen, wenn dies im Interesse der Gesellschaft erforderlich ist. – Die Mitglieder des Aufsichtsrats können die Ausübung ihrer Obliegenheiten nicht anderen Personen übertragen.

Art. 225 b. Die Mitglieder des Aufsichtsrats dürfen nicht zugleich Mitglieder des Vorstandes oder eines dem letzteren beigeordneten Verwaltungsrats sein, auch nicht die Stellvertretung solcher Mitglieder übernehmen. Scheiden aus dem Vorstande Mitglieder aus, so dürfen dieselben nicht vor erteilter Entlastung in den Aufsichtsrat gewählt werden.

Art. 226. Die Mitglieder des Aufsichtsrats haben die Sorgfalt eines ordentlichen Geschäftsmannes anzuwenden. – Dieselben sind persönlich und solidarisch zum Ersatze verpflichtet, wenn mit ihrem Wissen und ohne ihr Einschreiten: 1. Einlagen an die Aktionäre zurückgezahlt oder, der Bestimmung des Art. 215 a entgegen, eigene Aktien der Gesellschaft erworben, zum Pfande genommen, oder amortisiert worden sind; 2. Zinsen und Dividenden gezahlt sind, welche nach den gesetzlichen Bestimmungen nicht gewährt werden durften; 3. die Verteilung des Gesellschaftsvermögens oder eine teilweise Zurückzahlung oder eine Herabsetzung des Grundkapitals im Falle des Art. 215 Abs. 3 die Vereinigung der Vermögen der beiden

Gesellschaften ohne Beobachtung der gesetzlichen Bestimmungen erfolgt ist. – Die Ersatzpflicht wird in den vorbezeichneten Fällen dadurch nicht aufgehoben, dass die Handlung auf einen gesetz- oder statutenwidrigen Beschluss der Generalversammlung beruht. – Der Ersatzanspruch kann in den Fällen des zweiten Absatzes auch von den Gläubigern der Gesellschaft, soweit sie von dieser ihre Befriedigung nicht erlangen können, selbständig geltend gemacht werden.

Dritter Abschnitt. Rechte und Pflichten des Vorstandes

Art. 227. Die Aktiengesellschaft wird durch den Vorstand gerichtlich und außergerichtlich vertreten. – Der Vorstand besteht, soweit der Gesellschaftsvertrag nicht ein Anderes bestimmt, aus drei von der Generalversammlung zu wählenden Mitgliedern. – Die Wahl des ersten Vorstandes gilt für die Dauer des ersten Geschäftsjahres. – Die Bestellung zum Mitgliede des Vorstandes ist zu jeder Zeit widerruflich, unbeschadet der Entschädigungsansprüche aus bestehenden Verträgen.

Art. 228 (wie Art. 228 Abs. 1 und 2 ADHGB v. 1870).

Art. 229–230 (wie Art. 229–230 ADHGB v. 1870).

Art. 231 (wie Art. 231 ADHGB v. 1870) Abs. 2 Satz 2 a.E. lautet: ... der Generalversammlung eines Verwaltungsrats, des Aufsichtsrats, oder eines andern Organs der Aktionäre erforderlich ist.

Art. 231 a. Ein Mitglied des Vorstandes darf ohne Genehmigung der Generalversammlung weder in dem Geschäftszweige der Gesellschaft für eigene Rechnung oder für Rechnung eines Dritten Geschäfte machen noch an einer anderen gleichartigen Gesellschaft als offener Gesellschafter teilnehmen. – Die Bestimmungen des Art. 97 Abs. 1 finden entsprechende Anwendung.

Art. 232–233 (wie Art. 232–233 ADHGB v. 1870).

Art. 234. Der Vorstand kann für die Gesellschaft Prokuristen bestellen. Zu der Bestellung ist die Zustimmung des Aufsichtsrats erforderlich, sofern nicht durch den Gesellschaftsvertrag oder durch Beschluss der Generalversammlung ein Anderes bestimmt ist. – Der Betrieb von Geschäften der Gesellschaft ... (wie Art. 234 v. 1870).

Art. 235. Zur Behändigung von Vorladungen und anderen Zustellungen an die Gesellschaft genügt es, wenn dieselbe an ein Mitglied des Vorstandes, oder an einen Beamten der Gesellschaft, welcher dieselbe vor Gericht zu vertreten berechtigt ist, geschieht.

Art. 236. Die Generalversammlung der Aktionäre wird durch den Vorstand berufen, soweit nicht nach dem Gesetze oder dem Gesellschaftsvertrage auch andere Personen dazu befugt sind. – Die Generalversammlung ist, außer den im Gesellschaftsvertrage ausdrücklich bestimmten Fällen, zu berufen, wenn es im Interesse der Gesellschaft erforderlich erscheint.

Art. 237. Ein Aktionär oder eine Anzahl von Aktionären, deren Anteile zusammen den zwanzigsten Teil des Grundkapitals darstellen, sind berechtigt, in einer von ihnen unterzeichneten Eingabe unter Angabe des Zwecks und der Gründe die Berufung der Generalversammlung zu verlangen. Ist in dem Gesellschaftsvertrage das Recht, die Berufung der Generalversammlung zu verlangen, an den Besitz eines geringeren Anteils am Grundkapital geknüpft, so hat es hierbei sein Bewenden. – In gleicher Weise haben die Aktionäre das Recht zu verlangen, dass Gegenstände zur Beschlussfassung einer Generalversammlung angekündigt werden. – Wird dem Verlangen nicht entsprochen, so kann das Handelsgericht die Aktionäre, welche das Verlangen gestellt haben, zur Berufung der Generalversammlung oder zur Ankündigung des Gegenstandes ermächtigen. Mit der Berufung oder Ankündigung ist die gerichtliche Ermächtigung zu veröffentlichen.

Art. 238. Die Berufung der Generalversammlung hat in der durch den Gesellschaftsvertrag bestimmten Weise mit einer Frist von mindestens drei Wochen zu erfolgen. – Der Zweck der Generalversammlung soll jederzeit bei der Berufung bekannt gemacht werden. Über Gegenstände, deren Verhandlung nicht in der durch den Gesellschaftsvertrag oder durch Art. 237 Abs. 3 vorgesehenen Weise mindestens zwei Wochen vor dem Tage der Generalversammlung angekündigt ist, können Beschlüsse ... (wie Art. 238 ADHGB v. 1870).

Art. 238 a. Jeder Beschluss der Generalversammlung bedarf zu seiner Gültigkeit der gerichtlichen oder notariellen Beurkundung. Die Zuziehung von Zeugen ist nicht erforderlich. – Eine beglaubigte Abschrift der Urkunde ist ohne Verzug nach der Generalversammlung von dem Vorstande zu dem Handelsregister einzureichen.

Art. 239. Der Vorstand ist verpflichtet, Sorge zu tragen, dass die erforderlichen Bücher der Gesellschaft geführt werden. Er hat innerhalb vier Wochen nach Ablauf der ersten Hälfte des Geschäftsjahres einen das Verhältnis des Vermögens und der Schulden tunlichst darstellenden Abschluss (Rohbilanz) in den für die Bekanntmachungen der Gesellschaft bestimmten Blättern zu veröffentlichen. – Der Vorstand muss spätestens in den ersten drei Monaten jedes Geschäftsjahres für das verflossene Geschäftsjahr die Bilanz, die Gewinn- und Verlustrechnung und einen Geschäftsbericht nebst dem Inventar dem Aufsichtsrate und mit dessen Bemerkungen der Generalversammlung vorlegen. Er hat die Vorlagen mindestens drei Wochen vor der Versammlung in dem Geschäftslokale der Gesellschaft zur Einsicht der Aktionäre auszulegen. Jeder Aktionär ist berechtigt, auf seine Kosten eine Abschrift der Bilanz, so wie der Gewinn- und Verlustrechnung zu verlangen.

Art. 239 a. Zur Prüfung der Bilanz können besondere Revisoren bestellt werden. – Die Verhandlung ist zu vertagen, wenn mindestens der dritte Teil der erschienenen Aktionäre es verlangt, auf Verlangen der Minderheit jedoch nur, soweit von ihr bestimmte Ansätze der Bilanz bemängelt werden. In letzterem Falle kann auf Antrag der Minderheit die Ernennung der Revisoren durch das Handelsgericht erfolgen. – Auf die Revisoren findet die Vorschrift des Art. 224 Abs. 3 Anwendung. – Ist die Verhandlung auf Verlangen der Minderheit vertagt, so gilt bezüglich der nicht bemängelten Ansätze der Bilanz die Entlastung des Vorstandes als erfolgt.

Art. 239 b. Die Bilanz und die Gewinn- und Verlustrechnung sind mit dem Beschlusse über die Entlastung ohne Verzug von dem Vorstande in den hierzu bestimmten öffentlichen Blättern bekannt zu machen und zu dem Handelsregister einzureichen.

Art. 239 c. Die Vorschriften der Art. 185 a, 185 b über die Bilanz und den Reservefonds finden entsprechende Anwendung. Außer dem Fall einer Erhöhung des Grundkapitals ist von dem jährlichen Reingewinn mindestens der zwanzigste Teil dem zur Deckung von Verlusten bestimmten Reservefonds zuzuführen, bis der letztere den zehnten Teil des Grundkapitals erreicht.

Art. 239 d. Soweit nicht die Art. 239 bis 239 c andere Vorschriften enthalten, werden die Grundsätze, nach welchen die Bilanz aufzunehmen, der Reservefonds zu bilden und anzulegen ist, und die Prüfung der Bilanz zu erfolgen hat, durch den Gesellschaftsvertrag bestimmt.

Art. 240. Übersteigt der aus der letzten Bilanz sich ergebende Verlust die Hälfte des Grundkapitals, so muss der Vorstand unverzüglich die Generalversammlung berufen und dieser davon Anzeige machen. – Sobald Zahlungsunfähigkeit der Gesellschaft eintritt oder sich ergibt, dass ihr Vermögen nicht mehr die Schulden deckt, muss der Vorstand die Eröffnung des Konkurses beantragen.

Art. 241. Die Mitglieder des Vorstandes sind aus den von ihnen im Namen der Gesellschaft vorgenommenen Rechtshandlungen Dritten gegenüber für die Verbindlichkeiten der Gesellschaft persönlich nicht verpflichtet. – Die Mitglieder des Vorstandes haben die Sorgfalt eines ordentlichen Geschäftsmannes anzuwenden. – Mitglieder, welche ihre Obliegenheiten verletzen, haften der Gesellschaft solidarisch für den dadurch entstandenen Schaden. Die Haftpflicht wird dadurch nicht aufgehoben, dass die Handlung auf einem gesetz- oder statutenwidrigen Beschluss der Generalversammlung beruht. – In den durch die Ziffer 1 bis 3 des Art. 226 vorgesehenen Fällen, sowie in dem Falle, dass Mitglieder des Vorstandes entgegen der Vorschrift im Art. 240 Abs. 2 Zahlungen leisten, kann der Ersatzanspruch auch von den Gläubigern der Gesellschaft, soweit sie von dieser ihre Befriedigung nicht erlangen können, selbständig geltend gemacht werden.

Vierter Abschnitt. Auflösung der Gesellschaft

Art. 242. Die Aktiengesellschaft wird aufgelöst: 1. durch Ablauf der im Gesellschaftsvertrage bestimmten Zeit; 2. durch einen Beschluss der Aktionäre; 3. durch Eröffnung des Konkurses; 4. durch richterliches Urteil. – Wenn die Auflösung einer Aktiengesellschaft aus anderen Gründen erfolgt, so finden die Bestimmungen dieses Abschnitts ebenfalls Anwendung.

Art. 242 a. Die Auflösung durch richterliches Urteil kann erfolgen, wenn die Erreichung des Gesellschaftszweckes unmöglich wird oder wenn andere wichtige Gründe vorliegen. – Die Klage gegen die Gesellschaft kann von Aktionären, deren Anteile den fünften Teil des Grundkapitals darstellen, erhoben werden, sofern die beantragte Auflösung in der Generalversammlung abgelehnt worden ist.

Art. 243. Die Auflösung der Gesellschaft muss, wenn sie nicht eine Folge des eröffneten Konkurses ist, durch den Vorstand zur Eintragung in das Handelsregister angemeldet werden; sie muss zu drei verschiedenen Malen durch die hierzu bestimmten öffentlichen Blätter bekannt gemacht werden. – Durch diese Bekanntmachung müssen zugleich die Gläubiger aufgefordert werden, sich bei der Gesellschaft zu melden.

Art. 244. Die Liquidation geschieht durch den Vorstand, wenn nicht dieselbe durch den Gesellschaftsvertrag oder einen Beschluss der Aktionäre an andere Personen übertragen wird. – Auf den Antrag des Aufsichtsrats oder von Aktionären, deren Anteile zusammen den zwanzigsten Teil des Grundkapitals darstellen, kann aus wichtigen Gründen die Ernennung von Liquidatoren durch den Richter erfolgen. – Die Anmeldung der ersten Liquidatoren zur Eintragung in das Handelsregister ist durch den Vorstand zu machen. – Die Abberufung der Liquidatoren kann durch den Richter unter denselben Voraussetzungen wie die Bestellung erfolgen. Liquidatoren, welche nicht vom Richter ernannt sind, können auch durch die Generalversammlung jederzeit abberufen werden.

Art. 244 a. Auf die Liquidation finden, soweit nicht in diesem Abschnitt ein Anderes bestimmt ist, die für die Liquidation einer offenen Handelsgesellschaft gegebenen Bestimmungen entsprechende Anwendung. – Die Liquidatoren haben die Rechte und Pflichten des Vorstandes. – Sie haben bei Beginn der Liquidation eine Bilanz aufzustellen. Die Veräußerung von unbeweglichen Sachen kann durch die Liquidatoren ohne Genehmigung der Generalversammlung nicht anders, als durch öffentliche Versteigerung bewirkt werden.

Art. 245. Das Vermögen ... – Die Verteilung ... – In Ansehung ... (wie Art. 245 Abs. 1–3 ADHGB v. 1870). – Nach gelegter Schlussrechnung ist die Beendigung der Liquidation von den Liquidatoren in den hierzu bestimmten öffentlichen Blättern bekannt zu machen.

Art. 246. Die Handelsbücher und Schriften der aufgelösten Gesellschaft sind an einem von dem Handelsgerichte zu bestimmenden sicheren Orte zur Aufbewahrung auf Dauer von zehn Jahren niederzulegen. – Die Aktionäre können zur Einsicht derselben vom Handelsgerichte ermächtigt werden. Das Gleiche gilt für die Gläubiger in Ansehung der Handelsbücher.

Art. 247. Bei der Auflösung (wie Art. 247 v. 1870) ... 3. Die Mitglieder des Vorstandes und des Aufsichtsrats der letzteren Gesellschaft sind den Gläubigern der aufgelösten Gesellschaft für die Ausführung der getrennten Verwaltung persönlich und solidarisch verantwortlich, die Mitglieder des Aufsichtsrats soweit eine Vereinigung beider Gesellschaften mit ihrem Wissen und ohne ihr Einschreiten erfolgt ist. 4. …; 5. … (wie Art. 247 ADHGB v. 1870).

Art. 248. Eine teilweise Zurückzahlung des Grundkapitals an die Aktionäre oder eine Herabsetzung desselben kann nur auf Beschluss der Generalversammlung und nur unter Beobachtung derselben Bestimmungen erfolgen, welche für die Verteilung des Gesellschaftsvermögens im Falle der Auflösung oder Aufteilung maßgebend sind (Art. 243, 245).

2. *Zusammenstellung der in der Aktienrechtskommission gefassten Beschlüsse und derjenigen Anregungen, deren Erwägung in Aussicht gestellt ist*

Dritter Titel. Von der Aktiengesellschaft
Erster Abschnitt. Allgemeine Grundsätze

Art. 207 a (173 a).

1. Beschluss zu Abs. 1: Den Minimalbetrag bei Inhaberaktien herabzusetzen.

2. Beschluss zu Abs. 2: Bei den gemeinnützigen Unternehmungen die für die Höhe des Grundkapitals vorgesehene Beschränkung fallen zu lassen.

Art. 209.

1. Beschluss zu Abs. 1: Die Zahl der Gründer herabzusetzen.

2. Beschluss zu Abs. 2: Ziff. 4 folgendermaßen zu fassen:

Die Art der Aktien, ob sie auf Inhaber oder auf Namen lauten, desgleichen, ob neben einander Aktien auf Inhaber oder solche auf Namen vorhanden sind.

3. Beschluss: In dem Reichsanzeiger ein obligatorisches Publikationsorgan zu schaffen.

Art. 209 b (175 b)

1. Beschluss zu Abs. 1: Die Zusicherung von Bezugsrechten der ersten Gesellschafter, namentlich der Gründer, im Falle einer Neuemission von Aktien auszuschließen.

2. Beschluss zu Abs. 1: Die Bestimmungen über Ausgabe von Prioritätsaktien in die Statuten aufzunehmen.

Art. 209 d

1. Beschluss: Die Zeichnungsscheine doppelt ausstellen und ein Exemplar bei dem Handelsgericht niederlegen zu lassen.

2. Beschluss: Folgenden Zusatz in Ziff. 1 aufzunehmen: Ingleichen ob und in welchem Betrage Prioritätsaktien auszugeben sind.

3. Beschluss: Den Abs. 3 folgendermaßen zu fassen: Zeichnungsscheine, welche diesen Erfordernissen nicht entsprechen oder welche Bedingungen, Voraussetzungen, Vorbehalte, anderweitige Beschränkungen enthalten, sind zum Nachweise

der Zeichnung des Grundkapitals ungeeignet. Alle den Zeichnungsscheinen nicht inferierten Bedingungen pp. sind der Gesellschaft gegenüber unverbindlich.

4. Beschluss, folgenden neuen Absatz einzufügen: Durch einen den gesetzlichen Erfordernissen entsprechenden Zeichnungsschein wird der Zeichner zur Übernahme der gezeichneten Aktien im Falle der Zuteilung verpflichtet.

Art. 209 e

Anregung zu Abs. 2: Hinter den Worten „einen anderen Zeitpunkt" hinzuzufügen „oder ein anderes Verfahren."

Art. 209 f

1. Beschluss zu Abs. 1: Für ein Mitglied des Vorstandes oder Aufsichtsrats, welches nicht Gründer ist, aber ein Vermögensstück überlassen oder eingelegt hat, einen Stellvertreter zu bestellen.

2. Beschluss zu Abs. 2: Den Bericht auf die Art des Erwerbes durch die Gesellschaft auszudehnen und im Falle das Vermögensstück während der letzten zwei Jahre im Besitz gewechselt hat, in den Bericht die gezahlten Erwerbspreise aufzunehmen.

Art. 210 (173 a Abs. 2)

1. Beschluss zu Abs. 2: In Ziffer 3 hinter „Bericht" einzufügen „nebst dessen urkundlichen Grundlagen".

2. Anregung zu Abs. 2: Eine neue Ziffer 4 folgenden Inhalts beizufügen: sofern das Unternehmen oder der im Gesellschaftsvertrag festgestellte Nominalbetrag der Aktien der staatlichen (obrigkeitlichen) Genehmigung bedarf, die Genehmigungsurkunde.

3. Beschluss: Den Abs. 3 zu streichen.

4. Beschluss zum letzten Abs.: Die Worte: „zur Einsicht der Aktionäre" zu streichen.

Art. 213 a

Beschluss zu Abs. 2: Die Worte: „oder nach den Umständen annehmen musste" zu streichen.

Bezüglich der Verantwortlichkeitsvorschriften

Art. 213 b

I. Beschluss: Den Art. 213 b durch folgende Bestimmung zu ersetzen: Innerhalb eines Zeitraums von zwei Jahren nach Eintragung der Gesellschaft in das Handelsregister, dürfen die Aktien derselben erst dann in einer Börse eingeführt werden, wenn der über die Gründung der Gesellschaft erstattete Bericht (Art. 209 f) von einer an dem betreffenden Platze domizilierenden Firma, welche diesen Bericht auch ihrerseits zu unterzeichnen hat, bei dem Vorstande der Börse zur öffentlichen Einsicht hinterlegt worden ist.

Die betreffende Handlungsfirma übernimmt durch die Unterzeichnung des Berichts für die Richtigkeit desselben dergestalt die Verantwortung, dass sie der

Gesellschaft gleich einem Gründer zum Ersatze des Schadens verhaftet wird, wobei nicht bloß für dolus, sondern auch für lata culpa zu haften ist.

II. Beschluss: Folgende Bestimmungen einzuschalten:

1. Wer wissentlich in öffentlichen Angeboten von Aktien (Promessen oder Interimsscheinen) oder in einer zur Vorlegung an das Handelsgericht bestimmten Erklärung oder Urkunde (Art. 210, Art. 213 b, d, Art. 215 a, Art. 239 b) falsche Tatsachen vorspiegelt oder wahre Tatsachen entstellt, ist dem Beschädigten ersatzpflichtig.

2. Die Pflicht zum Schadensersatze ist ausgeschlossen, sofern nach den Umständen anzunehmen ist, dass die Vorspiegelung oder Entstellung die Zeichnung oder den Erwerb von Aktien (Promessen oder Interimsscheinen) oder die Kreditgewährung an die Aktiengesellschaft nicht veranlasst hat.

3. Der Schadensersatz besteht:

a) gegen Zeichner oder gegen spätere Erwerber von Aktien (Promessen oder Interimsscheinen) in der Übernahme der gezeichneten oder später erworbenen Aktien gegen Erstattung des dafür aufgewendeten Betrages;

b) gegen Gesellschaftsgläubiger in der Übernahme ihrer Forderungen wider die Gesellschaft gegen Erstattung des dafür aufgewendeten Betrages.

4. Mehrere Schuldige haften solidarisch.

5. Der Ersatzanspruch verjährt in 3 Jahren vom Zeitpunkte des Angebots oder der Vorlegung ab gerechnet.

6. Unberührt bleibt anderweitige Verpflichtung zum Schadensersatz nach den Grundsätzen des bürgerlichen Rechts.

III. Anregung: Die *Vertretungspflicht* der Mitglieder des Vorstandes und des Aufsichtsrats durch eine besondere Vorschrift zu präzisieren.

Art. 213 c

Beschluss: Die Frist länger als in Art. 213 b zu bemessen.

Art. 213 d

Beschluss zu Abs. 3: Hinzuzufügen: Falls eine solche Mehrheit sich nicht findet, kann in einer zweiten Generalversammlung ohne Rücksicht auf das vertretene Grundkapital Beschluss gefasst werden, wenn sich für denselben 3/4 der Erschienenen erklären. In der Berufung dieser Generalversammlung ist auf diese Folgen hinzuweisen.

Art. 215

1. Beschluss zu Abs. 1: Hinzuzufügen: Dieser Beschluss bedarf einer qualifizierten Mehrheit, sofern nicht die Abänderung *dieser* Bestimmung des Gesellschaftsvertrags durch denselben an eine geringere oder an eine größere Mehrheit oder an anderweitige Erfordernisse geknüpft ist.

2. Beschluss zu Abs. 1: Folgende Vorschrift aufzunehmen: Auf den Beschluss, Prioritätsaktien auszugeben, finden dieselben Vorschriften, wie bezüglich einer Statutenänderung, Anwendung, dergestalt, dass es der gesetzlich zu qualifizierenden Mehrheit bedürfen soll, wenn in dem Statut der besondere Fall der Ausgabe von Prioritätsaktien eine ausdrückliche Regelung nicht gefunden hat.

3. Beschluss zu Abs. 1: Folgenden Zusatz aufzunehmen: Wenn durch einen Beschluss auf Abänderung des Gesellschaftsvertrages mit Einschluss des Falles einer Erhöhung oder Reduktion des Grundkapitals das Rechtsverhältnis der Prioritätsaktien zu den Stammaktien oder der verschiedenen Arten von Stammaktien zu einander alteriert werden soll, so bedarf es der Zustimmung einer besonderen Generalversammlung der Prioritäts- pp. Aktionäre, nachdem vorher die Generalversammlung sämtlicher Aktionäre mit Einschluss der Prioritäts- pp. Aktionäre diesen Beschluss angenommen hat. Auf die Generalversammlung der letzteren findet Art. 190 Anwendung.

4. Beschluss zu Abs. 2: Die Änderung des Gegenstandes des Unternehmens nur durch eine qualifizierte Mehrheit zuzulassen.

5. Anregung: Unter Gesellschaftsvertrag auch die späteren Abänderungen desselben zu begreifen.

6. Anregung: Eine Vollmacht der Generalversammlung an ein Komitee zur Vornahme redaktioneller Änderungen zuzulassen.

Art. 215 a

1. Beschluss zu Abs. 2: Den 2. Satz dahin zu fassen: In dem Falle, dass auf die neu auszugebenden Aktien ein geringerer als der Nominalbetrag eingezahlt werden soll, ist dieser Betrag und in dem Fall, dass ein höherer als der Nominalbetrag eingezahlt werden soll, der Mindestbetrag in dem Beschlusse festzusetzen.

2. Anregung: Die bei der Gründung bezüglich der Einlagen und Zeichenscheine gemachten Vorschriften auf die Erhöhung des Grundkapitals auszudehnen.

Art. 215 c

1. Beschluss zu Abs. 1: Von dem Verbot des Erwerbs und der Pfandnahme eigener Aktien die Einkaufskommission auszunehmen.

2. Beschluss zu Abs. 1: Den Erwerb und die Pfandnahme eigener Promessen und Interimsscheine für nichtig zu erklären, von diesem Verbot jedoch wiederum den Kommissionshandel auszunehmen.

Zweiter Abschnitt. Rechtsverhältnis der Aktionäre

Art. 219

1. Beschluss zu Abs. 1: Die Worte durch den in der Generalversammlung festgesetzten Betrag gemäß dem Beschluss zu Art. 215 a Abs. 2 zu ändern.

2. Zu Abs. 2: Art. 184. Anregung: Gegen die Klage der Gesellschaft auf Zahlung des gezeichneten Betrages die Einrede der Kompensation und Retention auszuschließen.

Art. 184 a

Anregung: In Abs. 2 präziser auszudrücken, was die neue Urkunde zu umfassen hat.

Art. 184 b

a) Anregung: Folgende Vorschrift hinzuzufügen: „zur Feststellung der Nichterlangung der Zahlung genügt es, wenn der Verpflichtete auf die erfolgte schriftliche

Zahlungsaufforderung seitens der Gesellschaft innerhalb einer bestimmten Frist nicht Zahlung leistet.

b) Anregung: Neben dem Verkauf an der Börse den öffentlichen Verkauf zuzulassen.

Art. 221 und 190

1. Beschluss zu Art. 190 Abs. 1: Deutlicher zum Ausdruck zu bringen, dass jeder Aktionär eine Stimme habe und dass es zulässig sein soll, bei größerem Aktienbesitz eine verhältnismäßige Verringerung des Stimmrechts eintreten zu lassen.

2. Beschluss in Art. 190 und 221: Den Abs. 2 zu streichen.

3. Beschluss zu Art. 190 Abs. 3:

a) den ersten Satz zu streichen, b) dem zweiten Satz hinzuzufügen: Die Vollmacht bleibt bei den Gesellschaftsakten.

4. Beschluss zu Art. 190 Abs. 4: Den Kommanditisten (Aktionär), welcher durch die Beschlussfassung von einer Verpflichtung befreit oder entlastet oder mit welchem ein Rechtsgeschäft abgeschlossen werden soll, auch mit den ihm zur Vertretung überlassenen Aktien von der Abstimmung auszuschließen.

Art. 222

1. Beschluss zu Abs. 1: hinzuzufügen: Mit der Klage sind die Aktien zu hinterlegen.

2. Anregung: das Urteil zu den Akten des Handelsregisters auch dann zu bringen, wenn ein nicht eingetragener Generalversammlungsbeschluss für ungültig erklärt ist.

Art. 223

Beschluss zu Abs. 1: hinzuzufügen:

1. Die betreibende Minderheit hat ihre Aktien zu hinterlegen, 2. im Fall des Unterliegens sind die Prozesskosten von der Minderheit zu erstatten.

Art. 224

1. Beschluss zu Abs. 1: Das Handelsgericht durch das Landgericht bzw. Kammer für Handelssachen zu ersetzen,

2. Beschluss zu Abs. 2: Die Liquidatoren hinzuzufügen,

3. Beschluss zu Abs. 4: Den Bericht der nächsten Generalversammlung zu unterbreiten.

Art. 225 (191)

Beschluss: Die Zahl der Mitglieder des Aufsichtsrats von 5 auf 3 herabzusetzen.

Art. 225 a (Art. 191)

1. Beschluss zu Abs. 1: Den Satz: „Er muss mindestens einmal pp. – vornehmen“ zu streichen.

2. Beschluss zu Abs. 1: An Stelle der gestrichenen Worte zu setzen: die sonstigen Befugnisse des Aufsichtsrats sind im Statut zu regeln.

3. Beschluss zu Abs. 3: Denselben zu streichen.

Art. 225 b

Beschluss: 1. Die Worte: „oder eines dem letzteren beigeordneten Verwaltungsrats" zu streichen.

2. hinzuzufügen: oder als Beamte die Geschäfte der Gesellschaft zu führen.

Art. 226

1. Beschluss zu Abs. 1: Den Satz hinzuzufügen: Sie haben die Anwendung dieser Sorgfalt zu beweisen.

2. Beschluss zu Abs. 2: Die Eingangsworte zu fassen: Dieselben sind der Gesellschaft persönlich pp.

3. Beschluss zu Abs. 3 und 4: Den letzten Absatz voranzustellen und demselben den dritten Absatz folgen zu lassen, in diesem aber hinter die Worte: „in den vorbezeichneten Fällen" einzuschieben „den Gläubigern gegenüber", und die Worte „oder statutenwidrigen" zu streichen.

4. Beschluss: hinzuzufügen folgenden neuen

Art. 226 a. Die gegen die Mitglieder des Aufsichtsrats zustehenden Ansprüche dürfen, sofern an diesen Befriedigung nicht zu erlangen ist, gegen die Mitglieder eines außer dem Aufsichtsrat bestehenden Verwaltungsrats geltend gemacht werden, sofern denselben der Nachweis geführt wird, dass sie die Sorgfalt eines ordentlichen Hausvaters außer Acht gelassen haben.

Dritter Abschnitt. Rechte und Pflichten des Vorstandes

Art. 227

1. Beschluss zu Abs. 2: denselben zu streichen.
2. Beschluss zu Abs. 3: denselben zu streichen.

Art. 231 a

1. Beschluss zu Abs. 2: zuzulassen, dass durch den Gesellschaftsvertrag oder durch Beschluss der Generalversammlung die Befugnis zur Erteilung der Genehmigung dem Aufsichtsrat übertragen werden kann.

2. Beschluss zu Abs. 2: hinzuzufügen: Das Recht der Gesellschaft in die von einem Mitgliede des Vorstandes für eigene Rechnung gemachten Geschäfte einzutreten oder Schadensersatz zu fordern, erlischt nach 6 Monaten von dem Zeitpunkt an gerechnet, in welchem der Aufsichtsrat von dem Abschluss des Geschäfts Kenntnis erhalten hat.

Art. 234

1. Anregung zu Abs. 1: Denselben dahin zu fassen: Der Vorstand kann mit Zustimmung des Aufsichtsrats für die Gesellschaft Prokuristen bestellen, sofern nicht pp.

2. Beschluss zu Abs. 1: hinzuzufügen: Eine Zuwiderhandlung gegen diese Vorschrift hat auf die Gültigkeit der von den Prokuristen vorgenommenen Rechtshandlungen keinen Einfluss.

Art. 237

Beschluss zu Abs. 3: An Stelle des Wortes „Handelsgericht“ das Wort: „Landgericht bzw. Kammer für Handelssachen“ zu setzen.

Art. 238

1. Beschluss zu Abs. 1: Die Frist auf 2 Wochen herabzusetzen und demgemäß in Abs. 2 auch eine Herabsetzung der Frist eintreten zu lassen.

2. Anregung: Vorkehrungen zu treffen, dass die Berufungsfrist nicht durch statutarische Bestimmungen über die Legitimation der stimmenden Aktionäre mittels Deponierung der Aktien pp. illusorisch gemacht werde.

Art. 239

1. Beschluss zu Abs. 1: Die Verpflichtung zur Aufstellung einer Semestralbilanz fallen zu lassen, eventuell wenigstens den Ausdruck Rohbilanz zu vermeiden.

2. Beschluss zu Abs. 2: Eine spezialisierte Bilanz und eine spezialisierte Gewinn- und Verlustrechnung nur dem Aufsichtsrat, nicht der Generalversammlung vorzulegen.

3. Beschluss zu Abs. 2: Die dreimonatliche Frist für Aufstellung der Bilanz nur als Regel aufzustellen, von welcher die Statuten abweichen und sie auf sechs Monate erstrecken können.

Art. 239 a

1. Beschluss zu Abs. 2: Die Minderheit nach dem Besitz einer Quote des Aktienkapitals, von etwa 1/20 zu bestimmen.

2. Beschluss: Den Revisionsbericht in der nächsten Generalversammlung zur Kenntnis der Aktionäre zu bringen.

Art. 239 c und 185 a

1. Beschluss zum Eingang des Art. 185 a: Eine Vorschrift, wonach die Aufstellung der Bilanz mit der Sorgfalt des ordentlichen Kaufmannes stattzufinden habe, an die Spitze des Artikels zu stellen.

2. Beschluss zu Ziffer 1–4: Die Bestimmungen nur als Regeln, nicht als zwingende Vorschriften aufzustellen.

3. Beschluss zu Ziff. 1: Die Schlussworte „jedoch nicht höher pp. – angesetzt werden“ zu streichen.

4. Beschluss zu Ziff. 4:

a) die Worte „oder die Generalversammlung“ zu streichen;

b) die Verteilung der Organisationskosten auf die Kosten der ersten Organisation und bei der Erhöhung des Grundkapitals auf die mit dieser zusammenhängenden Kosten zu beschränken;

c) die Verteilung der Organisationskosten auf eine prozentuale Quote des eingezahlten Grundkapitals zu beschränken.

5. Beschluss zu Ziff. 5: zu sagen – „des gesetzlichen oder eines sonstigen Reserve- oder Erneuerungsfonds sind einzeln unter pp.

Art. 239 c

1. Anregung zu Satz 2: statt: „Dem pp. Reservefonds zuzuführen" zu sagen: „in Reserve zu stellen."

2. Anregung zu Satz 2: Den Reservefonds, auch wenn er den zehnten Teil des Grundkapitals erreicht hatte, im Falle einer Verringerung wieder ergänzen zu lassen.

3. Anregung zu Satz 2: Hinter den Worten: „bis der letztere den zehnten Teil des Grundkapitals erreicht" noch hinzuzufügen „sofern nicht der Gesellschaftsvertrag eine höhere Quote bestimmt".

4. Beschluss zum ganzen Artikel: Die Verwendung des Reservefonds nicht bloß zur Deckung von Verlusten am Grundkapital, sondern auch zur Deckung von außerordentlichen Verlusten zuzulassen.

Art. 241 Anregung: Denselben nach Maßgabe des Art. 226 zu ändern.

Vierter Abschnitt. Auflösung der Gesellschaft

Art. 242

Anregung: Die bei Ziff. 2 bestehende Kontroverse zu entscheiden, ob ein Mehrheitsbeschluss in der Generalversammlung genügt.

Art. 242 a

Beschluss zu Abs. 2: Das Landgericht bzw. die Kammer für Handelssachen für zuständig zu erklären.

Anregung zu Abs. 2: Eine Vorschrift aufzunehmen, wonach die Antragsteller ihre Aktien zu hinterlegen haben.

Art. 246

Beschluss zu Abs. 1: Die Worte „und Schriften" zu streichen.

Art. 248

Anregung: Eine Vorschrift zu treffen, wodurch: bei der Reduktion des Grundkapitals der einzelne Aktionär zur Zusammenlegung verpflichtet werden soll, dergestalt, dass die Aktiengesellschaft nicht umgetauschte Aktien für Rechnung der Besitzer derselben verkaufe und den Erlös unter sie verhältnismäßig teile.

Zweiter Abschnitt. Von der Kommanditgesellschaft auf Aktien

Art. 180 d

1. Beschluss: Die Zustimmung sämtlicher Komplementare zu Statutenänderungen als zwingende Vorschrift hinzustellen.

2. Beschluss: Zu jeder Statutenänderung eine qualifizierte Mehrheit der Kommanditaktionäre als Regel zu erfordern.

Art. 185 b

Beschluss: Die Vorschriften wegen des Reservefonds aus Art. 239 c auf die Kommanditgesellschaft auf Aktien zu übertragen.

Art. 191

Anregung (eventuell in den Motiven): das Bedenken zu beseitigen, dass nicht, wenn nur „Neuwahlen“ auf der Tagesordnung stehen, der Aufsichtsrat, dessen Amtsperiode noch nicht abgelaufen sei, abberufen werden könne. Als Fassung war vorgeschlagen im Schlussabsatz statt „jederzeit“ zu sagen „vor Ablauf der jedesmaligen Amtsperiode“.

Art. 195

Beschluss: Die Vorschriften der Art. 223 und 224, sowie in Konsequenz hiervon des Art. 222 auf die Kommanditgesellschaft auf Aktien auszudehnen.

Vierter Titel. Strafbestimmungen

Art. 249

Anregungen: 1. Die Bestimmungen nicht auf Liquidatoren einer offenen Handelsgesellschaft auszudehnen;

2. das Missverhältnis der Geldstrafen, wie es zwischen diesem Artikel und den nachfolgenden bestehe, zu beseitigen,

3. die Bestimmung auf den Tatbestand der Ziff. 2 in § 266 StGB zu beschränken,

4. auch die Mitglieder des Aufsichtsrats in gleicher Weise strafbar zu erklären.

Art. 249 d

1. Beschluss: In Ziffer 1 die Worte „oder unterdrückt“ zu streichen.
2. Anregung: Ziffer 2 zu streichen (wenigstens in dieser Fassung).

Art. 249 f (Geldstrafe)

Beschluss: Den Artikel zu streichen.

II. Schreiben des Staatssekretärs im Reichsjustizamts Schelling an den Staatssekretär des Innern vom 20.5.1882

Euerer Exzellenz beehre ich mich in Verfolg meines Schreibens vom 26. v. Mts. eine Zusammenstellung der von der Kommission zur Begutachtung des Entwurfs einer Aktiennovelle gefassten Beschlüsse und gegebenen Anregungen, sowie den mit Bezug hierauf von mir umgearbeiteten Gesetzentwurf in je drei Exemplaren ganz ergebenst zu übersenden. ...

Bei der Umarbeitung hat mich der Wunsch geleitet, soweit es mit dem von Eurer Exzellenz gebilligten, wie auch von der Kommission als richtig anerkannten Systeme des Entwurfs, und mit der namentlich für das Gründungsstadium für nötig befundenen Strenge vereinbar erschien, den Beschlüssen und Anregungen der Kommission Rechnung zu tragen. Dieselben sind daher zumeist, wenn nicht in ihrem ganzen Umfange, so doch zum wesentlichen Teile von mir berücksichtigt worden. Insbesondere ist dies rücksichtlich aller Anträge geschehen, welche überwiegend technische Fragen betreffen oder mit der bereits vorher von Eurer Exzellenz geltend gemachten Auffassung übereinstimmen.

Ich habe sonach nur den in der anliegenden Zusammenstellung unter Art. 209 Ziff. 3, 213 a, 213 b I u. II, 224 Ziff. 1, 225 a Ziff. 3, 226 Ziff. 4, 237, 238 Ziff. 2 und 249 Ziff. 3 aufgeführten Beschlüssen keine Folge gegeben und bezüglich der zu Art. 209 d Ziff. 4, 209 e, 215 a Ziff. 2, 180 d Ziff. 1 und 191 angeregten Bedenken geglaubt, dass deren Erledigung durch die Motive genüge. Was insbesondere den von der Kommission schließlich angenommenen Antrag des Bürgermeisters a.D. Russell zu Art. 213 b bezüglich der Einführung von Aktien an der Börse betrifft, so eignet sich der Gedanke, soweit er überhaupt praktischen Nutzen verspricht, wohl kaum zur Aufnahme in das Aktiengesetz. Er betrifft einen Teil des gesamten Börsenverkehrs und findet seinen Ursprung wie seine Ergänzung in dem Beschlusse, welchen das Börsen-Kommissariat und die Sachverständigen-Kommission der hiesigen Fondsbörse unter dem 24.1. d.J. gefasst hat. Der Antrag dürfte sonach nur bei einem künftigen Börsengesetze in Erwägung zu ziehen sein. Den Erlass eines solchen Gesetzes müsste ich nicht bloß für wünschenswert erachten, sondern wie dies bereits in der allgemeinen Begründung des Entwurfs hervorgehoben ist, als notwendigen Schlussstein der Aktienreform betrachten, wenn die letztere den von ihr erwarteten Erfolg haben soll. Ein solches Gesetz würde sich natürlich nicht lediglich auf den Börsenverkehr mit Aktien zu beschränken, sondern sich unter Regelung des Handels mit allen Effekten und Waren an der Börse namentlich auf die amtliche und nichtamtliche Notierung und Veröffentlichung der Kurse, sowie vielleicht auf den Differenzhandel und auch auf das Maklerwesen, für welches jetzt an den einzelnen Handelsplätzen vielfach von einander abweichende Ordnungen bestehen, zu erstrecken haben. Ich glaube jedoch, in dieser Beziehung mich zur Zeit eines weiteren Eingehens enthalten und Euerer Exzellenz bei dem näheren Zusammenhange des Börsenwesens mit Hochdero Ressort die weitere Erwägung über den Erlass eines solchen Gesetzes ganz ergebenst anheimstellen zu sollen.

III. Schreiben des Staatssekretärs des Innern Bötticher vom 28.7.1882 an den Staatssekretär im Reichsjustizamt

Eurer Exzellenz beehre ich mich auf das gefällige Schreiben vom 20.5. d.J. betreffend die Reform der Aktiengesetzgebung, ganz ergebenst zu erwidern, dass ich mit Hochdenselben in dem Wunsche einverstanden bin, den Beschlüssen und Anregungen der Sachverständigen-Kommission tunlichst Rechnung zu tragen. Gleichwohl bedauere ich, mit dem Entwurf auch in der Gestalt, welche er durch die umgeänderte Fassung erlangt hat, noch nicht in allen Punkten mich einverstanden erklären zu können und erlaube mir, in dieser Beziehung Folgendes ganz ergebenst hervorzuheben.

Der Sachverständigen-Vernehmung gegenüber vertritt der Entwurf zunächst den Standpunkt, dass nur die per majora abgegebenen Voten, sowie die in gleicher Weise gegebenen, oder die von Eurer Exzellenz ausdrücklich akzeptierten Anregungen eine Beachtung zu beanspruchen haben und hat deshalb Minoritäts- oder Einzelvoten ganz unberücksichtigt gelassen.

Diesen Standpunkt möchte ich zu dem meinigen nicht machen, vielmehr glauben, dass das von den Sachverständigen gelieferte Material, gleichviel wie sich die

Majorität zu demselben gestellt hat, geprüft zu werden verdient. Die Sachverständigen bilden kein Kollegium und ihre Ansichten können nur deshalb, weil sie von der Mehrheit gebilligt sind, einen besonderen Wert nicht in Anspruch nehmen. Dazu kommt, dass die juristischen Sachverständigen über die wirtschaftlichen Fragen und die wirtschaftlichen Sachverständigen über die juristischen mitgestimmt haben und dass voraussichtlich sich in vielen Fällen ein anderes Resultat der Abstimmung ergeben haben würde, wenn der Gegenstand nicht wegen der Nähe des Pfingstfestes in einem beschleunigten Tempo hätte durchberaten werden müssen und besonders, wenn noch eine zweite Lesung des Entwurfs hätte vorgenommen werden können.

Was die Sachverständigen selbst betrifft, so ist mir deren Befähigung zur Abgabe eines unbefangenen Urteils in wirtschaftlichen Dingen bis zu einem gewissen Grade zweifelhaft geworden; jedenfalls hat die formal juristische Auffassung die wirtschaftliche stark überwogen. Die wirtschaftlichen Sachverständigen waren vorwiegend Juristen und diejenigen, welche die Handhabung der Praxis der Aktiengesellschaften im Geschäftsleben kennengelernt haben, standen in ihrer Majorität auf dem Boden, dass die Freiheit des Einzelnen auf dem Gebiete des Aktienwesens so wenig als möglich beschränkt werden dürfe. Es will mir scheinen, als ob sie dabei dem Umstande zu wenig Rechnung getragen haben, dass es sich darum handelt, die vorliegende Rechtsmaterie auf der bisherigen Grundlage – der Aufstellung allseitig bindender Normativbestimmungen – auszubilden.

Zu den einzelnen Bestimmungen des Entwurfs gestatte ich mir demnächst Folgendes ganz ergebenst zu bemerken:

1. Zu Art. 207 a. Der Nominalbetrag der Aktien war ursprünglich für Namensaktien auf 1000 M, für Inhaberaktien auf 5000 M festgesetzt und nachdem die Sachverständigen sich im Allgemeinen für eine Ermäßigung des letzteren Betrages ausgesprochen haben, akzeptiert der Entwurf das Minimum von 2000 M. Für die letztere Ziffer spricht lediglich die Verhältniszahl der bisherigen Minimalnominalsätze (50:100 Thlr.). Die für eine Reduktion des Nominalbetrages angeführten Gründe dürften indessen nicht stichhaltig erscheinen und würden, wenn vielleicht auch in minderem Maße, ebenso gegen die Ziffer von 2000 M sprechen. Dagegen sprechen für die Festsetzung eines relativ möglichst hohen Nominalbetrages die Umstände, dass die Aktiengesellschaften mehr auf die Emission von Namenaktien hingedrängt werden und dass das kleinere Kapital mehr vor einer Beteiligung an der Gründung geschützt wird.

Jede Erschwernis in der Platzierung der Aktien im Publikum dürfte von Einfluss auf den Umfang und das Tempo der Gründungen sein, während leichtsinnige, lediglich auf Ausbeutung des Publikums spekulierende Gründungen sich in demselben Maße vermehren werden, in welchem sich das Publikum für die an den Markt strömenden Papiere aufnahmefähig erweist.

Ich glaube, den Standpunkt vertreten zu müssen, dass das Gründen im Übermaß und das Gründen schlechter Gesellschaften schwere wirtschaftliche Schäden im Gefolge hat. Im Übrigen möchte ich dem Einwand (S. 11 des Protokolls [*Schubert/Hommelhoff*, 239]), „die Spekulation in Aktien werde durch die Höhe der Nominalbeträge nicht berührt" eine besondere Bedeutung nicht beilegen, denn von einer

Spekulation in Papieren, deren Emission auf diese Weise vorgebeugt ist, kann meines ganz ergebensten Dafürhaltens doch wohl nicht die Rede sein. Aus diesen Gründen glaube ich Wert darauf legen zu müssen, *dass es bei dem ursprünglich in Aussicht genommenen Nominalbetrage von 5000 M belassen wird,* zumal bei den früheren Beratungen der Höhe dieses Betrages eine besondere Bedeutung beigelegt wurde.

2. Was demnächst die Ausnahmen in Bezug auf gemeinnützige Unternehmen betrifft, so kann ich mich in der Hauptsache mit den neuen Vorschriften des Entwurfs, welche den diesseitigen Intentionen teilweise Rechnung getragen haben, nur ganz ergebenst einverstanden erklären, erlaube mir indes, ebenmäßig zu empfehlen, die nachgelassene Begünstigung auch denjenigen Aktien einzuräumen, für welche das Reich, der Staat oder eine staatliche Korporation direkt dem Aktionär gegenüber für alle Dauer eine unbedingte Zinsgarantie übernommen hat. Aktien solcher Art dürften als unbedingt solide gelten können und würden alsdann dem kleineren Kapitalisten Gelegenheit zur Geldanlage bieten, ohne ihn, wie dies bei der im Übrigen in Vorschlag gebrachten Höhe der Nominalbeträge befürchtet ist, zur Anlage seiner Ersparnisse in ausländischen Werten zu treiben.

3. Hinsichtlich der Reduktion der Aktien ist von sachverständiger Seite angeregt, „es müsse die Möglichkeit gewährt werden, im Falle der Reduktion des Grundkapitals die Aktien auf einen geringeren Nominalbetrag als 1000 rsp. 5000 M (2000 M) umzuwandeln". Anlass hierzu hat der Umstand gegeben, dass in der Rechtsprechung eine Verletzung der Individualrechte des Aktionärs angenommen ist, wenn die beschlossene Kapitalsreduktion nicht jedem einzelnen Aktionär von derselben Gebrauch zu machen gestattet.

Im Laufe der Verhandlungen ist bereits darauf hingewiesen, dass die Absicht des Antragstellers vielleicht auch durch eine die gedachte Rechtsansicht beseitigende Bestimmung würde erreicht werden können. – Meines ganz ergebensten Dafürhaltens ist es wünschenswert, dass der Nominalbetrag der Aktien – auch im Falle einer Kapitalreduktion – nicht herabgesetzt werden dürfe, dagegen erscheint es wirtschaftlich vom höchsten Werte, dass eine Bestimmung getroffen wird, durch welche die entgegenstehende Rechtsansicht beseitigt wird.

4. Zu Art. 209 haben die Sachverständigen dafür votiert, dass der Reichsanzeiger obligatorisch zum Publikationsorgane gemacht werde. – Die Zweckmäßigkeit dieses Beschlusses dürfte m.E. nicht in Frage zu stellen sein und deshalb möchte ich mir erlauben, ganz ergebenst anheimzustellen, demselben durch Aufnahme einer bezüglichen Bestimmung Folge zu geben.

5. Der Abs. 3 des Art. 210 ist gegen das Votum der Sachverständigen in den Art. 209 f [unten S. 124] übertragen. Wenngleich dagegen an sich nichts einzuwenden sein möchte, so glaube ich noch hervorheben zu müssen, dass nach meiner ganz ergebensten Auffassung durch diese Übertragung namentlich durch die Streichung des Wortes „insbesondere" (im Art. 209 f) der Sinn der Vorschrift wesentlich geändert sein dürfte. Während nach dem Sinne der früheren Bestimmung die Prüfung sich auf den Hergang der Gründung überhaupt beziehen sollte und die Mitglieder des Aufsichtsrats und des Vorstandes, alles, was mit der Gründung im Zusammenhange

stand, in den Bereich ihrer Tätigkeit ziehen konnten, wird jetzt die im ersten Absatze bezeichnete Prüfungstätigkeit derselben beschränkend definiert.

Außerdem möchte ich der Meinung sein, dass die Schlussbestimmung im vorletzten Absatze, wonach bei der Prüfung die dem Erwerbe durch die Gesellschaft vorausgegangenen Rechtsgeschäfte, sowie die früheren Erwerbungs- und Herstellungspreise aus den letzten zwei Jahren in Betracht zu ziehen sind, als erschöpfend nicht anzusehen, vielmehr noch dahin zu ergänzen sein dürfte, dass der wesentlichste Inhalt der fraglichen Rechtsgeschäfte im Prüfungsberichte zur Kenntnis der Aktionäre gebracht werden muss.

Von diesen Gesichtspunkten ausgehend möchte ich eine Bestimmung für angezeigt erachten, welche ausdrückt, dass die Prüfung eine ganz unbeschränkte sein soll und sich insbesondere auch auf die Richtigkeit und Vollständigkeit der Angaben, welche rücksichtlich der Zeichnung und Einzahlung des Grundkapitals und der im Art. 209 b vorgeschlagenen Festsetzungen von den Gründern gemacht sind, sowie darauf zu erstrecken hat, ob die Höhe der Beträge für Gegenstände, welche von Aktionären *oder dritten* Personen für die Gesellschaft übernommen werden sollen, angemessen sind. Ferner eine Bestimmung darüber, dass die dem Erwerbe durch die Gesellschaft vorausgegangenen Rechtsgeschäfte, welche auf diesen Erwerb hingezielt haben, sowie die früheren Erwerbungs- und Herstellungspreise aus den letzten zwei Jahren in Betracht zu ziehen sind und dass über die Ergebnisse der Prüfung ein eingehender schriftlicher Bericht erstattet und zur Kenntnis der Aktionäre gebracht werden muss.

6. Zu Art. 210 a ist in der Sachverständigenberatung darauf hingewiesen, dass die Konstituierung einer Gesellschaft unmöglich sei, wenn ein oder mehrere Inferenten mehr als drei Vierteile der Aktien besitzen [vgl. *Schubert/Hommelhoff*, S. 314]. – Ich möchte dies Bedenken für zutreffend erachten und glaube deshalb Eurer Exzellenz gefälliger Erwägung anheimgeben zu sollen, ob die gedachte Bestimmung nicht dahin noch zu erweitern sein dürfte, dass, wenn die beteiligten Aktionäre mehr als die Hälfte des gesamten Grundkapitals besitzen, die Hälfte des verbleibenden Restes zur Genehmigung genügt.

7. Die gegenwärtige Fassung des § 213 b* dürfte meines Dafürhaltens Zweifel darüber zulassen, in welcher Reihenfolge Gründer, Emittenten und Mitglieder der beiden oberen Gesellschaftsorgane haften und deshalb glaube ich ganz ergebenst anheimgeben zu sollen, ob der Entwurf auch in dieser Beziehung einer entsprechenden Ergänzung bedarf.

*[*Abs. 213 b.* Wer vor Ablauf von zwei Jahren seit Eintragung des Gesellschaftsvertrages in das Handelsregister ein öffentliches Angebot von Aktien erlässt, um solche in den Verkehr einzuführen, ist der Gesellschaft *im Falle der Unrichtigkeit oder Unvollständigkeit der Angaben, welche die Gründer behufs Eintragung des Gesellschaftsvertrages in das Handelsregister gemacht haben, sowie in dem Falle einer böslichen Schädigung der Gesellschaft durch Einlagen oder Übernahmen für den Ersatz des ihr daraus entstandenen Schadens verhaftet, sofern er die Unrichtigkeit oder Unvollständigkeit der Angaben oder die bösliche Schädigung gekannt hat oder bei*

sorgfältiger Prüfung, wie solche von einem ordentlichen Geschäftsmanne anzunehmen ist, hat kennen müssen.]

8. Der aus den Beschlüssen der Sachverständigen hervorgegangene, in den Entwurf aufgenommene Zusatz zu § 213 e setzt nach meiner ganz ergebensten Auffassung an die Stelle einer materiell wichtigen Bestimmung eine bloße Formalität. Der Zusatz trägt aber auch – wie ich glauben möchte – insofern eine Inkonsequenz in den Entwurf hinein, als er für die Illation von Anlagen *nach* der Gründung wesentlich mildere Bestimmungen [drei Vierteile des *vertretenen* Grundkapitals] trifft, als für die Illation *bei* der Gründung und dies will mir insofern bedenklich erscheinen, als dadurch unsoliden Gründern Gelegenheit geboten wird, bei Illationen künftig den Weg einzuschlagen, auf den sie durch den Art. 213 e hingewiesen werden.

Aus diesen Gründen glaube ich einerseits gegen die Aufnahme des in Rede stehenden Zusatzes votieren, andererseits aber mich dafür aussprechen zu sollen, dass der Entwurf durch Aufnahme einer Bestimmung, nach der sich die Inferenten des Stimmrechts in der Generalversammlung zu enthalten haben, eine Ergänzung erfährt.

9. Die neue Fassung des Art. 215 d [vorher 215 c] lässt die Deutung zu, als ob nur die den Erwerb von Promessen und Interimsquittungen, nicht aber die den Erwerb von Aktien der eigenen Gesellschaft betreffenden Rechtsgeschäfte ungültig sein sollen und deshalb möchte ich mir erlauben, Eurer Exzellenz geneigter Erwägung ganz ergebenst anheimzustellen, ob nicht bezüglich dieses Punktes ebenfalls eine Änderung für angezeigt zu erachten sein möchte.

10. Die im Art. 223 enthaltene Bestimmung, *dass die Minderheit die von ihr in der Generalversammlung vertretenen Aktien gerichtlich zu hinterlegen hat,* rechtfertigt meines Erachtens das Verlangen nicht, dass *dieselben* Aktien, welche von der Minorität in der Generalversammlung vertreten worden sind, auch deponiert werden müssen und ich möchte mir erlauben, eine Änderung des Entwurfs dahin zu befürworten, dass bei Aufstellung der Klage nur das erforderliche Quantum, nicht dieselben Stücke deponiert zu werden brauchen.

Anderenfalls würde ein ganz außerordentliches Erschwernis der Verfolgung von Rechtsansprüchen durch die Minorität herbeigeführt werden. Meinerseits möchte ich mich zu der Ansicht hinneigen, dass es genügt, wenn der Nachweis geführt wird, dass die klagende Minorität auch im Momente der Klageanstellung sich noch im Besitze *der Quote* des Aktienkapitals befindet, welche zur Anstellung der Klage berechtigt.

11. Zu Art. 238 glaube ich hervorheben zu müssen, dass der Entwurf einer aus der Sachverständigenberatung hervorgegangenen Anregung keine Rechnung getragen hat, welche dahin ging: *„Vorkehrungen zu treffen, dass die Frist für die Berufung der Generalversammlung nicht durch statutarische Bestimmungen über die Legitimation der stimmenden Aktionäre mittelst Deponierung der Aktien pp. illusorisch gemacht werde.“* Da solche Bestimmungen die Gesellschaft offenbar in die Hände derjenigen geben, von welchen die Anberaumung der Generalversammlung abhängig ist, so erlaube ich mir ganz ergebenst anheimzustellen, hinter den ersten Absatz des Art. 238 einen etwa folgendermaßen lautenden Passus einzuschalten: *„Ist im*

Gesellschaftsstatute die Ausübung des Stimmrechts in der Generalversammlung von einer Hinterlegung der Aktien abhängig gemacht, so ist die Frist dahin zu bemessen, dass den Aktionären ein Zeitraum von wenigstens zwei Wochen zur Hinterlegung ihrer Aktien verbleibt."

12. Anerkennen muss ich, dass der von einem der Sachverständigen ausgesprochenen Gedanke, *„die Bilanz der Aktiengesellschaften nach Formularen anzufertigen, welche der Reichskanzler feststellt,*" in dieser Form sich nicht zur Ausführung bringen lässt, weil dem Reiche die geradezu unerfüllbare Pflicht, solche Formulare für *jede Art* von Geschäftszweig zu entwerfen, m.E. nicht wohl auferlegt werden kann.

Gleichwohl will es mir wünschenswert erscheinen, dass diesem Vorschlage – wenn auch in etwas veränderter Form – Rechnung getragen wird, denn es dürfte nicht zu verkennen sein, dass jeder Verschleierung der Gesellschaftsverhältnisse in durchgreifender Weise vorzubeugen ist, wenn die Aufstellung der Bilanzen nach gleichen Grundsätzen zu erfolgen hat. Schon aus diesem Grunde und da der Vorschlag sich auch vom statutarischen Standpunkte aus empfehlen möchte, dürfte meines Dafürhaltens durch Aufnahme einer Schlussbestimmung zu Art. 239 dem Reichskanzler die Berechtigung zu sichern sein, *„Formulare mit verbindlicher Kraft für die Aufstellung der Bilanzen, bezw. der Gewinn- und Verlustrechnungen der Aktiengesellschaften nach Maßgabe der von denselben betriebenen Unternehmungen, vorzuschreiben.*"

13. Die nach dem Majoritätsvotum der Sachverständigen in den Art. 185 a aufgenommene Bestimmung, dass die unter 2, 3 getroffenen Vorschriften durch die Gesellschaftsstatuten geändert werden können, entspricht, wie ich glauben möchte, nicht der Tendenz der Reform, da die positiven Vorschriften über die Aufstellung der Bilanz gegeben worden sind, um bestimmten Missbräuchen vorzubeugen, die sich herausgestellt hatten und der Vorschlag der Sachverständigen den früheren unerwünschten Zustand freier Willkür wieder herstellen würde.

14. Wenn in demselben Artikel (185 a) bestimmt wird, dass die Kosten der ersten Organisation, welche einen dauernden Ertrag zu liefern bestimmt sind, durch den Gesellschaftsvertrag auf mehrere, höchstens auf fünf Jahre verteilt werden dürfen, so kann ich mich der Überzeugung nicht verschließen, dass eine derartige Bestimmung den Gründern den Vertrieb von Aktien wesentlich erleichtert, während ich andererseits nicht glaube befürchten zu müssen, dass solide und wünschenswerte Gründungen ohne eine derartige Bestimmung nicht ins Leben gerufen werden könnten. – Ich möchte es deshalb als unzulässig bezeichnen, dass die Kosten der Organisation auch nur vorübergehend als Aktivum geführt werden [Vgl. unten S. 116].

15. Zu Art. 242 a darf ich bezüglich der Hinterlegung der Aktien auf das vorstehend unter Nr. 10 abgegebene Votum ganz ergebenst Bezug nehmen.

16. Zur Art. 248 desgleichen auf die unter Nr. 3 enthaltene Erklärung.

17. Nach der Bestimmung des Art. 249 sollen Mitglieder des Vorstandes und des Aufsichtsrats sowie Liquidatoren einer Aktiengesellschaft und die nicht zu den persönlich haftenden Gesellschaftern gehörigen Liquidatoren einer KG bestraft werden, wenn sie absichtlich zum Nachteile der Gesellschaft handeln. Straflos

würden demnach die persönlich haftenden Gesellschafter einer KG bleiben, welche eine derartige Handlung begehen. – Durchschlagende, die Straflosigkeit dieser Personen rechtfertigende Gründe vermag ich nicht zu erkennen und glaube deshalb Wert darauf legen zu müssen, dass die Strafbestimmung des Art. 249 auch auf die Mitglieder von KG ausgedehnt wird.

18. Was das Verhältnis der KGaA zur Aktiengesellschaft betrifft, so glaube ich mich zunächst dagegen aussprechen zu müssen, dass den KGaA gestattet wird, Inhaberpapiere auszugeben. Für die Sachverständigen, welche sich allerdings für die Zulässigkeit von Inhaberaktien ausgesprochen haben, ist dabei der praktische Grund bestimmend gewesen, dass die Namenaktien mit Blankogiro oder Blankozession versehen, tatsächlich als Inhaberpapiere kursieren. Indessen entspricht die Form der Namenaktie dem von den Sachverständigen mit besonderem Nachdrucke betonten Verhältnisse des Vertrauens zwischen den Kommanditisten und den persönlich haftenden Geschäftsinhabern in höherem Grade, als die der Inhaberaktie und dem Vorschlage dürfte meines ganz ergebensten Dafürhaltens auch der Umstand entgegenstehen, dass die KGaA damit in einem wesentlichen Punkte der Aktiengesellschaft gleichgestellt würde, woraus sich die Besorgnis ergibt, es möchte von den Gründern die ihnen in anderer Beziehung vielfach günstigere Form der KGaA für die Kapitalvereinigung auch in den Fällen gewählt werden, in denen von einem besonderen Vertrauen zum persönlich haftenden Geschäftsinhaber keine Rede sein kann und es sich nur darum handelt, die Schwierigkeiten zu vermeiden, welche die Form der Aktiengesellschaft mit sich bringt.

Wenn demnächst für die Beibehaltung der Form der KGaA hauptsächlich geltend gemacht ist, dass dieselbe sich den tatsächlichen Verhältnissen bei Umwandlungen von Privatindustrie-Unternehmungen in solche anschließe, so wird es sich allerdings nicht in Abrede stellen lassen, dass in Fällen dieser Art das Vertrauen zur Persönlichkeit des als Geschäftsinhaber fungierenden früheren Besitzers und Leiters ein wohl zu beachtendes Moment ist, mit dem gerechnet werden muss. Meinerseits möchte ich dabei indes hervorheben, dass im Laufe der Beratung angeregt wurde, die KGaA von der Aktiengesellschaft durch eine materielle Bestimmung zu unterscheiden, welche die gesellschaftliche Beteiligung des Komplementärs mit einem in Prozenten des Grundkapitals auszudrückenden Anteile auszusprechen hätte.

Es will mir scheinen, als ob dieser Antrag geeignet gewesen wäre, die von den übrigen Sachverständigen erhobenen Bedenken vollständig zu beseitigen, indem bei Umwandlungen von industriellen Etablissements keine Schwierigkeit vorliegen kann, dieser Vorschrift zu entsprechen, während sie andererseits geeignet erscheint, zu verhindern, dass die Form der KG, behufs leichterer Gründung lediglich statt der Form der Aktiengesellschaft gewählt wird.

Ich möchte aber auch ferner der Ansicht sein, dass der gedachte Antrag geeignet erscheint, dem Vertrauen zu dem Geschäftsinhaber eine dasselbe rechtfertigende materielle Basis zu verleihen. – Diesem Gedanken gegenüber haben sich die Sachverständigen in der Majorität allerdings ablehnend verhalten, die Gründe, welche dabei für sie bestimmend gewesen sind, wollen mir indes als stichhaltig nicht erscheinen. Wenn beispielsweise eingewendet worden ist, es sei unmöglich für alle

Fälle den zutreffenden Prozentsatz zu finden, so gestatte ich mir, dem entgegenzuhalten, dass die Möglichkeit: „für alle Fälle ein *Minimum* zu finden" nicht wohl in Abrede zu stellen sein dürfte und dass es schließlich auch im Wesen der Normativbestimmungen liegt, dass derjenige, welcher dieselben nicht zu erfüllen vermag, von den Wohltaten des Gesetzes eben keinen Gebrauch machen kann.

Wenn ferner eingewendet ist, man statuiere ein Privilegium für die reichen Leute, so möchte dabei doch wohl nicht außer Acht zu lassen sein, dass dies Privilegium für die größte Zahl aller Fälle gegenüber dem Zustande, wonach die Geschäftsinhaber überhaupt nicht mit Kapital beteiligt zu sein brauchen, ein oneroses sein wird. Meines ganz ergebensten Dafürhaltens dürfte es sich empfehlen, dem angeregten Gedanken Berücksichtigung widerfahren zu lassen, bezw. im Art. 181 Bestimmungen zu treffen, welche etwa dahin gehen könnten:

„Dass die ersten Geschäftsinhaber einer Kommanditgesellschaft auf Aktien sich am Gesellschaftsvermögen mit einem Anteile in Höhe von wenigstens zwanzig Prozent beteiligen und ihre Beteiligung dem Handelsrichter bei der Anmeldung zur Eintragung in das Handelsregister nachweisen müssen, dass diese Kapitalbeteiligung während eines Zeitraums von zehn Jahren seit der erfolgten Eintragung der Gesellschaft in das Handelsregister derart unabänderlich ist, dass auch im Falle des Ausscheidens des Beteiligten der Anteil desselben, soweit er nicht von einem andern persönlich haftenden Gesellschafter übernommen wird, den Gläubigern verhaftet bleibt."

Zum Schluss gestatte ich mir, ganz ergebenst hervorzuheben, dass zwischen der KGaA und der Aktiengesellschaft nach dem neuesten Entwurfe noch folgende Verschiedenheiten bestehen bleiben, welche, wenn die erstere, wie beabsichtigt, ihrem Wesen nach der letzteren noch weiter gewährt wird, voraussichtlich die Folge haben werden, die Form der KGaA zur Kapitalvereinigung lediglich aus dem Grunde wählen zu lassen, um die strengeren Bestimmungen, welche für die Aktiengesellschaft bestehen, zu vermindern:

a) Bei der KGaA ist bezüglich des Gründungsverfahrens zwischen Simultan- und Successionsgründung nicht unterschieden. Es bedarf keiner fünf Gründer und der Richter leitet die konstituierende Generalversammlung nicht. Dies alles ist dem persönlichen Gesellschafter überlassen.

b) Die Bestimmung, dass die Minorität einer Generalversammlung, welche in derselben ein Fünftel des Gesellschaftskapitals vertritt, für berechtigt erklärt wird, die Verfolgung von Ansprüchen gegen die Mitglieder des Vorstandes und des Aufsichtsrats, sowie gegen die Liquidatoren zu verlangen, soll nicht auf KGaA, also weder gegen die persönlich haftenden Gesellschafter, noch gegen die Liquidatoren solcher Gesellschaften Anwendung finden (Art. 223).

c) Die im Art. 239 a für Aktiengesellschaften gegebene Bestimmung, dass die Beschlussnahme über den Antrag auf Decharge-Erteilung ausgesetzt werden muss, sofern dies von einer Minderheit, welche den zwanzigsten Teil des Kapitals repräsentiert, verlangt wird, ist auf KGaA nicht übertragbar.

d) Auch die im Art. 231 a über Aktiengesellschaften gegebene Vorschrift, welche den Vorstandsmitgliedern untersagt, für eigene oder eines Dritten Rechnung Geschäfte in dem Geschäftszweige der Gesellschaft zu machen, gilt für die KGaA nicht.

e) Nur die Aktiengesellschaft, nicht auch die KGaA, soll durch richterliches Urteil aufgelöst werden können, wenn die Erreichung des Gesellschaftszwecks unmöglich geworden ist, oder andere gewichtige Gründe dafür vorliegen (Art. 242 a).

f) Die persönlich haftenden Gesellschafter von Kommanditgesellschaften sollen, wie bereits oben unter Nr. 17 erwähnt, straflos bleiben, wenn sie absichtlich zum Nachteile der Kommanditisten handeln, während Vorstands- und Aufsichtsratsmitgliedern pp. einer Aktiengesellschaft wegen derartiger Handlungen bestraft werden sollen.

Hiernach sind die zwischen unsern beiderseitigen Ressorts bestehenden Bedenken durch die Sachverständigenkonferenz resp. durch die Umarbeitung des Gesetzentwurfs noch nicht vollständig gelöst und es dürfte jetzt nur noch übrig bleiben, bezüglich derjenigen Punkte, über die Eure Exzellenz sich mit mir nicht in Übereinstimmung befinden sollten, dem Herrn Reichskanzler Vortrag zu halten.

IV. Schreiben des Reichsjustizamts vom 28.9.1882 an den Staatssekretär des Innern Bötticher

Eurer Exzellenz beehre ich mich auf das gefällige Schreiben vom 28.7. d.J. betreffend die Reform der Aktiengesetzgebung, nachstehend ganz ergebenst zu erwidern.

Mit Hochdenselben bin ich völlig darin einverstanden, dass die Beschlüsse und Anregungen der Sachverständigenkommission nicht schon deshalb Berücksichtigung verdienen, weil sich die Mehrheit der Kommissionsmitglieder für dieselben entschieden hat, sondern nur insoweit, als dafür von den Sachverständigen überzeugende Gründe vorgelegt sind. Soweit mir dies der Fall zu sein scheint, habe ich auch Minoritätsvoten bei meinen Eurer Exzellenz mitgeteilten Vorschlägen berücksichtigt, während die „Zusammenstellung der Beschlüsse pp." nur den Zweck verfolgte, neben den Protokollen einen Überblick über das Ergebnis der Kommissionsverhandlungen zu geben. Bei meinen Vorschlägen habe ich in dem Bestreben, den Voten der Sachverständigen soweit als zulässig nachzugeben, mich von dem Entwurf mehrfach unter Zurückstellung meiner eigenen Ansicht entfernt. Es geschah dies in der Erwartung, dabei Eurer Exzellenz Billigung zu begegnen, zumal die Auswahl der Sachverständigen in der überwiegenden Mehrzahl auf dortseitigen Vorschlägen beruhte, und es kann mir nur willkommen sein, wenn Eure Exzellenz glauben, dass strenger an dem Entwurfe festzuhalten sei.

Deshalb stehe ich nicht an,

zu 1. des gefälligen Schreibens vom 28.7. d.J. es bei dem ursprünglich für die Inhaberaktien in Aussicht genommenen Minimalbetrage von 5000 M zu belassen und was.

zu 2. die weitere, bisher nicht angeregte Ausnahme von dem in Art. 173 a und 207 a für Namensaktien bestimmten Minimumbetrage betrifft: so kann ich gleichfalls dem von Eurer Exzellenz dabei verfolgten Gedanken nur zustimmen, sofern, wie ich annehme, es sich um eine gleiche, wie die für den bisherigen Ausnahmefall vorgesehene Begünstigung handelt, die Begünstigung also auch für die durch eine Zinsgarantie seitens des Reiches, eines Bundesstaates oder einer staatlichen Korporation gesicherten Aktien auf die Entscheidung des Reichskanzlers gestellt wird. Denn es wird nicht in allen Fällen einer solchen Zinsgarantie auch eine Gemeinnützigkeit des Unternehmens und ein besonderes örtliches Bedürfnis anzunehmen sein. Auf die Entscheidung des Reichskanzlers gestellt, würde ich meinerseits sogar keinen Abstand nehmen, die vorgeschlagene Ausnahme noch zu erweitern und es für genügend erachten, wenn die Zinsgarantie der Gesellschaft und nicht den einzelnen Aktionären gegenüber und auch nur für eine begrenzte Zeit übernommen ist. Fälle einer Zinsgarantie für alle Dauer dürften zu den seltensten gehören. Sollte dagegen für die nachträglich vorgeschlagene Ausnahme nicht eine Ermächtigung des Reichskanzlers in das Auge gefasst, vielmehr beabsichtigt sein, den betreffenden Aktiengesellschaften ein ihnen ohne weiteres gesetzlich zustehendes Recht beizulegen, so würden meines ganz ergebenen Erachtens die Voraussetzungen für ein solches Recht so zweifelsfrei präzisiert werden müssen, dass die Möglichkeit eines rechtlichen Streits über die Gültigkeit der in einem solchen Falle zu einem geringeren als dem regelmäßigen Minimalbetrage ausgegebenen Aktien von vornherein ausgeschlossen erschiene. In dieser Beziehung dürfte indessen der Ausdruck „eine staatliche Korporation“ schon für Preußen, geschweige denn für das Deutsche Reich zu den erheblichen Bedenken Anlass geben und sich leicht für das Reich ein einheitliches, jeden Zweifel ausschließendes Kriterium finden lassen; auch würde es sich fragen, ob unterschiedslos jede Zinsgarantie, beispielsweise schon eine solche von einem Prozent, welche irgendein Kommunalverband oder selbst ein kleiner Bundesstaat übernommen hätte, genügen möchte, die Solidität der Anlage für die kleinen Kapitalisten zu verbürgen.

Zu 3 befinde ich mich in völligem Einverständnis mit Eurer Exzellenz. Auch halte ich im Falle einer Kapitalsreduktion an dem in den Art. 173 a und 207 a bestimmten Minimalbetrage der Aktien fest und kann es nicht mit der bisherigen Rechtsprechung als ein Sonderrecht der einzelnen Aktionäre erachten, gegen die Art der von der Generalversammlung beschlossenen Reduktion Widerspruch zu erheben. In dem Entwurf ist eine Ausnahme von dem Minimalbetrage für den Fall einer Herabsetzung des Grundkapitals nicht zugelassen; dagegen ist in der neuen Fassung des Art. 248 ausdrücklich darauf hingewiesen worden, dass der Beschluss zugleich die Art, in welcher Herabsetzung des Grundkapitals erfolgen, und die zu ihrer Durchführung erforderlichen Maßregeln festzusetzen habe, und es dürfte aus der weiteren Bestimmung, dass auf diese Beschlussfassung die Vorschriften des Art. 215 Abs. 1 und 5 (Art. 180 f Abs. 3) Anwendung finden sollen, genügend klar hervorgehen, dass sich der in der Minderheit gebliebene Aktionär dem Beschlusse unterwerfen muss, gleichviel ob die Reduktion durch Amortisation, also durch zwangsweise Veräußerung der Aktie an die Gesellschaft oder durch Zusammenlegung erfolgen soll. In letzterem Falle würde selbstverständlich der Beschluss über die Verwertung der nicht zusammenzulegenden Aktien Bestimmung zu treffen haben. Es möchte genügen, diese Argumentation durch die Motive klarzustellen.

Zu 4. Dem von den Sachverständigen in der Mehrheit gemachten Vorschlage, den Reichsanzeiger obligatorisch zum Publikationsorgane zu machen, hatte ich mich nicht angeschlossen, weil ich eine solche Bestimmung unterschiedslos für alle Aktiengesellschaften und für alle Bekanntmachungen, selbst diejenigen rein geschäftlicher Natur, in Anbetracht der dadurch entstehenden Kosten und Zeitverluste nicht für zweckmäßig zu erachten vermochte, auch eine solche Vorschrift in dem Systeme des Handelsgesetzbuchs zur Zeit vereinzelt dastehen und mit dem den Inhalt des Gesellschaftsvertrages versehenden Art. 209 nicht völlig harmonieren möchte. Ich würde aber von diesen Bedenken absehen, wenn der Vorschlag auf die Aktiengesellschaften, deren Grundkapital mindestens eine Million Mark beträgt, beschränkt wird. Auch

zu 5 befinde ich mich schon jetzt im Wesentlichen mit der von Eurer Exzellenz dargelegten Auffassung in Übereinstimmung. Wenn Hochdieselben in dem gefälligen Schreiben vom 28.7. d.J. hervorheben, dass die jetzige Fassung des Art. 209 f die Prüfung des Gründungsherganges seitens der Gesellschaftsorgane ihrem Inhalte nach im Verhältnis zu der ursprünglichen Fassung des Entwurfs in Art. 210 Abs. 3 dadurch einschränke, dass das Wort „insbesondere" in Abs. 2 jetzt in Wegfall gebracht sei, so gestatte ich mir, darauf hinzuweisen, dass dieses Wort an der früheren Stelle im Wesentlichen keine andere Bedeutung haben sollte und konnte, als die, dass sich die Prüfung auch auf die Angemessenheit der für die Apports gewährten Beträge zu erstrecken habe. Dieser Gedanke ist in der neuen Fassung des Entwurfs bestimmter und in weiterem Umfange zum Ausdruck gebracht und zugleich schließt sich bezüglich der Einzahlung, Zeichnung und Belegung des Grundkapitals die neue Fassung im ersten Satze des Abs. 2 noch näher an die gleichartige Fassung in den Art. 213 a, 213 b und 249 a Ziff. 1 an. Die Fassungsänderung bezweckt daher nur eine genauere Präzisierung des Umfangs der Prüfung. Das Verlangen der Sachverständigen nach einer solchen erscheint aber gewiss gerechtfertigt, wenn anders die Verantwortlichkeit der Mitglieder des Vorstandes und des Aufsichtsrats durch das Gesetz in der Art aufgestellt werden soll, dass sorgfältige und angesehene Geschäftsleute noch geneigt sein können, ein solches Amt zu übernehmen. Wollte man bei der jetzigen Fassung im Eingange des zweiten Absatzes des Abs. 209 f noch das Wort „insbesondere" einschalten, so würde dies dahin führen, dass die Verantwortlichkeit der prüfenden Organe auch für Umstände in Anspruch genommen werden könnte, welche, ohne auf die Angemessenheit der Vergütungen für Apports von Einfluss gewesen zu sein, nur zur Prosperität des Unternehmens in Beziehung ständen. Ich bin aber gern bereit, das Wort „insbesondere" im zweiten Satze des Abs. 2 hinter den Worten „Hierbei sind" aufzunehmen, damit die Auffassung ausgeschlossen wird, als ob bei der Beurteilung der Angemessenheit der Vergütung lediglich die aufgeführten Tatsachen, namentlich nur die Erwerbs- und Herstellungspreise aus den letzten zwei Jahren in Betracht zu ziehen seien.

Die Angemessenheit der Vergütung kann m.E. nicht absolut, sondern nur relativ in Beziehung auf die sämtlichen Umstände der Gründung zu prüfen sein. Deshalb erachte ich es nicht für eine Differenz, wenn statt des von Eurer Exzellenz in dem gefälligen Schreiben vom 28.7. d.J. gebrauchten Ausdrucks „angemessen" in dem neu redigierten Entwurfe der Ausdruck „durch die Umstände gerechtfertigt" gewählt ist.

Dasselbe gilt meines Dafürhaltens mit Rücksicht auf Art. 209 b von der in dem neu redigierten Abs. 2 des Art. 209 f gewählten Ausdrucksweise „der für eingelegte oder übernommene Gegenstände gewährten Beträge" und der von Hochdieselben statt dessen gewünschten Bezeichnung „für Gegenstände, welche von Aktionären oder dritten Personen für die Gesellschaft übernommen werden sollen".

Ebenso stimme Eurer Exzellenz ich darin bei, dass der wesentliche Inhalt der dem Erwerbe der Gesellschaft vorausgegangenen Rechtsgeschäfte in dem Prüfungsberichte zur Kenntnis der Aktionäre gebracht werden muss. Gerade deshalb habe ich geglaubt, dass zweckmäßiger in Abs. 3 des Art. 209 f im Anschluss an die unmittelbar vorhergehende Bestimmung des Umfangs der Prüfungspflicht gesagt werde, der schriftliche Bericht sei „über die Prüfung", also über den ganzen Inhalt und nicht bloß über das Ergebnis der Prüfung zu erstatten. Ebenso möchte ich

zu 6 Eure Exzellenz bitten, an der strengeren Bestimmung des Entwurfs festzuhalten. M.E. dürfte es bedenklich erscheinen, beispielsweise in dem Falle, dass die Gründer neun Zehntel der Aktien übernommen haben, schon ein Zwanzigstel des gesamten Gründungskapitals für ausreichend zu erklären, die Errichtung der Gesellschaft zu beschließen. Sind die Gründer durch Illationen oder in anderer Weise in einem größeren Umfange als zu drei Vierteln am Grundkapitale beteiligt, so erscheint in Wirklichkeit nicht der Weg der Sukzessiv-, sondern der der Simultangründung – welcher ihnen offen steht – der sachentsprechende, und es ist mir nicht bekannt, dass sich in der Praxis bisher das Bedürfnis einer Abänderung des bestehenden Rechts in Betreff des in Frage stehenden Punktes geltend gemacht habe.

Zu 7 bin ich gerne bereit, in Art. 213 b zum Ausdruck zu bringen, dass die Emittenten mit den im Art. 213 a bezeichneten Personen solidarisch haften. Desgleichen nehme ich

zu 8 keinen Anstand, mit Eurer Exzellenz zu dem strengeren Standpunkte des Entwurfs zurückzukehren, obwohl ich mir nicht verhehle, dass, wie dies auch von den Sachverständigen hervorgehoben ist, nach dem Bestehen der Gesellschaft und namentlich im zweiten Jahre es schwieriger sein wird, die Zustimmung von einem Viertel des Grundkapitals zu erlangen, als unmittelbar bei der Errichtung und dass der Gesellschaft deshalb eine große Zahl vielleicht wünschenswerter oder gar unerlässlicher Erwerbungen unmöglich gemacht werden kann.

Zu 9 sind zwar sämtliche Sachverständigen mit Ausnahme eines einzigen dem ursprünglichen Vorschlage des Entwurfs beigetreten, für den Erwerb eigener Aktien nicht die Ungültigkeit des Rechtsgeschäfts, sondern nur die Verantwortlichkeit des Vorstandes als Folge aufzustellen, wofür sich auch das frühere Reichsoberhandelsgericht in einem diesseits erforderten Gutachten ausgesprochen hatte. Sollten indes Eure Exzellenz an dem strengeren Präjudiz der Ungültigkeit festhalten, so würde ich bei der überwiegend wirtschaftlichen Natur der Frage mich mit der Beibehaltung des bisherigen Rechtszustandes einverstanden erklären.

Zu 10 bin ich damit einverstanden, dass es im Falle des Art. 223 genügt, wenn dasselbe Quantum in Aktien, nicht aber auch dieselben Stücke der von der Minderheit in der Generalversammlung vertretenen Aktien gerichtlich hinterlegt werden. Der bloße Nachweis seitens der Minderheit, dass sie sich zur Zeit der Erhebung der Klage im Besitz der fraglichen Quote befindet, dürfte allerdings nicht genügen, weil die Gesellschaft durch die Hinterlegung dagegen gesichert werden soll, dass sich die Minderheit nicht während des auf ihr Verlangen erhobenen Prozesses der Aktien entäußert.

Zu 11 bin ich gleichfalls auf Hochdero Wunsch bereit, im Art. 238 in Gemäßheit der vom Herrn Präsidenten Jacobi gegebenen Anregung eine Frist zu bestimmen, welche den Aktionären bis zu dem statutenmäßig vorgesehenen Depositionstermine für die Hinterlegung der Aktien gewahrt bleiben muss.

Bei der überwiegend wirtschaftlichen Natur der Fragen zu 12 und 13 werde ich gern Hochdero Vorschlag entsprechend

zu 12 den Entwurf ergänzen und

zu 13 zur früheren Fassung des Entwurfs zurückkehren.

Zu 14. Wenn ich in Art. 185 a resp. 239 c die früher von Eurer Exzellenz nicht bemängelte Ausnahmebestimmung des ursprünglichen Entwurfs hinsichtlich der Organisationskosten dem Votum der Sachverständigen gemäß nicht unwesentlich eingeschränkt habe, so glaubte ich, dass der eingeschränkten Vorschrift Hochdero Billigung nicht fehlen würde. Da indessen auch vor allem wirtschaftlicher Natur ist, so trage ich kein Bedenken, nach Eurer Exzellenz Vorschlag die Ausnahme gänzlich zu lassen.

Zu 15 gestatte ich mit auf das zu 10,

zu 16 auf das zu 3 Gesagte ganz ergebenst Bezug zu nehmen.

Zu 17 dürfte zwar eine Ausdehnung der Strafbestimmung des Art. 249 auf die persönlich haftenden Gesellschafter einer KGaA der Gedanke des StGB in § 266 Ziff. 2 entgegenstehen, wonach die Untreue als ein Reat in Bezug auf fremdes Vermögen aufgefasst ist. Diesem, immerhin mehr systematischen Bedenken gegenüber verkenne ich aber nicht die Gewichtigkeit des von Eurer Exzellenz gegen die Bestimmung des Entwurfs angeregten sachlichen Bedenkens und bin deshalb gern bereit, demselben Rechnung zu tragen, zumal die in Folge der Erhöhung der Strafe geänderte Fassung des Entwurfs die im Art. 249 vorgesehenen Handlungen nicht mehr der Strafbestimmung des § 266 StGB subsumiert, sondern dieselben zu einem besonderen Vergehen gestaltet hat.

Zu 18 erlaube ich mir, auf die allgemeinen Bemerkungen über das Verhältnis der KGaA zu der Aktiengesellschaft nochmals hervorzuheben, dass es mir nach der ganzen Rechtsentwickelung in Deutschland und vom wirtschaftlichen Standpunkte geboten erschien, einerseits daran festzuhalten, dass beide Gesellschaftsarten, soweit sie verschiedene wirtschaftliche Bedürfnisse zu befriedigen haben, sich dementsprechend auch in ihrer Gestaltung unterscheiden und andererseits sie da gleichmäßig zu gestalten, wo wirtschaftlich kein Unterschied zwischen ihnen besteht. Dieser Standpunkt scheint mir durch den Entwurf in einer die öffentlichen Interessen nirgend gefährdenden Weise inne gehalten zu sein. Eure Exzellenz befürchten indes eine zu große Annäherung der beiden Gesellschaftsformen und wünschen demgemäß: einmal, dass der Entwurf zu dem bestehenden Rechte darin zurückkehre, dass den KGaA nicht die Ausgabe von Inhaberaktien gestattet werde, sodann, dass der Entwurf als neue Bestimmung die gesellschaftliche Beteiligung der ersten persönlich haftenden Gesellschafter mit einem bestimmten Prozentsatze des Gesellschaftsvermögens vorschreibe und diesen Anteil auf einen bestimmten Zeitraum trotz etwaigen Ausscheidens des Gesellschafters den Gläubigern haftbar mache.

Dem letzten Vorschlage könnte ich mich aus den von Eurer Exzellenz hervorgehobenen Gründen anschließen, wenn die Minimalquote auf nicht mehr als den zwanzigsten Teil des Gesamtkapitals der Kommanditisten gegriffen würde. Eine höhere Quote möchte in der überwiegenden Anzahl von Fällen die Gründung einer KGaA unmöglich machen und zur Gründung einer Aktiengesellschaft hindrängen, obwohl diese Form dem im einzelnen Falle vorliegenden wirtschaftlichen Bedürfnisse weniger entsprechen würde und auch im Allgemeinen vom gesetzgeberischen Standpunkte die Form der KGaA vorzuziehen wäre, weil bei ihr die persönliche Haftung der Geschäftsinhaber der Regel nach eine größere Solidität gewährleistet, als alle formalen, für die Aktiengesellschaft zulässigen und für sie gegebenen Kautelen.

Diese Gefahr des ungerechtfertigten Hindrängens auf den Weg der Aktiengesellschaft scheint mir, auch was den ersten Punkt – den Ausschluss der Inhaberaktie – betrifft, der Erwägung wert zu sein. Die Aktie bei der Kommanditaktiengesellschaft anders als bei der Aktiengesellschaft zu behandeln, dafür möchte kein Grund Anerkennung finden. Denn die Aktie bezieht sich als Teil des Kommanditistenkapitals nur auf das Verhältnis der Aktionäre untereinander und berührt keineswegs das Verhältnis derselben zu den persönlich haftenden Gesellschaftern. Daher kann die Ausstellung der Aktien auf Namen auch nicht der Ausdruck eines größeren Vertrauens sein, welches der persönlich haftende Gesellschafter verdient. Eine solche Annahme oder die Annahme, dass die Namensaktie mehr als die Inhaberaktie den Inhaber an ihren Besitz und deshalb an die Gesellschaft fessele, könnte sogar vielleicht zu Täuschungen im Publikum Anlass geben. In letzterer Beziehung braucht nur darauf hingewiesen zu werden, dass Namensaktien gewisser Kommanditaktiengesellschaften, wie z.B. der hiesigen Discontokommanditgesellschaft zweifellos zu Spekulationspapieren mit großem Umsatze an der Börse geworden sind. Aus diesen Gründen und da sowohl die sämtlichen anderen Gesetzgebungen, namentlich die französische, belgische, schweizerische und italienische, die Inhaberaktie für die Kommanditaktiengesellschaft zulassen, als auch die Sachverständigen ohne Ausnahme sich für die Zulassung derselben ausgesprochen haben, hatte ich geglaubt, bei dem ursprünglichen Entwurfe stehen bleiben zu sollen.

Wenn aber Eure Exzellenz bei nochmaliger geneigter Erwägung dieser Gründe darauf beharren, dass die Kommanditaktiengesellschaft die Inhaberaktie versagt bleiben möge, so will ich, zumal die Frage wesentlich dem wirtschaftlichen Gebiete angehört, dem Wunsche Eurer Exzellenz mich bereitwilligst fügen. Ich glaube hier wie in den früher beregten Punkten meine persönliche Ansicht zurückstellen zu müssen, wenn dadurch die Beseitigung der noch zwischen Eurer Exzellenz und mir bestandenen Differenzen erreicht werden kann.

Die am Schlusse des gefälligen Schreibens vom 28.7. d.J. zu a bis f nur eventuell – für den Fall einer Annäherung der Kommanditaktiengesellschaft an die Aktiengesellschaft durch die Zulassung der Inhaberaktie – hervorgehobenen Differenzpunkte würden mit Versagung der Inhaberaktie ausscheiden. Ich bin aber auch ohne dies bereit, mich Eurer Exzellenz in dem Punkte zu f, – wie dies schon 17 vermerkt ist – und ebenso auch zu d und e anzuschließen. Dagegen würde Eure Exzellenz auch eventuell ich ganz ergebenst bitten, auf den Punkten a bis c nicht zu beharren, eine solche Annäherung nicht bloß der juristischen Konstruktion der KGaA im Entwurfe, sondern auch der gesellschaftlichen Stellung des persönlich haftenden Gesellschafters und den oben erwähnten allgemeinen Gesichtspunkten widerstreiten.

Wenn ich hiernach die zwischen unseren beiderseitigen Ressorts bestandenen Bedenken für ausgeglichen erachten dürfte, so würde sich ein dem Herrn Reichskanzler in der Sache selbst zu haltender Vortrag erübrigen und gestatte ich mir, demnach Eurer Exzellenz ganz ergebenst vorzuschlagen, den Entwurf nach entsprechender Neuredaktion dem Herrn Reichskanzler mittelst gemeinschaftlichen Berichts zur Bestimmung der weiteren geschäftlichen Behandlung desselben zu überreichen.

V. Schreiben des Staatssekretärs des Innern Bötticher vom 10.11.1882 an den Staatssekretär im Reichsjustizamt Schelling

Eurer Exzellenz beehrte ich mich in Erwiderung auf das gefällige Schreiben vom 28.9. d.J., die Reform der Aktiengesetzgebung betreffend, für das demselben bewiesene Entgegenkommen gegen die diesseitigen Wünschen meinen verbindlichsten Dank ganz ergebenst auszudrücken. Durch die dortseitigen Erklärungen darf die Punkte, welche ich mir gestattet habe, in meinen Bemerkungen zu No. 1, 7, 8, 10 bis 15 und 17 meines Schreibens vom 28.7. d.J. anzuregen, nunmehr als erledigt ansehen. Auch in Betreff der übrigen Punkte darf ich hoffen, aufgrund der nachfolgenden Erklärungen zu einem Einverständnisse mit Eurer Exzellenz zu gelangen.

Zu 2. Eurer Exzellenz trete ich darin bei, dass auch in dem von mir angeregten Falle, wenn nämlich entweder das Reich oder ein Bundesstaat oder eine staatliche Korporation für die Aktien eines Unternehmens eine Zinsgarantie gegenüber den Aktionären übernommen hat, zur Ausgabe von Namen-Stammaktien, welche über einen geringeren Betrag als den Normalbetrag von 1000 M lauten, die Genehmigung des Reichskanzlers nicht entbehrt werden kann. Befinden wir uns sonach in dieser Beziehung in Übereinstimmung, so möchte ich doch meinerseits auch jetzt noch dringend empfehlen, die Befugnis des Reichskanzlers zur Zulassung von Namensaktien unter dem Nominalbetrage nach meinem ersten Vorschlage auf den Fall zu beschränken, dass die vom Reiche pp. übernommene Garantie eine unbedingte ist. Denn andernfalls könnte der Reichskanzler in die unerwünschte Lage kommen, die Genehmigung für Papiere auszusprechen, welche sich demnächst als ertragslos erweisen. Überdies eignen sich nur solche Papiere, welche in ihrer Rente gesichert sind, zur Kapitalanlage für minder Bemittelte. Da der in Frage stehende Ausnahmefall auch nach meiner Auffassung der Genehmigung des Reichskanzlers unterliegen soll, so darf ich die von Eurer Exzellenz für den entgegengesetzten Fall gemachten

Bemerkungen über die Notwendigkeit einer näheren Präzision des Begriffs der „staatlichen Korporation" für erledigt annehmen.

Zu 3 befinde ich mich im völligen Einverständnis mit Eurer Exzellenz darüber, dass es genügt, wenn in den Motiven zu Art. 248 zum Ausdruck gebracht wird, dass den Aktionären gegen den Beschluss auf Reduktion des Grundkapitals ein Separatrecht nicht zusteht.

Zu 4 dagegen glaube ich das Einverständnis Eurer Exzellenz dazu erbitten zu sollen, dass der Reichsanzeiger zum obligatorischen Publikationsorgan für alle Gesellschaften und ohne Rücksicht auf den Betrag des Grundkapitals derselben gemacht wird. Dabei betrachte ich es als selbstverständlich, dass die Publikationsverpflichtung im Reichsanzeiger sich auf diejenigen Bekanntmachungen zu beschränken hat, welche aufgrund des Gesellschaftsvertrages erfolgen und dass demnächst auch der Art. 209 unter No. 5 entsprechend geändert werden muss.

Zu No. 5 will ich den in meinem Schreiben vom 28.7. d.J. ausgesprochenen Wunsch, es möchte die Verpflichtung zu einer ganz unbeschränkten Prüfung der Gründungsvorgänge durch Art. 209 f des Entwurfs ausgesprochen werden, nicht weiter verfolgen und nehme das Erbieten Eurer Exzellenz, das Wort „insbesondere" in den 2. Absatz des 2. Satzes dieses Artikels einschalten zu wollen, dankend an. Dagegen glaube ich das ganz ergebenste Ersuchen wiederholen zu sollen, dem Schlusssatze eine Fassung zu geben, welche die Verpflichtung klar ausspricht, dass die Rechtsgeschäfte, welche dem Erwerb der in die Gesellschaft eingebrachten Gegenstände vorausgegangen sind, sowie die früheren Erwerbspreise aus den letzten zwei Jahren zur Kenntnis der Aktionäre gebracht werden müssen. Der Schlusssatz des Art. 209 f in seiner jetzigen Fassung dürfte seinem Wortlaute nach den Mitgliedern des Vorstandes und des Aufsichtsrats die Möglichkeit bieten, sich mit einer allgemeinen Bemerkung über das Ergebnis der desfallsigen Prüfung abzufinden, was nicht für genügend erachtet werden könnte.

Da nach Inhalt Eurer Exzellenz gefälligen Schreibens Einverständnis darüber besteht, dass es sich mit Rücksicht auf Art. 209 b nicht nur um Einlagen von Aktionären, sondern auch um solche dritter Personen handelt, so glaube ich nicht weiter darauf Gewicht legen zu sollen, dass „dritte Personen" im Abs. 2 des Art. 209 f besonders erwähnt werden.

Zu No. 6 trete ich von den in meinem Schreiben vom 28.7. d.J. angeregten Bedenken zurück.

Meine Erinnerung zu No. 9, dass bezüglich der rechtlichen Wirkungen der Ankauf von eigenen Aktien nicht verschieden von dem Ankaufe von Promessen und Interimsquittungen eigener Aktien behandelt werden könne, möchte ich meinerseits auch nach wiederholter Erwägung aufrecht erhalten; dagegen gebe ich dem Ermessen Eurer Exzellenz ganz ergebenst anheim, welche Rechtsfolge an die Übertretung des Verbots des Erwerbes solcher Papiere geknüpft werden soll und würde meinerseits nichts dagegen zu erinnern finden, wenn Hochdieselben die Haftpflicht des Vorstandes an die Stelle der Ungültigkeit des Erwerbsgeschäfts zu setzen für angezeigt halten sollten.

Zu No. 6 darf ich auf das zu No. 3 Gesagte ganz ergebenst Bezug nehmen.

Zu No. 18. Was die Frage der obligatorischen Beteiligung der Geschäftsinhaber einer Kommanditgesellschaft mit Kapitalanlagen betrifft, so haben Eure Exzellenz sich bereit erklärt, auf den von mir gemachten Vorschlag im Prinzipe einzugehen. Der von Hochdenselben in Aussicht genommene Prozentsatz der Beteiligung der bzw. des Geschäftsinhabers einer Kommanditgesellschaft mit 5% des Gesamtkapitals der Kommanditisten erscheint mir indessen als gar zu gering und ich vermag auch nicht die Besorgnis für gerechtfertigt zu halten, es könne durch die Forderung einer höheren Beteiligung die Umwandlung eines bestehenden soliden Etablissements in eine KGaA verhindert werden. Dabei will ich nach nochmaliger Erwägung nicht verkennen, dass der diesseits gemachte Vorschlag einer Beteiligung in Höhe von 20% für einzelne Fälle zu hoch gegriffen sein könnte; ich nehme daher keinen Anstand, nunmehr einen Satz von 10% in Vorschlag zu bringen.

Dagegen vermag ich auch nach erneuter Erwägung von der Ansicht nicht abzugehen, dass es sich empfiehlt, die gegenwärtige Bestimmung, wonach KGaA nur Aktien, welche auf den Namen des Eigentümers lauten, ausgeben dürfen, beizubehalten. Ohne den Wert der für die gegenteilige Ansicht angeführten Gründe zu unterschätzen, glaube ich doch, dass keine genügende Veranlassung vorliegt, gelegentlich der gegenwärtigen Reform, welche die Beseitigung von Missständen verfolgt, zugleich eine Erleichterung einzuführen, welche zu Missdeutungen über die bei ihrer Reformarbeit erfolgten Ziele führen könnte.

Indem ich Eurer Exzellenz die gefällige anderweite Erwägung der Angelegenheit im Sinne der vorstehenden Bemerkungen anheimstellen darf, spreche ich für den Fall Hochdero Einverständnisses das ganz ergebenste Ersuchen aus, den in der Sache dem Herrn Reichskanzler zu erstattenden gemeinschaftlichen Bericht gefälligst zu entwerfen und an mich zur Mitzeichnung gelangen zu lassen.

VI. Schreiben des Reichsjustizamts Schelling vom 18.1.1883 an den Staatssekretär des Innern Bötticher

Eurer Exzellenz beehre ich mich auf das gefällige Schreiben vom 10.11. v.J. die Reform der Aktiengesetzgebung betreffend, in der Anlage den Entwurf eines an den Herrn Reichskanzler gemeinschaftlich zu erstattenden Berichts zur geneigten Prüfung und eventuellen Mitzeichnung ganz ergebenst zu überlassen.

Wie Eure Exzellenz ersehen wollen, trägt die neue Fassung des gleichzeitig beigefügten Gesetzentwurfs den in Hochdero gefälligen Schreiben vom 28.7. v.J. und vom 10.11. v.J. ausgesprochenen Wünschen volle Rechnung. Die dadurch bedingten materiellen Änderungen des früheren Entwurfs haben zugleich in zahlreichen Artikeln redaktionelle Änderungen notwendig gemacht. Außerdem hat mir die wiederholte Durchsicht desselben Veranlassung gegeben, auch in anderer Beziehung einzelne technisch-juristische Unebenheiten in der Redaktion auszugleichen.

*VII. Entwurf vom 7.9.1883 zu einem Gesetz, betreffend die Kommanditgesellschaften auf Aktien und die Aktiengesellschaften (Bundesratsvorlage)**

Zweiter Abschnitt. Von der Kommanditgesellschaft auf Aktien insbesondere

Art. 173. Das Gesamtkapital der Kommanditisten kann in Aktien zerlegt werden.

Die Aktien sind unteilbar.

Dieselben müssen auf Namen lauten.

Art. 173 a. Die Aktien müssen auf einen Betrag von mindestens eintausend Mark gestellt werden.

Für ein gemeinnütziges Unternehmen kann im Falle eines besonderen örtlichen Bedürfnisses der Reichskanzler nach Anhörung der Ausschüsse des Bundesrats für Handel und Verkehr und für Justizwesen die Ausgabe von Aktien zu einem geringeren, jedoch mindestens zweihundert Mark erreichenden Betrage zulassen. Die gleiche Genehmigung kann in dem Falle erteilt werden, dass für ein Unternehmen das Reich oder ein Bundesstaat, ein Provinzial-, Kreis- oder Amtsverband oder eine sonstige öffentliche Korporation auf die Aktien einen bestimmten Ertrag bedingungslos und dauernd gewährleistet hat.

Die vorstehenden Bestimmungen gelten auch von Promessen und Interimsscheinen.

Art. 174. Eine Kommanditgesellschaft auf Aktien gilt als Handelsgesellschaft, auch wenn der Gegenstand des Unternehmens nicht in Handelsgeschäften besteht.

Art. 174 a. Die persönlich haftenden Gesellschafter haben sich mit Einlagen zu beteiligen, welche zusammen mindestens den zehnten Teil des Gesellschaftsvermögens, einschließlich des Gesamtkapitals der Kommanditisten, darstellen.

Art. 175. Der Inhalt des Gesellschaftsvertrages (Statut) muss durch die persönlich haftenden Gesellschafter in gerichtlicher oder notarieller Verhandlung festgestellt werden.

Der Gesellschaftsvertrag muss enthalten:

1. den Namen, Vornamen, Stand und Wohnort, sowie die Einlage jedes persönlich haftenden Gesellschafters;
2. die Firma der Gesellschaft und den Ort, wo sie ihren Sitz hat;
3. den Gegenstand des Unternehmens;
4. die Zahl und den Betrag der Aktien;
5. die Form, in welcher die Zusammenberufung der Generalversammlung der Kommanditisten geschieht;
6. die Form, in welcher die von der Gesellschaft ausgehenden Bekanntmachungen erfolgen.

---

* Die Änderungen gegenüber dem Gesetz vom 10.6.1870 sind kursiv gesetzt.

Bekanntmachungen, welche durch öffentliche Blätter erfolgen sollen, sind in den Deutschen Reichsanzeiger einzurücken. Andere Blätter hat der Gesellschaftsvertrag zu bestimmen.

Art. 175 a. Der Aufnahme in den Gesellschaftsvertrag bedürfen Bestimmungen, nach welchen

1. das Unternehmen auf eine gewisse Zeit beschränkt wird;
2. für einzelne Gattungen von Aktien verschiedene Rechte, insbesondere betreffs der Zinsen oder Dividenden oder des Anteils am Gesellschaftsvermögen, gewährt werden;
3. über gewisse Gegenstände die Generalversammlung der Kommanditisten nicht schon durch einfache Stimmenmehrheit, sondern nur durch eine größere Stimmenmehrheit oder nach anderen Erfordernissen Beschluss fassen kann;
4. ein Austreten einzelner persönlich haftender Gesellschafter die Auflösung der Gesellschaft nicht zur Folge hat.

Art. 175 b. Jeder zu Gunsten einzelner Gesellschafter bedungene besondere Vorteil muss in dem Gesellschaftsvertrage unter Bezeichnung des Berechtigten festgesetzt werden.

Werden von persönlich haftenden Gesellschaftern oder von Kommanditisten Einlagen, welche nicht in barem Gelde bestehen, gemacht, so müssen die Person des Gesellschafters, der Gegenstand der Einlage und der für sie zu gewährende Anteil an dem Gesamtkapital der Kommanditisten oder dem sonstigen Gesellschaftsvermögen in dem Gesellschaftsvertrage festgesetzt werden. Ingleichen sind, falls seitens der zu errichtenden Gesellschaft vorhandene oder herzustellende Anlagen oder sonstige Vermögensstücke übernommen werden, die Person des Kontrahenten, der Gegenstand der Übernahme und die für ihn zu gewährende Vergütung festzusetzen.

Von diesen Festsetzungen gesondert ist der Gesamtaufwand, welcher zu Lasten der Gesellschaft oder Andere als Entschädigung oder Belohnung für die Gründung oder deren Vorbereitung gewährt wird, in dem Gesellschaftsvertrage festzusetzen.

Jedes Abkommen der persönlich haftenden Gesellschafter über die vorbezeichneten Gegenstände, welches nicht die vorgeschriebene Festsetzung in dem Gesellschaftsvertrage gefunden hat, ist der Gesellschaft gegenüber unwirksam.

Art. 175 c. Zur Zeichnung der Aktien genügt eine schriftliche Erklärung (Zeichnungsschein). Der Zeichnungsschein, welcher in zwei Exemplaren zu unterzeichnen ist, hat zu enthalten:

1. das Datum des Statuts, die in Art. 175 Abs. 2, 175 b vorgesehenen Festsetzungen und im Falle verschiedener Gattungen von Aktien den Gesamtbetrag einer jeden;
2. den Zeitpunkt, mit dessen Eintritt die Zeichnung unverbindlich wird, sofern nicht bis dahin die Errichtung der Gesellschaft beschlossen ist.

Zeichnungsscheine, welche diesen Erfordernissen nicht entsprechen oder außer dem unter Ziff. 2 bezeichneten Vorbehalte Beschränkungen in der Verpflichtung des Zeichners enthalten, sind zum Nachweise der Zeichnung des Gesamtkapitals der Kommanditisten ungeeignet.

Jede nicht in dem Zeichnungsschein enthaltene Beschränkung ist der Gesellschaft gegenüber unwirksam.

Art. 175 d. Jede Kommanditgesellschaft auf Aktien muss einen Aufsichtsrat haben.
Zur Wahl des ersten Aufsichtsrats ist die Generalversammlung der Kommanditisten sofort nach der Zeichnung des Gesamtkapitals von den persönlich haftenden Gesellschaftern zu berufen.
Die Mitglieder des Aufsichtsrats haben den Hergang der Gründung zu prüfen. Die Prüfung hat sich auf die in Art. 174 a vorgeschriebene Beteiligung der persönlich haftenden Gesellschafter, auf die Richtigkeit und Vollständigkeit der Angaben, welche von den letzteren rücksichtlich der Zeichnung und Einzahlung des Gesamtkapitals der Kommanditisten und der in Art. 175 b vorgesehenen Festsetzungen gemacht sind, sowie darauf zu erstrecken, ob die Höhe der für eingelegte oder übernommene Gegenstände gewährten Beträge durch die Verhältnisse gerechtfertigt erscheint. Hierbei sind insbesondere die dem Erwerbe der Gesellschaft vorausgegangenen Rechtsgeschäfte, welche auf denselben hingezielt haben, sowie die früheren Erwerbs- und Herstellungspreise aus den letzten zwei Jahren in Betracht zu ziehen.
Über die Prüfung ist unter Darlegung der im vorstehenden Absatze bezeichneten Umstände schriftlich Bericht zu erstatten.

Art. 175 e. Über die Errichtung der Gesellschaft muss in einer durch die persönlich haftenden Gesellschafter zu berufenden Generalversammlung der Kommanditisten Beschluss gefasst werden.
Vor der Beschlussfassung hat sich der Aufsichtsrat über die Ergebnisse der ihm rücksichtlich der Gründung obliegenden Prüfung aufgrund seines Berichts zu erklären.
Die der Errichtung der Gesellschaft zustimmende Mehrheit der erschienenen Kommanditisten muss mindestens ein Viertel der sämtlichen Kommanditisten begreifen und der Betrag ihrer Anteile mindestens ein Viertel des Gesamtkapitals darstellen. Die Zustimmung aller erschienenen Kommanditisten ist erforderlich, wenn die in den Art. 175 Ziff. 1 bis 4 und 175 a bezeichneten Bestimmungen des Gesellschaftsvertrages abgeändert oder die in Art. 175 b vorgesehenen Festsetzungen zu Lasten der Gesellschaft erweitert werden sollen.

Art. 175 f. Auf die Berufung und Beschlussfassung der in Art. 175 d und 175 e bezeichneten Generalversammlungen finden, soweit nicht in letzterem Artikel ein anderes bestimmt ist, die Regeln entsprechende Anwendung, welche für die Gesellschaft nach der Eintragung maßgebend sind.

Art. 176. Der Gesellschaftsvertrag muss bei dem Handelsgericht, in dessen Bezirk die Gesellschaft ihren Sitz hat, in das Handelsregister eingetragen werden.
Der Anmeldung behufs der Eintragung in das Handelsregister müssen beigefügt sein:
1. in dem Falle des Art. 175 b die den bezeichneten Festsetzungen zum Grunde liegenden oder zu ihrer Ausführung geschlossenen Verträge und eine Berechnung des

Gründungsaufwands, in welcher die Vergütungen nach Art und Höhe und die Empfänger einzeln aufzuführen sind;

2. zum Nachweise der Zeichnung des Gesamtkapitals der Kommanditisten die Duplikate der Zeichnungsscheine und ein von den persönlich haftenden Gesellschaftern in beglaubigter Form unterschriebenes Verzeichnis der sämtlichen Kommanditisten, welches die auf jeden entfallenden Aktien, sowie die auf letztere geschehenen Einzahlungen angibt;

3. die Urkunden über die Bestellung des Aufsichtsrats und der von demselben in Gemäßheit des Art. 175 d erstattete Bericht nebst dessen urkundlichen Grundlagen;

4. in dem Falle, dass der Gegenstand des Unternehmens der staatlichen Genehmigung bedarf, sowie in den Fällen des Art. 173 a Abs. 2 die Genehmigungsurkunde.

In der Anmeldung ist die Erklärung abzugeben, dass auf jede Aktie mindestens ein Vierteil des Betrages, soweit nicht Einlagen anzurechnen sind, bar eingezahlt und den persönlich haftenden Gesellschaftern übergeben sei.

Die Anmeldung muss von sämtlichen persönlich haftenden Gesellschaftern *und sämtlichen Mitgliedern des Aufsichtsrats* vor dem Handelsgerichte unterzeichnet oder in beglaubigter Form eingereicht werden.

Die der Anmeldung beigefügten Schriftstücke werden bei dem Handelsgericht in Urschrift oder in beglaubigter Abschrift aufbewahrt.

Art. 177. Der eingetragene Gesellschaftsvertrag ist im Auszuge *von dem Handelsgerichte zu veröffentlichen.*

Die Veröffentlichung muss enthalten:

1. das Datum des Gesellschaftsvertrages *und die in Art. 175 Abs. 2, 175 a Ziff. 1, 2 und 4 und 175 b bezeichneten Festsetzungen;*

2. den Namen, Stand und Wohnort der Mitglieder des Aufsichtsrats.

Art. 178. Vor erfolgter Eintragung in das Handelsregister besteht die Kommanditgesellschaft als solche nicht.

Ist vor der Eintragung im Namen der Gesellschaft gehandelt worden, so haften die Handelnden persönlich und solidarisch.

Art. 179. Die Vorschriften der Art. 152 und 153 sind auch bei der Kommanditgesellschaft auf Aktien zu befolgen; die Anmeldung muss die in Art. *177 Ziff. 1 und 2* bezeichneten Angaben enthalten.

Art. 180. Der Gesellschaft sind die persönlich haftenden Gesellschafter für die Richtigkeit und Vollständigkeit der Angaben, welche sie rücksichtlich der Zeichnung und Einzahlung des Kapitals der Kommanditisten, sowie rücksichtlich der in Art. 175 b vorgesehenen Festsetzungen behufs Eintragung des Gesellschaftsvertrages in das Handelsregister machen, solidarisch verhaftet; sie haben unbeschadet der Verpflichtung zum Ersatze des sonst etwa entstandenen Schadens, insbesondere einen an der Zeichnung des Gesamtkapitals der Kommanditisten fehlenden Betrag zu übernehmen, fehlende Einzahlungen zu leisten und eine Vergütung, welche nicht unter den zu bezeichnenden Gründungsaufwand aufgenommen ist, zu ersetzen. Von dieser

Verbindlichkeit ist ein persönlich haftender Gesellschafter befreit, wenn er beweist, dass er ohne Verletzung der Sorgfalt eines ordentlichen Kaufmanns keine Kenntnis von der Unrichtigkeit oder Unvollständigkeit gehabt hat.

Für den Ersatz einer Vergütung, welche nicht unter den zu bezeichnenden Gründungsaufwand aufgenommen ist, haften der Gesellschaft außer den persönlich haftenden Gesellschaftern solidarisch der Empfänger, wenn er zur Zeit des Empfanges wusste oder nach den Umständen annehmen musste, dass die Verheimlichung beabsichtigt oder erfolgt war, und jeder Dritte, welcher zur Verheimlichung wissentlich mitgewirkt hat.

Ist die Gesellschaft durch Einlagen oder Übernahmen der im Art. 175 b bezeichneten Art böslicher Weise von persönlich haftenden Gesellschaftern geschädigt, so sind ihr die letzteren und jeder Dritte, welcher zu der böslichen Handlungsweise wissentlich mitgewirkt hat, solidarisch zum Schadensersatz verpflichtet.

Für einen durch Zahlungsunfähigkeit eines Kommanditisten entstehenden Ausfall haften der Gesellschaft solidarisch die persönlich haftenden Gesellschafter, welche bei der Anmeldung des Gesellschaftsvertrages die Zahlungsunfähigkeit kannten.

Art. 180 a. Wer vor Ablauf von zwei Jahren seit Eintragung des Gesellschaftsvertrages in das Handelsregister ein öffentliches Angebot von Aktien erlässt, um solche in den Verkehr einzuführen, ist der Gesellschaft im Falle der Unrichtigkeit oder Unvollständigkeit der Angaben, welche die persönlich haftenden Gesellschafter rücksichtlich der Zeichnung und Einzahlung des Gesamtkapitals der Kommanditisten und der in Art. 175 b vorgesehenen Festsetzungen behufs Eintragung des Gesellschaftsvertrages in das Handelsregister gemacht haben, sowie in dem Fall einer böslichen Schädigung der Gesellschaft durch Einlagen oder Übernahmen für den Ersatz des ihr daraus entstandenen Schadens neben den in Art. 180 bezeichneten Personen solidarisch verhaftet, sofern er die Unrichtigkeit oder Unvollständigkeit der Angaben oder die bösliche Schädigung gekannt hat oder bei sorgfältiger Prüfung, wie solche von einem ordentlichen Geschäftsmann anzuwenden ist, hat kennen müssen.

Art. 180 b. Mitglieder des Aufsichtsrats, welche bei der ihnen durch Art. 175 d Abs. 3 auferlegten Prüfung die Sorgfalt eines ordentlichen Geschäftsmannes verletzt haben, haften der Gesellschaft für den Ersatz des Schadens, soweit solcher von den in Gemäßheit der Art. 180, 180 a verpflichteten Personen nicht zu erlangen ist.

Art. 180 c. Vergleiche oder Verzichtleistungen, welche die der Gesellschaft aus der Gründung zustehenden Ansprüche gegen die in Gemäßheit der Art. 180 bis 180 b verpflichteten Personen betreffen, sind erst nach Ablauf von drei Jahren seit Eintragung des Gesellschaftsvertrages in das Handelsregister und nur mit Zustimmung der Generalversammlung der Kommanditisten zulässig.

Art. 180 d. Werden vor Ablauf von zwei Jahren seit Eintragung des Gesellschaftsvertrages in das Handelsregister seitens der Gesellschaft Verträge geschlossen, durch welche sie vorhandene oder herzustellende Anlagen oder sonstige Vermögensstücke für eine den zehnten Teil des Gesamtkapitals der Kommanditisten übersteigende Vergütung erwerben soll, so bedürfen dieselben zu ihrer Gültigkeit der Zustimmung der Generalversammlung der Kommanditisten.

Vor der Beschlussfassung hat der Aufsichtsrat den Vertrag zu prüfen und über die Ergebnisse seiner Prüfung schriftlich Bericht zu erstatten.

Die Anteile der dem Vertrage zustimmenden Mehrheit der Kommanditisten müssen mindestens ein Vierteil des Gesamtkapitals darstellen.

Der genehmigte Vertrag ist in Urschrift oder in beglaubigter Abschrift mit dem Bericht des Aufsichtsrats nebst dessen urkundlichen Grundlagen und mit dem Nachweis über die Beschlussfassung zum Handelsregister einzureichen.

Hat der Erwerb in Ausführung einer vor der Errichtung der Gesellschaft von den persönlich haftenden Gesellschaftern getroffenen Vereinbarung stattgefunden, so kommen in Betreff der Rechte der Gesellschaft auf Entschädigung und in Betreff der ersatzpflichtigen Personen die Vorschriften der Art. 180 und 180 c zur Anwendung.

Art. 180 e. Jede Bestimmung, welche die Fortsetzung der Gesellschaft oder eine Abänderung des *Inhalts* des Gesellschaftsvertrages *zum Gegenstande* hat, bedarf zu ihrer Gültigkeit der notariellen oder gerichtlichen Abfassung.

Die Bestimmung muss in gleicher Weise wie der ursprüngliche Vertrag in das Handelsregister eingetragen und veröffentlicht werden (Art. *177,* 179). *Dieselbe* hat keine rechtliche Wirkung, bevor *sie* bei dem Handelsgericht, in dessen Bezirk die Gesellschaft ihren Sitz hat, in das Handelsregister eingetragen ist.

Art. 180 f. Die Abänderung des Inhalts des Gesellschaftsvertrages kann nicht ohne Beschluss der Generalversammlung der Kommanditisten erfolgen. Sofern der Gesellschaftsvertrag für eine Abänderung derjenigen Bestimmung, welche den Gegenstand der Beschlussfassung bildet, nicht andere Erfordernisse aufstellt, bedarf der Beschluss einer Mehrheit von drei Vierteilen des in der Generalversammlung vertretenen Gesamtkapitals.

Diese Vorschrift findet auch dann Anwendung, wenn mehrere Gattungen von Aktien mit verschiedener Berechtigung ausgegeben sind.

Soll durch die Beschlussfassung das bisherige Rechtsverhältnis unter den verschiedenen Gattungen zum Nachteil einer derselben abgeändert werden, so bedarf es zu dem von der gemeinschaftlichen Generalversammlung gefassten Beschlusse der Zustimmung einer besonderen Generalversammlung der benachteiligten Kommanditisten, deren Beschlussfassung gleichfalls nach der Vorschrift des ersten Absatzes sich richtet.

Art. 180 g. Eine Erhöhung des Gesamtkapitals der Kommanditisten darf nicht vor der vollen Einzahlung desselben erfolgen.

Die Erhöhung kann nicht ohne Beschluss der Generalversammlung der Kommanditisten stattfinden. In dem Falle, dass auf die neu auszugebenden Aktien ein anderer als der Nominalbetrag eingezahlt werden soll, hat der Beschluss den Mindestbetrag zu bezeichnen, zu welchem die Aktien auszugeben sind. Bei einer Erhöhung, welche in den ersten zwei Jahren seit Eintragung des Gesellschaftsvertrages in das Handelsregister beschlossen wird, darf ein geringerer als der Nominalbetrag nicht festgesetzt werden.

Die Bestimmung über die Erhöhung ist in das Handelsregister einzutragen. Auf die Eintragung und die Beschlussfassung finden die Vorschriften in Art. 180 e und in Art. 180 f Abs. 1 und 3 entsprechende Anwendung.

Eine Zusicherung von Rechten auf den Bezug neu auszugebender Aktien, welche vor dem Beschluss auf Erhöhung des Gesamtkapitals erfolgt ist, ist der Gesellschaft gegenüber unwirksam.

Art. 180 h. Zur Zeichnung der neu auszugebenden Aktien genügt eine schriftliche, in zwei Exemplaren zu unterzeichnende Erklärung.

Die stattgefundene Erhöhung des Kapitals der Kommanditisten ist behufs der Eintragung in das Handelsregister anzumelden. In der Anmeldung ist zu versichern, dass das bisherige Kapital voll eingezahlt sei. Im Übrigen finden auf dieselbe die Vorschriften in Art. 176 und 179 entsprechende Anwendung. Vor der Eintragung der stattgefundenen Erhöhung in das Handelsregister (Art. 176) sollen Aktien, Promessen oder Interimsscheine nicht ausgegeben werden.

Art. 181. Die Einlagen, mit welchen ein persönlich haftender Gesellschafter sich in Gemäßheit des Art. 174 a bei der Errichtung der Gesellschaft beteiligt hat, dürfen ihm weder ganz noch teilweise zurückgegeben oder erlassen werden.

Er darf den Anteil, welcher ihm am Gesellschaftsvermögen einschließlich des Gesamtkapitals der Kommanditisten auf solche Einlagen zugewiesen ist, nur an andere persönlich haftende Gesellschafter veräußern. In gleicher Weise ist, wenn er als persönlich haftender Gesellschafter ausscheidet, die Veräußerung des ihm auf solche Einlagen bei der Auseinandersetzung zufallenden Anteils bis zum Ablauf von zehn Jahren seit Eintragung des Gesellschaftsvertrages in das Handelsregister beschränkt. Während der Dauer dieser Beschränkung dürfen die Anteile nicht ausgeliefert und eine Pfändung derselben für Privatgläubiger des persönlich haftenden Gesellschafters nicht bewirkt werden.

Soweit die Einlagen auf das Gesamtkapital der Kommanditisten gemacht sind, hat der Aufsichtsrat die hierfür auszustellenden Aktien, Promessen oder Interimsscheine in Verwahrung zu nehmen und mit dem Vermerk „unveräußerlich" zu versehen. Die Löschung des Vermerkes findet durch den Aufsichtsrat nach dem Wegfall der bezeichneten Beschränkung statt.

Art. 181 a. Aktien, Promessen und Interimsscheine, welche auf Inhaber lauten, auf einen geringeren als den nach Art. 173 a zugelassenen Betrag gestellt sind oder ausgegeben werden, bevor der Gesellschaftsvertrag bei dem Handelsgericht, in dessen Bezirk die Gesellschaft ihren Sitz hat, in das Handelsregister eingetragen ist, sind nichtig; die Ausgeber haften den Besitzeren solidarisch für allen durch die Ausgabe verursachten Schaden.

Art. 182. Die Aktien müssen mit genauer Bezeichnung des Inhabers nach Namen, Wohnort und Stand in das Aktienbuch der Gesellschaft eingetragen werden.

Sie können, soweit nicht *der Art. 181 oder* der Gesellschaftsvertrag ein anderes bestimmt, ohne Einwilligung der Gesellschaft auf andere Personen übertragen werden.

Die Übertragung kann durch Indossament geschehen.

In Betreff der Form des Indossaments kommen die Bestimmungen der Art. 11 bis 13 der allgemeinen deutschen Wechselordnung zur Anwendung.

Art. 183. Wenn das Eigentum der Aktie auf einen Anderen übergeht, so ist dies, unter Vorlegung der Aktie und des Nachweises des Überganges, bei der Gesellschaft anzumelden und im Aktienbuche zu bemerken.

Im Verhältnisse zu der Gesellschaft werden nur diejenigen als die Eigentümer der Aktien angesehen, welche als solche im Aktienbuche verzeichnet sind.

Zur Prüfung der Legitimation ist die Gesellschaft berechtigt, aber nicht verpflichtet.

Art. 183 a. Die in Art. 182 und 183 enthaltenen Bestimmungen finden auf die Eintragung der Promessen oder Interimsscheine und auf die Übertragung derselben auf andere Personen Anwendung.

Vor der vollen Einzahlung des Nominalbetrages oder des für diesen im Falle des Art. 180 g Abs. 2 festgesetzten Betrages sollen Aktien nicht ausgegeben werden.

Art. 184. Ein Gesellschafter, welcher den auf die Aktie zu leistenden Betrag nicht zur rechten Zeit einzahlt, ist zur Zahlung von Verzugszinsen von Rechts wegen verpflichtet.

Im Gesellschaftsvertrage können für den Fall der verzögerten Einzahlung Konventionalstrafen ohne Rücksicht auf die sonst stattfindenden gesetzlichen Einschränkungen festgesetzt werden.

Ist im Gesellschaftsvertrage keine besondere Form, wie die Aufforderung zur Einzahlung geschehen soll, bestimmt, so geschieht dieselbe in der Form, in welcher die Bekanntmachungen der Gesellschaft nach dem Gesellschaftsvertrage überhaupt erfolgen müssen.

Art. 184 a. An säumige Gesellschafter kann eine erneute Aufforderung zur Zahlung unter Androhung ihres Ausschusses mit dem Anteilsrecht erlassen werden. Die Aufforderung hat mindestens dreimal durch Bekanntmachung in den hierzu bestimmten öffentlichen Blättern, die erste Bekanntmachung mindestens drei Monate und die letzte Bekanntmachung mindestens vier Wochen vor Ablauf der für die Einzahlung gesetzten Nachfrist zu erfolgen. Statt der Bekanntmachungen in den öffentlichen Blättern genügt, falls das Anteilsrecht nicht ohne Einwilligung der Gesellschaft übertragbar ist, die Bekanntmachung der Aufforderung mit einer vier Wochen übersteigenden Nachfrist durch besonderen Erlass an die säumigen Gesellschafter.

Ein Gesellschafter, welcher den auf die Aktie zu leistenden Betrag nicht einzahlt, obwohl die im vorstehenden Absatze bezeichnete Aufforderung stattgefunden hat, ist seiner Anrechte aus der Zeichnung der Aktie und der geleisteten Teilzahlungen zugunsten der Gesellschaft verlustig zu erklären. Die den Ausschluss bewirkende Erklärung erfolgt mittelst Bekanntmachung durch die hierzu bestimmten öffentlichen Blätter. Anstelle der bisherigen Urkunde ist eine neue auszugeben, welche außer den früher geleisteten Teilzahlungen den eingeforderten Betrag zu umfassen hat. Wegen des Ausfalls, welchen die Gesellschaft an diesem Betrage oder den später eingeforderten Beträgen erleidet, bleibt ihr der ausgeschlossene Gesellschafter verhaftet.

Von den vorstehenden Rechtsfolgen kann der Gesellschafter nicht befreit werden.

Art. 184 b. Soweit der ausgeschlossene Gesellschafter den eingeforderten Betrag nicht gezahlt hat, ist für denselben der Gesellschaft der letzte und jeder frühere, in dem Aktienbuche verzeichnete Rechtsvorgänger verhaftet, ein früherer Rechtsvorgänger, soweit die Zahlung von dessen Rechtsnachfolger nicht zu erlangen ist. Dies ist bis zum Nachweise des Gegenteils anzunehmen, soweit von letzterem die Zahlung nicht bis zum Ablauf von vier Wochen geleistet wird, nachdem an ihn die Zahlungsaufforderung und an den Rechtsvorgänger die Benachrichtigung von derselben erfolgt ist. Der Rechtsvorgänger erhält gegen Zahlung des rückständigen Betrages die neu auszugebende Urkunde.

Die Haftpflicht des Rechtsvorgängers ist auf die innerhalb der Frist von zwei Jahren auf die Aktien eingeforderten Beträge beschränkt. Die Frist beginnt mit dem Tage, an welchem die Übertragung des Anteilsrechts zum Aktienbuche der Gesellschaft angemeldet ist.

Von der vorstehenden Verbindlichkeit können die Rechtsvorgänger nicht befreit werden.

Ist die Zahlung des rückständigen Betrages von Rechtsvorgängern nicht zu erlangen, so kann die Gesellschaft das Anteilsrecht zum Börsenpreise und in Ermangelung eines solchen durch öffentliche Versteigerung verkaufen.

Art. 184 c. Die Gesellschafter können gegen die ihnen in Gemäßheit der Art. 184 bis 184 b obliegenden Zahlungen eine Aufrechnung nicht geltend machen. Ebenso wenig findet an dem Gegenstand einer zu leistenden Einlage wegen Forderungen, welche sich nicht auf dieselbe beziehen, ein Zurückbehaltungsrecht statt.

Art. 184 d. Die Gesellschaft darf eigene Aktien, Promessen oder Interimsscheine im geschäftlichen Betriebe, sofern nicht eine Kommission zum Einkauf ausgeführt wird, weder erwerben noch zum Pfande nehmen.

Art. 185. Die persönlich haftenden Gesellschafter sind verpflichtet, spätestens in den ersten sechs Monaten jedes Geschäftsjahres *für das verflossene Geschäftsjahr eine Bilanz, eine Gewinn- und Verlustrechnung, sowie einen den Vermögensstand und die Verhältnisse der Gesellschaft entwickelnden Bericht dem Aufsichtsrat und mit dessen Bemerkungen der Generalversammlung der Kommanditisten vorzulegen.*

Art. 185 a. Für die Aufstellung der Bilanz kommen die allgemeinen Vorschriften des Art. 31 mit folgenden Maßgaben zur Anwendung:

1. Wertpapiere und Waren, welche einen Börsen- oder Marktpreis haben, dürfen höchstens zu dem Börsen- oder Marktpreise zur Zeit der Bilanzaufstellung angesetzt werden;

2. andere Vermögensgegenstände sind höchstens zu dem Anschaffungs- oder Herstellungspreise anzusetzen; für Gegenstände, welche der Abnutzung unterliegen, ist ein derselben gleichkommender Betrag in Abzug zu bringen;

3. Anlagen und sonstige Gegenstände, welche nicht zur Weiterveräußerung, vielmehr dauernd zum Geschäftsbetriebe der Gesellschaft bestimmt sind, dürfen ohne Rücksicht auf einen geringeren Wert zu dem Anschaffungs- oder Herstellungspreise angesetzt werden, sofern ein der Abnutzung gleichkommender Betrag in Abzug gebracht oder ein derselben entsprechender Erneuerungsfonds in Ansatz gebracht wird;

4. die Kosten der Organisation und Verwaltung dürfen nicht als Aktiva, müssen vielmehr ihrem vollen Betrage nach in der Jahresrechnung als Ausgabe erscheinen;

5. der Betrag des Gesamtkapitals der Kommanditisten, der Anteil der persönlich haftenden Gesellschafter am sonstigen Gesellschaftsvermögen und der Betrag eines jeden Reserve- und Erneuerungsfonds sind unter die Passiva aufzunehmen. Ist in dem Fall einer Erhöhung des Gesamtkapitals der Betrag, für welchen die Aktien ausgegeben sind, niedriger als der Nominalbetrag, so bleibt der letztere maßgebend;

6. der aus der Vergleichung sämtlicher Aktiva und sämtlicher Passiva sich ergebende Gewinn oder Verlust muss am Schlusse der Bilanz besonders angegeben werden.

Im Übrigen ist der Reichskanzler ermächtigt, für gewisse Arten von Unternehmungen Formulare aufzustellen, nach welchen die Gesellschaften die Bilanz sowie die Gewinn- und Verlustrechnung anzufertigen haben.

Art. 185 b. Zur Deckung eines aus der Bilanz sich ergebenden Verlustes oder eines im Laufe des Geschäftsjahres eintretenden außerordentlichen Verlustes ist ein Reservefonds zu bilden. In denselben ist einzustellen:

1. der vollständige Gewinn in dem Falle, dass bei einer Erhöhung des Gesamtkapitals der für die Aktien eingezahlte Betrag den Nominalbetrag übersteigt;

2. von dem jährlichen Reingewinne mindestens der zwanzigste Teil, solange als der Reservefonds den zehnten oder den im Gesellschaftsvertrage bestimmten höheren Teil des Gesamtkapitals nicht überschreitet.

Art. 186. Die Rechte, welche den Kommanditisten gegenüber den persönlich haftenden Gesellschaftern nach dem Gesellschaftsvertrage oder nach den Bestimmungen des vorigen Abschnitts in Beziehung auf die Führung der Geschäfte, die Einsicht und Prüfung der Bilanz, die Bestimmung der Gewinnverteilung, die Auflösung oder Kündigung der Gesellschaft und die Befugnis, das Ausscheiden eines persönlich haftenden Gesellschafters zu verlangen, zustehen, werden *in der Generalversammlung durch Beschlussfassung der erschienenen Kommanditisten* ausgeübt.

Die Beschlüsse der Generalversammlung werden durch den Aufsichtsrat ausgeführt, wenn nicht im Gesellschaftsvertrage ein Anderes bestimmt ist.

Art. 187. Die Generalversammlung der Kommanditisten wird durch die persönlich haftenden Gesellschafter oder durch den Aufsichtsrat berufen, sofern nicht *nach dem Gesetze oder* dem Gesellschaftsvertrage auch andere Personen dazu befugt sind.

Die Generalversammlung ist außer den im *Gesetze oder* im Gesellschaftsvertrage ausdrücklich bestimmten Fällen zu berufen, wenn dies im Interesse der Gesellschaft erforderlich erscheint.

Art. 188. Die Generalversammlung muss berufen werden, wenn dies von Kommanditisten, deren Anteile zusammen den zehnten Teil des Gesamtkapitals darstellen, in einer von ihnen unterzeichneten Eingabe unter Angabe des Zwecks und der Gründe verlangt wird. Ist im Gesellschaftsvertrage das Recht, die Berufung der Generalversammlung zu verlangen, an den Besitz eines größeren oder eines geringeren Anteils am Gesamtkapitale geknüpft, so hat es hierbei sein Bewenden.

Wird dem Verlangen nicht entsprochen, so kann das Handelsgericht die Kommanditisten, welche das Verlangen gestellt haben, zur Berufung der Generalversammlung ermächtigen. Mit der Berufung ist die gerichtliche Ermächtigung zu veröffentlichen.

Art. 189. Die Berufung der Generalversammlung hat in der durch das *Gesetz und* den Gesellschaftsvertrag bestimmten Weise zu erfolgen.

Der Zweck der Generalversammlung muss jederzeit bei der Berufung bekannt gemacht werden. Über Gegenstände, deren Verhandlung nicht in dieser Weise angekündigt ist, können Beschlüsse nicht gefasst werden; hiervon ist jedoch der Beschluss über den in der Generalversammlung gestellten Antrag auf Berufung einer außerordentlichen Generalversammlung ausgenommen.

Zur Stellung von Anträgen und zur Verhandlungen ohne Beschlussfassung bedarf es der Ankündigung nicht.

Art. 190. Jede Aktie gewährt das Stimmrecht. Dasselbe wird nach den Aktienbeträgen ausgeübt. Für den Besitz einer Mehrzahl von Aktien kann der Gesellschaftsvertrag die Ausübung des vollen Stimmrechts durch einen Höchstbetrag oder in Abstufungen oder nach Gattungen beschränken.

Vollmachten erfordern zu ihrer Gültigkeit die schriftliche Form, sie bleiben in der Verwahrung der Gesellschaft.

Ein Kommanditist, welcher durch die Beschlussfassung entlastet oder von einer Verpflichtung befreit werden soll, hat hierbei kein Stimmrecht und darf ein solches auch nicht für Andere ausüben. Dasselbe gilt von einer Beschlussfassung, welche den Abschluss eines Rechtsgeschäfts mit einem Kommanditisten betrifft.

Persönlich haftende Gesellschafter, welchen in Gemäßheit des Art. 174 a Anteile am Gesamtkapital der Kommanditisten zustehen oder welche sonst Aktien erwerben, haben kein Stimmrecht.

Im Übrigen ist für die Bedingungen des Stimmrechts und die Form, in welcher dasselbe auszuüben ist, der Gesellschaftsvertrag maßgebend.

Art. 190 a. Ein Beschluss der Generalversammlung kann wegen Verletzung des Gesetzes oder des Gesellschaftsvertrages als ungültig von jedem Kommanditisten, welcher in der Versammlung gegen den Beschluss Widerspruch zu Protokoll erklärt hat, binnen drei Monaten durch Erhebung der Klage ausschließlich vor dem Landgericht, in dessen Bezirke die Gesellschaft ihren Sitz hat, angefochten werden.

Zur Anfechtung des Beschlusses aus dem Grunde, dass die Berufung der Generalversammlung oder die Ankündigung des Gegenstandes der Beschlussfassung nicht gehörig erfolgt war, ist auch ein nicht erschienener Kommanditist berechtigt.

Die Erhebung der Klage ist unverzüglich von den persönlich haftenden Gesellschaftern in den für die Bekanntmachungen der Gesellschaft bestimmten Blättern zu veröffentlichen.

Der Kläger hat seine Aktien gerichtlich zu hinterlegen.

Das Urteil, welches den Beschluss rechtskräftig für ungültig erklärt, ist von den persönlich haftenden Gesellschaftern ohne Verzug zu dem Handelsregister einzureichen. War der Beschluss in dasselbe eingetragen, so erfolgt in gleicher Weise die Eintragung des Urteils.

Art. 190 b. Auf Antrag von Kommanditisten, deren Anteile zusammen den zehnten Teil des Gesamtkapitals darstellen, kann das Handelsgericht, sofern glaubhaft gemacht wird, dass bei der Gründung, Geschäftsführung oder Liquidation der Gesellschaft Unredlichkeiten oder grobe Verletzungen des Gesetzes oder des Gesellschaftsvertrages stattgefunden haben, Revisoren zur Prüfung des Hergangs ernennen.

Vor der Anordnung sind die persönlich haftenden Gesellschafter oder die Liquidatoren sowie der Aufsichtsrat zu hören. Die Anordnung kann von einer nach freiem Ermessen zu bestimmenden Sicherheitsleistung abhängig gemacht werden.

Die persönlich haftenden Gesellschafter haben den Revisoren die Einsicht der Bücher und Schriften der Gesellschaft und die Untersuchung des Bestandes der Gesellschaftskasse, wie der Bestände an Effekten, Handelspapieren und Waren zu gestatten.

Der Bericht über das Ergebnis der Prüfung ist von den Revisoren zu dem Handelsregister einzureichen und von den persönlich haftenden Gesellschaftern zur Kenntnis der nächsten Generalversammlung der Kommanditisten zu bringen.

Art. 191. Der Aufsichtsrat besteht, sofern nicht der Gesellschaftsvertrag eine höhere Zahl festsetzt, aus drei von der Generalversammlung der Kommanditisten zu wählenden Mitgliedern. Persönlich haftende Gesellschafter können nicht Mitglieder des Aufsichtsrats sein.

Die Wahl des ersten Aufsichtsrats gilt für die Dauer des ersten Geschäftsjahres.

Später kann der Aufsichtsrat nicht auf länger als fünf Jahre gewählt werden. Insoweit die Wahl auf einen längeren Zeitraum geschieht, ist dieselbe ohne rechtliche Wirkung.

Die Bestellung zum Mitgliede des Aufsichtsrats kann jederzeit durch die Generalversammlung widerrufen werden.

Art. 192. Den Mitgliedern des ersten Aufsichtsrats darf eine Vergütung für die Ausübung ihres Berufs nur durch einen nach Ablauf des ersten Geschäftsjahres einzuholenden Beschluss der Generalversammlung der Kommanditisten bewilligt werden. Ist die Vergütung früher, oder in einer anderen als der vorstehenden Weise bewilligt, so ist diese Festsetzung ohne rechtliche Wirkung.

Art. 193. Der Aufsichtsrat überwacht die Geschäftsführung der Gesellschaft in allen Zweigen ihrer Verwaltung; er kann sich von dem Gange der Angelegenheiten der Gesellschaft unterrichten, die Bücher und Schriften derselben jederzeit einsehen und den Bestand der Gesellschaftskasse untersuchen.

Er hat die Jahresrechnungen, die Bilanzen und die Vorschläge zur Gewinnverteilung zu prüfen und darüber alljährlich der Generalversammlung Bericht zu erstatten.

Weitere Obliegenheiten des Aufsichtsrats werden durch den Gesellschaftsvertrag bestimmt.

Art. 194. Der Aufsichtsrat ist ermächtigt, gegen die persönlich haftenden Gesellschafter die Prozesse zu führen, welche die Generalversammlung beschließt.

Jeder Kommanditist ist befugt, als Intervenient in den Prozess auf seine Kosten einzutreten.

Handelt es sich um die Verantwortlichkeit der Mitglieder des Aufsichtsrats, so kann letzterer ohne und selbst gegen den Beschluss der Generalversammlung gegen die persönlich haftenden Gesellschafter klagen.

Art. 195. Wenn die Kommanditisten selbst in Gesamtheit und im gemeinsamen Interesse gegen die persönlich haftenden Gesellschafter auftreten wollen oder gegen die Mitglieder des Aufsichtsrats einen Prozess zu führen haben, so werden sie durch Bevollmächtigte vertreten, welche in der Generalversammlung gewählt werden.

Falls aus irgendeinem Grunde die Bestellung von Bevollmächtigten durch Wahl in der Generalversammlung gehindert wird, kann das Handelsgericht auf Antrag die Bevollmächtigten ernennen.

Jeder Kommanditist ist befugt, als Intervenient in den Prozess auf seine Kosten einzutreten.

Art. 196. Die Gesellschaft wird durch die persönlich haftenden Gesellschafter berechtigt und verpflichtet; sie wird durch dieselben vor Gericht vertreten.

Zur Behändigung von Vorladungen und anderen Zustellungen an die Gesellschaft genügt es, wenn dieselbe an einen der zur Vertretung befugten Gesellschafter geschieht.

Die Bestimmung des Art. 167 in Betreff des Kommanditisten, welcher für die Gesellschaft Geschäfte schließt, findet bei der Kommanditgesellschaft auf Aktien keine Anwendung.

Art. 196 a. Die Bestimmungen der Art. 96 und 97 über den Betrieb von Geschäften in dem Handelszweige der Gesellschaft sowie über die Teilnahme an einer anderen gleichartigen Gesellschaft finden auf die persönlich haftenden Gesellschafter mit der Maßgabe Anwendung, dass

1. die Genehmigung seitens der Kommanditisten durch die Generalversammlung erfolgt, sofern nicht die Befugnis zur Erteilung durch den Gesellschaftsvertrag oder durch Beschluss der Generalversammlung dem Aufsichtsrat übertragen worden ist;

2. das Recht der Gesellschaft, in ein von einem persönlich haftenden Gesellschafter für eigene Rechnung gemachtes Geschäft einzutreten oder Schadensersatz zu fordern, nach sechs Monaten von dem Zeitpunkt an erlischt, in welchem der Aufsichtsrat von dem Abschlusse des Geschäfts Kenntnis erhalten hat.

Art. 197. Die Einlagen können den Kommanditisten, solange die Gesellschaft besteht, nicht zurückgezahlt werden.

Zinsen von bestimmter Höhe können für die *Aktien* nicht bedungen noch ausbezahlt werden; es darf nur dasjenige *auf* sie verteilt werden, was sich nach der jährlichen Bilanz als reiner *Gewinn* ergibt.

Art. 198. Die Kommanditisten haften für die Verbindlichkeiten der Gesellschaft, wenn und insoweit sie *den gesetzlichen Bestimmungen* entgegen Zahlungen von der Gesellschaft empfangen haben; sie sind jedoch nicht verpflichtet, die in gutem Glauben bezogenen Dividenden zurückzuzahlen.

Art. 199. Eine Übereinkunft, durch welche das Austreten eines oder mehrerer persönlich haftender Gesellschafter bestimmt wird, steht der Auflösung der Gesellschaft gleich. Zu derselben bedarf es der Zustimmung der Generalversammlung der Kommanditisten.

Es kann jedoch durch den Gesellschaftsvertrag bestimmt werden, dass das Austreten eines oder mehrerer persönlich haftender Gesellschafter die Auflösung der Gesellschaft dann nicht zur Folge habe, wenn mindestens noch ein persönlich haftender Gesellschafter bleibt.

Art. 200. Wenn ein Kommanditist stirbt oder in Konkurs verfällt, oder zur Verwaltung seines Vermögens rechtlich unfähig wird, so hat dies die Auflösung der Gesellschaft nicht zur Folge. Der Art. 126 findet in Bezug auf die Privatgläubiger eines Kommanditisten keine Anwendung. Im Übrigen gelten die Art. 123 bis *129* auch für die Kommanditgesellschaft auf Aktien.

Art. 200 a. Für die Klage auf Auflösung der Gesellschaft ist das Landgericht, in dessen Bezirk die letztere ihren Sitz hat, ausschließlich zuständig.

Die Klage kann von Kommanditisten erhoben werden, sofern deren Anteile den fünften Teil des Gesamtkapitals darstellen und die beantragte Auflösung in der Generalversammlung abgelehnt worden ist. Die Kläger haben den fünften Teil des Gesamtkapitals in Aktien der Gesellschaft gerichtlich zu hinterlegen.

Art. 201. Bei der Auflösung einer Kommanditgesellschaft auf Aktien, welche außer dem Falle der Eröffnung des Konkurses erfolgt, darf die Verteilung des Vermögens unter die Gesellschafter nicht eher vollzogen werden, als nach Verlauf eines Jahres, von dem Tage an gerechnet, an welchem die Auflösung der Gesellschaft in das Handelsregister eingetragen ist.

Art. 202. Die aus den Handelsbüchern der Gesellschaft ersichtlichen oder in anderer Weise bekannten Gläubiger sind durch besondere Erlasse aufzufordern, sich zu melden; unterlassen sie dies, so ist der Betrag ihrer Forderungen gerichtlich niederzulegen.

Das letztere muss auch in Ansehung der noch schwebenden Verbindlichkeiten und streitigen Forderungen geschehen, sofern nicht die Verteilung des

Gesellschaftsvermögens bis zu deren Erledigung ausgesetzt bleibt, oder den Gläubigern eine angemessene Sicherheit bestellt wird.

Art. 203. Eine teilweise Zurückzahlung des Kapitals der Kommanditisten *oder eine Herabsetzung desselben* kann nicht ohne Beschluss der Generalversammlung der Kommanditisten *und* nur unter Beobachtung derselben Vorschriften *erfolgen,* welche für die Verteilung des Gesellschaftsvermögens im Falle der Auflösung maßgebend sind. *Die Bestimmung über die Zurückzahlung oder Herabsetzung hat zugleich die Art, in welcher dieselbe erfolgen soll, und die zu ihrer Durchführung erforderlichen Maßregeln festzusetzen. Die Bestimmung ist in das Handelsregister einzutragen. Auf die Eintragung und die Beschlussfassung finden die Vorschriften in Art. 180 e und in Art. 180 f Abs. 1 und 3 entsprechende Anwendung.*

Die gleichen Voraussetzungen gelten für eine Amortisation der Aktien. Ohne Beobachtung dieser Voraussetzungen darf die Gesellschaft ihre Aktien nur aus dem nach der jährlichen Bilanz sich ergebenden Gewinn und nur in dem Fall amortisieren, dass dies durch den ursprünglichen Gesellschaftsvertrag oder durch einen, den letzteren vor Ausgabe der Aktien abändernden Vertrag zugelassen ist.

Art. 204. Die Mitglieder des Aufsichtsrats *haben die Sorgfalt eines ordentlichen Geschäftsmannes anzuwenden. Sie haben, wenn sie in Anspruch genommen werden, die Anwendung dieser Sorgfalt zu beweisen.*

Sie sind der Gesellschaft solidarisch *zum Ersatz* verpflichtet, wenn mit ihrem Wissen und ohne ihr Einschreiten *entgegen den gesetzlichen Bestimmungen*

1. Einlagen an *persönlich haftende Gesellschafter oder* an Kommanditisten zurückgezahlt,

2. Zinsen oder Dividenden gezahlt,

3. *eigene Aktien, Promessen oder Interimsscheine der Gesellschaft oder zum Pfande genommen,*

4. *Aktien vor der vollen Einzahlung des Nominalbetrages oder des für diesen im Falle des Art. 180 g Abs. 2 festgesetzten Betrages, oder Aktien, Promessen oder Interimsscheine im Falle einer stattgefundenen Erhöhung des Gesamtkapitals vor Eintragung derselben in das Handelsregister (Art. 176) ausgegeben sind,*

5. die Verteilung des Gesellschaftsvermögens, eine teilweise Zurückzahlung *oder eine Herabsetzung* des Kapitals der Kommanditisten *oder eine Amortisation von Aktien* erfolgt ist.

Der Ersatzanspruch kann in den Fällen des zweiten Absatzes auch von den Gläubigern der Gesellschaft, soweit sie von dieser ihre Befriedigung nicht erlangen können, selbständig geltend gemacht werden. Die Ersatzpflicht wird ihnen gegenüber dadurch nicht aufgehoben, dass die Handlung auf einem Beschlusse der Generalversammlung beruht.

Art. 205. Die Liquidation erfolgt, sofern der Gesellschaftsvertrag nicht ein Anderes bestimmt, durch sämtliche persönlich haftende Gesellschafter und eine oder mehrere von der Generalversammlung der Kommanditisten gewählte Personen.

Art. 206. Zu dem Antrag auf Ernennung von Liquidatoren durch den Richter sind außer jedem persönlich haftenden Gesellschafter und der Generalversammlung der Kommanditisten auch der Aufsichtsrat sowie Kommanditisten befugt, deren Anteile zusammen den zehnten Teil des Gesamtkapitals darstellen.

Die Abberufung der Liquidatoren kann durch den Richter unter denselben Voraussetzungen, wie die Bestellung erfolgen. Vom Richter ernannte Liquidatoren können nur durch diesen abberufen werden.

Dritter Titel. Von der Aktiengesellschaft

Erster Abschnitt. Allgemeine Grundsätze

Artikel 207. Eine Gesellschaft ist eine Aktiengesellschaft, wenn sich die sämtlichen Gesellschafter nur mit Einlagen beteiligen, ohne persönlich für die Verbindlichkeiten der Gesellschaft zu haften.

Das Einlagekapital (Grundkapital) wird in Aktien zerlegt.

Die Aktien sind unteilbar.

Dieselben können auf Inhaber oder auf Namen lauten.

Artikel 207 a. Die Aktien müssen, wenn sie auf Namen lauten, auf einen Betrag von mindestens eintausend Mark, wenn sie auf Inhaber lauten, auf einen Betrag von mindestens fünftausend Mark gestellt werden.

Für ein gemeinnütziges Unternehmen kann im Falle eines besonderen örtlichen Bedürfnisses der Reichskanzler nach Anhörung der Ausschüsse des Bundesrats für Handel und Verkehr und für Justizwesen die Ausgabe von Aktien, welche auf Namen lauten, zu einem geringeren, jedoch mindestens zweihundert Mark erreichenden Betrage zulassen. Die gleiche Genehmigung kann in dem Falle erteilt werden, dass für ein Unternehmen das Reich oder ein Bundesstaat oder ein Provinzial-, Kreis- oder Amtsverband oder eine sonstige öffentliche Korporation auf die Aktien einen bestimmten Ertrag bedingungslos und dauernd gewährleistet hat.

Die vorstehenden Bestimmungen gelten auch von Promessen und Interimsscheinen.

Artikel 208. Eine Aktiengesellschaft gilt als Handelsgesellschaft, auch wenn der Gegenstand des Unternehmens nicht in Handelsgeschäften besteht.

Artikel 209. Der Inhalt des Gesellschaftsvertrages (Statut) muss durch mindestens fünf Aktionäre (Gründer) in gerichtlicher oder notarieller Verhandlung festgestellt werden. In derselben ist zugleich der Betrag der von jedem Gründer übernommenen Aktien anzugeben.

Der Gesellschaftsvertrag muss bestimmen:

1. die Firma und den Sitz der Gesellschaft;
2. den Gegenstand des Unternehmens;
3. die Höhe des Grundkapitals und der einzelnen Aktien;
4. die Art der Aktien, ob sie auf Inhaber oder auf Namen *lauten, und im Falle der Ausgabe beider Arten die Zahl der Aktien einer jeden Art;*
5. die Form, in welcher die Zusammenberufung der *Generalversammlung* der Aktionäre geschieht;

6. die Form, in welcher die von der Gesellschaft ausgehenden Bekanntmachungen erfolgen.

Bekanntmachungen, welche durch öffentliche Blätter erfolgen sollen, sind in den Deutschen Reichsanzeiger einzurücken. Andere Blätter hat der Gesellschaftsvertrag zu bestimmen.

Artikel 209 a. Der Aufnahme in den Gesellschaftsvertrag bedürfen Bestimmungen, nach welchen

1. das Unternehmen auf eine gewisse Zeit beschränkt wird;

2. eine Umwandlung der Aktien rücksichtlich ihrer Art statthaft ist;

3. für einzelne Gattungen von Aktien verschiedene Rechte, insbesondere betreffs der Zinsen oder Dividenden oder des Anteils am Gesellschaftsvermögen gewährt werden;

4. über gewisse Gegenstände die Generalversammlung der Aktionäre nicht schon durch einfache Stimmenmehrheit, sondern nur durch eine größere Stimmenmehrheit oder nach anderen Erfordernissen Beschluss fassen kann.

Artikel 209 b. Jeder zu Gunsten einzelner Aktionäre bedungene besondere Vorteil muss in dem Gesellschaftsvertrage unter Bezeichnung des Berechtigten festgesetzt werden.

Werden auf das Grundkapital von Aktionären Einlagen, welche nicht in barem Gelde bestehen, *gemacht* oder *seitens* der zu errichtenden Gesellschaft *vorhandene oder herzustellende* Anlagen oder sonstige Vermögensstücke übernommen, *so müssen die Person des Aktionärs oder des Kontrahenten, der Gegenstand der Einlage oder der Übernahme und der Betrag der für die Einlage zu gewährenden Aktien oder die für den übernommenen Gegenstand zu gewährende Vergütung in dem Gesellschaftsvertrage festgesetzt werden.*

Von diesen Festsetzungen gesondert ist der Gesamtaufwand, welcher zu Lasten der Gesellschaft an Aktionäre oder Andere als Entschädigung oder Belohnung für die Gründung oder deren Vorbereitung gewährt wird, in dem Gesellschaftsvertrage festzusetzen.

Jedes Abkommen der Gründer über die vorbezeichneten Gegenstände, welches nicht die vorgeschriebene Festsetzung in dem Gesellschaftsvertrage gefunden hat, ist der Gesellschaft gegenüber unwirksam.

Artikel 209 c. In dem Falle, dass sämtliche Aktien durch die Gründer übernommen werden, gilt mit der Übernahme die Gesellschaft als errichtet.

Soweit die Übernahme nicht schon bei Feststellung des Statuts erfolgt ist, kann sie in einer besonderen gerichtlichen oder notariellen Verhandlung unter Angabe der Beträge, welche die einzelnen Gründer noch übernehmen, bewirkt werden.

Artikel 209 d. In dem Falle, dass nicht sämtliche Aktien durch die Gründer übernommen werden, muss der Errichtung der Gesellschaft die Zeichnung der übrigen Aktien vorhergehen. Zur Zeichnung genügt eine schriftliche Erklärung *(Zeichnungsschein). Der Zeichnungsschein, welcher in zwei Exemplaren zu unterzeichnen ist, hat zu enthalten:*

1. das Datum des Statuts, die im Artikel 209 Absatz 2, 209 b vorgesehenen Festsetzungen und im Falle verschiedener Gattungen von Aktien den Gesamtbetrag einer jeden;
2. den Namen, Stand und Wohnort der Gründer;
3. den Zeitpunkt, mit dessen Eintritt die Zeichnung unverbindlich wird, sofern nicht bis dahin die Errichtung der Gesellschaft beschlossen ist.

Zeichnungsscheine, welche diesen Erfordernissen nicht entsprechen oder außer dem unter Ziffer 3 bezeichneten Vorbehalte Beschränkungen in der Verpflichtung des Zeichners enthalten, sind zum Nachweise der Zeichnung des Grundkapitals ungeeignet. Jede nicht in dem Zeichnungsschein enthaltene Beschränkung ist der Gesellschaft gegenüber unwirksam.

Artikel 209 e. Jede Aktiengesellschaft muss einen Vorstand und einen Aufsichtsrat haben.

Die Bestellung des Vorstandes und des Aufsichtsrats findet in dem Falle, dass die sämtlichen Aktien von den Gründern übernommen werden, gleichzeitig mit der Errichtung der Gesellschaft oder in einer besonderen gerichtlichen oder notariellen Verhandlung statt. Andernfalls hat nach der Zeichnung des Grundkapitals die Bestellung des Aufsichtsrats und, sofern der Gesellschaftsvertrag für die Bestellung des Vorstandes nicht einen anderen Zeitpunkt vorsieht, auch diese in einer von den Gründern zu berufenden Generalversammlung zu erfolgen.

Artikel 209 f. Die Mitglieder des Vorstandes und des Aufsichtsrats haben den Hergang der Gründung zu prüfen. Zu dem Behufe müssen für Mitglieder, welche zugleich Gründer sind oder im Falle des Artikels 209 b ein Vermögensstück eingelegt oder überlassen oder sich einen besonderen Vorteil ausbedungen haben, Stellvertreter bestellt werden.

Die Prüfung hat sich auf die Richtigkeit und Vollständigkeit der Angaben, welche rücksichtlich der Zeichnung und Einzahlung des Grundkapitals und der in Artikel 209 b vorgesehenen Festsetzungen von den Gründern gemacht sind, sowie darauf zu erstrecken, ob die Höhe der für eingelegte oder übernommene Gegenstände gewährten Beträge durch die Verhältnisse gerechtfertigt erscheint. Hierbei sind insbesondere die dem Erwerbe der Gesellschaft vorausgegangenen Rechtsgeschäfte, welche auf denselben hingezielt haben, sowie die früheren Erwerbs- und Herstellungspreise aus den letzten zwei Jahren in Betracht zu ziehen.

Über die Prüfung ist unter Darlegung der im vorstehenden Absatze bezeichneten Umstände schriftlich Bericht zu erstatten.

Artikel 210. Der Gesellschaftsvertrag muss bei dem Handelsgerichte, in dessen Bezirk die Gesellschaft ihren Sitz hat, in das Handelsregister eingetragen werden.

Der Anmeldung behufs der Eintragung in das Handelsregister *müssen* beigefügt sein:

1. in dem Falle des Artikels 209 b die den bezeichneten Festsetzungen zum Grunde liegenden oder zu ihrer Ausführung geschlossenen Verträge und eine Berechnung des Gründungsaufwands, in welcher die Vergütungen nach Art und Höhe und die Empfänger einzeln aufzuführen sind;

2. in dem Falle, dass nicht alle Aktien von den Gründern übernommen sind, zum Nachweise der Zeichnung des Grundkapitals die Duplikate der Zeichnungsscheine und ein von den Gründern in beglaubigter Form unterschriebenes Verzeichnis der sämtlichen Aktionäre, welches die auf jeden entfallenden Aktien sowie die auf letztere geschehenen Einzahlungen angibt;

3. die Urkunden über die Bestellung des Vorstandes und des Aufsichtsrats und der von demselben in Gemäßheit des Artikels 209 f erstattete Bericht nebst dessen urkundlichen Grundlagen;

4. in dem Falle, dass der Gegenstand des Unternehmens der staatlichen Genehmigung bedarf, sowie in den Fällen des Artikels 207 a Absatz 2 die Genehmigungsurkunde.

In der Anmeldung ist die Erklärung abzugeben, dass auf jede Aktie mindestens ein Viertel des Betrages, soweit nicht Einlagen anzurechnen sind, bar eingezahlt und dem Vorstand übergeben sei.

Die Anmeldung muss von sämtlichen *Gründern* und Mitgliedern des Vorstandes *und Aufsichtsrats* vor dem Handelsgericht unterzeichnet oder in beglaubigter Form eingereicht werden.

Die der Anmeldung beigefügten Schriftstücke werden bei dem Handelsgericht in Urschrift oder in beglaubigter Abschrift aufbewahrt.

Artikel 210 a. In dem Falle, dass die Gründer nicht alle Aktien übernommen haben, beruft das Handelsgericht eine Generalversammlung der in dem Verzeichnisse aufgeführten Aktionäre zur Beschlussfassung über die Errichtung der Gesellschaft.

Die Versammlung findet unter der Leitung des Gerichts statt.

Vorstand und Aufsichtsrat haben sich über die Ergebnisse der ihnen rücksichtlich der Gründung obliegenden Prüfung aufgrund ihres Berichts zu erklären. Jedes Mitglied des Vorstandes und des Aufsichtsrats kann bis zur Beschlussfassung die Unterzeichnung der Anmeldung zurückziehen.

Die der Errichtung der Gesellschaft zustimmende Mehrheit der erschienenen Aktionäre muss mindestens ein Viertel sämtlicher Aktionäre begreifen und der Betrag ihrer Anteile mindestens ein Viertel des gesamten Grundkapitals darstellen. *Die Zustimmung aller erschienenen Aktionäre ist erforderlich, wenn die im Artikel 209 Ziffer 1 bis 4 und 209 a bezeichneten Bestimmungen des Gesellschaftsvertrages abgeändert oder die im Artikel 209 b vorgesehenen Festsetzungen zu Lasten der Gesellschaft erweitert werden sollen.*

Die Beschlussfassung ist zu vertagen, wenn es von den Aktionären mit einfacher Stimmenmehrheit verlangt wird.

Artikel 210 b. Auf die Berufung und Beschlussfassung der in Artikel 209 e und 210 a bezeichneten Generalversammlungen finden, soweit nicht in letzterem Artikel ein Anderes bestimmt ist, die Regeln entsprechende Anwendung, welche für die Gesellschaft nach der Eintragung maßgebend sind.

Artikel 210 c. Der eingetragene Gesellschaftsvertrag ist im Auszuge von dem Handelsgericht zu veröffentlichen.

Die Veröffentlichung muss enthalten:

1. das Datum des Gesellschaftsvertrages *und die in Artikel 209 Absatz 2, 209 a Ziffer 1 und 3 und 209 b bezeichneten Festsetzungen;*

2. *den Namen, Stand und Wohnort der Gründer und die Angabe, ob sie die sämtlichen Aktien übernommen haben;*

3. *den Namen, Stand und Wohnort der Mitglieder des Vorstandes und des Aufsichtsrats sowie der in Gemäßheit des Artikels 209 f bestellten Stellvertreter.*

Ist im Gesellschaftsvertrage eine Form bestimmt, in welcher der Vorstand seine Willenserklärungen kundgibt und für die Gesellschaft zeichnet, so ist auch diese Bestimmung zu veröffentlichen.

Artikel 211. Vor erfolgter Eintragung in das Handelsregister besteht die Aktiengesellschaft als solche nicht.

Ist vor der Eintragung im Namen der Gesellschaft gehandelt worden, so haften die Handelnden persönlich und solidarisch.

Artikel 212. Bei jedem Handelsgerichte, in dessen Bezirk die Aktiengesellschaft eine Zweigniederlassung hat, muss dies behufs der Eintragung in das Handelsregister angemeldet werden.

Die Anmeldung muss von sämtlichen Mitgliedern des Vorstandes vor dem Handelsgerichte unterzeichnet oder in beglaubigter Form eingereicht werden und die in Artikel 210 c Absatz 2 und 3 bezeichneten Angaben enthalten.

Artikel 213. Die Aktiengesellschaft als solche hat selbständig ihre Rechte und Pflichten; sie kann Eigentum und andere dingliche Rechte an Grundstücken erwerben, sie kann vor Gericht klagen und verklagt werden.

Ihr ordentlicher Gerichtsstand ist bei dem Gerichte, in dessen Bezirk sie ihren Sitz hat.

Artikel 213 a. Der Gesellschaft sind die Gründer für die Richtigkeit und Vollständigkeit der Angaben, welche sie rücksichtlich der Zeichnung und Einzahlung des Grundkapitals sowie rücksichtlich der in Artikel 209 b vorgesehenen Festsetzungen behufs Eintragung des Gesellschaftsvertrages in das Handelsregister machen, solidarisch verhaftet; sie haben unbeschadet der Verpflichtung zum Ersatze des sonst etwa entstandenen Schadens, insbesondere einen an der Zeichnung des Grundkapitals fehlenden Betrag zu übernehmen, fehlende Einzahlungen zu leisten und eine Vergütung, welche nicht unter den zu bezeichnenden Gründungsaufwand aufgenommen ist, zu ersetzen. Von dieser Verbindlichkeit ist ein Gründer befreit, wenn er beweist, dass er ohne Verletzung der Sorgfalt eines ordentlichen Geschäftsmannes keine Kenntnis von der Unrichtigkeit oder Unvollständigkeit der Angaben gehabt hat.

Für den Ersatz einer Vergütung, welche nicht unter den zu bezeichnenden Gründungsaufwand aufgenommen ist, haften der Gesellschaft außer den Gründern solidarisch der Empfänger, wenn er zur Zeit des Empfanges wusste oder nach den Umständen annehmen musste, dass die Verheimlichung beabsichtigt oder erfolgt war, und jeder Dritte, welcher zur Verheimlichung wissentlich mitgewirkt hat.

Ist die Gesellschaft durch Einlagen oder Übernahmen der im Artikel 209 b bezeichneten Art von Gründern böslicherweise geschädigt worden, so sind ihr die letzteren und jeder Dritte, welcher zu der böslichen Handlungsweise wissentlich mitgewirkt hat, solidarisch zum Schadensersatze verpflichtet.

Für einen durch Zahlungsunfähigkeit eines Aktionärs entstehenden Ausfall haften der Gesellschaft solidarisch die Gründer, welche bei der Anmeldung des Gesellschaftsvertrages die Zahlungsunfähigkeit kannten.

Artikel 213 b. Wer vor Ablauf von zwei Jahren seit Eintragung des Gesellschaftsvertrages in das Handelsregister ein öffentliches Angebot von Aktien erlässt, um solche in den Verkehr einzuführen, ist der Gesellschaft im Falle der Unrichtigkeit oder Unvollständigkeit der Angaben, welche die Gründer rücksichtlich der Zeichnung und Einzahlung des Grundkapitals und der in Artikel 209 b vorgesehenen Festsetzungen behufs Eintragung des Gesellschaftsvertrages in das Handelsregister gemacht haben, sowie in dem Falle einer böslichen Schädigung der Gesellschaft durch Einlagen oder Übernahmen für den Ersatz des ihr daraus entstandenen Schadens neben den in Artikel 213 a bezeichneten Personen solidarisch verhaftet, sofern er die Unrichtigkeit oder Unvollständigkeit der Angaben oder die bösliche Schädigung gekannt hat oder bei sorgfältiger Prüfung, wie solche von einem ordentlichen Geschäftsmanne anzuwenden ist, hat kennen müssen.

Artikel 213 c. Mitglieder des Vorstandes und des Aufsichtsrats sowie Stellvertreter derselben, welche bei der ihnen durch Artikel 209 f auferlegten Prüfung die Sorgfalt eines ordentlichen Geschäftsmannes verletzt haben, haften der Gesellschaft für den Ersatz des Schadens, soweit solcher von den in Gemäßheit der Artikel 213 a und 213 b verpflichteten Personen nicht zu erlangen ist.

Artikel 213 d. Vergleiche und Verzichtleistungen, welche die der Gesellschaft aus der Gründung zustehenden Ansprüche gegen Gründer, Mitglieder des Vorstandes und des Aufsichtsrats, sowie gegen die in Gemäßheit der Artikel 213 a, 213 b verpflichteten Personen betreffen, sind erst nach Ablauf von drei Jahren seit Eintragung des Gesellschaftsvertrages in das Handelsregister und nur mit Zustimmung der Generalversammlung zulässig; sie sind unzulässig, soweit in der Versammlung eine Minderheit, deren Anteile den fünften Teil des Grundkapitals darstellen, Widerspruch erhebt.

Artikel 213 e. Werden vor Ablauf von zwei Jahren seit Eintragung des Gesellschaftsvertrages in das Handelsregister seitens der Gesellschaft Verträge geschlossen, durch welche sie vorhandene oder herzustellende Anlagen oder sonstige Vermögensstücke für eine den zehnten Teil des Grundkapitals übersteigende Vergütung erwerben soll, so bedürfen dieselben zu ihrer Gültigkeit der Zustimmung der Generalversammlung.

Vor der Beschlussfassung hat der Aufsichtsrat den Vertrag zu prüfen und über die Ergebnisse seiner Prüfung schriftlich Bericht zu erstatten.

Die Anteile der dem Vertrage zustimmenden Mehrheit müssen mindestens ein Viertel des Grundkapitals darstellen.

Der genehmigte Vertrag ist in Urschrift oder in beglaubigter Abschrift mit dem Bericht des Aufsichtsrats nebst dessen urkundlichen Grundlagen und mit dem Nachweis über die Beschlussfassung zum Handelsregister einzureichen.

Hat der Erwerb in Ausführung einer vor der Errichtung der Gesellschaft von den Gründern getroffenen Vereinbarung stattgefunden, so kommen in Betreff der Rechte der Gesellschaft auf Entschädigung und in Betreff der ersatzpflichtigen Personen die Vorschriften der Artikel 213 a und 213 b zur Anwendung.

Artikel 214. Jeder Beschluss der Generalversammlung, welcher die Fortsetzung der Gesellschaft oder eine Abänderung *des Inhalts* des Gesellschaftsvertrages zum Gegenstande hat, muss in gleicher Weise, wie der ursprüngliche Vertrag, in das Handelsregister eingetragen und veröffentlicht werden (Art. *210 c,* 212).

Der Beschluss hat keine rechtliche Wirkung, bevor derselbe bei dem Handelsgerichte, in dessen Bezirk die Gesellschaft ihren Sitz hat, in das Handelsregister eingetragen ist.

Artikel 215. Die Abänderung des Inhalts des Gesellschaftsvertrages kann nicht anders als durch Beschluss der Generalversammlung erfolgen.

Sofern der Gesellschaftsvertrag für eine Abänderung derjenigen Bestimmung, welche den Gegenstand der Beschlussfassung bildet, nicht andere Erfordernisse aufstellt, erfolgt der Beschluss durch eine Mehrheit von drei Vierteilen des in der Generalversammlung vertretenen Grundkapitals.

Für eine Abänderung des Gegenstandes des Unternehmens muss diese Mehrheit erreicht sein; der Gesellschaftsvertrag kann außer derselben noch andere Erfordernisse aufstellen.

Dasselbe gilt von dem Falle, wenn die Gesellschaft durch Übertragung ihres Vermögens und ihrer Schulden an eine andere Aktiengesellschaft gegen Gewährung von Aktien der letzteren aufgelöst werden soll.

Die vorstehenden Bestimmungen gelten auch dann, wenn mehrere Gattungen von Aktien mit verschiedener Berechtigung ausgegeben sind.

Soll durch die Beschlussfassung das bisherige Rechtsverhältnis unter den verschiedenen Gattungen zum Nachteil einer derselben abgeändert werden, so finden die Bestimmungen in Artikel 180 f Absatz 3 Anwendung.

Artikel 215 a. Eine Erhöhung des Grundkapitals der Gesellschaft darf nicht vor der vollen Einzahlung desselben erfolgen. Für Versicherungsgesellschaften kann der Gesellschaftsvertrag ein Anderes bestimmen.

Über die Erhöhung hat die Generalversammlung zu beschließen. In dem Falle, dass auf die neu auszugebenden Aktien ein anderer als der Nominalbetrag eingezahlt werden soll, hat der Beschluss den Mindestbetrag zu bestimmen, zu welchem die Aktien auszugeben sind. Bei einer Erhöhung, welche in den ersten zwei Jahren seit Eintragung des Gesellschaftsvertrages in das Handelsregister beschlossen wird, darf ein geringerer als der Nominalbetrag nicht festgesetzt werden.

Der Beschluss ist in das Handelsregister einzutragen. Auf die Eintragung und die Beschlussfassung finden die Vorschriften in Artikel 214 und Artikel 215 Absatz 1 und 5 (Art. 180 f Abs. 3) Anwendung.

Eine Zusicherung von Rechten auf den Bezug neu auszugebender Aktien, welche vor dem Beschluss auf Erhöhung des Grundkapitals erfolgt, ist der Gesellschaft gegenüber unwirksam.

Artikel 215 b. Zur Zeichnung der neu auszugebenden Aktien genügt eine schriftliche, in zwei Exemplaren zu unterzeichnende Erklärung.

Die stattgefundene Erhöhung des Grundkapitals ist behufs der Eintragung in das Handelsregister anzumelden. Die Anmeldung hat nach Maßgabe des Artikels 215 a Abs. 1 die Angabe zu enthalten, ob das bisherige Grundkapital eingezahlt sei. Im Übrigen finden auf dieselbe die Vorschriften in Artikel 210 und 212 entsprechende Anwendung.

Artikel 215 c. Promessen und Interimsscheine dürfen nicht auf Inhaber lauten.

Promessen und Interimsscheine, welche dieser Bestimmung zuwider ausgegeben werden, sind nichtig. Die Ausgeber haften den Besitzern solidarisch für allen durch die Ausgabe verursachten Schaden.

Das Gleiche gilt, wenn Aktien, Promessen oder Interimsscheine auf einen geringeren als den nach Artikel 207 a zugelassenen Betrag gestellt sind, oder wenn sie ausgegeben werden, bevor der Gesellschaftsvertrag bei dem Handelsgerichte, in dessen Bezirk die Gesellschaft ihren Sitz hat, in das Handelsregister eingetragen ist.

Vor der vollen Einzahlung des Nominalbetrages oder des für diesen im Falle des Artikels 215 a Absatz 2 festgesetzten Betrages sollen Aktien und im Falle einer stattgefundenen Erhöhung des Grundkapitals vor Eintragung derselben in das Handelsregister (Art. 210) Aktien, Promessen oder Interimsscheine nicht ausgegeben werden.

Artikel 215 d. Die Aktiengesellschaft *darf* eigene Aktien, *Promessen oder Interimsscheine im geschäftlichen Betriebe, sofern nicht eine Kommission zum Einkauf ausgeführt wird,* weder erwerben *noch zum Pfande nehmen.*

Eine Amortisation der Aktien ist zulässig, sofern sie unter Beobachtung der für die Zurückzahlung oder Herabsetzung des Grundkapitals maßgebenden Vorschriften erfolgt. Ohne Beobachtung derselben darf die Gesellschaft ihre Aktien nur aus dem nach der jährlichen Bilanz sich ergebenden Gewinn und nur in dem Falle amortisieren, dass dies durch ursprünglichen Gesellschaftsvertrag oder durch einen, den letzteren vor Ausgabe der Aktien abändernden Beschluss zugelassen ist.

Zweiter Abschnitt. Rechtsverhältnisse der Aktionäre

Artikel 216. Jeder Aktionär hat einen verhältnismäßigen Anteil an dem Vermögen der Gesellschaft.

Er kann den eingezahlten Betrag nicht zurückfordern und hat, solange die Gesellschaft besteht, nur einen Anspruch auf den reinen Gewinn, soweit dieser nach dem Gesellschaftsvertrage zur Verteilung unter die Aktionäre bestimmt ist.

Artikel 217. Zinsen von bestimmter Höhe dürfen für die Aktionäre nicht bedungen, noch ausbezahlt werden; es darf nur dasjenige unter sie verteilt werden, *was sich nach der jährlichen Bilanz als reiner Gewinn ergibt.*

Jedoch können für den in dem Gesellschaftsvertrage angegebenen Zeitraum, welchen die Vorbereitung des Unternehmens bis zum Anfange des vollen Betriebes erfordert, den Aktionären Zinsen von bestimmter Höhe bedungen werden.

Artikel 218. Der Aktionär ist in keinem Falle verpflichtet, die in gutem Glauben empfangenen Zinsen und Dividenden zurückzugeben.

Artikel 219. Die Verpflichtung des Aktionärs, zu den Zwecken der Gesellschaft und zur Erfüllung ihrer Verbindlichkeiten beizutragen, *wird durch den Nominalbetrag der Aktie und im Falle des Artikels 215 a Absatz 2 durch den Betrag, zu welchem die Aktien ausgegeben sind, begrenzt.*

Rücksichtlich der Einzahlung der auf die Aktie zu leistenden Beträge, sowie rücksichtlich einer zu leistenden Einlage finden die Bestimmungen der Artikel 184 bis 184 c auf den Aktionär und die Rechtsvorgänger desselben Anwendung.

Artikel 220. Für die Eintragung der Promessen oder Interimsscheine und der auf Namen gestellten Aktien in das Aktienbuch, sowie für die Übertragung derselben auf andere Personen sind die Vorschriften der Artikel 182 und 183 maßgebend.

Artikel 221. Die Rechte, welche den Aktionären, in den Angelegenheiten der Gesellschaft, insbesondere in Beziehung auf die Führung der Geschäfte, die Einsicht und Prüfung der Bilanz und die Bestimmung der Gewinnverteilung zustehen, werden *in der Generalversammlung durch Beschlussfassung der erschienenen Aktionäre ausgeübt.*

Rücksichtlich der Bedingungen und der Ausübung des Stimmrechts kommen die Vorschriften in Artikel 190 zur Anwendung.

Artikel 222. Die Vorschriften in Artikel 190 a über die Anfechtung eines Beschlusses der Generalversammlung und die Vorschriften in Artikel 190 b über die Prüfung der dort bezeichneten Hergänge durch Revisoren finden mit der Maßgabe Anwendung, dass die den persönlich haftenden Gesellschaftern auferlegten Verpflichtungen dem Vorstande obliegen.

Artikel 223. Die Ansprüche der Gesellschaft gegen die Gründer und die übrigen in Gemäßheit der Artikel 213 a und 213 b verpflichteten Personen, gegen die Mitglieder des Vorstandes und des Aufsichtsrats, sowie gegen die Liquidatoren sind zu erheben, wenn in der Generalversammlung dies mit einfacher Stimmenmehrheit beschlossen oder von einer Minderheit, deren Anteile den fünften Teil des Grundkapitals darstellen, verlangt wird. Die Erhebung des Anspruchs auf Verlangen der Minderheit muss binnen drei Monaten seit der Generalversammlung erfolgen; die von der Minderheit bezeichneten Personen können durch das Handelsgericht als Bevollmächtigte der Gesellschaft zur Führung des Prozesses ernannt werden.

Die Minderheit hat den fünften Teil des Grundkapitals in Aktien der Gesellschaft gerichtlich zu hinterlegen. Sie ist verpflichtet, die der letzteren auferlegten Prozesskosten derselben zu erstatten.

Im Übrigen kommen die Bestimmungen der Artikel 194 und 195 zur entsprechenden Anwendung.

Artikel 224. Die für den Aufsichtsrat einer Kommanditgesellschaft auf Aktien in den Artikels 191 und 192 gegebenen Bestimmungen finden auf den Aufsichtsrat einer Aktiengesellschaft Anwendung.

Artikel 225. Der Aufsichtsrat *hat den Vorstand bei seiner* Geschäftsführung in allen Zweigen der Verwaltung *zu überwachen und sich* von dem Gange der Angelegenheiten der Gesellschaft *zu unterrichten.* Er kann jederzeit *über dieselben Berichterstattung von dem Vorstande verlangen und selbst oder durch einzelne Mitglieder* die Bücher und Schriften der Gesellschaft einsehen, sowie den Bestand der Gesellschaftskasse *und die Bestände an Effekten, Handelspapieren und Waren* untersuchen. Er hat die Jahresrechnungen, die Bilanzen und die Vorschläge zur Gewinnverteilung zu prüfen und darüber alljährlich der Generalversammlung der Aktionäre Bericht zu erstatten.

Er hat eine Generalversammlung zu berufen, wenn dies im Interesse der Gesellschaft erforderlich ist.

Weitere Obliegenheiten des Aufsichtsrats werden durch den Gesellschaftsvertrag bestimmt.

Die Mitglieder des Aufsichtsrats können die Ausübung ihrer Obliegenheiten nicht anderen Personen übertragen.

Artikel 225 a. Die Mitglieder des Aufsichtsrats dürfen nicht zugleich Mitglieder des Vorstandes oder Stellvertreter derselben sein, auch nicht als Beamte die Geschäfte der Gesellschaft führen. Scheiden aus dem Vorstande Mitglieder aus, so dürfen dieselben nicht vor erteilter Entlastung in den Aufsichtsrat gewählt werden.

Artikel 226. Die Mitglieder des Aufsichtsrats haben die Sorgfalt eines ordentlichen Geschäftsmannes anzuwenden. Sie haben, wenn sie in Anspruch genommen werden, die Anwendung dieser Sorgfalt zu beweisen.

Dieselben sind *der Gesellschaft* persönlich und solidarisch zum *Ersatze* verpflichtet, wenn mit ihrem Wissen und ohne ihr Einschreiten *entgegen den gesetzlichen Bestimmungen:*

1. Einlagen an die Aktionäre zurückgezahlt;
2. Zinsen oder Dividenden gezahlt;
3. eigene Aktien, *Promessen oder Interimsscheine* der Gesellschaft erworben, *zum Pfande genommen* oder amortisiert worden;
4. *Aktien vor der vollen Einzahlung des Nominalbetrages oder des für diesen im Falle des Artikels 215 a Absatz 2 festgesetzten Betrages, oder Aktien, Promessen oder Interimsscheine im Falle einer stattgefundenen Erhöhung des Grundkapitals vor Eintragung derselben in das Handelsregister (Art. 210) ausgegeben sind;*

5. die Verteilung des Gesellschaftsvermögens, eine teilweise Zurückzahlung oder eine Herabsetzung des Grundkapitals *oder im Falle des Artikels 215 Absatz 3 die Vereinigung der Vermögen der beiden Gesellschaften* erfolgt ist.

Der Ersatzanspruch kann in den Fällen des zweiten Absatzes auch von den Gläubigern der Gesellschaft, soweit sie von dieser ihre Befriedigung nicht erlangen können, selbständig geltend gemacht werden. Die Ersatzpflicht wird ihnen gegenüber dadurch nicht aufgehoben, dass die Handlung auf einem Beschluss der Generalversammlung beruht.

Dritter Abschnitt. Rechte und Pflichten des Vorstandes

Artikel 227. Die Aktiengesellschaft wird durch den Vorstand gerichtlich und außergerichtlich vertreten.

Der Vorstand kann aus einem oder mehreren Mitgliedern bestehen; diese können besoldet oder unbesoldet, Aktionäre oder Andere sein.

Ihre Bestellung ist zu jeder Zeit widerruflich, unbeschadet der Entschädigungsansprüche aus bestehenden Verträgen.

Artikel 228. Die jeweiligen Mitglieder des Vorstandes müssen alsbald nach ihrer Bestellung zur Eintragung in das Handelsregister angemeldet werden. Der Anmeldung ist ihre Legitimation beizufügen.

Sie haben ihre Unterschrift vor dem Handelsgerichte zu zeichnen, oder die Zeichnung derselben in beglaubigter Form einzureichen.

Artikel 229. Der Vorstand hat in der durch den Gesellschaftsvertrag bestimmten Form seine Willenserklärung kundzugeben und für die Gesellschaft zu zeichnen. Ist nichts darüber bestimmt, so ist die Zeichnung durch sämtliche Mitglieder des Vorstandes erforderlich.

Die Zeichnung geschieht in der Weise, dass die Zeichnenden zu der Firma der Gesellschaft oder zu der Benennung des Vorstandes ihre Unterschrift hinzufügen.

Artikel 230. Die Gesellschaft wird durch die von dem Vorstande in ihrem Namen geschlossenen Rechtsgeschäfte berechtigt und verpflichtet; es ist gleichgültig, ob das Geschäft ausdrücklich im Namen der Gesellschaft geschlossen worden ist, oder ob die Umstände ergeben, dass es nach dem Willen der Kontrahenten für die Gesellschaft geschlossen werden sollte.

Artikel 231. Der Vorstand ist der Gesellschaft gegenüber verpflichtet, die Beschränkungen einzuhalten, welche in dem Gesellschaftsvertrage oder durch Beschlüsse der Generalversammlung für den Umfang seiner Befugnis, die Gesellschaft zu vertreten, festgesetzt sind.

Gegen dritte Personen hat jedoch eine Beschränkung der Befugnis des Vorstandes, die Gesellschaft zu vertreten, keine rechtliche Wirkung. Dies gilt insbesondere für den Fall, dass die Vertretung sich nur auf gewisse Geschäfte oder Arten von Geschäften erstrecken, oder nur unter gewissen Umständen oder für eine gewisse Zeit oder an einzelnen Orten stattfinden soll, oder dass für einzelne Geschäfte die

Zustimmung der Generalversammlung *des* Aufsichtsrats oder eines anderen Organs der *Gesellschaft* erfordert ist.

Artikel 232. Die Bestimmungen des Artikels 196 a (Art. 96, 97) über den Betrieb von Geschäften in dem Handelszweige der Gesellschaft, sowie über die Teilnahme an einer anderen gleichartigen Gesellschaft finden auf die Mitglieder des Vorstandes entsprechende Anwendung.

Artikel 233. Jede Änderung der Mitglieder des Vorstandes muss zur Eintragung in das Handelsregister angemeldet werden.

Dritten Personen kann die Änderung nur insofern entgegengesetzt werden, als in Betreff dieser Änderung die im Artikel 46 in Betreff des Erlöschens der Prokura bezeichneten Voraussetzungen vorhanden sind.

Artikel 234. Der Vorstand kann, sofern nicht durch den Gesellschaftsvertrag oder durch Beschluss der Generalversammlung ein Anderes bestimmt ist, einen Prokuristen nur mit Zustimmung des Aufsichtsrats bestellen. Diese Beschränkung hat Dritten gegenüber keine rechtliche Wirkung.

Artikel 235. Der Betrieb von Geschäften der Gesellschaft, sowie die Vertretung der Gesellschaft in Bezug auf diese Geschäftsführung kann auch sonstigen Bevollmächtigten oder Beamten der Gesellschaft zugewiesen werden. In diesem Falle bestimmt sich die Befugnis derselben nach der ihnen erteilten Vollmacht; sie erstreckt sich im Zweifel auf alle Rechtshandlungen, welche die Ausführung derartiger Geschäfte gewöhnlich mit sich bringt.

Artikel 236. Die Generalversammlung der Aktionäre wird durch den Vorstand berufen, soweit nicht *nach dem Gesetze* oder dem Gesellschaftsvertrage auch andere Personen befugt sind.

Die Generalversammlung ist, außer den *im Gesetze oder* im Gesellschaftsvertrage ausdrücklich bestimmten Fällen, zu berufen, wenn es im Interesse der Gesellschaft erforderlich erscheint.

Artikel 237. Aktionäre, deren Anteile zusammen den *zwanzigsten* Teil des Grundkapitals *darstellen, sind berechtigt,* in einer von ihnen unterzeichneten Eingabe unter Angabe des Zwecks und der Gründe *die Berufung der Generalversammlung* zu verlangen. Ist in dem Gesellschaftsvertrage das Recht, die Berufung der Generalversammlung zu verlangen, an den Besitz eines *geringeren* Anteils am Grundkapital geknüpft, so hat es hierbei sein Bewenden.

In gleicher Weise haben die Aktionäre das Recht, zu verlangen, dass Gegenstände zur Beschlussfassung einer Generalversammlung angekündigt werden.

Wird dem Verlangen nicht entsprochen, so kann das Handelsgericht die Aktionäre, welche das Verlangen gestellt haben, zur Berufung der Generalversammlung oder zur Ankündigung des Gegenstandes ermächtigen. Mit der Berufung oder Ankündigung ist die gerichtliche Ermächtigung zu veröffentlichen.

Artikel 238. Die Berufung der Generalversammlung hat in der durch den Gesellschaftsvertrag bestimmten Weise *mit einer Frist von mindestens zwei Wochen zu* erfolgen. *Ist in dem Gesellschaftsvertrage die Ausübung des Stimmrechts davon abhängig gemacht, dass die Aktien bis zu einem bestimmten Zeitpunkte vor der Generalversammlung hinterlegt werden, so ist die Frist derart zu bemessen, dass für die Hinterlegung mindestens zwei Wochen frei bleiben.*

Der Zweck der Generalversammlung soll jederzeit bei der Berufung bekannt gemacht werden. Über Gegenstände, deren Verhandlung nicht in *der durch den Gesellschaftsvertrag oder durch Artikel 237 Absatz 3 vorgesehenen Weise mindestens eine Woche vor dem Tage der Generalversammlung* angekündigt ist, können Beschlüsse nicht gefasst werden; hiervon ist jedoch der Beschluss über den in einer Generalversammlung gestellten Antrag auf Berufung einer außerordentlichen Generalversammlung ausgenommen.

Zur Stellung von Anträgen und zu Verhandlungen ohne Beschlussfassung bedarf es der Ankündigung nicht.

Artikel 238 a. Jeder Beschluss der Generalversammlung bedarf zu seiner Gültigkeit der gerichtlichen oder notariellen Beurkundung. Die Zuziehung von Zeugen ist nicht erforderlich.

Eine beglaubigte Abschrift der Urkunde ist ohne Verzug nach der Generalversammlung von dem Vorstande zu dem Handelsregister einzureichen.

Artikel 239. Der Vorstand ist verpflichtet, Sorge zu tragen, dass die erforderlichen Bücher der Gesellschaft geführt werden.

Er muss *in der durch den Gesellschaftsvertrag bestimmten Frist, welche über die ersten sechs Monate des Geschäftsjahres nicht erstreckt werden kann, und in Ermangelung einer solchen Frist* in den ersten *drei Monaten* desselben für das verflossene Geschäftsjahr eine Bilanz, *eine Gewinn- und Verlustrechnung, sowie einen den Vermögensstand und die Verhältnisse der Gesellschaft entwickelnden Bericht dem Aufsichtsrate und mit dessen Bemerkungen der Generalversammlung vorlegen. Er hat die Vorlagen mindestens zwei Wochen vor der Versammlung in dem Geschäftslokale der Gesellschaft zur Einsicht der Aktionäre auszulegen. Jeder Aktionär ist berechtigt, auf seine Kosten eine Abschrift der Bilanz, der Gewinn- und Verlustrechnung, sowie des Geschäftsberichts zu verlangen.*

Artikel 239 a. Zur Prüfung der Bilanz können besondere Revisoren bestellt werden.

Die Verhandlung ist zu vertagen, wenn dies mit einfacher Stimmenmehrheit beschlossen, oder von einer Minderheit, deren Anteile den zwanzigsten Teil des Grundkapitals darstellen, verlangt wird, auf Verlangen der Minderheit jedoch nur, soweit von ihr bestimmte Ansätze der Bilanz bemängelt werden. In letzterem Falle kann auf Antrag der Minderheit die Ernennung der Revisoren durch das Handelsgericht erfolgen.

Auf die Revisoren findet die Vorschrift des Artikels 190 b Absatz 3 Anwendung. Der Revisionsbericht ist von dem Vorstande zur Kenntnis der nächsten Generalversammlung zu bringen.

Ist die Verhandlung auf Verlangen der Minderheit vertagt, so gilt bezüglich der nicht bemängelten Ansätze der Bilanz die Entlastung des Vorstandes als erfolgt.

Artikel 239 b. Die Bilanz und die Gewinn- und Verlustrechnung sind mit dem Beschlusse über die Entlastung ohne Verzug von dem Vorstande in den hierzu bestimmten öffentlichen Blättern bekannt zu machen und zu dem Handelsregister einzureichen.

Artikel 239 c. Die Vorschriften der Artikel 185 a, 185 b über die Bilanz und den Reservefonds finden entsprechende Anwendung.

Im Übrigen werden die Grundsätze, nach welchen die Bilanz aufzunehmen, Reservefonds zu bilden und anzulegen sind, und die Prüfung der Bilanz zu erfolgen hat, durch den Gesellschaftsvertrag bestimmt.

Artikel 240. Erreicht der aus der letzten Bilanz *sich ergebende Verlust die Hälfte des Grundkapitals,* so muss der Vorstand unverzüglich die Generalversammlung berufen und dieser davon Anzeige machen.

Sobald Zahlungsunfähigkeit der Gesellschaft eintritt oder sich ergibt, dass ihr Vermögen nicht mehr die Schulden deckt, muss der Vorstand *die Eröffnung des Konkurses beantragen.*

Artikel 241. Die Mitglieder des Vorstandes sind aus den von ihnen im Namen der Gesellschaft vorgenommenen Rechtshandlungen Dritten gegenüber für die Verbindlichkeiten der Gesellschaft persönlich nicht verpflichtet.

Die Mitglieder des Vorstandes haben die Sorgfalt eines ordentlichen Geschäftsmannes anzuwenden. Sie haben, wenn sie in Anspruch genommen werden, die Anwendung dieser Sorgfalt zu beweisen.

Mitglieder, welche ihre Obliegenheiten verletzen, haften der Gesellschaft solidarisch für den dadurch entstandenen Schaden. *Insbesondere sind sie in den Fällen des Artikels 226 Ziffer 1 bis 5, sowie in dem Fall einer nach der Zahlungsunfähigkeit oder Überschuldung der Gesellschaft (Art. 240 Abs. 2) geleisteten Zahlung zum Ersatze verpflichtet.*

In den vorbezeichneten Fällen kann der Ersatzanspruch auch von den Gläubigern der Gesellschaft, soweit sie von dieser ihre Befriedigung nicht erlangen können, selbständig geltend gemacht werden. Die Ersatzpflicht wird ihnen gegenüber dadurch nicht aufgehoben, dass die Handlung auf einem Beschlusse der Generalversammlung beruht.

Vierter Abschnitt. Auflösung der Gesellschaft

Artikel 242. Die Aktiengesellschaft wird aufgelöst:

1. durch Ablauf der im Gesellschaftsvertrage bestimmten Zeit;
2. durch Beschluss der *Generalversammlung;*
3. durch Eröffnung des Konkurses;
4. *durch richterliches Urteil.*

Wenn die Auflösung einer Aktiengesellschaft aus anderen Gründen erfolgt, so finden die Bestimmungen dieses Abschnitts ebenfalls Anwendung.

Artikel 242 a. Die Auflösung durch richterliches Urteil findet statt, wenn die Erreichung des Gesellschaftszweckes unmöglich wird oder wenn andere wichtige Gründe vorliegen.

Die Bestimmungen des Artikels 200 a kommen zur entsprechenden Anwendung.

Artikel 243. Die Auflösung der Gesellschaft muss, wenn sie nicht eine Folge des eröffneten Konkurses ist, durch den Vorstand zur Eintragung in das Handelsregister angemeldet werden; sie muss zu drei verschiedenen Malen durch die hierzu bestimmten öffentlichen Blätter bekannt gemacht werden.

Durch diese Bekanntmachung müssen zugleich die Gläubiger aufgefordert werden, sich bei der Gesellschaft zu melden.

Artikel 244. Die Liquidation geschieht durch den Vorstand, wenn nicht dieselbe durch den Gesellschaftsvertrag oder einen Beschluss der *Generalversammlung* an andere Personen übertragen wird.

Auf den Antrag des Aufsichtsrats oder von Aktionären, deren Anteile zusammen den zwanzigsten Teil des Grundkapitals darstellen, kann aus wichtigen Gründen die Ernennung von Liquidatoren durch den Richter erfolgen.

Die Anmeldung der ersten Liquidatoren zur Eintragung in das Handelsregister ist durch den Vorstand zu machen.

Die Abberufung der Liquidatoren kann durch den Richter unter denselben Voraussetzungen, wie die Bestellung erfolgen. Liquidatoren, welche nicht vom Richter ernannt sind, können auch durch die Generalversammlung jederzeit abberufen werden.

Artikel 244 a. Auf die Liquidatoren finden, soweit nicht in diesem Abschnitt ein Anderes bestimmt ist, die für die Liquidation einer offenen Handelsgesellschaft gegebenen Bestimmungen entsprechende Anwendung.

Die Liquidatoren haben die Rechte und Pflichten des Vorstandes. Die Beschränkungen des Artikels 232 und die in Artikel 234 zugelassene Bestellung von Prokuristen finden nicht statt.

Die Liquidatoren haben bei Beginn der Liquidation eine Bilanz aufzustellen.

Die Veräußerung unbeweglicher Sachen kann durch die Liquidatoren, sofern nicht der Gesellschaftsvertrag oder ein Beschluss der Generalversammlung anders bestimmt, nur durch öffentliche Versteigerung bewirkt werden.

Artikel 245. Das Vermögen einer aufgelösten Aktiengesellschaft wird nach Tilgung ihrer Schulden unter die Aktionäre nach Verhältnis ihrer Aktien verteilt.

Die Verteilung darf nicht eher vollzogen werden, als nach Ablauf eines Jahres, von dem Tage an gerechnet, an welchem die Bekanntmachung in den öffentlichen Blättern zum dritten Male erfolgt ist.

In Ansehung der aus den Handelsbüchern ersichtlichen oder in anderer Weise bekannten Gläubiger und in Ansehung der noch schwebenden Verbindlichkeiten und streitigen Forderungen kommen die bei der Kommanditgesellschaft auf Aktien gegebenen Bestimmungen (Art. 202) zur Anwendung.

Nach gelegter Schlussrechnung ist die Beendigung der Liquidation von den Liquidatoren in den hierzu bestimmten öffentlichen Blättern bekannt zu machen.

Artikel 246. Die Handelsbücher der aufgelösten Gesellschaft sind an einem von dem Handelsgerichte zu bestimmenden sicheren Orte zur Aufbewahrung auf die Dauer von zehn Jahren niederzulegen.

Die Aktionäre und die Gläubiger können zur Einsicht der Handelsbücher vom Handelsgerichte ermächtigt werden.

Artikel 247. Bei der Auflösung einer Aktiengesellschaft durch Vereinigung derselben mit einer anderen Aktiengesellschaft (Art. 215) kommen folgende Bestimmungen zur Anwendung:

1. Das Vermögen der aufzulösenden Gesellschaft ist so lange getrennt zu verwalten, bis die Befriedigung oder Sicherstellung ihrer Gläubiger erfolgt ist.
2. Der bisherige Gerichtsstand der Gesellschaft bleibt für die Dauer der getrennten Vermögensverwaltung bestehen, dagegen wird die Verwaltung von der anderen Gesellschaft geführt.
3. Die Mitglieder des Vorstandes *und des Aufsichtsrats* der letzteren Gesellschaft sind den Gläubigern der aufgelösten Gesellschaft für die Ausführung der getrennten Verwaltung persönlich und solidarisch verantwortlich, *die Mitglieder des Aufsichtsrats soweit eine Vereinigung beider Gesellschaften mit ihrem Wissen und ohne ihr Einschreiten erfolgt ist.*
4. Die Auflösung der Gesellschaft ist zur Eintragung in das Handelsregister anzumelden.
5. Die öffentliche Aufforderung der Gläubiger der aufgelösten Gesellschaft (Art. 243) kann unterlassen oder auf einen späteren Zeitpunkt verschoben werden. Jedoch ist die Vereinigung der Vermögen der beiden Gesellschaften erst in dem Zeitpunkte zulässig, in welchem eine Verteilung des Vermögens einer aufgelösten Aktiengesellschaft unter die Aktionäre erfolgen darf (Art. 245).

Artikel 248. Eine teilweise Zurückzahlung des Grundkapitals an die Aktionäre oder eine Herabsetzung desselben kann nur auf Beschluss der Generalversammlung *und* nur unter Beobachtung derselben Bestimmungen erfolgen, welche für die Verteilung des Gesellschaftsvermögens im Falle der Auflösung maßgebend sind (Art. 243, 245). *Der Beschluss hat zugleich die Art, in welcher die Zurückzahlung oder Herabsetzung erfolgen soll, und die zu ihrer Durchführung erforderlichen Maßregeln festzusetzen. Der Beschluss ist in das Handelsregister einzutragen. Auf die Eintragung und die Beschlussfassung finden die Vorschriften in Artikel 214 und in Artikel 215 Absatz 1 und 5 (Art. 180 f Abs. 3) Anwendung.*

Vierter Titel. Strafbestimmungen

Artikel 249. Persönlich haftende Gesellschafter, Mitglieder des Aufsichtsrats und Liquidatoren einer Kommanditgesellschaft auf Aktien, sowie Mitglieder des Vorstandes und des Aufsichtsrats und Liquidatoren einer Aktiengesellschaft werden, wenn sie absichtlich zum Nachteile der Gesellschaft handeln, mit Gefängnis und zugleich mit Geldstrafe bis zu zwanzigtausend Mark bestraft.

Zugleich kann auf Verlust der bürgerlichen Ehrenrechte erkannt werden.

Artikel 249 a. Mit Gefängnis und zugleich mit Geldstrafe bis zu zwanzigtausend Mark werden bestraft:

1. persönlich haftende Gesellschafter oder Mitglieder des Aufsichtsrats einer Kommanditgesellschaft auf Aktien, *sowie Gründer,* Mitglieder des Vorstandes oder des Aufsichtsrats einer Aktiengesellschaft, welche behufs Eintragung des Gesellschaftsvertrages in das Handelsregister rücksichtlich der Zeichnung oder Einzahlung des Gesamtkapitals der Kommanditisten oder des Grundkapitals der Aktiengesellschaft *oder der in Artikel 175 b oder 209 b vorgesehenen Festsetzungen* wissentlich falsche Angaben machen;

2. *diejenigen, welche rücksichtlich der bezeichneten Tatsachen wissentlich falsche Angaben in einem in Artikel 180 a oder 213 b vorgesehenen Angebote von Aktien machen;*

3. *persönlich haftende Gesellschafter oder Mitglieder des Aufsichtsrats einer Kommanditgesellschaft auf Aktien, sowie Mitglieder des Vorstandes und des Aufsichtsrats einer Aktiengesellschaft, welche behufs Eintragung einer Erhöhung des Gesamtkapitals der Kommanditisten oder des Grundkapitals der Aktiengesellschaft in das Handelsregister (Art. 180 g und 180 h, 215 a und 215 b) rücksichtlich der Einzahlung des bisherigen oder rücksichtlich der Zeichnung oder Einzahlung des erhöhten Kapitals wissentlich falsche Angaben machen.*

Zugleich kann auf Verlust der bürgerlichen Ehrenrechte erkannt werden.

Sind mildernde Umstände vorhanden, so tritt ausschließlich die Geldstrafe ein.

Artikel 249 b. Persönlich haftende Gesellschafter, Mitglieder des Aufsichtsrats und Liquidatoren einer Kommanditgesellschaft auf Aktien, sowie Mitglieder des Vorstandes und des Aufsichtsrats *und Liquidatoren* einer Aktiengesellschaft werden *mit Gefängnis bis zu einem Jahr und Geldstrafe bis zu zwanzigtausend Mark bestraft:*

1. wenn sie *wissentlich* in ihren Darstellungen, in ihren Übersichten über den Vermögensstand der Gesellschaft oder in den in der Generalversammlung gehaltenen Vorträgen den Stand der Verhältnisse der Gesellschaft unwahr darstellen oder verschleiern;

2. *wenn sie vor der vollen Einzahlung des Gesamtkapitals der Kommanditisten oder des Grundkapitals der Aktiengesellschaft oder im Falle einer Erhöhung des Gesamtkapitals oder des Grundkapitals vor der vollen Einzahlung des hierfür festgesetzten Betrages (Art. 180 g Abs. 2, 215 a Abs. 2) Aktien ausgeben;*

3. *wenn sie in dem Fall einer stattgefundenen Erhöhung des Gesamtkapitals oder des Grundkapitals vor Eintragung derselben in das Handelsregister (Art. 180 h Abs. 2, 215 c Abs. 4) Aktien, Promessen oder Interimsscheine ausgeben.*

Zugleich kann auf Verlust der bürgerlichen Ehrenrechte erkannt werden.

Sind mildernde Umstände vorhanden, so tritt ausschließlich die Geldstrafe ein.

Artikel 249 c. Mit Gefängnis bis zu drei Monaten *und Geldstrafe bis zu fünftausend Mark werden bestraft:*

1. die persönlich haftenden Gesellschafter, die Mitglieder des Aufsichtsrats *und die Liquidatoren* einer Kommanditgesellschaft auf Aktien, sowie die Mitglieder des Vorstandes und des Aufsichtsrats *und die Liquidatoren* einer Aktiengesellschaft, wenn länger als drei Monate die Gesellschaft ohne Aufsichtsrat geblieben ist oder in dem letzteren die zur Beschlussfähigkeit erforderliche Zahl von Mitgliedern gefehlt hat;

2. die Mitglieder des Vorstandes *und die Liquidatoren* einer Aktiengesellschaft, wenn sie *entgegen* der Vorschrift des Artikels 240 Absatz 2 *es unterlassen haben, die Eröffnung des Konkurses zu beantragen.*

Sind mildernde Umstände vorhanden, so ist auf die Geldstrafe ausschließlich zu erkennen.

Die Strafe tritt nicht *gegen denjenigen ein, welcher nachweist, dass die Bestellung oder Ergänzung des Aufsichtsrats oder der Eröffnungsantrag* ohne *sein* Verschulden unterblieben ist.

Artikel 249 d. Mit Gefängnis bis zu einem Jahre und Geldstrafe bis zu zehntausend Mark wird bestraft:

1. *wer in öffentlichen Bekanntmachungen falsche Tatsachen vorspiegelt oder wahre Tatsachen entstellt, um zur Beteiligung an einem Aktienunternehmen zu bestimmen;*

2. *wer in betrügerischer Absicht auf Täuschung berechnete Mittel anwendet, um auf den Kurs von Aktien einzuwirken;*

3. *wer über die Hinterlegung von Aktien Bescheinigungen, welche zum Nachweise des Stimmrechts in einer Generalversammlung dienen sollen, wissentlich falsch ausstellt oder verfälscht, oder von einer solchen Bescheinigung, wissend, dass sie falsch oder verfälscht ist, zur Ausübung des Stimmrechts Gebrauch macht.*

Zugleich kann auf Verlust der bürgerlichen Ehrenrechte erkannt werden.

Sind mildernde Umstände vorhanden, so tritt ausschließlich die Geldstrafe ein.

Artikel 249 e. Wer sich besondere Vorteile dafür hat gewähren oder versprechen lassen, dass er bei einer Abstimmung in der Generalversammlung von Kommanditisten oder Aktionären in einem gewissen Sinne stimme, wird mit Geldstrafe bis zu dreitausend Mark oder mit Gefängnis bis zu einem Jahre bestraft.

Artikel 249 f. Die persönlich haftenden Gesellschafter und die Liquidatoren einer Kommanditgesellschaft auf Aktien sind zur Befolgung der in den Artikeln 179, 185, 185 a Absatz 2, 190 a Absatz 3 und 5, 190 b Absatz 3 und 4, 193 Absatz 2 enthaltenen Vorschriften von dem Handelsgerichte durch Ordnungsstrafen anzuhalten.

In gleicher Weise sind die Mitglieder des Vorstandes und die Liquidatoren einer Aktiengesellschaft zur Befolgung der in den Artikeln 212, 213 e Absatz 4, 222 (Art. 190 a Abs. 3, 5, 190 b Abs. 3, 4), 225 Absatz 1, 228, 233 Absatz 1, 238 a Absatz 2, 239 Absatz 2, 239 a Absatz 3 (Art. 190 b Abs. 3), 239 b, 239 c bezüglich der von dem Reichskanzler aufgestellten Formulare (Art. 185 a Abs. 2), ferner der in Artikel

240 Absatz 1, 243 Absatz 1, 244 Absatz 3 und 247 Ziffer 4 enthaltenen Vorschriften anzuhalten.

§ 2. Die in den Artikeln 173, 173 a, 174 a, 175 Absatz 1 und 2, 175 a bis 177, 180 und 207, 207 a, 209 Absatz 1 und 2, 209 a bis 210 c, 213 a der neuen Fassung enthaltenen Bestimmungen finden auf Gesellschaften, welche vor dem Tage des Inkrafttretens dieses Gesetzes angemeldet sind, aber erst an oder nach diesem Tage zur Eintragung in das Handelsregister gelangen, keine Anwendung, sofern schon vor dem bezeichneten Tage die Voraussetzungen erfüllt sind, an deren Nachweis die bisherigen Bestimmungen die Eintragung knüpfen.

Dasselbe gilt für diese Gesellschaften sowie für die schon bestehenden Gesellschaften von den Vorschriften der Artikel 180 a bis 180 d, 181 und 213 b bis 213 e.

Die Vorschrift in Artikel 181 a und 215 c über die Unzulässigkeit der Ausgabe von Promessen und Interimsscheinen vor der Eintragung des Gesellschaftsvertrages in das Handelsregister findet auf die im ersten Absatze bezeichneten Gesellschaften Anwendung.

§ 3. Auf eine Erhöhung des Gesamtkapitals der Kommanditisten oder des Grundkapitals bestehender Gesellschaften kommen die Bestimmungen dieses Gesetzes nicht zur Anwendung, sofern die geforderte Einzahlung auf das erhöhte Kapital vor dem Inkrafttreten dieses Gesetzes bewirkt ist.

§ 4. Die Vorschriften in Artikel 190 Absatz 1 und 4 (Art. 221) über das Stimmrecht finden auf die bestehenden und die in § 2 Absatz 1 bezeichneten Gesellschaften nicht Anwendung, soweit der Gesellschaftsvertrag zur Zeit des Inkrafttretens dieses Gesetzes andere Bestimmungen enthält.

§ 5. Die bestehenden und die in § 2 Absatz 1 bezeichneten Gesellschaften dürfen aufgrund des Artikels 222 Ziffer 3 der alten Fassung von dem Inkrafttreten dieses Gesetzes ab die Zeichner nicht vollständig eingezahlter Aktien von der Haftung für weitere Einzahlungen nicht befreien und Promessen oder Interimsscheine, welche auf Inhaber lauten, nur insoweit ausstellen, als die Befreiung des Zeichners schon vor diesem Tage eingetreten ist.

§ 6. Die Vorschrift des Artikels 225 a der neuen Fassung findet auf die vor der Geltung des Handelsgesetzbuchs errichteten Gesellschaften keine Anwendung, soweit der Gesellschaftsvertrag nach Maßgabe der früheren Vorschriften abweichende Bestimmungen enthält.

Die Vorschriften der Artikel 196 a, 232 finden auf Mitglieder des Vorstandes einer bestehenden oder einer in § 2 Absatz 1 bezeichneten Gesellschaft keine Anwendung, sofern die Bestellung des Mitgliedes vor dem Inkrafttreten dieses Gesetzes erfolgt ist.

§ 7. Von den in den Artikeln 185 a, 185 b und 239 bis 239 c der neuen Fassung enthaltenen Vorschriften über Bilanz und Reservefonds finden auf die bestehenden Gesellschaften die Vorschriften rücksichtlich eines erhöhten Kapitals (Art. 185 a Ziff. 5, 185 b Ziff. 1 und 239 c) schon für das bei dem Inkrafttreten des Gesetzes laufende Geschäftsjahr, die übrigen Vorschriften erst vom Beginn des folgenden Geschäftsjahres Anwendung.

Werden in Gemäßheit der Vorschrift in Artikel 185 a Ziffer 3 und 239 c dauernd zum Geschäftsbetriebe der Gesellschaft bestimmte Gegenstände unter Zugrundelegung des Anschaffungs- oder Herstellungspreises zu einem Betrage angesetzt, welcher den Wert übersteigt, mit welchem sie in der Bilanz des letzten Geschäftsjahres vor dem ...... (x) enthalten sind, so dürfen hierauf beruhende Dividenden nur unter Beobachtung der Vorschriften gezahlt werden, welche für eine Herabsetzung des Kapitals der Kommanditisten oder des Grundkapitals maßgebend sind.

Vierter Teil: Der Aktiengesetzentwurf im Bundesrat (1883/84)

I. *Gutachten der Handelskammer zu Hamburg betreffend Reform des Aktiengesellschaftsrechts (Januar 1884)*

Die Hamburgische Handelskammer hat auf Erfordern an die Deputation für Handel und Schifffahrt das nachstehende Gutachten über den *Entwurf eines Gesetzes betreffend die Kommanditgesellschaften auf Aktien und die Aktiengesellschaften* erstattet.

Der Ruf nach einer Reform des Aktiengesellschaftsrechts in Deutschland ward laut, als zu Beginn des vorigen Jahrzehnts mit dem plötzlichen Aufschwung der wirtschaftlichen Tätigkeit die Periode des Gründungsschwindels eintrat, welche den Zusammenbruch vieler, namentlich neu errichteter Aktiengesellschaften im Gefolge hatte. Für diese beklagenswerten Erscheinungen wurde von vielen Seiten hauptsächlich die Aktiengesetz-Novelle vom 11. Juni 1870 verantwortlich gemacht und deren Reform verlangt, weil dieselbe für den größten Teil Deutschlands mit der Beseitigung der staatlichen Genehmigung und Beaufsichtigung der Aktiengesellschaften einen freieren Rechtszustand herbeigeführt und damit die Ausschreitungen auf dem Gebiete des Aktiengesellschaftswesens erst ermöglicht habe. Gleichzeitig wurden aber auch warnende Stimmen laut, welche von einer, noch unter dem Eindrucke der Gründerperiode vorzunehmenden Gesetzreform keine Besserung, sondern eher eine weitere Schädigung des wirtschaftlichen Verkehrslebens befürchteten.

Auch die Handelskammer hat ihre bezüglichen Bedenken in ihrem, der Deputation unter dem 2. Oktober 1873 erstatteten Gutachten [bei *W. Schubert,* Vom Konzessions- zum Normativsystem. Materialien zur Aktienrechtsnovelle vom 11.6.1870, Berlin 2017] entwickelt, in welchem sie u.A. darauf hinwies, dass die in Hamburg schon lange vor der Novelle von 1870 bestandene größere Freiheit im Aktiengesellschaftsrechte das hiesige Publikum vor dem Wahne, die eigene Prüfung gewagter Unternehmungen könne durch gesetzliche Schutzvorschriften ersetzt werden, bewahrt und zu größerer Vorsicht bei der Beteiligung an Aktiengesellschaften erzogen habe. Hierin sei ein wesentlicher Grund dafür zu erblicken, dass Hamburg unter den krankhaften Erscheinungen der Krisis weniger als andere Plätze zu leiden gehabt hat.

Die Handelskammer steht auch heute noch prinzipiell auf demselben Standpunkte und sie konstatiert mit Genugtuung, dass auch die Motive zu dem vorliegenden Gesetzentwurf (der selbst freilich in manchen Bestimmungen eine andere Tendenz verfolgt) es anerkennen, dass die Ursachen der Krisis nicht in der Gesetzgebung von 1870, sondern „weitaus überwiegend in der allgemeinen wirtschaftlichen Lage begründet gewesen und demgemäß auf Gebieten zu suchen sind, welche sich der Beeinflussung durch den Gesetzgeber im Wesentlichen entziehen." (Motive, S. 54/76).

Erscheint demnach eine Gesetzesreform an sich nicht ausreichend zur Verhütung einer ungesunden Entwicklung des Aktiengesellschaftswesens, so verkennt die

Handelskammer doch nicht, dass das zeitige Aktiengesellschaftsrecht, nach den inzwischen gemachten Erfahrungen, in einzelnen Punkten sowohl verbesserungsfähig, als auch verbesserungsbedürftig ist, und dass die gegenwärtige Zeit ruhiger und wirtschaftlicher Tätigkeit für die besonnene Durchführung des Reformwerks besonders geeignet sein dürfte.

Von diesem Gesichtspunkte aus hat die Handelskammer den Gesetzentwurf einer Prüfung unterzogen und zu den einzelnen Bestimmungen desselben im Nachstehenden ihre Bemerkungen gemacht. Die Aufstellung formulierter Abänderungsvorschläge hat die Kammer nicht für ihre Aufgabe erachtet.

1. Die Aktie

Namens- und Inhaberaktien

Der Gesetzentwurf behält, entsprechend dem jetzigen Aktiengesellschaftsrechte, die Inhaber- und die Namensaktie bei und erklärt die letztere für die bei der Aktienkommandite allein zulässige Aktienform (Art. 175 und 207). Den Motiven für die Beibehaltung beider Aktienarten wird zuzustimmen sein. Insbesondere wird auch zugegeben werden müssen, dass die größere Schwierigkeit bei der Veräußerung der Namensaktie (Art. 182, 183 und 220), die auch durch die Möglichkeit der Begebung mittelst Blanko-Indossaments nicht gänzlich behoben wird, neben den nicht zu verkennenden Nachteilen doch auch die für manche Aktiengesellschaften und namentlich für die Kommanditgesellschaften auf Aktien häufig erwünschte Folge hat, dass sie eine größere Stabilität in den Personen der Aktionäre bewirkt.

Die Handelskammer hat daher keine Veranlassung, diesbezüglich, wie von einigen Seiten geschieht, eine Änderung des zeitigen Aktienrechts zu befürworten, für welche sie ein Bedürfnis nicht anzuerkennen vermag.

Mindestbeitrag der Aktie

Dagegen muss sie gegen die beabsichtigte starke Erhöhung bzw. ungleiche Bemessung des zulässigen Mindestbetrages der Aktien ihre Bedenken geltend machen. Der Entwurf will den Mindestbetrag für Namensaktien (bisher 150 M, bei Versicherungsgesellschaften 300 M) auf 1000 M, für Inhaberaktien (bisher 800 M) auf 5000 M erhöhen (Art. 178 a und 207 a) und damit das seither gesetzlich fixierte Verhältnis zwischen den zulässigen Mindestbeträgen der beiden Aktienarten von 1 zu 2 in ein solches von 1 zu 5 verändern. Mit dieser Bestimmung würde ein Druck nach der Richtung einer Bevorzugung der Namensaktien ausgeübt werden, der nach der Begründung des Entwurfs selbst nicht gerechtfertigt wäre. Die Motive erkennen an, „dass die Form der Inhaberaktie dem Grundgedanken der Aktiengesellschaft als eines Kapitalvereins am meisten entspricht, und dass der Verkehr auf diese Form hindrängt ... Beide Formen von Aktien müssen dem Verkehr offen stehen; die Natur und Größe des Unternehmens muss entscheiden, welcher Form der Vorzug zu geben ist.“ Dann sollte man aber auch die Wahl der im konkreten

Falle einem Unternehmen am meisten entsprechenden Aktienform den Begründern desselben überlassen und sie nicht dadurch beeinflussen, dass für die Inhaberaktie ein unverhältnismäßig hoher Mindestbetrag festgesetzt wird.

Als Hauptgrund für die bedeutende Erhöhung des Mindestbetrages der Aktie – auf den fast siebenfachen bzw. siebenzehnfachen Betrag der gegenwärtigen Normierung – führen die Motive an, dass damit die Ausschließung des sog. „kleinen Mannes“ von der Beteiligung an Aktienunternehmungen bezweckt werde. Ob es die Aufgabe der Gesetzgebung sein könne, auf dergleichen Willensbetätigungen, für die der Betreffende die Folgen allein zu tragen hat, beeinflussend einzuwirken, will die Handelskammer dahingestellt sein lassen; aber auch das Wünschenswerte des verfolgten Zieles zugegeben, erscheint doch das gewählte Mittel zur Erreichung desselben wenig geeignet. Die Beteiligung des kleinen Kapitalisten würde auch bei 5000 M Aktien – wenn ihm der landläufige Zinsertrag sicherer inländischer Wertpapiere, also vor allem der Staatspapiere, nicht genügt – unter Zuhilfenahme der Bankiers-Vermittlung nicht absolut ausgeschlossen sein. Namentlich würde sich aber solche Beteiligung in Zukunft vorzugsweise den schon bestehenden, auf geringere Beträge lautenden inländischen Aktien, sowie auch den ausländischen Wertpapieren in erhöhtem Maße zuwenden, für die hieraus eine Art Prämie erwachsen würde, eine Folge, die wohl nicht als wünschenswert angesehen werden kann. An einem Ausschluss der ausländischen Wertpapiere vom deutschen Effektenmarkte kann aber ernstlich wohl nicht gedacht werden.

Noch viel weniger würde der Spekulation an der Börse durch die hohe Bemessung des Mindestbetrages der Inhaberaktie das Material entzogen werden; dieselbe operiert meist mit höheren Beträgen, bei welchen es keine Rolle spielt, ob dieselben durch Aktien in größeren oder kleineren Stücken repräsentiert sind.

Dürfte somit die Maßregel nach den beiden obigen Richtungen hin den von ihr gehegten Erwartungen nicht ganz entsprechen, so steht ihr andererseits das schwerwiegende Bedenken entgegen, dass das Inslebentreten mancher Aktienunternehmungen dadurch erschwert, unter Umständen sogar unmöglich gemacht werden würde. Es kann Verhältnisse geben, unter welchen gerade die Form der Aktiengesellschaften mit Inhaberaktien die für das Unternehmen allein geeignete ist. Der hohe Nominalbetrag der Einzelaktie würde aber die Beteiligung an dem Unternehmen voraussichtlich auf sehr enge Kapitalistenkreise einschränken. Der charakteristische Hauptvorzug der Aktiengesellschaftsform, das Unternehmen auf der Basis einer Kapitalassoziation Vieler aufzubauen, wobei den Einzelnen kein zu großes Risiko trifft, würde damit beseitigt werden. Wer die Aktiengesellschaftsform für eine wirtschaftlich notwendige und nützliche Institution anerkennt, wird einer so erheblichen Erschwerung der Errichtung von Aktiengesellschaften, wie sie in der vorgeschlagenen Bemessung des Mindestbetrages der Inhaberaktie liegt, nicht zustimmen können.

Sollte eine immerhin wesentliche Erhöhung gegenüber der gegenwärtigen Norm für unerlässlich erachtet werden, so dürfte, nach Ansicht der Handelskammer, mit Rücksicht darauf, dass auch schon jetzt Aktien vielfach zu höheren als den gesetzlich fixierten Mindestbeträgen ausgegeben werden, der für die Namensaktie mit 1000 M in Aussicht genommene Mindestbetrag auch für die Inhaberaktie als die äußerste

Grenze zu betrachten sein, über welche hinaus der Gesetzgeber nicht gehen sollte, wenn er die zu befürchtenden, oben angedeuteten Folgen vermeiden will.

Ermächtigung des Reichskanzlers, in Ausnahmefällen die Ausgabe von Aktien zu einem geringeren Nominalbetrage zuzulassen:

Die Handelskammer vermag eine Milderung der Vorschrift bezüglich des Aktienmindestbetrages in der (Art. 173 a und 207 a) vorgesehenen Bestimmung nicht zu erblicken, nach welcher dem Reichskanzler für gemeinnützige Unternehmungen im Falle eines besonderen örtlichen Bedürfnisses etc. das Recht zustehen soll, „nach Anhörung der Ausschüsse des Bundesrats für Handel und Verkehr und für Justizwesen" die Ausgabe von Namensaktien zu einem geringeren, jedoch mindestens 200 M erreichenden Betrage zuzulassen. Diese Bestimmung, die eine Art von Konzessionierung wieder einführt, kann sich nur auf Ausnahmen beziehen. Für dergleichen Ausnahmefälle müsste aber auch den Landesregierungen, welche viel eher in der Lage sind, das örtliche Bedürfnis für die in Betracht kommenden Unternehmungen zu beurteilen, das dem Reichskanzler zu gewährende Recht zugestanden werden. Von der Normierung eines Aktienmindestbetrages für solche Fälle sollte im Gesetze ganz abgesehen werden.

2. Haftung aus der Aktie

Höhe der 1. Einzahlung

Mit den Bestimmungen des Gesetzentwurfs, dass bei beiden Gesellschaftsformen – der Aktiengesellschaft und der Aktienkommandite – die erste Einzahlung 25% betragen müsse (Art. 176 und 210), und dass vor erfolgter Volleinzahlung Aktien nicht ausgegeben werden sollen (Art. 183 a und 215 c), erklärt sich die Handelskammer einverstanden.

Verbot der Ausgabe nicht vollgezahlter Aktien

Mit dem Verbot der Ausgabe nicht vollgezahlter Aktien steht im engen Zusammenhange:

1. das Verbot der bisher bei Aktiengesellschaften (laut Vereinbarung im Gesellschaftsvertrage) zulässigen Liberierung der Zeichner von den restlichen, 60 Prozent des Nominalbetrages betragenden Einzahlungen (HGB Art. 222, Ziffer 3);
2. die Haftung aus der Aktie für den noch fehlenden Betrag.

Verbot der Liberierung und der Ausgabe von Inhaberpromessen und Interimsscheinen:

ad 1. Die Handelskammer erklärt sich mit dem Verbot der Liberierung und dem damit zusammenhängenden Verbot der Ausgabe von auf „Inhaber" lautenden Promessen und Interimsscheinen einverstanden, indem sie die in den Motiven enthaltenen diesbezüglichen Ausführungen für zutreffend erachtet, namentlich den Hinweis, dass mit dem Liberierungsverbot eine größere Sicherheit für die Gesellschaftsgläubiger geschaffen werden solle. Die Handelskammer sieht in der bisher zulässigen Liberierung nicht vollgezahlter Aktien bei gleichzeitiger Möglichkeit der Ausgabe neuer Aktien die aus dem zeitigen Aktienrechte zu beseitigenden Voraussetzungen für eine verwerfliche Agiotage.

Die Bedenken, dass mit Beseitigung der Liberierungsmöglichkeit die Aktiengesellschaften sich in Zukunft meist veranlasst sehen würden, die Volleinzahlung auszuschreiben, bevor ein wirkliches Verwendungsbedürfnis für das Kapital vorläge, und dass die Möglichkeit der alsbaldigen Einberufung des ganzen gezeichneten Kapitals die Zeichner abschrecken und damit das Zustandekommen mancher Aktiengesellschaften gefährden würde, vermag die Handelskammer nicht zu teilen. Der ernstliche und zahlungsfähige Zeichner wird sich auch schon seither nicht durch die Aussicht auf eine mögliche Liberierung zur Aktienzeichnung veranlasst gesehen haben, und wird ebenso wenig in Zukunft sich durch die Möglichkeit, vielleicht schon in kurzer Zeit zu weiteren Einzahlungen aufgefordert zu werden, davon abhalten lassen.

Ferner glaubt die Handelskammer, dass die Befürchtungen wegen einer unwirtschaftlichen Kapitalsanhäufung in Folge Ausschreibung der Vollzahlung des Grundkapitals übertriebene sind. In den meisten Fällen werden die Begründer und Leiter eines Aktienunternehmens in der Lage sein, das Aktienkapital den Bedürfnissen des Unternehmens entsprechend zu bemessen, so dass die Einzahlung des ganzen Grundkapitals in einem bestimmten Zeitraume sie nicht in Verlegenheit wegen Verwendung desselben setzen wird. Ja, es kann als wünschenswert erachtet werden, dass Aktiengesellschaften nicht mehr, wie bisher wohl der Fall, mit einem über Bedürfnis großen Grundkapital – in Voraussicht der möglichen Liberierung – ins Leben gerufen werden. In Zukunft dürften Aktien immer nur aus einem das Bedürfnis deckenden Betrage ermittelt werden und ist hierzu in der jederzeit zulässigen Erhöhung des Grundkapitals die Möglichkeit gegeben. Für den Fall, dass das Grundkapital über Bedürfnis hoch bemessen worden sein sollte, liegt auch eine Herabsetzung desselben in der Machtbefugnis der Generalversammlung (Art. 180 g und 215 a bzw. 203 und 248).

Haftung des Zeichners des zeitigen Aktionärs und der Zwischenmänner

ad 2. Was die Haftung aus der Aktie betrifft, so stipuliert der Entwurf für beide Gesellschaftsformen die gleichen Bedingungen (Art. 184–184 b und 219), indem er in erster Linie den jeweiligen Aktionär (Besitzer bzw. Erwerber der Aktie resp. des Interimsscheins), dagegen die Zeichner und die Zwischenaktionäre nur subsidiarisch haften lässt. Die subsidiäre Haftung der letzteren kommt in der Weise zur Geltung, dass ein Zurückgreifen auf die Vormänner nur eintreten soll,

1. soweit die Zahlung von dem jedesmaligen Rechtsnachfolger nicht zu erlangen ist (also kein Sprungregress);

2. sofern die Gesellschaft den in Anspruch genommenen Vormann wieder in das Aktienrecht einsetzt, d.h. unter Verfallserklärung der alten Aktie ihm eine neue bzw. einen neuen Interimsschein ausliefert;

3. sofern die Einzahlung von dem Vormanne für die innerhalb zwei Jahren nach der Anmeldung seines Aktienbesitzes zur Übertragung an seinen Rechtsnachfolger von der Gesellschaft ausgeschriebenen Beträge gefordert wird.

Es muss zugegeben werden, dass der hier gekennzeichnete Regressweg logisch richtig konstruiert ist; die große Kompliziertheit desselben lässt ihn jedoch vom praktischen Gesichtspunkte als keinen Fortschritt gegenüber dem bisherigen Recht erscheinen. Namentlich entspricht es nicht dem praktischen Bedürfnisse, den Zwischenaktionär, der häufig nur ein vorübergehendes Interesse am Aktienbesitze hat, noch zwei Jahre, nachdem er die Übertragung desselben auf seinen Rechtsnachfolger bei der Gesellschaft angemeldet hat, während der erste Zeichner, bei welchem doch das größere Interesse und eine eingehendere Kenntnisnahme von den Grundlagen des Unternehmens vorausgesetzt werden können, erst in letzter Reihe herangezogen werden würde. Diese Bestimmung würde viel mehr als das Liberierungsverbot dazu beitragen, dass die Volleinzahlung möglichst bald ausgeschrieben werden würde, um den Aktien die unbehinderte Umlaufsfähigkeit zu sichern.

Volleinzahlung der Aktien innerhalb zwei Jahren seit Errichtung der Gesellschaft

Die Handelskammer vermag bei der Volleinzahlung des Grundkapitals in ausreichend bemessener Zeit die von anderer Seite befürchteten Nachteile – wie oben bereits ausgeführt – nicht zu erkennen, vielmehr glaubt sie in derselben so große Vorteile für die solide Fundierung der Aktiengesellschaften erblicken zu müssen, dass sie es für unbedenklich halten würde, wenn im Gesetz die obligatorische Volleinzahlung der Aktien innerhalb zwei Jahren seit Eintragung der Gesellschaft in das Handelsregister (bzw. bei Kapitalerhöhungen seit Eintragung des Beschlusses, cfr. Art. 215 a Absatz 3) ausdrücklich vorgeschrieben werden würde, wobei jedoch für Versicherungsgesellschaften – wie im Entwurf bezüglich der Kapitalerhöhung im Art. 215 a bereits vorgesehen – der Vorbehalt gemacht werden müsste, dass der Gesellschaftsvertrag ein Anderes bestimmen könne.

Mit der hier vorgeschlagenen Bestimmung würde sich ein Haftungsmodus vereinigen lassen, wonach für die Vollzahlung der Aktie in erster Linie der zeitige Besitzer, in zweiter der Zeichner zu haften hätte. Nach Ablauf von zwei Jahren seit Errichtung einer Gesellschaft würden nicht mehr eine Haftung involvierende Interimsscheine, sondern nur vollgezahlte Aktien im Umlauf sein. Ein zweijähriger Zeitraum, den der Gesetzentwurf bei verschiedenen Anlässen als eine Übergangszeit annimmt, würde auch in diesem Falle die erforderliche, aber auch ausreichende Zeitbemessung für die Konsolidierung der Gesellschaftsverhältnisse, andererseits aber auch für die Geschäftsleitung sein, damit ihr keine Schwierigkeiten wegen Verwendung des einzufordernden Kapitals im Unternehmen erwachsen. Den Gesellschaftsgläubigern würde die Sicherheit gegeben sein, dass das Grundkapital innerhalb einer bestimmt bemessenen Frist zur Einzahlung werde einberufen werden.

Dass die Versicherungsaktiengesellschaften anders als die übrigen Aktiengesellschaften zu beurteilen sind, haben die Motive anlässlich der Besprechung der Kapitalerhöhung anerkannt und sind die Ausführungen auch für den vorliegenden Fall zutreffend.

Ausschließung des Aufrechnungs- und des Zurückbehaltungsrechts

Die Bestimmungen des Entwurfs, welche die von Rechts wegen eintretende Verpflichtung des säumigen Gesellschafters bzw. Aktionärs zur Zahlung von Verzugszinsen, die Berechtigung der Gesellschaft zur Festsetzung von Konventionalstrafen in solchen Fällen (Art. 184 u. 219), das Verbot der Aufrechnung von Gegenforderungen gegen die auf Aktien zu leistenden Einzahlungen und die Unzulässigkeit der Geltendmachung eines Zurückbehaltungsrechts an dem Gegenstande einer zu leistenden Einlage wegen nicht auf diese selbst bezüglicher Forderungen an die Gesellschaft betreffen (Art. 184 c und 219), finden die Zustimmung der Handelskammer.

3. Erhöhung des Grundkapitals

Unzulässigkeit der Emission neuer Aktien vor erfolgter Vollzahlung des bisherigen Grundkapitals

Die Vorschrift, dass vor der vollen Einzahlung des Grundkapitals eine Erhöhung desselben nicht erfolgen dürfe (Art. 180 g und 215 a), muss für vollberechtigt angesehen werden.

Bezugsrechte, Gründervorteile, Superdividenden

Auch der Bestimmung, dass eine Zusicherung von Vorzugsrechten auf den Bezug neu auszugebender Aktien, soweit sie vor dem Beschluss der Erhöhung des Grundkapitals erfolgte, der Gesellschaft gegenüber unwirksam sein solle (Art. 215 a), kann zugestimmt werden. Dabei ist zu bemerken, dass auch nach dem Entwurf der berechtigte Gründervorteil, ja selbst die Ausbedingung bestimmter Superdividenden durchaus nicht ausgeschlossen, vielmehr im Entwurf und in den Motiven ausdrücklich für zulässig anerkannt, in einzelnen Fällen sogar für empfehlenswert erklärt worden ist (Art. 176 b und 209 b); in allen diesen Fällen müssen aber solche Vorrechte im Gesellschaftsvertrage festgesetzt werden.

Emission unter Pari

Sollen die neuen Aktien einer Kapitalerhöhung über oder unter Pari ausgegeben werden, so hat die Generalversammlung darüber zu beschließen und den Mindestbetrag festzusetzen (Art. 180 g und 215 a); eine Emission unter Pari ist jedoch in den ersten zwei Jahren seit Eintragung der Gesellschaft in das Handelsregister nicht statthaft.

Die Handelskammer ist der Ansicht, dass eine Aktienemission zu einem niedrigeren als dem Nennwerte der Aktien überhaupt für unzulässig erklärt werden sollte. Der Entwurf bestimmt zwar (Art. 185 a Ziff. 5 und 239 c Abs. 1), dass auch bei der Unterpari-Emission der volle Nominalbetrag in die Bilanz eingestellt werden müsse, wodurch eine Benachteiligung der Gesellschaftsgläubiger ausgeschlossen erscheint, während die alten Aktionäre sich einer solchen erwehren konnten, da sie ja selbst wegen der Unterpari-Emission zu beschließen hätten. Wenn aber eine Gesellschaft in einer so wenig kreditwürdigen Lage ist, dass sie eine al pari Aktienausgabe nicht unterbringen und auch in anderer Form durch Prioritäts-Obligationen etc. sich die benötigten Kapitalien nicht verschaffen kann, so ist es doch äußerst bedenklich, ihr den Weg der Unterpari-Emission zur Beschaffung dieser Mittel zu öffnen.

Die Handelskammer erachtet daher den Ausschluss der Zulässigkeit einer Ausgabe von Aktien unter dem Nennwert derselben für geboten.

4. Normativbestimmungen für die Gründung

Beteiligung der persönlich haftenden Gesellschafter einer Aktienkommandite am Gesellschaftsvermögen

Zu den Normativbestimmungen für die Gründung von Aktiengesellschaften und Aktienkommanditen übergehend, wendet sich die Handelskammer zunächst den, in dem jetzigen Aktienrechte nicht enthaltenen Bestimmungen (in Art. 174 a und 181) zu, welche das Verhältnis der persönlich haftenden Gesellschafter einer Aktienkommanditgesellschaft zu der letzteren regeln. Danach sollen sich die Komplementäre an der Gesellschaft mit Einlagen, welche zusammen mindestens den zehnten Teil des Gesellschaftsvermögens, einschließlich des Gesamtkapitals der Kommanditisten, darstellen, beteiligen, und dürfen die Anteile, welche auf solche Einlagen ihnen am Gesellschaftsvermögen zugewiesen werden – selbst bei ihrem Ausscheiden noch zehn Jahre lang seit Eintragung der Gesellschaft in das Handelsregister – nur an andere persönlich haftende Gesellschafter veräußert werden.

Die Handelskammer hält diese Bestimmungen, welche zukünftig in der Regel nur sehr wohlhabenden Personen es noch gestatten würden, persönlich haftende Gesellschafter einer Aktienkommandite zu werden, für zu weit gehend. Da es bei dieser Gesellschaftsform eben so sehr, wenn nicht in noch höherem Maße, auf die geeignete tüchtige Persönlichkeit für die Leitung des Unternehmens, als auf die pekuniäre Beteiligung derselben am Gesellschaftsvermögen ankommt, da ferner in manchen nicht seltenen Fällen (z. B. bei Erbschaftsteilungen) der bisherige Leiter eines Unternehmens bei der Überführung desselben in eine Aktienkommanditgesellschaft als persönlich haftender Gesellschafter an die Spitze derselben zu treten bereit ist, das erforderliche Kapital aber eben bei den Kommanditisten gesucht wird, so würden die beregten Bestimmungen häufig die Errichtung von Aktienkommanditen gerade in solchen Fällen verhindern, wo diese Gesellschaftsform dem Unternehmen am meisten entspräche. Seither hat sich die Haftung des Gesellschafters mit seinem ganzen Vermögen noch immer als ausreichend erwiesen; erscheint die Beteiligung desselben am Gesellschaftsvermögen im gegebenen Falle für wünschenswert, so mag dies im Gesellschaftsvertrage vereinbart werden.

Die Handelskammer muss sich daher gegen die Bestimmungen in Art. 174 a und 181 erklären und befürwortet, an deren Stelle vorzuschreiben, dass die Höhe der Einlagen der persönlich haftenden Gesellschafter durch den Gesellschaftsvertrag festzusetzen sei. Wenn eine Bestimmung über die Dauer dieser Beteiligung im Gesetz für unerlässlich erachtet werden sollte, so befürwortet die Handelskammer dieselbe auf eine kürzere als die vorgesehene Zeit, etwa auf drei Jahre seit Eintragung der Gesellschaft in das Handelsregister, falls der Gesellschaftsvertrag nicht eine längere Frist vorschreibe, festzustellen.

Gründung einer Aktiengesellschaft durch mindestens fünf Gründer

In Art. 209 ist bestimmt, dass das Statut einer Aktiengesellschaft durch mindestens fünf Aktionäre (Gründer) in gerichtlicher oder notarieller Verhandlung festgestellt werden müsse. Damit ist die Errichtung einer Aktiengesellschaft durch weniger als fünf Personen ausgeschlossen. Es ist unerfindlich, warum nicht auch eine geringere Anzahl von Gründern ein Aktienunternehmen sollte ins Leben rufen dürfen. Soll die Hinzuziehung von Strohmännern vermieden werden, so dürfte es angezeigt sein, die Beschränkung fallen zu lassen.

Übernahme aller Aktien durch die Gründer (Simultangründung) und Aufbringung des Grundkapitals mittelst Zeichnung (Sukzessivgründung)

Der Gesetzentwurf unterscheidet bei der Aktiengesellschaft zwischen der Simultan- und der Sukzessivgründung, trifft jedoch bei der Aktienkommandite nur für die Form der letzteren Bestimmungen. (Art. 209 c und d bzw. 175 c) Die Handelskammer vermag ein im geschäftlichen Leben vorhandenes Bedürfnis für die scharfe Unterscheidung der beiden Gründungsformen überall nicht anzuerkennen. Die meisten Gründungen von Aktiengesellschaften pflegen in der Form der Simultangründung zu entstehen. Die Gründer übernehmen in diesem Falle zunächst das ganze Aktienkapital und sichern sich die Unterbringung desselben im Voraus durch sog. Konsortialbeteiligung anderer, bei der Gründung direkt nicht beteiligter Personen. Erst nach stattgefundener Errichtung der Gesellschaft werden die Aktien zur Zeichnung aufgelegt oder auch durch Verkauf an der Börse etc. in den Verkehr gebracht.

Auch bei der Aktienkommandite ist die Simultangründung nicht nur juristisch möglich, sondern kommt auch wirklich vor, wie den Verfassern des Entwurfs (vgl. Motive) nicht unbekannt geblieben ist. Es ist daher nicht abzusehen, warum der Aktienkommandite die Form der Simultangründung, wenn solche den Verhältnissen des konkreten Falles besonders entspricht, versagt werden sollte.

Die seitherigen gesetzlichen Bestimmungen entsprechen den in der Praxis vorkommenden Gründungsformen in genügender Weise; einen Nachteil, der den wirtschaftlichen Interessen aus einer mangelnden Unterscheidung derselben im Gesetze erwachsen wäre, kann die Handelskammer nicht erkennen.

Prüfung des Gründungsherganges durch den ersten Aufsichtsrat bzw. Vorstand

Die Verfasser des Gesetzentwurfs führen die juristische Formulierung des Unterschiedes zwischen beiden Gründungsformen hauptsächlich mit Rücksicht auf eine andere wichtige Neuerung durch, auf die von ihnen für notwendig erachtete Prüfung des Gründungsherganges durch einen provisorischen, von den Gründern bzw. der ersten Generalversammlung gewählten, für die Prüfung verantwortlichen Aufsichtsrat resp. Vorstand (Art. 175 d und e bzw. 209 a und f), welche Prüfung vor der definitiven Errichtung der Gesellschaft (Eintragung des Gesellschaftsvertrages in das Handelsregister) erfolgen soll.

Prüfungsbericht

Bei der Simultangründung der Aktiengesellschaft berichtet der erste Aufsichtsrat resp. Vorstand über den Gründungshergang an die Gründer selbst; auf die definitive Errichtung der Gesellschaft wird unter diesen Umständen die Berichterstattung ohne Einfluss sein und lediglich einen Formalakt bilden, dem eine größere Bedeutung nicht beiwohnt. Freilich soll der Prüfungsbericht außerdem auch beim Handelsgericht deponiert werden (Art. 176 und 210 Ziffer 3), so dass er dort für jedermann einzusehen ist. Von dieser Möglichkeit der Einsichtnahme dürfte namentlich in solchen Fällen Gebrauch gemacht werden, wo ein Konkurrenzunternehmen sich über die internen Vorgänge bei der Gründung einer neu errichteten Aktiengesellschaft unterrichten möchte. Es erscheint bedenklich und lässt sich nicht rechtfertigen, einem Unternehmen Bedingungen aufzuerlegen, die seine gedeihliche Entwicklung von vornherein in Frage stellen könnten.

Bei der Sukzessivgründung soll der Bericht über den Gründungshergang in einer bei der Aktienkommandite von den persönlich haftenden Gesellschaftern, dagegen bei der Aktiengesellschaft von dem Handelsgericht zu berufenden und zu leitenden konstituierenden Generalversammlung erstattet werden (Art. 175 e bzw. 210 a). Hierauf hat erst die Beschlussfassung über die Errichtung der Gesellschaft zu erfolgen. Hier sollen also die Aktienzeichner ein Vetorecht ausüben, von ihren Zeichnungen zurücktreten und die auf die Aktien eingezahlten 25% zurückfordern dürfen.

Kritik der Prüfungstheorie. Gründerbericht

Die Handelskammer vermag sich mit der „Prüfungstheorie“, wie sie im Entwurf entwickelt ist, nicht einverstanden zu erklären. Für die offenste Klarlegung des gesamten Gründungsherganges müssen naturgemäß die Gründer verantwortlich gemacht werden. Sollten die in dieser Beziehung im Entwurf (Art. 175–175 b und 209–209 b) für die Aufnahme in den Gesellschaftsvertrag vorgesehenen Punkte nicht für ausreichend erachtet werden, so würden evtl. weitere Vorschriften zu erlassen sein, wobei jedoch die Handelskammer zu bedenken gibt, dass es außerordentlich schwierig, wenn nicht unmöglich sein dürfte, alle in der Praxis vorkommenden Fälle vorzuziehen. „Die Macht und Vielgestaltigkeit des wirtschaftlichen Lebens lässt sich durch seine Gesetzesgrenze zwingen", bemerken die Motive sehr treffend. Es dürfte genügen, wenn vorgeschrieben würde, dass die Gründer in einem Berichte alle beim Gründungshergange in Betracht kommenden Tatsachen und Vorgänge unter Verantwortlichkeit klarzulegen haben. Insbesondere wäre auf die der Gründung vorausgegangenen, in Hinzielung auf dieselbe abgeschlossenen Rechtsgeschäfte, sowie auf das Vorhandensein von, die Prosperität des Unternehmens beeinflussenden Verträgen hinzuweisen, die den Beteiligten (Zeichnern, Aktionären) zur Einsichtnahme vorzulegen wären. Dieser Bericht der Gründer, der im Fall der Aktienzeichnung zu veröffentlichen wäre, würde den Zeichnern die Grundlage für eine eingehende Prüfung der einschlägigen Verhältnisse liefern.

Das Ungesunde in der Prüfungstheorie liegt nach Ansicht der Handelskammer darin, dass beim Publikum nur zu leicht der Glaube erweckt werden würde, dasselbe könne sich einer selbsttätigen Prüfung des Aktienunternehmens, an welchem es sich beteiligen will, entschlagen; und doch ist der einzig mögliche Schutz gegen Übervorteilung in solcher selbständigen Prüfung zu erblicken. Die Motive sagen sehr richtig: „Gegen Täuschung und Irrtum, Illusion und Leichtsinn muss wesentlich die eigene Sorgsamkeit des Beteiligten sichern."

Mit welchen Schwierigkeiten die Ausführung der im Entwurf geplanten Prüfungstheorie zu kämpfen haben würde, mag hier noch an einer Bestimmung nachgewiesen werden.

Stellvertreter für Aufsichtsrats- und Vorstandsmitglieder

Nach Art. 209 f müssen bei der Aktiengesellschaft für die Aufsichtsrats- und Vorstandsmitglieder, die zugleich Gründer sind (was bei Simultangründungen immer der Fall) zum Zweck der Prüfung des Gründungsherganges unbeteiligte Stellvertreter bestellt werden. Es kann mit Bestimmtheit vorhergesagt werden, dass zu diesen, mit so weitgehender Verantwortlichkeit verbundenen Posten sich vertrauenswürdige Personen nur in den allerseltensten Fällen finden lassen werden, denn wer sollte wohl, ohne jegliches Äquivalent, als gänzlich Unbeteiligter die große Verantwortlichkeit übernehmen wollen?! Es liegt auf der Hand, dass, wenn der Vorschlag wirklich Gesetz werden sollte, die Bestellung von Strohmännern geradezu provoziert werden würde. Die Verfasser der Motive scheinen auch die Schwäche des Vorschlages selbst gefühlt zu haben, als sie die Frage, aus welchen Kreisen die Stellvertreter zu entnehmen wären, erörterten. Die dort gegebene Argumentation, weshalb Strohmänner nicht bestellt werden würden, ist wenig überzeugend und schließt mit dem Satze, dass, wenn dies dennoch der Fall sein sollte, das Publikum der Gesetzgebung keinen Vorwurf daraus werde machen können. Damit wäre aber dem Publikum nicht gedient.

Eine Autorität auf dem Gebiete des Aktiengesellschaftsrechts, Reichsgerichtsrat Dr. Wiener, hat in einer jüngst erschienenen, den Gegenstand behandelnden Broschüre sich über die hier besprochene Frage wie folgt geäußert: „Es mag im Einzelfalle bei besonders guten Unternehmungen gelingen, angesehene Männer zu der Prüfung heranzuziehen, die um der Güte des Unternehmens willen des Amtes wie öffentliche Zensoren walten. Diese Unternehmungen bedürfen der Prüfung nicht. Ist aber der Apparat in der Durchschnittszahl der Fälle ohne Nutzen, so ist er schädlich. Es schadet dem Ansehen des Gesetzes bei den Gründern und dem notwendigen Gefühl ihrer Verantwortlichkeit, es beeinträchtigt und täuscht das Urteil des Publikums, wenn die allein vorhandene Gemeinschaft von Interessenten, die eben gründen und das Unternehmen ins Leben rufen wollen, künstlich in verschiedene Gruppen mit dem Schein der Erfüllung verschiedener Aufgaben in äußerlich prätentiösen Arten zerlegt wird."

Diese Ausführungen treffen nicht nur für das Institut der Stellvertreter, sondern auch für den ganzen Prüfungsapparat zu.

Berufung und Leitung der konstituierenden Generalversammlung durch das Handelsgericht. Aufgabe des Registerrichters

Indem sich die Handelskammer hiermit gegen das vorgeschlagene Prüfungsverfahren durch einen eigens hierzu bestellenden ersten Aufsichtsrat bzw. Vorstand erklärt, muss sie sich auch gegen die bei der Aktiengesellschaft in Aussicht genommene Einberufung und Leitung der konstituierenden Generalversammlung durch das Handelsgericht aussprechen. Es würde damit dem ganzen Verfahren in den Augen des großen Publikums ein Nimbus verliehen werden, der dem Sachverhalte nicht entsprechen und daher nur schädlich wirken würde; der Registerrichter kann und soll nur eine formelle Tätigkeit ausüben, während hier der Schein einer materiellen Prüfung durch ihn erweckt werden würde.

Kurze Frist für die Berufung der Generalversammlung durch das Handelsgericht

Dabei will die Handelskammer nicht unerwähnt lassen, dass es sehr bedenklich sein würde, für die Berufung der Generalversammlung durch das Handelsgericht, falls an einer solchen festgehalten werden sollte, nicht eine kurz bemessene Frist im Gesetz vorzuschreiben, da mit der vorher schon zu bewirkenden Einzahlung von 25% auf die Aktien ein nicht unerhebliches Risiko für die Zeichner verbunden wäre, welches zeitlich tunlichst beschränkt werden müsste.

Hinterlegung der ersten Einzahlung an besonders vertrauenswürdiger Stelle

Es dürfte ferner zu erwägen sein, ob diese erste Einzahlung nicht an besonders vertrauenswürdiger Stelle (z. B. bei Filialen der Reichsbank oder, wo solche nicht bestehen, bei öffentlichen Notaren) für die zu errichtende Gesellschaft zu hinterlegen wäre, womit auch dem vorgekommenen Missbrauche, dass dieselben Geldbeträge bei verschiedenen, unmittelbar hintereinander vorgenommenen Gründungen wiederholt vorgezeigt wurden, vorgebeugt werden würde.

Nachgründungen

In den Art. 180 d und 213 e sind Bestimmungen bezüglich sogenannter „Nachgründungen", welche innerhalb zwei Jahren seit Errichtung einer Gesellschaft vorkommen könnten, enthalten. Der Entwurf versteht darunter den Abschluss von Verträgen über den Erwerb von Anlagen oder „sonstigen Vermögensstücken" für eine den zehnten Teil des Grundkapitals übersteigende Vergütung; er erfordert für die Gültigkeit solcher Verträge die Zustimmung einer Mehrheit der Generalversammlung, welche mindestens ein Vierteil des Grundkapitals darstellen muss.

Mit diesen Bestimmungen würde ein bedenklicher Eingriff in den Geschäftsbetrieb der Gesellschaften gemacht werden, indem die Fassung eine Interpretation zulässt, nach welcher jeder Erwerb von Objekten, der den zehnten Teil des Grundkapitals übersteigt (z. B. der Ankauf von Wertpapieren seitens einer Aktienbank), als „Nachgründung" unter die einschränkende Bestimmung des Gesetzes fallen würde. Einer jeden Gesellschaft steht ja das Recht zu, die Befugnis des Vorstandes und Aufsichtsrats durch statutarische Bestimmungen einzuschränken; eine Vorschrift in das Gesetz aufzunehmen, welche auf der Voraussetzung beruht, die Gesellschaftsorgane könnten unter der Form geschäftlicher Erwerbungen die Gesellschaftsinteressen schädigende Nachgründungen vornehmen, erscheint der Handelskammer nicht gerechtfertigt und sie muss sich daher für Streichung der betreffenden Bestimmungen aussprechen.

5. Verantwortlichkeit aus der Gründung

Die Artikel 180 und 213 a handeln von der Verantwortlichkeit der Gründer bzw. der persönlich haftenden Gesellschafter für die Richtigkeit und Vollständigkeit der bezüglichen Angaben sowie von der Haftung Dritter, welche bei ihnen oder Anderen gewordenen Vergütungen oder bei aus Einlagen oder Übernahmen für die Gesellschaft erwachsenen, böslichen oder anderen Schädigungen beteiligt gewesen sind.

Verantwortlichkeit der Gründer und Haftung beteiligter Dritter: Die Handelskammer hat bereits oben erklärt, dass sie die weitestgehende Verantwortlichkeit der Gründer bezüglich der Wahrhaftigkeit und Vollständigkeit ihrer Angaben für durchaus begründet hält. Auch gegen die Haftung beteiligter Dritter unter den in den zitierten Artikeln angegebenen Voraussetzungen sind Bedenken nicht zu erheben.

Auferlegung der Beweislast auf die Beklagten: Dagegen vermag die Handelskammer es nicht für gerechtfertigt zu erachten, dass der Entwurf in den Art. 180 und 213 a für die Gründer bezüglich des Gründungshergangs – wie auch in Art. 204, 226 und 241 für die Mitglieder des Aufsichtsrats und Vorstandes bezüglich der Geschäftsführung – die Auferlegung der Beweislast auf die Beklagten vorschreibt. Damit würde eine Ausnahme von der Regel, nach welcher es dem Ermessen des Richters zusteht, wenn er die Beweislast auferlegen will, statuiert werden. Die Handelskammer sieht keine zwingende Notwendigkeit für die Aufnahme einer solchen Ausnahmebestimmung in das Aktiengesetz und befürwortet eine entsprechende Abänderung in den angezogenen Artikeln des Entwurfs.

Verantwortlichkeit der Emissionskäufer: Nach Art. 180 a und 213 b soll ein jeder, der innerhalb zwei Jahren seit Errichtung einer Gesellschaft deren Aktien behufs Einführung in den Verkehr öffentlich anbietet, also der eigentliche Emittent, der Gesellschaft für die Richtigkeit und Vollständigkeit der Angaben der Gründer usw. solidarisch neben den Gründern verhaftet sein, sofern er die Unrichtigkeit oder Unvollständigkeit der Angaben etc. gekannt hat oder bei Anwendung der Sorgfalt eines ordentlichen Geschäftsmannes hat kennen müssen.

Diese Bestimmung geht, nach Ansicht der Handelskammer, einerseits zu weit, indem sie die Verantwortlichkeit der Emissionshäuser aus der Gründung derjenigen der Gründer gleichstellt, andererseits würde sie den beabsichtigten Zweck nicht erreichen, weil sie sich nur auf das „öffentliche Angebot" der Aktien bezieht und natürlich auch nur beziehen kann. Die Verfasser haben das Unvollkommene der Vorschrift auch selbst herausgefühlt, indem sie der Möglichkeit nicht öffentlicher Emissionen in den Motiven gedachten: „Eine allgemeine Abhülfe, gegen alle aus solchen Manipulationen (bei nicht öffentlichen Angeboten von Aktien an der Börse etc.) hervorgehenden Übelstände ... kann wirksam nicht in dem Rahmen eines Aktienreformgesetzes erfolgen, sondern muss einem allgemeinen Börsengesetz vorbehalten werden ... Die Börsenvorstände aber werden, auch solange ein Börsengesetz noch nicht erlassen, bei pflichtmäßiger Wahrnehmung der ihnen überall obliegenden Aufsicht in den meisten Fällen in der Lage sein, Aktien, die in verwerflicher Weise sich den Eingang zur Börse erzwingen wollen, die Aufnahme in den offiziellen Kurszettel zu versagen."

In Betreff der Hamburger Effektenbörse ist zu konstatieren, dass die Emission neuer Effekten sowie die Zulassung derselben zur Notierung im offiziellen Kurszettel von der vorgängigen Genehmigung der von der Handelskammer eingesetzten Sachverständigenkommission für den Effektenhandel abhängig ist.

Die Prospekttheorie: Für die Berliner Fondsbörse besteht die nachahmenswerte Einrichtung, dass nur solche Effekten zur Notiz zugelassen werden, rücksichtlich deren „die für die Bedeutung des Papiers maßgebenden Tatsachen in vollständig hinreichender Weise, unter verantwortlicher Unterschrift bestimmter Personen oder Firmen durch Insertion in Berliner gelesene Blätter und durch Aushang in der Börse veröffentlicht worden sind." Diese Einrichtung, evtl. durch Gesetz verallgemeinert, würde der sog. Prospekttheorie bei Aktienemission Eingang verschaffen. Die Handelskammer würde sich mit der Prospekttheorie befreunden können, wenn dieselbe sich an die Einrichtung für die Berliner Fondsbörse anschließen ließe, wobei im Gesetze selbst zwar der Inhalt des obligatorischen Prospekts nicht näher spezifiziert, aber doch bestimmt würde, dass die für die Beurteilung des Unternehmens maßgebenden Tatsachen unter Verantwortlichkeit der Emissionshäuser zur öffentlichen Kenntnis gebracht werden müssten. Für die Richtigkeit der Angaben im Prospekt hätten die Emissionshäuser unbedingt zu haften. Das Regressrecht gegen die letzteren hätte sich jedoch nach Ansicht der Handelskammer nur auf nachweislichen dolus, nicht auch auf culpa zu erstrecken. Wollte man die Verantwortlichkeit der Emittenten so weit ausdehnen, wie es der Gesetzentwurf vorschlägt, so würde die unausbleibliche Folge sein, dass gerade die solidesten und achtungswertesten Firmen sich mit der Emission von Aktien neuer Gesellschaften innerhalb zwei Jahren nach deren Eintragung in das Handelsregister in Zukunft nicht mehr befassen würden. Wenn dann aber Personen und Firmen von zweifelhafter Solidität sich des Emissionsgeschäftes bemächtigen, so dürfte das Publikum durch jene Bestimmung erst recht geschädigt werden, indem es nur zu leicht zu der Annahme verleitet werden würde, dass ihm durch die vorgeschriebene Prüfung des Unternehmens seitens der die Aktien emittierenden Personen eine besondere Gewähr gegeben sei, die eine eigene Prüfung unnötig macht. Traut man dem Publikum eine selbständige Prüfung der Bonität eines Aktienunternehmens nicht zu, so wird man ihm auch eine Prüfung der Solidität der emittierenden Firmen nicht zutrauen können.

Verantwortlichkeit der Gesellschaftsorgane: Was die Verantwortlichkeit der Mitglieder des Vorstandes und Aufsichtsrats für die Gründung (Art. 180 b und 213 c) betrifft, so hätte dieselbe bei der eben befürworteten Regelung dieser Frage in Wegfall zu kommen. Eine solche Verhaftung, wenn sie auch nur subsidiär und zwar nur in Folge Verschuldens, d.h. Unterlassens der erforderten Sorgfalt bei der Prüfung eintreten soll, würde gewissenhafte und dann meist sehr vorsichtige und ängstliche Geschäftsleute von der Mitgliedschaft der Gesellschaftsorgane gerade in der ersten Zeit des Bestehens der Gesellschaft abhalten, wo ihre Beteiligung am wünschenswertesten ist. Die Handelskammer befürwortet daher die Streichung der Art. 180 b und 230 g.

Vergleiche und Verzichtleistungen: In Art. 180 a bzw. 213 d ist bestimmt, dass Vergleiche und Verzichtleistungen betreffs der der Gesellschaft gegenüber den verantwortlichen Personen aus der Gründung zustehenden Rechte erst nach Ablauf von drei Jahren seit Eintragung der Gesellschaft in das Handelsregister und nur mit Zustimmung der Generalversammlung zulässig sein sollen. Nach der Stellungnahme der Handelskammer zur Frage der Verantwortlichkeit aus der Gründung würde es sich für sie hierbei nur um die Gründer (bzw. die bei der Gründung unmittelbar beteiligten Personen) handeln können. Die Handelskammer ist gegen die Zeitbestimmung von drei Jahren, weil es wohl vorkommen könnte, dass nach Ablauf dieser Zeit die Betreffenden nicht mehr greifbar sein würden, resp. der Schadensersatz von ihnen nicht mehr zu erlangen wäre.

Die Schlussbestimmung im Art. 213 d, die bei den Vorschriften über Aktienkommanditen fehlt, wonach eine Minderheit, deren Anteile den fünften Teil des Grundkapitals darstellen, gegen einen bezüglichen Beschluss der Generalversammlung soll Widerspruch erheben können, befürwortet die Handelskammer zu streichen, weil ein genügender Grund für solche Bestimmung nicht vorzuliegen scheint.

6. Geschäftsführung; Vorstand u. Aufsichtsrat

Verbot des Ankaufs und der Beleihung eigener Aktien: Zu den Bestimmungen über die Geschäftsführung und die aus derselben resultierende Verantwortlichkeit der Gesellschaftsorgane übergehend, hebt die Handelskammer zunächst hervor, dass nach Art. 184 d und 215 d die Gesellschaft eigene Aktien, Promessen oder Interimsscheine im geschäftlichen Betriebe weder erwerben, noch zum Pfand nehmen darf. Die Handelskammer hat gegen dieses Verbot, welches übrigens nur in Betreff der Pfandnahme ein Novum gegenüber der jetzigen Gesetzgebung ist, umso weniger Einwendungen zu erheben, als sie die Möglichkeit der Agiotage mit den eigenen Aktien in jeder Weise ausgeschlossen zu sehen wünscht. Für eine etwa wünschenswerte Herabsetzung des Aktienkapitals und Amortisation resp. teilweise Zurückzahlung an die Aktionäre erscheinen die (in Art. 203, 215 d und 248) gegebenen Kautelarvorschriften in der Natur der Sache begründet.

Die Handelskammer ist ferner damit einverstanden, dass der kommissionsweise Einkauf eigener Aktien etc. der Gesellschaft nicht unter das Verbot zu fallen habe. Eine klarere Fassung der Bestimmung dürfte durch Wortumstellung zu erzielen sein, indem der Absatz 1 in den Art. 184 d bzw. 215 d etwa so zu lauten hätte: „Die Gesellschaft (bzw. Aktiengesellschaft) darf eigene Aktien, Promessen oder Interimsscheine im geschäftlichen Betriebe nicht erwerben, sofern nicht eine Kommission zum Einkauf ausgeführt wird, und auch nicht zum Pfande nehmen."

Verantwortlichkeit des Vorstandes und Aufsichtsrats für die Geschäftsführung – Auferlegung der Beweislast auf die Vorstands- und Aufsichtsratsmitglieder: Nach den Bestimmungen in den Art. 204, 226 und 241 haben die Mitglieder des Vorstandes und des Aufsichtsrats (dasselbe ist nicht auch für die persönlich haftenden Gesellschafter einer Aktienkommandite vorgeschrieben) bei der Geschäftsführung die Sorgfalt eines ordentlichen Geschäftsmannes anzuwenden und, wenn sie in Anspruch genommen werden, die Anwendung dieser Sorgfalt zu beweisen. Gegen die Auferlegung der Beweislast auf die beklagten Vorstands- und Aufsichtsratsmitglieder hat sich die Handelskammer oben (anlässlich der Besprechung der Bestimmungen wegen der Gründerverantwortlichkeit) erklärt.

Anwendung der Sorgfalt eines ordentlichen Geschäftsmannes. Kontrollierende Tätigkeit des Aufsichtsrats: Bezüglich der selbstverständlichen Verpflichtung zur Anwendung der Sorgfalt eines ordentlichen Geschäftsmannes sind Einwendungen nicht zu erheben. Dagegen dürfte mit Rücksicht auf die dem Aufsichtsrate obliegenden

Funktionen eine nähere Festsetzung dahin erwünscht sein, dass derselbe für die nachweislich in Folge seiner Verschuldung eingetretenen Schäden nur dann haftet, wenn ihm bewiesen ist, dass er diejenige Sorgfalt vernachlässigt hat, welche ihm bei der „Kontrolle" obliegt. Die Handelskammer befindet sich in dieser Beziehung in voller Übereinstimmung mit dem Ältesten-Kollegium der Berliner Kaufmannschaft. Die eigentliche Tätigkeit des Aufsichtsrats kann nur eine kontrollierende sein. Dies in der Fassung der Gesetzesbestimmung auszudrücken, erscheint umso notwendiger, als der Gesetzesentwurf (Art. 225) dem Aufsichtsrat die Verpflichtung, sich vom Gange der Geschäftsangelegenheiten zu unterrichten, auferlegt (er „hat" sich zu unterrichten), während nach dem jetzigen Art. 225 a HGB ihm nur die Berechtigung dazu zusteht (er „kann" sich unterrichten), wie dies für den Aufsichtsrat einer Aktienkommandite auch in Zukunft nur in Aussicht genommen ist (Art. 193). Es würde aber über die kontrollierende Tätigkeit des Aufsichtsrats hinausgehen, wenn sich seine Mitglieder stets auf dem Laufenden der Geschäftsführung zu halten hätten. In dieser Beziehung bedürfen die vorgeschlagenen Bestimmungen einer Klarstellung.

Die Handelskammer ist im Übrigen der Ansicht, dass die Fassung des gegenwärtigen Art. 225 a HGB vollständig genügt, und würde daher befürworten, dieselbe zu belassen und ihr den Schlusssatz der neuen Fassung des Art. 225 hinzuzufügen: „Die Mitglieder des Aufsichtsrats können die Ausübung ihrer Obliegenheiten nicht anderen Personen übertragen", welche Bestimmung die Handelskammer für zweckentsprechend erachtet.

Minderheit, welche Ansprüche gegen die Gesellschaftsorgane erheben kann: Die Bestimmung in Art. 223 (für die Aktienkommandite ist eine entsprechende Vorschrift nicht vorgesehen), dass schon eine Minderheit, welche den fünften Teil des Grundkapitals vertritt, die Gesellschaft zur Erhebung von Ansprüchen auch gegen die Vorstands- und Aufsichtsratsmitglieder soll veranlassen und dazu sich evtl. der Mitwirkung des Handelsgerichts bedienen dürfen, scheint auf einem weitgehenden Misstrauen gegen die Gesellschaftsorgane begründet zu sein, welches die Handelskammer nicht zu teilen vermag. Es erscheint äußerst bedenklich, das Verhältnis zwischen den Aktionären einer Gesellschaft und den Gesellschaftsorganen als einen permanenten Kriegszustand zu betrachten und danach die gesetzlichen Bestimmungen zu formulieren, während der normale und auf die Dauer allein haltbare Zustand derjenige eines guten Einvernehmens beider Faktoren ist und sein muss. Bei so rigorosen Vorschriften wie den vorgeschlagenen würde es bald überhaupt unmöglich werden, geeignete Persönlichkeiten für die Aufsichtsratsposten der Aktiengesellschaften und Aktienkommanditen zu finden.

Delegation von Aufsichtsratsmitgliedern in den Vorstand: Der Art. 225 a bestimmt, dass Mitglieder des Aufsichtsrats nicht zugleich Mitglieder des Vorstandes oder Stellvertreter derselben sein dürfen. Die Motive erklären diese Bestimmung für erforderlich, um die Funktionen der Gesellschaftsorgane schärfer, als bisher, gegeneinander abzugrenzen und zu verhüten, dass der Aufsichtsrat seine, in diesem Falle verwaltende Tätigkeit selbst kontrolliere. Über das Unzulässige eines solchen Zustandes können Meinungsverschiedenheiten nicht wohl bestehen. Die Handelskammer möchte aber zu bedenken geben, dass Fälle vorkommen können (z. B. Todesfall eines Direktors), wo es dringend wünschenswert ist, ein sachverständiges Mitglied des Aufsichtsrats in den Vorstand interimistisch zu delegieren. Selbstverständlich würde während der Dauer einer solchen zeitweiligen Delegation der Betreffende seine Tätigkeit als Aufsichtsratsmitglied nicht ausüben und sie nur wieder aufnehmen dürfen, nachdem ihm bzw. dem Vorstande von der Generalversammlung Decharge erteilt wäre.

Die Handelskammer befürwortet, den Art. 225 a dahin abzuändern, dass eine solche zeitweilige Delegation, wenn im Gesellschaftsvertrage vorgesehen, zulässig sein solle, evtl. mit einer Beschränkung bezüglich der Zahl der Aufsichtsratsmitglieder, welche zur Zeit in den Vorstand delegiert werden dürfen.

Jederzeitige Widerruflichkeit der Bestellung zu Aufsichtsratsmitgliedern: Nach Art. 191 bzw.224 kann die Bestellung zum Mitgliede des Aufsichtsrats jederzeit durch die Generalversammlung widerrufen werden. Diese Bestimmung entspricht nach Ansicht der Handelskammer nicht der verantwortlichen Stellung, die der Entwurf den Aufsichtsratsmitgliedern zuweisen will; diese kann nur dann voll und zum Nutzen der Gesellschaft ausgefüllt werden, wenn und solange das Aufsichtsratsmitglied sich als ein vom Vertrauen der Gesellschaft berufener und nicht jederzeit zu entlassender Mandatar betrachten kann. Die Fälle, dass Aufsichtsratsmitglieder einem ihnen gegenüber in der Generalversammlung der Aktionäre oder seitens ihrer Kollegen geäußerten Misstrauen in die Erfüllung ihrer Pflichten auf ihrem Posten zu beharren suchen, dürften so verschwindend seltene sein, dass ihretwegen eine Änderung des jetzigen Rechtszustandes ungerechtfertigt wäre. Gesetzesbestimmungen sollten nicht für selten vorkommende Ausnahmefälle erlassen werden.

Die Handelskammer erklärt sich gegen die Aufnahme dieser Bestimmung in das Gesetz, die es außerordentlich erschweren würde, vertrauenswürdige und im Punkte der Ehre feinfühlige Personen zur Annahme von Aufsichtsratsstellen bereit zu finden.

Kooperationsbefugnis des Aufsichtsrats: Andererseits hält es die Handelskammer für erforderlich, dem Aufsichtsrate zu gestatten, für etwa im Geschäftsjahre eintretende Vakanzen sich durch Kooptation bis zur nächsten Generalversammlung vorläufig zu ergänzen. Dadurch würde der im Interesse der Gesellschaft zu vermeidenden Eventualität einer ungenügenden Zusammensetzung des Aufsichtsrats vorgebeugt, ohne dass der Befugnis der Generalversammlung zur definitiven Bestellung von Aufsichtsratsmitgliedern Abbruch geschähe.

Bestellung von Nichtaktionären zu Aufsichtsratsmitgliedern bzw. deren Stellvertretern: Der Gesetzentwurf hat die Beschränkung, dass die Mitglieder des Aufsichtsrats Aktionäre der Gesellschaft sein müssen, aufgehoben, worin die Handelskammer keine Verbesserung des zeitigen Zustandes erkennen kann. Im Falle der Simultangründung würde die Bestellung von Nichtaktionären zu stellvertretenden

Aufsichtsratsmitgliedern eine notwendige Konsequenz der im Entwurf vorgeschlagenen, von der Handelskammer abgelehnten Bestimmung in Art. 290 f sein. Die Handelskammer ist der Ansicht, dass bei Aufsichtsratsmitgliedern, welche Nichtaktionäre sind, nicht dasselbe rege Interesse für die Gesellschaft vorausgesetzt werden kann, wie bei solchen, die aus den Kreisen der Aktionäre gewählt sind. Hierin erblickt die Handelskammer ein weiteres Motiv für die Beseitigung der oben bemängelten Vorschrift wegen Einsetzung eines provisorischen Aufsichtsrats zur Prüfung des Gründungsherganges, wobei notwendigerweise auf Nichtaktionäre rekurriert werden müsste.

Kürzere Verjährungsfrist: Die Handelskammer will hier den Wunsch zum Ausdruck bringen, dass für die Haftung der Mitglieder der Gesellschaftsorgane aus der Geschäftsführung und Kontrolle eine kürzere Verjährungsfrist, als diejenige nach gemeinem Recht, im Gesetz stipuliert werde, da nach dem Wortlaute des Gesetzentwurfs die jährliche Decharge eine nachträgliche Erhebung von Schadenersatzansprüchen noch nicht ausschließen würde. Mit dem geschäftlichen Verkehr erscheint es aber nicht vereinbar und würde auch keinem praktischen Bedürfnisse entsprechen, die Haftung der Gesellschaftsorgane auf eine unverhältnismäßig lange Zeit hinaus bestehen zu lassen.

7. Generalversammlung und Individualrechte

Recht auf Einberufung der Generalversammlung bzw. Ankündigung von Gegenständen der Beschlussfassung: Im regelmäßigen Geschäftsgange steht die Berufung der Generalversammlung einer Aktienkommandite den persönlich haftenden Gesellschaftern oder dem Aufsichtsrate (Art. 187), einer Aktiengesellschaft nach dem Vorstande evtl. Aufsichtsrate (Art. 236 bzw. 225) zu. Nach Art. 188 muss die Generalversammlung einer Aktienkommandite berufen werden, wenn dies von Kommanditisten, deren Anteile zusammen den zehnten Teil des Gesamtkapitals darstellen, verlangt wird. Im Statut kann vorgeschrieben werden, dass hierzu „ein größerer oder geringerer" Anteil am Gesamtkapital erforderlich ist. Für die Aktiengesellschaft ist dagegen (Art. 287) dieses Recht an einen Aktienbesitz geknüpft, welcher nur den zwanzigsten Teil des Grundkapitals (nach Art. 287 bisheriger Fassung: den zehnten Teil) herzustellen braucht, und das Statut kann zudem dieses Recht an die Bedingung eines geringeren, nicht aber auch größeren Anteils am Grundkapital knüpfen. Bei der Aktiengesellschaft sollen die Aktionäre außerdem das, den Kommanditisten nicht zugestandene Recht haben, Gegenstände zur Beschlussfassung für die Generalversammlung ankündigen zu lassen.

Diese, den Aktionären einer Aktiengesellschaft gegenüber den Kommanditisten einer Aktienkommandite eingeräumten größeren Befugnisse scheinen auf der Ansicht zu beruhen, dass die persönlich haftenden Gesellschafter eine, wie die Motive sich bildlich ausdrücken „monarchistische Spitze" bilden, deren Recht auf Berufung der Generalversammlung der Gesetzgeber nicht zu sehr einschränken wollte.

Die Handelskammer vermag eine Notwendigkeit für die vorgeschlagene verschiedene Behandlung der beiden Gesellschaftsformen nicht einzusehen und sie befürwortet, dass, entsprechend dem bisherigen Rechtszustande,

1. das Recht der Aktionäre einer Aktiengesellschaft auf Berufung der Generalversammlung bzw. Ankündigung von Gegenständen der Beschlussfassung, um etwaigen Missbrauch zu verhüten, gleichfalls vom Aktienbesitze des „zehnten" Teils des Grundkapitals abhängig gemacht werde, und

2. wie für die Aktienkommandite beabsichtigt, auch für die Aktiengesellschaft bestimmt werde, dass dieses Recht im Gesellschaftsvertrage an den Besitz eines „größeren oder geringeren" Anteils am Grundkapital geknüpft werden könne.

3. In allen Fällen wären die Antragsteller gesetzlich zur Deponierung der ihr Recht begründeten Aktien zu verpflichten.

4. Es müsste im Art. 188 Abs. 2 bzw. Art. 287 Abs. 3 eine bestimmte Frist angegeben werden, nach welcher, wenn bis dahin dem Verlangen der Antragsteller durch die Gesellschaftsorgane nicht entsprochen, das Handelsgericht die Betreffenden zur Berufung der Generalversammlung ermächtigen könnte.

Im Übrigen scheint die vorgeschlagene Fassung auch nach der Begründung dem Handelsgericht eine über die Prüfung der formellen Erfordernisse hinausgehende Beurteilung der Berechtigung des Antrages zuzumuten (vgl. auch die Bestimmungen im Art. 190 b und 239 a, wonach die Ernennung von Revisoren durch das Handelsgericht erfolgen „kann", sofern „glaubhaft" nachgewiesen wird usw.), welche die dem Registerrichter zustehenden Obliegenheiten übersteigen dürfte.

Der Beschlussfassung der Generalversammlung vorbehaltener Rechte: Zu den Prärogativen der Generalversammlung, deren sie sich nach dem Gesetzentwurf weder durch Gesellschaftsvertrag, noch durch Delegationsbeschluss begeben darf, gehören u.A. die Beschlussfassung über die Abänderung des Gesellschaftsvertrages (Art. 180 f bzw. 215) und über die Erhöhung des Grund- bzw. Gesamtkapitals (Art. 180 g bzw. 215 a). Es ist die Frage aufgeworfen worden, ob die hierin liegende Einschränkung der Vertragsfreiheit berechtigt sei. Die Handelskammer muss diese Frage bejahen. Dieser grundlegenden Rechte (Statutenänderung und Kapitalerhöhung) sollte sich die Gesamtheit der Aktionäre, wie sie in der Generalversammlung repräsentiert ist, nicht entäußern, auch wenn sie das größte Vertrauen zu ihren Gesellschaftsorganen (Vorstand und Aufsichtsrat) in Betreff des diskretionären Gebrauchs derselben besitzt. Der Gesetzentwurf sanktioniert im Grunde nur den wohl in der überwiegenden Mehrzahl der Gesellschaftsstatuten bereits bestehenden faktischen Rechtszustand, und hat die Handelskammer gegen dessen Kodifizierung nichts einzuwenden.

Dass die Beschlussfassung wegen Abänderung des Inhalts des Gesellschaftsvertrages, falls das Statut nicht anders bestimmt, an eine Dreiviertel-Mehrheit des in der Generalversammlung vertretenen Grund- oder Gesamtkapitals geknüpft ist (Art. 180 f bzw. 215; diese Majorität ist bei der Aktiengesellschaft bezüglich einer Abänderung des Gegenstandes des Unternehmens obligatorisch), kann nicht beanstandet werden.

Bedingungen und Ausübung des Stimmrechts: Im Schlusssatz des Art. 221 ist gesagt, dass rücksichtlich der Bedingungen und der Ausübung des Stimmrechts die Vorschriften in Art. 190 zur Anwendung kommen sollen. Diese Bezugnahme bedarf einer Einschränkung dahin, dass die Absätze 3 und 4 des Art. 190, welche auf das Stimmrecht der Aktionäre einer Aktiengesellschaft nicht passen, ausgeschlossen bleiben. Sollte mit der Bezugnahme angedeutet sein, dass die Mitglieder des Vorstandes und Aufsichtsrats, soweit sie Aktionäre sind, bei solchen Beschlussfassungen kein Stimmrecht haben sollen, bei welchen über die ihnen zu gewährende Decharge abgestimmt wird, wie dies in Art. 190 Abs. 3 für Kommanditisten einer Aktienkommandite bestimmt ist, so muss sich die Handelskammer gegen diese Bestimmung erklären. Das Stimmrecht ist an den Besitz einer Aktie geknüpft und soll (nach Art. 190 Abs. 1) der Regel nach nur durch den Gesellschaftsvertrag beschränkt werden dürfen, im Übrigen aber unbeschränkt sein. Wie gegen die Bezugnahme im Art. 221 auf die Absätze 3 und 4 des Art. 190, muss die Handelskammer sich auch gegen die letzteren selbst aussprechen, in welchen den Komplementären das Stimmrecht aus Aktienbesitz überhaupt abgesprochen wird, eine Bestimmung, die auch mit der den Komplementären zugewiesenen „monarchischen" Stellung nicht im Einklange stehen würde.

Individualrechte der Aktionäre: Was die Individualrechte der Aktionäre betrifft, so bestimmt der Entwurf (Art. 190 a bzw. 222), dass dem einzelnen Aktionär nur gestattet sein soll, gesetz- und statutenwidrige Beschlüsse der Generalversammlung anzufechten, sowie auch die nicht ordnungsmäßige Einberufung derselben und Festsetzung der Tagesordnung zu beanstanden. Zur Klageanbringung wird eine dreimonatliche Frist gewährt.

Das Recht selbst kann dem Aktionär nicht bestritten werden, dagegen erscheint die Frist, während welcher die Möglichkeit der Klageerhebung über der Geschäftsleitung drohend schweben und die Freiheit ihrer Dispositionen beeinträchtigen würde, zu lang bemessen. Die Handelskammer schlägt vor, dieselbe statt auf „drei Monate" auf „einen Monat" festzusetzen.

Veröffentlichung der Klageerhebung: Die im Abs. 3 des Art. 190 a den persönlich haftenden Gesellschaftern bzw. nach Art. 222 dem Vorstande einer Aktiengesellschaft auferlegte Pflicht zur Veröffentlichung der Klageerhebung ist eine vorkommendenfalls den Gesellschaftskredit schwer schädigende Maßregel, für die ein zwingender Grund nicht ersichtlich ist. Die Handelskammer befürwortet, diese Bestimmung zu streichen.

Minoritätsrechte der Generalversammlungen: In Betreff der den Minoritäten gegen die sie angeblich vergewaltigenden Majoritäten der Generalversammlung im Entwurf gewährten Rechte kann die Handelskammer den Standpunkt der Verfasser nicht teilen. Sie hält es vielmehr für außerordentlich bedenklich zu bestimmen, dass eine Minderheit, welche 10% des Aktienkapitals besitzt, gegen den Willen der Majorität eine gerichtliche Untersuchung durch vom Gericht bestellte Revisoren soll beantragen können (Art. 190 b und 222); dass eine Minderheit, welche 20% des

Grundkapitals hinterlegt, eine Anklage wegen nachlässiger Geschäftsführung soll erheben (Art. 223) und dieselbe Minderheit die Auflösung bzw. Liquidation einer Gesellschaft durch richterliches Urteil (selbst dann, „wenn andere wichtige Gründe", die nicht näher bezeichnet werden, vorliegen) soll beantragen resp. eine dahingehende Klage beim Gericht erheben dürfen (Art. 200 a, 242 a, 244); dass endlich bereits eine Minderheit, deren Anteil 5% des Grundkapitals darstellt, genügen soll, um die Bestellung gerichtlicher Revisoren zur Untersuchung bestimmter Ansätze in der Bilanz zu erzwingen (Art. 239 a).

Die Handelskammer ist der Ansicht, dass es dem Charakter einer Aktiengesellschaft resp. Aktienkommandite als Kapitalsassociation durchaus entspricht, wenn sich der Einzelne bzw. die Minderheit dem Majoritätsbeschlusse unbedingt zu unterwerfen hat. Sie glaubt zur Begründung dieser Ansicht auf die *Motive des Gesetzentwurfs* selbst verweisen zu dürfen; dieselben führen aus: „In der Generalversammlung muss der einfache oder, sofern das Gesetz oder der Gesellschaftsvertrag eine erhöhte oder besonders geeigenschaftete Mehrheit vorschreiben, der demgemäß gefasste Mehrheitsbeschluss der erschienenen Aktionäre als der Wille der Gesellschaft gelten, da anderenfalls eine Beschlussfassung überhaupt ausgeschlossen wäre." – „Der Regel nach muss man von dem Grundsatze ausgehen, dass die Gesellschaftsorgane die ihnen durch Gesetz oder Statut verliehenen Befugnisse legal auszuüben, dass daher die Gesellschaft sachgemäß durch die berufenen Organe des Vorstandes und des Aufsichtsrats vertreten wird, und dass auch die Generalversammlung in ihren Mehrheitsbeschlüssen nicht die Sonderinteressen einzelner Aktionäre, sondern das Interesse des Ganzen verfolgt. Darauf beruht das Wesen einer Aktiengesellschaft und ihre Organisation. Lässt man sich von dem Misstrauen beherrschen, dass die Gesellschaft illegal und zur Schädigung des Interesses der Gesellschaft verfahren, so handelte man folgerichtiger und besser, das ganze Institut der Aktiengesellschaft zu verwerfen."

Indem die Handelskammer diesen Ausführungen rückhaltlos zustimmt, kommt sie allerdings zu einem anderen Schlusse, als die Verfasser: zur Ablehnung der den Minoritäten zu gewährenden Rechte. Mit derselben würde der Möglichkeit des Missbrauchs dieser Befugnisse zu unlauteren Zwecken (z.B. zu sogenannten „Baisse-Manövern", zu den Gesellschaftskredit aus eigennützigen Zwecken gefährdenden Manipulationen, wie solche bei den sog. „Entgründungen" bereits vorgekommen sind) Tür und Tor geöffnet werden, eine Gefahr, die von den Verfassern des Entwurfs unterschätzt worden ist.

Die Handelskammer befürwortet Streichung der betreffenden Bestimmungen.

Bestellung von Revisoren durch die Generalversammlung: Bezüglich der im Art. 239 a Abs. 1 enthaltenen Bestimmung, dass zur Prüfung der Bilanz besondere Revisoren bestellt werden können, vermisst die Handelskammer eine Andeutung, wem diese Befugnis zustehen soll; sie würde es für richtig halten, wenn, entsprechend dem jetzt allgemein üblichen Verfahren, bestimmt würde, dass die Revisoren für die Prüfung der Bilanz von der Generalversammlung für das laufende Geschäftsjahr im Voraus ernannt werden können, und dass Revisoren nicht Aktionäre zu sein brauchen.

3. Bilanz etc.: Bezüglich der Bestimmungen, betreffend die Aufstellung der Bilanz (Art. 186 a bzw. 239 c), muss die Handelskammer sich gegen den Vorschlag erklären, nach welchem der Reichskanzler ermächtigt sein soll, für gewisse Arten von Unternehmungen Formulare für die Bilanz und Gewinn- und Verlustrechnung aufzustellen. Abgesehen davon, dass es der Handelskammer fraglich erscheint, ob hiermit der höchsten Reichsinstanz nicht eine Aufgabe zugewiesen werden würde, die sie mit Rücksicht auf die Vielgestaltigkeit des geschäftlichen Verkehrs befriedigend zu erfüllen gar nicht im Stande wäre, würde mit einer solchen Schablonisierung statt der angestrebten Durchsichtigkeit der Rechnungslegung voraussichtlich das Gegenteil erreicht werden. Würde aber mit dem aufzustellenden Formular beabsichtigt werden, eine ins Detail der Geschäftsführung eingehende Offenlegung der Geschäftsverhältnisse für das große Publikum zu erstreben, so würden einerseits viel Arbeit und große Kosten zwecklos aufgewandt werden, da eine solche Spezialisierung nicht von allgemeinem Interesse wäre, andererseits aber würde eine Schädigung der Gesellschaftsinteressen den Konkurrenzunternehmungen gegenüber unausbleiblich sein.

Die Handelskammer muss sich daher für Beseitigung der fraglichen Bestimmung aussprechen.

9. Strafbestimmungen. 10. Übergangsbestimmungen: Auf die Strafbestimmungen die ihr übrigens über Gebühr drakonisch erscheinen, sowie auf andere, weniger wesentliche Punkte des Entwurfs glaubt die Handelskammer nicht weiter eingehen zu sollen. Sie will nur zum Schluss darauf hinweisen, dass es einem Bedürfnisse entsprechen würde, wenn in den Übergangsbestimmungen schärfer, als im Entwurf geschehen, diejenigen Bestimmungen hervorgehoben würden, welche auf die beim Inkrafttreten des Gesetzes bestehenden Gesellschaften Anwendung finden sollen. Namentlich dürfte § 2 einer redaktionellen Änderung bedürfen, dessen zweiter Absatz die „schon bestehenden Gesellschaften" besonders ausnimmt und dadurch den an sich wohl ausgeschlossenen Zweifel erweckt, als könnten die im ersten Absatz genannten Artikel auch auf bestehende Gesellschaften Anwendung finden.

Hamburg, Januar 1884. Die Handelskammer.

II. Bericht des Deutschen Handelstages über den Entwurf eines Gesetzes, betreffend die Kommanditgesellschaften auf Aktien und die Aktiengesellschaften (Februar 1884)

erstattet aufgrund der Gutachten, welche in Beantwortung des Rundschreibens des Präsidiums vom 12.11.1883 abgegeben sind von den Handelskammern bzw. Korporationen zu: Aachen-Burtscheid, Altona, Augsburg, Baden, Bayreuth, Berlin, Bielefeld, Braunschweig, Bremen, Breslau, Bromberg, Chemnitz, Koblenz, Köln, Colmar, Cottbus, Crefeld, Danzig, Darmstadt, Dresden, Düsseldorf, Düsseldorf (Verein), Elberfeld, Flensburg, Frankfurt a.M., Frankfurt a.O., Freiburg i. Br., Gera, Gießen, Göttingen, Halberstadt, Halle, Hamburg, Hanau, Hannover, Harburg, Heidelberg, Heidenheim,

Heilbronn, Hildesheim, Hirschberg, Karlsruhe, Kiel, Königsberg, Landau, Leipzig, Lübeck, Lüneburg, Magdeburg, Mainz, Mannheim, Meinigen, Memel, Minden, Mülhausen i.E., München, Nordhausen, Nürnberg, Offenbach, Osnabrück, Sagan, Schweidnitz, Siegen, Stolberg, Stralsund, Straßburg, Tilsit, Trier und Wiesbaden.

Ausführlich sind in diesem Bericht nur diejenigen Gutachten behandelt, welche sich nicht im völligen Einklang mit den amtlichen Motiven befinden. Eine Wiederholung der letzteren würde den Umfang des Berichts unnötigerweise erweitert haben; die Objektivität desselben dürfte hierunter aber umso weniger gelitten haben, als der Gesetzentwurf nebst Motiven sich in den Händen der Mitglieder des Handelstages befindet, die amtliche Begründung der Vorschläge also allgemein bekannt ist.

Auch die in einzelnen Gutachten gemachten Verbesserungsvorschläge sind nicht wiedergegeben worden, weil es kaum als die Aufgabe der Plenarversammlung des Deutschen Handelstages erachtet werden kann, den Entwurf in seinen einzelnen Teilen zu amendieren. Nur wo diese Vorschläge zum Verständnis des Gutachtens erforderlich sind, werden sie ausführlich mitgeteilt werden.

Die Bezugnahme auf die Gutachten in den Anmerkungen soll nicht etwa heißen, dass die bezeichneten Handelsvorstände mit der Begründung im Texte Wort für Wort einverstanden sind; es soll dadurch vielmehr nur die allgemeine Zustimmung konstatiert werden.

Nachdem eine Abänderung der bestehenden Gesetze über das Aktienwesen schon im Jahre 1873 im preußischen Abgeordnetenhause in Anregung gebracht war, wurde dieselbe durch die Beschlüsse des genannten Abgeordnetenhauses vom 29.3.1876 und des Bundesrates vom 13.3.1877 für dringend geboten erklärt. Über die Richtung aber, welche diese legislative Revision zu nehmen hätte, wurde weder in jenen Beschlüssen eine Direktive erteilt, noch war die öffentliche Meinung darüber einig geworden.

Sowohl in der reichhaltigen Literatur über den Gegenstand als auch in den von den Ressortministern eingeforderten Gutachten der Handelskammern trat auf der einen Seite das Verlangen hervor, in Fortsetzung der Reform, welche die Novelle vom Juni 1870 mit der Beseitigung des Konzessionswesens und der Staatsaufsicht über die Aktiengesellschaften begonnen hatte, alle die Vertragsfreiheit einschränkenden Maßregeln zu beseitigen und dadurch das Publikum, indem ihm die Vorstellung genommen wird, als könne und wolle der Staat durch vorsorgende Bestimmungen das Interesse der bei Handelsunternehmungen mit Kapital beteiligten Aktionäre wahrnehmen, zur Selbstprüfung der Verhältnisse vor Eintritt in einen Aktienverein anzuhalten. Hierin wurde das beste Mittel erblickt, gute Unternehmungen zu fördern und schlechte zu beseitigen.

Von der anderen Seite wurde eine wesentliche Einschränkung der Vertragsfreiheit auf dem Gebiete des Assoziationswesens gefordert, welche nach dem bestehenden Recht eine ungebührliche, die Interessen der bei Aktienunternehmungen beteiligten Kapitalisten gefährdende und deshalb dem öffentlichen Interesse widerstreitende Ausdehnung zulasse und gefunden habe. Diese Beschränkung aber sollte nach der Meinung der Verteidiger dieser Ansicht entweder durch Wiedereinführung der

Konzession und der Staatsaufsicht oder durch Anstellung eigens zu diesem Zweck vom Staat angestellter Inspektoren oder durch gesetzliche Bestimmungen über die Gründung und Verwaltung von Aktiengesellschaften herbeigeführt werden.

In dem ersteren Falle wird bei der Wahl der einzuführenden Reformen die Untersuchung sich auf die Feststellung der Fragen zu richten haben, bei denen vom Standpunkt völliger Vertragsfreiheit noch bestehende Beschränkungen aufzuheben oder aber im Interesse des öffentlichen Wohls einzuführen sind. Im anderen Falle handelt es sich um eine solche Abgrenzung nicht, sondern um Bestimmungen für ein Normalstatut, welche geeignet sind, die Pflichten der die Gesellschaft gründenden und ihre Geschäfte leitenden und überwachenden, sowie die Rechte der sonst dabei beteiligten Personen richtig gegeneinander abzuwägen und die Fälle festzustellen, in denen die Organe der Staatsverwaltung einzugreifen haben.

Selbstverständlich werden sich vielfach die von diesen gegensätzlichen Auffassungen ausgehenden Gesetzesvorschriften in manchen Punkten berühren und decken. Aber abgesehen von sonstigen Unterschieden wird bei der Beurteilung von Reformvorschlägen die Verschiedenheit des Standpunkts von durchschlagender Bedeutung sein. In dem einen Fall wird es sich nur um die Erwägung handeln, ob diese oder jene Vorschrift im öffentlichen Interesse unbedingt geboten erscheint und demgemäß ihre Abänderung durch den Gesellschaftsvertrag zu untersagen ist. In diesem Falle wird zu erwägen sein, ob durch die betreffenden Vorschriften die damit beabsichtigten Zwecke erreicht, ob die für alle denkbaren Fälle getroffenen gesetzlichen Regelungen einen allgemein gültigen Charakter haben und alle Möglichkeiten angemessen berücksichtigen oder ob sie etwa nur für gewisse Kategorien passen und ob nicht fühlbare Lücken vorhanden sind, welche der Ergänzung bedürfen.

Der vorliegende Gesetzentwurf schlägt einen vermittelnden Weg ein und geht von der Anschauung aus, dass zwar die staatliche Konzession und die Staatsaufsicht nicht wieder einzuführen sei, dass aber die nach dem bestehenden Recht gewährte Vertragsfreiheit in wesentlichen Punkten beschränkt werden und das Handelsgericht in bestimmten Fällen nicht bloß auf Anrufen entscheidend, sondern auch selbständig leitend und ordnend eingreifen müsse.

Die auf den Entwurf bezüglichen Fragen, um deren Beantwortung der bleibende Ausschuss des Deutschen Handelstages mittels Zirkularschreibens vom 12.11.v.J. gebeten hat, hatten weniger den Zweck, die Meinungen über die einzelnen vorgeschlagenen Bestimmungen hervorzurufen, als ein Urteil darüber zu erhalten, inwieweit die leitenden Gesichtspunkte des Entwurfs gebilligt oder angegriffen werden. Diese Absicht ist in dem Schreiben, mit welchem der Fragebogen überschickt ist, angedeutet.

Die von den Mitgliedern eingegangenen Antworten lassen den Standpunkt nicht durchweg klar erkennen, von dem sie bei der Beurteilung der Reformvorschläge ausgehen. Viele halten sich an den Wortlaut der Fragen und bemessen die Zulässigkeit des einzelnen Vorschlages nach seiner allgemeinen Zweckmäßigkeit, nicht aber nach der inneren Notwendigkeit für eine neue gesetzliche Regelung des Aktienwesens. Das Referat ist deshalb genötigt, denselben Weg zu verfolgen und die in dem vorbezeichneten Rundschreiben aufgestellten Fragen der Reihe nach zu behandeln. Auf diese Weise dürften die in den verschiedenen Gutachten der Mitglieder des Deutschen Handelstages niedergelegten verschiedenen Ansichten am wirksamsten zur Geltung kommen.

Ein kleiner Teil dieser Gutachten äußert gegen die Gesetzesvorlage keine Bedenken oder erklärt seine Zustimmung unter mehr oder minder ausführlicher Wiederholung der in den amtlichen Motiven enthaltenen Begründung. Andere stimmen zwar einzelnen Vorschlägen des Entwurfs oder auch einer ganzen Reihe derselben bei, unterstützen ihre Entscheidung jedoch mit Gründen, welche von denen der Motive abweichen. Eine dritte Klasse von Gutachten endlich erklärt sich unter Angabe von Gründen gegen eine größere oder kleinere Zahl der vorgeschlagenen Bestimmungen.

Mit der Tendenz des Entwurfs: „die Auswüchse, welche sich bei Gründung von Aktiengesellschaften und Kommanditgesellschaften auf Aktien bislang ergaben, tunlichst zu beseitigen" erklären sich die Gutachten wohl durchweg einverstanden. Die Dringlichkeit der Reform aber wird in dem von den Motiven zum Entwurf behaupteten Weise als wirklich vorhanden vielfach in Abrede gestellt. Denn wenn auch – so wird ausgeführt – im wirtschaftlichen Leben, wie die Motive behaupten, ein neuer Aufschwung sich zeige, so könne nicht dargetan werden, dass das Kapital sich neuerdings der aufsteigenden Bewegung auch zur Gründung von Aktiengesellschaften „bemächtige", was wohl heißen solle, in unberechtigter Weise Mittels zu Bereicherung auf Kosten Dritter sich bediene. Ebenso erscheine es auch unzutreffend zu sagen, „dass das Vertrauen in die bestehende Aktiengesetzgebung erschüttert sei, durch Änderung derselben dies Vertrauen wieder hergestellt werden müsse" (Mot. S. 49), denn wo immer in Deutschland eine solide Unternehmung heutzutage in Form einer Aktiengesellschaft begründet werde, finde sie unter der bisherigen Gesetzgebung willig das nötige Geld. Ein unbedingt durchschlagender Grund, die Änderung des Aktiengesetzes schon jetzt und nicht erst bei der bevorstehenden Revision des Handelsgesetzbuches vorzunehmen, liege sonach kaum vor.

Es wird ferner behauptet, dass die Folgen des Anfangs der 70er Jahre stattgehabten Gründung zahlreicher Aktiengesellschaften in ihrem Gesamtresultat keineswegs so überaus schlimm gewesen seien, wie vielfach angenommen werde. Freilich habe der seit dem Jahre 1873 auf fast allen Wirtschaftsgebieten eingetretene Rückschlag die Aktiengesellschaften fast ausnahmslos in ihren Dividenden geschmälert und Konkurse, Liquidationen, Abschreibungen am Grundkapital zu großen Beträgen haben Platz gegriffen; dasselbe sei aber gleichzeitig in sehr bedeutendem Umfang bei Privatgeschäften vorgekommen und bei diesen auch in Geschäftszweigen, in denen eine Konkurrenz der Aktiengesellschaften nicht oder nur in untergeordnetem Maße vorhanden war.

Bedenke man aber, dass bei einem Engagement in Aktiengesellschaften von 5116 Mill. Mark nur ein Betrag von 167 Mill. Mark (nicht 3%) in Konkurs geriet (dabei zu fast 30% Aktiengesellschaften, welche vor 1871 gegründet waren), dass bei den eingetretenen, allerdings sehr starken Liquidationen von zusammen 1169 Mill. Mark nur ein Verlust von 241 Mill. Mark, d.i. kaum über 20% des betreffenden Kapitals sich ergab, dass endlich bei den vorgenommenen Herabsetzungen des Grundkapitals von 415 Mill. Mark die betreffenden Gesellschaften nur da einen tatsächlichen Verlust am Gesellschaftskapital erlitten, wo die Reduzierung dieses Kapitals im Wege der Zusammenlegung von Aktien erfolgt war, dass aber die Reduzierungen letzter Art nur 198 Mill. Mark betrugen und in vielen Fällen ohne oder nur mit geringem direkten Verlust für Aktionär und Gesellschaft erfolgten, so könne man wohl nicht behaupten, dass die Verluste der Aktiengesellschaften selbst im Verhältnis zu den Verlusten, welche allgemein und allenthalben in Folge der wirtschaftlichen Krise entstanden waren, ungebührlich hohe gewesen seien.

Speziell in Baden soll der Ruf nach einer Reform der Aktiengesetzgebung nie laut geworden sein, weil dort – ebenso wie in Oberfranken, Mittelfranken, Schwaben und Neuburg, im Elsass, in Schleswig (speziell Flensburg), Lüneburg und Lübeck – keine Missstände und vielleicht nur hie und da Ausschreitungen auf dem Gebiete des Aktiengesellschaftswesens zutage getreten seien. Deshalb wird auch die Behauptung der Motive, dass eine Ausdehnung der statistischen Ermittlungen über die Entwicklung der Aktiengesellschaften in Preußen kaum ein anderes Bild der Verhältnisse ergeben hätte, als die für Preußen gesammelten Materialien es bieten – als unzutreffend bestritten.

Die Übelstände, welche sich seit der Novelle von 1870 herausgestellt haben, werden von mehr als einer Seite auf wesentlich andere Gründe als auf Mängel und Lücken in der bisherigen Gesetzgebung zurückgeführt. Sie sollen nach dieser Anschauung ihren Grund in der Natur der Kommanditgesellschaft auf Aktien und der Aktiengesellschaft, namentlich in der Stellung des Aktionärs zur Gesellschaft haben und durch die Gesetzgebung überhaupt nicht abgestellt werden können. Einzelne Übelstände mögen entstanden sein aus der nicht sehr präzisen Fassung der betreffenden Gesetze; sie seien indessen durch die Rechtsprechung inzwischen größtenteils abgestellt. In Erwägung dieser Tatsachen und aufgrund der gemachten Erfahrungen wird dann die Überzeugung ausgesprochen, dass abgesehen von vereinzelten Fällen, die Verwaltungsorgane der Kommanditgesellschaften auf Aktien und der Aktiengesellschaften unter Aufwendung der äußersten Sorgfalt und mit voller Treue verwaltet haben und durchaus kein Grund vorhanden ist, gegen sie ein durch und durch von Misstrauen erfülltes Gelegenheitsgesetz zu erlassen.

Dieser Charakter des „Lückenbüßers", des „Einschiebsels" in eine organische Gesetzgebung soll nach der Ansicht vieler Gutachten auch darin Ausdruck finden, dass der Entwurf in vielen Punkten allzu sehr von polizeilichen statt volkswirtschaftlichen positiven Erwägungen sich bestimmen lasse, wodurch das ganze Gesetz gewissermaßen das Gepräge aktienstrafrechtlicher Art erhalten habe. Der Entwurf sei ersichtlich aus der Beobachtung einzelner, an sich verwerflicher Vorgänge bei der Gründung und Verwaltung von Aktiengesellschaften und aus dem Streben, solche Vorgänge unbedingt unmöglich zu machen, hervorgegangen und gelange zu Kautelen, welche nicht mehr geeignet erscheinen, weitgehendes Misstrauen gegen die große Mehrzahl der nach ihrer Gründung und Leitung soliden Aktiengesellschaften und die Organe derselben zu erwecken, von Gründung und Leitung der Aktiengesellschaften und von der Beteiligung an denselben abzuschrecken und dadurch einen sehr wesentlichen Faktor zur Förderung der wirtschaftlichen Zustände zu schwächen. Deshalb wird von sehr vielen Seiten und selbst in solchen Gutachten, welche sich im Ganzen oder im Einzelnen mit dem von dem Entwurf verfolgten Zweck einverstanden erklären, die Ansicht ausgesprochen [z. B.: Köln. Straßburg i.E. Augsburg. Mülhausen i.E. Nürnberg. Osnabrück. Gera. Bremen. Berlin. Lübeck. Stuttgart. Chemnitz. Leipzig. Mannheim. Halberstadt. Baden u.A.], dass die vorgeschlagenen Bestimmungen weit über das Ziel hinausschießen, dass sie nicht die schädlichen Auswüchse des Aktienwesens treffen und den Keim neuer Übelstände in sich tragen.

Hieran schließt sich dann folgerecht der Vorwurf, dass die Prinzipien, welche in dem Gesetzentwurfe und dessen Begründung ihren Ausdruck gefunden haben, den Verkehrsbedürfnissen unseres wirtschaftlichen Lebens nicht entsprechen. Das wirtschaftliche Leben unseres Jahrhunderts dränge mit den Aufgaben, welche es sich stellen müsse – seien dieselben auf Verwertung neuer Erfindungen oder auf Vervollkommnungen auf technischem Gebiete, seien sie auf Erweiterung der Verkehrswege oder auf Vermittlung des Geld- und Kreditbedarfs gerichtet – auf große Anlagen hin, zu deren Schaffung die Privatvermögen nicht immer ausreichen. An Stelle der Letzteren müssen daher die Aktiengesellschaften und die Kommanditgesellschaften auf Aktien treten. Das wirtschaftliche Bedürfnis unserer Zeit sei also nicht die Verminderung, sondern die Vermehrung solcher großer Gesellschaften und deshalb sollte das wirtschaftliche Ziel unserer Gesetzgebung darauf gerichtet sein, die Bildung derselben zu erleichtern, nicht aber darauf, sie zu erschweren. Beschränkungen sollten nur insoweit eine Stelle finden, als dieselben durch das öffentliche Interesse und zum Behufe der Verhütung betrügerischer Manipulationen geboten seien. Der vorliegende Entwurf aber weiche von diesem Ziele vielfach ab und lege der Errichtung und dem Betriebe von Aktiengesellschaften Hindernisse in den Weg, deren Notwendigkeit nicht anzuerkennen sei.

Insbesondere aber in Deutschland, wo die Kapitalbildung noch nicht so weit vorgeschritten sei, wie in den Ländern, mit denen es in erster Reihe den Konkurrenzkampf zu bestehen habe, sei die Assoziation des Kapitals eines der vornehmlichsten Hilfsmittel, um durch Veredelung der eigenen und fremden Rohprodukte und Halbfabrikate das dem Volke erforderliche Arbeitsquantum zu schaffen, die Bildung neuer Werte und Kapitalien zu fördern, die Sicherung gegen Beschädigung oder Verlust des Eigentums und Gelegenheit zur Kapitalansammlung für den Todesfall zu gewähren, sowie das Kreditbedürfnis zu befriedigen und an der Regelung des Geldumlaufs mitzuwirken.

Gehen wir nun zu den Fragen über, welche den meisten Gutachten zugrunde gelegt sind und beschäftigen wir uns zunächst mit denjenigen Bestimmungen, welche sich nur auf hinfort neu zu gründende Gesellschaften beziehen: so findet die Vorschrift des Entwurfs, dass bei der Kommanditgesellschaft auf Aktien die Anteilsscheine nur auf Namen lauten, sehr wenig Beifall.

Es wird vielfach überhaupt nicht anerkannt, dass ein innerer Grund zu einer verschiedenartigen Behandlung der Aktienkommandite und der Aktiengesellschaft in dieser Beziehung vorliege. Der Gegenstand des Unternehmens sei es, welcher bei der Wahl jener beiden Formen der Assoziation ausschlaggebend zu sein pflege. Die

Ansicht der Motive, dass bei der Aktienkommandite das Unternehmen und dessen bisherige Eigentümer es seien, welche das zum Betriebe und zur Ausdehnung desselben gewünschte Kapital suchen, während bei Aktiengesellschaften das betriebslustige Kapital sich nach einem Unternehmen und nach Direktoren für dasselbe umsehe, sei eine geistreiche und in manchen Fällen zutreffende Abstraktion, aber doch immerhin nur eine Abstraktion, welche von einer Anzahl von einzelnen Fällen gemacht sei und keineswegs das ganze Gebiet erschöpfe.

Eine wirtschaftliche Nötigung zu der Beschränkung der Aktienkommandite auf den Gebrauch von Namensaktien fehle [Minden. Köln. Hanau. Nordhausen. Breslau. Königsberg. Nürnberg. Lüneburg. Osnabrück. Halle. Wiesbaden. Bremen. Altona. Danzig. Kassel. Koblenz. Aachen-Burscheid. Stolberg. Braunschweig. Düsseldorf (Verein). Berlin. Sagan. Offenbach. Siegen. Heilbronn. Chemnitz. Heidenheim. Hildesheim. Magdeburg. Bielefeld. Halberstadt. Frankfurt a.M. Heidelberg u.A.]. Als einzigen Grund der differentiellen Behandlung der beiden Gesellschaftsformen bleibe nur der übrig, dass man nach Vorgang der Motive meine, die juristische Gestaltung beider Formen in ihrer Verschiedenheit schärfer als bisher ausprägen zu müssen, um die Beteiligten zu einer reiflicheren Erwägung bei der Gründung zu veranlassen, welche von beiden Formen für das Unternehmen nach der Natur und Bestimmung desselben die geeignetste sei. Da nun aber nach der Ausführung der Motive die alleinige Verschiedenheit beider Gesellschaftsformen in der Stellung der persönlich haftenden Gesellschafter liege, so folge, dass es nicht geboten sei, eine Verschiedenheit in der Form der Aktien zu statuieren und der Aktienkommandite das Wahlrecht zwischen Namens- und Inhaberaktien, welches man der Aktiengesellschaft zugestehe, zu verweigern.

Der Entwurf wolle freilich ersichtlich die Gründung von Aktienkommanditen gegenüber der Gründung von Aktiengesellschaften begünstigen, um womöglich zu bewirken, dass erstere Form, welche jetzt die Ausnahme bilde, zur Regel werden möge. Dieser Tendenz zuliebe möge neben mancher anderen Bestimmung auch die obige Vorschrift in den Entwurf gekommen sein. Der Vorschlag werde aber in das Gegenteil ausschlagen. Sei einmal, wie die Motive selbst bezeugen, das Streben des Verkehrs auf die Inhaberaktien gerichtet, so könne die Beschränkung der Aktienkommandite auf Namensaktien nur eine Ablenkung des Kapitals von dieser Gesellschaftsform bewirken.

Zudem liege in Bezug auf die Umlaufsfähigkeit zwischen Namens- und Inhaberaktien ein Unterschied, welchem wirtschaftliche Bedeutung beizumessen wäre, überhaupt nicht vor, denn die Zulässigkeit des Blankoindossaments macht die Namensaktien ebenso leicht übertragbar als es die Inhaberaktien sind. Führen die Motive weiter aus, „die Namensaktie sichere eine größere Stabilität in dem Personale der Aktionäre und ein erhöhtes Interesse an dem Geschicke der Gesellschaft“, so scheine hier die Ursache für die Wirkung genommen. Wohl dürfe man annehmen, dass derjenige, welcher von vornherein ein größeres Interesse an der Gesellschaft nehme, unbedenklicher die Beteiligung durch Namensaktien eingehen werde; allein wenn das Interesse nicht a priori vorhanden, so werde die Art der Aktie dasselbe nicht schaffen oder ändern und, wenn und sobald der Beteiligte das Interesse verliere oder sein Vorteil ihn dazu bestimme, so werde er auch die Namensaktie verkaufen, selbst wenn der Verkauf schwieriger und umständlicher sein sollte.

Einem noch größeren Widerspruch begegnet die Bestimmung, welche von den persönlich haftenden Gesellschaftern eine Beteiligung fordert, die zusammen einschließlich des Gesamtkapitals der Kommanditisten den zehnten Teil des Gesellschaftsvermögens darstellt und welche Bestimmung die Dauer dieser Beteiligung auf zehn Jahre bemisst.

Von der einen Seite wird es zwar gebilligt, dass der Gesetzentwurf der Kommanditgesellschaft auf Aktien die ihr juristisch zukommende Stellung als einer Unterart der reinen Kommanditgesellschaft belasse. Nun werde es aber bei der gewöhnlichen Kommanditgesellschaft wohl als selbstverständlich vorausgesetzt, dass der persönlich haftende Gesellschafter den Hauptteil seines Vermögens in der Gesellschaft arbeiten lasse und demgemäß jederzeit an dem Gewinn und Verluste der Gesellschaft direkt beteiligt sei. Es scheine demnach auch sachgemäß die gesetzlichen Vorschriften über die Aktienkommandite so zu gestalten, dass die persönliche Haftbarkeit des Komplementärs sich nicht in eine Art von Bürgschaft abschwäche, welche erst wirksam werde, wenn das gesamte Kommanditkapital bereits verloren sei. Derjenige Komplementär, welcher in jedem Verlustjahre eine empfindliche Einbuße an seinem in der Gesellschaft arbeitenden Vermögen erleidet, habe viel mehr Anreiz zu einer stetigen Anspannung all seiner Geisteskräfte bei dem Betriebe der Geschäfte als ein solcher Komplementär, dessen Vermögen zu den Gesellschaftsverlusten zunächst nichts beizutragen habe und welcher hoffen könne, dass der Fall seiner persönlichen Haftbarkeit kaum jemals eintreten werde.

Dagegen wird aber eingewendet [Minden. Köln. Hanau. Breslau. Straßburg i.E. Mülhausen i.E. Königsberg. Elberfeld. Karlsruhe. Heidelberg. Frankfurt a.M. Magdeburg. Bielefeld. Düsseldorf. Kiel. Hamburg. Lüneburg. Frankfurt a.O. Hannover. Wiesbaden. Bremen. Altona. Danzig. Kassel. Koblenz. Aachen-Burtscheid. Stolberg. Braunschweig. Düsseldorf (Verein). Berlin. Sagan. Dresden. Lübeck. Siegen. Chemnitz. Leipzig. Heidenheim. Hildesheim], dass eine Beschränkung der Vertragsfreiheit in dieser Beziehung nur schädlich wirken könne. Überall da, wo das wirtschaftliche Bedürfnis zur Wahl der Gesellschaftsform der Aktienkommandite veranlasse, würde durch die Verträge ohnehin für eine erhebliche Beteiligung der persönlich haftenden Gesellschafter gesorgt werden und ebenso für eine Bindung derselben an das Interesse der Gesellschaft auf eine Reihe von Jahren.

In vielen Fällen sei dagegen das Hauptgewicht auf die persönlichen Eigenschaften, die geschäftliche Erfahrung und den Charakter des Mannes zu legen. Ersteres werde namentlich der Fall sein, wenn es sich um die Leitung eines Sachkenntnis erfordernden industriellen Etablissements oder gar um die Ausbeutung einer Erfindung handle. Die Vorschrift werde dann die Auswahl unnötigerweise außerordentlich beschränken oder dahin führen, dass oft mehrere persönlich haftende Gesellschafter aufgestellt würden, von denen der eine vielleicht, obgleich er zur Leitung des Unternehmens ganz ungeeignet sei, gewählt werde, weil er das erforderliche Vermögen besitze, während der andere, welcher vermögenslos, in Wirklichkeit der Leiter des Unternehmens sei, so dass sich der Erstere als Strohmann darstelle.

Die Tragweite der gedachten Bestimmung sei aber noch dadurch bedeutend vergrößert, dass ein persönlich haftender Gesellschafter bei seinem Ausscheiden seinen Anteil erst nach Ablauf einer zehnjährigen Frist soll veräußern dürfen (Art. 181). Diese Bestimmung würde viele tüchtige Geschäftsleute davon zurückschrecken, in die Stellung eines persönlich haftenden Gesellschafters einzutreten und unter anderen namentlich auch im Todesfalle für die hinterbliebenen Erben des Gesellschafters von oft sehr misslichen Folgen sein.

Über die Frage, ob bei der Kommanditgesellschaft auf Aktien die „Simultangründung" auszuschließen sei, wie der Entwurf fordert, oder nicht, gehen die Urteile weit auseinander. Während auf der einen Seite die Simultangründung bei dieser Geschäftsform für unmöglich erklärt wird, wird sie von der anderen Seite [Minden. Flensburg. Köln. Nordhausen. Königsberg. Hamburg. Lüneburg. Halle. Wiesbaden. Bremen. Altona. Danzig. Kassel. Bromberg. Koblenz. Aachen-Burtscheid. Stolberg. Düsseldorf (Verein). Berlin. Sagan. Lübeck. Harburg. Heilbronn. Memel. Chemnitz. Heidenheim. Hildesheim. Düsseldorf. Magdeburg. Bielefeld. Halberstadt. Frankfurt a.M. Heidelberg.] nicht nur für möglich gehalten, sondern es wird in ihrer Ausschließung sogar eine durch das wirtschaftliche Bedürfnis nicht gerechtfertigte Erschwerung der Gründung solcher Gesellschaften gefunden.

Es müsse als ein ganz naturgemäßer Vorgang gelten, dass sich die persönlich haftenden Gesellschafter der Zustimmung der Kapitalisten, deren Mitwirkung als Kommanditisten sie wünschen, im Voraus vergewissern und dass sie in einem solchen Falle den Gesellschaftsvertrag auf dem Wege der Verhandlung mit den Kommanditisten feststellen. Ebenso werde der Fall häufig vorkommen, dass sich einzelne Kapitalisten zum Zwecke der Etablierung einer Aktien-Kommandit-Gesellschaft vereinigen und dann einen tüchtigen Fachmann als persönlich haftenden Gesellschafter aufnehmen. Der Entwurf schließe aber die Kommanditisten von einer Mitwirkung bei Feststellung des Gesellschaftsvertrages aus; diese Auffassung entspreche dem praktischen Bedürfnis nicht.

Würde der Entwurf Gesetz, so würden sich daraus ganz wunderliche Inkonsequenzen ergeben. Wenn nämlich zehn Personen zusammentreten, um den Gesellschaftsvertrag über ein Fabrikunternehmen mit 2 Millionen Gesellschaftsvermögen zu schließen, so soll dieser Vertrag, vorausgesetzt dass die gedachten zehn Personen das gesamte Aktienkapital zeichnen, dann sofort perfekt sein, wenn die Form der reinen Aktiengesellschaft gewählt wird. Entschließen sich die Gesellschafter aber zu der Form der Aktienkommandite, so sollen sie sich zunächst einen Aufsichtsrat wählen, welcher den Gründungshergang zu prüfen hat. Sie wählen natürlich diejenigen Gesellschafter, welche nicht Komplementäre sind. Diese prüfen den Gründungshergang, bei welchem sie selbst beschlussfassend beteiligt gewesen sind, die Zeichnungen, welche sie selbst geleistet haben, die Vorteile und Einlagen einzelner Gesellschafter sowie die Gründervorteile, welche sie selbst bewilligt bzw. angenommen haben und erstatten über das Resultat ihrer Prüfung an die Generalversammlung der Kommanditisten, d.h. an sich selbst, einen Bericht. Erst dann darf über die Errichtung der Kommanditgesellschaft auf Aktien definitiv Beschluss gefasst werden.

Nahezu einig [Minden. Flensburg. Trier. Köln. Hanau. Nordhausen. Breslau. Straßburg i.E. Augsburg. Mülhausen i.E. Königsberg. Freiburg i. Br. Elberfeld. Karlsruhe. Tilsit. Nürnberg. Hamburg. Lüneburg. Frankfurt a.O. Hannover. Halle. Wiesbaden. Bremen. Altona. Krefeld. Danzig. Mainz. Mainz (Verein). Kassel. Bromberg. Koblenz. Aachen-Burtscheid. Stolberg. Braunschweig. Düsseldorf (Verein). Berlin. Sagan. Lauban. Darmstadt. Dresden. Bayreuth. Offenbach. Lübeck. Siegen. Stuttgart. Gießen. Harburg. Heilbronn. Memel. Chemnitz. Leipzig. Heidenheim. Hildesheim. Landau. Meinigen. Heidelberg. Schweidnitz. Baden. Frankfurt a.M. Stralsund. München. Bielefeld. Halberstadt. Hannover. Magdeburg. Mannheim. Kiel. Düsseldorf. Colmar i.E.] sind die Urteile darin, dass die beabsichtigte Erhöhung des Mindestbetrages für Inhaberaktien auf 5000 Mark und für Namensaktien auf 1000 Mark viel zu hoch gegriffen ist.

Diejenigen Gutachten, welche eine Beschränkung der Vertragsfreiheit auf dem Gebiete des Aktienwesens überhaupt verwerfen, halten dafür, dass eine Bestimmung über die Minimalgrenze des Betrages der einzelnen Aktien in das Gesetz überhaupt nicht aufgenommen werden sollte. Andere stellen in Abrede, dass ein Grund vorliege, den zur Zeit gesetzlich fixierten Mindestbetrag zu erhöhen. Noch andere endlich bringen verschiedene Summen bis zur Höhe von 3000 Mark hierfür in Vorschlag.

Diejenigen Stimmen, welche eine Erhöhung des Minimalbetrages über das jetzt geltende Maß hinaus billigen, erkennen das Ziel der Motive, das kleine Kapital von der Anlage in Aktien tunlichst abzuhalten, als ein an sich richtiges an. Ein weiterer Grund für die Erhöhung der Minimalbeträge wird noch in der Bestimmung des Entwurfs gefunden, dass jede einzelne Aktie ihrem Eigentümer ein Stimmrecht verleihen und dass es nicht gestattet sein soll, dies Stimmrecht durch anderweite statutarische Regelung der Frage dem Aktionär zu nehmen. Werde diese Bestimmung Gesetz – so wird ausgeführt – so sei es nötig, die Gefahr allzu großer, leicht tumultuarisch verlaufender Generalversammlungen wenigstens durch Erhöhung des Minimalbetrages der Aktien abzuschwächen.

Dagegen wird von der anderen Seite geltend gemacht, dass die allgemeinen Motive des Entwurfs selbst hervorheben, dass die Form der Aktiengesellschaften, auch derjenigen mit Inhaberaktien, unentbehrlich, deren Errichtung für gewisse Fälle nach wie vor geboten sei, dass die Herstellung von großen Verkehrswegen, Gasanstalten, Wasserleitungen usw., wenn sie überhaupt ermöglicht werden solle, in vielen Fällen nur auf dem Wege der Errichtung einer solchen Aktiengesellschaft zu erreichen sei. Diese Fälle können aber noch sehr vielfältig werden und lassen sich gar nicht absehen, wenn man insbesondere erwäge, dass wir gegenwärtig in der Zeit der Erfindungen leben, deren Verwertung für das Volksvermögen und deren praktische Anwendung erfahrungsgemäß meist nur dadurch erzielt werden könne, dass eine möglichst große Anzahl Personen unter der Form einer Aktiengesellschaft zu diesen Zwecken sich vereinige. Bei den Vermögensverhältnissen unserer Bevölkerung sei es aber unmöglich, sogar Staatsanleihen unterzubringen, welche in Apoints von 5000 Marik emittiert werden; wie vielmehr erst würde diese Unmöglichkeit bei Aktienunternehmungen vorliegen, bei welchen in den häufigsten

Fällen selbst von wohlhabenden Leuten nicht mehr als 5000 Mark in einzelnen Unternehmungen verwendet würden.

Der Hauptzweck der in Frage befangenen Bestimmung des Entwurfs, den sogenannten „kleinen Mann“ von der Beteiligung an einer Aktiengesellschaft abzuhalten, sei einerseits nicht einmal durchweg zu billigen, andererseits werde er durch die Erhöhung des Minimalbetrages nicht erreicht werden.

Durch den hohen Minimalbetrag der Aktien werde die Beteiligung an einem Aktienunternehmen zu einem Privilegium der Reichen gemacht, während kleineren Gewerbetreibenden die Möglichkeit benommen werde, sich in größerer Anzahl zu einem Geschäft zu vereinigen, ohne sich in die nicht allerorten beliebte Form der Genossenschaft mit Solidarhaft zwängen zu lassen.

Sodann läge die Gefahr nahe, dass die unsolide Spekulationslust des kleinen Kapitalisten durch die Normierung des Mindestbetrags einer Aktie auf 5000 Mark noch angeregt werde, indem sich die Gepflogenheit einbürgern könne, dass das Publikum der mittleren Kapitalisten sich statt der Aktien selbst von einer Bank Zertifikate geringeren Betrages auf gewisse Aktien kaufen möchte. In Amsterdam sei dieser Weg des Handels gang und gäbe. Man nehme dort ebenso wohl von einer Bank, welcher man eine Anzahl Aktien einliefere, ein größeres Zertifikat über die gesamte Summe, wie man Zertifikate erwerbe, welche kleinere Summen als die Beträge der einzelnen Aktien darstellen. Bei einer solchen Geschäftsform sei das Risiko der Anlage und der Spekulation, welche es doch bei dem Erwerbe ganzer Aktien nur mit der Gesellschaft selbst und deren Gedeihen zu tun haben, noch durch den Faktor der Kreditwürdigkeit des Bankhauses, welches die Zertifikate ausstelle, verschärft. – Ähnliche Manipulationen seien auch in Deutschland mit ausländischen Losen ganz gebräuchlich.

Außerdem bieten aber auch die seither bestehenden Aktiengesellschaften so viel Material an Aktien mit geringem Nennwerte, dass die Spekulationslust des kleinen Kapitalisten schon hierdurch befriedigt werden könnte, abgesehen davon, dass auch das Ausland durch Einbürgerung seiner Aktien-Titres sowohl von bestehenden als auch noch zu gründenden Unternehmungen diese Erschwerung der Kapitalanlage in deutschen Papieren gehörig ausnützen werde. Die Folge davon würde aber sein, dass sowohl eine Preissteigerung für Aktienwerte mit niederem Kapitalbetrag eintrete und dass gerade das kleine Kapital, welches man schützen wolle, durch Bezahlung über den reellen Wert solcher Anlagen geschädigt sein werde; als auch, dass eine große Anzahl kleiner Kapitalien dem Auslande zuwandere, um dort in Aktien kleineren Betrages angelegt zu werden.

Es wird ferner darauf hingewiesen, dass die Bedürfnisse des wirtschaftlichen Lebens oft bestimmend sind für die Höhe des Nominalbetrages der Aktien. Industrielle Unternehmungen haben nämlich vielfach ein sehr lebhaftes Interesse, dass ihre Kunden selbst Aktienbesitzer sind, eben damit sie auch direkt – nicht bloß durch den Verkaufsnutzen – an der Gesellschaft beteiligt werden. Hier werde geradezu der Besitz von Aktien bei den Kunden prämiert, das sei notorisch für Nahrungsmittelgewerbe, z.B. Bierbrauereien, Schokoladefabriken usw., besonders auch in Frankreich der Fall. Das könne aber nur dort mit Erfolg geschehen, wo der

Aktienbetrag nicht zu hoch sei. – Auch für andere Industriezweige, z. B. für die in der Landwirtschaft so wichtige Zuckerindustrie, habe sich längst das Bedürfnis herausgebildet, gerade den kleinen Produzenten selbst den Mitgenuss an der endlichen Veredlung ihrer Erzeugnisse durch Benützung der Aktienrechtsform zu erleichtern.

Von einer Seite wird zur Unterstützung der Forderung nach einer niedrigen Normierung des Aktienbetrages noch der Vorschlag des Entwurfs herbeigezogen, dass mit Genehmigung der Reichsregierung für gemeinnützige Unternehmungen, für welche ein örtliches Bedürfnis vorliegt, auch ohne staatliche Garantie, Aktien sogar unter dem bisher üblichen Nominal (zu 200 Mark) sollen ausgegeben werden dürfen. Die Motive nennen: Sekundärbahnen, Kanäle, Straßen, Gas-, Wasser-, Bade-, Waschanstalten usw., also Unternehmungen, bei denen in der Regel ein Risiko so wenig ausgeschlossen ist, wie bei irgendwelchen anderen Aktienunternehmungen und bei denen ganz kleine Leute deshalb besser sich nicht beteiligen. Es spreche diese Bestimmung zum mindesten auch dafür, dass die als Regel aufzustellende Grenze für das Nominale von Aktien nicht zu hoch gegriffen werden dürfe.

Diese letzterwähnte Bestimmung wird auch noch um deshalb bemängelt, weil eine Definition des Begriffes „gemeinnützig“ schwer zu geben sei und weil die obersten Reichsbehörden kaum geeignet seien, „örtliche Bedürfnisse“ richtig zu beurteilen. Es wird in dieser Beziehung auf die Unzuträglichkeiten verwiesen, welche hervorgehoben werden könnten, wenn z. B. die Gemeinnützigkeit und die Bedürfnisfrage zu entscheiden wäre bei Zeitungsunternehmungen mit verschiedener politischer Parteifärbung.

Einen maßgebenden Grund für die Unterscheidung zwischen Namens- und Inhaberaktie hinsichtlich des Betrages wollen die Gutachten im Allgemeinen nicht zugeben, zumal die Inhaberaktien nach dem jetzigen Entwurf Namensaktien seien, solange sie nicht vollbezahlt seien und die Übertragbarkeit der Namensaktie durch Blanko-Giro eine so leichte sei, dass aus dem diesbezüglichen Unterschiede eine differierende Normierung des Minimalbetrages nicht motiviert werden könne. Nur von einer Seite wird der niedere Nominalbetrag der Namensaktie als ein Mittel empfohlen, dieselbe dem Publikum annehmbar zu machen.

Der von dem Entwurf gemachte Versuch, zwischen Simultan- und Sukzessivgründungen einen Unterschied juristisch zu formulieren, wird von einigen Gutachten als in den tatsächlichen Verhältnissen begründet gutgeheißen. Bei Unternehmungen großen Stils und Umfangs werde es kaum je vorkommen, dass die Aktien von denjenigen Personen, welche zur Begründung des Unternehmens zusammentreten, sämtlich gezeichnet würden. Ein anderes sei es aber, ein Unternehmen ins Leben zu rufen, bei dem die Aufbringung der Geldmittel bereits durch Zeichnung des vollen Betrages seitens der Projektanten gesichert sei, als ein solches, bei welchem erst zur Aufbringung der Geldmittel weitere Kreise angerufen werden müssen. Diese wirtschaftliche Verschiedenheit dränge notwendig zu einer Klarstellung des rechtlichen Unterschiedes dahin, dass bei den Simultangründungen die Gesellschaft bereits mit Übernahme der sämtlichen Aktien seitens der Gründer perfekt sei (Art. 209 c), während bei der Sukzessivgründung den Aktionären in gewissem Umfange das Recht eines Veto gegen die Perfektwerdung der Gesellschaft eingeräumt werden müsse.

Von anderer Seite [Minden. Hanau. Königsberg. Elberfeld. Hamburg. Lüneburg. Frankfurt a.O. Halle. Bremen. Altona. Kassel. Aachen-Burtscheid. Stolberg. Braunschweig. Darmstadt. Siegen. Chemnitz. Meiningen. Düsseldorf. Magdeburg. Bielefeld. Frankfurt a.M. u.A.] wird die scharfe Unterscheidung zwischen Simultan- und Sukzessivgründung als aus den Anschauungen des geschäftlichen Lebens nicht begründet und für überflüssig bezeichnet.

Der geforderte Nachweis der Einzahlung des vierten Teils des Aktienkapitals vor Errichtung der Gesellschaft wird vielfach gebilligt. Doch wird von anderer Seite hervorgehoben, dass bei fast allen bona fide erfolgenden industriellen Gründungen zu dem betreffenden Zeitpunkte ein so großes Kapital gar nicht erforderlich sein dürfte, dass dasselbe also nutzlos bleiben würde, bis die Zeit des Bedarfs wirklich eintrete.

Fast einstimmig sprechen die Gutachten sich gegen den Vorschlag aus, die konstituierende Generalversammlung von dem Richter berufen zu lassen und sie seiner Leitung zu unterstellen. Die richterliche Intervention bei der Sukzessivgründung berge die Gefahr in sich, dass das Aktionärpublikum in ihr eine Gewähr für die Vollständigkeit der ihm vorgetragenen Tatsachen erblicken und seine eigene Kritik nicht hinreichend anstrengen werde, obschon es dem Richter auch beim besten Willen nicht möglich sei, so tief in die Angelegenheiten einzudringen, als die Interessen es vermögen.

Sollte dieser Vorschlag dennoch zum Gesetz erhoben werden, so wird allgemein die Bestimmung einer kurzen Frist zur Einberufung der konstituierenden Generalversammlung für notwendig gehalten.

Bei der Beurteilung der Bestimmung des Art. 209 f, dass bei Prüfung des Hergangs der Gründung diejenigen Mitglieder, welche zugleich Gründer sind, nicht mitwirken dürfen, dass vielmehr für dieselben Stellvertreter zu bestellen sind, wird ein Unterschied zwischen Sukzessiv- und Simultangründungen gemacht.

Bei ersterer solle, so wird behauptet, der Bericht über die Gründungshergänge dazu dienen, die zur konstituierenden Generalversammlung zu berufenden Zeichner zur Ausübung ihres Vetorechts durch Gewährung von Informationen zu befähigen; bei der Simultangründung solle er dagegen nur den Beweis liefern, dass eine Prüfung der Gründungshergänge erfolgt sei und dass gewisse Personen für diese Prüfungsresultate verantwortlich seien. Für die Sukzessivgründung können daher obligatorische Stellvertreter angemessen erscheinen, da in der konstituierenden Generalversammlung zwischen den Gründern einerseits und dem Vorstande und dem Aufsichtsrate andererseits über die Gründungsvorgänge kontradiktorisch verhandelt werden solle. Für diese Art der Gründung sei es auch denkbar, dass geeignete Stellvertreter gefunden werden können, weil neben den Gründern eine größere Zahl von Aktionären vorhanden seien.

Bei der Simultangründung fehle es dagegen gänzlich an Aktionären, aus deren Kreise die Stellvertreter entnommen werden könnten. Bei Simultangründungen müssten also die Stellvertreter stets aus Kreisen fremder, an dem Unternehmen gar nicht beteiligten Personen ausgewählt werden. Da nun aber solche Stellvertreter nicht nur für die Richtigkeit, sondern auch für die Vollständigkeit der von den Gründern gemachten Angaben und darüber hinaus noch für die Angemessenheit der Preise für eingebrachte Gegenstände haften sollen, so würde eine solche Stellvertretung höchstens von solchen Personen übernommen werden können, welche den Gründern damit einen Freundschaftsdienst erweisen wollen. Aber auch davon würden sich solche Personen fern halten, welche ein Vermögen zu verlieren haben. Die Stellvertreter würden also aus den Kreisen mittelloser Leute gewählt werden müssen. Der Zwang zur Stellvertretung müsse also bei Simultangründungen als ein entwürdigender empfunden werden.

Im Allgemeinen [Minden. Flensburg. Köln. Nordhausen. Breslau. Straßburg i.E. Augsburg. Mülhausen i.E. Bielefeld. Königsberg. Freiburg i.Br. Elberfeld. Karlsruhe. Nürnberg. Hamburg. Lüneburg. Frankfurt a.O. Halberstadt. Osnabrück. Halle. Wiesbaden. Bremen. Altona. Danzig. Kassel. Bromberg. Koblenz. Aachen-Burtscheid. Stolberg. Braunschweig. Düsseldorf (Verein). Berlin. Sagan. Darmstadt. Lübeck. Siegen. Harburg. Memel. Chemnitz. Leipzig. Heidenheim. Hildesheim. Landau. Meinigen. Düsseldorf. Colmar i.E. Kiel. Magdeburg. Stralsund. München. Frankfurt a.M. Schweidnitz] aber wird die Behauptung aufgestellt, dass bei unsoliden Gründungen „Strohmänner, welche die Verantwortlichkeit leichtfertig übernehmen" (Mot.), leicht würden gefunden werden. Ernste, ehrbare und geachtete Männer aber würden schwerlich die verantwortliche Aufgabe der Untersuchung einer Gründung übernehmen wollen, bei der sie gar nicht beteiligt seien und an welche sie kein Interesse binde. Wenn diese es täten, so müsste wenigstens die Entschädigung dafür eine sehr reichliche sein, wodurch wiederum die Gründung erheblich teurer würde.

Die aus dem eben behandelten Artikel hervorgehende Konsequenz, dass Aufsichtsratsmitglieder und deren Stellvertreter nicht notwendig Aktionäre sein müssten, findet weniger lebhaften Widerspruch, weil in den Gesellschaftsstatuten die Wählbarkeit in den Aufsichtsrat von dem Besitz einer gewissen Anzahl von Aktien abhängig gemacht werden könne. Doch wurden auch hier die gegen die Stellvertreter gemachten Einwände erhoben [Minden. Flensburg. Köln. Augsburg. Elberfeld. Hamburg. Lüneburg. Frankfurt a.O. Osnabrück. Halle. Wiesbaden. Bremen. Altona. Danzig. Kassel. Bromberg. Koblenz. Aachen und Burtscheid. Stolberg. Braunschweig. Darmstadt. Memel. Chemnitz. Leipzig. Heidenheim. Hildesheim. Meiningen. Düsseldorf. Colmar i.E. Schweidnitz. Stralsund. München. Kiel. Magdeburg] und hinzufügt, dass nur der Aktionär das Interesse und den Beruf haben könne, Aufsichtsrat zu sein, und dass eben dieses Interesse, dieser Beruf die einzige Bürgschaft einer wirksamen Aufsicht bieten.

Wer innerhalb der ersten zwei Jahre nach Eintragung der Gesellschaft ins Handelsregister Aktien derselben öffentlich zum Kaufe anbietet, haftet für die Richtigkeit und Vollständigkeit der von den Gründern rücksichtlich der Zeichnung und Einzahlung des Grundkapitals und der Festsetzungen des Art. 209 b (bzw. Art. 175 b) zum Handelsregister gemachten Angaben; ebenso haftet er für bösliche Schädigung der Gesellschaft (durch Einlagen oder Übernahmen) neben den Gründern solidarisch, sofern er die vorliegenden Mängel gekannt hat, oder bei der Anwendung der Sorgfalt eines ordentlichen Geschäftsmanns hätte kennen müssen.

Bösliche Schädigung definieren aber die Motive dahin: „sie schließt einerseits den dolus im eigentlichen Sinne, andererseits frevelhaften Leichtsinn und Mutwillen in sich, der zwar eine Schädigung nicht beabsichtigt, aber sich doch der mit dem Handeln verbundenen Gefahr bewusst ist." Ausdrücklich wird dann hinzugefügt: „Eine Wertbemessung von Einlagen und Übernahmen, welche zweifellos als übermäßig gelten müsste, wird fast immer zugleich eine bösliche Handlungsweise enthalten."

Diese Definition wird in den Gutachten [Minden. Flensburg. Königsberg. Hamburg. Frankfurt a.O. Hannover. Halle. Kassel. Aachen und Burtscheid. Stolberg. Braunschweig. Berlin. Sagan. Lauban. Chemnitz. Mannheim. Hannover. Magdeburg. Baden. Frankfurt a.M.] für höchst dehnbar gehalten. Der für die Wertbemessung im Art. 209 f gegebene Anhalt: „Prüfung der dem Erwerb der Gesellschaft vorausgegangenen Rechtsgeschäfte und die Preise der letzten zwei Jahre" möge wohl in geschäftlich ruhigen Zeiten eine wirkliche Handhabe bieten, versage aber völlig in Zeiten einer rasch aufsteigenden wirtschaftlichen Bewegung. Hierin liege aber eine so große Drohung für den ernsten Geschäftsmann, dass er bei Aufrechterhaltung dieser Bestimmungen von Beteiligung oder Mitwirkung bei der Gründung neuer Gesellschaften Abstand nehmen müsse.

Aber auch die hier und an anderen Stellen des Entwurfs für Vorstand, Aufsichtsrat und Stellvertreter gegebene Vorschrift der Anwendung der Sorgfalt „eines ordentlichen Geschäftsmannes" sei eine so unbestimmte, dass sie jeden vorsichtigen Mann abhalten müsse, einen Tätigkeit zu übernehmen, aus welcher ihm so leicht ein ärgerlicher Regressprozess erwachsen könne.

Die Sorgfalt eines ordentlichen Geschäftsmannes sei kein Rechtsbegriff. Er sei namentlich nicht analog dem Begriffe der Sorgfalt eines ordentlichen Kaufmanns, weil der Begriff des Kaufmanns eine bestimmte rechtliche Bedeutung habe, nicht aber der Begriff eines Geschäftsmannes. Der Landwirt, der Handwerker, der Anwalt sei auch ein Geschäftsmann, ihre Sorgfalt richte sich aber bei der Betreibung ihrer eigenen Geschäfte auf ganz verschiedene, diesen verschiedenartigen Geschäften entsprechende Dinge. Es könne deshalb von einem Mitgliede des Vorstandes, des Aufsichtsrats usw. niemals eine größere Sorgfalt verlangt werden, als er in seinen eigenen Geschäften anzuwenden pflege.

Trotzdem wird die Vorschrift des Entwurfs, betreffend die Haftbarkeit des Emittenten, mehrfach gebilligt und nur hie und da der Fortfall der Worte gewünscht: „oder usw. hat kennen müssen", weil dadurch dem richterlichen Urteil namentlich bei inzwischen eingetretener Änderung der wirtschaftlichen Verhältnisse ein gar zu großer Spielraum gewährt werde.

Dem entgegen wird aber geltend gemacht, dass die Bestimmung des Entwurfs die Unveräußerlichkeit der Aktie innerhalb zweier Jahre von Entstehung des Unternehmens an gerechnet zur Folge haben müsse. Fasse man weiter ins Auge, dass nach Art. 215 c Aktien vor der Volleinzahlung nicht ausgegeben werden dürfen und dass nach Art. 219 und bzw. 184 b der Aktieninhaber auf die Zeit von zwei Jahren für die eingeforderten Beträge zu haften habe, so stellen diese Bestimmungen Erschwerungen des Gründungsvorganges dar, welche notwendigerweise von einer spekulativen Beteiligung bei Gründungen abhalten würden.

Dass die Bestimmung des Entwurfs einen von den allgemeinen Regeln über die Beweislast abweichenden Grundsatz hat etablieren wollen, wird allgemein nicht vorausgesetzt. In allen Fällen, in welchen dem Beklagten die Beweislast für Anwendung der Sorgfalt eines ordentlichen Geschäftsmannes hat auferlegt werden sollen, hat der Entwurf dies ausdrücklich ausgesprochen. –

Betreffend die Bestimmungen, welche unmittelbar auch auf die bereits bestehenden Gesellschaften Anwendung finden sollen, also die Verwaltung der Kommanditgesellschaften auf Aktien und der Aktiengesellschaften betreffen, so finden die Vorschriften über die Verantwortlichkeit des Vorstandes und des Verwaltungsrats nur ganz vereinzelte Zustimmung.

Zunächst wird es gesetzgeberisch für ungerechtfertigt erklärt, die bestehenden Gesellschaftsverträge, welche zum Teil seit langen Jahren in Wirksamkeit seien, teilweise sogar die Genehmigung des Staatsoberhauptes erhalten haben, im Wege der Gesetzgebung ohne weiteres der Abänderung zu unterwerfen. Es stelle dies einen ganz unberechtigten Eingriff in vertragsmäßige Rechte dar, dessen Tragweite man sich anscheinend gar nicht bewusst sei, denn es gebe Aktiengesellschaften, welche z.B. durch die im Entwurf vorgeschriebene Abberufbarkeit der Aufsichtsratsmitglieder durch die Generalversammlung in den Grundlagen ihrer Existenz bedroht würden.

Sodann wird die Bestimmung lebhaft angegriffen [Minden. Flensburg. Trier. Köln. Hanau. Nordhausen. Breslau. Straßburg i.E. Augsburg. Hannover. Mülhausen i.E. Königsberg. Freiburg i.Br. Elberfeld. Karlsruhe. Nürnberg. Hamburg. Lüneburg. Magdeburg. Frankfurt a.O. Hannover. Osnabrück. Halle. Wiesbaden. Bremen. Altona. Krefeld. Danzig. Mainz. Bielefeld. Mainz (Verein). Kassel. Koblenz. Aachen und Burtscheid. Stolberg. Braunschweig. Düsseldorf (Verein). Halberstadt. Berlin. Sagan. Lauban. Darmstadt. Dresden. Bayreuth. Offenbach. Lübeck. Siegen. Stuttgart. Stralsund. Heilbronn. Memel. Chemnitz. Leipzig. Heidenheim. Landau. Meiningen. Düsseldorf. Colmar i.E. Mannheim. Kiel. Baden. Heidelberg. Schweidnitz. München. Frankfurt a.M.], dass die Mitglieder des Vorstandes und des Aufsichtsrates bei ihrer Inanspruchnahme die Anwendung der Sorgfalt eines ordentlichen Geschäftsmannes ihrerseits zu beweisen haben.

Vorausgeschickt sei hier, dass diese Änderung der Beweislast in Bezug auf die Hergänge bei der Gründung bei Kommanditgesellschaften auf Aktien und bei Aktiengesellschaften übereinstimmend nur für die Gründer und die persönlich haftenden Gesellschafter (Art. 180 und 213 a) in Vorschlag gebracht, dagegen nicht für die Emissionshäuser (Art. 180 a und 213 b) und nicht für den Aufsichtsrat (Art. 180 b und 213 c). In Bezug auf die laufende Verwaltung soll die Änderung bei beiden Gesellschaftsformen zwar übereinstimmend für den Aufsichtsrat eintreten (Art. 204 und 226); betreffs des Vorstandes ist die Änderung aber nur vorgeschlagen in Bezug auf den Vorstand einer Aktiengesellschaft (Art. 241), nicht aber in Betreff der persönlich haftenden Gesellschafter einer Aktienkommandite. Worauf diese verschiedene Behandlung der Haftbarkeit beruht, ist aus den Motiven nicht ersichtlich.

Da nun die Gesellschaftsorgane „für jedes missglückte und schadenbringende Geschäft einstehen sollen, sobald sie nicht die Sorgfalt eines ordentlichen Geschäftsmannes nachweisen können“ (Motive), da mithin in jedem gegebenen Falle bis zum Beweise des Gegenteils eine Verschuldung auf Seiten des in Anspruch genommenen

Aufsichtsrats- bzw. Vorstandsmitgliedes als vorhanden angenommen werden soll, so wird die Befürchtung lebhaft ausgesprochen, dass hinfort tüchtige und ehrenwerte Persönlichkeiten die Übernahme einer solchen Funktion ablehnen werden und dass dann die Gesellschaftsorgane aus Leuten zusammengesetzt werden, denen die moralische Stellung, welche sie einnehmen, mehr oder minder gleichgültig ist.

Hierbei könne zunächst die Erörterung der Frage überflüssig sein, ob nach der Intention des Entwurfs die Regressfrage schon dann für begründet erachtet werden könne, wenn das nach Art. 223 zur Anstellung der Klage nur erforderliche Fünftel des Aktienkapitals die allgemeine Behauptung aufstelle, in einem bestimmten Geschäftsjahre sei weniger verdient als bei gehöriger Sorgfalt des Vorstandes und Aufsichtsrats hätte verdient werden können. Denn schon dann, wenn es zur Anstellung der Klage erforderlich erachtet werde, dass Kläger diejenigen Geschäfte bezeichnen, bei welchen nach ihrer Behauptung Vorstand oder Aufsichtsrat es an Anwendung der erforderlichen Sorgfalt haben fehlen lassen, werde mit Auferlegung der Beweislast an die Beklagten den Letzteren etwas Unmögliches angesonnen. Im Betriebe eines großen Unternehmens seien solche Geschäfte, welche mit Verlusten endigen, absolut nicht zu vermeiden, und dieser möglicherweise vorhergesehene und aus Rücksicht auf ein anderes Geschäft ruhig ertragene Verlust werde durch den weit größeren Gewinn dieses anderen Geschäfts reichlich ausgeglichen. Wie solle der Direktor einer Gesellschaft aber sich den Beweis der vielen Tatsachen, welche dabei in Betracht kommen, dergestalt sichern, dass er imstande wäre, diesen Beweis nach Jahr und Tag vor Gericht zu führen?

Es komme aber noch eine andere Schwierigkeit der Beweisführung hinzu. Der Beklagte soll beweisen, dass er bei einem vielleicht durch Jahre sich hindurchziehenden Geschäft ein Versehen *nicht* begangen, beziehentlich dass er fortwährend und unausgesetzt die Sorgfalt eines ordentlichen Geschäftsmannes angewandt habe. Wie sei das möglich? Analog werde wohl dem Spediteur im Art. 380 des HGB die Beweislast dafür auferlegt, dass er die Sorgfalt eines ordentlichen Kaufmanns bei Empfangnahme und Aufbewahrung des Guts usw. angewandt habe. Hier handele es sich aber um einfache, äußerlich erkennbare Tatsachen. Wie solle aber die Sorgfalt bewiesen werden, wenn z.B. an einen zur Zeit des Abschlusses solventen Eisenbahnunternehmer für eine Million Mark Schienen geliefert werden, welcher nach der Lieferung zahlungsunfähig werde? Am grünen Tische erscheine nachträglich vielleicht den Richtern ein Mittel, welches zur Entdeckung der Verhältnisse hätte führen können, sehr naheliegend, während früher an dieses Mittel gar nicht gedacht werden konnte.

Noch weit greller stelle sich die Unannehmbarkeit dieser Vorschrift heraus, wenn man die Stellung des Aufsichtsrats in Betracht ziehe. Bei der Kommanditgesellschaft auf Aktien soll nach Art. 193 der Aufsichtsrat nur berechtigt, bei der Aktiengesellschaft soll er verpflichtet sein (Art. 225), sich von dem Gange der Angelegenheiten der Gesellschaft zu unterrichten und den Mitgliedern des Aufsichtsrats der Aktiengesellschaft wird außerdem im letzten Absatze des Art. 225 noch verboten, die Ausübung ihrer Obliegenheiten anderen Personen zu übertragen, während der Entwurf ein solches Verbot für den Aufsichtsrat der Aktienkommandite nicht in Vorschlag bringe.

Mit der Verpflichtung, sich vom Gange der Geschäfte zu unterrichten, werde – so wird ausgeführt – der Aufsichtsrat der Aktiengesellschaft plötzlich in ein ganz anderes Verhältnis zu der Direktion gesetzt, als dasjenige sei, welches einem Kontrollorgan gebühre. Der Aufsichtsrat werde zur Wahrung seiner Verantwortlichkeit nicht umhin können, die Befugnisse des Direktoriums auf das Äußerste einzuschränken, und sei imstande, die laufende Geschäftsführung völlig lahm zu legen, zum äußersten Nachteil der Aktiengesellschaft selbst, welche durch die eingerichtete Doppelregierung gerade geschützt werden solle.

Endlich sei auch die Fünftel-Minorität zu verwerfen, welcher das Recht der Klage zustehen solle. Es werde demjenigen, welcher einen Vorstand oder Aufsichtsrat unter Verfolgung sehen wolle, nicht gerade schwer sein, sich in den Besitz von einem Fünftel des Aktienkapitals zu setzen. Bei dieser Möglichkeit sei nun aber die Gefahr eines schikanösen Missbrauchs des der Minderheit einzuräumenden Rechts so naheliegend, dass man kein Pessimist zu sein brauche, um zu der Annahme zu gelangen, es könne aus Rücksichten der Konkurrenz wohl gelegentlich von diesem Rechte Gebrauch gemacht werden, um eine dem Konkurrenten unbequeme Aktiengesellschaft zu ruinieren. Denn dass die Anstellung von Regressklagen in Bezug auf die laufende Verwaltung der beklagten Gesellschaft sofort den Kredit abschneiden und sie damit in die Liquidation treiben müsse, sei kaum zu bezweifeln.

In dieser Beziehung müsse in der Gesellschaft der Wille der Mehrheit das Entscheidende sein. Auch von der Generalversammlung der Aktionäre müsse man verlangen, dass sie bei dem wichtigen Geschäft der Wahl der Aufsichtsräte die Sorgfalt ordentlicher Geschäftsmänner anwenden und man könne nicht die Vermutung aufstellen, dass es bei der Wahl an dieser Sorgfalt gefehlt habe. Ebenso wenig rechtfertige es sich, von der Präsumtion auszugehen, dass die Majorität, welche ja doch nicht aus Sentimentalität, sondern aus Rücksichten auf den Vorteil, welchen sie im Aktienbesitze suche, ihr Stimmrecht ausübe, eine Vergewaltigung der Minorität vorgenommen haben, um deshalb der Minorität das Recht einzuräumen, nunmehr ihrerseits die Majorität zu vergewaltigen und die Gesellschaft mittelbar zur Liquidation zu drängen.

Die Judikatur hält nach dem jetzt bestehenden Rechte die jederzeitige Enthebung eines Mitgliedes des Aufsichtsrats durch die Generalversammlung für zulässig, wenn das Mitglied ihm obliegende wesentliche Verpflichtungen in zurechenbarer Weise unterfüllt lässt. Die in dieser Beziehung früher herrschende Ungewissheit will der Entwurf auch noch gesetzlich durch die Vorschrift entscheiden, dass die Generalversammlung das Mandat der Aufsichtsratsmitglieder jederzeit widerrufen kann. Dieser Vorschlag wird vielfach gebilligt, wenngleich es meistens für wünschenswert erachtet wird, die Widerruflichkeit des Mandats an gewisse Kautelen zu knüpfen, da die Besorgnis nicht ausgeschlossen sei, dass das Recht zur Absetzung von Aufsichtsratsmitgliedern von solchen Personen, welche einen, vielleicht grade wegen der Strenge seiner Kontrolle missliebig gewordenen Aufsichtsrat sprengen wollen und sich zu diesem Behufe in den vorübergehenden Besitz des fluktuierenden Aktienkapitals setzen, gemissbraucht werden könnte.

Auf der anderen Seite [Trier. Köln. Elberfeld. Karlsruhe. Hamburg. Lüneburg. Hannover. Halle. Krefeld. Mainz. Mainz (Verein). Koblenz. Braunschweig. Siegen. Stuttgart. Heilbronn. Memel. Chemnitz. Colmar i.E. Kiel. Bielefeld. Halberstadt. München. Schweidnitz u.A.] gibt die Bestimmung aber zu den schwersten Bedenken Anlass. Der von den Motiven angeführte Grund, dass man den Aufsichtsrat nicht anders stellen müsse wie die Direktoren, welche auch schon bisher jederzeit widerruflich angestellt worden seien, könne als stichhaltig nicht erachtet werden. In der Regel sei der Vorstand durch den Aufsichtsrat bestellt und könne auch unbeschadet seiner pekuniären Rechte aus dem Dienstvertrage vom Aufsichtsrat entlassen werden; hierin liege aber eine nicht zu unterschätzende Bürgschaft dafür, dass ein Direktor die ihm von der Aufsichtsbehörde gezogenen Grenzen inne halte, und dass sich zwischen der Exekutiv- und der Kontrollbehörde der Gesellschaft ein für das Gedeihen derselben ersprießliches Verhältnis herausbilde. Würde es nunmehr lediglich von Zufälligkeiten abhängen, ob die Aufsichtsbehörde in ihrer Zusammensetzung wechsle oder nicht, so wäre an eine Stabilität der Verwaltung nicht mehr zu denken. Leute, welche etwas auf sich halten, würden die Stelle des Mitglieds eines Aufsichtsrats nicht mehr annehmen können, und Direktoren, welche sich der beständigen Gefahr des Wechsels der Aufsichtsbehörde auszusetzen bereit wären, würden sich auch nicht leicht finden, eventuell würde in beiden Organen ein häufiger Wechsel, gewiss nicht zum Vorteil der Gesellschaft, möglich sein.

Der Entwurf will die Abänderung des Inhalts des Gesellschaftsvertrages, die Erhöhung des Grundkapitals, die Liberierung von der Haftpflicht und einige andere wichtige Beschlüsse der Generalversammlung ausschließlich vorbehalten und eine statutarische Delegation dieser Beschlussfassung auf den Aufsichtsrat ausschließen. Die Motive gehen von der Ansicht aus, dass hiermit der Ausbeutung der Gesellschaft durch Koterien begegnet werden soll.

Die in dieser Bestimmung liegende generelle Beschränkung der nach dem jetzigen Recht bestehenden Vertragsfreiheit in Betreff der in Art. 215 und 215 a angeführten Fälle wird von vielen Gutachten gutgeheißen.

Der Ausdruck in den Motiven, dass die Generalversammlung das Willensorgan der Gesellschaft sei, im Gegensatz zu dem Vorstande, als Ausführungsorgan und dem Aufsichtsrate als Kontrollorgan sei allerdings nicht glücklich gewählt, da auch die Ausführung und Kontrolle als Willensakte der Gesellschaft angesehen werden müssen und darum der Vorstand und der Aufsichtsrat auf den allgemeinen Namen von Willensorganen der Gesellschaft ebenso Anspruch haben wie die Generalversammlung. Die Willensfunktionen der Gesellschaftsorgane seien aber verschieden und wirken innerhalb des jedem Organe zugewiesenen Gebietes. Insofern der Wille der Gesellschaft einen gesetzgeberischen Inhalt habe, dürfe er aber nur von der Generalversammlung ausgeübt werden. Der Gesellschaftsvertrag ist aber das Grundgesetz der Gesellschaft und eine Abänderung seines Inhalts, als welche sich auch die Erhöhung des Grundkapitals darstelle, sei unzweifelhaft als ein Akt der gesellschaftlichen Autonomie anzusehen. Vorstand und Aufsichtsrat seien berufen, nach

Maßgabe des Grundgesetzes der Gesellschaft zu verwalten und zu kontrollieren, nicht aber dies Grundgesetz selbst zu geben oder zu ändern.

Von anderen Gutachten wird aber auch die Kehrseite der Sache gezeigt, welche namentlich in der Zeit der Krisis sich geltend gemacht habe, nämlich die, dass eine Koterie aus eigensüchtigen Motiven die Oberhand in der Generalversammlung zu erlangen und den Eintritt in den Aufsichtsrat zu erstreben suchte, um allerhand unnütze und der Gesellschaft nachteilige Neuerungen einzuführen, die Vorstands- und Beamtenstellen durch ihre Protegés zu besetzen usw. In einzelnen Fällen datiere von diesem Vorgange der Verfall der Prosperität und schließlich der Untergang der Gesellschaft.

In der Praxis erscheine die Generalversammlung durchaus nicht berufen, prinzipale Entscheidungen zu treffen, weil die Personen der Aktionäre von Tag zu Tage wechseln und eine für wichtige Sachen entscheidende Stabilität in der Versammlung gar nicht herzustellen sei, wenn dies nicht etwa durch die in Aufsichtsrats- und Vorstandskreisen befindlichen, hauptsächlich beteiligten Aktionäre geschehe.

Die gute Verwaltung und Beaufsichtigung einer Gesellschaft stütze sich in der Regel auf die Stabilität eines guten Verwaltungsrats, nicht auf die Beschlüsse einer immer wandelbaren Generalversammlung, und derart situierte Gesellschaften würden durch das Verbot des Delegationsbeschlusses, bzw. der erweiterten Machtbefugnisse der Generalversammlung unter Umständen sehr geschädigt werden können. Wenn die Rücksicht auf missgeleitete Gesellschaften aber die Beschränkung der Vertragsfreiheit zur Folge haben müsse, so möge mindestens Sorge getragen werden, dass dies nicht zu einem Missbrauch durch Koterien im umgekehrten Sinne von demjenigen erfolge, welcher nach den Motiven offenbar bestimmend gewesen sei.

Neben anderen Bestimmungen, welche den Schutz eines einzelnen Aktionärs oder einer Minderheit von Aktionären bezwecken, enthält der Entwurf die Vorschrift, dass eine Minderheit, welche 10 Prozent des Aktienkapitals besitzt, gegen den Willen der Majorität eine gerichtliche Untersuchung durch vom Gericht bestellte Revisoren beantragen, Art. 190 b und 222; eine Minderheit, welche 20 Prozent des Aktienkapitals hinterlegt, eine Anklage wegen nachlässiger Geschäftsführung und Geschäftsaufsicht erheben, Art. 223; eine Minderheit, deren Anteil 5 Prozent des Grundkapitals darstellt, die Bestellung gerichtlicher Revisoren zur Untersuchung bestimmter Ansätze in der Bilanz erzwingen kann. Art. 239 a.

Diese Bestimmungen werden von einigen wenigen Gutachten gebilligt; andere sind mit der den Vorschlägen zugrunde liegenden Absicht zwar einverstanden, verlangen indessen mehr oder weniger weitgehende Kautelen zur Beseitigung möglicherweise eintretender Schädigungen; die meisten Gutachten [z.B. Trier. Köln. Hanau. Breslau. Straßburg i.E. Hamburg. Lüneburg. Frankfurt a.O. Osnabrück. Halle. Wiesbaden. Bremen. Altona. Danzig. Kassel. Koblenz. Braunschweig. Düsseldorf (Verein). Berlin. Sagan. Darmstadt. Bayreuth. Lübeck. Heilbronn. Leipzig. Heidenheim. Düsseldorf. Colmar i.E. Mannheim. Magdeburg. Stralsund. München. Baden. Frankfurt a.M. Schweidnitz] verwerfen den Schutz der Minderheiten, wie ihn der Entwurf vorschlägt, als viel zu weitgehend.

Die Vorschriften würden die Wirkungen bei weitem nicht haben, welche man sich von ihnen verspreche. Sie würden die Illusion erregen, dass Revisionen, Anklagen, kurz der Schutz der Minderheit gegen die Mehrheit irgendeinen praktischen Wert haben. Dies werde ebenso wenig der Fall sein, wie wenn bei bis jetzt zutage getretenen Missständen, Revisionen, Enquêten, Statutenveränderungen etc. noch hätten helfen sollen. Die nächste Folge davon sei stets noch weitergehendes Misstrauen, Kursrückgang, totale Unverkäuflichkeit der Aktien und, was die Hauptsache sei, Schmälerung des Kredits gewesen. Dieser letzte Punkt sei aber in gefährlichen Zeiten von vitalster Bedeutung für eine Gesellschaft.

Ein solches Eingreifen der Minorität in die laufende Verwaltung gewähre einem schikanösen Konkurrenten die leichte Möglichkeit, eine blühende Gesellschaft zu untergraben. Nicht auf den Ausgang des Prozesses komme es an; schon die Tatsache, dass ein solcher Prozess überhaupt angestellt sei, reiche hin, den Kredit und das Ansehen der Gesellschaft für immer zu untergraben. Die Schadenersatzpflicht, welche vielleicht aufgrund der allgemeinen Gesetze einem frivolen Vorgehen gegenüber begründet sein möchte, würde nicht genügenden Schutz für die gefährdeten Interessen ergeben, man müsste denn das Vorgehen der Minorität auch mit Kriminalstrafen bedrohen, mit denen man sonst ja im Entwurfe nicht grade sparsam gewesen sei.

Die im Artikel 185 a und 239 i des Entwurfs dem Reichskanzler eingeräumte Befugnis, für gewisse Arten von Unternehmungen Formulare für die Bilanz und für die Gewinn- und Verlustrechnung aufzustellen, wird – bis auf wenige Ausnahmen – allgemein [Minden. Flensburg. Trier. Köln. Hanau. Nordhausen. Breslau. Mülhausen i.E. Königsberg. Freiburg i.Br. Elberfeld. Karlsruhe. Hamburg. Lüneburg. Frankfurt a.O. Halle. Wiesbaden. Bremen. Altona. Krefeld. Danzig. Mainz. Mainz (Verein). Kassel. Bromberg. Koblenz. Aachen-Burtscheid. Stolberg. Braunschweig. Berlin. Sagan. Lauban. Darmstadt. Lübeck. Siegen. Gießen. Harburg. Memel. Chemnitz. Leipzig. Heidenheim. Hildesheim. Landau. Meinigen. Düsseldorf. Colmar i.E. Mannheim. Hannover. Bielefeld. Magdeburg. Halberstadt. Stralsund. Baden. Frankfurt a.M. Heidelberg. Schweidnitz] als ein unerhörter Eingriff in die Vertragsfreiheit verworfen.

Das ganze wirtschaftliche Dasein der Gesellschaft würde damit der Staatsbehörde auf Gnade und Ungnade preisgegeben werden. Ein eigenes wirtschaftliches Interesse daran, wie die Gesellschaften ihre Bilanz aufstellen, habe auch der Staat gar nicht, solange jene nur damit im Rahmen des Gesetzes blieben. Die Vorschrift wolle nur auf einem Umwege die bereits durch die Erfahrung verurteilte Staatsaufsicht wieder einführen. Es liege die Gefahr nahe, dass die Vorschrift dahin führen könne, für die zu einer Zeit etwa missliebigen Gesellschaften ein Formular für die Bilanz und Gewinn- und Verlustrechnung aufzustellen, welche diese Gesellschaften in ihrer Existenz und Ertragsfähigkeit äußerst gefährden und mit der Zeit der Vernichtung überliefern könne.

III. Protokoll der Beratungen der Deputation für Handel und Schifffahrt des Hamburger Senats vom 12.2.1884 über die Bundesratsvorlage

Auf vorgelegte Mitteilung Hohen Senats vom 3.10. v.J. enthaltend den Entwurf eines Gesetzes betreff die KGaA und die Aktiengesellschaften, und das dieserhalb erstattete Gutachten der Handelskammer vom Januar d.J. wird auf das Referat des Herrn Senator Dr. Lehmann nach eingehender Diskussion *beschlossen:* Den Herrn Präses zu ersuchen, Hohem Senat, unter Zustellung des Gutachtens der Handelskammer, zu berichten:

Die Deputation halte den Entwurf eines Gesetzes, betreffend KGaA und Aktiengesellschaften, in seiner vorliegenden Gestalt für unannehmbar. Der Zweck, nach Aufhebung der Konzessionen durch gesetzliche Normativbestimmungen Missbräuche, welche bei der Gründung, wie bei der Verwaltung von Aktiengesellschaften vorgekommen, zu beseitigen, dürfe nicht dahin führen, die Lebensbedingungen einer Aktiengesellschaft zu verkennen, also dass ein gemeinsames Kapital durch Vertrauenspersonen der Besitzer zu einem bestimmten wesentlich gewerblichen Zwecke von Geschäftskundigen (dem Vorstand) verwaltet, und diese Verwaltung wiederum durch andere Vertrauenspersonen (dem Aufsichtsrate) kontrolliert werde, und nur der Gesamtheit (in der Generalversammlung) gewisse wichtige Entscheidungen vorbehalten bleiben, das ganze Institut aber als ein einheitlich geordnetes und auf dem unentbehrlichen gegenseitigen Vertrauen der Organe der Gemeinschaft aufgerichtetes geleitet und geführt werde. Normativbestimmungen, welche zur Beseitigung der Aktiengesellschaften führen, müssten, weil teils der Unternehmungsgeist gelähmt, teils die geeigneten Persönlichkeiten für ihre Organe nicht zu finden sein würden, wären bei dem überwiegenden wirtschaftlichen Nutzen, welche diese Form dieses Gewerbetriebes allein ermöglicht, ein schwerer Nachteil für das Gemeinwohl, namentlich auch in Konkurrenz mit anderen Nationen, und würde voraussichtlich zu der Bildung von Gesellschaften führen, welche für die Mitbeteiligten wie für die Gläubiger einer weit weniger sorgfältigen Überwachung unterliegen, als dies denn doch immerhin bei den gegenwärtigen Aktiengesellschaften der Fall ist. Die Form dafür wäre allerdings noch nicht gefunden, doch sei eine solche in Anlehnung an das dritte Buch des HGB allerdings schon ventiliert.

Als Bestimmungen, welche dem vorliegenden Entwurf uneinnehmbar erscheinen lassen, glaubt die Deputation insbesondere bezeichnen zu müssen die übermäßige Höhe der Aktien auf Inhaber, die Verbindlichkeit, dass mindestens fünf Gründer zur Einleitung des Unternehmens erforderlich sind, dass bei der Simultangründung der erste Bericht von Stellvertretern, welche gar nicht an dem Unternehmen beteiligt sind, gewählt werden soll, dass bei der Sukzessivgründung die konstituierende Generalversammlung, unter Leitung des Handelsgerichts, als des Staates erfolgen muss, dass bis zum Schluss des dritten Jahres – abgesehen von den Gründern – die Mitglieder des Vorstandes und Aufsichtsrates und deren Stellvertreter für den Schaden haften, welcher durch ein Versehen bei der Gründung entstanden ist.

Ebendahin zählt die ausgedehnte Verantwortlichkeit durch (Emission) Einführung der Aktien mittelst öffentlichen Angebots, die Möglichkeit, dass eine Minderheit, welche zehn Prozent des Aktienkapitals besitzt, eine Untersuchung durch vom Gericht bestellte Revisoren verlangen kann, und eine Minderheit, welche 5% des Kapitals besitzt, bestimmte Ansätze in der Bilanz gerichtlich revidieren zu lassen, befugt wird (239 a), ferner, dass eine Minderheit die Liquidation beantragen kann (200 d), sowie, dass die Aufsichtsräte jederzeit durch Majoritätsbeschluss der Aktionäre abgesetzt werden können.

Bei KGaA erscheint die Beteiligung der persönlich haftenden Gesellschaften mit dem 10. Teil des Gesellschaftsvermögens ebenfalls unpraktisch; das lange Belassen ihres Anteils im Geschäfte nach ihrem Austritt, bzw. die Überlassung nur an persönlich haftende Gesellschafter unbillig, wenn auch diese Form der Gesellschaften für Hamburg von untergeordneter Bedeutung ist. Auch dürfte es etwas weit gehen, wenn jeder Beschluss der Generalversammlung (238 a) in das Handelsregister einzutragen ist, und unhaltbar sei die Veröffentlichung der Klagen nach (222) zu betrachten.

Dagegen verkennt die Deputation nicht, dass der Entwurf sich an das bestehende Handelsrecht anschließt und dass daher einzelne Bestimmungen aus demselben sehr wohl zur Verbesserung des geltenden Rechts führen können. Sie glaubt daher die Prüfung im Einzelnen ebenso wenig wie die Handelskammer ablehnen zu sollen. Dabei darf sie im Vorwege bemerken, dass Gesellschaften, welche die Beteiligung eines so großen Teils des Publikums bzw. des Nationalvermögens in Anspruch nehmen, wie dies bei den Aktiengesellschaften der Fall ist, einer gewissen Öffentlichkeit sich nicht entziehen lassen und nicht entzogen werden sollten, lediglich aus der Befürchtung der Konkurrenz eine zu große Einsicht in die Geschäftsgebarung zu gewähren. Eine größere Öffentlichkeit in Bezug auf die Gründung durch einen Gründerbericht, eine Durchsichtigkeit der Bilanz an der Hand eines umfassenden Jahresberichts, würde die Deputation als einen Fortschritt in der Gesetzgebung begrüßen, und ebenso eine strengere Scheidung der Aufgaben der Organe der Gesellschaft als die bisher gesetzliche, also des Vorstandes, als dem eigentlich leitenden Amte des Aufsichtsrates, als dem wesentlich nur kontrollierenden Organe der Gesellschaft (Art. 234 dürfte z.B. zu streichen sein).

Dagegen teilt die Deputation die Auffassung des Handelsgerichts nicht, dass der Verwendung des Reservefonds eine gesetzliche Schranke gezogen werden solle. Die Verhältnisse, z.B. der Banken und Reedereien, sind zu verschiedene, als dass es nicht genügen dürfte, lediglich statutarischen Bestimmungen die etwa nötigen Beschränkungen in der verschiedenen Behandlungsweise des Reservefonds zu überlassen.

Im Einzelnen gestattet sich die Deputation, ihre Bemerkungen an das Gutachten der Handelskammer anzuknüpfen und würde empfehlen:

1. Den *Mindestbetrag der Aktien* auf Namen und Inhaber gleich hoch zu normieren, da die Namensaktien doch durch Indossament übertragen werden können. – Sobald es sich sodann um Mindestbeträge handelt, sollte indessen die Aktie auch mit Rücksicht auf Unternehmungen, welche eine neue Branche betreffen, *nicht höher als M. 1000* bemessen werden. Diese Vorschrift wird zu einer im Handel sehr

erwünschten Gleichmäßigkeit der Aktien hinführen und ist der bezeichnete Betrag auch von anderen als der jetzigen Handelskammer als das Zweckmäßigste bezeichnet worden. – Wird sodann der Aktienbetrag in der bezeichneten Weise normiert, so bedarf es allerdings für wohltätige und andere nicht gewerbliche Unternehmungen, welche sonst schwerlich zustande kommen möchten, oder gegen ihren Willen von der Form der Aktiengesellschaften ausgeschlossen sein würden, der Konzessionierung. Die Deputation teilt aber die Auffassung – da hier eine Einheitlichkeit des Handelsrechts nicht in Frage kommt –, dass die Beurteilung der lokalen Bedürfnisse und Einrichtungen am besten der Landesregierung allein überlassen bleiben sollte.

2. Das Verbot der Liberierung der Zeichner, damit es nur vollgezahlte Aktien gebe, und das Verbot der Ausgabe neuer Aktien vor Volleinzahlung der älteren ist ein gesetzlicher Fortschritt. – Die Haftung des Zwischenmannes wird auch von der Deputation für unpraktisch gehalten. Der erste Zeichner und der Besitzer kennen ihre Verantwortlichkeit. Die Zwischenmänner sollten nach der Veräußerung nicht auf einen Regress rechnen müssen. Freilich wird ein Handel von Papieren auf Namen, wie es die Promessen sein sollen, mit den erforderlichen Umschreibungen in erheblichem Umfange kaum zu erwarten sein. – Ob es sich nicht empfehlen möchte, zur Abkürzung des Gründerprozesses die Einzahlung in einem Jahre zu verlangen, ist weiter in Erwägung gezogen, weil bei weiterem Kapitalbedürfnis sowohl der Weg der Kapitalerhöhung wie der Prioritätsanleihe gewählt werden kann. Die von der Handelskammer vorgeschlagenen zwei Jahre beruhen auf eingehender Erkundigung der Sachverständigen, und teilt die Deputation die Ansicht, dass ein bestimmtes Ende des Gründerprozesses eine Verbesserung der Vorlage sein würde.

3. Ob man vor dem Beschluss der Erhöhung des Grundkapitals in den Statuten bestimmen kann, dass ein Vorzugsrecht auf den Bezug neuer Aktien für den ersten Zeichner bestehen soll, möchte vielleicht nicht unbedingt verwerflich erscheinen, weil es ein Mittel ist, die erste Zeichnung zu befördern, und der Käufer weiß, dass ihm dies Recht nicht zusteht. Praktisch hat aber gerade diese Zulassung zu unbilligen Gründergewinnen geführt und es ist der Handelsstand, welcher direkt ein solches Verbot befürwortet. – Es ist sodann dafür, eine Emission unter Pari zuzulassen, zwar geltend gemacht, dass, wenn eine Gesellschaft neues Kapital gebrauche und es nur in dieser Form gewinnen könne und dies öffentlich sage, dies wohl keinen Schaden bringe. Stehen die alten Aktien weit über Pari, so ist eine Emission zu Pari auch nichts anderes als eine Emission unter dem Werte, denn die Aktie verwandelt sich, nachdem der Geschäftsbetrieb begonnen, von einer Geldsumme in einen Anteil am Gesellschaftsvermögen. Dagegen hat sich die Deputation doch für das Verbot erklärt. Eine Gesellschaft, deren Aktien unter Pari ständen, würde eine solche Emission nicht vornehmen können, ohne sofort ihre Aktien im Kurs zu drücken; auch sei in solchem Falle das Nominalkapital in Wirklichkeit nicht ganz eingezahlt und habe gerade die Emission unter Pari zu Missständen geführt.

4. Inwieweit der persönlich haftende Gesellschafter bei der Aktienkommandite im Besitz von Aktien sein muss bzw. sein Rechtsnachfolger, ehe man ihn entlässt, muss dem Gesellschaftsvertrage überlassen bleiben. Den Besitz des zehnten Teils der Aktien zu verlangen, ist tüchtigen Personen und bei Erbschaftsteilungen

unzweckmäßig. Die eventuelle Frist von drei Jahren ist ins Auge gefasst, weil ja auch vor der Konstituierung ein Einblick in die Verhältnisse der Gründung möglich ist. – Von der Unzweckmäßigkeit der Vorschrift von fünf Gründern ist auch die Deputation überzeugt. Sobald z. B. eine Bank die Fortführung eines Etablissements namentlich im Erbfalle durch Aktiengründung übernimmt, sollte sie nicht mit Strohmännern sich assoziieren müssen.

Die Deputation ist ferner damit einverstanden, dass von den Gründern ein ausführlicher Gründerbericht mit den nötigen Anlagen, welche ihn erläutern und zu den Registerakten und zur Einsicht des Publikums gebracht werde, ohne eine weitere Veröffentlichung vorzuschreiben. – Zu einem Prüfungsbericht durch den Aufsichtsrat oder durch Stellvertreter bei Simultangründungen sollte man nicht schreiten, teils wird man die Persönlichkeiten für diese Aufgabe nicht finden, teils legt man denselben eine Verantwortlichkeit auf, welche sie zu tragen nicht imstande sind. – Der Grund dagegen, dass ein Konkurrenzunternehmen sich über die internen Verhältnisse der Gesellschaft unterrichten könne, dürfte nicht durchschlagend sein. Aktienunternehmungen müssen eine gewisse Durchsichtigkeit ertragen, sonst kann weder der Aktionär noch der Gläubiger die erforderliche Einsicht erhalten.

Die Bestimmung, dass die erste Generalversammlung bei der Sukzessivgründung durch das Handelsgericht zu leiten sei, ist gewiss nicht zu adoptieren, weil sie den Schein materieller Prüfung erweckt. – Auch wenn nicht vom Handelsgericht diese Generalversammlung abgehalten wird, kann es indessen in Frage kommen, den Termin der Konstituierung bei der Sukzessivgründung nicht allzu lange hinauszuschieben. Zweckmäßig wird es sein, ihn etwa auf drei Monate nach der öffentlichen Auflage der Aktienzeichnung zu beschränken, so dass mit dessen Frustrierung die Liberierung der Zeichner eintritt.

Mit Recht erklärt die Handelskammer es für bedenklich, den Erwerb von Vermögensstücken, welche ein Zehntel des Grundkapitals übersteigen, als Nachgründungen innerhalb zweier Jahre seit Errichtung der Gesellschaft an die Zustimmung einer Mehrheit der Generalversammlung zu knüpfen, welche mindestens ein Viertel des Grundkapitals repräsentiert. – Einmal kann diese Bestimmung durch sukzessiven Erwerb bzw. durch voraufgegangene Belehnung und dann folgenden Erwerb leicht umgangen werden, und zweitens passt sie, namentlich für Banken gar nicht, bzw. den günstigen Erwerb von Schiffen oder was derart vorkommen kann.

5. Insoweit die Verantwortlichkeit der Gründer und Aufsichtsräte anerkannt wird, ist in der Deputation geltend gemacht, dass es konsequent sein dürfte, ihnen auch die Beweislast aufzuerlegen. Im Ganzen sei es ein Prinzip des modernen Rechts, dass derjenige, der die ganze Leitung einer Angelegenheit führt, auch sich über die Beobachtung seiner Verantwortlichkeit auszuweisen hat (z. B. Eisenbahnen, Frachtführer, Schiffer). Der Verantwortliche haftet eben ex lege und kann sich exkulpieren durch den Nachweis gehöriger Sorgfalt. Wenn die CPO von einer Verteilung der Beweislast absehe, so hat sie damit Bestimmungen im materiellen Rechte nicht ausschließen, sondern nur die Kunde desselben den Parteien überlassen wollen (cfr. Endemann, Der deutsche Civilprozess, II, p. 84). Allein die Deputation ist doch der Ansicht, dass man aus praktischen Gründen eine solche Bestimmung nicht

in das Gesetz aufnehmen solle. Sie würde frivole Klagen befördern und vor allem ordentliche Leute von der Übernahme der Verantwortlichkeit abhalten.

Die Verantwortlichkeit der Emissionshäuser, welche ein öffentliches Angebot machen, gleich derjenigen der Gründer, sollte nicht statuiert werden. Die Emission wird dann unter der Hand erfolgen. Die Prospekttheorie hat das gegen sich, dass die Vollständigkeit und Klarheit des Prospekts sehr leicht angefochten werden kann. Nach Ansicht der Deputation sollte man sich bei dem bisherigen hiesigen Verfahren begnügen, nach welchem die Notierung an der Börse von der Zulassung der Handelskammer bzw. deren Vertreter abhängt, die Emissionshäuser aber weiter nicht haften als sonst gesetzlich. Vom dolus würden dieselben ohnehin nicht frei sein. – Mit der Streichung des Art. 213 c würde die Deputation einverstanden sein, da es zu fürchten stände, dass die angeseheneren und wohlhabenderen Leute diese subsidiäre Haft fürchten und daher ihre Kräfte den Aktienunternehmungen entziehen würden. – Die Bestimmung in Art. 213 d wird besser wegbleiben. Verstärkt sie auf der einen Seite die Haft der Verantwortlichen, so hindert sie auf der anderen Seite, dass man zum Nutzen der Gesellschaft eine passende Abmachung rechtzeitig treffen kann.

6. Das Verbot des Erwerbes eigener Aktien hat die Befürchtung der Kurstreiberei zur Grundlage, es kann dieses Verfahren auch die Inpfandnahme gefördert werden, auch sonst ist das Verbot unbedenklich. Werden die Aktien als Sicherheit angeboten, so werden sie auch anderswo verpfändet werden können, als bei der eigenen Aktiengesellschaft. – Hinsichtlich der Beweislast wird auf das ad 5 Bemerkte verwiesen. – Die Handelskammer betont mit Recht, dass die Stellung des Aufsichtsrates die eines Kontrollorgans sein soll, welches sich daher nachträglich von der Geschäftsführung zu unterrichten hat, aber keineswegs sich immer auf dem Laufenden der Geschäftsführung halten muss. – Dürfen die Aufsichtsräte nicht durch andere Personen sich vertreten lassen, so wurde geltend gemacht, dass man auch davon absehen solle, sie zeitweilig in den Vorstand zu delegieren, da man sich auch anderweit wird helfen können. Allein hervorgehoben wurde dagegen, dass der Vorstand häufig nur aus technischen oder merkantilen Direktoren, nicht aus einem Verwaltungsrat bestehe und der kaufmännische Direktor durch ein Mitglied des Aufsichtsrats – wenn dieses nur zeitweilig ausscheide – am bequemsten bis zu einer Neuwahl ersetzt werde. – Die Streichung der Widerruflichkeit der Ernennung zum Aufsichtsrate wird auch von der Deputation empfohlen, ebenso die Befugnis zur temporären Kooperationsberechtigung gebilligt.

Aufsichtsräte aus Nichtaktionären zu wählen, führt schließlich dahin, Buchhalter, Advokaten oder Beamte in diese Stelle zu setzen, welche, wenn sie sich auch nur auf die Kontrolle des Vorstandes beschränken, doch den Geschäften derselben fremder sein müssen als Aktionäre, welche in der Regel Gewerbetreibende sein werden. Die Trennung der Funktionen der Organe muss nicht zum Aufsuchen einer verschiedenen Qualität für dieselben hinführen, weil dadurch der natürliche Geschäftsgang beeinträchtigt werden muss. – Hinsichtlich der Verjährung wurde festgestellt, dass es auf die Interpretation des Art. 223 ankomme. Sei die Meinung des Gesetzes, dass für die Majorität mit der Decharge deren Ansprüche erledigt sein, dass die Minorität ihre Rechte in drei Monaten klagend verfolgen müsse, so komme eine kurze Verjährung nicht in Frage, da die Klage des einzelnen Aktionärs hier nicht berührt sei.

7. Die Besitzer von 1/20 des Kapitals sollen eine Generalversammlung veranlassen können, es wird wie bisher der Besitz von 1/10 genügen. – Dass der Gesellschaftsvertrag dieses Recht aufheben darf, ist dagegen nicht zu empfehlen, die ersten Erwerber lassen sich zu leicht alle ihnen nachteiligen Bestimmungen gefallen. Hierin könnte das bestehende Recht verbessert werden. Die Deposition der Aktien soll erforderlich sein, weil ein leihweiser Gebrauch gar zu häufig vorkomme. – Ebenfalls ist eine Frist, innerhalb deren Berufung zu erfolgen hat, zu empfehlen, nach deren Ablauf die Ermächtigung vom Gericht zu erteilen sein würde.

Auch darin ist der Handelskammer beizutreten, dass die Abänderung des Gesellschaftsvertrages die Erhöhung des Grundkapitals Angelegenheiten betreffen, welche der Generalversammlung nicht zu entziehen sind. – Bei Ausübung des Stimmrechts wurde hervorgehoben, dass zu unterscheiden sein dürfte, ob es sich um eine spezielle Anklage handelt oder nur die generelle Decharge in Frage steht. Bei der letzteren das Stimmrecht zu verweigern, fehlt es an genügender Veranlassung. Die Deputation ist indessen der Ansicht, dass die Majorität in allen Angelegenheiten der Aktiengesellschaften entscheiden solle und dass ein Interesse an der Abstimmung überall nicht von dem Stimmrecht ausschließen sollte, weil es sich um Vermögensrechte handelt, welche der Majorität der Gesellschaft unterworfen sind. – In Bezug auf die von der Handelskammer gewünschte einmonatliche Frist vom Tage des Beschluss an zur Klageerhebung bei Verletzung der Jura Singulorum wurde bemerkt, dass dieselbe zu kurz bemessen sei wegen der oft weitläufigen Instruktion für eine solche Klage. Allein der Handelsstand erachtet die Frist von drei Monaten für zu lang, bis die Entscheidung getroffen ist, ob ein Recht weiter verfolgt werden soll.

Dass wegen nachlässiger Geschäftsführung 1/5 der Aktienbesitzer klagen darf, möchte vielleicht nicht unbillig sein; allein die Deputation will lieber dem Einzelnen als einer bestimmten Minorität ein solches Recht im Interesse des Bestehens der Gesellschaften einräumen. – Dass schon eine Minorität eine gerichtliche Untersuchung der Geschäftslage bzw. die Ernennung gerichtlicher Revisoren zur Untersuchung der Bilanz fordern oder gar die Liquidation beantragen dürfte (Art. 200 a) [239 a ?], ist abzulehnen. Die letztere Maßregel kann zu leicht als Baissenmanöver dienen. Die Ernennung von Liquidatoren in Art. 244 dürfte übrigens gerichtlich erst zu beantragen sein, wenn der Liquidationsbeschluss schon ersichtlich ist. – Der Vorschlag der Handelskammer hinsichtlich der Revisoren ist gewiss akzeptabel; die Wahl durch die Generalversammlung im Voraus, und dass die Revisoren Aktionäre nicht zu sein brauchen, entspricht den heutigen Zuständen. – Auch gegen die Formulare, welche der Reichskanzler für die Bilanz bestimmter Unternehmungen zu erlassen hätte, erklärt sich die Deputation. Als eine Möglichkeit, welche vielleicht nützlich sein mag, bezeichnet es die Deputation, Bilanzen ganz verschiedener Gattungen von Aktiengesellschaften verschiedenen gesetzlichen Normativbestimmungen zu unterwerfen. Das Offenlegen der Verhältnisse wird bei den Aktiengesellschaften immerhin in einem gewissen Grade notwendig sein und bleiben.

Die Strafbestimmungen werden wohl einer eingehenden Revision unterzogen werden. Unrichtig erscheint namentlich Art. 244 e; da, wer sein Aktienrecht verkaufen kann, auch einen Teil dieses Rechts, das Stimmrecht wird, veräußern dürfen.

IV. Stellungnahme Bayerns vom 13.2.1884 zur Bundesratsvorlage

[...] Mit dem Systeme des Entwurfes und dem von ihm verfolgten Ziele wird man sich umso mehr einverstanden erklären können, als sich derselbe hiebei im Einklange befindet mit den Anschauungen, auf welchen der eingangs erwähnte Bundesratsbeschluss beruht und als ein etwaiger Rückgriff auf das schon im Jahre 1870 verlassene System der staatlichen Genehmigung und Aufsicht nach Lage der Verhältnisse außer Erwägung steht. Im Einzelnen kommt Folgendes zu bemerken:

1. Der gesetzliche Mindestbetrag der *Aktien* erfährt durch den Entwurf eine wesentliche Erhöhung. Der Mindestbetrag der Namensaktie, bisher, soweit nicht durch Landesgesetze für Kommanditaktiengesellschaften noch niedriger normiert, 150 M und bei Versicherungsaktiengesellschaften 300 M, soll in Zukunft 1000 M, der der Inhaberaktie, bisher 300 M, 5000 M sein. Es hat dieser Vorschlag, namentlich auch von Seite der Handelskammern, vielfache Beanstandung gefunden, und wird mehrfach eine Herabsetzung dieses Mindestbetrages gewünscht. Allerdings ist nun das Gewicht der von dem Entwurfe zur Rechtfertigung der fraglichen Bestimmung angeführten Gründe nicht zu verkennen, wenn sie von einer erheblichen Erhöhung des bisherigen Mindestbetrages der Aktien einen Schutz des kleinen Kapitals gegen Erwerbung von Werten, welche für dasselbe ungeeignet sind, und ebenso eine Erschwerung der Agiotage erwarten. Indessen dürfte doch auf der anderen Seite auch zu erwägen sein, dass eine gar zu bedeutende Erhöhung der Mindestbeträge der Aktien den kleinen und mittleren Kapitalbesitz leicht anderen, keineswegs sichereren Anlagen, namentlich in ausländischen Werten, zuwendet und dass ein derartiges Ergebnis wohl ebenso wenig erwünscht wäre, als der etwaige Ausweg, dass sich mehrere zu Erwerbung einer Aktie vereinigen. Man könnte eine Normierung auf 1000 M für die Namensaktie und auf 2000 M für die Inhaberaktie als ausgiebig genug erachten, um im Sinne der Begründung zum Entwurfe zu wirken. Eine solche Normierung würde auch dem bisherigen Verhältnisse zwischen Namens- und Inhaberaktien entsprechen. Wenn daher im Schoße des Bundesrates sich Neigung zeigen sollte, auf eine Ermäßigung der vom Entwurf in Aussicht genommenen Mindestbeträge der Aktien einzugehen, so könnte nach diesseitigem Dafürhalten die bayerische Vertretung ermächtigt werden, bis zu der oben bezeichneten Grenze herab zugehen.

Der Entwurf hat indessen hinsichtlich des gesetzlichen Mindestbetrages der Aktien selbst Ausnahmen zugelassen. Es soll nämlich der Reichskanzler für gemeinnützige Unternehmungen im Falle eines besonderen örtlichen Bedürfnisses, sowie für Unternehmungen, bei denen das Reich oder ein Bundesstaat oder ein Provinzial-, Kreis- oder Amtsverband oder eine sonstige öffentliche Korporation auf die Aktien einen bestimmten Ertrag bedingungslos und dauernd gewährleistet hat, Namensaktien zu geringerem Nominalbetrage, aber nicht unter 200 M nach Anhörung der Bundesratsausschüsse für Handel und Verkehr und für Justizwesen zulassen können. Abgesehen davon, dass gegen diese Ausnahmen das Bedenken erhoben werden kann, als liege in denselben eine teilweise Rückkehr zu dem Systeme der staatlichen Genehmigung und dessen Nachteilen, dürfte, wenn man eine derartige Ausnahme überhaupt will, immerhin sich noch die Frage aufwerfen lassen, ob nicht die hier dem Reichskanzler zugewiesene Befugnis besser den Landesregierungen zu übertragen wäre, welche im gegebenen Falle das „örtliche Bedürfnis" leichter und sicherer zu würdigen in der Lage sind und deren Einvernahme doch jeweils nicht unterlassen werden könnte, was dann wiederum den vom Entwurfe bezeichneten Weg sehr umständlich und weitwendig machen würde. Eine in dieser Richtung sich bewegende Strömung im Bundesrate zu unterstützen, dürfte hiernach für die bayerische Vertretung angezeigt sein.

2. In Betreff der *Haftung aus der Aktie* ist das bisherige System, wonach insbesondere für Aktien, welche auf Inhaber gestellt werden sollen, bei entsprechender Vorkehrung im Gesellschaftsvertrage jede Personenhaftung über 40 Prozent hinaus beseitigt werden kann, durch ein neues ersetzt (Art. 184–184 b, 219 des Entwurfs), wonach namentlich für die Vollzahlung unentlastbar, ohne das Recht, mit ihnen zustehenden Forderungen zu kompensieren, zunächst der derzeitige Aktionär, wie ihn das Aktienbuch zur Zeit der Ausschreibung der Einzahlung ausweist, außer demselben aber, soweit Zahlung von ihm nicht zu erlangen ist, alle im Aktienbuche verzeichneten Rechtsvorgänger, der frühere immer, soweit Zahlung vom späteren nicht zu erlangen ist, haften, jeder dieser Rechtsvorgänger aber nur mit Einschränkung der Haftpflicht auf diejenigen Einzahlungen, welche bis zum Ablauf von zwei Jahren seit der von ihm bewirkten Anmeldung der Übertragung des Aktienrechts auf einen zur Eintragung gelangten Nachfolger auszuschreiben sind. Dieses System, wonach die prinzipal verpflichtete Person eine jederzeit greifbare ist und wonach auch durch die weiteren Bestimmungen über Kaduzierung der fortgesetzten Säumigkeit in der Erfüllung der gegen die Gesellschaft übernommenen Verbindlichkeiten entgegengewirkt wird, liegt i.S.d. seinerzeit durch den Bundesrat für den Entwurf gestellten Aufgabe und entspricht dem Gebote der Ordnung und Sicherheit, wie nicht minder dem Interesse, welches an der Hintanhaltung leichtfertiger Gründungen besteht.

3. Die Vorschriften des Entwurfes über die Errichtung der Aktiengesellschaft sind gegenüber dem bisherigen Rechte zum überwiegenden Teile neu; sie sind in ihrem Zusammenhalte allgemeinhin für geeignet zu erachten, den bisherigen Unsicherheiten und Missbräuchen entgegenzuwirken. Indessen möchten einige Punkte behufs etwaiger Anregung und entsprechender Klarstellung bei den Beratungen der Bundesratsausschüsse hervorgehoben sein.

Es könnte nämlich zunächst in Frage kommen, ob nicht für den Fall, dass der unzulässige Beschränkungen enthaltende Zeichnungsschein (Art. 290 d) durch ein Versehen des Registerrichters als ein zum Nachweise der erfolgten Zeichnung dienlicher Schein angesehen werden und unter dessen Benutzung die Gesellschaft mittels Eintragung entstanden ist, ein die zivilrechtliche Wirksamkeit der Aktienzeichnung normierende Bestimmung erforderlich sein möchte. Für die Bejahung spräche, dass ohne eine solche Bestimmung die Rechtsprechung hinsichtlich der Beurteilung der Verbindlichkeit des Aktienzeichners leicht zu verschiedenen Ergebnissen kommen könnte.

Bedenken sind insbesondere auch in den Handelskammern erhoben worden, gegen die Bestimmung des Entwurfs (Art. 209 f), wonach behufs sorgfältiger Prüfung des Hergangs der Gründung anstelle der Gründer und [der] durch Gründervorteile Interessierten, die zu Mitgliedern des Vorstandes und Aufsichtsrates bestellt sind, Stellvertreter zur Prüfung berufen werden sollen. Man hält diese Bestimmung für nur schwer durchführbar, da geeignete Stellvertreter nur mit Mühe, wenn überhaupt, gefunden werden könnten, und es ist allerdings nicht in Abrede zu stellen, dass mit der Erfüllung dieser Bestimmung sich die Gefahr verknüpft, dass zu Stellvertretern entweder Personen, welche von den Vertretern abhängig sind, oder solche genommen werden, welche selbst bei dem Zustandekommen des Unternehmens erheblich interessiert sind. Solchen Falles würde aber der Wert dieser Bestimmung nur ein rein illusorischer sein.

Von zweifelhaftem Werte erscheint auch die Bestimmung des Entwurfes (Art. 210 a), wonach im Falle der Sukzessivgründung das Handelsgericht die konstituierende Generalversammlung der Zeichner berufen und die Versammlung leiten soll, da die Tätigkeit des Richters hiebei nur eine formelle ist, dessen ungeachtet aber die Meinung einer richterlichen Garantie für das Ergebnis der Versammlung erwecken kann. Auch seitens der Handelskammern ist die Beseitigung dieser Mitwirkung des Handelsgerichts in Anregung gebracht.

4. Die Vorschriften, welche der Entwurf über die Art und den Umfang der aus der Gründung einer Aktienkommanditgesellschaft oder Aktiengesellschaft entspringenden Haftung, sowie über die Haftungspflichtigen und Forderungsberechtigten trifft (Art. 180–180 d, Art. 213 a-213 e) bewegen sich innerhalb des Rahmens der dem Entwurfe gestellten Aufgabe und sind geeignet, die verschiedenen Verantwortlichkeiten klar und scharf hervorzuheben. Der Einwand, welcher auch bei den Beratungen der Handelskammern sich geltend gemacht hat, dass die desfallsigen Bestimmungen zu strenge seien, dürfte eine Beachtung nicht zu finden haben, da es ja gerade darauf ankam, die Haftbarkeit der in verantwortlicher Weise bei der Errichtung von Aktiengesellschaften beteiligten Personen schärfer zu gestalten und präziser zu fassen, um den zutage getretenen Missständen entgegenzuwirken. Eine Einschränkung möchte die Bestimmung des Entwurfes (Art. 180 c, 213 d) über die Zulässigkeit von Vergleichen oder Verzichtleistungen hinsichtlich der aus Gründung entnommenen Ansprüche gegen die Komplementäre bzw. die Gründer und die mit denselben für solidarisch haftbar erklärten Personen, sowie gegen die Emittenten und die Mitglieder des Aufsichtsrates bedürfen, insofern es sich um die Mitwirkung der Gesellschaft bei solchen Vergleichen handelt, welche nicht wegen Bestrittenheit der Ansprüche, sondern wegen Zahlungsunfähigkeit des Haftbaren notwendig werden (vgl. KO §§ 160 ff., 188).

5. Hinsichtlich der Organe der Aktiengesellschaft und ihrer Funktionen möchte zu folgenden Anregungen Anlass gegeben sein: Zunächst möchte Rücksicht darauf zu nehmen sein, dass für ein im Laufe des Jahres ausscheidendes Mitglied bis zur nächsten ordentlichen Jahresgeneralversammlung ein Ersatz bestellt sei, was am zweckmäßigsten dadurch geschehen könnte, dass den Mitgliedern des Aufsichtsrates mit ihrer Wahl zugleich auch Ersatzmänner bestellt werden.

Nicht ganz unbedenklich möchte auch die Bestimmung sein, dass die Bestellung zum Mitgliede des Aufsichtsrates jederzeit solle widerrufen werden können; es möchte sich empfehlen, den Widerruf lediglich in der nach Ablauf des Geschäftsjahres einberufenen ordentlichen Generalversammlung zuzulassen.

Endlich möchte nicht unerwogen bleiben dürfen, ob nicht vom Aufsichtsrate solche Personen auszuschließen seien, welche zu der Gesellschaft in einem Schuldverhältnisse stehen.

6. Hinsichtlich der Vorschrift über die Vertagung der Verhandlung der Generalversammlung bezüglich der Bilanzgenehmigung (Art. 239 a) dürfte sich die Feststellung einer Zeitgrenze empfehlen, innerhalb welcher die Verhandlung wieder vorzunehmen ist.

Auch möchte sich hier, wie bei dem Falle einer außerordentlichen Revision wegen Verdachtes grober Missbräuche (Art. 190 b) zur Erwägung stellen, ob nicht, mehrfachen desfallsigen Wünschen zu entsprechen, Schutz gegen eine etwaige Vergewaltigung der Majorität durch die Minorität zu gewähren sei, etwa durch eine Erhöhung der Quote des Grundkapitals, welches auf Seiten der Minderheit vorhanden sein müsse, damit ihr Verlangen Beachtung finden könne, vielleicht auch durch die weitere Forderung der gerichtlichen Hinterlegung ihrer Aktien.

7. Hinsichtlich der KGaA, deren Beibehaltung als einer besonderen Gesellschaftsform seitens des Entwurfs entgegen den desfalls laut gewordenen gegenteiligen Stimmen im Hinblick auf die in den Motiven hier für angeführten Gründe gebilligt wird, möchte anzumerken sein, ob nicht der Zeitraum von zehn Jahren, während dessen dem persönlich haftenden Gesellschafter, wenn er als solcher ausscheidet, die Veräußerung des auf Einlagen, mit welchen er sich bei der Errichtung der Gesellschaft beteiligt hat, ihm zufallenden Anteils nicht vornehmen darf (Art. 181), eine zu weit bemessene sei und ob nicht durch eine Herabsetzung auf die Hälfte dem Bedürfnisse ausreichend gedient sei. Ferner möchte es als eine Vervollständigung des Entwurfes erscheinen, wenn hinsichtlich der in Art. 109 d zugelassenen Klage eines Kommanditisten gegen einen Beschluss der Generalversammlung ausgesprochen würde, gegen wen die Klage zu richten sei, in welcher Hinsicht sich wohl die Anordnung rechtfertigen würde, dass der Aufsichtsrat der zu verklagende Teil sei…

V. Anträge des Referenten [MinRat von Kastner, Bayern], im Justizausschuss des Bundesrates zu dem Entwurf eines Gesetzes, betreffend die KGaA und die Aktiengesellschaften

1. § 1: hinter „Dritten Titel“ einzuschalten: „vom zweiten Buche“.

2. Artikel 173 a Absatz 2, statt „der Reichskanzler“ zu setzen, „die Landesregierung“ und die Worte: „nach Anhörung ... für Justizwesen“ zu streichen, sodann a.E. statt: „dauernd“ zu setzen: „ohne Zeitbeschränkung“.

3. Artikel 174 a: hinter den Worten „zu beteiligen“ fortzufahren: ... „welche zusammen mindestens den zehnten Teil des Gesamtkapitals der Kommanditisten und, wenn dieses drei Millionen Mark übersteigt, für den übersteigenden Betrag den zwanzigsten Teil desselben darstellen.“

4. Artikel 175: Absatz 2 Z. 1 hinter „sowie“ zu setzen: ... „die Höhe und Art der Einlage“ pp.

5. Artikel 175 c: a) Den Abs. 1 folgendermaßen zu fassen: Die Zeichnung der Aktien erfolgt durch schriftliche Erklärung (Zeichnungsschein).

b) In einem neuen Absatz fortzufahren: Der Zeichnungsschein pp.

c) Den jetzigen Schlussabsatz als Schlusssatz in den vorhergehenden Abs. aufzunehmen.

6. Artikel 176: Abs. 3 hinter dem Wort „abzugeben“ fortzufahren: „Das auf jede Aktie soweit nicht andere, als in Geld bestehende Einlagen gemacht sind, mindestens ein Vierteil des Betrages bar eingezahlt pp.“

7. Artikel 177: In Abs. 2 hinter den Worten: „Absatz 2“ hinzuzufügen „und 3“.

8. Artikel 179: Diesen Artikel folgendermaßen zu fassen: Die Vorschriften der Art. 152 und 153 sind auch bei der KGaA zu befolgen. Die Anmeldung der Zweigniederlassung muss die in Art. 177 Ziff. 1 und 2 bezeichneten Angaben und den Nachweis der Eintragung des Gesellschaftsvertrages bei dem Handelsgerichte der Hauptniederlassung enthalten. Eines Nachweises, dass die für diese in Art. 176 vorgeschriebenen Erfordernisse beobachtet sind, bedarf es nicht.

Befindet sich die Hauptniederlassung im Auslande, so hat die Anmeldung der Zweigniederlassung außer dem Nachweise des Bestehens der Aktiengesellschaft als solcher die in Art. 210 c Abs. 2 und 3 bezeichneten Angaben und in dem Falle, dass der Gegenstand des Unternehmens die Zulassung zum Gewerbebetriebe der staatlichen Genehmigung bedarf, den Nachweis der erteilten Genehmigung zu enthalten.

9. Artikel 180: a) In Abs. 1 hinter „zu ersetzen“ fortzufahren: Ingleichen sind der Gesellschaft, falls sie von persönlich haftenden Gesellschaftern durch Einlagen oder Übernahmen der in Art. 175 b bezeichneten Art böslicherweise geschädigt ist, die sämtlichen persönlich haftenden Gesellschafter zum Ersatze des entstandenen Schadens verpflichtet.

b) Sodann in dem Artikel fortzufahren: Abs. 2. Von dieser Verbindlichkeit ist ein persönlich haftender Gesellschafter befreit, wenn er beweist, dass er ohne Verletzung der Sorgfalt eines ordentlichen Kaufmanns keine Kenntnis von der Unrichtigkeit oder Unvollständigkeit der Angabe oder der böslichen Schädigung gehabt hat. – Abs. 3. Für einen durch Zahlungsunfähigkeit eines Kommanditisten … wie bisher Abs. 4.

Abs. 4: Außer den persönlich haftenden Gesellschaftern sind der Gesellschaft zum Schadenersatz solidarisch verpflichtet:

1. in dem Falle, dass eine Vergütung nicht unter den zu bezeichnenden Gründungsaufwand aufgenommen ist, der Empfänger, wenn er zur Zeit pp. … (wie bisher Abs. 2) mitgewirkt hat;

2. in dem Fall einer böslichen Schädigung durch Einlagen oder Übernahme jeder Dritte, welcher zu derselben wissentlich mitgewirkt hat.

10. Artikel 180 a: Den Eingang des Art. zu fassen: Wer vor Ablauf … Handelsregister, um Aktien in den Verkehr einzuführen, eine Ankündigung derselben erlässt, ist der Gesellschaft im Falle der Unrichtigkeit oder Unvollständigkeit von Angaben, welche pp. …

11. Artikel 180 b: hinter den Worten „verletzt haben“ fortzufahren: haften der Gesellschaft solidarisch für den Ersatz des ihr daraus entstandenen Schadens, soweit der Ersatz in den in pp. …

12. Artikel 180 c: Noch folgenden Satz hinzuzufügen: Die Zeitbeschränkung findet nicht Anwendung, sofern der Verpflichtete im Falle seiner Zahlungsunfähigkeit zur Abwendung oder Beseitigung des Konkursverfahrens mit der Gesellschaft und zugleich mit den anderen Gläubigern Vergleiche abschließt.

13. Artikel 180 d: a) Abs. 1 nach den Worten: „Verträge geschlossen“ weiter zu sagen: … durch welche sie vorhandene oder herzustellende Anlagen zum dauernden Geschäftsbetriebe oder unbewegliche Gegenstände für eine pp.;

b) Abs. 3 folgendermaßen zu fassen: … Die Anteile der zustimmenden Mehrheit der Kommanditisten müssen, in dem Falle, dass der Vertrag im ersten Jahre geschlossen wird, mindestens ein Vierteil des Gesamtkapitals, andernfalls mindestens drei Vierteile des in der Generalversammlung vertretenen Gesamtkapitals darstellen.

14. Artikel 180 g. In Abs. 1 fortzufahren: Für Versicherungsgesellschaften kann der Gesellschaftsvertrag ein Anderes bestimmen, und in

15. Artikel 180 h den Abs. 1 S. 2 wie Art. 215 b Abs. 2 S. 2 zu fassen.

15. Artikel 180 g. In Abs. 2 mit dem letzten Satze einen neuen Absatz zu beginnen und fortzufahren: Auf eine in diesem Zeitraume beschlossene Erhöhung findet die Vorschrift des Art. 174 a über die Beteiligung der persönlich haftenden Gesellschafter mit der Maßgabe Anwendung, dass die Beteiligung nach dem Gesamtkapitale einschließlich dessen Erhöhung zu bemessen ist und aus dem Beschlusse hervorgehen muss, welche Einlagen demzufolge noch gemacht werden.

16. Artikel 181. Im Abs. 1 hinter „174 a“ einzuschalten: § 180 a Abs. 3.

17. Artikel 180 h. Den Abs. 1 zu fassen: Die Zeichnung der … Aktien erfolgt durch schriftliche pp.

18. Artikel 181. In Abs. 2 Satz 2 hinter den Worten „bis zum Ablaufe“ fortzufahren: von fünf Jahren seit dem Ausscheiden, jedoch nicht länger als bis zum Ablaufe von zehn Jahren …

19. Artikel 184 d. Zu fassen: Die Gesellschaft soll eigene ... noch zum Pfande nehmen. Ein dieser Bestimmung entgegenstehender Kauf von Promessen oder Interimsscheinen ist nichtig.

20. Artikel 185 a. a) In Ziff. 1 hinter dem Wort: „haben" fortzufahren: „dürfen zu dem Börsen- oder Marktpreis zur Zeit der Bilanzaufstellung, sofern dieser jedoch den Anschaffungspreis übersteigt, höchstens zu diesem angesetzt werden." – b) in Ziff. 2 hinter dem Wort „Betrag" einzuschalten: „von dem gemeinen Wert (Art. 31)".

21. Hinter Artikel 185 b als Art. 185 c einzuschalten: Die Bilanz und die Gewinn- und Verlustrechnung sind mit dem Beschlusse über die Entlastung ohne Verzug von dem persönlich haftenden Gesellschafter in den hierzu bestimmten öffentlichen Blättern bekannt zu machen und zu dem Handelsregister einzureichen. – Im Übrigen werden die Grundsätze, nach welchen die Bilanz aufzunehmen, Reservefonds zu bilden und anzulegen sind und die Prüfung der Bilanz zu erfolgen hat, durch den Gesellschaftsvertrag bestimmt.

22. Artikel 190. Den Abs. 3 folgendermaßen zu fassen: Wer durch die pp. eines Rechtsgeschäfts mit ihm betrifft.

23. Artikel 190 a. Den Artikel in folgender Weise zu fassen:

Ein Beschluss der Generalversammlung kann pp. als ungültig im Wege der Klage angefochten werden. Dieselbe findet nur binnen der Frist von 6 Wochen statt. Zur Anfechtung befugt ist außer persönlich haftenden Gesellschaftern jeder in der Generalversammlung erschienene Kommanditist, sofern er gegen den Beschluss Widerspruch zum Protokoll erklärt hat, und jeder nicht erschienene Kommanditist, sofern er die Anfechtung darauf gründet, dass pp. nicht gehörig erfolgt war. Ein klagender Kommanditist hat seine Aktien gerichtlich zu hinterlegen.

Die Klage ist gegen die persönlich haftenden Gesellschafter, soweit sie nicht selbst klagen, und gegen den Aufsichtsrat zu richten. Zuständig für die Klage ist ausschließlich das Landgericht, in dessen Bezirke die Gesellschaft ihren Sitz hat. Die mündliche Verhandlung erfolgt nicht vor Ablauf der im ersten Absatze bezeichneten Frist. Mehrere Anfechtungsprozesse sind zur gleichzeitigen Verhandlung und Entscheidung zu verbinden.

Die persönlich haftenden Gesellschafter haben die Erhebung einer jeden Klage sowie den Termin zur mündlichen Verhandlung ohne Verzug in den für pp. zu veröffentlichen.

Soweit durch ein Urteil rechtskräftig der Beschluss für ungültig erklärt ist, wirkt es auch gegenüber den Kommanditisten, welche nicht Partei sind. Dasselbe ist von den persönlich haftenden Gesellschaftern ohne Verzug zu dem Handelsregister einzureichen. War der Beschluss in dasselbe eingetragen, so ist auch das Urteil einzutragen und in gleicher Weise wie der Beschluss zu veröffentlichen (Art. 177, 179).

24. Artikel 190 b. Den Art. hier in Wegfall zu bringen und anstelle des bisherigen Inhalts den folgenden einzurücken: Für einen durch unbegründete Anfechtung des Beschlusses (Art. 190 a) der Gesellschaft entstandenen Schaden haften ihr solidarisch die Kläger, welchen bei Erhebung der Klage eine bösliche Handlungsweise zur Last fällt.

25. Artikel 191. a) In Abs. 2 nach den Worten: „... gilt für die Dauer" fortzufahren: des ersten Geschäftsjahres und wenn dasselbe einen kürzeren Zeitraum als ein Jahr seit Eintragung der Gesellschaftsvertrages in das Handelsregister bemessen ist, bis zum Ablauf des am Ende dieses Jahres laufenden Geschäftsjahres. – b) in Abs. 3 statt „Jahre" zu sagen: „*Geschäfts*jahre". – c) In Abs. 4 fortzufahren: Der Beschluss bedarf einer Mehrheit von drei Vierteilen des in der Generalversammlung vertretenen Gesamtkapitals.

26. Artikel 193. Folgenden Abs. 4 neu hinzuzufügen: „Die Mitglieder des Aufsichtsrats können die Ausübung ihrer Obliegenheiten nicht anderen Personen übertragen."

27. Artikel 196 a. In Ziff. 2 nach den Worten "zu fordern" ist fortzufahren: „nach *drei* Monaten von dem Zeitpunkt an erlischt, in welchem die übrigen persönlich haftenden Gesellschafter und der Aufsichtsrat pp. haben.

28. Artikel 200. Folgenden Schlusssatz hinzuzufügen: Die in Art. 129 vorgesehene Eintragung ist auch bei dem Handelsgerichte einer jeden Zweigniederlassung zu bewirken; Dritten gegenüber entscheidet die Eintragung bei dem Handelsgerichte, in dessen Bezirke die Gesellschaft ihren Sitz hat.

29. Artikel 200 a. Diesen Art. in Wegfall zu bringen.

30. Artikel 204. a) In Abs. 1 hinter „haben" einzuschalten: „Bei Erfüllung der ihnen nach Art. 193 zugewiesenen Obliegenheiten"; – b) in Abs. 2 hinter „Sie sind der Gesellschaft" einzuschalten: „neben den persönlich haftenden Gesellschaftern."

31. Artikel 205. Demselben folgenden neuen Abs. hinzuzufügen: „Auf die Anmeldung der Liquidatoren und die Zeichnung ihrer Unterschrift bei dem Handelsgericht einer Zweigniederlassung findet die Vorschrift im Schlusssatze des Art. 200 Anwendung." und daran als Abs. 2 anzuschließen: Die Liquidatoren haben bei Beginn der Liquidation eine Bilanz aufzustellen. Dieselbe ist von ihnen ohne Verzug in den hierzu bestimmten öffentlichen Blättern bekannt zu machen und zu dem Handelsregister (Art. 176, 179) einzureichen.

32. Artikel 207 a. a) In Abs. 1 statt „5000" zu setzen: „2000"; – b) in Abs. 2 anstelle der Worte: „der Reichskanzler ... Justizwesen" zu sagen: „Die Landesregierung." – c) In Abs. 3 „dauernd" zu ersetzen durch „ohne Zeitbeschränkung".

33. Artikel 209. Zwischen Z. 4 und 5 eine neue Ziffer einzuschalten: „die Art der Bestellung und Zusammensetzung des Vorstandes"; und demgemäß die jetzigen Ziff. 5 und 6 mit 6 und 7 zu bezeichnen.

34. Artikel 209 d. In Abs. 1 den Satz folgendermaßen zu fassen: „Die Zeichnung erfolgt durch ... (Zeichnungsschein)" und mit dem S. 3: „Der Zeichnungsschein pp." einen neuen Absatz zu beginnen.

35. Artikel 209 c. a) Abs. 1 folgendermaßen zu ersetzen: „Jede Aktiengesellschaft muss außer dem Vorstande einen Aufsichtsrat haben." – b) Abs. 2 zu streichen.

36. Artikel 210. In Abs. 3 hinter dem Worte „*ab*zugeben" fortzufahren: dass auf jede Aktie, soweit nicht andere als in Geld bestehende Einlagen gemacht sind, mindestens ein Viertteil des Betrages bar eingezahlt pp.

37. Artikel 210 b. Denselben folgendermaßen zu beginnen: Auf die Beschlussfassung der vor der Eintragung des Gesellschaftsvertrages stattfindenden

Generalversammlungen kommen, soweit nicht in Art. 210 a ein Anderes bestimmt ist, die Regeln zur entsprechenden Anwendung, welche pp.

38. Artikel 210 c. In Abs. 1 Ziff. 1 nach den Worten: „in Art. 209 Abs. 2" hinzuzufügen: *„und 3"*.

39. Artikel 212. Denselben folgendermaßen zu fassen: Jede Zweigniederlassung muss bei dem Handelsgerichte, in dessen Bezirke sie sich befindet, behufs Eintragung in das Handelsregister angemeldet werden. – Die Anmeldung ist von sämtlichen Mitgliedern des Vorstandes vor dem Handelsgerichte zu unterzeichnen oder in beglaubigter Form einzureichen. – Dieselbe hat die in Art. 210 c Abs. 2 und 3 bezeichneten Angaben zu enthalten. Im Übrigen finden die Vorschriften in Art. 179 Abs. 2 und 3 Anwendung.

40. Artikel 213 a. Denselben folgendermaßen zu fassen: In Abs. 1 hinter „zu ersetzen" weiter fortzufahren: Ingleichen haften, falls durch Einlagen oder Übernahmen der in Art. 209 b bezeichneten Art die Gesellschaft von Gründern böslicher Weise geschädigt ist, ihr die sämtlichen Gründer solidarisch für den Ersatz des entstandenen Schadens.

Abs. 2: Von dieser Verbindlichkeit ist ein Gründer befreit, wenn er beweist, dass er ohne Verletzung der Sorgfalt eines ordentlichen Geschäftsmannes keine Kenntnis von der Unrichtigkeit oder Unvollständigkeit der Angabe oder von der böslichen Schädigung gehabt hat.

Abs. 3: Für einen durch Zahlungsunfähigkeit eines Aktionärs pp. wie bisher Abs. 4.

Abs. 4: Außer den Gründern sind der Gesellschaft zum Schadensersatz solidarisch verpflichtet:

1. in dem Falle, dass eine Vergütung nicht unter den zu bezeichnenden Gründungsaufwand aufgenommen ist, der Empfänger, wenn er zur Zeit pp. wie bisher Abs. 2.

2. in dem Falle einer böslichen Schädigung durch Einlagen oder Übernahmen jeder Dritte, welcher zu derselben wissentlich mitgewirkt hat.

41. Artikel 213 b. Den Eingang folgendermaßen zu beginnen: Wer vor Ablauf pp. Handelsregister, um Aktien in den Verkehr einzuführen, eine öffentliche *Ankündigung* derselben erlässt, ist der Gesellschaft im Fall pp. Unvollständigkeit von Angaben, welche die Gründer pp.

42. Artikel 213 c. Den Art. zu beginnen: Mitglieder des pp. haften der Gesellschaft solidarisch für den Ersatz des ihr daraus entstandenen Schadens, soweit der Ersatz von den in Gemäßheit pp.

43. Artikel 213 d. a) Den Art. zu beginnen: Vergleiche oder Verzichtleistungen, welche die der Gesellschaft aus der Gründung zustehenden Ansprüche gegen die in Gemäßheit der Art. 213 a bis 213 c verpflichteten Personen pp. – b) Folgenden neuen Satz hinzuzufügen: Die Zeitbeschränkung findet nicht Anwendung, sofern der Verpflichtete im Falle seiner Zahlungsunfähigkeit zur Abwendung oder Liquidierung des Konkursverfahrens mit der Gesellschaft und zugleich mit anderen Gläubigern Vergleiche abschließt.

44. Artikel 213 e. a) Im Abs. 1 nach den Worten: „herzustellende Anlagen" fortzufahren: „zum dauernden Geschäftsbetrieb oder unbewegliche Gegenstande für eine den zehnten Teil pp.

b) Abs. 3 zu fassen: Die Anteile der zustimmenden Mehrheit müssen, im Falle dass der Vertrag im ersten Jahre geschlossen wird, mindestens ein Vierteil des Grundkapitals, anderenfalls mindestens drei Vierteile des in der Generalversammlung vertretenen Grundkapitals darstellen.

45. Artikel 215 a. In Abs. 3 ist hinter den Worten „die Vorschriften in Art. 214" fortzufahren: „und Art. 215 Abs. 2 und 6 (Art. 180 f Abs. 3) pp.–

46. Artikel 215 b. Abs. 1 soll beginnen: Die Zeichnung der ... Aktien erfolgt durch schriftliche pp.

47. Artikel 215 d. Abs. 1 folgendermaßen zu fassen: Die Aktiengesellschaft soll eigene pp. noch zum Pfande nehmen. Ein dieser Bestimmung entgegenstehender Kauf von Promessen oder Interimsscheinen ist nichtig.

48. Artikel 222. Den Art. wie folgt zu fassen: Die Vorschriften in Art. 190 a, 190 b über die Anfechtung eines Beschlusses der Generalversammlung finden mit der Maßgabe Anwendung, dass an die Stelle der persönlich haftenden Gesellschafter der Vorstand tritt.

49. Hinter Art. 222 einzuschalten folgenden Art. 222 a. Auf Antrag von Aktionären, deren Anteile zusammen den zehnten Teil des Grundkapitals darstellen, kann das Handelsgericht zur Prüfung eines Hergangs bei der Gründung, Geschäftsführung oder Liquidation der Gesellschaft Revisoren ernennen, sofern ein in der Generalversammlung gestellter Antrag auf Prüfung abgelehnt ist und dem Gerichte glaubhaft gemacht wird, dass bei dem Hergange Unregelmäßigkeiten oder grobe Verletzungen des Gesetzes oder des Gesellschaftsvertrages stattgefunden haben.

Vor der Anordnung sind der Vorstand oder die Liquidatoren sowie der Aufsichtsrat zu hören. Die Anordnung ist von einer nach freiem Ermessen zu bestimmenden Sicherheitsleistung abhängig zu machen.

Der Vorstand hat den Revisoren – wie bisher Abs. 3 Art. 190 b.

Der Bericht über das Ergebnis pp. zu dem Handelsregister (Art. 176, 179) einzureichen und von dem Vorstand zur Kenntnis der nächsten Generalversammlung zu bringen.

Ist der Antrag auf Ernennung von Revisoren zurückgewiesen oder erweist er sich nach dem Ergebnis der Prüfung als unbegründet, so sind die Aktionäre, welchen eine bösliche Handlungsweise bei Stellung des Antrages zur Last fällt, solidarisch verpflichtet, einen durch die Stellung desselben der Gesellschaft entstandenen Schaden zu ersetzen.

50. Artikel 223. In Abs. 2 fortzufahren: Für den Schaden, welcher durch eine auf Verlangen er Minderheit erhobene, unbegründete Klage den Beklagten entstanden ist, haften ihnen solidarisch die Aktionäre, welchen bei Erhebung des Anspruchs eine bösliche Handlungsweise zur Last fällt.

51. Artikel 226. a) In Abs. 1 hinter „haben" einzuschalten: „bei Erfüllung der ihnen nach Art. 225 zugewiesenen Obliegenheiten" ..., ferner b) in Abs. 2 am Eingang hinter „Gesellschaft" einzuschalten: „neben den Mitgliedern des Vorstandes",

und in Ziff. 5 hinter den Worten „im Falle des“ fortzufahren: ... Art. 215 Abs. 4 die Vereinigung.

52. Artikel 228. In Abs. 1 und

53. Artikel 233 im Abs. 1 hinter „Handelsregister“ die Parenthese einzuschieben: „(Art. 210, 212)“ und

54. in Art. 233 Abs. 2 hinter „vorhanden sind“ fortzufahren: „Entscheidend hierfür ist die Eintragung bei dem Handelsgerichte, in dessen Bezirke die Gesellschaft ihren Sitz hat.“

55. Artikel 239 a. In Abs. 2 statt des Wortes „zwanzigsten“ zu setzen „zehnten“ und den S. 2 daselbst sowie den Abs. 3 zu streichen.

56. Artikel 239 b zu streichen.

57. Artikel 239 c. a) Im Abs. 1 hinter den Worten „Artikel 185 a, 185 b“ noch „185 c“ einzuschieben und b) den Abs. 2 zu streichen.

58. Artikel 242. Ziff. 4 und Art. 242 a zu streichen.

59. Artikel 243. In Abs. 1 und

60. Artikel 244 in Abs. 3 hinter „Handelsregister“ die Parenthese einzuschieben: (Art. 210, 212).

61. Artikel 244 a. In Abs. 3 hinter „aufzustellen“ fortzufahren: Dieselbe ist von ihnen ohne Verzug in den hierzu bestimmten öffentlichen Blättern bekannt zu machen und zu dem Handelsregister (Art. 210, 212) einzureichen.

62. Artikel 247. In Ziff. 3 hinter „Vereinigung“ fortzufahren: der Vermögen beider Gesellschaften pp.

63. Artikel 248. Am Schluss hinter „Art. 214 und in“ fortzufahren: Art. 215 Abs. 2 und 6 (Art. 180 f Abs. 3) Anwendung.

64. Artikel 249 a. In Ziff. 2 statt „einem pp. Angebote“ zu setzen: „einer pp. Ankündigung“.

65. Artikel 249 b. Ziff. 2 zu fassen: wenn sie vor der vollen Einzahlung des Nominalbetrages der Aktien oder im Falle pp.

66. Artikel 249 f. Die erforderlichen Ergänzungen vorzunehmen.

VI. Bericht des bayerischen Sitzungsvertreters v. Raesfeld über die Beratungen der Bundesratsausschüsse am 23.2.1884

Den Ausschussberatungen über den Gesetzentwurf, betr. die Kommanditgesellschaften auf Aktien und die Aktiengesellschaften – No. 74 der Drucksache von 1883 – habe ich, nachdem Herr Ministerialrat Herrmann durch andere Arbeiten und namentlich durch die Vorbereitung auf sein Referat über das Unfallversicherungsgesetz stark in Anspruch genommen war, nach Verständigung mit demselben neben Herrn MinRat von Kastner als stellvertretendes Mitglied des IV. Ausschusses angewohnt und erlaube mir, anruhend die in erster Lesung gefassten Ausschuss-Beschlüsse mit nachstehenden gehorsamsten Bemerkungen in Vorlage zu bringen. In der kurzen Generaldiskussion wurde fast von sämtlichen Bevollmächtigten der größeren

Bundesstaaten der sorgfältigen Ausarbeitung des Entwurfs ausdrückliche Anerkennung gezollt und sich mit der Tendenz desselben einverstanden erklärt.

Die zu den einzelnen Bestimmungen eingebrachten Abänderungsvorschläge des Referenten, Herrn MinRat von Kastner, welche sich zunächst auf die Justizministerialnote vom 13. d.M. stützten, und nach vorgängigem Benehmen mit dem Reichs-Justizamts formuliert worden waren, erfreuten sich zumeist günstiger Aufnahme in der Versammlung. ...

Die wesentlichsten Änderungen, welche die Ausschüsse vorbehaltlich der zweiten Lesung beschlossen haben, sind die folgenden:

§ 1, Art. 173 a Abs. 2. Hier hatte der Referent beantragt, die Befugnis zur ausnahmsweisen Zulassung der Ausgabe von Aktien zu einem geringeren, jedoch mindestens 200 M erreichenden Betrag *statt „dem Reichskanzler nach Anhörung der Bundesratsausschüsse für Handel u. Verkehr und für Justizwesen"* einfach *„der Landesregierung"* einzuräumen. Im Verlaufe der Diskussion wurde zwar allseitig anerkannt, dass die Würdigung des örtlichen Bedürfnisses *primär* der Landesregierung zukomme und dass naturgemäß auch an diese die Anträge auf Zulassung der Ausnahme von den Beteiligten zu richten wären. Dagegen wurde geltend gemacht, dass eine Kontrollinstanz nicht ganz entbehrt werden könne, wenn ein ungleichartiges Verfahren in der Bewilligung von Ausnahmen vermieden werden wolle. Irgendein kontrollierendes und ausgleichendes Organ sei umso notwendiger, als die ausgegebenen Aktien pp. nicht innerhalb des Landesgebiets verbleiben, sondern im ganzen Reich und über dasselbe hinaus umlaufen. Der k. württembergische Bevollmächtigte stellte daher den Eventualantrag, zu sagen: *„Die Landesregierung in Übereinstimmung mit dem Reichskanzler"*. Bei der Abstimmung wurde der Referentenantrag gegen die Stimmen Bayerns und Badens abgelehnt, der württemberg. Antrag aber mit großer Mehrheit angenommen; wir stimmten demselben als dem zur Zeit Erreichbaren zu, obwohl die Fassung, für welche sich der württb. Bevollmächtigte auf – übrigens bisher von ihm nicht nachgewiesenen – Vorgänge berief, nicht ganz bedenkenfrei sein dürfte.

Art. 174 a. Der hanseatische Bevollmächtigte wollte die Höhe der Einlagen, mit welchen sich die persönlich haftenden Gesellschafter zu beteiligen haben, der Feststellung *durch den Gesellschaftsvertrag* anheimgegeben sehen; dieser Antrag wurde abgelehnt, dagegen der vermittelnde Antrag des Referenten, für diese Beteiligung wenigstens eine *Abstufung* je nach der Höhe des Gesamtkapitals der Kommanditisten eintreten zu lassen, angenommen.

Art. 180. Auch hier wendete sich gegen die Schärfe der Bestimmungen nur der hanseatische Bevollmächtigte, welcher beantragte, wenigstens die Worte: „und Vollständigkeit" im ersten, bzw.: „oder Unvollständigkeit" im zweiten Absatz zu *streichen*; der Antrag wurde abgelehnt, dagegen fand der redaktionelle Verbesserungsvorschlag des Referenten Annahme.

Art. 185 b. Hierzu brachte der hessische Bevollmächtigte den anliegenden Antrag ein, über welchen man sich trotz längerer Diskussion nicht zu einigen vermochte und die Abstimmung *der zweiten Lesung vorbehielt.* [Der Antrag zu Art. 185 b Abs. 2 Ziff. 1 lautet: Der vollständige Gewinn in dem Falle, dass *bei Gründung der*

Gesellschaft oder bei einer Erhöhung des Gesamtkapitals der für die Aktien eingezahlte Betrag den Nominalbetrag übersteigt, *bei einer Erhöhung des Gesamtkapitals jedoch nur dann, wenn jener Gewinn nicht durch Beschluss der Generalversammlung einem besonderen Reserve-Erneuerungs- oder Ausgleichungs-Fonds zugewiesen wird; eine solche Zuweisung ist nur zulässig, wenn der Reservefonds die in Ziff. 2 bezeichnete Höhe erreicht hat;*"]

Art. 190 a. Die Frist zur Anstellung der Klage gegen die Generalversammlung wurde auf hessischen Antrag von 6 Wochen auf *1 Monat* herabgesetzt.

Art. 204. Der Antrag des hanseatischen Bevollmächtigten auf Streichung des zweiten Satzes von Abs. 1, wonach den Mitgliedern des Aufsichtsrats die *Beweislast* bezüglich die Anwendung der Sorgfalt eines ordentlichen Geschäftsmannes auferlegt ist, fand *nicht* die Zustimmung der Versammlung.

Art. 207. Über die Bemessung der zuzulassenden *Mindestbeträge der Aktien* bestand Meinungsverschiedenheit und wurde lebhaft diskutiert. Die Vertreter des Reichsjustizamts hielten die Sätze der Vorlage aufrecht und wollten äußersten Falls bei den Aktien auf Inhaber von 5000 *auf 3000 M* herabgehen, zumal den Bestrebungen des Reichstags auf Herabdrückung der Mindestbeträge noch ein gewisser Spielraum zu lassen sei. Die sächsischen Bevollmächtigen, welche sich der badische und der hanseatische anschloss, beantragten, den Mindestbetrag für die Aktien auf Inhaber ebenso wie für jene auf Namen *auf 1000 M* festzusetzen. In der Mitte stand der Referentenantrag, den Mindestbetrag für Aktien auf Inhaber *auf 2000 M* herabzusetzen, mit der rationellen Begründung, dass dadurch das bisherige Verhältnis zwischen Namens- und Inhaberaktien wiederhergestellt würde. – Bei der Abstimmung ergab sich für den weitestgehenden sächsischen Antrag eine *Minderheit* von 4 Stimmen (2 Sachsen, 1 Baden, 1 Lübeck), für den Antrag des Referenten eine *Mehrheit von 9 Stimmen gegen 4* (2 Preußen, 1 Braunschweig, 1 Sachsen-Weimar); über den Satz der Vorlage war hiernach nicht mehr abzustimmen.

Art. 207 a. Im zweiten Abs. wurde in Konsequenz zu dem Beschluss bei Art. 173 a statt des Reichskanzlers pp. die „*Landesregierung* in Übereinstimmung mit dem Reichskanzler" gesetzt.

Art. 209 b. Der hanseatische Bevollmächtigte beanstandete den hier statuierten Zwang zur Bestellung von *Stellvertretern*; letztere würden schwer zu bekommen und entweder nur Strohmänner sein oder mit den Gründern unter einer Decke stecken. Sein Antrag, den zweiten Satz des ersten Absatzes zu *streichen*, fand indes nur wenig Unterstützung und wurde, nachdem der Kommissar des Reichsjustizamts die Vorlage warm verteidigt hatte, gegen 2 Stimmen abgelehnt. Der großh. badische Bevollmächtigte gab dem Wunsch seiner Regierung Ausdruck, dass die Prüfung des Vorganges der Gründung *durch das Handelsgericht* statt durch die Mitglieder des Vorstandes und des Aufsichtsrats vorgenommen werden solle, verzichtete jedoch auf eine förmlichen Antrag, nachdem dieser Gedanke von allen Seiten als Rückfall in das Konzessionssystem bezeichnet und bekämpft wurde. Dagegen wurde bei

Art. 210 a die in Abs. 2 enthaltene Bestimmung, wonach dem Gericht die – bloß formale *Leitung* der Generalversammlung übertragen wird, nur von hanseatischer Seite und zwar ohne Erfolg bekämpft. Klargestellt wurde dabei, dass die Regelung des Verfahrens pp. hinsichtlich der gerichtlichen Leitung und Tätigkeit in das Gebiet der Landesgesetzgebung falle.

Art. 213 d. Die Anfrage, ob Vergleiche oder Verzichtleistungen, welche nach dieser Bestimmung als „unzulässig" erscheinen, mit der *Nichtigkeit* behaftet sind, wurde bejaht und soll dies in den Motiven noch zum Ausdruck gebracht werden.

Art. 240. Der hans. Bevollmächtigte machte darauf aufmerksam, dass unter „letzte Bilanz" die letzte *Jahres*bilanz werde verstanden werden, während die Absicht des Entwurfs auch den Fall treffen wolle, wenn etwa im Laufe des Jahres außerordentliche Verluste eintreten. Dementsprechend wurde die Redaktion präziser gestaltet.

Die übrigen von den Ausschüssen beschlossenen Anträge sind teils redaktioneller oder doch mindestens nicht prinzipieller Natur, teils ziehen sie die logischen Konsequenzen aus den vorhin ausgeführten Beschlüssen bei den späteren, korrespondierenden Artikeln. Abgesehen von dem hessischen Antrag zu Art. 185 b, welcher – vielleicht etwas modifiziert – einige Aussicht auf Annahme zu haben scheint, dürfte die zweite Lesung, die auf Mittwoch vorläufig angekündigt ist, wenig Änderungen an dem Ergebnisse der 1. Beratung erwarten lassen.

gez. Frh. von Raesfeldt (Ministerialrat)

VII. Bericht der Hanseatischen Gesandtschaft vom 24.2.1884 über die Sitzung der Bundesratsausschüsse am 23.2.1884

[...]

Die wiederholten Versuche, welche ich gemacht habe, die Strenge derjenigen Bestimmungen zu mildern, welche die Emissionshäuser, sowie die Mitglieder des Vorstandes und namentlich des Aufsichtsrates mit einer übermäßigen Verantwortlichkeit und zugleich mit der Verpflichtung belasten, ihre aufgewendete Sorgfalt auch zu beweisen, sind vergeblich gewesen. Man gab zwar zu, dass im Streitfalle der Kläger nicht nur den entstandenen Schaden, sondern auch dessen Klausel „Zusammenhang mit einem Tun oder Unterlassen der verantwortlichen Personen" nachzuweisen habe. Im Übrigen aber müssten letztere nachweisen, dass sie die Sorgfalt eines ordentlichen Geschäftsmannes in der Leitung resp. Überwachung des Geschäftes aufgewendet hätten. Die Majorität war instruiert, in diesen Punkten dem Entwurfe zuzustimmen. [...]

Eine Verschärfung des Entwurfs ist insofern erfolgt, als zu § 185 a für die Bilanzaufstellung der Grundsatz angenommen ist, dass Waren und Effekten *nie höher* als zu ihrem *Anschaffungs*preise in die Bilanz aufgenommen werden dürfen – eine Bestimmung, deren Zweckmäßigkeit sich wohl bestreiten lässt. Die Ausgabe der Aktien unter Pari wollte dagegen die Majorität unter der im Entwurfe angegebenen Bedingung aufrecht erhalten wissen, namentlich im Interesse des Eisenbahnbaus, für welchen die Ausgabe von Aktien unter Pari häufig von den Regierungen gut geheißen sei.

gez. Krüger

VIII. *Bericht des bayerischen Sitzungsvertreters vom 26.2.1884 über die zweite Lesung des Entwurfs in den Vereinigten Ausschüssen des Bundesrats*

Die Ausschüsse für Handel und Verkehr und für Justizwesen unterzogen heute den Gesetzentwurf, betr. die Kommanditgesellschaften auf Aktien und die Aktiengesellschaften – No. 74 der Ds. – der zweiten Lesung.

Der Beratung wurden die gedruckten Beschlüsse der ersten Lesung zugrunde gelegt und es ergab sich hierbei Folgendes: *Zu Art. 173 Abs. 2* gab der k. sächs. Bevollmächtigte anheim, statt: „die Landesregierung *in Übereinstimmung* mit dem Reichskanzler" zu setzen: „Die Landesregierung *im Einvernehmen* mit dem Reichskanzler". Wir waren im Begriff, diesem Vorschlag beizutreten, als der Vorsitzende erklärte, auch er halte den Ausdruck „im Einvernehmen" für besser und der bisherigen Praxis entsprechender; dann müsse aber auch der *Reichskanzler vorangestellt* und gesagt werden: „Der Reichskanzler im Einvernehmen mit der Landesregierung". Der k. sächs. Bevollmächtigte eignete sich diese Fassung an. Von bayer. und württemberg. Seite wurde hervorgehoben, dass es nur gerade darauf ankomme, die Landesregierung gegenüber den Interessenten als die anzurufende, instruierende und entscheidende Stelle zu kennzeichnen, und dass wir daher, wenn nicht überhaupt die „Landesregierung" schlechtweg an die Stelle des Reichskanzlers gesetzt werden wolle, an der Fassung der ersten Lesung festhalten müssten. Bei der Abstimmung verblieb der Antrag, zu sagen: „der Reichkanzler im Einvernehmen mit der Landesregierung" mit den 2 preuß., 2 sächs. und 1 sachsen-weimar. Stimmen in der *Minderheit,* und bewendet es daher beim Beschlusse 1. Lesung.

Zu Art. 181 wurde ein Antrag *Badens* einstimmig angenommen, welcher den letzten Satz des Abs. 2 wie folgt gefasst wissen will: „Während der Dauer dieser Beschränkung dürfen die Anteile nicht ausgeliefert und für Privatgläubiger des persönlich haftenden Gesellschafters nur insoweit gepfändet werden, als sie nicht bis zum Ablauf der Zeitbeschränkung wegen Forderungen der Gesellschaft oder der Gesellschaftsgläubiger verwendet oder gepfändet worden sind."

Zu Art. 185 a wurde mit großer Mehrheit, jedoch gegen die preußischen Stimmen beschlossen, im letzten Absatz anstelle *des Reichskanzlers* den *Bundesrat* mit der Ermächtigung zur Aufstellung von Formularien zu versehen.

Zu dem Art. 185 b wurden die Anträge Hessens nochmals diskutiert und Übereinstimmung dahin erhielt, dass Über-Pari-Emissionen zugelassen werden sollen. Dagegen fand die Formulierung der hess. Anträge Beanstandung und wurde schließlich eine von dem Geh. ORR Hagens vorgeschlagene Fassung, die sich der Referent als Antrag aneignete, angenommen. Hiernach soll der Art. 185 b wie folgt gefasst werden: „Zur Deckung eines aus der Bilanz sich ergebenden Verlustes ist eine Reserve zu bilden; in dieselbe ist einzustellen:

1. von dem jährlichen ... wie jetzt Z. 2 bis „überschreitet",

2. in den Fällen der Art. 175 a Z. 2, 180 g Abs. 2 der Gewinn, welcher durch Ausgabe der Aktien für einen höheren als den Nominalbetrag erzielt wird, ohne Beschränkung.

Der Reservefonds kann bis zum zehnten Teil desselben auch zur Deckung außerordentlicher Verluste, welche im Laufe des Geschäftsjahres eintreten, verwendet werden; eine solche Verwendung bedarf jedoch der Zustimmung des Aufsichtsrates und eines Beschlusses der Kommanditisten, welcher mit einer Mehrheit von drei Vierteilen des in der Generalversammlung vertretenen Kapitals gefasst wird. – In Konsequenz dieser Beschlussfassung haben eine Reihe von Artikeln, so 175 a, 175 c, 176 Abs. 3, 183 a Abs. 2, 183 b, 204, 226 u. 249 b Ziff. 2 teils materielle, teils formelle Änderungen zu erfahren, deren Redaktion den beiden Referenten im Benehmen mit den Kommissarien überlassen wurde.

Zu Art. 207 a regte der hans. Bevollmächtigte wiederholt die Gleichstellung des Mindestbetrags für Nominal- und Inhaberaktien an und beantragte, auch für die letzteren den *Mindestbetrag* auf *1000 M* festzusetzen. Bayerischerseits wurde dieser Antrag instruktionsgemäß unterstützt, dagegen fielen die sächsischen Bevollmächtigten von ihrem in erster Lesung eingenommenen Standpunkt ab, indem sie heute aus taktischen Gründen (Spielraum für den Reichstag) für den Satz von 2000 M stimmten. Der hanseatische Antrag wurde gegen die 2 bayerischen, die badische, lübeckische u. Hamburgs Stimmen *abgelehnt* und konstatiert, dass es bei dem Beschluss erster Lesung sein Verbleiben habe.

Zu Art. 210 a trat der lübeckische Bevollmächtigte nochmals für Beseitigung der *Leitung durch das Gericht* ein, welche heute auch Deutschen Landwirtschaftsrat als zu Irrtümern verleitend angegriffen worden sei. Auftragsgemäß unterstützten wir auch den hierauf bezüglichen Antrag auf Strich des Abs. 2; der Antrag wurde jedoch mit 10 gegen 4 Stimmen *abgelehnt.*

IX. Antrag der Ausschüsse für Handel und Verkehr und für Justizwesen vom 26.2.1884 zu dem Entwurf eines Gesetzes, betreffend die Kommanditgesellschaften auf Aktien und die Aktiengesellschaften (Ds. 74/1884)

Die Ausschüsse beantragen: Der Bundesrat wolle dem Entwurf mit den aus der Anlage ersichtlichen Änderungen seine Zustimmung erteilen.

v. Möller, v. Raesfeldt, v. Rostitz-Wallwitz, v. Baur, Neidhardt, Heerwart, Versmann, v. Schelling, v. Kastner, Held, v. Schmid, Frhr. v. Marschall, v. Liebe, Krüger.

1. § 1. Hinter dem „dritten Titel" einzuschalten: „vom zweiten Buche".

2. Art. 173 a Abs. 2

a) Zu beginnen: Für ein gemeinnütziges Unternehmen kann im Falle eines besonderen örtlichen Bedürfnisses *die Landesregierung in Übereinstimmung mit dem Reichskanzler* die Ausgabe von Aktien etc.

b) Sodann am Schluss statt „dauernd“ zu setzen: *„ohne Zeitbeschränkung“.*

3. *Art. 174 a* wie folgt zu fassen: „Die persönlich haftenden Gesellschafter haben sich *bei Errichtung der Gesellschaft* mit Einlagen zu beteiligen, welche zusammen mindestens den zehnten Teil des *Gesamtkapitals der Kommanditisten und, wenn dieses drei Millionen Mark übersteigt, für den übersteigenden Betrag den zwanzigsten Teil desselben darstellen.“*

4. *Art. 175.* a) Abs. 2 Ziff. 1 hinter „sowie“ zu setzen: *„die Höhe und Art der* Einlage“ etc.
b) In Abs. 3 den zweiten Satz dahin zu fassen: Andere Blätter *außer diesem* hat der Gesellschaftsvertrag zu bestimmen.

5. *Art. 175 a.* Hinter Ziffer 1 eine neue Ziffer einzuschalten: *2. Aktien für einen höheren als den Nominalbetrag ausgegeben werden;* danach die Reihenfolge der Ziffern zu ändern und einen neuen Absatz 2 aufzunehmen: *Für einen geringeren als den Nominalbetrag darf die Ausgabe der Aktien nicht festgesetzt werden.*

6. *Art. 175 c.* a) Den Abs. 1 folgendermaßen zu fassen: *Die* Zeichnung der Aktien *erfolgt durch* schriftliche Erklärung (Zeichnungsschein).
b) In einem neuen Absatz fortzufahren: Der Zeichnungsschein etc. und in diesem Absatz einzuschalten als neue Ziffer: *2. den Betrag, für welchen die Ausgabe der Aktie stattfindet, und den Betrag der festgesetzten Einzahlungen;* sodann aus der jetzigen Ziff. 2 die Ziff. 3 zu machen und in dem darauf folgenden Absatz statt „2“ nunmehr „3“ zu setzen.
c) Den jetzigen Schlussabsatz als Schlusssatz in den vorhergehenden Absatz aufzunehmen.

7. *Art. 176.* Den Abs. 3 wie folgt zu fassen: In der Anmeldung ist die Erklärung abzugeben, dass auf jede Aktie, *soweit nicht andere als in Geld bestehende Einlagen gemacht sind, der eingeforderte Betrag* bar eingezahlt und den persönlich haftenden Gesellschaftern übergeben sei. *Auf die Aktien* muss mindestens ein Vierteil des *Nominalbetrages und im Falle einer Ausgabe der Aktien für einen höheren als den Nominalbetrag auch der Mehrbetrag eingefordert sein.*

8. *Art. 177.* In Abs. 2 hinter den Worten „Absatz 2“ hinzuzufügen *„und 3“.*

9. *Art. 179.* Diesen Artikel folgendermaßen zu fassen: Die Vorschriften der Art. 152 und 153 sind auch bei der Kommanditgesellschaften auf Aktien zu befolgen.
Die Anmeldung der Zweigniederlassung muss die in Art. 177 Abs. 2 bezeichneten Angaben und den Nachweis der Eintragung des Gesellschaftsvertrages bei dem Handelsgerichte der Hauptniederlassung enthalten. Eines Nachweises, dass die für diese in Art. 176 vorgeschriebenen Erfordernisse beobachtet sind, bedarf es nicht.
Befindet sich die Hauptniederlassung im Auslande, so hat die Anmeldung der Zweigniederlassung außer dem Nachweise des Bestehens der Kommanditgesellschaft auf Aktien als solcher die in Art. 177 Abs. 2 bezeichneten Angaben und in dem Falle, dass der Gegenstand des Unternehmens oder die Zulassung zum Gewerbebetriebe im Inlande

der staatlichen Genehmigung bedarf, den Nachweis der erteilten Genehmigung zu enthalten.

10. *Art. 180.* In Abs. 1 hinter „zu ersetzen" fortzufahren: *Ingleichen sind der Gesellschaft in dem Falle, dass sie von persönlich haftenden Gesellschaftern durch Einlagen oder Übernahmen der in Art. 175 b bezeichneten Art böslicherweise geschädigt ist, die sämtlichen persönlich haftenden Gesellschafter zum Ersatze des entstandenen Schadens solidarisch verpflichtet.*

Von dieser Verbindlichkeit ist ein persönlich haftender Gesellschafter befreit, wenn er beweist, *dass er die Unrichtigkeit oder Unvollständigkeit der Angabe oder die bösliche Schädigung weder gekannt habe, noch bei Anwendung* der Sorgfalt eines ordentlichen Kaufmanns *habe kennen müssen.*

Entsteht durch Zahlungsunfähigkeit eines Kommanditisten *der Gesellschaft ein* Ausfall, *so sind ihr* die persönlich haftenden Gesellschafter, welche bei der Anmeldung des Gesellschaftsvertrages die Zahlungsunfähigkeit kannten, *zum Ersatze solidarisch verpflichtet.*

Außer den persönlich haftenden Gesellschaftern sind der Gesellschaft zum Schadensersatz solidarisch verpflichtet:

1. in dem Falle, dass eine Vergütung nicht unter den zu bezeichnenden Gründungsaufwand aufgenommen ist, der Empfänger, wenn er zur Zeit des Empfanges wusste oder nach den Umständen annehmen musste, dass die Verheimlichung beabsichtigt oder erfolgt war, und jeder Dritte, welcher zur Verheimlichung wissentlich mitgewirkt hat;

2. in dem Falle einer böslichen Schädigung durch Einlagen oder Übernahmen jeder Dritte, welcher zu derselben wissentlich mitgewirkt hat.

11. *Art. 180 a.* Den Eingang des Artikels zu fassen: *Wer vor der Eintragung des Gesellschaftsvertrages in das Handelsregister oder in den ersten zwei Jahren nach der Eintragung, um Aktien in den Verkehr einzuführen, eine öffentliche Ankündigung* derselben erlässt, ist der Gesellschaft im Falle der Unrichtigkeit oder Unvollständigkeit von Angaben, welche die persönlich haftenden Gesellschafter rücksichtlich der Zeichnung *oder* Einzahlung des Gesamtkapitals der Kommanditisten *oder* der in Art. 175 b etc.

12. *Art. 180 b.* Hinter den Worten „verletzt haben" fortzufahren: haften der Gesellschaft *solidarisch* für den *ihr daraus entstandenen* Schaden, *soweit der Ersatz desselben* von den in etc.

13. *Art. 180 c.* Noch folgenden Satz hinzuzufügen: *Die Zeitbeschränkung findet nicht Anwendung, sofern der Verpflichtete im Falle seiner Zahlungsunfähigkeit zur Abwendung oder Beseitigung des Konkursverfahrens mit der Gesellschaft und den anderen Gläubigern Vergleiche abschließt.*

14. *Art. 180 d.* a) Abs. 1 nach den Worten „Verträge geschlossen" weiter zu sagen: durch welche sie vorhandene oder herzustellende Anlagen *zum dauernden Geschäftsbetriebe oder unbewegliche Gegenstände* für eine etc.

b) Abs. 3 folgendermaßen zu fassen: Die Anteile der zustimmenden Mehrheit der Kommanditisten müssen *in dem Falle, dass der Vertrag im ersten Jahre geschlossen wird,* mindestens ein Viertеil des Gesamtkapitals, *anderenfalls mindestens drei Vierteile des in der Generalversammlung vertretenen Gesamtkapitals* darstellen.

15. *Art. 180 g.* a) In Abs. 1 fortzufahren: *Für Versicherungsgesellschaften kann der Gesellschaftsvertrag ein Anderes bestimmen.*

b) In Abs. 2 statt des 2. Satzes „In dem Falle – auszugeben sind" zu sagen: *Für die neu auszugebenden Aktien kann die Leistung eines anderen als des Nominalbetrages festgesetzt werden; der Beschluss hat den Mindestbetrag zu bezeichnen, für welchen die Aktien auszugeben sind.*

c) Mit dem letzten Satze des jetzigen 2. Absatzes: „Bei einer Erhöhung, welche etc." einen neuen Absatz zu beginnen und fortzufahren: *Auf eine in diesem Zeitraume beschlossene Erhöhung findet die Vorschrift in Art. 174 a über die Beteiligung der persönlich haftenden Gesellschafter mit der Maßgabe Anwendung, dass die Beteiligung nach dem Gesamtkapitale einschließlich dessen Erhöhung zu bemessen ist und aus dem Beschlusse hervorgehen muss, welche Einlagen demzufolge noch gemacht werden.*

16. *Art. 180 h.* a) Den Abs. 1 zu fassen: *Die* Zeichnung der neu auszugebenden Aktien *erfolgt durch* schriftliche, in zwei Exemplaren zu unterzeichnende Erklärung.

b) In Abs. 2 den zweiten Satz, wie folgt, zu fassen: *Die Anmeldung hat nach Maßgabe des Art. 180 g Abs. 1 die Angabe zu enthalten, ob* das bisherige Kapital eingezahlt sei.

17. *Art. 181.* a) Den Abs. 1 dahin zu fassen: Die Einlagen, mit welchen ein persönlich haftender Gesellschafter sich in Gemäßheit der Art. 174 a, 180 g Abs. 3 beteiligt hat, dürfen ihm weder ganz noch teilweise zurückgegeben oder erlassen werden.

b) In Abs. 2 Satz 2 hinter den Worten „bis zum Ablaufe" fortzufahren: *von fünf Jahren seit dem Ausscheiden, jedoch nicht länger als bis* zum Ablaufe von zehn Jahren seit Eintragung etc.

c) In Abs. 2 den Schlusssatz folgendermaßen zu fassen: Während der Dauer dieser Beschränkung dürfen die Anteile nicht ausgeliefert und für Privatgläubiger des *persönlich haftenden Gesellschafters nur insoweit gepfändet werden, als sie nicht bis zum Ablaufe der Zeitbeschränkung wegen Forderungen der Gesellschaft oder der Gesellschaftsgläubiger verwendet oder gepfändet sind.*

18. *Art. 183 a.* Den Abs. 2 zu fassen: Vor der vollen *Leistung* des Nominalbetrages oder des *statt* desselben in den *Fällen der Art. 175 a Ziff. 2, 180 g Abs. 2* festgesetzten Betrages *soll die Aktie* nicht ausgegeben werden.

19. Hinter *Art. 183 a* einzurücken einen neuen *Art. 183 b. Die Verpflichtung des Kommanditisten, zu den Zwecken der Gesellschaft und zur Erfüllung ihrer Verbindlichkeiten beizutragen, wird durch den Nominalbetrag der Aktie, in den Fällen der Art. 175 a Ziff. 2, 180 g Abs. 2 durch den Betrag, für welchen die Aktie ausgegeben ist, begrenzt.*

20. *Art. 184 d* zu fassen: Die Gesellschaft *soll* eigene Aktien, Promessen oder Interimsscheine im geschäftlichen Betriebe, sofern nicht eine Kommission zum Einkauf ausgeführt wird, weder erwerben noch zum Pfande nehmen. *Ein dieser Bestimmung entgegenstehender Kauf von Promessen oder Interimsscheinen ist nichtig.*

21. *Art. 185 a.* a) Die Ziffer 1 zu fassen: Wertpapiere und Waren, welche einen Börsen- oder Marktpreis haben, dürfen höchstens zu dem Börsen- oder Marktpreise zur Zeit der Bilanzaufstellung, *sofern dieser jedoch den Anschaffungspreis übersteigt, höchstens zu letzterem* angesetzt werden;

b) die Ziff. 2 zu fassen: andere Vermögensgegenstände sind höchstens zu dem Anschaffungs- oder Herstellungspreise anzusetzen;

c) in Abs. 2 statt „Reichskanzler" zu setzen: *„Bundesrat"*.

22. *Art. 185 b* denselben folgendermaßen zu fassen: Zur Deckung eines aus der Bilanz sich ergebenden Verlustes ist ein Reservefonds zu bilden; in denselben ist einzustellen:

1. von dem jährlichen Reingewinne mindestens der zwanzigste Teil, solange als der Reservefonds den zehnten oder den im Gesellschaftsvertrage bestimmten höheren Teil des Gesamtkapitals nicht überschreitet;

2. *der Gewinn, welcher bei Errichtung der Gesellschaft oder* einer Erhöhung des Gesamtkapitals *durch Ausgabe der Aktien für einen höheren als den Nominalbetrag erzielt wird.*

Der Reservefonds kann bis zum zehnten Teile desselben auch zur Deckung außerordentlicher Verluste, welche im Laufe des Geschäftsjahres eintreten, verwendet werden; eine solche Verwendung bedarf jedoch der Zustimmung des Aufsichtsrats und eines Beschlusses der Kommanditisten, welcher mit einer Mehrheit von drei Vierteilen des in der Generalversammlung vertretenen Gesamtkapitals gefasst wird.

23. Hinter Art. 185 b einzuschalten als *Art. 185 c.*

Die Bilanz sowie die Gewinn- und Verlustrechnung sind mit dem Beschlusse über die Entlastung ohne Verzug von den persönlich haftenden Gesellschaftern in den hierzu bestimmten öffentlichen Blättern bekannt zu machen und zu dem Handelsregister einzureichen.

Im Übrigen werden die Grundsätze, nach welchen die Bilanz aufzunehmen, Reservefonds zu bilden und anzulegen sind und die Prüfung der Bilanz zu erfolgen hat, durch den Gesellschaftsvertrag bestimmt.

24. *Art. 190.* a) Den Abs. 3 folgendermaßen zu fassen: *Wer* durch die Beschlussfassung entlastet oder von einer Verpflichtung befreit werden soll, hat hierbei kein Stimmrecht und darf ein solches auch nicht für Andere ausüben. Dasselbe gilt von einer Beschlussfassung, welche die Eingehung eines Rechtsgeschäfts mit *ihm* betrifft.

b) Im vorletzten Absatz hinter *„174 a"* noch einzuschalten: *180 g Absatz 3.*

25. *Art. 190 a.* Den Artikel in folgender Weise zu fassen:

Ein Beschluss der Generalversammlung kann wegen Verletzung des Gesetzes oder des Gesellschaftsvertrages als ungültig *im Wege der Klage* angefochten werden. *Dieselbe findet nur binnen der Frist von einem Monate statt. Zur Anfechtung befugt ist außer persönlich haftenden Gesellschaftern jeder in der Generalversammlung erschienene Kommanditist, sofern er gegen den Beschluss Widerspruch zum Protokoll erklärt hat, und jeder nicht erschienene Kommanditist, sofern er die Anfechtung darauf gründet, dass* die Berufung der Generalversammlung oder die Ankündigung des Gegenstandes der Beschlussfassung nicht gehörig erfolgt war. *Ein klagender Kommanditist* hat seine Aktien gerichtlich zu hinterlegen.

Die Klage ist gegen die persönlich haftenden Gesellschafter, soweit sie nicht selbst klagen, und gegen den Aufsichtsrat zu richten. Zuständig für die Klage ist ausschließlich das Landgericht, in dessen Bezirke die Gesellschaft ihren Sitz hat. *Die mündliche Verhandlung erfolgt nicht vor Ablauf der im ersten Absatze bezeichneten Frist. Mehrere Anfechtungsprozesse sind zur gleichzeitigen Verhandlung und Entscheidung zu verbinden.*

Die persönlich haftenden Gesellschafter haben die Erhebung *einer jeden Klage, sowie den Termin zur mündlichen Verhandlung ohne Verzug* in den für die Bekanntmachungen der Gesellschaft bestimmten Blättern zu veröffentlichen.

Soweit durch ein Urteil rechtskräftig der Beschluss für ungültig erklärt ist, wirkt es auch gegenüber den Kommanditisten, welche nicht Partei sind. Dasselbe ist von den persönlich haftenden Gesellschaftern ohne Verzug zu dem Handelsregister einzureichen. War der Beschluss in dasselbe eingetragen, *so ist auch das Urteil einzutragen und in gleicher Weise wie der Beschluss zu veröffentlichen (Art. 177, 179).*

26. *Art. 190 b.* Den Artikel hier in Wegfall zu bringen und anstelle des bisherigen den folgenden einzurücken:

Für einen durch unbegründete Anfechtung des Beschlusses (Art. 190 a) der Gesellschaft entstandenen Schaden haften ihr solidarisch die Kläger, welchen bei Erhebung der Klage eine bösliche Handlungsweise zur Last fällt.

27. *Art. 191.* a) Abs. 2, wie folgt, zu fassen: Die Wahl des ersten Aufsichtsrats gilt für die Dauer des ersten Geschäftsjahres *und, wenn dasselbe auf einen kürzeren Zeitraum als ein Jahr seit Eintragung des Gesellschaftsvertrages in das Handelsregister bemessen ist, bis zum Ablaufe des am Ende dieses Jahres laufenden Geschäftsjahres.*

b) In Abs. 3 statt „Jahre" zu setzen: *„Geschäftsjahre".*

c) Den Abs. 4 zu fassen: Die Bestellung zum Mitgliede des Aufsichtsrats kann jederzeit durch die Generalversammlung widerrufen werden. *Der Beschluss bedarf einer Mehrheit von drei Vierteilen des in der Generalversammlung vertretenen Gesamtkapitals.*

28. *Art. 193.* Folgenden Abs. 4 neu hinzuzufügen: *„Die Mitglieder des Aufsichtsrats können die Ausübung ihrer Obliegenheiten nicht anderen Personen übertragen."*

29. *Art. 196 a.* Die Ziff. 2 zu fassen: 2. das Recht der Gesellschaft, in ein von einem persönlich haftenden Gesellschafter für eigene Rechnung gemachtes Geschäft

einzutreten oder Schadensersatz zu fordern, nach *drei* Monaten von dem Zeitpunkte an erlischt, in welchem *die übrigen persönlich haftenden Gesellschafter und* der Aufsichtsrat von dem Abschlusse des Geschäfts Kenntnis erhalten *haben.*

30. *Art. 200.* Folgenden Schlusssatz hinzuzufügen: *Die in Art. 129 vorgesehene Eintragung ist auch bei dem Handelsgerichte einer jeden Zweigniederlassung zu bewirken; Dritten gegenüber entscheidet die Eintragung bei dem Handelsgerichte, in dessen Bezirke die Gesellschaft ihren Sitz hat.*

31. *Art. 200 a.* Diesen Artikel in Wegfall zu bringen.

32. *Art. 204.* a) In Abs. 1 den Satz 1 zu fassen: Die Mitglieder des Aufsichtsrats haben *bei Erfüllung der ihnen nach Art. 193 zugewiesenen Obliegenheiten* die Sorgfalt eines ordentlichen Geschäftsmannes anzuwenden.
b) Den Abs. 2 zu beginnen: Sie sind der Gesellschaft *neben den persönlich haftenden Gesellschaftern* solidarisch zum Ersatz verpflichtet, wenn etc.
c) Ziff. 4 den Eingang dahin zu fassen: 4. Aktien vor der vollen *Leistung* des Nominalbetrages oder des *statt desselben in den Fällen der Art. 175 a Ziff. 2, 180 g Abs. 2* festgesetzten Betrages, oder etc.

33. *Art. 205.* a) Demselben folgenden neuen Absatz hinzuzufügen: *Auf die Anmeldung der Liquidatoren und die Zeichnung ihrer Unterschrift bei dem Handelsgerichte einer Zweigniederlassung findet die Vorschrift im Schlusssatze des Art. 200 Anwendung.*
b) Daran als Abs. 3 anzuschließen: *Die Liquidatoren haben bei Beginn der Liquidation eine Bilanz aufzustellen. Dieselbe ist von ihnen ohne Verzug in den hierzu bestimmten öffentlichen Blättern bekannt zu machen und zu dem Handelsregister einzureichen.*

34. *Art. 207.* Den Abs. 1 aus Art. 215 c hier als Schlusssatz hinzuzufügen: *Promessen und Interimsscheine dürfen nicht auf Inhaber lauten.*

35. *Art. 207 a.* a) In Abs. 1 statt *„5000“* zu setzen: *„2000“.* b) Den Abs.2 zu beginnen: Für ein gemeinnütziges Unternehmen kann im Falle eines besonderen örtlichen Bedürfnisses *die Landesregierung in Übereinstimmung mit dem Reichskanzler* die Ausgabe von Aktien etc.
c) Sodann in Abs. 2 am Schluss statt „dauernd“ zu setzen: „ohne Zeitbeschränkung“.

36. *Art. 209.* a) Zwischen Ziff. 4 und 5 eine neue Ziffer einzuschalten: *die Art der Bestellung und Zusammensetzung des Vorstandes;*
und demgemäß die jetzigen Ziff. 5 und 6 mit 6 und 7 zu bezeichnen.
b) In Abs. 3 den zweiten Satz dahin zu fassen: Andere Blätter *außer diesem* hat der Gesellschaftsvertrag zu bestimmen.

37. *Art. 209 a.* Hinter Ziff. 1 eine neue Ziffer einzuschalten: *2. Aktien für einen höheren als den Nominalbetrag ausgegeben werden;*

danach die Reihenfolge der Ziffern zu ändern und einen neuen Abs. 2 aufzunehmen: *Für einen geringeren als den Nominalbetrag darf die Ausgabe der Aktien nicht festgesetzt werden.*

38. *Art. 209 d.* a) In Abs. 1 den Satz 2 folgendermaßen zu fassen: *Die* Zeichnung erfolgt *durch* schriftliche Erklärung (Zeichnungsschein).

b) Mit dem Satz 3: „Der Zeichnungsschein etc." einen neuen Absatz zu beginnen.

c) In demselben eine neue Ziffer zwischen 2 und 3 einzuschalten: *3. den Betrag, für welchen die Ausgabe der Aktie stattfindet, und den Betrag der festgesetzten Einzahlungen* demgemäß aus Ziff. 3 die Ziff. 4 zu machen und in dem darauf folgenden Absatz statt „Ziffer 3" nunmehr Ziffer 4 zu setzen.

39. *Art. 209 e.* a) Abs. 1 folgendermaßen zu ersetzen: „Jede Aktiengesellschaft muss *außer dem Vorstande* einen Aufsichtsrat haben."

b) Abs. 2 zu streichen.

40. *Art. 210.* Den Abs. 3, wie folgt, zu fassen: In der Anmeldung ist die Erklärung abzugeben, dass auf jede Aktie, *soweit nicht andere als in Geld bestehende Einlagen gemacht sind, der eingeforderte Betrag* bar eingezahlt und dem Vorstande übergeben sei. *Auf die Aktien muss* mindestens ein Vierteil des *Nominalbetrages und im Falle einer Ausgabe der Aktien für einen höheren als den Nominalbetrag auch der Mehrbetrag eingefordert sein.*

41. *Art. 210 a.* In Abs. 4 statt „Art. 209 Ziff. 1 bis 4" zu setzen: „Art. 209 Ziff. 1 bis *5*".

42. *Art. 210 b.* Denselben folgendermaßen zu fassen: Auf die Berufung und Beschlussfassung der *vor der Eintragung des Gesellschaftsvert6rages stattfindenden* Generalversammlungen *kommen,* soweit nicht *in Art. 210 a* ein Anderes bestimmt ist, die Regeln zur entsprechenden Anwendung, welche für die Gesellschaft nach der Eintragung maßgebend sind.

43. *Art. 210 c.* In Abs. 2 Ziff. 1 nach den Worten: „in Art. 209 Abs. 2" hinzuzufügen: *„und 3".*

44. *Art. 212.* Denselben folgendermaßen zu fassen: *Jede Zweigniederlassung muss bei dem Handelsgerichte, in dessen Bezirke sie sich befindet,* behufs der Eintragung in das Handelsregister angemeldet werden.

Die Anmeldung ist von sämtlichen Mitgliedern des Vorstandes vor dem Handelsgerichte *zu unterzeichnen* oder in beglaubigter Form *einzureichen.*

Dieselbe hat die in Art. 210 c Abs. 2 und 3 bezeichneten Angaben zu enthalten. Im Übrigen finden die Vorschriften in Art. 179 Abs. 2 und 3 Anwendung.

45. *Art. 213 a.* In Abs. 1 hinter „zu ersetzen" fortzufahren: *Ingleichen sind der Gesellschaft in dem Falle, dass sie von Gründern durch Einlagen oder Übernahmen der in Art. 209 b bezeichneten Art böslicherweise geschädigt ist, die sämtlichen Gründer für den Ersatz des entstandenen Schadens solidarisch verpflichtet.*

Von dieser Verbindlichkeit ist ein Gründer befreit, wenn er beweist, *dass er die Unrichtigkeit oder Unvollständigkeit der Angabe oder die bösliche Schädigung weder gekannt habe, noch bei Anwendung* der Sorgfalt eines ordentlichen Geschäftsmannes *habe kennen müssen.*

Entsteht durch Zahlungsunfähigkeit eines Aktionärs *der Gesellschaft* ein Ausfall, *so sind ihr* die Gründer, welche bei der Anmeldung des Gesellschaftsvertrages die Zahlungsfähigkeit kannten, *zum Ersatze solidarisch verpflichtet.*

Außer den Gründern sind der Gesellschaft zum Schadensersatze solidarisch verpflichtet:

1. in dem Falle, dass eine Vergütung nicht unter den zu bezeichnenden Gründungsaufwand aufgenommen ist, der Empfänger, wenn er *zur Zeit* des Empfanges wusste oder nach den Umständen annehmen musste, dass die Verheimlichung beabsichtigt oder erfolgt war, und jeder Dritte, welcher zur Verheimlichung wissentlich mitgewirkt hat;

2. in dem Falle einer böslichen Schädigung durch Einlagen oder Übernahmen jeder Dritte, welcher zu derselben wissentlich mitgewirkt hat.

46. *Art. 213 b.* Den Eingang des Artikels zu fassen: *Wer vor der Eintragung des Gesellschaftsvertrages in das Handelsregister oder in den ersten zwei Jahren nach der Eintragung, um Aktien in den Verkehr einzuführen, eine öffentliche Ankündigung* derselben erlässt, ist der Gesellschaft im Falle der Unrichtigkeit oder Unvollständigkeit *von* Angaben, welche die Gründer rücksichtlich der Zeichnung *oder* Einzahlung des Grundkapitals *oder* der in Art. 209 b etc.

47. *Art. 213 c.* Hinter den Worten „verletzt haben" fortzufahren: haften der Gesellschaft *solidarisch für den ihr daraus entstandenen* Schaden, soweit *der Ersatz desselben* von den in etc.

48. *Art. 213 d.* a) Den Artikel zu beginnen: Vergleiche *oder* Verzichtleistungen, welche die der Gesellschaft aus der Gründung zustehenden Ansprüche gegen die in Gemäßheit der Art. 213 a bis *213 c* verpflichteten Personen betreffen, sind erst etc.

b) Folgenden neuen Satz hinzuzufügen: *Die Zeitbeschränkung findet nicht Anwendung, sofern der Verpflichtete im Falle seiner Zahlungsfähigkeit zur Abwendung oder Beseitigung des Konkursverfahrens mit der Gesellschaft und den anderen Gläubigern Vergleiche abschließt.*

49. *Art. 213 e.* a) Abs. 1 nach den Worten: „Verträge geschlossen" zu sagen: durch welche sie vorhandene oder herzustellende Anlagen *zum dauernden Geschäftsbetriebe* oder *unbewegliche Gegenstände* für eine den zehnten Teil etc.

b) Abs. 3 zu fassen: Die Anteile der zustimmenden Mehrheit müssen *in dem Falle, dass der Vertrag im ersten Jahre geschlossen wird,* mindestens ein Viertel des Grundkapitals, *anderenfalls mindestens drei Vierteile des in der Generalversammlung vertretenen Grundkapitals* darstellen.

50. *Art. 215 a.* a) Abs. 2. Statt des zweiten Satzes: „In dem Falle etc. ... ausgegeben sind" zu sagen: *Für die* neu auszugebenden Aktien *kann die Leistung eines anderen*

als des Nominalbetrages festgesetzt werden; der Beschluss hat den Mindestbetrag zu *bezeichnen, für welchen* die Aktien auszugeben sind.

b) In Abs. 3 ist hinter den Worten: „die Vorschriften in Art. 214" fortzufahren: „und Art. 215 Abs. 2 und 6 (Art. 180 f Abs. 3) etc."

51. *Art. 215 b.* Den Abs. 1 zu fassen: *Die* Zeichnung der neu auszugebenden Aktien *erfolgt durch* schriftliche, in zwei Exemplaren zu unterzeichnende Erklärung etc.

52. *Art. 215 c.* a) Den ersten Absatz dahin zu fassen: *Promessen und Interimsscheine, welche auf Inhaber lauten, sind nichtig;* die Ausgeber haften den Besitzern solidarisch für allen durch die Ausgabe verursachten Schaden.

b) Den letzten Absatz folgendermaßen zu fassen: Vor der vollen *Leistung* des Nominalbetrages oder des *statt desselben in den Fällen der Art. 209 a Ziff. 2, 215 a Abs. 2* festgesetzten Betrages *soll die Aktie nicht ausgegeben werden. Ingleichen sollen* im Falle einer stattgefundenen Erhöhung des Grundkapitals vor Eintragung derselben in das Handelsregister (Art. 210) Aktien, Promessen oder Interimsscheine nicht ausgegeben werden.

53. *Art. 215 d.* Abs. 1 folgendermaßen zu fassen: Die Aktiengesellschaft *soll* eigene Aktien, Promessen oder Interimsscheine im geschäftlichen Betriebe, sofern nicht eine Kommission zum Einkauf ausgeführt wird, weder erwerben noch zum Pfande nehmen. *Ein dieser Bestimmung entgegenstehender Kauf von Promessen oder Interimsscheinen ist nichtig.*

54. *Art. 219.* Den Abs. 1 zu fassen: Die Verpflichtung des Aktionärs, zu den Zwecken der Gesellschaft und zur Erfüllung ihrer Verbindlichkeiten beizutragen, wird durch den Nominalbetrag der Aktie, *in den Fällen der Art. 209 a Ziff. 2,* 215 a Abs. 2 durch den Betrag, *für welchen die Aktie* ausgegeben *ist.* begrenzt.

55. *Art. 222.* Den Artikel wie folgt zu fassen: Die Vorschriften in Art. 190 a, *190 b* über die Anfechtung eines Beschlusses der Generalversammlung finden mit der Maßgabe Anwendung, *dass an die Stelle der persönlich haftenden Gesellschafter der Vorstand tritt.*

56. Hinter Art. 222 einzuschalten folgenden *Art. 222 a. Auf Antrag von Aktionären, deren Anteile zusammen den zehnten Teil des Grundkapitals darstellen, kann das Handelsgericht zur Prüfung eines Hergangs bei der Gründung, Geschäftsführung oder Liquidation der Gesellschaft Revisoren ernennen, sofern ein in der Generalversammlung gestellter Antrag auf Prüfung abgelehnt ist und dem Gerichte glaubhaft gemacht wird, dass bei dem Hergange Unredlichkeiten oder grobe Verletzungen des Gesetzes oder des Gesellschaftsvertrages stattgefunden haben.*

Vor der Anordnung sind der Vorstand oder die Liquidatoren sowie der Aufsichtsrat zu hören. Die Anordnung ist von einer nach freiem Ermessen zu bestimmenden Sicherheitsleistung abhängig zu machen.

Der Vorstand hat den Revisoren die Einsicht der Bücher und Schriften der Gesellschaft und die Untersuchung des Bestandes der Gesellschaftskasse, wie der Bestände an Effekten, Handelspapieren und Waren zu gestatten.

Der Bericht über das Ergebnis der Prüfung ist von den Revisoren zu dem Handelsregister einzureichen und von dem Vorstande zur Kenntnis der nächsten Generalversammlung zu bringen.

Ist der Antrag auf Ernennung von Revisoren zurückgewiesen oder erweist er sich nach dem Ergebnisse der Prüfung als unbegründet, so sind die Aktionäre, welchen eine bösliche Handlungsweise bei Stellung des Antrages zur Last fällt, solidarisch verpflichtet, einen durch die Stellung desselben der Gesellschaft entstandenen Schaden zu ersetzen.

57. *Art. 223.* a) Den Abs. 1 wie folgt zu beginnen: Die Ansprüche der Gesellschaft *aus der Gründung* gegen die in Gemäßheit der Art. 213 a bis *213 c* verpflichteten Personen *oder aus der Geschäftsführung* gegen die Mitglieder des Vorstandes und des Aufsichtsrats, sowie *aus der Liquidation* gegen die Liquidatoren *und die Mitglieder des Aufsichtsrats* sind zu erheben etc.

b) In Abs. 2 fortzufahren: *Für den Schaden, welcher durch eine, auf Verlangen der Minderheit erhobene, unbegründete Klage den Beklagten entstanden ist, haften ihnen solidarisch die Aktionäre, welchen bei Erhebung des Anspruchs eine bösliche Handlungsweise zur Last fällt.*

58. *Art. 226.* a) In Abs. 1 den ersten Satz dahin zu fassen: „Die Mitglieder des Aufsichtsrats haben *bei Erfüllung der ihnen nach Art. 225 zugewiesenen Obliegenheiten* die Sorgfalt eines ordentlichen Geschäftsmannes anzuwenden."

b) Den Abs. 2 zu beginnen: „Dieselben sind der Gesellschaft *neben den Mitgliedern des Vorstandes* persönlich und solidarisch etc."

c) In Ziff. 4 den Eingang dahin zu fassen: 4. Aktien vor der vollen *Leistung* des Nominalbetrages oder des *statt desselben in den Fällen der Art. 209 a Ziff. 2,* 215 a Abs. 2 festgesetzten Betrages, oder etc.

d) In Ziff. 5 zu setzen: „oder im Falle des Art. 215 Abs. 4 die Vereinigung etc."

59. *Art. 228.* In Abs. 1 hinter „Handelsregister" die Parenthese einzuschieben „(Art. 210, 212)".

60. *Art. 232.* Die Parenthese „(Art. 96, 97)" zu streichen.

61. *Art. 233.* a) Im Abs. 1 hinter „Handelsregister" die Parenthese einzuschieben: „(Art. 210, 212)";

b) dem Abs. 2 einen Schlusssatz anzufügen: *Entscheidend hierfür ist die Eintragung bei dem Handelsgerichte, in dessen Bezirke die Gesellschaft ihren Sitz hat.*

62. *Art. 239 a.* In Abs. 2 statt des Wortes „zwanzigsten" zu setzen *„zehnten"* und den Satz 2 daselbst, sowie den Abs. 3 zu streichen.

63. *Art. 239 b* zu streichen.

64. *Art. 239 c nunmehr Art. 239 b.* a) Im Abs. 1 hinter den Worten „Art. 185 a, 185 b“ noch *„185 c“* einzuschieben und

b) den Abs. 2 zu streichen.

65. *Art. 240.* Den Abs. 1 zu beginnen: Erreicht der *Verlust, welcher aus der Jahresbilanz oder einer im Laufe des Geschäftsjahres aufgestellten Bilanz sich ergibt,* die Hälfte des Grundkapitals, so muss etc.

66. *Art. 241.* Den Abs. 2 zu beginnen: Die Mitglieder des Vorstandes haben *bei ihrer Geschäftsführung* die Sorgfalt eines ordentlichen Geschäftsmannes anzuwenden.

67. *Art. 242.* Ziff. 4 und *Art. 242 a* zu streichen.

68. *Art. 243.* In Abs. 1 hinter „Handelsregister“ die Parenthese einzuschieben: „(Art. 210,212)“.

69. *Art. 244.* a) Im Abs. 2 die Worte „aus wichtigen Gründen“ zu streichen.

b) In Abs. 3 hinter „Handelsregister“ die Parenthese einzuschieben: „(Art. 210, 212)“.

70. *Art. 244 a.* In Abs. 3 hinter „aufzustellen“ fortzufahren: *Dieselbe ist von ihnen ohne Verzug in den hierzu bestimmten öffentlichen Blättern bekannt zu machen und zu dem Handelsregister einzureichen.*

71. *Art. 247.* In Ziff. 3 hinter „Vereinigung“ fortzufahren: *der Vermögen* beider Gesellschaften etc.

72. *Art. 248.* Am Schluss hinter „Artikel *214* und in“ fortzufahren: Art. *215* Abs. *2* und *6* (Art. 180 f Abs. 3) Anwendung.

73. *Art. 249 a.* Die Ziff. 2 zu fassen: Diejenigen, welche ... falsche Angaben in einer in Art. 180 a, 213 b vorgesehenen *Ankündigung* von Aktien machen;

74. *Art. 249 b.* Ziff. 2 zu fassen: wenn sie vor der vollen *Leistung des Nominalbetrages der Aktien oder des statt desselben in den Fällen der Art. 175 a Ziff. 2, 180 g Abs. 2, 209 a Ziff. 2, 215 a Abs. 2* festgesetzten Betrages Aktien ausgeben;

75. *Art. 249 f* wie folgt zu fassen: Die persönlich haftenden Gesellschafter und die Liquidatoren einer Kommanditgesellschaft auf Aktien sind zur Befolgung der in den Art. 179, 185, 185 a Abs. 2, 185 c, 190 a Abs. 3 und 4, 193 Abs. 2 und 205 Abs. 3 enthaltenen Vorschriften von dem Handelsgerichte durch Ordnungsstrafen anzuhalten.

In gleicher Weise sind die Mitglieder des Vorstandes und die Liquidatoren einer Aktiengesellschaft zur Befolgung der in den Art. 212, 213 e Abs. 4, 222 (Art. 190 a Abs. 3, 4), 222 a Abs. 3 und 4, 225 Abs. 1, 228, 233 Abs. 1, 238 a Abs. 2, 239 Abs. 2, 239 b (Art. 185 a Abs. 2, 185 c), 240 Abs. 1, 243 Abs. 1, 244 Abs. 3, 244 a Abs. 3 und 247 Ziff. 4 enthaltenen Vorschriften anzuhalten.

X. *Schreiben des Hamburger Senats an die hanseatische Vertretung (Krüger) in Berlin*

Ew. Hochwohlgeboren gestatte ich mir auf die gefällige Mitteilung vom 26.2. d.J. [...] ergebenst zu erwidern, dass der Senat beschlossen hat, seine Stimme im Bundesrate gegen den Entwurf abzugeben und die ablehnende Abstimmung im Protokoll ausdrücklich vermerken zu lassen.

Der Senat verkennt nicht, dass der Entwurf, wie dies die Berichte der Handelsbehörden ergeben, Vieles enthält, welches den Wünschen des hiesigen Handelsstandes auf Verbesserung der gegenwärtigen Aktiengesetzgebung entspricht, und dass manche Änderung der Vorlage im Sinne der in Hamburg herrschenden Anschauungen durch die Beschlüsse der Ausschüsse des Bundesrats in Aussicht steht. Allein das Bedenken, dass die den Mitgliedern des Vorstandes und des Aufsichtsrats, bzw. deren Stellvertretern, hinsichtlich der Prüfung der Gründervorgänge in Betreff der Geschäftsführung auferlegte Verantwortlichkeit die geeignetsten Kräfte der Verwaltung der Gesellschaften entziehen wird, erscheint so schwerwiegend, dass der Senat dem Entwurfe, wie er vorliegt, seine Zustimmung glaubt versagen zu müssen. Es sind namentlich die Bestimmungen der Art. 213 c und 225, welche zu dieser Auffassung hinleiten, in Verbindung mit der in den Art. 226 und 241 geordneten Beweislast. Insbesondere steht zu befürchten [...], dass der gesetzliche Ausspruch über die Beweis-Verbindlichkeit auf die Fernhaltung der besseren Elemente von der Teilnahme an den Organen der Aktiengesellschaften hinwirken wird. Nicht minder erscheint der Art. 213 b unannehmbar. Diese Vorschrift wird in abschreckender Weise auf die Emissionshäuser einwirken, während deren Ausschluss von der Unterbringung der Aktien die Beseitigung eines notwendigen Gliedes in der Entwicklung des Aktienwesens bedeuten würde.

Ew. Hochwohlgeboren überlässt der Senat die Formulierung der ablehnenden Stimme in dem vorstehenden Sinne, wobei die eingangs des gefälligst mitgeteilten Vorschlages des Herrn Minister-Residenten Dr. Krüger gewählte Auffassung vom Senate als Motivierung einer Ablehnung nicht unangemessen erachtet worden ist.

gez. C. Petersen

XI. *Annahme des Gesetzentwurfs durch den Bundesrat (1.3.1884, § 89 der Prot.)*

§ 89. Der Ministerialrat *von Kastner* und der *Ministerialresident Dr. Krüger* erläuterten mündlich den unter Nr. 20 der Drucksachen vorliegenden Antrag des IV. und VI. Ausschusses vom 26. Februar d.J. zu dem Entwurf eines Gesetzes, betreffend die Kommanditgesellschaften auf Aktien und die Aktiengesellschaften (Drucksache Nr. 74 von 1883).

Bei der Einzelberatung wurde der Gesetzentwurf gemäß den auf S. 3 bis 20 der Drucksache Nr. 20 vermerkten Abänderungsvorschlägen der Ausschüsse und mit der weiteren Abänderung angenommen, dass in dem Vorschlag Nr. 2 lit. a zu

Art. 173 a Abs. 2 (S. 3 der Drucksache Nr. 20), sowie in dem Vorschlag Nr. 35 lit. b zu Art. 207 a (S. 12 der Drucksache Nr. 20) das Wort: „Landesregierung" ersetzt werde durch: „Landescentralbehörde".

Bei den Art. 180 a, 180 b, 204, 213 b, 225, 226 und 241 war die Annahme mit Stimmenmehrheit erfolgt.

Hierauf wurde in erster und in unmittelbar hieran sich anschließender Beratung mit Stimmenmehrheit *beschlossen,* dem Gesetzentwurfe im Ganzen in der durch die Beschlüsse der Einzelberatung erzielten abgeänderten Fassung die Zustimmung zu erteilen.

Hamburg hatte gegen den Gesetzentwurf gestimmt. Der hamburgische Bevollmächtigte gab die Erklärung ab, dass seine Regierung – bei voller Anerkennung der Zweckmäßigkeit zahlreicher in dem Gesetzentwurf enthaltener Bestimmungen – doch gegenüber manchen Vorschriften desselben so ernste Bedenken hege, dass sie dem Entwurf in der vorliegenden Fassung nicht zuzustimmen vermöge. Namentlich könne sie das schwerwiegende Bedenken nicht unterdrücken, dass das Maß der den Mitgliedern des Vorstandes und des Aufsichtsrats hinsichtlich der Prüfung der Gründervorgänge und der Überwachung der Geschäftsführung auferlegten Verantwortlichkeit in Verbindung mit der ihnen zugewiesenen Beweislast den Erfolg haben könne, gerade die geeignetsten und vertrauenswürdigsten Kräfte von der Verwaltung der Gesellschaft fern zu halten. Der *Bevollmächtigte Lübecks* und *Bremens* erklärte, dass die von ihm vertretenen Regierungen, obschon mehrere Bestimmungen des Gesetzentwurfs, insbesondere die den Mitgliedern des Vorstandes und Aufsichtsrats der Aktiengesellschaften sowie den Emissionshäusern auferlegte Haftungsverbindlichkeit, und die den Ersteren zugewiesene Beweislast zu ernsten Bedenken Anlass gaben, und die Besorgnis nicht abzuweisen sei, dass die angesehenen und vertrauenswürdigen Elemente aus den kommerziellen und industriellen Kreisen von der Leitung der Aktiengesellschaften sich ferne halten würden, doch mit Rücksicht auf die Beschlüsse des Reichstags vom 29. März 1876 und des Bundesrats vom 13. März 1877 der Vorlage des Gesetzentwurfs an den Reichstag nicht entgegen treten wollten.

Die auf die Vorlage bezüglichen Eingaben der Handelskammer für Aachen und Burtscheid, der Handelskammer zu Stolberg, des Vereins für die berg- und hüttenmännischen Interessen im Aachener Kreise d.h. Aachen und Stolberg im Februar 1884, der Handelskammer zu Hannover vom 11. Februar d.J., sowie einer Kommission von Aktien- und Kommandit-Aktiengesellschaften der Provinz Hannover und des Herzogtums Braunschweig d. d. Hannover und Celle im Januar 1884 wurden durch die vorstehende Beschlussfassung für erledigt erklärt.

Der Verhandlung hatte als Kommissarius des Reichsjustizamts der Geheime Oberregierungsrat *Dr. Hagens* beigewohnt.

Fünfter Teil: Der Aktiengesetzentwurf im Reichstag

*I. Text des Entwurfs vom 7.3.1884**

Entwurf zu einem Gesetz, betreffend die Kommanditgesellschaften auf Aktien und die Aktiengesellschaften

§ 1. Die Bestimmungen im zweiten Abschnitte des zweiten Titels und im dritten Titel vom zweiten Buche des Handelsgesetzbuchs, Artikel 173 bis 249 a, werden durch nachstehende Bestimmungen ersetzt.

Zweiter Abschnitt. Von der Kommanditgesellschaft auf Aktien insbesondere

Art. 173. Das Gesamtkapital der Kommanditisten kann in Aktien zerlegt werden.
Die Aktien sind unteilbar.
Dieselben *müssen* auf Namen lauten.

Art. 173 a. Die Aktien müssen auf einen Betrag von mindestens eintausend Mark gestellt werden.

Für ein gemeinnütziges Unternehmen kann im Falle eines besonderen örtlichen Bedürfnisses *die Landeszentralbehörde in Übereinstimmung mit dem Reichskanzler* die Ausgabe von Aktien zu einem geringeren, jedoch mindestens zweihundert Mark erreichenden Betrage zulassen. Die gleiche Genehmigung kann in dem Falle erteilt werden, dass für ein Unternehmen das Reich oder ein Bundesstaat, ein Provinzial-, Kreis- oder Amtsverband oder eine sonstige öffentliche Korporation auf die Aktien einen bestimmten Ertrag bedingungslos und ohne Zeitbeschränkung gewährleistet hat.

Die vorstehenden Bestimmungen gelten auch von *Promessen und* Interimsscheinen.

Art. 174. Eine Kommanditgesellschaft auf Aktien gilt als Handelsgesellschaft, auch wenn der Gegenstand des Unternehmens nicht in Handelsgesellschaften besteht.

Art. 174 a. Die persönlich haftenden Gesellschafter haben sich bei Errichtung der Gesellschaft mit Einlagen zu beteiligen, welche zusammen mindestens den zehnten Teil des Gesamtkapitals der Kommanditisten und, wenn dieses drei Millionen Mark übersteigt, für den übersteigenden Betrag den *zwanzigsten* Teil desselben darstellen.

---

* Die kursiv gesetzten Passagen weisen hin auf Änderungen im Gesetzestext (nicht in den Überschriften) durch die Reichstagskommission.

Art. 175. Der Inhalt des Gesellschaftsvertrages (Statut) muss durch die persönlich haftenden Gesellschafter in gerichtlicher oder notarieller Verhandlung festgestellt werden.

Der Gesellschaftsvertrag muss enthalten:

1. den Namen, Vornamen, Stand und Wohnort, sowie die Höhe und Art der Einlage jedes persönlich haftenden Gesellschafters;
2. die Firma der Gesellschaft und den Ort, wo sie ihren Sitz hat;
3. den Gegenstand des Unternehmens;
4. die Zahl und den Betrag der Aktien;
5. die Form, in welcher die Zusammenberufung der Generalversammlung der Kommanditisten geschieht;
6. die Form, in welcher die von der Gesellschaft ausgehenden Bekanntmachungen erfolgen.

Bekanntmachungen, welche durch öffentliche Blätter erfolgen sollen, sind in den Deutschen Reichsanzeiger einzurücken. Andere Blätter außer diesem hat der Gesellschaftsvertrag zu bestimmen.

Art. 175 a. Der Aufnahme in den Gesellschaftsvertrag bedürfen Bestimmungen, nach welchen

1. das Unternehmen auf eine gewisse Zeit beschränkt wird;
2. Aktien für einen höheren als den Nominalbetrag ausgegeben werden;
3. für einzelne Gattungen von Aktien verschiedene Rechte, insbesondere betreffs der Zinsen oder Dividenden oder des Anteils am Gesellschaftsvermögen, gewährt werden;
4. über gewisse Gegenstände die Generalversammlung der Kommanditisten nicht schon durch einfache Stimmenmehrheit, sondern nur durch eine größere Stimmenmehrheit oder nach anderen Erfordernissen Beschluss fassen kann;
5. ein Austreten einzelner persönlich haftender Gesellschafter die Auflösung der Gesellschaft nicht zur Folge hat.

Für einen geringeren als den Nominalbetrag darf die Ausgabe der Aktien nicht festgesetzt werden.

Art. 175 b. Jeder zu Gunsten einzelner Gesellschafter bedungene besondere Vorteil muss in dem Gesellschaftsvertrage unter Bezeichnung des Berechtigten festgesetzt werden.

Werden von persönlich haftenden Gesellschaftern oder von Kommanditisten Einlagen, welche nicht *in barem Gelde bestehen,* gemacht, so müssen die Person des Gesellschafters, der Gegenstand der Einlage und der für sie zu gewährende Anteil an dem Gesamtkapital der Kommanditisten oder dem sonstigen Gesellschaftsvermögen in dem Gesellschaftsvertrage festgesetzt werden. Ingleichen sind, falls seitens der zu errichtenden Gesellschaft vorhandene oder herzustellende Anlagen oder sonstige Vermögensstücke übernommen werden, die Person des Kontrahenten, der Gegenstand der Übernahme und die für ihn zu gewährende Vergütung festzusetzen.

Von diesen Festsetzungen gesondert ist der Gesamtaufwand, welcher zu Lasten der Gesellschaft an Gesellschafter oder Andere als Entschädigung oder Belohnung für die Gründung oder deren Vorbereitung gewährt wird, in dem Gesellschaftsvertrage festzusetzen.

Jedes Abkommen der persönlich haftenden Gesellschafter über die vorbezeichneten Gegenstände, welches nicht die vorgeschriebene Festsetzung in dem Geschäftsvertrage gefunden hat, ist der Gesellschaft gegenüber unwirksam.

Art. 175 c. Die Zeichnung der Aktien erfolgt durch schriftliche Erklärung *(Zeichnungsschein).*

Der Zeichnungsschein, welcher in zwei Exemplaren *zu* unterzeichnen ist, hat zu enthalten:

1. das Datum des Statuts, die in Art. 175 Abs. 2, 175 b vorgesehenen Festsetzungen und im Falle verschiedener Gattungen von Aktien den Gesamtbetrag einer jeden;
2. den Betrag, für welchen die Ausgabe der Aktie stattfindet, und den Betrag der festgesetzten Einzahlungen;
3. den Zeitpunkt, mit dessen Eintritt die Zeichnung unverbindlich wird, sofern nicht bis dahin die Errichtung der Gesellschaft beschlossen ist.

Zeichnungsscheine, welche diesen *Erfordernissen* nicht *entsprechen* oder außer dem unter Ziff. 3 bezeichneten Vorbehalte Beschränkungen in der Verpflichtung des Zeichners enthalten, sind *zum Nachweise der Zeichnung des Gesamtkapitals der Kommanditisten ungeeignet.* Jede nicht in dem Zeichnungsscheine enthaltene Beschränkung ist der Gesellschaft gegenüber unwirksam.

Art. 175 d. Jede Kommanditgesellschaft auf Aktien muss einen Aufsichtsrat haben.

Zur Wahl des ersten Aufsichtsrats ist die Generalversammlung der Kommanditisten sofort nach der Zeichnung des Gesamtkapitals von den persönlich haftenden Gesellschaftern zu berufen.

Die Mitglieder des Aufsichtsrats haben den Hergang der Gründung zu prüfen. Die Prüfung hat sich auf die in Art. 174 a *vorgeschriebene* Beteiligung der persönlich haftenden Gesellschafter, auf die Richtigkeit und Vollständigkeit der Angaben, welche *von den letzteren* rücksichtlich der Zeichnung und Einzahlung des Gesamtkapitals der Kommanditisten und der in Art. 175 b vorgesehenen Festsetzungen gemacht sind, sowie *darauf* zu erstrecken, *ob die Höhe der für eingelegte oder übernommene Gegenstände gewährten Beträge durch die Verhältnisse gerechtfertigt erscheint. Hierbei sind insbesondere die dem Erwerbe der Gesellschaft vorausgegangenen Rechtsgeschäfte, welche auf denselben hingezielt haben, sowie die früheren Erwerbs- und Herstellungspreise aus den letzten zwei Jahren in Betracht zu ziehen.*

Über die Prüfung ist unter Darlegung der im vorstehenden Absatze bezeichneten Umstände schriftlich Bericht zu erstatten.

Art. 175 e. Über die Errichtung der Gesellschaft muss in einer durch die persönlich haftenden Gesellschafter zu berufenden Generalversammlung der Kommanditisten Beschluss gefasst werden.

Vor der Beschlussfassung hat sich der Aufsichtsrat über die Ergebnisse der ihm rücksichtlich der Gründung obliegenden Prüfung aufgrund seines Berichts zu erklären.

Die der Errichtung der Gesellschaft zustimmende Mehrheit *der erschienenen Kommanditisten* muss mindestens ein Vierteil der sämtlichen Kommanditisten begreifen und der Betrag ihrer Anteile mindestens ein Vierteil des Gesamtkapitals darstellen. Die Zustimmung aller erschienenen Kommanditisten ist erforderlich, wenn die in den Art. 175 Ziff. 1 bis 4 und 175 a bezeichneten Bestimmungen des Gesellschaftsvertrages abgeändert oder die in Art. 175 b vorgesehenen Festsetzungen zu Lasten der Gesellschaft erweitert werden sollen.

Art. 175 f. Auf die Berufung und Beschlussfassung der in Art. 175 d und 175 e bezeichneten Generalversammlungen finden, soweit nicht in letzterem Artikel ein anderes bestimmt ist, die Regeln entsprechende Anwendung, welche für die Gesellschaft nach der Eintragung maßgebend sind.

Art. 176. Der Gesellschaftsvertrag muss bei dem Handelsgericht, in dessen Bezirk die Gesellschaft ihren Sitz hat, in das Handelsregister eingetragen werden.

Der Anmeldung behufs der Eintragung in das Handelsregister müssen beigefügt sein:

1. in dem Falle des Art. 175 b die den bezeichneten Festsetzungen zum Grunde liegenden oder zu ihrer Ausführung geschlossenen Verträge und eine Berechnung des Gründungsaufwands, in welcher die Vergütungen nach Art und Höhe und die Empfänger einzeln aufzuführen sind;
2. zum Nachweise der Zeichnung des Gesamtkapitals der Kommanditisten die Duplikate der Zeichnungsscheine und ein von den persönlich haftenden Gesellschaftern in beglaubigter Form unterschriebenes Verzeichnis der sämtlichen Kommanditisten, welches die auf jeden entfallenden Aktien, sowie die auf letztere geschehenen Einzahlungen angibt;
3. die Urkunden über die Bestellung des Aufsichtsrats und der *von demselben* in Gemäßheit des Art. 175 d erstattete Bericht nebst dessen urkundlichen Grundlagen;
4. in dem Falle, dass der Gegenstand des Unternehmens der staatlichen Genehmigung bedarf, sowie in den Fällen des Art. 173 a Abs. 2 die Genehmigungsurkunde.

In der Anmeldung ist die Erklärung abzugeben, dass auf jede Aktie, soweit nicht andere als *in Geld bestehende* Einlagen gemacht sind, der eingeforderte Betrag bar eingezahlt und den persönlich haftenden Gesellschaftern übergeben sei. *Auf die Aktien* muss mindestens ein Vierteil des Nominalbetrages und im Falle einer Ausgabe der Aktien für einen höheren als den Nominalbetrag auch der Mehrbetrag eingefordert *sein.*

Die Anmeldung muss von sämtlichen persönlich haftenden Gesellschaftern und sämtlichen Mitgliedern des Aufsichtsrats vor dem Handelsgerichte unterzeichnet oder in beglaubigter Form eingereicht werden.

Die bei der Anmeldung beigefügten Schriftstücke werden bei dem Handelsgerichte in Urschrift oder in beglaubigter Abschrift aufbewahrt.

Art. 177. Der eingetragene Gesellschaftsvertrag ist im Auszuge von dem Handelsgerichte zu veröffentlichen.

Die Veröffentlichung muss enthalten:

1. das Datum des Gesellschaftsvertrages und die in Art. 175 Abs. 2 und 3, 175 a Ziff. 1, 3 und 5 und 175 b bezeichneten Festsetzungen;

2. den Namen, Stand und Wohnort der Mitglieder des Aufsichtsrats.

Art. 178. Vor erfolgter Eintragung in das Handelsregister besteht die Kommanditgesellschaft als solche nicht.

Ist vor der Eintragung im Namen der Gesellschaft gehandelt worden, so haften die Handelnden persönlich und solidarisch.

Art. 179. Die Vorschriften der Art. 152 und 153 sind auch bei der Kommanditgesellschaft auf Aktien zu befolgen.

Die Anmeldung der Zweigniederlassung muss die in Art. 177 Abs. 2 bezeichneten Angaben und den Nachweis der Eintragung des Gesellschaftsvertrages bei dem Handelsgerichte der Hauptniederlassung enthalten. Eines Nachweises, dass die für diese in Art. 176 vorgeschriebenen Erfordernisse beobachtet sind, bedarf es nicht.

Befindet sich die Hauptniederlassung im Auslande, so hat die Anmeldung der Zweigniederlassung außer dem Nachweise des Bestehens der Kommanditgesellschaft auf Aktien als solcher die in Art. 177 Abs. 2 bezeichneten Angaben und in dem Falle, dass der Gegenstand des Unternehmens oder die Zulassung zum Gewerbebetriebe im Inlande der staatlichen Genehmigung bedarf, den Nachweis der erteilten Genehmigung zu enthalten.

Art. 180. Der Gesellschaft sind die persönlich haftenden Gesellschafter für die Richtigkeit und Vollständigkeit der Angaben, welche sie rücksichtlich der Zeichnung und Einzahlung des Kapitals der Kommanditisten sowie rücksichtlich der in Art. 175 b vorgesehenen Festsetzungen behufs Eintragung des Gesellschaftsvertrages in das Handelsregister machen, solidarisch verhaftet; sie haben unbeschadet der Verpflichtung zum Ersatze des sonst etwa entstandenen Schadens insbesondere einen an der Zeichnung des Gesamtkapitals der Kommanditisten fehlenden Betrag zu übernehmen, fehlende Einzahlungen zu leisten und eine Vergütung, welche nicht unter den zu bezeichnenden Gründungsaufwand aufgenommen ist, zu ersetzen. Ingleichen sind der Gesellschaft in dem Falle, dass sie von persönlich haftenden Gesellschaftern durch Einlagen oder Übernahmen der in Art. 175 b bezeichneten Art böslicherweise geschädigt ist, die sämtlichen persönlich haftenden Gesellschafter zum Ersatze des entstandenen Schadens solidarisch verpflichtet.

Von dieser Verbindlichkeit ist ein persönlich haftender Gesellschafter befreit, wenn er beweist, dass er die Unrichtigkeit oder Unvollständigkeit der Angabe oder die bösliche Schädigung weder gekannt habe, noch bei Anwendung der Sorgfalt eines ordentlichen Kaufmanns habe kennen müssen.

Entsteht durch Zahlungsunfähigkeit eines Kommanditisten der Gesellschaft ein Ausfall, so sind ihr die persönlich haftenden Gesellschafter, welche bei der Anmeldung des Gesellschaftsvertrages die Zahlungsunfähigkeit kannten, zum Ersatze solidarisch verpflichtet.

Außer den persönlich haftenden Gesellschaftern sind der Gesellschaft zum Schadensersatze solidarisch verpflichtet:

1. in dem Falle, dass eine Vergütung nicht unter den zu bezeichnenden Gründungsaufwand aufgenommen ist, der Empfänger, wenn er zur Zeit des Empfanges wusste oder nach den Umständen annehmen musste, dass die Verheimlichung beabsichtigt oder erfolgt war, und jeder Dritte, welcher zur Verheimlichung wissentlich mitgewirkt hat;
2. in dem Falle einer böslichen Schädigung durch Einlagen oder Übernahmen jeder Dritte, welcher zu derselben wissentlich mitgewirkt hat.

Art. 180 a. Wer vor der Eintragung des Gesellschaftsvertrages in das Handelsregister oder in den ersten zwei Jahren nach der Eintragung, um Aktien in den Verkehr einzuführen, eine öffentliche Ankündigung derselben erlässt, ist der Gesellschaft im Falle der Unrichtigkeit oder Unvollständigkeit von Angaben, welche die persönlich haftenden Gesellschafter rücksichtlich der Zeichnung oder Einzahlung des Gesamtkapitals der Kommanditisten oder der in Art. 175 b vorgesehenen Festsetzungen behufs Eintragung des Gesellschaftsvertrages in das Handelsregister gemacht haben, sowie in dem Falle einer böslichen Schädigung der Gesellschaft durch Einlagen oder Übernahmen für den Erlass des ihr daraus entstandenen Schadens neben den in Art. 180 bezeichneten Personen solidarisch verhaftet, sofern er die Unrichtigkeit oder Unvollständigkeit der Angaben oder die bösliche Schädigung gekannt hat oder bei sorgfältiger *Prüfung, wie solche von* einem ordentlichen Geschäftsmanne anzuwenden ist, hat kennen müssen.

Art. 180 b Mitglieder des Aufsichtsrats, welche bei der ihnen durch Art. 175 d Abs. 3 auferlegten Prüfung die Sorgfalt eines ordentlichen Geschäftsmannes verletzt haben, haften der Gesellschaft solidarisch für den ihr daraus entstandenen Schaden, soweit der Ersatz desselben von den in Gemäßheit der Art. 180, 180 a verpflichteten Personen nicht zu erlangen ist.

Art. 180 c. Vergleiche oder Verzichtleistungen, welche die der Gesellschaft aus der Gründung zustehenden Ansprüche gegen die in Gemäßheit der Art. 180 bis 180 b verpflichteten Personen betreffen, sind erst nach Ablauf von drei Jahren seit Eintragung des Gesellschaftsvertrages in das Handelsregister und nur mit Zustimmung der Generalversammlung der Kommanditisten zulässig. Die Zeitbeschränkung findet nicht Anwendung, sofern der Verpflichtete im Falle *seiner* Zahlungsunfähigkeit zur Abwendung oder Beseitigung des Konkursverfahrens mit *der Gesellschaft und den anderen* Gläubigern *Vergleiche abschließt.*

Art. 180 d. Werden vor Ablauf von zwei Jahren seit Eintragung des Gesellschaftsvertrages in das Handelsregister seitens der Gesellschaft Verträge geschlossen, durch welche sie vorhandene oder herzustellende Anlagen *zum dauernden Geschäftsbetriebe oder* unbewegliche Gegenstände für eine den zehnten Teil des Gesamtkapitals der Kommanditisten übersteigende Vergütung erwerben soll, so bedürfen dieselben zu ihrer Gültigkeit der Zustimmung der Generalversammlung der Kommanditisten.

Vor der Beschlussfassung hat der Aufsichtsrat den Vertrag zu prüfen und über die Ergebnisse seiner Prüfung schriftlich Bericht zu erstatten.

Die Anteile der zustimmenden Mehrheit der Kommanditisten müssen in dem Falle, dass der Vertrag im ersten Jahre geschlossen wird, mindestens ein Vierteil des Gesamtkapitals, anderenfalls mindestens drei Vierteile des in der Generalversammlung vertretenen Gesamtkapitals darstellen.

Der genehmigte Betrag ist in Urschrift oder in beglaubigter Abschrift mit dem Berichte des Aufsichtsrats nebst dessen urkundlichen Grundlagen und mit dem Nachweise über die Beschlussfassung zum Handelsregister einzureichen.

Hat der Erwerb in Ausführung einer vor der Errichtung der Gesellschaft von den persönlich haftenden Gesellschaftern getroffenen Vereinbarung stattgefunden, so kommen in Betreff der Rechte der Gesellschaft auf Entschädigung und in Betreff der ersatzpflichtigen Personen die Vorschriften der Art. 180 und 180 c zur Anwendung.

Art. 180 e. Jede Bestimmung, welche die Fortsetzung der Gesellschaft oder eine Abänderung des Inhalts des Gesellschaftsvertrages zum Gegenstande hat, bedarf zu ihrer Gültigkeit der notariellen oder gerichtlichen Abfassung.

Die Bestimmung muss *in gleicher Weise wie der ursprüngliche Vertrag in das Handelsregister eingetragen und veröffentlicht* werden (Art. 177, 179). Dieselbe hat keine rechtliche Wirkung, bevor sie bei dem Handelsgerichte, in dessen Bezirke die Gesellschaft ihren Sitz hat, in das Handelsregister eingetragen ist.

Art. 180 f. Die Abänderung des Inhalts des Gesellschaftsvertrages kann nicht ohne Beschluss der Generalversammlung der Kommanditisten erfolgen. Sofern der Gesellschaftsvertrag für eine Abänderung derjenigen Bestimmung, welche den Gegenstand der Beschlussfassung bildet, nicht andere Erfordernisse aufstellt, bedarf der Beschluss einer Mehrheit von drei Vierteilen des in der Generalversammlung vertretenen Gesamtkapitals.

Diese Vorschrift findet auch dann Anwendung, wenn mehrere Gattungen von Aktien mit verschiedener Berechtigung ausgegeben sind.

Soll durch die Beschlussfassung das bisherige Rechtsverhältnis unter den verschiedenen Gattungen zum Nachteile einer derselben abgeändert werden, so bedarf es zu dem von der gemeinschaftlichen Generalversammlung gefassten Beschlusse der Zustimmung einer besonderen Generalversammlung der benachteiligten Kommanditisten, deren Beschlussfassung gleichfalls nach der Vorschrift des ersten Absatzes sich richtet.

Art. 180 g. Eine Erhöhung des Gesamtkapitals der Kommanditisten darf nicht vor der vollen Einzahlung desselben erfolgen. Für Versicherungsgesellschaften kann der Gesellschaftsvertrag ein Anderes bestimmen.

Die Erhöhung kann nicht ohne Beschluss der Generalversammlung der Kommanditisten stattfinden. Für die neu auszugebenden Aktien kann die Leistung eines *anderen* als des Nominalbetrages festgesetzt werden; der Beschluss hat den Mindestbetrag zu bezeichnen, für welchen die Aktien auszugeben sind.

Bei einer Erhöhung, welche in den ersten zwei Jahren seit Eintragung des Gesellschaftsvertrages in das Handelsregister beschlossen wird, *darf ein geringerer als der Nominalbetrag nicht festgesetzt werden.* Auf eine *in diesem Zeitraume beschlossene* Erhöhung findet die Vorschrift in Art. 175 a über die Beteiligung der persönlich haftenden Gesellschafter mit der Maßgabe Anwendung, dass die Beteiligung nach dem Gesamtkapitale einschließlich dessen Erhöhung zu bemessen ist und aus dem Beschlusse hervorgehen muss, welche Einlagen demzufolge noch gemacht werden.

Die Bestimmung über die Erhöhung ist in das Handelsregister einzutragen. Auf die Eintragung und die *Beschluss*fassung finden die Vorschriften in Art. 180 e *und in* Art. 180 f Abs. 1 und 3 entsprechende Anwendung.

Eine Zusicherung von Rechten auf den Bezug neu auszugebender Aktien, welche vor dem Beschlusse auf Erhöhung des Gesamtkapitals erfolgt, ist der Gesellschaft gegenüber unwirksam.

Art. 180 h. Die Zeichnung der neu auszugebenden Aktien erfolgt durch schriftliche, in zwei Exemplaren zu unterzeichnende Erklärung.

Die stattgefundene Erhöhung des Kapitals der Kommanditisten ist behufs der Eintragung in das Handelsregister anzumelden. *Die Anmeldung hat nach Maßgabe des Art. 180 g Abs. 1 die Angabe zu enthalten, ob das bisherige Kapital eingezahlt ist. Im Übrigen* finden *auf dieselbe* die Vorschriften in Art. 176 und 179 entsprechende Anwendung. Vor der Eintragung der stattgefundenen Erhöhung in das Handelsregister (Art. 176) sollen Aktien, *Promessen* oder Interimsscheine nicht ausgegeben werden.

Art. 181. Die Einlagen, mit welchen ein persönlich haftender Gesellschafter sich in Gemäßheit der Art. 174 a, 180 g Abs. 3 beteiligt hat, dürfen ihm weder ganz noch teilweise zurückgegeben oder erlassen werden.

Er darf den Anteil, welcher ihm am Gesellschaftsvermögen einschließlich des Gesamtkapitals der Kommanditisten auf solche Einlagen zugewiesen ist, nur an andere persönlich haftende Gesellschafter veräußern. In gleicher Weise ist, wenn er als persönlich haftender Gesellschafter ausscheidet, die Veräußerung des ihm auf solche Einlagen bei der Auseinandersetzung *zufallenden Anteils* bis zum Ablaufe von *fünf* Jahren seit dem Ausscheiden, jedoch nicht länger als bis zum Ablaufe von zehn Jahren seit Eintragung des Gesellschaftsvertrages in das Handelsregister beschränkt. Während der Dauer dieser Beschränkung dürfen *die* Anteile nicht ausgeliefert und für die Privatgläubiger des *persönlich haftenden* Gesellschafters nur insoweit gepfändet werden, als *sie* nicht bis zum Ablaufe der Zeitbeschränkung wegen Forderungen der Gesellschaft oder der Gesellschaftsgläubiger verwendet oder gepfändet sind.

Soweit die Einlagen auf das Gesamtkapital der Kommanditisten gemacht sind, hat der Aufsichtsrat die hierfür auszustellenden Aktien, *Promessen* oder Interimsscheine in Verwahrung zu nehmen und mit dem Vermerk „unveräußerlich“ zu versehen.

Die Löschung des Vermerkes findet durch den Aufsichtsrat nach dem Wegfalle der bezeichneten Beschränkung statt.

Art. 181 a. Aktien, Promessen und Interimsscheine, welche auf Inhaber lauten, auf einen geringeren als den nach Art. 173 a zugelassenen Betrag gestellt sind oder ausgegeben werden, bevor der Gesellschaftsvertrag bei dem Handelsgericht, in dessen Bezirk die Gesellschaft ihren Sitz hat, in das Handelsregister eingetragen ist, sind nichtig; die Ausgeber haften den Besitzern solidarisch für allen durch die Ausgabe verursachten Schaden.

Art. 182. Die *Aktien* müssen mit genauer Bezeichnung des Inhabers nach Namen, Wohnort und Stand in das Aktienbuch der Gesellschaft eingetragen werden.

Sie können, soweit nicht der Art. 181 oder der Gesellschaftsvertrag ein anderes bestimmt, ohne Einwilligung der Gesellschaft auf andere Personen übertragen werden.

Die Übertragung kann durch Indossament geschehen.

In Betreff der Form des Indossaments kommen die Bestimmungen der Art. 11 bis 13 der allgemeinen deutschen Wechselordnung zur Anwendung.

Art. 183. Wenn das Eigentum der Aktie auf einen Anderen übergeht, so ist dies, unter Vorlegung der Aktie und des Nachweises des Überganges, bei der Gesellschaft anzumelden und im Aktienbuche zu bemerken.

Im Verhältnisse zu der Gesellschaft werden nur diejenigen als die Eigentümer *der Aktien* angesehen, welche als solche im Aktienbuche verzeichnet sind.

Zur Prüfung der Legitimation ist die Gesellschaft berechtigt, aber nicht verpflichtet.

Art. 183 a. Die in Art. 182 und 183 enthaltenen Bestimmungen finden auf die Eintragung der *Promessen oder* Interimsscheine und auf die Übertragung derselben auf andere Personen Anwendung.

Vor der vollen Leistung des Nominalbetrages oder des *statt desselben* in den Fällen der Art. 175 a Ziff. 2, 180 g Abs. 2 festgesetzten Betrages soll die Aktie nicht ausgegeben werden.

Art. 183 b. Die Verpflichtung des Kommanditisten, zu den Zwecken der Gesellschaft und zur Erfüllung ihrer Verbindlichkeiten beizutragen, wird durch den Nominalbetrag der Aktie, in den Fällen der Art. 175 a Ziff. 2, 180 g Abs. 2 durch den Betrag, für welchen die Aktie ausgegeben ist, begrenzt.

Art. 184. Ein Gesellschafter, welcher den auf die Aktie *zu leistenden* Betrag nicht zur rechten Zeit einzahlt, ist zur Zahlung von Verzugszinsen von Rechts wegen verpflichtet.

Im Gesellschaftsvertrage können für den Fall der verzögerten Einzahlung Konventionalstrafen ohne Rücksicht auf die sonst stattfindenden gesetzlichen Einschränkungen festgesetzt werden.

Ist im Gesellschaftsvertrage keine besondere Form, wie die Aufforderung zur Einzahlung geschehen soll, bestimmt, so geschieht dieselbe in der Form, in welcher die Bekanntmachungen der Gesellschaft nach dem Gesellschaftsvertrage überhaupt erfolgen müssen.

Art. 184 a. An säumige Gesellschafter kann eine erneute Aufforderung zur Zahlung unter Androhung ihres Ausschlusses mit dem Anteilsrechte erlassen werden. Die Aufforderung hat mindestens dreimal durch Bekanntmachung in den hierzu bestimmten öffentlichen Blättern, die erste Bekanntmachung mindestens drei Monate und die letzte Bekanntmachung mindestens vier Wochen vor Ablauf der für die Einzahlung gesetzten Nachfrist zu erfolgen. Statt der Bekanntmachungen in den öffentlichen Blättern genügt, falls das Anteilsrecht nicht ohne Einwilligung der Gesellschaft übertragbar ist, die Bekanntmachung der Aufforderung mit einer vier Wochen übersteigenden Nachfrist durch besonderen Erlass an die säumigen Gesellschafter.

Ein Gesellschafter, welcher den auf die Aktie zu leistenden Betrag nicht einzahlt, obwohl die im vorstehenden Absatze bezeichnete Aufforderung stattgefunden hat, ist seiner Anrechte aus der Zeichnung der Aktie und der geleisteten Teilzahlungen zu Gunsten der Gesellschaft verlustig zu erklären. Die den Ausschluss bewirkende Erklärung erfolgt mittels Bekanntmachung durch die hierzu bestimmten öffentlichen Blätter. An Stelle der bisherigen Urkunde ist eine neue auszugeben, welche außer den früher geleisteten Teilzahlungen den eingeforderten Betrag zu umfassen hat. Wegen des Ausfalls, welchen die Gesellschaft an diesem Betrage oder den später eingeforderten Beträgen erleidet, bleibt ihr der ausgeschlossene Gesellschafter verhaftet.

Von den vorstehenden Rechtsfolgen kann der Gesellschafter nicht befreit werden.

Art. 184 b. Soweit der ausgeschlossene Gesellschafter den eingeforderten Betrag nicht gezahlt hat, ist für denselben der Gesellschaft der letzte und jeder frühere, in dem Aktienbuche verzeichnete Rechtsvorgänger verhaftet, ein früherer Rechtsvorgänger, soweit die Zahlung von dessen Rechtsnachfolger nicht zu erlangen ist. Dies ist bis zum Nachweise des Gegenteils anzunehmen, soweit von letzterem die Zahlung nicht bis zum Ablaufe von vier Wochen geleistet wird, nachdem an ihn die Zahlungsaufforderung und an den Rechtsvorgänger die Benachrichtigung von derselben erfolgt ist. Der Rechtsvorgänger erhält gegen Zahlung des rückständigen Betrages die neu auszugebende Urkunde.

Die Haftpflicht des Rechtsvorgängers ist auf die innerhalb der Frist von zwei Jahren auf die Aktien eingeforderten Beträge beschränkt. Die Frist beginnt mit dem Tage, an welchem die Übertragung des Anteilsrechts zum Aktienbuche der Gesellschaft angemeldet ist.

Von der vorstehenden Verbindlichkeit können die Rechtsvorgänger nicht befreit werden.

Ist die Zahlung des rückständigen Betrages von Rechtsvorgängern nicht zu erlangen, so kann die Gesellschaft das Anteilsrecht zum Börsenpreise und in Ermangelung eines solchen durch öffentliche Versteigerung verkaufen.

Art. 184 c. Die Gesellschafter können gegen die ihnen in Gemäßheit der Art. 184 bis 184 b obliegenden Zahlungen eine Aufrechnung nicht geltend machen. Ebenso wenig findet an dem Gegenstande einer zu leistenden Einlage wegen Forderungen, welche sich nicht auf dieselbe beziehen, ein Zurückbehaltungsrecht statt.

Art. 184 d. Die Gesellschaft soll eigene Aktien, *Promessen oder Interimsscheine* im geschäftlichen Betriebe, sofern nicht eine Kommission zum Einkauf ausgeführt wird, weder erwerben noch zum Pfande nehmen. *Ein dieser Bestimmung entgegenstehender Kauf von Promessen oder* Interimsscheinen *ist nichtig.*

Art. 185. Die persönlich haftenden Gesellschafter sind verpflichtet, spätestens in den ersten sechs Monaten jedes Geschäftsjahres für das verflossene Geschäftsjahr eine Bilanz, eine Gewinn- und Verlustrechnung, sowie einen den Vermögensstand und die Verhältnisse der Gesellschaft entwickelnden Bericht dem Aufsichtsrate und mit dessen Bemerkungen der Generalversammlung der Kommanditisten vorzulegen.

Art. 185 a. Für die Aufstellung der Bilanz kommen die allgemeinen Vorschriften des Art. 31 mit folgenden Maßgaben zur Anwendung:

1. Wertpapiere und Waren, welche einen Börsen- oder Marktpreis haben, dürfen höchstens zu dem Börsen- oder Marktpreise zur Zeit der Bilanzaufstellung, sofern dieser jedoch den Anschaffungspreis übersteigt, höchstens zu letzterem angesetzt werden;
2. andere Vermögensgegenstände sind höchstens zu dem Anschaffungs- oder Herstellungspreise anzusetzen;
3. Anlagen und sonstige Gegenstände, welche nicht zur Weiterveräußerung, vielmehr dauernd zum Geschäftsbetriebe der Gesellschaft bestimmt sind, dürfen ohne Rücksicht auf einen geringeren Wert zu dem Anschaffungs- oder Herstellungspreise angesetzt werden, sofern ein der Abnutzung gleichkommender Betrag in Abzug gebracht oder ein derselben entsprechender Erneuerungsfonds in Ansatz gebracht wird;
4. die Kosten der Organisation und Verwaltung dürfen nicht als Aktien, müssen vielmehr ihrem vollen Betrage nach in der Jahresrechnung als Ausgabe erscheinen;
5. der Betrag des Gesamtkapitals der Kommanditisten, der Anteil der persönlich haftenden Gesellschafter am sonstigen Gesellschaftsvermögen und der Betrag eines jeden Reserve- und Erneuerungsfonds sind unter die Passiva aufzunehmen. *Ist in dem Falle einer Erhöhung des Gesamtkapitals der Betrag, für welchen die Aktien ausgegeben sind, niedriger als der Nominalbetrag, so bleibt der letztere maßgebend;*
6. der aus der Vergleichung sämtlicher Aktiva und sämtlicher Passiva sich ergebende Gewinn oder Verlust muss am Schlusse der Bilanz besonders angegeben werden.

Im Übrigen ist der Bundesrat ermächtigt, für gewisse Aktien von Unternehmungen Formulare aufzustellen, nach welchen die Gesellschaften die Bilanz, sowie die Gewinn- und Verlustrechnung anzufertigen haben.

Art. 185 b. Zur Deckung eines aus der Bilanz sich ergebenden Verlustes ist ein Reservefonds zu bilden; in denselben ist einzustellen:

1. von dem jährlichen Reingewinne mindestens der zwanzigste Teil so lange, als der Reservefonds den zehnten oder den im Gesellschaftsvertrage bestimmten höheren Teil des Gesamtkapitals nicht überschreitet;
2. der Gewinn, welcher bei Errichtung der Gesellschaft oder einer Erhöhung des Gesamtkapitals durch Ausgabe der Aktien für einen höheren als den Nominalbetrag erzielt wird.

Der Reservefonds kann bis zum zehnten Teile desselben auch zur Deckung außerordentlicher Verluste, welche im Laufe des Geschäftsjahres eintreten, verwendet werden; eine solche Verwendung bedarf jedoch der Zustimmung des Aufsichtsrats und eines Beschlusses der Kommanditisten, welcher mit einer Mehrheit von drei Viertheilen des in der Generalversammlung vertretenen Gesamtkapitals gefasst wird.

Art. 185 c. Die Bilanz, sowie die Gewinn- und Verlustrechnung sind *mit dem Beschlusse über die Entlastung* ohne Verzug von den persönlich haftenden Gesellschaftern in den hierzu bestimmten öffentlichen Blättern bekannt zu machen und zu dem Handelsregister einzureichen.

Im Übrigen werden die Grundsätze, nach welchen die Bilanz aufzunehmen, Reservefonds zu bilden und anzulegen sind und die Prüfung der Bilanz zu erfolgen hat, durch den Gesellschaftsvertrag bestimmt.

Art. 186. Die Rechte, welche den Kommanditisten gegenüber den persönlich haftenden Gesellschaftern nach dem Gesellschaftsvertrage oder nach den Bestimmungen des vorigen Abschnitts in Beziehung auf die Führung der Geschäfte, die Einsicht und Prüfung der Bilanz, die Bestimmung der Gewinnverteilung, die Auflösung oder Kündigung der Gesellschaft und die Befugnis, das Ausscheiden eines persönlich haftenden Gesellschafters zu verlangen, zustehen, werden in der Generalversammlung durch Beschlussfassung der erschienenen Kommanditisten ausgeübt.

Die Beschlüsse der Generalversammlung werden durch den Aufsichtsrat ausgeführt, wenn nicht im Gesellschaftsvertrage ein Anderes bestimmt ist.

Art. 187. Die Generalversammlung der Kommanditisten wird durch die persönlich haftenden Gesellschafter oder durch den Aufsichtsrat berufen, sofern nicht nach dem Gesetze oder dem Gesellschaftsvertrage auch andere Personen dazu befugt sind.

Die Generalversammlung ist außer den im Gesetze oder im Gesellschaftsvertrage ausdrücklich bestimmten Fällen zu berufen, wenn dies im Interesse der Gesellschaft erforderlich erscheint.

Art. 188. Die Generalversammlung muss berufen werden, wenn dies von Kommanditisten, deren Anteile zusammen den zehnten Teil des Gesamtkapitals darstellen, in einer von ihnen unterzeichneten Eingabe unter Angabe des Zwecks und der Gründe verlangt wird. Ist im Gesellschaftsvertrage das Recht, die Berufung der Generalversammlung zu verlangen, an den Besitz *eines größeren oder* eines geringeren Anteils am Gesamtkapitale geknüpft, so hat es hierbei sein Bewenden.

Wird dem Verlangen nicht entsprochen, so kann das Handelsgericht die Kommanditisten, welche das Verlangen gestellt haben, zur Berufung der Generalversammlung ermächtigen. Mit der Berufung ist die gerichtliche Ermächtigung zu veröffentlichen.

Art. 189. Die Berufung der Generalversammlung hat in der durch das Gesetz und den Gesellschaftsvertrag bestimmten Weise zu erfolgen.

Der Zweck der Generalversammlung muss jederzeit bei der Berufung bekannt gemacht werden. Über Gegenstände, deren Verhandlung nicht in dieser Weise angekündigt ist, können Beschlüsse nicht gefasst werden; hiervon ist jedoch der Beschluss über den in der Generalversammlung gestellten Antrag auf Berufung einer außerordentlichen Generalversammlung ausgenommen.

Zur Stellung von Anträgen und zu Verhandlungen ohne Beschlussfassung bedarf es der Ankündigung nicht.

Art. 190. Jede Aktie gewährt das Stimmrecht. Dasselbe wird nach den Aktienbeträgen ausgeübt. Für den *Besitz einer Mehrzahl* von Aktien kann der Gesellschaftsvertrag die Ausübung des *vollen* Stimmrechts durch einen Höchstbetrag oder in Abstufungen oder nach Gattungen beschränken.

Vollmachten erfordern zu ihrer Gültigkeit die schriftliche Form, sie bleiben in der Verwahrung der Gesellschaft.

Wer durch die Beschlussfassung entlastet oder von einer Verpflichtung befreit werden soll, hat hierbei kein Stimmrecht und darf ein solches auch nicht für Andere ausüben. Dasselbe gilt von einer Beschlussfassung, welche die Eingehung eines Rechtsgeschäfts mit ihm betrifft.

Persönlich haftende Gesellschafter, welchen in Gemäßheit der Art. 174 a, 180 g Abs. 3 Anteile am Gesamtkapital der Kommanditisten zustehen oder welche sonst Aktien erwerben, haben kein Stimmrecht.

Im Übrigen ist für die Bedingungen des Stimmrechts und die Form, in welcher dasselbe auszuüben ist, der Gesellschaftsvertrag maßgebend.

Art. 190 a. Ein Beschluss der Generalversammlung kann wegen Verletzung des Gesetzes oder des Gesellschaftsvertrages als ungültig im Wege der Klage angefochten werden. Dieselbe findet nur binnen der Frist von einem Monate statt. Zur Anfechtung befugt ist außer persönlich haftenden Gesellschaftern jeder in der Generalversammlung erschienene Kommanditist, sofern er gegen den Beschluss Widerspruch zum Protokoll erklärt hat, und jeder nicht erschienene Kommanditist, sofern er die Anfechtung darauf gründet, dass die Berufung der Generalversammlung oder die Ankündigung des Gegenstandes der Beschlussfassung nicht gehörig erfolgt war. Ein *klagender Kommanditist hat seine Aktien gerichtlich zu hinterlegen.*

Die Klage ist gegen die persönlich haftenden Gesellschafter, soweit sie nicht selbst klagen, und gegen den Aufsichtsrat zu richten. Zuständig für die Klage ist ausschließlich das Landgericht, in dessen Bezirke die Gesellschaft ihren Sitz hat. Die mündliche Verhandlung erfolgt nicht vor Ablauf der im ersten Absatze bezeichneten Frist. Mehrere Anfechtungsprozesse sind zur gleichzeitigen Verhandlung und Entscheidung zu verbinden.

Die persönlich haftenden Gesellschafter haben die Erhebung einer jeden Klage, sowie den Termin zur mündlichen Verhandlung ohne Verzug in den für die Bekanntmachungen der Gesellschaft bestimmten Blättern zu veröffentlichen.

Soweit durch ein Urteil rechtskräftig der Beschluss für ungültig erklärt ist, wirkt es auch gegenüber den Kommanditisten, welche nicht Partei sind. Dasselbe ist von den persönlich haftenden Gesellschaftern ohne Verzug zu dem Handelsregister einzureichen. War der Beschluss in dasselbe eingetragen, so ist auch das Urteil einzutragen und in gleicher Weise wie der Beschluss zu veröffentlichen (Art. 177, 179).

Art. 190 b. Für einen durch unbegründete Anfechtung des Beschlusses (Art. 190 a) der Gesellschaft entstandenen Schaden haften ihr solidarisch die Kläger, welchen bei Erhebung der Klage eine bösliche Handlungsweise zur Last fällt.

Art. 191. Der Aufsichtsrat besteht, sofern nicht der Gesellschaftsvertrag eine höhere Zahl festsetzt, aus drei von der Generalversammlung der Kommanditisten zu wählenden Mitgliedern. Persönlich haftende Gesellschafter können nicht Mitglieder des Aufsichtsrats sein.

Die Wahl des ersten Aufsichtsrats gilt für die Dauer des ersten Geschäftsjahres und, wenn dasselbe auf einen kürzeren Zeitraum als ein Jahr seit Eintragung des Gesellschaftsvertrages in das Handelsregister bemessen ist, bis zum Ablaufe des am Ende dieses Jahres laufenden Geschäftsjahres.

Später kann der Aufsichtsrat nicht auf länger als fünf Geschäftsjahre gewählt werden. Insoweit die Wahl auf einen längeren Zeitraum geschieht, ist dieselbe ohne rechtliche Wirkung.

Die Bestellung zum Mitgliede des Aufsichtsrats kann *jederzeit* durch die Generalversammlung widerrufen werden. Der Beschluss bedarf einer Mehrheit von drei Vierteilen des in der Generalversammlung vertretenen Gesamtkapitals.

Art. 192. Den Mitgliedern des ersten Aufsichtsrats darf eine Vergütung für die Ausübung ihres *Berufs* nur durch *einen* nach Ablauf des *ersten Geschäftsjahres einzuholenden Beschluss* der Generalversammlung *der Kommanditisten* bewilligt werden.

Ist die Vergütung früher, oder in einer anderen als der vorstehenden Weise bewilligt, so ist diese Festsetzung ohne rechtliche Wirkung.

Art. 193. Der Aufsichtsrat überwacht die Geschäftsführung der Gesellschaft in allen Zweigen ihrer Verwaltung; er kann sich von dem Gange der Angelegenheiten der Gesellschaft unterrichten, die Bücher und Schriften derselben jederzeit einsehen *und* den Bestand der Gesellschaftskasse untersuchen.

Er hat die Jahresrechnungen, die Bilanzen und die Vorschläge zur Gewinnverteilung zu prüfen und darüber *alljährlich* der Generalversammlung Bericht zu erstatten.

Weitere Obliegenheiten des Aufsichtsrats werden durch den Gesellschaftsvertrag bestimmt.

Die Mitglieder des Aufsichtsrats können die Ausübung ihrer Obliegenheiten nicht anderen Personen übertragen.

Art. 194. Der Aufsichtsrat ist ermächtigt, gegen die persönlich haftenden Gesellschafter die Prozesse zu führen, welche die Generalversammlung beschließt.

Jeder Kommanditist ist befugt, als Intervenient in den Prozess auf seine Kosten einzutreten.

Handelt es sich um die Verantwortlichkeit der Mitglieder des Aufsichtsrats, so kann letzterer ohne und selbst gegen den Beschluss der Generalversammlung gegen die persönlich haftenden Gesellschafter klagen.

Art. 195. Wenn die Kommanditisten selbst in Gesamtheit und im gemeinsamen Interesse gegen die persönlich haftenden Gesellschafter auftreten wollen oder gegen die Mitglieder des Aufsichtsrats einen Prozess zu führen haben, so werden sie durch Bevollmächtigte vertreten, welche in der Generalversammlung gewählt werden.

Falls aus irgend einem Grunde die Bestellung von Bevollmächtigten durch Wahl in der Generalversammlung gehindert wird, kann das Handelsgericht auf Antrag die Bevollmächtigten ernennen.

Jeder Kommanditist ist befugt, als Intervenient in den Prozess auf seine Kosten einzutreten.

Art. 196. Die Gesellschaft wird durch die persönlich haftenden Gesellschafter berechtigt und verpflichtet; sie wird durch dieselben vor Gericht vertreten.

Zur Behändigung von Vorladungen und anderen Zustellungen an die Gesellschaft genügt es, wenn dieselbe an einen der zur Vertretung befugten Gesellschafter geschieht.

Die Bestimmung des Art. 167 in Betreff des Kommanditisten, welcher für die Gesellschaft Geschäfte schließt, findet bei der Kommanditgesellschaft auf Aktien keine Anwendung.

Art. 196 a. Die Bestimmungen der Art. 96 und 97 über den Betrieb von Geschäften in dem Handelszweige der Gesellschaft sowie über die Teilnahme an einer anderen gleichartigen Gesellschaft finden auf die persönlich haftenden Gesellschafter mit der Maßgabe Anwendung, dass

1. die Genehmigung seitens der Kommanditisten durch die Generalversammlung erfolgt, sofern nicht die Befugnis zur Erteilung durch den Gesellschaftsvertrag oder durch Beschluss der Generalversammlung dem Aufsichtsrat übertragen worden ist;

2. das Recht der Gesellschaft, in ein von einem persönlich haftenden Gesellschafter für eigene Rechnung gemachtes Geschäft einzutreten oder Schadensersatz zu fordern, nach drei Monaten von dem Zeitpunkte an erlischt, in welchem die übrigen

persönlich haftenden Gesellschafter und der Aufsichtsrat von dem Abschlusse des Geschäfts Kenntnis erhalten haben.

Art. 197. Die Einlagen können den Kommanditisten, solange die Gesellschaft besteht, nicht zurückgezahlt werden.

Zinsen von bestimmter Höhe können für die Aktien nicht bedungen noch ausbezahlt werden; es darf nur dasjenige auf sie verteilt werden, was sich nach der jährlichen Bilanz als reiner Gewinn ergibt.

Art. 198. Die Kommanditisten haften für die Verbindlichkeiten der Gesellschaft, wenn und insoweit sie den gesetzlichen Bestimmungen entgegen Zahlungen von der Gesellschaft empfangen haben; sie sind jedoch nicht verpflichtet, die in gutem Glauben gezogenen Dividenden zurückzuzahlen.

Art. 199. Eine Übereinkunft, durch welche das Austreten eines oder mehrerer persönlich haftender Gesellschafter bestimmt wird, steht der Auflösung der Gesellschaft gleich. Zu derselben bedarf es der Zustimmung der Generalversammlung der Kommanditisten.

Es kann jedoch durch den Gesellschaftsvertrag bestimmt werden, dass das Austreten eines oder mehrerer persönlich haftender Gesellschafter die Auflösung der Gesellschaft dann nicht zur Folge habe, wenn mindestens noch ein persönlich haftender Gesellschafter bleibt.

Art. 200. Wenn ein Kommanditist stirbt oder in Konkurs verfällt, oder zur Verwaltung seines Vermögens rechtlich unfähig wird, so hat dies die Auflösung der Gesellschaft nicht zur Folge. Der Art. 126 findet in Bezug auf die Privatgläubiger eines Kommanditisten keine Anwendung. Im Übrigen gelten die Art. 123 bis 129 auch für die Kommanditgesellschaft auf Aktien. Die in Art. 129 vorgesehene Eintragung ist auch bei dem Handelsgerichte einer jeden Zweigniederlassung zu bewirken; Dritten gegenüber entscheidet die Eintragung bei dem Handelsgerichte, in dessen Bezirk die Gesellschaft ihren Sitz hat.

Art. 201. Bei der Auflösung einer Kommanditgesellschaft auf Aktien, welche außer dem Falle der Eröffnung des Konkurses erfolgt, darf die Verteilung des Vermögens unter die Gesellschafter nicht eher vollzogen werden, als nach Verlauf eines Jahres von dem Tage an gerechnet, an welchem die Auflösung der Gesellschaft in das Handelsregister eingetragen ist.

Art. 202. Die aus den Handelsbüchern der Gesellschaft ersichtlichen oder in anderer Weise bekannten Gläubiger sind durch besondere Erlasse aufzufordern, sich zu melden; unterlassen sie dies, so ist der Betrag ihrer Forderungen gerichtlich *niederzulegen.*

Das letztere muss auch in Ansehung der noch schwebenden Verbindlichkeiten und streitigen Forderungen geschehen, sofern nicht die Verteilung des Gesellschaftsvermögens bis zu deren Erledigung ausgesetzt bleibt, oder den Gläubigern eine angemessene Sicherheit bestellt wird.

Art. 203. Eine teilweise Zurückzahlung des Kapitals der Kommanditisten oder eine Herabsetzung desselben kann nicht ohne Beschluss der Generalversammlung der Kommanditisten und nur unter Beobachtung derselben Vorschriften erfolgen, welche für die Verteilung des Gesellschaftsvermögens im Falle der Auflösung maßgebend sind. Die Bestimmung über die Zurückzahlung oder Herabsetzung hat zugleich die Art, in welcher dieselbe erfolgen soll, und die zu ihrer Durchführung erforderlichen Maßregeln festzusetzen. Die Bestimmung ist in das Handelsregister einzutragen. Auf die Eintragung und die Beschlussfassung finden die Vorschriften in Art. 180 e und in Art. 180 f Abs. 1 und 3 entsprechende Anwendung.

Die gleichen *Voraussetzungen* gelten für eine Amortisation der Aktien. Ohne Beobachtung dieser *Voraussetzungen* darf die Gesellschaft ihre Aktien nur aus dem nach der jährlichen Bilanz sich ergebenden Gewinn und nur in dem Falle amortisieren, dass dies durch den ursprünglichen Gesellschaftsvertrag oder durch einen, den letzteren vor Ausgabe der Aktien abändernden Vertrag zugelassen ist.

Art. 204. Die Mitglieder des Aufsichtsrats haben bei Erfüllung der ihnen nach Art. 193 zugewiesenen Obliegenheiten die Sorgfalt eines ordentlichen Geschäftsmannes anzuwenden. *Sie haben, wenn sie in Anspruch genommen werden, die Anwendung dieser Sorgfalt zu beweisen.*

Sie sind der Gesellschaft neben den persönlich haftenden Gesellschaftern solidarisch zum Ersatze verpflichtet, wenn mit ihrem Wissen und ohne ihr Einschreiten entgegen den gesetzlichen Bestimmungen

1. Einlagen an persönlich haftende Gesellschafter oder an Kommanditisten zurückgezahlt,
2. Zinsen oder Dividenden gezahlt,
3. eigene Aktien, *Promessen* oder Interimsscheine der Gesellschaft erworben oder zum Pfande genommen,
4. Aktien vor der vollen Leistung des Nominalbetrages oder des *statt desselben* in den Fällen der Art. 175 a Ziff. 2, 180 g Abs. 2 festgesetzten Betrages, oder Aktien, *Promessen* oder Interimsscheine im Falle einer stattgefundenen Erhöhung des Gesamtkapitals vor Eintragung derselben in das Handelsregister (Art. 176) ausgegeben sind,
5. die Verteilung des Gesellschaftsvermögens, eine teilweise Zurückzahlung oder eine Herabsetzung des Kapitals der Kommanditisten oder eine Amortisation von Aktien erfolgt ist.

Der Ersatzanspruch kann in den Fällen des zweiten Absatzes auch von den Gläubigern der Gesellschaft, soweit sie von dieser ihre Befriedigung nicht erlangen können, selbständig geltend gemacht werden. Die Ersatzpflicht wird ihnen gegenüber dadurch nicht aufgehoben, dass die Handlung auf einem Beschlusse der Generalversammlung beruht.

Art. 205. Die Liquidation erfolgt, sofern der Gesellschaftsvertrag nicht ein Anderes bestimmt, durch sämtliche persönlich haftende Gesellschafter und eine oder mehrere von der Generalversammlung der Kommanditisten gewählte Personen.

Auf die Anmeldung der Liquidatoren und die Zeichnung ihrer Unterschrift bei dem Handelsgerichte einer Zweigniederlassung findet die Vorschrift im Schlusssatze des Art. 200 Anwendung.

Die Liquidatoren haben bei Beginn der Liquidation eine Bilanz aufzustellen. Dieselbe ist von ihnen ohne Verzug in den hierzu bestimmten öffentlichen Blättern bekannt zu machen und zu dem Handelsregister einzureichen.

Art. 206. Zu dem Antrag auf Ernennung von Liquidatoren durch den Richter sind außer jedem persönlich haftenden Gesellschafter und der Generalversammlung der Kommanditisten auch der Aufsichtsrat sowie Kommanditisten befugt, deren Anteile zusammen den *zehnten* Teil des Gesamtkapitals darstellen.

Die Abberufung der Liquidatoren kann durch den Richter unter denselben Voraussetzungen, wie die Bestellung erfolgen. Vom Richter ernannte Liquidatoren können nur durch diesen abberufen werden.

Dritter Titel. Von der Aktiengesellschaft
Erster Abschnitt. Allgemeine Grundsätze

Art. 207. Eine Gesellschaft ist eine Aktiengesellschaft, wenn sich die sämtlichen Gesellschafter nur mit Einlagen beteiligen, ohne persönlich für die Verbindlichkeiten der Gesellschaft zu haften.

Das Einlagekapital (Grundkapital) wird in Aktien zerlegt.

Die Aktien sind unteilbar.

Dieselben können auf Inhaber oder auf Namen lauten.

Promessen und Interimsscheine dürfen nicht auf Inhaber lauten.

Art. 207 a. Die Aktien müssen, *wenn sie auf Namen lauten,* auf einen Betrag von mindestens eintausend Mark, *wenn sie auf Inhaber lauten, auf einen Betrag von mindestens zweitausend Mark* gestellt werden.

Für ein gemeinnütziges Unternehmen kann im Falle eines besonderen örtlichen Bedürfnisses *die Landeszentralbehörde in Übereinstimmung mit dem Reichskanzler* die Ausgabe von Aktien, welche auf Namen lauten, zu einem geringeren, jedoch mindestens zweihundert Mark erreichenden Betrage zulassen. Die gleiche Genehmigung kann in dem Falle erteilt werden, dass für ein Unternehmen das Reich oder ein Bundesstaat oder ein Provinzial-, Kreis- oder Amtsverband oder eine sonstige öffentliche Korporation auf die Aktien einen bestimmten Ertrag bedingungslos und ohne Zeitbeschränkung gewährleistet hat.

Die vorstehenden Bestimmungen gelten auch von *Promessen und* Interimsscheinen.

Art. 208. Eine Aktiengesellschaft gilt als Handelsgesellschaft, auch wenn der Gegenstand des Unternehmens nicht in Handelsgeschäften besteht.

Art. 209. Der Inhalt des Gesellschaftsvertrages (Statut) muss durch mindestens fünf *Aktionäre (Gründer)* in gerichtlicher oder notarieller Verhandlung festgestellt werden. In derselben ist zugleich der Betrag der von jedem *Gründer* übernommenen Aktien anzugeben.

Der Gesellschaftsvertrag muss bestimmen:

1. die Firma und den Sitz der Gesellschaft;

2. den Gegenstand des Unternehmens;

3. die Höhe des Grundkapitals und der einzelnen Aktien;

4. die Art der Aktien, ob sie auf Inhaber oder auf Namen lauten, und im Falle der Ausgabe beider Arten die Zahl der Aktien einer jeden Art;

5. die Art der Bestellung und Zusammensetzung des Vorstandes;

6. die Form, in welcher die Zusammenberufung der Generalversammlung der Aktionäre geschieht;

7. die Form, in welcher die von der Gesellschaft ausgehenden Bekanntmachungen erfolgen.

Bekanntmachungen, welche durch öffentliche Blätter erfolgen sollen, sind in den Deutschen Reichsanzeiger einzurücken. Andere Blätter außer diesem hat der Gesellschaftsvertrag zu bestimmen.

Art. 209 a. Der Aufnahme in den Gesellschaftsvertrag bedürfen Bestimmungen, nach welchen

1. das Unternehmen auf eine gewisse Zeit beschränkt wird;

2. Aktien für einen höheren als den Nominalbetrag ausgegeben werden;

3. eine Umwandlung der Aktien rücksichtlich ihrer Art statthaft ist;

4. für einzelne Gattungen von Aktien verschiedene Rechte, insbesondere betreffs der Zinsen oder Dividenden oder des Anteils am Gesellschaftsvermögen, gewährt werden;

5. über gewisse Gegenstände die Generalversammlung der Aktionäre nicht schon durch einfache Stimmenmehrheit, sondern nur durch eine größere Stimmenmehrheit oder nach anderen Erfordernissen Beschluss fassen kann.

Für einen geringeren als den Nominalbetrag darf die Ausgabe der Aktien nicht festgesetzt werden.

Art. 209 b. Jeder zu Gunsten einzelner Aktionäre bedungene besondere Vorteil muss in dem Gesellschaftsvertrage unter Bezeichnung des Berechtigten festgesetzt werden.

Werden auf das Grundkapital von Aktionären Einlagen, welche nicht *in barem Gelde bestehen,* gemacht oder seitens der zu errichtenden Gesellschaft vorhandene oder herzustellende Anlagen oder sonstige Vermögensstücke übernommen, so müssen die Person des Aktionärs oder des Kontrahenten, der Gegenstand der Einlage oder der Übernahme und der Betrag der für die Einlage zu gewährenden Aktien oder die für den übernommenen Gegenstand zu gewährende Vergütung in dem Gesellschaftsvertrage festgesetzt werden.

Von diesen Festsetzungen gesondert ist der Gesamtaufwand, welcher zu Lasten der Gesellschaft an Aktionäre oder Andere als Entschädigung oder Belohnung für die Gründung oder deren Vorbereitung gewährt wird, in dem Gesellschaftsvertrage festzusetzen.

Jedes Abkommen *der Gründer,* über die vorbezeichneten Gegenstände, welches nicht die vorgeschriebene Festsetzung in dem Gesellschaftsvertrage gefunden hat, ist der Gesellschaft gegenüber unwirksam.

Art. 209 c. In dem Falle, dass sämtliche Aktien durch die Gründer übernommen werden, gilt mit der Übernahme die Gesellschaft als errichtet.

Soweit die Übernahme nicht schon bei Feststellung des Statuts erfolgt ist, kann sie in einer besonderen gerichtlichen oder notariellen Verhandlung unter Angabe der Beträge, welche die einzelnen Gründer noch übernehmen, bewirkt werden.

Art. 209 d. In dem Falle, dass nicht sämtliche Aktien durch die Gründer übernommen werden, muss der Errichtung der Gesellschaft die Zeichnung der übrigen Aktien vorhergehen. Die Zeichnung erfolgt durch schriftliche Erklärung (Zeichnungsschein).

Der Zeichnungsschein, welcher in zwei Exemplaren *zu* unterzeichnen ist, hat zu enthalten:

1. das Datum des Statuts, die im Art. 209 Abs. 2, 209 b vorgesehenen Festsetzungen und im Falle verschiedener Gattungen von Aktien den Gesamtbetrag einer jeden;
2. den Namen, Stand und Wohnort der Gründer;
3. den Betrag, für welchen die Ausgabe der Aktie stattfindet, und den Betrag der festgesetzten Einzahlungen;
4. den Zeitpunkt, mit dessen Eintritt die Zeichnung unverbindlich wird, sofern nicht bis dahin die Errichtung der Gesellschaft beschlossen ist.

Zeichnungsscheine, welche diesen *Erfordernissen* nicht *entsprechen* oder außer dem unter Ziff. 4 bezeichneten Vorbehalte Beschränkungen in der Verpflichtung des Zeichners enthalten, sind *zum Nachweise der Zeichnung des Grundkapitals ungeeignet.* Jede nicht in dem Zeichnungsscheine enthaltene Beschränkung ist der Gesellschaft gegenüber unwirksam.

Art. 209 e. Jede Aktiengesellschaft muss außer dem Vorstande einen Aufsichtsrat haben.

Art. 209 f. Die Mitglieder des Vorstandes und des Aufsichtsrats haben den Hergang der Gründung zu prüfen. *Zu dem Behufe* müssen *für* Mitglieder, *welche* zugleich Gründer sind oder im *Falle des* Art. 209 b ein Vermögensstück *eingelegt oder* überlassen oder sich einen besonderen Vorteil ausbedungen haben, *Stellvertreter bestellt werden.*

Die Prüfung hat sich auf die Richtigkeit und Vollständigkeit der Angaben, welche rücksichtlich der Zeichnung und Einzahlung des Grundkapitals und der in Art. 209 b vorgesehenen Festsetzungen von den Gründern gemacht sind, *sowie darauf* zu erstrecken, *ob die Höhe der für eingelegte oder übernommene Gegenstände gewährten Beträge durch die Verhältnisse gerechtfertigt erscheint. Hierbei sind insbesondere die dem Erwerbe der Gesellschaft vorausgegangenen Rechtsgeschäfte, welche auf denselben hingezielt haben, sowie die früheren Erwerbs- und Herstellungspreise aus den letzten zwei Jahren in Betracht zu ziehen.*

Über die Prüfung ist unter Darlegung der im vorstehenden Absatze bezeichneten Umstände schriftlich Bericht zu erstatten.

Art. 210. Der Gesellschaftsvertrag muss bei dem Handelsgerichte, in dessen Bezirke die Gesellschaft ihren Sitz hat, in das Handelsregister eingetragen werden.

Der Anmeldung behufs der Eintragung in das Handelsregister müssen beigefügt sein:

1. in dem Falle des Art. 209 b die den bezeichneten Festsetzungen zum Grunde liegenden oder zu ihrer Ausführung geschlossenen Verträge und eine Berechnung des Gründungsaufwands, in welcher die Vergütungen nach Art und Höhe und die Empfänger einzeln aufzuführen sind;

2. in dem Falle, dass nicht alle Aktien von den Gründern übernommen sind, zum Nachweise der Zeichnung des Grundkapitals die Duplikate der Zeichnungsscheine und ein von den Gründern in beglaubigter Form unterschriebenes Verzeichnis der sämtlichen Aktionäre, welches die auf jeden entfallenen Aktien sowie die auf letztere geschehenen Einzahlungen angibt;

3. die Urkunden über die Bestellung des Vorstandes und des Aufsichtsrats *und der von denselben* in Gemäßheit des Art. 209 f erstattete Bericht nebst *dessen* urkundlichen Grundlagen;

4. in dem Falle, dass der Gegenstand des Unternehmens der staatlichen Genehmigung bedarf, sowie in den Fällen des Art. 207 a Abs. 2 die Genehmigungsurkunde.

In der Anmeldung ist die Erklärung abzugeben, dass auf jede Aktie, soweit nicht andere als *in Geld bestehende* Einlagen gemacht sind, der eingeforderte Betrag bar eingezahlt und dem Vorstande übergeben sei. Auf die Aktien muss mindestens ein Vierteil des Nominalbetrages und im Falle einer Ausgabe der Aktien für einen höheren als den Nominalbetrag auch der Mehrbetrag eingefordert sein.

Die Anmeldung muss von sämtlichen Gründern und Mitgliedern des Vorstandes und Aufsichtsrats vor dem Handelsgerichte unterzeichnet oder in beglaubigter Form eingereicht werden.

Die der Anmeldung beigefügten Schriftstücke werden bei dem Handelsgerichte in Urschrift oder in beglaubigter Abschrift aufbewahrt.

Art. 210 a. In dem Falle, dass die Gründer nicht alle Aktien übernommen haben, beruft das Handelsgericht eine Generalversammlung der in dem Verzeichnisse aufgeführten Aktionäre zur Beschlussfassung über die Errichtung der Gesellschaft.

Die Versammlung findet unter der Leitung des Gerichts statt.

Vorstand und Aufsichtsrat haben sich über die Ergebnisse der ihnen rücksichtlich der Gründung obliegenden Prüfung aufgrund *ihres* Berichts zu erklären. Jedes Mitglied des Vorstandes und des Aufsichtsrats kann bis zur Beschlussfassung die Unterzeichnung der Anmeldung zurückziehen.

Die der Errichtung der Gesellschaft zustimmende Mehrheit *der erschienenen Aktionäre* muss mindestens ein Vierteil sämtlicher Aktionäre begreifen und der Betrag ihrer Anteile mindestens ein Vierteil des gesamten Grundkapitals darstellen. Die Zustimmung aller erschienenen Aktionäre ist erforderlich, wenn die im Art. 209

Ziff. 1 bis 5 und 209 a bezeichneten Bestimmungen des Gesellschaftsvertrages abgeändert oder die im Art. 209 b vorgesehenen Festsetzungen zu Lasten der Gesellschaft erweitert werden sollen.

Die Beschlussfassung ist zu vertagen, wenn es von den Aktionären mit einfacher Stimmenmehrheit verlangt wird.

Art. 210 b. Auf die Berufung und Beschlussfassung der vor der Eintragung des Gesellschaftsvertrages stattfindenden Generalversammlungen kommen, soweit nicht in Art. 210 a ein Anderes bestimmt ist, die Regeln entsprechende Anwendung, welche für die Gesellschaft nach der Eintragung maßgebend sind.

Art. 210 c. Der eingetragene Gesellschaftsvertrag ist im Auszuge von dem Handelsgerichte zu veröffentlichen.

Die Veröffentlichung muss enthalten:

1. das Datum des Gesellschaftsvertrages und die in Art. 209 Abs. 2 und 3, 209 a Ziff. 1 und 4 und 209 b bezeichneten Festsetzungen;

2. den Namen, Stand und Wohnort der Gründer und die Angabe, ob sie die sämtlichen Aktien übernommen haben;

3. den Namen, Stand und Wohnort der Mitglieder des Vorstandes und des Aufsichtsrats sowie der in Gemäßheit des Art. 209 f bestellten *Stellvertreter.*

Ist im Gesellschaftsvertrage eine Form bestimmt, in welcher der Vorstand seine Willenserklärungen kundgibt und für die Gesellschaft zeichnet, so ist auch diese Bestimmung zu veröffentlichen.

Art. 211. Vor erfolgter Eintragung in das Handelsregister besteht die Aktiengesellschaft als solche nicht.

Ist vor der Eintragung im Namen der Gesellschaft gehandelt worden, so haften die Handelnden persönlich und solidarisch.

Art. 212. Jede Zweigniederlassung muss bei dem Handelsgerichte, in dessen Bezirk sie sich befindet, behufs der Eintragung in das Handelsregister angemeldet werden.

Die Anmeldung ist von sämtlichen Mitgliedern des Vorstandes vor dem Handelsgerichte zu unterzeichnen oder in beglaubigter Form einzureichen.

Dieselbe hat die in Art. 210 c Abs. 2 und 3 bezeichneten Angaben zu enthalten. Im Übrigen finden die Vorschriften in Art. 179 Abs. 2 und 3 Anwendung.

Art. 213. Die Aktiengesellschaft als solche hat selbständig ihre Rechte und Pflichten; sie kann Eigentum und andere dingliche Rechte an Grundflächen erwerben, sie kann vor Gericht klagen und verklagt werden.

Ihr ordentlicher Gerichtsstand ist bei dem Gerichte, in dessen Bezirke sie ihren Sitz hat.

Art. 213 a. Der Gesellschaft sind die Gründer für die Richtigkeit und Vollständigkeit der Angaben, welche sie rücksichtlich der Zeichnung und Einzahlung des Grundkapitals sowie rücksichtlich der in Art. 209 b vorgesehenen Festsetzungen behufs Eintragung des Gesellschaftsvertrages in das Handelsregister machen, solidarisch verhaftet; sie haben unbeschadet der Verpflichtung zum Ersatze des sonst etwa entstandenen Schadens insbesondere einen an der Zeichnung des Grundkapitals fehlenden Betrag zu übernehmen, fehlende Einzahlungen zu leisten und eine Vergütung, welche nicht unter den zu bezeichnenden Gründungsaufwand aufgenommen ist, zu ersetzen. Ingleichen sind der Gesellschaft in dem Falle, dass sie von Gründern durch Einlagen oder Übernahmen der in Art. 209 b bezeichneten Art böslicherweise geschädigt ist, die sämtlichen Gründer für den Erlass des entstandenen Schadens solidarisch verpflichtet.

Von dieser Verbindlichkeit ist ein Gründer befreit, wenn er beweist, dass er die Unrichtigkeit oder Unvollständigkeit der Angabe oder die bösliche Schädigung weder gekannt habe, noch bei Anwendung der Sorgfalt eines ordentlichen Geschäftsmannes habe kennen müssen.

Entsteht durch Zahlungsunfähigkeit eines Aktionärs der Gesellschaft ein Ausfall, so sind ihr die Gründer, welche bei der Anmeldung des Gesellschaftsvertrages die Zahlungsfähigkeit kannten, zum Ersatze solidarisch verpflichtet.

Außer den Gründern sind der Gesellschaft zum Schadensersatze solidarisch verpflichtet:

1. in dem Falle, dass eine Vergütung nicht unter den zu bezeichnenden Gründungsaufwand aufgenommen ist, der Empfänger, wenn er zur Zeit des Empfanges wusste oder nach den Umständen annehmen musste, dass die Verheimlichung beabsichtigt oder erfolgt war, und jeder Dritte, welcher zur Verheimlichung wissentlich mitgewirkt hat;

2. in dem Falle einer böslichen Schädigung durch Einlagen oder Übernahmen jeder Dritte, welcher zu derselben wissentlich mitgewirkt hat.

Art. 213 b. Wer vor der Eintragung des Gesellschaftsvertrages in das Handelsregister oder in den ersten zwei Jahren nach der Eintragung, um Aktien in den Verkehr einzuführen, eine öffentliche Ankündigung derselben erlässt, ist der Gesellschaft im Falle der Unrichtigkeit oder Unvollständigkeit von Angaben, welche die Gründer rücksichtlich der Zeichnung oder Einzahlung des Grundkapitals oder der in Art. 209 b vorgesehenen Festsetzungen behufs Eintragung des Gesellschaftsvertrages in das Handelsregister gemacht haben, sowie in dem Falle einer böslichen Schädigung der Gesellschaft durch Einlagen oder Übernahmen für den Ersatz des ihr daraus entstandenen Schadens neben den in Art. 213 a bezeichneten Personen solidarisch verhaftet, sofern er die Unrichtigkeit oder Unvollständigkeit der Angaben oder die bösliche Schädigung gekannt hat oder bei *sorgfältiger Prüfung, wie solche von einem* ordentlichen Geschäftsmanne anzuwenden ist, hat kennen müssen.

Art. 213 c. Mitglieder des Vorstandes und des Aufsichtsrats *sowie Stellvertreter derselben,* welche bei der ihnen durch Art. 209 f auferlegten Prüfung die Sorgfalt eines ordentlichen Geschäftsmannes verletzt haben, haften der Gesellschaft solidarisch für den ihr daraus entstandenen Schaden, soweit der Ersatz desselben von den in Gemäßheit der Ar. 213 a und 219 b verpflichteten Personen nicht zu erlangen ist.

Art. 213 d. Vergleiche oder Verzichtleistungen, welche die der Gesellschaft aus der Gründung zustehenden Ansprüche gegen die in Gemäßheit der Art. 213 a bis 213 c verpflichteten Personen betreffen, sind erst nach Ablauf von drei Jahren seit Eintragung des Gesellschaftsvertrages in das Handelsregister und nur mit Zustimmung der Generalversammlung zulässig; sie sind unzulässig, soweit in der Versammlung eine Minderheit, deren Anteile den fünften Teil des Grundkapitals darstellen, Widerspruch erhebt. Die Zeitbeschränkung findet nicht Anwendung, sofern der Verpflichtete im Falle *seiner* Zahlungsunfähigkeit zur Abwendung oder Beseitigung des Konkursverfahrens mit *der Gesellschaft und den anderen* Gläubigern Vergleiche *abschließt.*

Art. 213 e. Werden vor Ablauf von zwei Jahren seit Eintragung des Gesellschaftsvertrages in das Handelsregister seitens der Gesellschaft Verträge geschlossen, durch welche sie vorhandene oder herzustellende Anlagen *zum dauernden* Geschäfts*betriebe* oder unbewegliche Gegenstände für eine den zehnten Teil des Grundkapitals übersteigende Vergütung erwerben soll, so bedürfen dieselben zu ihrer Gültigkeit der Zustimmung der Generalversammlung.

Vor der Beschlussfassung hat der Aufsichtsrat den Vertrag zu prüfen und über die Ergebnisse seiner Prüfung schriftlich Bericht zu erstatten.

Die Anteile der zustimmenden Mehrheit müssen in dem Falle, dass der Vertrag im ersten Jahre geschossen wird, mindestens ein Vierteil des Grundkapitals, anderenfalls mindestens drei Vierteile des in der Generalversammlung vertretenen Grundkapitals darstellen.

Der genehmigte Vertrag ist in Urschrift oder in beglaubigter Abschrift mit dem Berichte des Aufsichtsrats nebst dessen urkundlichen Grundlagen und mit dem Nachweise über die Beschlussfassung zum Handelsregister einzureichen.

Hat der Erwerb in Ausführung einer vor der Errichtung der Gesellschaft von den Gründern getroffenen Vereinbarung stattgefunden, so kommen in Betreff der Rechte der Gesellschaft auf Entschädigung und in Betreff der ersatzpflichtigen Personen die Vorschriften der Art. 213 a und 213 d zur Anwendung.

Art. 214. Jeder Beschluss der Generalversammlung, welcher die Fortsetzung der Gesellschaft oder eine Abänderung des Inhalts des Gesellschaftsvertrages zum Gegenstande hat, muss in gleicher Weise, wie der ursprüngliche Vertrag, in das Handelsregister *eingetragen und veröffentlicht* werden (Art. 210 c, 212).

Der Beschluss hat keine rechtliche Wirkung, bevor derselbe bei dem Handelsgerichte, in dessen Bezirke die Gesellschaft ihren Sitz hat, in das Handelsregister eingetragen ist.

Art. 215. Die Abänderung des Inhalts des Gesellschaftsvertrages kann nicht anders als durch Beschluss der Generalversammlung erfolgen.

Sofern der Gesellschaftsvertrag für eine Abänderung derjenigen Bestimmung, welche den Gegenstand der Beschlussfassung bildet, nicht andere Erfordernisse aufstellt, erfolgt der Beschluss durch eine Mehrheit von drei Vierteilen des in der Generalversammlung vertretenen Grundkapitals.

Für eine Abänderung des Gegenstandes des Unternehmens muss diese Mehrheit erreicht sein; der Gesellschaftsvertrag kann außer derselben noch andere Erfordernisse aufstellen.

Dasselbe gilt von dem Falle, wenn die Gesellschaft durch Übertragung ihres Vermögens und ihrer Schulden an eine andere Aktiengesellschaft gegen Gewährung von Aktien der letzteren aufgelöst werden soll.

Die vorstehenden Bestimmungen gelten auch dann, wenn mehrere Gattungen von Aktien mit verschiedener Berechtigung ausgegeben sind.

Soll durch die Beschlussfassung das bisherige Rechtsverhältnis unter den verschiedenen Gattungen zum Nachteil einer derselben abgeändert werden, *so finden die Bestimmungen in Art. 180 f Abs. 3 Anwendung.*

Art. 215 a. Eine Erhöhung des Grundkapitals der Gesellschaft darf nicht vor der vollen Einzahlung desselben erfolgen. Für Versicherungsgesellschaften kann der Gesellschaftsvertrag ein Anderes bestimmen.

Über die Erhöhung hat die Generalversammlung zu beschließen. Für die neu auszugebenden Aktien kann die Leistung eines *anderen* als des Nominalbetrages festgesetzt werden; der Beschluss hat den Mindestbetrag zu bezeichnen, für welchen die Aktien auszugeben sind. *Bei einer Erhöhung, welche in den ersten zwei Jahren seit Eintragung des Gesellschaftsvertrages in das Handelsregister beschlossen wird,* darf ein geringerer als der Nominalbetrag nicht festgesetzt werden.

Der Beschluss ist in das Handelsregister einzutragen. Auf die Eintragung und die *Beschlussfassung* finden die Vorschriften in Art. 214 und Art. 215 Abs. 2 und 6 (Art. 180 f Abs. 3) Anwendung.

Eine Zusicherung von Rechten auf den Bezug neu auszugebender Aktien, welche vor dem Beschlusse auf Erhöhung des Grundkapitals erfolgt, ist der Gesellschaft gegenüber unwirksam.

Art. 215 b. Die Zeichnung der neu auszugebenden Aktien erfolgt durch schriftliche, in zwei Exemplaren zu unterzeichnende Erklärung.

Die stattgefundene Erhöhung des Grundkapitals ist behufs der Eintragung in das Handelsregister anzumelden. *Die Anmeldung hat nach Maßgabe des Art. 215 a Abs. 1 die Angabe zu enthalten, ob das bisherige Grundkapital eingezahlt sei. Im Übrigen* finden *auf dieselbe* die Vorschriften in Art. 210 und 212 entsprechende Anwendung.

Art. 215 c. Promessen und Interimsscheine, welche auf Inhaber lauten, sind nichtig; die Ausgeber haften den Besitzern solidarisch für allen durch die Ausgabe verursachten Schaden.

Das Gleiche gilt, wenn Aktien, *Promessen* oder Interimsscheine auf einen geringeren als den nach Art. 207 a zugelassenen Betrag gestellt sind, oder wenn sie ausgegeben werden, bevor der Gesellschaftsvertrag bei dem Handelsgerichte, in dessen Bezirk die Gesellschaft ihren Sitz hat, in das Handelsregister eingetragen ist.

Vor der vollen Leistung des Nominalbetrages oder des *statt desselben* in den Fällen der Art. 209 a Ziff. 2, 215 a Abs. 2 festgesetzten Betrages soll die Aktie nicht ausgegeben werden. Ingleichen sollen im Falle einer stattgefundenen Erhöhung des

Grundkapitals vor Eintragung derselben in das Handelsregister (*Art. 210*) Aktien, *Promessen* oder Interimsscheine nicht ausgegeben werden.

Art. 215 d. Die Aktiengesellschaft soll eigene Aktien, *Promessen oder Interimsscheine* im geschäftlichen Betriebe, sofern nicht eine Kommission zum Einkauf ausgeführt wird, weder erwerben noch zum Pfande nehmen. *Ein dieser Bestimmung entgegenstehender Kauf von Promessen oder* Interimsscheinen ist *nichtig*.

Eine Amortisation der Aktien ist zulässig, sofern sie unter Beobachtung der für die Zurückzahlung oder Herabsetzung des Grundkapitals maßgebenden Vorschriften erfolgt. Ohne Beobachtung derselben darf die Gesellschaft ihre Aktien nur aus dem nach der jährlichen Bilanz sich ergebenden Gewinn und nur in dem Falle amortisieren, dass dies durch den ursprünglichen Gesellschaftsvertrag oder durch einen, den letzteren vor Ausgabe der Aktien abändernden Beschluss zugelassen ist.

Zweiter Abschnitt. Rechtsverhältnis der Aktionäre

Art. 216. Jeder Aktionär hat einen verhältnismäßigen Anteil an dem Vermögen der Gesellschaft.

Er kann den eingezahlten Betrag nicht zurückfordern und hat, solange die Gesellschaft besteht, nur einen Anspruch auf den reinen Gewinn, soweit dieser nach dem Gesellschaftsvertrage zur Verteilung unter die Aktionäre bestimmt ist.

Art. 217. Zinsen von bestimmter Höhe dürfen für die Aktionäre nicht bedungen, noch ausbezahlt werden; es darf nur dasjenige unter sie verteilt werden, was sich nach der jährlichen Bilanz als reiner Gewinn ergibt.

Jedoch können für den in dem Gesellschaftsvertrage angegebenen Zeitraum, welchen die Vorbereitung des Unternehmens bis zum Anfange des vollen Betriebes erfordert, den Aktionären Zinsen von bestimmter Höhe bedungen werden.

Art. 218. Der Aktionär ist in keinem Falle verpflichtet, die in gutem Glauben empfangenen Zinsen und Dividenden zurückzugeben.

Art. 219. Die Verpflichtung des Aktionärs, zu den Zwecken der Gesellschaft und zur Erfüllung ihrer Verbindlichkeiten beizutragen, wird durch den Nominalbetrag der Aktie, in den Fällen der Art. 209 a Ziff. 2, 215 a Abs.2 durch den Betrag, für welchen die Aktie ausgegeben ist, begrenzt.

Rücksichtlich der Einzahlung der auf die Aktie zu leistenden Beträge, sowie rücksichtlich einer zu leistenden Einlage finden die Bestimmungen der Art. 184 bis 184 c auf den Aktionär und die Rechtsvorgänger desselben Anwendung.

Art. 220. Für die Eintragung der *Promessen oder* Interimsscheine und der auf Namen gestellten Aktien in das Aktienbuch, sowie für die Übertragung derselben auf andere Personen sind die Vorschriften der Art. 182 und 183 maßgebend.

Art. 221. Die Rechte, welche den Aktionären in den Angelegenheiten der Gesellschaft, insbesondere in Beziehung auf die Führung der Geschäfte, die Einsicht und Prüfung der Bilanz und die Bestimmung der Gewinnverteilung zustehen, werden in der Generalversammlung durch Beschlussfassung der erschienenen Aktionäre ausgeübt.

Rücksichtlich der Bedingungen und der Ausübung des Stimmrechts kommen die Vorschriften in Art. 190 zur Anwendung.

Art. 222. Die Vorschriften in Art. 190 a, 190 b über die Anfechtung eines Beschlusses der Generalversammlung finden mit der Maßgabe Anwendung, dass an die Stelle der persönlich haftenden Gesellschafter der Vorstand tritt.

Art. 222 a. Auf Antrag von Aktionären, deren Anteile zusammen den zehnten Teil des Grundkapitals darstellen, kann das *Handels*gericht zur Prüfung eines Hergangs bei der Gründung, Geschäftsführung oder Liquidation der Gesellschaft Revisoren ernennen, sofern ein in der Generalversammlung gestellter Antrag auf Prüfung abgelehnt ist und dem Gerichte glaubhaft gemacht wird, dass bei dem Hergange Unredlichkeiten oder grobe Verletzungen des Gesetzes oder des Gesellschaftsvertrages stattgefunden haben.

Vor der Anordnung sind der Vorstand oder die Liquidatoren sowie der Aufsichtsrat zu hören. Die Anordnung ist von einer nach freiem Ermessen zu bestimmenden Sicherheitsleistung abhängig zu machen.

Der Vorstand hat den Revisoren die Einsicht der Bücher und Schriften der Gesellschaft und die Untersuchung des Bestandes der Gesellschaftskasse, wie der Bestände an Effekten, Handelspapieren und Waren zu gestatten.

Der Bericht über das Ergebnis der Prüfung ist von den Revisoren zu dem Handelsregister einzureichen und von dem Vorstande *zur Kenntnis* der nächsten Generalversammlung *zu bringen.*

Ist der Antrag auf Ernennung von Revisoren zurückgewiesen oder erweist er sich nach dem Ergebnisse der Prüfung als unbegründet, so sind die Aktionäre, welchen eine bösliche Handlungsweise bei Stellung des Antrages zur Last fällt, solidarisch verpflichtet, einen durch die Stellung desselben der Gesellschaft entstandenen Schaden zu ersetzen.

Art. 223. Die Ansprüche der Gesellschaft aus der Gründung gegen die in Gemäßheit der Art. 213 a bis 213 c verpflichteten Personen oder aus der Geschäftsführung gegen die Mitglieder des Vorstandes und des Aufsichtsrats, sowie aus der Liquidation gegen die Liquidatoren und die Mitglieder des Aufsichtsrats sind zu erheben, wenn in der Generalversammlung dies mit einfacher Stimmenmehrheit beschlossen oder von einer Minderheit, deren Anteile den fünften Teil des Grundkapitals darstellen, verlangt wird. Die Erhebung des Anspruchs auf Verlangen der Minderheit muss binnen drei Monaten seit der Generalversammlung erfolgen; die von der Minderheit bezeichneten Personen können durch das Handelsgericht als Bevollmächtigter der Gesellschaft zur Führung des Prozesses ernannt werden.

Die Minderheit hat den fünften Teil des Grundkapitals in Aktien der Gesellschaft gerichtlich zu hinterlegen, derselben zu erstatten. Für den Schaden, welcher durch eine, *auf Verlangen der Minderheit erhobene,* unbegründete Klage den Beklagten entstanden ist, haften ihnen solidarisch die Aktionäre, welchen bei Erhebung des Anspruchs eine bösliche Handlungsweise zur Last fällt.

Im Übrigen kommen die Bestimmungen der Art. 194 und 195 zur entsprechenden Anwendung.

Art. 224. Die für den Aufsichtsrat einer Kommanditgesellschaft auf Aktien in den Art. 191 und 192 gegebenen Bestimmungen finden auf den Aufsichtsrat einer Aktiengesellschaft Anwendung.

Art. 225. Der Aufsichtsrat hat den Vorstand bei seiner Geschäftsführung in allen Zweigen der Verwaltung zu überwachen und sich von dem Gange der Angelegenheiten der Gesellschaft zu unterrichten. Er kann jederzeit über dieselben Berichterstattung von dem Vorstande verlangen und selbst oder durch einzelne Mitglieder die Bücher und Schriften der Gesellschaft einsehen, sowie den Bestand der Gesellschaftskasse und die Bestände an Effekten, Handelspapieren und Waren untersuchen. Er hat die Jahresrechnungen, die Bilanzen und die Vorschläge zur Gewinnverteilung zu prüfen und darüber *alljährlich* der Generalversammlung der Aktionäre Bericht zu erstatten.

Er hat eine Generalversammlung zu berufen, wenn dies im Interesse der Gesellschaft erforderlich ist.

Weitere Obliegenheiten des Aufsichtsrats werden durch den Gesellschaftsvertrag bestimmt.

Die Mitglieder des Aufsichtsrats können die Ausübung ihrer Obliegenheiten nicht anderen Personen übertragen.

Art. 225 a. Die Mitglieder des Aufsichtsrats dürfen nicht zugleich Mitglieder des Vorstandes oder Stellvertreter derselben sein, auch nicht als Beamte die Geschäfte der Gesellschaft führen. Scheiden aus dem Vorstande Mitglieder aus, so dürfen dieselben nicht vor erteilter Entlastung in den Aufsichtsrat gewählt werden.

Art. 226. Die Mitglieder des Aufsichtsrats haben bei Erfüllung der ihnen nach Art. 225 zugewiesenen Obliegenheiten die Sorgfalt eines ordentlichen Geschäftsmannes anzuwenden. *Sie haben, wenn sie in Anspruch genommen werden, die Anwendung dieser Sorgfalt zu beweisen.*

Dieselben sind der Gesellschaft neben den Mitgliedern des Vorstandes persönlich und solidarisch zum Ersatze verpflichtet, wenn mit ihrem Wissen und ohne ihr Einschreiten entgegen den gesetzlichen Bestimmungen:

1. Einlagen an die Aktionäre zurückgezahlt;

2. Zinsen oder Dividenden gezahlt;

3. eigene Aktien, *Promessen* oder Interimsscheine der Gesellschaft erworben, zum Pfande genommen oder amortisiert worden;

4. Aktien vor der vollen Leistung des Nominalbetrages oder des *statt desselben* in den Fällen der Art. 209 a Ziff. 2, 215 a Abs. 2 festgesetzten Betrages, oder Aktien, *Promessen* oder Interimsscheine im Falle einer stattgefundenen Erhöhung des Grundkapitals vor Eintragung derselben in das Handelsregister (Art. 210) ausgegeben sind;

5. die Verteilung des Gesellschaftsvermögens, eine teilweise Zurückzahlung oder eine Herabsetzung des Grundkapitals oder im Falle des Art. 215 Abs. 4 die Vereinigung der Vermögen der beiden Gesellschaften erfolgt ist.

Der Ersatzanspruch kann in den Fällen des zweiten Absatzes auch von den Gläubigern der Gesellschaft, soweit sie von dieser ihre Befriedigung nicht erlangen können, selbständig geltend gemacht werden. Die Ersatzpflicht wird ihnen gegenüber dadurch nicht aufgehoben, dass die Handlung auf einem Beschlusse der Generalversammlung beruht.

Dritter Abschnitt. Rechte und Pflichten des Vorstandes

Art. 227. Die Aktiengesellschaft wird durch den Vorstand gerichtlich und außergerichtlich vertreten.

Der Vorstand kann aus einem oder mehreren *Mitgliedern* bestehen; diese können besoldet oder unbesoldet, Aktionäre oder Andere sein.

Ihre Bestellung ist zu jeder Zeit widerruflich, unbeschadet der Entschädigungsansprüche aus bestehenden Verträgen.

Art. 228. Die jeweiligen Mitglieder des Vorstandes müssen alsbald nach ihrer Bestellung zur Eintragung in das Handelsregister (Art. 210, 212) angemeldet werden. Der Anmeldung ist ihre Legitimation beizufügen.

Sie haben ihre Unterschrift vor dem Handelsgerichte zu zeichnen, oder die Zeichnung derselben in beglaubigter Form einzureichen.

Art. 229. Der Vorstand hat in der durch den Gesellschaftsvertrag bestimmten Form seine Willenserklärungen kundzugeben und für die Gesellschaft zu zeichnen. Ist nichts darüber bestimmt, so ist die Zeichnung durch sämtliche Mitglieder des Vorstandes erforderlich.

Die Zeichnung geschieht in der Weise, dass die Zeichnenden zu der Firma der Gesellschaft oder zu der Benennung des Vorstandes ihre Unterschrift hinzufügen.

Art. 230. Die Gesellschaft wird durch die von dem Vorstande in ihrem Namen geschlossenen Rechtsgeschäfte berechtigt und verpflichtet; es ist gleichgültig, ob das Geschäft ausdrücklich im Namen der Gesellschaft geschlossen worden ist, oder ob die Umstände ergeben, dass es nach dem Willen der Kontrahenten für die Gesellschaft geschlossen werden sollte.

Art. 231. Der Vorstand ist der Gesellschaft gegenüber verpflichtet, die Beschränkungen einzuhalten, welche in dem Gesellschaftsvertrage oder durch Beschlüsse der Generalversammlung für den Umfang seiner Befugnis, die Gesellschaft zu vertreten, festgesetzt sind.

Gegen dritte Personen hat jedoch eine Beschränkung der Befugnis des Vorstandes, die Gesellschaft zu vertreten, keine rechtliche Wirkung. Dies gilt insbesondere für den Fall, dass die Vertretung sich nur auf gewisse Geschäfte oder Arten von Geschäften erstrecken, oder nur unter gewissen Umständen oder für eine gewisse Zeit oder an einzelnen Orten stattfinden soll, oder dass für einzelne Geschäfte die Zustimmung der Generalversammlung, des Aufsichtsrats oder eines anderen Organs der Gesellschaft erfordert ist.

Art. 232. Die Bestimmungen des Art. 196 a über den Betrieb von Geschäften in dem Handelszweige der Gesellschaft, sowie über die Teilnahme an einer anderen gleichartigen Gesellschaft finden auf die Mitglieder des Vorstandes entsprechende Anwendung.

Art. 233. Jede Änderung *der Mitglieder* des Vorstandes muss zur Eintragung in das Handelsregister (Art. 210, 212) angemeldet werden.

Dritten Personen kann die Änderung nur insofern entgegengesetzt werden, als in Betreff dieser Änderung die im Art. 46 in Betreff des Erlöschens der Prokura bezeichneten Voraussetzungen vorhanden sind. Entscheidend hierfür ist die Eintragung bei dem Handelsgerichte, in dessen Bezirke die Gesellschaft ihren Sitz hat.

Art. 234. Der Vorstand kann, sofern nicht durch den Gesellschaftsvertrag oder durch Beschluss der Generalversammlung ein Anderes bestimmt ist, einen Prokuristen nur mit Zustimmung des Aufsichtsrats bestellen. Diese Beschränkung hat Dritten gegenüber keine rechtliche Wirkung.

Art. 235. Der Betrieb von Geschäften der Gesellschaft, sowie die Vertretung der Gesellschaft in Bezug auf diese Geschäftsführung kann auch sonstigen Bevollmächtigten oder Beamten der Gesellschaft zugewiesen werden. In diesem Falle bestimmt sich die Befugnis derselben nach der ihnen erteilten Vollmacht; sie erstreckt sich im Zweifel auf alle Rechtshandlungen, welche die Ausführung derartiger Geschäfte gewöhnlich mit sich bringt.

Art. 236. Die Generalversammlung der Aktionäre wird durch den Vorstand berufen, soweit nicht nach dem Gesetze oder dem Gesellschaftsvertrage auch andere Personen dazu befugt sind.

Die Generalversammlung ist, außer den im Gesetze oder im Gesellschaftsvertrage ausdrücklich bestimmten Fällen, zu berufen, wenn es im Interesse der Gesellschaft erforderlich erscheint.

Art. 237. Aktionäre, deren Anteile zusammen den zwanzigsten Teil des Grundkapitals darstellen, sind berechtigt, in einer von ihnen unterzeichneten Eingabe unter Angabe des Zwecks und der Gründe die Berufung der Generalversammlung zu verlangen. Ist in dem Gesellschaftsvertrage das Recht, die Berufung der Generalversammlung zu verlangen, an den Besitz eines geringeren Anteils am Grundkapital geknüpft, so hat es hierbei sein Bewenden.

In gleicher Weise haben die Aktionäre das Recht, zu verlangen, dass Gegenstände zur Beschlussfassung einer Generalversammlung angekündigt werden.

Wird dem Verlangen nicht entsprochen, so kann das Handelsgericht die Aktionäre, welche das Verlangen gestellt haben, zur Berufung der Generalversammlung oder zur Ankündigung des Gegenstandes ermächtigen. Mit der Berufung oder Ankündigung ist die gerichtliche Ermächtigung zu veröffentlichen.

Art. 238. Die Berufung der Generalversammlung hat in der durch den Gesellschaftsvertrag bestimmten Weise mit einer Frist von mindestens zwei Wochen zu erfolgen. Ist in dem Gesellschaftsvertrage die Ausübung des Stimmrechts davon abhängig gemacht, dass die Aktien bis zu einem bestimmten Zeitpunkte vor der Generalversammlung hinterlegt werden, so ist die Frist derart zu bemessen, dass für die Hinterlegung mindestens zwei Wochen frei bleiben.

Der Zweck der Generalversammlung soll jederzeit bei der Berufung bekannt gemacht werden. Über Gegenstände, deren Verhandlung nicht in der durch den Gesellschaftsvertrag oder durch Art. 237 Abs. 3 vorgesehenen Weise mindestens eine Woche vor dem Tage der Generalversammlung angekündigt ist, können Beschlüsse nicht gefasst werden; hiervon ist jedoch der Beschluss über den in einer Generalversammlung gestellten Antrag auf Berufung einer außerordentlichen Generalversammlung ausgenommen.

Zur Stellung von Anträgen und zu Verhandlungen ohne Beschlussfassung bedarf es der Ankündigung nicht.

Art. 238 a. Jeder Beschluss der Generalversammlung bedarf zu seiner Gültigkeit der gerichtlichen oder notariellen Beurkundung. Die Zuziehung von Zeugen ist nicht erforderlich.

Eine beglaubigte Abschrift der Urkunde ist ohne Verzug nach der Generalversammlung von dem Vorstande zu dem Handelsregister einzureichen.

Art. 239. Der Vorstand ist verpflichtet, Sorge zu tragen, dass die erforderlichen Bücher der Gesellschaft geführt werden.

Er muss in der durch den Gesellschaftsvertrag bestimmten Frist, welche über die ersten sechs Monate des Geschäftsjahres nicht erstreckt werden kann, und in Ermangelung einer solchen Frist in den ersten drei Monaten desselben für das verflossene Geschäftsjahr eine Bilanz, eine Gewinn- und Verlustrechnung, sowie einen den Vermögensstand und die Verhältnisse der Gesellschaft entwickelnden Bericht dem Aufsichtsrate und mit dessen Bemerkungen der Generalversammlung vorlegen. Er hat die Vorlagen mindestens zwei Wochen vor der Versammlung in dem Geschäftslokale der Gesellschaft zur Einsicht der Aktionäre auszulegen. Jeder Aktionär ist berechtigt, auf seine Kosten eine Abschrift der Bilanz, der Gewinn- und Verlustrechnung, sowie des Geschäftsberichts zu verlangen.

Art. 239 a. Zur Prüfung der Bilanz können besondere Revisoren bestellt werden.

Die Verhandlung ist zu vertagen, wenn dies mit einfacher Stimmenmehrheit beschlossen oder von einer Minderheit, deren Anteile den zehnten Teil des Grundkapitals darstellen, verlangt wird, auf Verlangen der Minderheit jedoch nur, soweit von ihr bestimmte Ansätze der Bilanz bemängelt werden.

Ist die Verhandlung auf Verlangen der Minderheit vertagt, so gilt bezüglich der nicht bemängelten Ansätze der Bilanz die Entlastung des Vorstandes als erfolgt.

Art. 239 b. Die Vorschriften der Art. 185 a, 185 b, 185 c über die Bilanz und den Reservefonds finden entsprechende Anwendung.

Art. 240. Erreicht der Verlust, welcher aus der Jahresbilanz oder einer im Laufe des Geschäftsjahres aufgestellten Bilanz sich ergibt, die Hälfte des Grundkapitals, so muss der Vorstand unverzüglich die Generalversammlung berufen und dieser davon Anzeige machen.

Sobald Zahlungsunfähigkeit der Gesellschaft eintritt oder sich ergibt, dass *ihr* Vermögen nicht mehr die Schulden deckt, muss der Vorstand die Eröffnung des Konkurses beantragen.

Art. 241. Die Mitglieder des Vorstandes sind aus den von ihnen im Namen der Gesellschaft vorgenommenen Rechtshandlungen Dritten gegenüber für die Verbindlichkeiten der Gesellschaft persönlich nicht verpflichtet.

Die Mitglieder des Vorstandes haben bei ihrer Geschäftsführung die Sorgfalt eines ordentlichen Geschäftsmannes anzuwenden. *Sie haben, wenn sie in Anspruch genommen werden, die Anwendung dieser Sorgfalt zu beweisen.*

Mitglieder, welche ihre Obliegenheiten verletzen, haften der Gesellschaft solidarisch für den dadurch entstandenen Schaden. Insbesondere sind sie in den Fällen des Art. 226 Ziff. 1 bis 5, sowie in dem Falle einer nach der Zahlungsunfähigkeit oder Überschuldung der Gesellschaft (Art. 240 Abs. 2) geleisteten Zahlung zum Ersatze verpflichtet.

In den vorbezeichneten Fällen kann der Ersatzanspruch auch von den Gläubigern der Gesellschaft, soweit sie von dieser ihre Befriedigung nicht erlangen können, selbständig geltend gemacht werden. Die Ersatzpflicht wird ihnen gegenüber dadurch nicht aufgehoben, dass die Handlung auf einem Beschlusse der Generalversammlung beruht.

Vierter Abschnitt. Auflösung der Gesellschaft

Art. 242. Die Aktiengesellschaft wird aufgelöst:

1. durch Ablauf der im Gesellschaftsvertrage bestimmten Zeit;
2. durch Beschluss der Generalversammlung;
3. durch Eröffnung des Konkurses.

Wenn die Auflösung einer Aktiengesellschaft aus anderen Gründen erfolgt, so finden die Bestimmungen dieses Abschnitts ebenfalls Anwendung.

Art. 243. Die Auflösung der Gesellschaft muss, wenn sie nicht eine Folge des eröffneten Konkurses ist, durch den Vorstand zur Eintragung in das Handelsregister (Art. 210, 212) angemeldet werden; sie muss zu drei verschiedenen Malen durch die hierzu bestimmten öffentlichen Blätter bekannt gemacht werden.

Durch diese Bekanntmachung müssen zugleich die Gläubiger aufgefordert werden, sich bei der Gesellschaft zu melden.

Art. 244. Die Liquidation geschieht durch den Vorstand, wenn nicht dieselbe durch den Gesellschaftsvertrag oder einen Beschluss der Generalversammlung an andere Personen übertragen wird.

Auf den Antrag des Aufsichtsrats oder von Aktionären, deren Anteile zusammen den zwanzigsten Teil des Grundkapitals darstellen, kann die Ernennung von Liquidatoren durch den Richter erfolgen.

Die Anmeldung der ersten Liquidatoren zur Eintragung in das Handelsregister (Art. 210, 212) ist durch den Vorstand zu machen.

Die Abberufung der Liquidatoren kann durch den Richter unter denselben Voraussetzungen wie die Bestellung erfolgen. Liquidatoren, welche nicht vom Richter ernannt sind, können auch durch die Generalversammlung *jederzeit* abberufen werden.

Art. 244 a. Auf die Liquidation finden, soweit nicht in diesem Abschnitte ein Anderes bestimmt ist, die für die Liquidation einer offenen Handelsgesellschaft gegebenen Bestimmungen entsprechende Anwendung.

Die Liquidatoren haben die Rechte und Pflichten des Vorstandes. Die Beschränkungen des Art. 232 und die in Art. 234 zugelassene Bestellung von Prokuristen finden nicht statt.

Die Liquidatoren haben bei Beginn der Liquidation eine Bilanz aufzustellen. Dieselbe ist von ihnen ohne Verzug in den hierzu bestimmten öffentlichen Blättern bekannt zu machen und zu dem Handelsregister einzureichen.

Die Veräußerung unbeweglicher Sachen kann durch die Liquidatoren, sofern nicht der Gesellschaftsvertrag oder ein Beschluss der Generalversammlung anderes bestimmt, nur durch öffentliche Versteigerung bewirkt werden.

Art. 245. Das Vermögen einer aufgelösten Aktiengesellschaft wird nach Tilgung ihrer Schulden unter die Aktionäre nach Verhältnis ihrer Aktien verteilt.

Die Verteilung darf nicht eher vollzogen werden, als nach Ablauf eines Jahres von dem Tage an gerechnet, an welchem die Bekanntmachung in den öffentlichen Blättern zum dritten Male erfolgt ist.

In Ansehung der aus den Handelsbüchern ersichtlichen oder in anderer Weise bekannten Gläubiger und in Ansehung der noch schwebenden Verbindlichkeiten und streitigen Forderungen kommen die bei der Kommanditgesellschaft auf Aktien gegebenen Bestimmungen (Art. 202) zur Anwendung.

Nach gelegter Schlussrechnung ist die Beendigung der Liquidation von den Liquidatoren in den hierzu bestimmten öffentlichen Blättern bekannt zu machen.

Art. 246. Die Handelsbücher der aufgelösten Gesellschaft sind an einem von dem Handelsgerichte zu bestimmenden sicheren Orte zur Aufbewahrung auf die Dauer von zehn Jahren niederzulegen.

Die Aktionäre und die Gläubiger können zur Einsicht der Handelsbücher vom Handelsgerichte ermächtigt werden.

Art. 247. Bei der Auflösung einer Aktiengesellschaft durch Vereinigung derselben mit einer anderen Aktiengesellschaft (Art. 215) kommen folgende Bestimmungen zur Anwendung:

1. Das Vermögen der aufzulösenden Gesellschaft ist solange getrennt zu verwalten, bis die Befriedigung oder Sicherstellung ihrer Gläubiger erfolgt ist.

2. Der bisherige Gerichtsstand der Gesellschaft bleibt für die Dauer der getrennten Vermögensverwaltung bestehen, dagegen wird die Verwaltung von der anderen Gesellschaft geführt.

3. Die Mitglieder des Vorstandes und des Aufsichtsrats der letzteren Gesellschaft sind den Gläubigern der aufgelösten Gesellschaft für die Ausführung der getrennten Verwaltung persönlich und solidarisch verantwortlich, die Mitglieder des Aufsichtsrats, soweit eine Vereinigung der Vermögen beider Gesellschaften mit ihrem Wissen und ohne ihr Einschreiten erfolgt ist.

4. Die Auflösung der Gesellschaft ist zur Eintragung in das Handelsregister anzumelden.

5. Die öffentliche Aufforderung der Gläubiger der aufgelösten Gesellschaft (Art. 243) kann unterlassen oder auf einen späteren Zeitpunkt verschoben werden. Jedoch ist die Vereinigung der Vermögen der beiden Gesellschaften erst in dem Zeitpunkte zulässig, in welchem eine Verteilung des Vermögens einer aufgelösten Aktiengesellschaft unter die Aktionäre erfolgen darf (Art. 245).

Art. 248. Eine teilweise Zurückzahlung des Grundkapitals an die Aktionäre oder eine Herabsetzung desselben kann nur auf Beschluss der Generalversammlung und nur unter Beobachtung derselben Bestimmungen erfolgen, welche für die Verteilung des Gesellschaftsvermögens im Falle der Auflösung maßgebend sind (Art. 243, 245). Der Beschluss hat zugleich die Art, in welcher die Zurückzahlung oder Herabsetzung erfolgen soll, und die zu ihrer Durchführung erforderlichen Maßregeln festzusetzen. Der Beschluss ist in das Handelsregister einzutragen. Auf die Eintragung *und die Beschlussfassung* finden die Vorschriften in Art. 214 *und in Art. 215 Abs. 2 und 6 (Art. 180 f Abs. 3)* Anwendung.

Vierter Titel. Strafbestimmungen

Art. 249. Persönlich haftende Gesellschafter, Mitglieder des Aufsichtsrats und Liquidatoren einer Kommanditgesellschaft auf Aktien, sowie Mitglieder des Vorstandes und des Aufsichtsrats und Liquidatoren einer Aktiengesellschaft werden, wenn sie absichtlich zum Nachteile der Gesellschaft handeln, mit Gefängnis und zugleich mit Geldstrafe bis zu zwanzigtausend Mark bestraft.

Zugleich kann auf Verlust der bürgerlichen Ehrenrechte erkannt werden.

Art. 249 a. Mit Gefängnis und zugleich mit Geldstrafe bis zu zwanzigtausend Mark werden bestraft:

1. persönlich haftende Gesellschafter oder Mitglieder des Aufsichtsrats einer Kommanditgesellschaft auf Aktien, sowie Gründer, Mitglieder des Vorstandes oder des Aufsichtsrats einer Aktiengesellschaft, welche behufs Eintragung des Gesellschaftsvertrages in das Handelsregister rücksichtlich der Zeichnung oder Einzahlung des Gesamtkapitals der Kommanditisten oder des Grundkapitals der

Aktiengesellschaft oder der in Art. 175 b oder 209 b vorgesehenen Festsetzungen wissentlich falsche Angaben machen;

2. diejenigen, welche rücksichtlich der bezeichneten Tatsachen wissentlich falsche Angaben in einer in Art. 180 a, 213 b vorgesehenen Ankündigung von Aktien machen;

3. persönlich haftende Gesellschafter oder Mitglieder des Aufsichtsrats einer Kommanditgesellschaft auf Aktien, sowie Mitglieder des Vorstandes und des Aufsichtsrats einer Aktiengesellschaft, welche behufs Eintragung einer Erhöhung des Gesamtkapitals der Kommanditisten oder des Grundkapitals der Aktiengesellschaft in das Handelsregister (Art. 180 g und 180 h, 215 a und 215 b) rücksichtlich der Einzahlung des bisherigen oder rücksichtlich der Zeichnung oder Einzahlung des erhöhten Kapitals wissentlich falsche Angaben machen.

Zugleich kann auf Verlust der bürgerlichen Ehrenrechte erkannt werden.

Sind mildernde Umstände vorhanden, so tritt ausschließlich die Geldstrafe ein.

Art. 249 b. Persönlich haftende Gesellschafter, Mitglieder des Aufsichtsrats und Liquidatoren einer Kommanditgesellschaft auf Aktien, sowie Mitglieder des Vorstandes und des Aufsichtsrats und Liquidatoren einer Aktiengesellschaft werden mit Gefängnis bis zu einem Jahr und Geldstrafe bis zu zwanzigtausend Mark bestraft:

1. wenn sie wissentlich in ihren Darstellungen, in ihren Übersichten über den Vermögensstand der Gesellschaft oder in den in der Generalversammlung gehaltenen Vorträgen den Stand der Verhältnisse der Gesellschaft unwahr darstellen oder verschleiern;

2. wenn sie vor der vollen Leistung des Nominalbetrages der Aktien oder des *statt desselben* in den Fällen der Art. 175 a Ziff. 2, 180 g Abs. 2, 209 a Ziff. 2, 215 a Abs. 2 festgesetzten Betrages Aktien ausgeben;

3. wenn sie in dem Falle einer stattgefundenen Erhöhung des Gesamtkapitals oder des Grundkapitals vor Eintragung derselben in das Handelsregister (Art. 180 h Abs. 2, 215 c Abs. 4) Aktien, *Promessen oder* Interimsscheine ausgeben.

Zugleich kann auf Verlust der bürgerlichen Ehrenrechte erkannt werden.

Sind mildernde Umstände vorhanden, so tritt ausschließlich die Geldstrafe ein.

Art. 249 c. Mit Gefängnis bis zu drei Monaten und Geldstrafe bis zu fünftausend Mark werden bestraft:

1. die persönlich haftenden Gesellschafter, die Mitglieder des Aufsichtsrats und die Liquidatoren einer Kommanditgesellschaft auf Aktien, sowie die Mitglieder des Vorstandes und des Aufsichtsrats und die Liquidatoren einer Aktiengesellschaft, wenn länger als drei Monate die Gesellschaft ohne Aufsichtsrat geblieben ist oder in dem letzteren die zur Beschlussfähigkeit erforderliche Zeit von Mitgliedern gefehlt hat;

2. die Mitglieder des Vorstandes und die Liquidatoren einer Aktiengesellschaft, wenn sie entgegen der Vorschrift des Art. 210 Abs. 2 es unterlassen haben, die Eröffnung des Konkurses zu beantragen.

Sind mildernde Umstände vorhanden, so ist auf die Geldstrafe ausschließlich zu erkennen.

Die Strafe tritt nicht gegen denjenigen ein, welcher nachweist, dass die Bestellung oder Ergänzung des Aufsichtsrats oder der Eröffnungsantrag ohne sein Verschulden unterblieben ist.

Art. 249 d. Mit Gefängnis bis zu einem Jahre und Geldstrafe bis zu zehntausend Mark wird bestraft:

1. wer in öffentlichen Bekanntmachungen falsche Tatsachen vorspiegelt oder wahre Tatsachen entstellt, um zur Beteiligung an einem Aktienunternehmen zu bestimmen;

2. wer in betrügerischer Absicht auf Täuschung berechnete Mittel anwendet, um auf den Kurs von Aktien einzuwirken;

3. wer über die Hinterlegung von Aktien Bescheinigungen, welche nicht zum Nachweise des Stimmrechts in einer Generalversammlung dienen sollen, wissentlich falsch ausstellt oder verfälscht, oder von einer solchen Bescheinigung, wissend, dass sie falsch oder verfälscht ist, zur Ausübung des Stimmrechts Gebrauch macht.

Zugleich kann auf Verlust der bürgerlichen Ehrenrechte erkannt werden.

Sind mildernde Umstände vorhanden, so tritt ausschließlich die Geldstrafe ein.

Art. 249 e. Wer sich besondere Vorteile dafür hat gewähren oder versprechen lassen, dass er bei einer Abstimmung in der Generalversammlung von Kommanditisten oder Aktionären in einem gewissen Sinne stimme, wird mit Geldstrafe bis zu dreitausend Mark oder mit Gefängnis bis zu einem Jahre bestraft.

Art. 249 f. Die persönlich haftenden Gesellschafter und die Liquidatoren einer Kommanditgesellschaft auf Aktien sind zur Befolgung der in den Art. 179, 185, 185 a Abs. 2, 185 c, 190 a Abs. 3 und 4, 193 Abs. 2 und 205 Abs. 3 enthaltenen Vorschriften von dem Handelsgerichte durch Ordnungsstrafen anzuhalten.

In gleicher Weise sind die Mitglieder des Vorstandes und die Liquidatoren einer Aktiengesellschaft zur Befolgung der in den Art. 212, 213 e Abs. 4, 222 (Art. 190 a Abs. 3, 4), 222 a Abs. 3 und 4, 225 Abs. 1, 228, 233 Abs. 1, 238 a Abs. 2, 239 Abs. 2, 239 b (Art. 185 a Abs. 2, 185 c), 240 Abs. 1, 243 Abs. 1, 244 Abs. 3, 244 a Abs. 3 und 247 Ziff. 4 enthaltenen Vorschriften anzuhalten.

II. Anträge in der IX. Kommission des Reichstags

1. Anträge No. 1 v. 25.4.1884

Dr. Reichensperger (Olpe). Die Kommission wolle beschließen:

I. Im Art. 181 nach dem ersten Satze als neuen Absatz hinzuzufügen: „Personen, welche miteinander in grader Linie verwandt, verschwägert oder durch Adoption verbunden, oder in der Seitenlinie bis zum 2. Grade verwandt oder verschwägert sind, dürfen nicht zugleich Mitglieder des Aufsichtsrats sein. Sind solche Verwandte zugleich gewählt, so gilt nur die Wahl des Ältesten. Tritt die Adoption oder Schwägerschaft im Laufe der Wahlperiode ein, so scheidet der Adoptierte oder dasjenige Mitglied aus, durch welches die Schwägerschaft begründet wird. Das in der Schwägerschaft liegende Hindernis bleibt auch nach Auflösung der Ehe bestehen. – Findet eine Übertragung der Aktien nicht ohne die Einwilligung der Gesellschaft statt, so kann der Gesellschaftsvertrag von den Vorschriften des vorstehenden Absatzes abweichende Bestimmungen treffen."

II. Im Art. 227 hinter Abs. 2 folgenden neuen Absatz einzuschalten: „Die Vorschriften im Art. 191 Abs. 2 und 3 finden auf die Mitglieder des Vorstandes Anwendung. Sie gelten auch für das Verhältnis zwischen Mitgliedern des Vorstandes und des Aufsichtsrates."

III. Den Art. 192 wie folgt zu fassen: „Den Mitgliedern des ersten Aufsichtsrates darf eine Vergütung für die Ausübung ihrer Tätigkeit nur durch die Generalversammlung nach Ablauf des Zeitraums, für welchen er gewählt ist, bewilligt werden. – Nach Ablauf dieses Zeitraums kann für die Mitglieder eines späteren Aufsichtsrates die Vergütung im Voraus durch den Gesellschaftsvertrag bewilligt werden; soweit dieselbe in einem Bruchteil des Reingewinnes festgesetzt wird, ist gleichzeitig der Höchstbetrag anzugeben, welchen sie nicht überschreiten darf. Neben einer im Voraus bewilligten ist die Gewährung einer weiteren Vergütung unzulässig."

IV. Im § 6 des Gesetzentwurfs den Abs. 2 wie folgt zu beginnen: „Die Vorschriften der Art. 191 Abs. 1 bis 5, 192, 196 a, 227 Abs. 3 und 232 finden auf die Mitglieder des Aufsichtsrates oder des Vorstandes einer vor der Geltung usw."

V. Im Art. 240 den Abs. 2 wie folgt zu fassen: „Sobald Zahlungsunfähigkeit der Gesellschaft eintritt, muss der Vorstand die Eröffnung des Konkurses beantragen; dasselbe gilt, wenn aus der Jahresbilanz oder einer im Laufe des Geschäftsjahres aufgestellten Bilanz sich ergibt, dass das Vermögen nicht mehr die Schulden deckt."

VI. Im Art. 225 Abs. 1 im letzten Satze das Wort: „alljährlich" zu streichen.

VII. Im Art. 249 statt des Wortes „absichtlich" zu setzen: „wissentlich".

VIII. Nach dem Art. 249 c folgenden Zusatzartikel aufzunehmen: „Art. 249 c 2. Persönlich haftende Gesellschafter oder Mitglieder des Aufsichtsrates einer Kommanditgesellschaft auf Aktien, sowie Mitglieder des Vorstandes oder des Aufsichtsrates einer Aktiengesellschaft werden mit Geldstrafe bis zu fünftausend Mark bestraft, wenn sie aus Fahrlässigkeit zum Nachteil der Gesellschaft handeln."

2. *Anträge No. 2 vom 27.4.1884*

Beisert. Die Kommission wolle beschließen: Die Art. 209 bis 210 c in nachbezeichneter Weise abzuändern:

Art. 209 Abs. 1. Der Inhalt des Gesellschaftsvertrages (Statut) muss durch mindestens fünf *Personen, welche Aktien übernehmen,* in gerichtlicher oder notarieller Verhandlung festgestellt werden. *Als Übernehmer von Aktien ist auch derjenige anzusehen, welcher sich zu einer nicht in barem Gelde bestehenden Einlage auf das Grundkapital gegen Gewährung von Aktien verpflichtet. Derselbe muss an der Feststellung des Inhaltes des Gesellschaftsvertrages in der bezeichneten Verhandlung teilnehmen. Alle an dieser Feststellung sich beteiligenden Übernehmer von Aktien gelten als Gründer der Gesellschaft und haben sich als solche in der Verhandlung zu bezeichnen. In der Verhandlung* ist zugleich der Betrag der von jedem Gründer übernommenen Aktien anzugeben.

Art. 209 b Abs. 2. Werden auf das Grundkapital Einlagen, welche nicht in barem Gelde bestehen, gemacht oder seitens der zu errichtenden Gesellschaft vorhandene oder herzustellende Anlagen oder sonstige Vermögensstücke übernommen, so müssen die Person des Kontrahenten, der Gegenstand der Einlage usw.

Art. 209 d. In dem Falle, dass nicht sämtliche Aktien durch die Gründer übernommen werden, muss der Errichtung der Gesellschaft die Zeichnung der übrigen Aktien vorhergehen. *Zur* Zeichnung *genügt eine* schriftliche Erklärung (Zeichnungsschein). Der Zeichnungsschein ist in zwei Exemplaren zu unterzeichnen.

Er hat *außer dem Datum der Zeichnung, der Anzahl der Aktien, welche gezeichnet werden, sowie ihrer Art oder Gattung im Falle des Vorhandenseins verschiedener Arten oder Gattungen* zu enthalten:

1. das Datum des Statuts, die im Art. 209 Abs. 2, 209 b vorgesehenen Festsetzungen und im Falle verschiedener Gattungen den Gesamtbetrag einer jeden;

4. den Zeitpunkt, mit dessen Eintritt die Zeichnung unverbindlich wird, sofern nicht bis dahin die Errichtung der Gesellschaft beschlossen ist.

Zeichnungsscheine, welche diesen Erfordernissen nicht entsprechen oder außer dem unter Ziff. 4 bezeichneten Vorbehalte Beschränkungen in der Verpflichtung des Zeichners enthalten, sind zum Nachweise der Zeichnung des Grundkapitals ungeeignet.

Art. 209 e. Jede nicht in dem Zeichnungsschein enthaltene Beschränkung ist der Gesellschaft gegenüber unwirksam. (cfr. Art. 209 d letzter Satz)

Die Zeichnung von Aktien einer zu errichtenden Gesellschaft, welche nicht den im Art. 209 d Abs. 2 für einen Zeichnungsschein aufgestellten Erfordernissen entspricht, ist für den Zeichner unverbindlich.

Hat aber aufgrund einer schriftlichen Erklärung, welche eine Beteiligung in einem nach Anzahl und Nominalbetrag der Aktien, sowie im Falle des Vorhandenseins verschiedener Arten oder Gattungen von Aktien nach Art oder Gattung derselben bestimmten Umfange erkennen lässt, der Erklärende in der zur Beschlussfassung über die Errichtung der Gesellschaft berufenen Generalversammlung oder fernerhin als Aktionär Rechte ausübt oder Pflichten erfüllt, so ist er der aufgrund der Erklärung als eines Nachweises der Zeichnung in das Handelsregister eingetragenen Gesellschaft wie aus einem verbindlichen Zeichnungsschein verpflichtet. Auch sind in diesem Falle in der Erklärung befindliche Vorbehalte oder Einschränkungen der eingetragenen Gesellschaft gegenüber unwirksam.

Art. 209 f. *Im Falle von Einlagen oder Übernahmen der im Art. 209 b Abs. 2 bezeichneten Art haben die Gründer einen schriftlichen Bericht über die Gründung abzufassen, in welchem nach Personenzahl und Höhe der Beteiligung die Aktionäre, welchen Vergütungen zu Lasten der Gesellschaft in keiner Weise gewährt werden, denjenigen, welche solche empfangen, gegenüberzustellen sind und welcher eine Berechnung des Gründungsaufwandes unter Aufführung der einzelnen darunter fallenden Entschädigungen und Belohnungen nach Art und Höhe, sowie Personen der Empfänger, den Betrag des der Gesellschaft verbleibenden Betriebskapitals, die wertgemäße Verteilung der auf Einlagen und Übernahmen entfallenden Vergütungen auf feste Anlagen und Betriebsmaterialien, die in Betreff der Zahlungszeit für die baren Vergütungen getroffenen Festsetzungen, den Betrag der auf den zu erwerbenden unbeweglichen Sachen ruhenden Schulden und die in Betreff ihrer Tilgung geltenden Vereinbarungen zu enthalten hat.*

In dem Bericht haben die Gründer ferner den Inhalt der von ihnen in Hinzielung auf den Erwerb der Gesellschaft geschlossenen Vorverträge, die Dauer der Besitzzeit desjenigen, welcher die Einlage macht oder das Vermögensstück überlässt, und die früheren Erwerbs- oder Herstellungspreise des Gegenstandes der Einlage oder der Übernahme aus den letzten zwei Jahren anzugeben.

Liegt nur der Fall des Art. 209 b Abs. 3 vor, so haben die Gründer eine schriftliche Berechnung des Gründungsaufwandes aufzustellen, in welcher die Vergütungen nach Art und Höhe und die Empfänger einzeln aufzuführen sind.

Art. 209 g. *In dem Falle, dass die Gründer nicht alle übernommen haben, ist von denselben nach erfolgter Zeichnung der nicht übernommenen Aktien eine Generalversammlung der Aktionäre zur Beschlussfassung über die Errichtung der Gesellschaft zu berufen. In dieser Versammlung sind die Zeichnungsscheine, sowie im Falle des Art. 209 b die den dort bezeichneten Festsetzungen zum Grunde liegenden oder zu ihrer Ausführung geschlossenen Verträge und der im Art. 209 f vorgesehene Gründerbericht, der sofern nur der Fall des Art. 209 b Abs. 3 vorliegt, die im Art. 209 f Abs. 3 vorgesehene Berechnung des Gründungsaufwands vorzulegen.*

Die der Errichtung der Gesellschaft zustimmende Mehrheit der erschienenen Aktionäre muss mindestens ein Vierteil sämtlicher Aktionäre begreifen und der Betrag ihrer Anteile mindestens ein Vierteil des gesamten Grundkapitals darstellen. Die Zustimmung aller erschienenen Aktionäre ist erforderlich, wenn die im Art. 209 Ziff. 1 bis 4 und 209 a bezeichneten Bestimmungen des Gesellschaftsvertrages abgeändert oder die im Art. 209 b vorgesehenen Festsetzungen zu Lasten der Gesellschaft erweitert werden sollen. (cfr. Art. 210 a Abs. 4 u. 5 der Vorlage.)

Die Beschlussfassung ist zu vertagen, wenn es von den Aktionären mit einfacher Stimmenmehrheit verlangt wird.

Art. 210. Die Mitglieder des Vorstandes und des Aufsichtsrats haben den Hergang der Gründung zu prüfen. Die Prüfung hat sich auf die Richtigkeit und Vollständigkeit der Angaben, welche rücksichtlich der Zeichnung und Einzahlung des Grundkapitals und der im Art. 209 b vorgesehenen Festsetzungen von den Gründern gemacht sind, sowie *unter Prüfung des Gründerberichts und der Berechnung des Gründungsaufwandes* darauf zu erstrecken, ob die Höhe der für eingelegte oder übernommene Gegenstände, *sowie für Entschädigungen oder Belohnungen* gewährten Beträge durch die Verhältnisse gerechtfertigt erscheint. *Die Prüfenden können von den Gründern die Vorlegung der urkundlichen Grundlagen ihres Berichts fordern.*

Verweigert ein Mitglied des Vorstandes oder Aufsichtsrats seine Mitwirkung bei der Anmeldung des Gesellschaftsvertrages zum Handelsregister, oder legt dasselbe vor dieser Anmeldung seine Stellung freiwillig nieder, so haben in dem Falle, dass nicht sämtliche Aktien durch die Gründer übernommen sind, diese eine neue Generalversammlung der Aktionäre zur Beschlussfassung, ob die beschlossene Errichtung der Gesellschaft wieder aufzugeben, zu berufen.

Die Beschlussfassung erfolgt mit einfacher Stimmenmehrheit der erschienenen Aktionäre. Vor derselben ist das ausgeschiedene oder seine Mitwirkung bei der Anmeldung verweigernde Mitglied des Vorstandes oder Aufsichtsrats über den Grund seiner Weigerung oder seines Ausscheidens zu hören. Ist dasselbe nicht erschienen, so haben die Gründer und die übrigen Mitglieder des Vorstandes und des Aufsichtsrats das ihnen über den Grund Bekannte zur Kenntnis der Versammlung zu bringen.

Die Beschlussfassung ist zu vertagen, wenn es von den Aktionären mit einfacher Stimmenmehrheit verlangt wird.

Verbleibt es bei der beschlossenen Errichtung der Gesellschaft, so erfolgt die Ersetzung des ausgeschiedenen oder bei seiner Weigerung verharrenden Mitgliedes des Vorstandes oder Aufsichtsrats. (cfr. Art. 209 f der Vorlage.)

Art. 210 a. Auf die Berufung und Beschlussfassung der im *Art. 209 g und 210 bezeichneten* Generalversammlungen finden, soweit nicht im Art. 209 g ein anderes bestimmt ist, die Regeln entsprechende Anwendung, welche für die Gesellschaft nach der Eintragung maßgebend sind. (cfr. Art. 210 b der Vorlage.)

Art. 210 b. *Das Handelsregister wird für die Aktiengesellschaften bei einer Kammer für Handelssachen oder in Ermangelung einer solchen bei einer Zivilkammer des Landgerichtes, in dessen Bezirk die Gesellschaft ihren Sitz hat, geführt. Diese Kammer erledigt die Aufgaben, welche in diesem Titel dem Handelsgerichte der Hauptniederlassung zugewiesen sind.*

Der Gesellschaftsvertrag muss in das Handelsregister eingetragen werden.

Der Anmeldung behufs der Eintragung in das Handelsregister müssen beigefügt sein:

1. in dem Falle des Art. 209 b die den bezeichneten Festsetzungen zum Grunde liegenden oder zu ihrer Ausführung geschlossenen Verträge, *ferner der im Art. 209 f vorgesehene Gründerbericht, oder, sofern nur der Fall des Art. 209 b Abs. 3 vorliegt, die in Art. 209 f Abs. 3 vorgesehene* Berechnung des Gründungsaufwandes;

2. *die Urkunden über die in Art. 209 c vorgesehenen nachträglichen Übernahmen von Aktien durch Gründer, sowie* in dem Falle, dass nicht alle Aktien von den Gründern übernommen sind, zum Nachweise der Zeichnung des Grundkapitals die Duplikate der Zeichnungsscheine und ein von den Gründern in beglaubigter Form unterschriebenes Verzeichnis der sämtlichen Aktionäre, welches die auf jeden entfallenden Aktien, sowie die auf letztere geschehenen Einzahlungen angibt;

3. die Urkunden über die *in den Art. 209 g* und 210 *vorgesehenen Beschlüsse der Generalversammlung, sowie* über die Bestellung des Vorstandes. (cfr. Art. 210 der Vorlage.)

Art. 210 a der Vorlage. Abs. 1 fällt weg. – Abs. 4 und 5 sind in Abs. 2 und 3 des Art. 209 g aufgenommen.

Art. 210 b der Vorlage ist in Art. 210 a aufgenommen.

Art. 210 d. *Im Falle von Einlagen oder Übernahmen der im Art. 209 b Abs. 2 bezeichneten Art hat der Vorstand innerhalb zwei Wochen von der Eintragung des Gesellschaftsvertrages in das Handelsregister ab die den betreffenden Festsetzungen zum Grunde liegenden oder zu ihrer Ausführung geschlossenen Verträge, welche der Anmeldung zur Eintragung beigefügt waren, nach ihrem vollen Inhalte, sowie den im Art. 209 f vorgesehenen Gründerbericht im Deutschen Reichsanzeiger einmal zum Abdruck zu bringen.*

3. Anträge No. 3 vom 28.4.1884

I. Nachtrag zu den Abänderungsanträgen Nr. 2

Beisert. Die Kommission wolle beschließen: Dem Art. 209 e die Bezeichnung 209 h zu geben und ihm folgenden zweiten und dritten Absatz beizufügen: „Die Bestellung des Vorstandes und des Aufsichtsrats findet in dem Falle, dass die sämtlichen Aktien von den Gründern übernommen werden, gleichzeitig mit der Errichtung der Gesellschaft oder in einer besonderen gerichtlichen oder notariellen Verhandlung statt. – Andernfalls hat die Bestellung des Aufsichtsrats, und sofern der Gesellschaftsvertrag die Bestellung des Vorstandes nicht in anderer Weise vorsieht, auch diese in der nach Art. 209 g zur Beschlussfassung über die Errichtung der Gesellschaft berufenen Generalversammlung zu erfolgen."

Berichtigung. 1. Der Antrag der Drucksache Nr. 2 bezweckt, bei Art. 210 a der Vorlage nicht bloß den Abs. 1, sondern den ganzen Artikel wegfallen zu lassen.

2. Art. 209 f der Vorlage soll durch Art. 210 des Abänderungs-Antrags ersetzt werden.

II. Dr. Meyer (Halle). Die Kommission wolle beschließen: In Art. 207 a hinter das zweite Alinea folgendes Alinea neu einzuschieben: „Wenn in dem Gesellschaftsvertrage (Statut) ausbedungen ist, dass die Aktien oder ein Teil derselben unter Lebenden nur mit Zustimmung des Aufsichtsrats oder der Generalversammlung veräußert werden dürfen, so dürfen die Aktien, auf welche diese Bestimmung Anwendung findet, auf einen geringeren Betrag als 1000 Mark, aber nicht unter 200 Mark lauten."

III. Träger. Zu Art. 207 a Abs. 2: Hinter „gemeinnütziges" einzuschalten: „nicht auf unmittelbaren Gewinn gerechnetes".

IV. Freiherr von Aufseß. Zu Art. 207 a Abs. 2: Hinter „Reichskanzler" einzuschalten: „der vorher die Ausschüsse des Bundesrates für Handel und Verkehr und für Justizwesen zu hören hat."

V. Kochhann (Landsberg). Zu Art. 207 a Abs. 2: Die Worte: „jedoch mindestens zweihundert Mark erreichenden" zu streichen.

VI. Dr. Porsch. Zu Art. 207 a Abs. 2: Hinter „gewährleistet hat" einzuschalten: „oder die Aktionäre außer dem auf die Aktie zu zahlenden Betrage zugunsten der Gesellschaft noch besondere Naturalleistungen übernehmen müssen."

VII. Dr. Reichensperger (Olpe). Zu Art. 207 a Abs. 2: Die Worte: „in Übereinstimmung mit dem Reichskanzler" zu streichen.

4. Anträge No. 4 vom 8.5.1884

Dr. Meyer (Halle). Die Kommission wolle beschließen:

1. Zu Art. 213 a: In Alinea 1 den letzten Satz zu streichen und dafür hinter Alinea 2 folgendes neue Alinea einzuschieben: „Ingleichen sind der Gesellschaft in dem Falle, dass sie von Gründern durch Einlegen oder Übernehmen der in Art. 209 b bezeichneten Art böswilliger Weise geschädigt ist, diejenigen Gründer, welche die Schädigung wissentlich bewirkt oder in der von ihnen abgegebenen Erklärung (§ 209 ee) oder der Berechnung des Gründungsaufwandes böslicher Weise falsche Tatsachen vorgebracht oder wahre verschwiegen oder entstellt haben, solidarisch zum Ersatz des Schadens verpflichtet."

2. Zu Art. 213 c: Am Schlusse folgenden Satz hinzuzufügen: „Wird der Schadensanspruch auf die Behauptung begründet, dass die Höhe der für eingelegte oder übernommene Gegenstände gewährten Beträge nicht gerechtfertigt sei, so kann derselbe nur gegen diejenigen Mitglieder des Vorstandes oder Aufsichtsrats gerichtet werden, denen nachgewiesen wird, dass sie eine Tatsache unterdrückt haben, welche für die Beurteilung der Angemessenheit dieser Beträge erheblich ist."

5. Anträge No. 5 vom 12.5.1884

Dr. Meyer (Halle). Die Kommission wolle beschließen:

1. Hinter § 213 d folgenden neuen § 213 dd einzuschieben: „Die Ansprüche aus §§ 213 a bis c verjähren in fünf Jahren von der Eintragung des Gesellschaftsvertrages in das Handelsregister."

2. In § 215 a Alinea 1 hinter „Versicherungsgesellschaften" einzuschieben: „sowie solche Gesellschaften, bei denen die Übertragung der Aktien nach dem Gesellschaftsvertrage an die Genehmigung der Gesellschaft gebunden ist".

6. Anträge No. 6 vom 15.5.1884

I. Dr. Porsch nimmt die Abänderungsanträge des Abg. *Dr. Reichensperger (Olpe)* – Nr. 1 der Kommissions-Drucksachen – sub I. II. III. IV. V. VI. und VII. als eigene auf.

II. Dr. Porsch. Die Kommission wolle beschließen:

1. In Art. 226 Abs. 1 Zeile 4 und 5 zu streichen.

2. In Art. 190 a Abs. 1 dem letzten Satze hinter dem Worte „hinterlegen" zuzusetzen: „und wegen der der Gesellschaft drohenden Nachteile auf deren Verlangen eine nach dem freien Ermessen des Prozessgerichts zu bestimmende Sicherheit zu leisten. Bis zu deren Bestellung ist die Gesellschaft berechtigt, die Verhandlung zur Hauptsache zu verweigern."

3. In Art. 222 a hinter Abs. 2 als neuen Absatz einzuschalten: „Gegen die Anordnung findet die sofortige Beschwerde statt."

4. In Art. 222 a Abs. 5 des Entwurfs die Worte „welchen eine bösliche Handlungsweise bei Stellung des Antrages zur Last fällt" zu streichen und dafür zu sagen: „sofern sie die Unrichtigkeit und Unvollständigkeit der zur Begründung des

Antrages angeführten Tatsachen gekannt haben oder bei Anwendung der Sorgfalt eines ordentlichen Geschäftsmannes hätten kennen müssen," ...

5. In Art. 223 dem Abs. 2 als dritten und vierten Satz zuzufügen: „Dieselben haben wegen der Prozesskosten und wegen des drohenden Schadens der Gesellschaft auf deren Verlangen eine nach dem freien Ermessen des Prozessgerichts zu bestimmende Sicherheit zu leisten. Bis zu deren Bestellung ist die Gesellschaft berechtigt, die Verhandlung zur Hauptsache zu verweigern."

7. Antrag No. 7 vom 21.5.1884

von Uechtritz-Steinkirch. Die Kommission wolle beschließen: Zu Art. 242 Alinea 1: In Ziff. 2 fortzufahren: „der Beschluss bedarf einer Mehrheit von drei Vierteil des in der Generalversammlung vertretenen Grundkapitals."

8. Antrag No. 8 (berichtigt) vom 24.5.1884

Dr. Meyer (Halle). Die Kommission wolle beschließen: In den Gesetzentwurf einzuschalten:

Art. 201 a. Eine Kommanditgesellschaft auf Aktien kann in eine Aktiengesellschaft umgewandelt werden, wenn die Generalversammlung dies unter Innehaltung der Formen, die für Abänderungen des Statuts vorgeschrieben sind, beschließt, kein Aktionär ausdrücklich widerspricht und die persönlich haftenden Gesellschafter einwilligen.

Ein solcher Beschluss ist in derselben Weise zu veröffentlichen, die für einen auf Liquidation gerichteten Beschluss vorgeschrieben ist.

Ein solcher Beschluss hat den Gläubigern gegenüber dieselbe Wirkung wie ein auf Liquidation gerichteter Beschluss.

Durch die Eintragung des Beschlusses in das Handelsregister treten die Kommanditisten in die Stellung von Aktionären, der Aufsichtsrat in die Stellung des Aufsichtsrats einer Aktiengesellschaft ein. Derselbe hat die Verpflichtung, binnen acht Tagen einen Vorstand zu bestellen; die Befugnisse und Organisation desselben richtet sich nach den im Statut für die persönlich haftenden Gesellschafter enthaltenen Befugnissen, soweit nicht das Gesetz hinsichtlich der Stellung des Vorstandes etwas Anderes vorschreibt.

9. Antrag No. 9 vom 9.6.1884 (zur zweiten Lesung)

Frhr. v. Aufseß. Büsing. Heydemann. v. Köller. Dr. Porsch. Die Kommission wolle beschließen:

1. a) In Art. 173 a zwischen dem zweiten und dritten einen neuen Absatz einzufügen: Aktien, deren Übertragung an die Einwilligung der Gesellschaft gebunden ist, dürfen auf einen Betrag von weniger als eintausend, jedoch nicht von weniger als zweihundert Mark gestellt werden. – Und in Art. 207 a den dritten Absatz dahin zu fassen: „Auf Namen lautende Aktien, deren Übertragung an die" ... wie vorstehend.

b) In Art. 180 f resp. Art. 215 einen Schlussabsatz hinzuzufügen: „Die Bestimmung des Gesellschaftsvertrages, Inhalts deren die Übertragung von Aktien, welche in Gemäßheit des Art. 173 a Abs. 3 (neu) – resp. Art. 207 a Abs. 3 – auf einen geringen Betrag als eintausend Mark gestellt sind, an die Einwilligung der Gesellschaft gebunden ist, kann nicht abgeändert werden.

c) In Art. 181 a resp. 215 c einen neuen Schlusssatz hinzuzufügen: Aus Aktien, Promessen und Interimsscheinen, welche in Gemäßheit des Art. 173 a – resp. Art. 207 a – auf einen Betrag von weniger als eintausend Mark gestellt sind, sollen im Falle des zweiten Absatzes des bezeichneten Artikels die erteilten Genehmigungen, im Falle des dritten Absatzes die Beschränkungen hervorgehen, welchen die Kommanditisten – Aktionäre – in Bezug auf die Form einer Übertragung ihrer Rechte und die Einwilligung der Gesellschaft in dieselbe unterworfen sind.

d) An Art. 182 Abs. 2 hinter „übertragen werden" ohne Absatz fortzufahren: „Zu der im Gesellschaftsvertrage vorbehaltenen Einwilligung der Gesellschaft in die Übertragung von Aktien, welche auf einen Betrag von weniger als eintausend Mark gestellt sind, ist die Zustimmung des Aufsichtsrats und der Generalversammlung erforderlich. Die Übertragung dieser Aktien bedarf zu ihrer Gültigkeit einer die Person des Erwerbers bezeichnenden gerichtlichen oder notariellen Erklärung.

Und dann als Abs. 3 anstelle des jetzigen dritten und vierten Absatzes: Im Übrigen kann die Übertragung auch durch Indossament geschehen. In Betreff der Form desselben kommen ...

e) In Art. 203 Abs. 3 resp. Art. 248 Abs. 2 fortzufahren: „Die erteilten Genehmigungen sollen auf den Aktien angegeben werden."

f) In Art. 249 b eine neue Ziff. 4 einzufügen: 4. wenn sie auf einen geringeren Betrag als eintausend Mark gestellte Aktien, Promessen oder Interimsscheine ausgeben, welche nicht die in Art. 181 a Abs. 2, Art. 203 Abs. 3, Art. 215 c Abs. 4, Art. 248 Abs. 2 vorgeschriebenen Angaben enthalten.

2. In Art. 175 c Abs. 1 das irrtümlich hierher übertragene Wort „Art" zu streichen und daher zu sagen: §der Aktien nach Betrag *und* Gattung".

3. In Art. 176 Ziff. 4 und in Art. 210 Ziff. 4 statt „Genehmigungsurkunde" zu setzen: „Genehmigungsurkunden".

4. a) Art. 180 d Abs. 2 zu fassen: Werden vor Ablauf von zwei Jahren seit Eintragung des Gesellschaftsvertrages in das Handelsregister seitens der Gesellschaft Verträge geschlossen, durch welche sie vorhandene oder herzustellende Anlagen oder unbewegliche Gegenstände für eine den zehnten Teil des Gesamtkapitals übersteigende Vergütung erwerben soll, so bedürfen dieselben zu ihrer Gültigkeit der Zustimmung der Generalversammlung der Kommanditisten.

b) Als Schlusssatz hinzuzufügen: Die vorstehenden Bestimmungen finden auf den Erwerb unbeweglicher Gegenstände nicht Anwendung, sofern auf ihn der Gegenstand des Unternehmens gerichtet ist oder der Erwerb im Wege der Zwangsvollstreckung geschieht.

5. a) Art. 213 c Abs. 1 zu fassen: Werden etc. Verträge geschlossen, durch welche sie vorhandene oder herzustellende Anlagen oder unbewegliche Gegenstände für eine den zehnten Teil etc.

b) Als Schlussabsatz hinzuzufügen: Die vorstehenden Bestimmungen finden auf den Erwerb unbeweglicher Gegenstände nicht Anwendung, sofern auf ihn der Gegenstand des Unternehmens gerichtet ist oder der Erwerb im Wege der Zwangsvollstreckung geschieht.

6. Art. 180 h. In Abs. 2 den Schlusssatz zu fassen: Vor der Eintragung der stattgefundenen Erhöhung in das Handelsregister desjenigen Gerichts, in dessen Bezirk die Gesellschaft ihren Sitz hat, sollen Aktien, Promessen etc.

7. Art. 215 c. In Abs. 3 den Schlusssatz zu fassen: Ingleichen sollen etc. in das Handelsregister des im vorigen Absatz bezeichneten Gerichts, Aktien, Promessen oder Interimsscheine nicht ausgegeben werden.

8. Art. 203 Abs. 3. Die irrtümlich hierher übertragenen Worte: „soweit diese auf Namen lauten" zu streichen.

9. Art. 206 a. Im letzten Absatz statt „unterblieben ist" zu sagen „unterlassen ist" und fortzufahren: Die Ersatzpflicht wird dadurch nicht aufgehoben, dass die Unterlassung auf einem Beschlusse der Generalversammlung beruht.

10. Art. 209 b. Den aus Versehen stehen gebliebenen Schlussabsatz zu streichen.

11. Art. 222 a Abs. 3 zu streichen.

12. Art. 248. In Abs. 2 das Druckversehen dahin zu berichtigen, dass hinter der Parenthese „(Art. 243, 245)" fortgefahren wird: Der Beschluss hat zugleich die Art, in welcher die Zurückhaltung der Herabsetzung erfolgen soll, und die zu ihrer Durchführung erforderlichen Maßregeln festzusetzen. Er muss, sofern der Gesellschaftsvertrag für die Beschlussfassung nicht noch ... Grundkapitals erfolgen. Sind ...

NB. Die auf der *linken* Seite jetzt gesperrt gedruckten Worte sind nicht gesperrt zu drucken. Vielmehr sind nur im letzten Satze die Worte „und die Beschlussfassung" sowie die Worte: „und in Art. 215 Abs. 2 und 6 (Art. 180 f Abs. 3)" gesperrt zu drucken.

13. § 7. In Abs. 2 und 3 statt „x" zu setzen: „1. Oktober 1883".

10. Antrag No. 10 vom 1.6.1884 (zur zweiten Lesung)

I. Beisert: Die Kommission wolle beschließen:

1. Zu Art. 207 a. a) Das Alinea 1 zu fassen: „Die Aktien müssen auf einen Betrag von mindestens eintausend Mark gestellt werden".

b) Im Alinea 2 die Worte „jedoch mindestens zweihundert Mark erreichenden" zu *streichen.*

2. Zu Art. 209 f. a) Im Abs. 1 die Worte „der Gesellschaft ein Vermögensstück überlassen oder" zu *streichen.*

b) Im Abs. 2 den Schluss zu fassen wie folgt: „des Grundkapitals, der in Art. 209 b vorgesehenen Festsetzungen und der in Art. 209 ee vorgeschriebenen Erklärung von den Gründern gemacht sind, zu erstrecken."

3. Zu Art. 210. a) Im Abs. 2 Nr. 1 statt des Wortes „Darlegung" zu setzen: „Erklärung".

b) Im Abs. 3 Zeile 3 und 4 folgende Fassung zu beschließen: „der eingeforderte Betrag zur ausschließlichen Verfügung für die zu errichtende Gesellschaft bar eingezahlt und dem Vorstande übergeben sei."

4. In Art. 213 b. Den Schluss dahin abzuändern: „gekannt hat oder die Unrichtigkeit der Angaben bei Anwendung der Sorgfalt eines ordentlichen Geschäftsmannes hat kennen müssen."

5. Zu Art. 222 a. a) Im Abs. 1 statt des Wortes „Handelsgericht" zu setzen: „Landgericht in dessen Bezirk die Gesellschaft ihren Sitz hat".

b) Zwischen Abs. 1 und 2 ein neues Alinea einzuschalten: „Besteht bei dem Landgericht eine Kammer für Handelssachen, so gehört das Verfahren vor diese."

II. Lipke. Die Kommission wolle beschließen: Zu Art. 210 a. Im Alinea 4 den ersten Satz wie folgt zu fassen: „Die Anteile der der Errichtung der Gesellschaft zustimmenden Mehrheit müssen mindestens ein Viertel des Gesamtkapitals darstellen."

III. Goldschmidt. Die Kommission wolle beschließen: Den ersten Satz des § 225 a wie folgt zu fassen: „Wird ein Mitglied des Aufsichtsrats in den Vorstand delegiert, so ruht während der Zeit seiner Funktionen als Mitglied des Vorstandes dessen Tätigkeit und Stimmrecht im Aufsichtsrate".

11. Antrag No. 11 vom 11.6.1884 (zur zweiten Lesung)

Dr. Meyer (Halle). Die Kommission wolle beschließen: *Art. 226.* Folgendes Schlussalinea hinzuzufügen: „Die Ansprüche aus den vorstehenden Bestimmungen verjähren in fünf Jahren".

Art. 227. Folgendes Schlussalinea hinzuzufügen: „Die Ansprüche aus den vorstehenden Bestimmungen verjähren in fünf Jahren."

12. Anträge der Redaktions-Kommission vom 12.6.1884 zu den Beschlüssen zweiter Lesung

1. Art. 173 a.

a) Zwischen dem zweiten und dritten einen neuen Absatz einzufügen: „Aktien, deren Übertragung an die Einwilligung der Gesellschaft gebunden ist, dürfen auf einen Betrag von weniger als eintausend, jedoch nicht von weniger als zweihundert Mark gestellt werden."

b) Den Schlussabsatz zu fassen: „Die vorstehenden Bestimmungen gelten auch von Anteilsscheinen, in welchen der Bezug von Aktien zugesichert wird, oder welche sonst über das Anteilsrecht der Kommanditisten vor Ausgabe der Aktien ausgestellt werden (Interimsscheine)."

2. Art. 174 a. Statt des Wortes „zwanzigsten" zu setzen: „fünfzigsten".

3. Art. 175 c. In Abs. 1 den Schlusssatz zu fassen: „und, im Falle einer Verschiedenheit der Aktien, nach Betrag und Gattung" etc.

4. Art. 175 d. Den Abs. 3 zu fassen: „Die Mitglieder etc. zu prüfen. Die Prüfung hat sich auf die in Art. 174 a bestimmte Beteiligung, sowie auf die Richtigkeit und Vollständigkeit der Angaben zu erstrecken, welche rücksichtlich der Zeichnung und Einzahlung des Gesamtkapitals der Kommanditisten und rücksichtlich der in Art. 175 b vorgesehenen Festsetzungen von den persönlich haftenden Gesellschaftern, insbesondere in der in Art. 175 cc vorgeschriebenen Erklärung, gemacht sind."

5. Art. 176.

a) In Ziff. 1 statt des Wortes „Darlegung" zu sagen: „Erklärung".

b) In Ziff. 4 statt des Wortes „Genehmigungsurkunde" zu sagen: „Genehmigungsurkunden".

6. Art. 180 d.

a) Den Abs. 1 zu fassen: „Werden vor Ablauf von zwei Jahren seit Eintragung des Gesellschaftsvertrages in das Handelsregister seitens der Gesellschaft Verträge geschlossen, durch welche sie vorhandene oder herzustellende Anlagen oder unbewegliche Gegenstände für eine den zehnten Teil des Gesamtkapitals der Kommanditisten übersteigende Vergütung erwerben soll, so bedürfen dieselben zu ihrer Gültigkeit der Zustimmung der Generalversammlung der Kommanditisten."

b) Als Schlussabsatz hinzuzufügen: „Die vorstehenden Bestimmungen finden auf den Erwerb unbeweglicher Gegenstände nicht Anwendung, sofern auf ihn der Gegenstand des Unternehmens gerichtet ist oder der Erwerb im Wege der Zwangsvollstreckung geschieht."

7. Art. 180 f. Einen Schlussabsatz hinzuzufügen: „Die Bestimmung des Gesellschaftsvertrages, Inhalts deren die Übertragung von Aktien, welche in Gemäßheit des Art. 173 a Abs. 3 auf einen geringeren Betrag als eintausend Mark gestellt sind, an die Einwilligung der Gesellschaft gebunden ist, kann nicht abgeändert werden."

8. Art. 180 h. In Abs. 2 aus dem Schlusssatz einen neuen Absatz zu machen und diesen zu fassen: „Vor der Eintragung der stattgefundenen Erhöhung in das Handelsregister desjenigen Gerichts, in dessen Bezirk die Gesellschaft ihren Sitz hat, sollen Aktien oder Interimsscheine nicht ausgegeben werden."

9. Art. 181. Im Schlussabsatz das Wort „Promessen" zu streichen.

10. Art. 181 a.

a) Zu beginnen: „Aktien und Interimsscheine, welche" etc.

b) Folgenden neuen Schlussabsatz hinzuzufügen: „Aus Aktien und Interimsscheinen, welche in Gemäßheit des Art. 173 a auf einen Betrag von weniger als eintausend Mark gestellt sind, sollen im Falle des zweiten Absatzes des bezeichneten Artikels die erteilten Genehmigungen, im Falle des dritten Absatzes die Beschränkungen hervorgehen, welchen die Kommanditisten in Bezug auf die Form einer Übertragung ihrer Rechte und die Einwilligung der Gesellschaft in dieselbe unterworfen sind."

11. Art. 182.

a) Hinter „übertragen werden" ohne Absatz fortzufahren: „Zu der im Gesellschaftsvertrage vorbehaltenen Einwilligung der Gesellschaft in die Übertragung von Aktien, welche auf einen Betrag von weniger als eintausend Mark gestellt sind, ist die Zustimmung des Aufsichtsrats und der Generalversammlung erforderlich. Die

Übertragung dieser Aktien bedarf zu ihrer Gültigkeit einer die Person des Erwerbers bezeichnenden gerichtlichen oder notariellen Erklärung."

b) Dann als Abs. 3 an Stelle des jetzigen dritten und vierten Absatzes: „Die Übertragung anderer Aktien kann durch Indossament geschehen. In Betreff der Form desselben kommen" etc.

12. Art. 183. Im Abs. 1 die Worte „Promessen oder" zu streichen.

13. Art. 184 d zu fassen: „Die Gesellschaft soll eigene Aktien in geschäftlichem Betriebe etc. zu nehmen. Sie darf eigene Interimsscheine in geschäftlichem Betriebe auch in Ausführung einer Einkaufskommission weder erwerben noch zum Pfande nehmen."

14. Art. 203.

a) In Abs. 3 die Worte „soweit diese auf Namen lauten" zu streichen.

b) In diesem Absatze fortzufahren: „Die erteilten Genehmigungen sollen auf den Aktien angegeben werden."

15. Art. 204.

a) In Ziff. 3 und 4 das Wort „Promessen" zu streichen und in Ziff. 4 in der Parenthese statt „176" zu setzen: „180 b Abs. 3".

b) Folgenden Schlussabsatz hinzuzufügen: „Die Ansprüche aufgrund der vorstehenden Bestimmungen verjähren in fünf Jahren".

16. Art. 206 a. Im letzten Absatz statt „unterblieben ist" zu sagen: „unterlassen ist" und fortzufahren: „Die Ersatzpflicht wird dadurch nicht aufgehoben, dass die Unterlassung auf einem Beschlusse der Generalversammlung beruht."

17. Art. 207. Den Schlussabsatz folgendermaßen zu fassen: „Anteilscheine, in welchen der Bezug der Aktien zugesichert wird oder welche sonst über das Anteilsrecht des Aktionärs vor Ausgabe der Aktien ausgestellt werden (Interimsscheine), dürfen nicht auf Inhaber lauten."

18. Art. 207 a.

a) Den dritten Absatz dahin zu fassen: „Auf Namen lautende Aktien, deren Übertragung an die Einwilligung der Gesellschaft gebunden ist, dürfen auf einen Betrag von weniger als eintausend, jedoch nicht von weniger als zweihundert Mark gestellt werden."

b) Im Schlussabsatz die Worte „Promessen und" zu streichen.

19. Art. 209 b. Den aus Versehen stehen gebliebenen Schlusssatz zu streichen.

20. Art. 209 d. Im Abs. 1 Satz 2 die Worte „im Falle einer Verschiedenheit der Aktien" durch Kommata einzuschließen.

21. Art. 209 f. Den Abs. 2 zu fassen: „Die Prüfung hat sich auf die Richtigkeit und Vollständigkeit der Angaben zu erstrecken, welche etc. des Grundkapitals und der in Art. 209 b vorgesehenen Festsetzungen, von den Gründern insbesondere in der in Art. 209 ee vorgeschriebenen Erklärung gemacht sind."

22. Art. 210.

a) In Ziff. 1 statt des Wortes „Darlegung" zu sagen: „Erklärung".

b) In Ziff. 3 das Wort „urkundliche" zu berichtigen in: „urkundlichen".

c) In Ziff. 4 statt „Genehmigungsurkunde" zu sagen: „Genehmigungsurkunde*n*".

23. Art. 210 b. Hinter dem Worte „Regeln" fortzufahren: „zur entsprechenden Anwendung, welche".

24. Art. 213 e.

a) Abs. 1 zu fassen: „Werden etc. Verträge geschlossen, durch welche sie vorhandene oder herzustellende Anlagen oder unbewegliche Gegenstände für eine den zehnten Teil etc."

b) Als Schlussabsatz hinzuzufügen: „Die vorhandenen Bestimmungen finden auf den Erwerb unbeweglicher Gegenstände nicht Anwendung, sofern auf ihn der Gegenstand des Unternehmens gerichtet ist oder der Erwerb im Wege der Zwangsvollstreckung geschieht."

25. Art. 215. Einen neuen Schlussabsatz hinzuzufügen: „Die Bestimmung des Gesellschaftsvertrages, Inhalts deren die Übertragung von Aktien, welche in Gemäßheit des Art. 207 a Abs. 3 auf einen geringeren Betrag als eintausend Mark gestellt sind, an die Einwilligung der Gesellschaft gebunden ist, kann nicht abgeändert werden."

26. Art. 215 c.

a) In Abs. 1 die Worte „Promessen und" zu streichen.

b) In Abs. 2 das Wort „Promessen" zu streichen.

c) In Abs. 3 Satz 1 die Worte „statt desselben" zu streichen.

d) In Abs. 3 den Schlusssatz zu fassen: „Ingleichen sollen etc. in das Handelsregister des im vorigen Absatz bezeichneten Gerichts Aktien oder Interimsscheine nicht ausgegeben werden."

e) Folgenden neuen Schlussabsatz hinzuzufügen: „Aus Aktien und Interimsscheinen, welche in Gemäßheit des Art. 207 a auf einen Betrag von weniger als eintausend Mark gestellt sind, sollen im Falle des zweiten Absatzes des bezeichneten Artikels die erteilten Genehmigungen, im Falle des dritten Absatzes die Beschränkungen hervorgehen, welchen die Aktionäre in Bezug auf die Form einer Übertragung ihrer Rechte und die Einwilligung der Gesellschaft in dieselbe unterworfen sind."

27. Art. 215 d. Den ersten Absatz zu fassen: „Die Aktiengesellschaft soll eigene Aktien in etc. nehmen. Sie darf eigene Interimsscheine in geschäftlichem Betriebe auch in Ausführung einer Einkaufskommission weder erwerben noch zum Pfande nehmen."

28. Art. 220. Die Worte „Promessen oder" zu streichen.

29. Art. 222 a.

a) In Abs. 1 statt des Wortes „Handelsgericht" zu setzen: „Landgericht, in dessen Bezirk die Gesellschaft ihren Sitz hat."

b) Hinter den Worten „sechs Monaten" einzuschalten: „von der Generalversammlung zurückgerechnet,".

c) Den Abs. 3 zu streichen.

30. Art. 223. In Abs. 2 Satz 4 hinter den Worten „sechs Monaten" einzuschalten: „von der Generalversammlung zurückgerechnet".

31. Art. 225. Den Druckfehler in Abs. 2 durch Berichtigung des Wortes „wie" in „wenn" zu beseitigen.

32. Art. 225 a. In Abs. 2 in Berichtigung des Druckfehlers „Entlassung“ zu sagen: „Entlastung“.

33. Art. 226.

a) In Ziff. 3 das Wort „Promessen“ zu streichen.

b) In Ziff. 4 die Worte „statt desselben“ sowie das Wort „Promessen“ zu streichen.

c) Ziff. 4 folgendermaßen zu schließen: „Handelsregister desjenigen Gerichts, in dessen Bezirk die Gesellschaft ihren Sitz hat, ausgegeben sind;“

d) Folgenden Schlussabsatz hinzuzufügen: „Die Ansprüche aufgrund der vorstehenden Bestimmungen verjähren in fünf Jahren.“

34. Art. 244. Folgenden Schlussabsatz hinzuzufügen: „Die Ansprüche aufgrund der vorstehenden Bestimmungen verjähren in fünf Jahren.“

35. Art. 248.

a) In Abs. 1 das Druckversehen dahin zu berichtigen, dass hinter der Parenthese (Art. 243, 245) fortgefahren wird: „Der Beschluss hat zugleich die Art, in welcher die Zurückzahlung oder Herabsetzung erfolgen soll, und die zu ihrer Durchführung erforderlichen Maßregeln festzusetzen. Er muss, sofern der Gesellschaftsvertrag für die Beschlussfassung nicht noch etc. Grundkapitals erfolgen. Sind etc.“

b) In Abs. 2 fortzufahren: „Die erteilten Genehmigungen sollen auf den Aktien angegeben werden.“

36. Art. 249 b.

a) In Ziff. 3 das Zitat „215 c Abs. 4“ zu berichtigen in: „215 e Abs. 3“.

b) In Ziff. 3 das Wort „Promessen“ zu streichen.

c) Eine neue Ziffer hinzuzufügen: „4. wenn sie auf einen geringeren Betrag als eintausend Mark gestellte Aktien oder Interimsscheine ausgeben, welche nicht die in Art. 181 a Abs. 2, Art. 203 Abs. 3, Art. 215 c Abs. 4, Art. 248 Abs. 2 vorgeschriebenen Angaben enthalten.“

37. Art. 249 d. In Ziff. 3 hinter dem Worte „Aktien“ einzuschalten: „oder Interimsscheinen“.

38. Art. 249 cc. Den zweiten Satz folgendermaßen zu fassen: „Die gleiche Strafe trifft denjenigen, welcher Aktien eines Anderen gegen Entgelt leiht und für diese das Stimmrecht ausübt, sowie denjenigen, welcher Aktien gegen Entgelt zur Ausübung des Stimmrechts verleiht, wenn *letzteres* ausgeübt wird.“

39. § 7. In Abs. 2 und 3 statt „x“ zu setzen: „1. Oktober 1883.“

III. Berichte von Kastner (Bayern) über die Verhandlungen der IX. Reichstagskommission (24.4.-13.6.1884)

1. Sitzung 24.4.1884

Der *Vorsitzende* eröffnet die Sitzung um 10 Uhr und schlägt nach geschäftlichen Mitteilungen vor: vorbehaltlich einer zweiten Lesung von einer Generaldiskussion abzusehen und sofort in die Spezialdiskussion einzutreten.

Abg. Träger beantragt, mit Art. 207 zu beginnen. Der Antrag des Abg. Lipke, wenigstens über die Bedürfnisfrage in dem Sinne, ob mit dieser Arbeit nicht bis zur

Revision des Handelsgesetzbuches bzw. bis zur Erlassung des Bürgerlichen Gesetzbuches zugewartet werden solle, wird abgelehnt und Trägers Antrag angenommen.

Art. 207. Die Bedenken des *Abg. Horwitz* gegen die Ökonomie der Stoffanordnung und die Festhaltung an der Legalfolge des Handelsgesetzbuches fanden keinen Anklang. Insbesondere erklärt Träger, dass sein Antrag, mit Art. 207 zu beginnen, keine Umstellung der Bestimmungen des Entwurfs bezwecke. – Der Artikel wird angenommen.

Art. 207 a. Die Hauptdiskussion bewegte sich um die Frage, ob hinsichtlich des Mindestbetrages der Aktie ein Unterschied zuzulassen sei zwischen Inhaber- und Namensaktien. – *Beisert* beantragt Gleichstellung mit einem Minimalbetrage für beide Arten zu Tausend M. – Commissar *Dr. Hagens* gibt zu, dass sich allerdings die Unterscheidungen der Inhaber- und Namensaktien sehr verringert hätten; es empfehle sich aber, die Namensaktien zu begünstigen, weil dieselben geeignet seien, dem Strohmännerunwesen entgegenzuwirken. Die Namensaktien festigten den Aktionär mehr an die Gesellschaft, sie seien von Bedeutung für das Auftreten in der Generalversammlung. – Finanzrat *Schmidt* hebt hervor, dass bei den Gründungen, welche lediglich zum Zwecke eines vorübergehenden Geschäftes ins Leben gerufen wurden, mit Vorliebe die Form der Inhaberpapiere gewählt worden sei. Bei faulen Gründungen scheue man Namensaktien. Es sei anzustreben, dass die Gründer eine Zeit lang am Aktienkapitale beteiligt bleiben. – *Abg. Reichensperger* will durch die Differenzierung der Namens- und Inhaberaktien den Besitzstand der Aktien möglichst fixieren. Finanzrat *Schmidt* ist der Meinung, dass das rasche Tempo der Gründungen wesentlich deren Unwesen veranlasst habe, er erblickt in der Namensaktie eine Erschwerung der Gründungen und des Aktienabsatzes und spricht sich für die Begünstigung der Namensaktie, für Differenzierung, aus. *Beisert, Büsing* und *Lipke* bekämpfen die Differenzierung insbesondere im Hinblick auf das zulässige Blankoindossament und den Wegfall der Liberierung, wie solche die bisherige Gesetzgebung bei 40% Einzahlung zuließ. – Ein Antrag von *Träger* und *Horwitz*, den Minimalbetrag der Aktien auf 500 M. festzusetzen, wurde mit allen gegen drei Stimmen abgelehnt, nachdem schon vorher ein Antrag des *Abg. Lipke,* 400 M. statt 1000 M. zu setzen, in gleicher Minderheit geblieben war (Prot. 2 Stimmen). Der Antrag Beisert wurde mit 9 gegen 8 Stimmen abgelehnt, – die Regierungsvorlage mit 11 gegen 6 Stimmen angenommen. – Nicht anwesend waren die Kommissionsmitglieder Graf Droste zu Vischering (Geiger), Goldschmidt, Dr. Meyer und Baron von Pfetten.

(*Aus dem amtlichen Protokoll:* Art. 207 a Abs. 1. *Abg. Beisert* ist nicht gegen eine Erhöhung des Minimalbetrages der Aktien, weil man das kleine Kapital zweckmäßig von Aktienspekulationen fernhalte, aber gegen eine verschiedene Stellung der Inhaber- und Namensaktien, da letztere durch Blankogirierung ohne weiteres zu Inhaberpapieren gemacht werden könnten. Er *beantragt:* Unter Gleichstellung der Inhaber- und Namensaktien für beide einen Minimalbetrag von 1000 M. zu statuieren.

Abg. Dr. Reichensperger will die Kleinersparnisse der Handwerker und Dienstboten vom Aktiengeschäft fernhalten, stellt aber anheim, ob nicht – um die Beteiligung der mittleren Vermögen zu ermöglichen – für Namensaktien eine Minimalsumme von 500 M., für Inhaberaktien von 2000 M. festzusetzen sei. *Abg. Dr. Porsch beantragt dies.*

Abg. Lipke beantragt, eine Minimalsumme von 400 M. festzusetzen, welche Summe die Umwandlung in fremde Münzfuße erleichtere. Er ist gegen die verschiedene Behandlung der Inhaber- und Namensaktien.

Geh. ORR Dr. Hagens setzt die Gründe für eine Erhöhung der Minimalsumme auseinander. Es handle sich nicht in erster Reihe um eine Bevormundung der kleinen Leute, sondern das Land werde mit kleinen Papieren überschwemmt, welche das Kapital leichtsinnigen Unternehmungen zuführe; dies veranlasse eine öffentliche Kalamität u. rechtfertige das gesetzgeberische Einschreiten. – Die Majorität der Handelskammern, u. zwar 32 der größeren, seien für einen Minimalbetrag von 1000 M. Alle größeren Kapitalunternehmungen hätten eine durchschnittliche Minimalsumme von mehr als 600 M. für eine Aktie. – Die Unterscheidungen der Inhaber- und Namensaktien hätten sich allerdings sehr vorwiegend ganz verwischt. Es empfehle sich aber, die Namensaktien zu begünstigen, weil dieselben geeignet seien, dem Strohmännerunwesen entzogen zu werden. Die Namensaktien festigten den Aktionär mehr an die Gesellschaft; sie seien von Bedeutung für das Auftreten des Aktionärs in der Generalversammlung. –

Abg. Büsing will gleichfalls die kleinen Leute von Aktiengeschäften fernhalten, ist aber für eine Gleichstellung der Namens- u. Inhaberaktien. Er hält eine Reduzierung des Nominalbetrages der Aktien behufs Reduzierung des Aktienkapitals unter die Minimalsumme von 1000 M. auch bei schon bestehenden Aktiengesellschaften für den Fall der Annahme des Entwurfes für unmöglich. *Dr. Hagens* bestätigt, dass das Herabgehen unter diesen Minimalbetrag unzulässig sein würde. Man könne sich eventuell aber bei einer Reduktion des Grundkapitals anderweit helfen. Auch bestehe die Schwierigkeit schon bei dem gegenwärtigen Gesetze.

Geh. Finanzrat Schmidt hebt hervor, dass bei den Gründungen, welche lediglich zum Zweck eines vorübergehenden Geschäftes veranstaltet worden seien, man mit Vorliebe die Form der Inhaberpapiere gewählt habe. Bei faulen Gründungen scheue man Namensaktien. Es sei anzustreben, dass die Gründer eine Zeitlang im Aktienkapitale beteiligt bleiben.

Abg. Dr. Reichensperger hofft, dass die Erhöhung des Minimalbetrages das Interesse der Aktionäre an den Generalversammlungen erhöhen werde. Durch die Differenzierung der Namens- und Inhaberaktien werde er den Besitzstand der Aktien möglichst fixieren.

Die *Abg. Lipke, Beisert u. Büsing* halten die Differenzierung gleichwohl für effektlos.

Geh. Finanzrat Schmidt verwahrt sich dagegen, dass nach seiner Meinung die Gründungen nicht bloß eine *schlechte* Seite haben. Aber das *rasche Tempo* der Gründungen habe wesentlich das Unwesen der Gründungen veranlasst. Die Namensaktien dienten einer Erschwerung der Gründungen und des Aktienabsatzes.

Dr. Hagens gibt zu, dass man auch durch die Form der Namensaktien dem Strohmännerunwesen nicht ganz entgegenwirken könne, aber man habe doch mehr

Hilfsmittel dagegen. Es ließen sich statutarische Bestimmungen treffen dagegen, dass die Namensaktien zum Strohmännerunwesen ausgebeutet werden.

Nach einer längeren Debatte, an welcher die Abg. Dr. Horwitz, Kochann, Beisert, Büsing, Dr. Porsch u. v. Köller sich beteiligen, insbesondere darüber, ob die Börse an einer Erhöhung oder einer Erniedrigung der Minimalsumme ein Interesse habe, und ob die Form der Namensaktien die Aktionäre den Generalversammlungen zuführen oder davon abzuhalten geeignet sei, wird der *Antrag Lipke mit allen gegen zwei Stimmen,* der ursprünglich von dem Abg. Träger gestellte, nach Zurückziehung von dem Abg. Dr. Horwitz wieder aufgenommene *Antrag, die Minimalsumme auf 500 M. festzusetzen, mit allen gegen drei Stimmen,* der Antrag Beisert mit 9 gegen 8 Stimmen abgelehnt u. die Regierungsvorlage mit 11 gegen 6 Stimmen unverändert angenommen. Abg. Dr. Porsch hatte seinen Antrag vor der Abstimmung zurückgezogen.)

2. Sitzung vom 28.4.1884 (10 Uhr)

Den Gegenstand der Beratung bildet Abs. 2 des Art. 207 a mit den gedruckten Anträgen von Dr. Meyer und Träger, Aufseß, Kochann, Porsch, Reichensperger. – Beilage 3 Nr. II-VII. – Dr. Meyer stellte weiter anheim, ob nicht die Worte: „im Falle eines besonderen rechtlichen Bedürfnisses“ zu streichen seien. Die Debatte wird wegen einer im Abgeordnetenhause stattfindenden namentlichen Abstimmung um 11.15 Uhr unterbrochen, um 12.15 Uhr wieder aufgenommen, sofort aber auf den 29. April, 10 Uhr vertagt.

3. Sitzung vom 29.4.1884 (10 Uhr)

Für das ausgetretene Kommissionsmitglied Graf Droste zu Vischering tritt Abg. Geiger ein.

Dr. Porsch beantragt für den Fall der Annahme des Antrags Meyer (3/II), dem Eingang desselben die Fassung zu geben: Wenn in dem Gesellschaftsvertrage (Statut) ausbedungen ist, dass die Aktien ohne Einwilligung der Gesellschaft nicht auf andere Personen übertragen werden können, so dürfen pp. – *Abg. Büsing* beantragt: im Abs. 2 hinter „gewährleistet hat“ einzuschalten: „sowie ferner in dem Falle, dass zur Beseitigung der Unterbilanz einer Aktiengesellschaft sich die Herabsetzung des Grundkapitals durch Abminderung des Maximalbetrags der Aktien empfiehlt.“

Träger berichtigt seinen Antrag (3/III) dahin, dass er lauten müsse: „nicht auf unmittelbaren Erwerb oder Gewinn gerichtet ist“, zieht denselben jedoch zurück mit Rücksicht darauf, dass die Kommissare zur Tendenz dieses Antrags sich zustimmend erklärten und ihn nur für überflüssig hielten.

Demnächst wird der Antrag Aufseß (3/IV) mit 4 gegen alle Stimmen, der Antrag Reichensperger (3/VII) mit 5 gegen alle Stimmen, der Antrag Kochann (3/V) mit 10 gegen 8 Stimmen, der Antrag Porsch (3/VII) mit 5 gegen 13 Stimmen abgelehnt, dagegen der Antrag Büsing mit 10 gegen 8 Stimmen angenommen, ebenso der durch Porsch amendierte Antrag Meyer mit 12 gegen 6 Stimmen. – Gegen letzteren Antrag – Meyer

– hatten sich die Kommissare entschieden erklärt und es darf als wahrscheinlich angesehen werden, dass er in zweiter Lesung beseitigt wird. – So abgeändert findet Abs. 2 Annahme, was hinsichtlich Abs. 3 ohne Änderung der Fall ist.

Art. 208 ohne Debatte angenommen.

Art. 209. Hierzu liegt vor der Antrag Beisert – Nr. 2 –. Derselbe erklärt, dass die von ihm gestellten Anträge ursprünglich vom Reichsgerichtsrat Wiener herrührten, – cfr. des letzteren Broschüre [Der Aktiengesetz-Entwurf. Betrachtungen und Vorschläge, Leipzig 1884}. Beisert motivierte seinen Antrag, indem er darauf hinwies, dass der Antrag zu Art. 209 nicht bloß redaktioneller Natur sei, sondern auch schon durchblicken lasse den Gegensatz der Prospekttheorie zu der Prüfungstheorie. Es komme darauf an, ob man in erster Linie die Gründer oder in erster Linie den Aufsichtsrat verantwortlich machen wolle, ob man im letzteren Fall das Institut der Stellvertreter annehmen müsse, das doch wieder aus anderen Gründen unmöglich erscheine. – *Kommissar Deegen* erklärte: Es gehe zu weit, auszusprechen, dass jeder Einleger unter allen Umständen Gründer sei, es komme darauf an, ob er auch Gründer sein wolle. Deegen exemplifizierte auf Fälle, in denen es wie z. B. den Erben eines großen Fabriketablissements, welches er erbt, teilungshalber in eine Aktiengesellschaft umgewandelt werden soll, nicht wohl angesonnen werden kann, Gründer zu werden.

Kommissar Dr. Hagens wies darauf hin, dass der Entwurf den Ausdruck „Aktionär" der Kürze wegen auch schon vor dem Zustandekommen der Gesellschaft gebrauche. Der Antrag Beisert wolle dies vermeiden. Der Kernpunkt dieses Antrags liege in der Bestimmung: der Einleger müsse Aktionär sein. Dies involviere eine Verschärfung des Entwurfs, über die sich streiten lasse. Nicht erforderlich scheine die Bestimmung, dass die an der Festsetzung des Gesellschaftsvertrags sich beteiligenden Personen sich selbst als Gründer bezeichnen müssten. – Reichensperger spricht für den Antrag Beisert; es sei nützlich, dass der Gründer, indem er sich selbst als solcher bezeichne, zu dem Bewusstsein gelange, dass er selbst Mitgründer sei. Lipke und Träger für den Antrag Beisert. – *Kommissar Dr. Hagens:* Es sei eine Verteuerung der Gründung und eine Verschärfung des Entwurfs, wenn die Einleger Gründer sein müssten, aber es liege eine solche Bestimmung außerhalb der Tendenz und Richtung desselben. – Der *Vorsitzende* beantragt für den Fall der Annahme des Antrags Beisert: Anstatt der Worte „Als Übernehmer von Aktien ... derselbe muss" zu setzen: „Personen, welche Aktien übernehmen, deren Einlagen nicht in barem Gelde bestehen, müssen" und ferner die Worte zu streichen „und haben sich als solche in der Verhandlung zu bezeichnen." – Beisert erklärt sich mit dem Amendement des Vorsitzenden Uechtritz einverstanden. – Der erste Satz des Antrags Beisert ist angenommen. Die beiden Anträge Uechtritz werden ebenfalls angenommen sowie demnächst der ganze Antrag Beisert, betreffend Abs. 1 des Art. 209 mit diesen Amendements. – Abs. 2 und 3 vom Art. 209 sind ohne Diskussion angenommen.

Art. 209 a. Ohne Diskussion angenommen.

Art. 209 b. Der zu Abs. 2 dieses Artikels vom Abg. Beisert gestellte Antrag – Nr. 2 – wird fallen gelassen. – Der Art. 209 b ist angenommen.

Art. 209 c. Angenommen.

4. Sitzung vom 30.4.1884 (10 Uhr)

Der *Vorsitzende* schlägt vor: Eine Redaktionskommission – bestehend aus den Abg. Beisert, Büsing, Porsch und Hartmann zu wählen. Die Wahl vollzieht sich nach Vorschlag.

Art. 209 d in Verbindung mit den Abänderungsanträgen Beisert (Nr. 2) 209 d und 209 e. Vor allem erklärt *Beisert,* dass er mit den Bestimmungen unter Ziff. 2 und 3 des Art. 209 d des Entwurfs einverstanden sei und er diese Ziff. 2 und 3 nur aus Versehen in seinem Antrag weggelassen habe. Soweit sein Antrag auf Abänderung des zweiten Satzes im ersten Absatze des Art. 209 d des Entwurfs abzielt, zieht Beisert den Antrag zurück. – Ebenso im Abs. 2 seines Antrags die Worte: „dem Datum der Zeichnung". – Über den Antrag Beisert Nr. 2 Art. 209 e betreffend die Wirkung der Zeichnung, entwickelte sich eine eingehende Debatte. Es wurde erörtert, ob der Zeichnungsschein ausschließlich, gleich dem Wechsel, einen Formalakt involviere, ob ein mangelhafter Zeichnungsschein der Gesellschaft gegenüber unverbindlich sei oder ob die allgemeinen Bestimmungen des bürgerlichen Rechts ausschlaggebend bleiben, wie dies hinsichtlich des Wechsels zutreffe, auch wenn dieser als Wechsel keine Geltung habe. Im Hinblick auf die in Wieners Broschüre bezeichnete Kontroverse, ob ein mangelhafter Zeichnungsschein durch nachfolgende konkludente Handlungen des Zeichners sanciere, wurde insbesondere Abs. 3 des Beisertschen Antrags eingehender Prüfung unterstellt.

Abg. Träger beantragt: Im Art. 209 d der Regierungsvorlage vielmehr im Abs. 2 des Beisertschen Antrags Art. 209 e (Beilage 2) hinter die Worte „im Art. 209 d Abs. 2" einzuschalten „Nr. 1. 2. 3. 4. 5." und im Abs. 3 des Art. 209 d der Regierungsvorlage hinter das Wort „ungeeignet" einzuschieben: „und der Gesellschaft gegenüber unverbindlich." – Die erstere Einschaltung motivierte Träger damit, dass *Kommissar Dr. Hagens* bei der Bekämpfung des Antrags, dem Zeichnungsschein absoluten Formalcharakter beizulegen, so dass er ungültig sein werde, wenn auch etwas Unwesentliches an ihm fehle, die Erfordernisse der Nr. 6 und 7 des Art. 209 für den Zeichnungsschein als nicht unbedingt notwendig bezeichnete. – Die beiden Trägerschen Anträge wurden abgelehnt.

Abg. Heydemann beantragt: Im Art. 209 e Beisert anstatt der Worte: „... der Erklärende in der zur Beschlussfassung über die Errichtung der Gesellschaft berufenen Generalversammlung oder fernerhin als Aktionär Rechte ausübt oder Pflichten erfüllt", zu setzen die Worte „der Erklärende nach Eintragung der Gesellschaft in das Handelsregister als Aktionär Rechte ausübt oder Pflichten erfüllt." – Auch dieser Heydemannsche Antrag blieb in der Minderheit. – Dagegen wurde der Abänderungsantrag Beisert zu Abs. 2 des Art. 209 d (Nr. 2 der Anträge) mit 8 gegen 7 Stimmen und mit dieser Maßregel der Art. 209 d der Vorlage angenommen. Ebenso wurde angenommen der von Beisert vorgeschlagene Art. 209 e, und zwar Abs. 2 mit 11 gegen 9 Stimmen und Abs. 3 mit 10 gegen 9 Stimmen, – Redaktion vorbehalten.

Es wird in die Diskussion über den Antrag Beisert Art. 209 f Nr. 2 der Anträge eingetreten.

5. Sitzung vom 1.5.1884 (12.45 Uhr)

Die Debatte über Art. 209 f pp. der Beisertschen Anträge wird fortgesetzt, insbesondere über die Notwendigkeit und den Zeitpunkt der Prüfung sowie die Konstruktion des Prüfungsorganes.

Beisert ändert seinen gedruckten Antrag Art. 209 f dahin ab: Im Abs. 1 soll es heißen: „... abzufassen, in welchem der Gründungshergang richtig und vollständig von ihnen vorzutragen ist." und soll der übrige Teil dieses Abs. 1 in Wegfall kommen; im Abs. 2 soll das Wort „ferner" mit „insbesondere" vertauscht werden; Abs. 3 sei zu streichen. – Abg. *Lipke* beantragt zu Art. 209 d der Regierungsvorlage, in der ersten Zeile die Worte: „des Vorstandes und" zu streichen. – Abg. *Dr. Porsch* beantragt: Anstelle des zweiten Satzes vom Abs. 1 des Art. 209 f der Vorlage zu setzen: „Sind Mitglieder zugleich Gründer oder haben sie der Gesellschaft ein Vermögensstück überlassen oder sich einen besonderen Vorteil ausbedungen (Art. 209 b), so muss außerdem eine Prüfung durch besondere Revisoren stattfinden, welche das für die Vertretung des Handelsstandes berufene Organ und in Ermangelung eines solchen der Vorstand und der Aufsichtsrat zu bestellen hat."

Der Vorsitzende Uechtritz beantragt: In den Art. 209 b der Vorlage einen neuen Schlussabsatz aufzunehmen des Inhalts: „Zu den durch den zweiten Absatz vorgesehenen Festsetzungen haben die Gründer in einer besonderen von ihnen zu unterzeichnenden Erklärung die Umstände darzulegen, mit Rücksicht auf welche ihnen die Höhe der für die eingelegten oder übernommenen Gegenstände gewährten Beiträge gerechtfertigt erscheint. Hierbei haben sie insbesondere die dem Erwerbe der Gesellschaft vorausgegangenen Rechtsgeschäfte, welche auf denselben hingezielt haben, sowie die früheren Erwerbs- und Herstellungspreise aus den letzten zwei Jahren anzugeben."

Die Abstimmung ergab: Der Antrag Beisert 209 f wird mit 9 gegen 9 Stimmen abgelehnt, ebenso mit 10 gegen 9 Stimmen der Antrag Lipke. – Satz 1 vom Abs. 1 des Art. 209 f der Vorlage wird mit 10 gegen 9 Stimmen angenommen, Satz 2 vom Abs. 1 des Art. 209 f der Vorlage wird gestrichen und dafür der Antrag Porsch mit 11 gegen 9 Stimmen angenommen. – Der Antrag v. Uechtritz zu Art. 209 b ist einstimmig angenommen; in Konsequenz hiervon wird der letzte Satz im Abs. 2 des Art. 209 f der Vorlage gestrichen und Satz 1 angenommen, ebenso gelangt Abs. 3 zur Annahme.

Art. 209 e des Entwurfs. Beisert zieht seinen hierzu gestellten Antrag Nr. 3 der Anträge sub. I zurück, nachdem *Kommissar Dr. Kayser* erklärt hatte, dass bei Simultangründungen die Bestellung von Vorstand und Aufsichtsrat gleichzeitig mit der Errichtung der Gesellschaft stattfinden könne. Der Artikel wird unverändert angenommen. – Der Antrag Beisert Art. 209 d – Nr. 2 der gedruckten Anträge – wird mit 9 gegen 8 Stimmen abgelehnt. – Nunmehr zieht Beisert den Art. 210 seiner Anträge zurück und es werden Art. 210 und 210 a der Vorlage in Beratung gezogen.

Es entspinnt sich eine Debatte darüber, was im Abs. 3 unter „bar eingezahlt" zu verstehen sei.

6. Sitzung vom 2.5.1884 (10 Uhr)

Fortsetzung der Diskussion über den Begriff von „Barzahlung“. – Abs. 1 wird angenommen. – Abs. 2 ebenfalls mit der Maßgabe, dass in Ziff. 1 in Konsequenz des zu Art. 209 b angenommenen Antrages Uechtritz hinter „Verträge“ eingeschaltet wird: „die im letzten Absatze des Art. 209 b vorgesehene Darlegung.“ – Zum Abs. 3 liegt ein Antrag Aufseß/Feustel vor, dahin lautend: *„Als Barzahlung gilt die Zahlung in deutschem Gelde, in Reichskassenscheinen und Noten gesetzlich zugelassener deutscher Banken, oder die vollzogene Gutschrift bei der Reichsbank oder der Bank eines deutschen Staates.“* – Hierzu stellt *Beisert* das Amendement: „oder einer mit der Reichsbank im Scheckverkehr stehenden Bank bzw. eines solchen Bankhauses.“ – Dieses Amendement wird abgelehnt, ebenso der Antrag Aufseß/Feustel in seiner zweiten Alternative, betreffend die Gutschrift, hingegen wird der übrige Teil angenommen. – Der Scheck als Zahlungsmodus ist sohin ausgeschlossen. – Auf Antrag Reichensperger werden im Abs. 3 hinter die Worte „übergeben sei“ noch die Worte beigefügt: „und im Besitze des Vorstandes sei“. Der Antrag *Dr. Horwitz*, zu sagen: „in der Anmeldung ist die Erklärung abzugeben, dass ... der eingeforderte Betrag bar eingezahlt und zur Verfügung der Gesellschaft gestellt sei“, wird abgelehnt. – Abs. 4 und 5 finden keine Beanstandung.

Art. 210 a der Vorlage. Die Diskussion betraf die Frage, ob die konstituierende Generalversammlung von dem Handelsrichter zu leiten sei. – *Beisert* beantragt: 1. Im Art. 210 a Abs. 1 nach dem Worte „haben“ fortzufahren „ist eine Generalversammlung der ... zu berufen“, 2. den Abs. 2 zu streichen. – Antrag 1 wird mit 10 gegen 8 Stimmen abgelehnt, worauf Antrag 2 zurückgezogen wird. Demnächst wird Art. 210 a der Vorlage unverändert angenommen. – Für die Beibehaltung des Richters stimmten auch die Abg. Aufseß und Geiger, dagegen der Abg. Feustel. – Vertagung bis 8. Mai.

7. Sitzung vom 8.5.1884

Nachdem in der vorigen Sitzung die Abs. 1 und 2 des Art. 210 a unveränderte Annahme gefunden haben, wird die Beratung mit Abs. 3 des Art. 210 begonnen. – *Abg. Porsch* beantragt, zurückgreifend auf Abs. 1 daselbst, hinter „Handelsgericht“ einzuschalten „ohne Verzug“, – was angenommen wurde und womit sich Alinea 1 erledigt. – Ebenso fand der Antrag Porsch, im Abs. 3 statt „aufgrund ihres Berichts“ zu sagen: „... Prüfung aufgrund der Berichte (Art. 209 f) und deren urkundlichen Grundlagen“. – Annahme.

Zu Abs. 4 des Art. 210 a beantragen 1. der *Abg. Dr. Meyer (Halle)*: den ersten Satz dahin zu fassen: „Die der Errichtung der Gesellschaft zustimmende Mehrheit der Aktionäre muss mindestens so viele Anteile besitzen, dass der Betrag derselben mindestens ein Viertel des gesamten Grundkapitals darstellt.“ – Mit 9 gegen 6 Stimmen abgelehnt.

2. Der *Abg. Beisert*: a) in Zeile 3 zwischen „sämtlichen“ und „Aktionäre“ einzuschieben: „im Verzeichnisse (Art. 210 Abs. 2 Nr. 2) aufgeführten“, b) ebenda Zeile

2 statt „ein Vierteil" zu setzen: „den achten Teil". – Beide Anträge a) und b) wurden mit 8 gegen 7 bzw. 9 gegen 6 Stimmen abgelehnt.

3. Der *Abg. Porsch*: Statt „sämtliche Aktionäre" in Zeile 3 zu sagen: „sämtlicher in dem Verzeichnisse aufgeführten oder in der Generalversammlung als Rechtsnachfolger der Zeichner legitimierten Aktionäre". – Dieser Antrag und mit diesem das ganze Alinea angenommen.

Abs. 5 zu Art. 210 a ohne Diskussion angenommen, ebenso Art. 210 b der Vorlage.

Abg. Beisert zieht den Art. 210 d seiner Anträge – Nr. 2 der gedruckten Anträge – zurück, demnächst wurden Art. 210 c und 211, Art. 212 und 213 ohne wesentliche Diskussion unverändert angenommen.

8. Sitzung vom 2.5.1884 (10 Uhr)

Art. 213 a. Der zu Alinea 1 von *Dr. Meyer* auf Nr. 4 der gedruckten Anträge gestellte Antrag wird mit 8 gegen 10 Stimmen abgelehnt. – Für die Annahme des Artikels nach der Regierungsvorlage erklären sich 10 Stimmen gegen 6 Stimmen.

Art. 213 b. Anträge: *Abg. Büsing:* In Zeile 5 und hinter dem Worte „sofern" einzuschalten die Worte „ihm nachgewiesen wird, dass" – *Abg. Beisert:* den Schlusssatz dahin zu fassen: „oder bei Anwendung gewöhnlicher Aufmerksamkeit hat kennen müssen", – *Abg. Heydemann:* den Schlusssatz dahin zu fassen: „oder bei Anwendung der Sorgfalt eines ordentlichen Geschäftsmannes hat kennen müssen". – In der Diskussion konstatiert der *Kommissar Hagens* gegenüber dem Abgeordneten Beisert, welcher nur den dolus und die culpa lata der Emissionshäuser treffen will, dass auch schon das mäßige Versehen zutreffend sei. Es werde von dem Entwurf nur die Sorgfalt eines ordentlichen Geschäftsmannes verlangt, nicht dass dem Emittenten eine besondere Technik oder eine besondere Kenntnis des Geschäftszweiges innewohnen müsse, um die es sich handelt. – Der Antrag Büsing wird angenommen, der Antrag Beisert mit 8 gegen 10 Stimmen abgelehnt, dagegen der Antrag Heydemann und schließlich der ganze Artikel angenommen.

Art. 213 c. Hierzu beantragen: *Abg. Dr. Porsch:* in Zeile 1 und 2 die Worte „sowie Stellvertreter derselben" zu streichen, – *Abg. Büsing:* in Zeile 2 hinter „derselben" fortzufahren: „welchen nachgewiesen wird, dass sie bei der pp." – Nach längerer Debatte erfolgt Vertagung auf Mittwoch, den 14. Mai vormittags 10 Uhr.

9. Sitzung vom 14.5.1884 (vormittags 10 Uhr)

Anfangs der Sitzung wird von einigen Mitgliedern der Kommission der Zweifel ausgesprochen, ob es gelingen werde, dass die Kommission ihre Aufgabe erledige. Die Ansichten hierüber gingen auseinander; die Minderheit war der Meinung, dass wenn auch der Entwurf durchberaten sei, sich doch damit das Plenum nicht werde zu beschäftigen haben, sondern, dass aufgrund des dann vorliegenden Materials eine neue Vorlage aufzubauen sei. *Staatssekretär v. Schelling* äußerte sich dahin, dass die verbündeten Regierungen, insbesondere aber auch der Herr Reichskanzler, den er erst gestern gesprochen habe, großen Wert auf das Zustandekommen des Gesetzes in dieser Session lege.

Bei Fortsetzung der Diskussion über Art. 213 c der Vorlage erklärt *Kommissar Dr. Hagens* auf eine Anregung des *Abg. Beisert*, dass Vorstand und Aufsichtsrat lediglich der Gesellschaft haften. Selbständige Ansprüche der Aktionäre beständen daneben nicht, solche würden nämlich erschöpft durch die Ansprüche der Gesellschaft. Wie die Auseinandersetzung zwischen den solidarisch haftenden Mitgliedern des Vorstandes und Aufsichtsrats sich im Einzelnen zu gestalten habe, richte sich nach den Bestimmungen des bürgerlichen Rechts. Es würde zu Unzuträglichkeiten führen, dies hier zu regulieren. – Auf weitere Anregung Beiserts bzw. Büsings erklärt Hagens, dass der Art. 213 c nicht die Sorgfalt eines ordentlichen *Kaufmannes* verlange wie Art. 180, sondern eine Sorgfalt eines ordentlichen *Geschäftsmannes*, welche materiell mit derjenigen eines ordentlichen *Hausvaters* gleichbedeutend sei. Letzterer Ausdruck passe nur nicht zur Vorlage. – Die Kommission erklärt einstimmig ihre Zustimmung zu diesen Erklärungen. Demnächst werden die Anträge Porsch und Büsing und mit den hieraus sich ergebenden Änderungen der ganzen Artikel angenommen. – Abg. Dr. Meyer zieht seinen gedruckten Antrag – Nr. 4 der Anträge Ziff. 2 – zurück, und zwar mit Rücksicht darauf, dass *Kommissar Dr. Hagens* in der heutigen Sitzung die Erklärung abgab, dass auch nach Ansicht der verbündeten Regierungen die nackte Behauptung: es sei ein Apport zu einem zu großen Wert übernommen, kein ausreichendes Fundament für einen Regressanspruch abgebe.

Art. 213 d wird unverändert angenommen, nachdem der hierzu gestellte Antrag *Beisert*, in Zeile 4 statt „*drei* Jahren" zu sagen: „*zwei* Jahren", in der Minderheit geblieben war.

Art. 213 dd. Der Antrag *Meyer* auf Nr. 5 Ziff. 1 der gedruckten Anträge, Statuierung einer fünfjährigen Verjährung, wird angenommen. *Staatssekretär v. Schelling* nahm schon vor der Beratung wegen dieses Meyerschen Antrags mit mir Rücksprache. Ich glaubte, mich dahin äußern zu dürfen, dass ich den Antrag für unbedenklich erachte. – Bekanntlich macht auch Wiener denselben Vorschlag. – Und dass sogar gegen eine *drei*jährige Verjährungsfrist nichts zu erinnern sein dürfte, da in der Tat einzelne Rechte eine solche kürzere Verjährungsfrist zuließen. – Vertagung der Sitzung.

10. Sitzung vom 15.5.1884 (vormittags 12 Uhr)

Art. 213 e. Anträge: 1. des *Abg. Beisert*, in Zeile 5 „*zehnten Teil*" zu sagen: „*vierten Teil*", – Antrag 1 wird gegen 4 Stimmen abgelehnt.

2. des *Abg. Kochhann*, die Worte „*oder unbewegliche Gegenstände*" zu *streichen*. – Die Abstimmung wird auf Aufrechterhaltung der zu streichen beantragten Worte formuliert und ergibt Stimmengleichheit (9 gegen 9), *es ist sohin Streichung beschlossen*.

3. des *Abg. Meyer* eventuell für den Fall des Antrages Kochhann, a) die Worte „*oder unbewegliche Gegenstände*" zu streichen und b) dafür am Schlusse des Alinea 1 hinzuzufügen: „*Dieselbe Beschränkung findet statt, wenn unbewegliche Gegenstände*

für eine den zehnten Teil des Grundkapitals übersteigende Vergütung erworben werden und nicht entweder der Ankauf von Grundstücken zu dem ordentlichen Gewerbebetriebe der Gesellschaft gehört oder der Erwerb zur Sicherung einer der Gesellschaft zustehenden Hypothekenforderung erfolgt." – Antrag 3 ist durch Annahme des Antrags 2 erledigt.

4. des *Abg. Hartmann*, Abs. 3 zu fassen: „Die Anteile der zustimmenden Mehrheit müssen mindestens ein Viertel des Grundkapitals darstellen". – Antrag 4 wird zurückgezogen.

5. des *Abg. Beisert*, im dritten Absatz die Worte: *„in dem Falle das ... andernfalls"* zu streichen. – Antrag 5 ist abgelehnt.

Im Art. 213 e wird mit der durch die Abstimmung über den Antrag Kochhann gegebenen Abänderung angenommen.

Art. 214, 215: ohne Diskussion angenommen.

Art. 215 a und 215 b. Die Beratung hierüber wird ausgesetzt.

Art. 215 c ohne Diskussion angenommen.

Art. 215 d. Hierzu stellt *Beisert* den Antrag, den zweiten Satz des ersten Absatzes zu ersetzen durch: „Der Erwerb eigener Promessen oder Interimsscheine im geschäftlichen Betriebe ist nichtig." Mit diesem Amendement wird der Art. angenommen.

Art. 216, 217, 218: ohne Diskussion angenommen.

11. Sitzung vom 16.5.1884 (vormittags 10 Uhr)

Zur Beratung gelangen die ausgesetzten Art. 215 a und 215 b.

Art. 215 a. Auf Anregung erklärt *Kommissar Dr. Hagens*, dass der Abs. 1 den Fall nicht ins Auge fasse, dass etwa infolge Kaduzierung oder sonstwie ein *kleiner* Betrag an dem *sonst überall* eingeforderten und eingezogenen Grundkapital fehlen sollte. In einem solchen Falle gelte das Grundkapital als eingezahlt. – Gegen diese Erklärung erfolgte kein Widerspruch. Der Antrag *Meyer* – Nr. 5 Ziff. 2 der gedruckten Anträge – wird mit 3 Stimmen gegen die anderen abgelehnt. – Der Inhalt dieses Meyerschen Antrags ließ den angenommenen Meyerschen Antrag ähnlichen Inhalts zu Art. 207 a streifen und von den Kommissaren die Hoffnung aussprechen, dass in zweiter Lesung dieser Antrag Meyer zu 207 a abgelehnt werde. – Abs. 1 des Artikels findet Annahme. – Zu Abs. 2 beantragt *Büsing*, den dritten Satz zu streichen und statt desselben zu setzen: „Ein geringerer als der Nominalbetrag darf nicht festgesetzt werden." – Dieser Antrag wird mit allen gegen 3 Stimmen angenommen und mithin *Unterpariemission* nicht zugelassen. – Ein Antrag des Abg. *Kochhann*, den ersten Satz des Abs. 2 also zu fassen: „Über die Erhöhung und über die Art der Aufbringung dieses erhöhten Aktienkapitals hat die Generalversammlung zu beschließen" wird mit 5 Stimmen gegen die anderen abgelehnt, und demnächst Abs. 2 mit der aus dem Antrage Büsing sich ergebenden Änderung angenommen. – Zu Abs. 3 beantragt *Heydemann*, salva red. den zweiten Satz des Abs. 2 aus Art. 215 b hinter den ersten Satz des Abs. 3 Art. 215 a zu nehmen. – Dieser Antrag wird angenommen. Demnächst finden Abs. 2 und 4 Annahme.

Art. 215 b angenommen mit der Maßgabe, welche sich aus dem vorerwähnten Heydemannschen Antrag ergibt. – Es wird fortgefahren mit Art. 219. Zu Abs. 1 beantragt *Beisert*: In Zeile 2 resp. 3 statt „beizutragen“ zu sagen „Geldbeträge zu leisten.“ – Dieser Antrag wird abgelehnt und Abs. 1 angenommen.

Die Kommission tritt in die Beratung der Art. 184, 184 c. – Dieselben werden angenommen, nachdem *Kommissar Dr. Hagens* zu Art. 184 c erklärt hat, dass unter den „Gesellschaftern“ auch die Rechtsvorgänger des Art. 184 c zu verstehen seien. – Demnächst werden Art. 219 Abs. 2, ferner Art. 182, 183, 220, 221 Abs. 1, Art. 190 Abs. 1, 2, 3 u. 5 (unter Zurückstellung von Abs. 4) und Art. 221 Abs. 2 unverändert angenommen.

Vertagung auf 17. Mai.

12. Sitzung vom 17.5.1884 (früh 9 Uhr)

Art. 190 a des Entwurfs mit dem *Antrag Porsch* sub. II 2 der gedruckten Abänderungsanträge Nr. 6. – Abs. 1 des Artikels wird salva redactione mit dem Porsch-schen Zusatze angenommen. – Zustimmung findet auch Abs. 2 – Zu Abs. 3 stellt *Abg. Dr. Meyer* den Antrag, hinter „ohne Verzug“ einzuschieben: „auf Kosten des klagenden Aktionärs, der sie im Voraus zu entrichten hat“. – Dieser Antrag Meyer wird mit 6 gegen 8 Stimmen abgelehnt und demnächst Abs. 3 und 4 angenommen.

Art. 190 b findet Annahme, Art. 222 ebenso.

Art. 222 a. In einer Generaldiskussion wird das Für und Wider einer Zulassung von s.g. Minoritätsrechten eingehend besprochen (cfr. Motive S. *154 ff.*). – Sodann wird die Spezialberatung eingetreten und Abs. 1 zur Diskussion gestellt.

Es werden hierzu folgende Anträge gestellt: Vom *Abg. Horwitz:* In Zeile 2 hinter „darstellen“ einzuschalten: „und die sich nachweislich schon seit mindestens einem Jahre im Besitze des Antragstellers befinden“. – Hierzu stellt Hartmann den Unterantrag, statt eines Jahres die Zeit auf 6 Monate herabzusetzen. – Antrag 1 mit Unterantrag Hartmann wird mit 10 gegen 7 Stimmen angenommen.

2. Vom *Abg. Heydemann:* für den Fall der Ablehnung des Antrags Beisert, welcher mündlich gestellt ist, in der vierten Zeile das Wort „Geschäftsführung“ zu streichen, an dieser Stelle zu sagen: „eines nicht weiter als zwei Jahre zurückliegenden Herganges bei der Geschäftsführung oder Liquidation der Gesellschaft.“ – Antrag 2 wird mit 9 gegen 8 Stimmen angenommen.

3. Vom *Abg. Büsing:* a) dem Abs. 1 als letzten Satz hinzuzufügen: „Mit dem Antrage sind die den erforderten Teil des Grundkapitals darstellenden Aktien gerichtlich zu hinterlegen und diese müssen bis zur Beschlussfassung über den Antrag hinterlegt bleiben.“ – Antrag 3 a) wird mit 9 gegen 8 Stimmen angenommen.

b) In Zeile 2 zu sagen der „fünfte“ statt der „zehnte“. – Antrag 3 b) wird mit 7 gegen 10 Stimmen abgelehnt.

4. Vom *Abg. Beisert:* in Zeile 4 das Wort „Geschäftsführung“ zu streichen. – Antrag 4 wird mit 9 gegen 8 Stimmen abgelehnt.

5. Vom *Abg. Dr. Meyer:* Dem Art. 222 a folgende Fassung zu geben: „Im Wege der Klage kann verlangt werden, dass zur Prüfung eines Herganges bei der Gründung,

Geschäftsführung oder Liquidation der Gesellschaft Revisoren ernannt werden. Zur Anstellung der Klage befugt sind Aktionäre, deren Aktien zusammen den fünften Teil des Grundkapitals darstellen; diese Aktien sind bei Anstellung der Klage gerichtlich zu hinterlegen. Die Klage ist gegen den Vorstand und Aufsichtsrat zu richten. Zuständig für die Klage ist ausschließlich das Landgericht, in dessen Bezirk die Gesellschaft ihren Sitz hat. – Auf Einsetzung von Revisoren hat das Gericht zu erkennen, sofern nachgewiesen wird, dass bei dem Hergange Unredlichkeiten oder grobe Verletzungen des Gesetzes oder des Gesellschaftsvertrages stattgefunden haben. – Die hinterlegten Aktien haften der Gesellschaft für allen Schaden, der ihr aus der Anstellung der Klage erwachsen ist, falls die Klage zurückgenommen oder abgewiesen wird. Die Höhe dieses Schadens wird durch den Schätzungseid der Vertreter der verklagten Gesellschaft nachgewiesen." – Antrag 5 wird mit 9 gegen 8 Stimmen abgelehnt. (Vier Kommissionsmitglieder, nämlich v. Pilgrim, Schalscha, Goldschmidt und Lipke fehlten; ihre Anwesenheit würde das Abstimmungsergebnis nicht verändert haben, indem sich je 2 Stimmen neutralisieren.)

In der Kommissionszusammensetzung ergeben sich mehrere Änderungen; es treten nämlich aus Reichensperger, Droste zu Vischering, Träger und Baron von Pfetten, Träger und Vequel-Westernach, dagegen treten ein Geiger, Majunke, v. Schalscha, v. Kehler und Rademacher.

13. Sitzung vom 20.5.1884 (abends 6 Uhr)

222 a Abs. 2 der Vorlage. *Abg. Porsch* hat hierzu den Antrag Ziff. 3 in Nr. 6 der gedruckten Anträge gestellt: Hinter Abs. 2 als neuen Absatz einzuschalten: „Gegen die Anordnung findet die sofortige Beschwerde statt" und er ergänzt diesen Antrag heute durch die Einschiebung der Worte: „Gemäß § 570 der CPO." – Dieser Antrag und damit Abs. 2 ist angenommen, – desgleichen Abs. 3. – Gemäß Antrags des *Abg. Kochhann* soll der Schluss des Abs. 4 lauten: „auf die Tagesordnung der nächsten Hauptversammlung zu setzen" statt „zur Kenntnis der nächsten Generalversammlung zu bringen". Die Änderung wird genehmigt und so der Absatz angenommen.

Zu Abs. 5 liegt der Antrag *Porsch* Ziff. 4 in Drucksache Nr. 6 vor, weiter beantragt *Büsing* hinzuzufügen, was Wiener in seiner bekannten Broschüre auf Seite 117 letzte Hälfte vorschlägt mit der Maßgabe „auf Begehren des Vorstandes" anstatt „auf Begehren der persönlich haftenden Gesellschafter" zu sagen. Beide Anträge werden zurückgezogen und Abs. 5 sowie in der beschlossenen Fassung der ganze Art. 222 a angenommen.

Art. 223. *Beisert* beantragt in Konsequenz seines zu Art. 222 a Abs. 1 gestellten – jedoch abgelehnten – Antrags, auch hier im Abs. 1 die Worte „aus der Geschäftsführung gegen die Mitglieder des Vorstandes und des Aufsichtsrates sowie" zu streichen. – Es wird beschlossen, diese Worte aufrechtzuerhalten und ist Abs. 1 angenommen. – Zu Abs. 2 ist gestellter Antrag *Porsch* in Nr. 6 der Drucksachen Ziff. 5 modifiziert nach Maßgabe des Beschlusses der Redaktionskommission zu § 190 a (II S. 3) und ferner der Antrag *Horwitz:* hinter Abs. 1 Satz 1 einzuschalten: „und gleichzeitig glaubhaft zu machen, dass sie diese Aktien seit mindestens sechs Monaten besitzen". – Endlich der Antrag *Heydemann:* hinter „gerichtlich" einzufügen „für die Dauer des Prozesses". – *Abg. Porsch* gibt seinem erwähnten Antrage folgende Fassung: „Die klagenden Aktionäre haben wegen der Prozesskosten und wegen des drohenden Schadens den Beklagten auf deren Verlangen eine nach dem freien Ermessen des Prozessgerichts zu bestimmende Sicherheit zu leisten. Das Verlangen ist als prozesshindernde Einrede geltend zu machen. Wird die Sicherheit binnen der vom Gerichte gestellten Frist nicht geleistet, so ist die Klage auf Antrag für zurückgenommen zu erklären." – Salv. red. –

Sämtliche Anträge werden angenommen und mit demselben Abs. 2

Die Art. 194 und 195 und damit der Abs. 3 vom Art. 223 und letzterer selbst, wie modifiziert, sind angenommen.

Art. 224. Zu dem in diesem Artikel zitierten Art. 191 liegt vor: der *Antrag Porsch-Reichensperger* – Nr. 1 Ziff. 1 und Nr. 6 I der Drucksachen – ferner der *Antrag Horwitz:* zu Alinea 1 des Art. 191 zwischen dem ersten und zweiten Satz einzuschalten: „Zu Mitgliedern des Aufsichtsrats können nur physische Personen gewählt werden."

Horwitz motivierte seinen Antrag mit der ihm bekannten Tatsache, dass nicht selten die Wahl schon auf Firmen gefallen sei. Nachdem sich als die allgemeine Ansicht kund gab, dass das, was Horwitz wolle, selbstverständlich sei, zog er seinen Antrag zurück. – Der Antrag Porsch-Reichensperger blieb in der Minderheit. Ehe er in Beratung genommen wurde, konferierten Staatssekretär v. Schelling, ich und die Kommissare über die Stellungnahme zu diesem Antrage und kamen überein, in die Debatte nicht einzugreifen. – Art. 191 wird angenommen.

Schluss der Sitzung 9.45 Uhr.

14. Sitzung vom 21.5.1884 (vormittags 9 Uhr)

In Beratung wird genommen der gleichfalls in Art. 224 allegierte Art. 192. Hierzu liegt vor der *Antrag Porsch-Reichensperger* auf Nr. 1 III und Nr. 6 I der Drucksachen, nach dessen Ablehnung – 10 Stimmen dagegen – Art. 192 angenommen wird, wie auch Art. 224.

Art. 225. Hierzu sind folgende Anträge gestellt: 1. vom *Abg. Kochhann:* Abs. 1 Zeile 4 zu sagen: „durch einzelne von ihm zu bestimmende Mitglieder", 2. vom *Abg. Lipke:* Abs. 1 Z. 5 und 6 die Worte: „selbst oder" zu streichen und in Z. 9 am Schlusse hinter „untersuchen" einzufügen „lassen", 3. vom *Abg. Büsing:* Sowohl Art. 193 als Art. 223 so zu fassen: „Der Aufsichtsrat hat den Vorstand bei seiner Geschäftsführung in allen Zweigen der Verwaltung zu überwachen. Zu dem Zwecke kann er sich von dem Gange der Angelegenheiten der Gesellschaft unterrichten, jederzeit über dieselben Berichterstattung von dem Vorstande verlangen und selbst oder durch einzelne von ihm zu bestimmende Mitglieder usw. wie in Art. 225", 4. vom *Abg. von Köller:* dem Art. 225 nachstehende Fassung zu geben: „Der Aufsichtsrat hat den Vorstand bei seiner Geschäftsführung in allen Zweigen der Verwaltung zu überwachen und sich *zu diesem Zwecke* von dem Gange der Angelegenheiten der Gesellschaft zu unterrichten. Er kann jederzeit über dieselben Berichterstattung von dem Vorstande verlangen und selbst oder durch einzelne *von ihm zu bestimmende* Mitglieder pp."

Der Antrag Büsing wird mit 7 gegen 12 Stimmen abgelehnt und der Antrag Köller mit 13 gegen 6 Stimmen angenommen, womit auch die Anträge Kochhann und Lipke erledigt sind.

Demnächst wird gemäß dem Antrag *Porsch-Reichensperger* – Nr. 1 VI und Nr. 6 I der Drucksachen in der vorletzten Zeile des Abs. 1 das Wort „alljährlich" mit 10 gegen 7 Stimmen gestrichen und Abs. 1 mit den beschlossenen Änderungen angenommen. Abs. 2, 3 und 4 finden unverändert Annahme.

Art. 225 a. Kochhann beantragt, hinter den zweiten Satz zu setzen: „Zeitweilig können Mitglieder in den Vorstand delegiert werden; während dieser Zeit ruht ihre Funktion als Aufsichtsratsmitglied." Gegen die Annahme dieses Antrags spricht sich *Kommissar Schmidt* entschieden aus, indem er insbesondere betonte, dass das delegierte Mitglied des Aufsichtsrats bei seinem Rücktritt in diesen in die Lage käme, seine eigene Tätigkeit als Vorstandsmitglied zu kritisieren, was doch nicht angänglich sei. Antragsteller erkannte das hierin liegende Missliche an, blieb jedoch aus praktischen Gründen bei seinem Antrage, indem er aus der Erfahrung exemplifizierte, in welche große Verlegenheit gerade kleinere Gesellschaften geraten, wenn ihnen nicht das Auskunftsmittel der Delegation zur Seite stehe. Der Antrag wird mit 9 gegen 7 Stimmen angenommen.

Art. 226. Abg. Dr. Meyer beantragt, in Zeile 3 zu sagen: „eines ordentlichen Aufsichtsratsmitgliedes" statt „eines ordentlichen Geschäftsmannes". Dieser Antrag wird mit 6 Stimmen gegen die anderen abgelehnt. – Hiergegen werden entsprechend dem *Antrage Porsch* in Nr. 6 III Ziff. 1 der Drucksachen in Abs. 1 Zeile 4 und 5 gestrichen, wobei Antragsteller erklärte, dass er an den allgemeinen Beweisgrundsätzen nichts ändern wolle, dass es bei diesen Grundsätzen verbleiben solle und dass er diese bezeichneten Worte für überflüssig erachte. – Im Übrigen findet Abs. 1 Annahme, ebenso der ganze Art. 226.

Art. 227. Abg. Porsch erklärt den Antrag *Porsch/Reichensperger* Nr. 1 II und Nr. 6 I der Drucksachen für erledigt. – Der Art. 227 wird angenommen.

Art. 228–231, 196 a, 232–239 werden ohne Diskussion angenommen.

Art. 239 a. Abg. Kochhann beantragt: dem ersten Absatze hinzuzufügen: „Dieselben werden von der Generalversammlung gewählt." Mit diesem Antrage wird der Artikel angenommen.

Art. 239 b. In Beratung wird genommen *Art. 185 a.* In Ziff. 5 wird der zweite Satz in Folge der beschlossenen Unzulässigkeit einer Unterpariemission gestrichen. – Über die Worte in Ziff. 1: „sofern diese jedoch den Anschaffungspreis übersteigt, höchstens zu letzterem" wird separat abgestimmt; diese Worte werden mit 9 gegen 7 Stimmen aufrechterhalten. – Nach dem Ergebnisse der Abstimmung wird Abs. 1 angenommen. – Abs. 2 dagegen wird mit 9 gegen 6 Stimmen gestrichen.

Nächste Sitzung Freitag, d. 23.5.1884, vormittags 9 Uhr.

Art. 185 b. Auf Antrag des *Abg. Kochhann* erklärt *Geheimer Finanzrat Schmidt,* dass es nicht durch das Gesetz geboten sei, den Reservefonds als besonderen zu bilden, anzulegen und zu verwalten; derselbe brauche nur ein buchmäßiger zu sein, dazu bestimmt, für den Fall einer Unterbilanz diese durch Umbuchung auszugleichen. – *Abg. Meyer* beantragt: im Abs. 2 der Nr. 2 zuzusetzen: „sofern derselbe nicht durch die Kosten der Organisation absorbiert ist." – Der Meyersche Antrag wird mit 9 gegen 8 Stimmen abgelehnt und demnächst Abs. 1 unverändert angenommen. – Abs. 2 wird gestrichen.

Art. 185 c. Antrag *Horwitz:* In Zeile 2 Abs. 1 zu sagen: „nach erfolgter Genehmigung seitens der Generalversammlung" statt: „mit dem Beschlusse über die Entlassung". Dieser Antrag wird angenommen und mit ihm Abs. 1. – Antrag *Feustel:* als dritten Absatz beizufügen: „Reservefonds, welche den Zweck haben, bare Geldmittel für bestimmte Zwecke bereitzustellen, müssen in sicheren zinstragenden Papieren angelegt werden. Die Zinsen derartiger Fonds fließen diesen selbst zu." – Abs. 2 des Art. 185 c wird angenommen und der Antrag Feustel abgelehnt. – Art. 239 c findet Annahme.

Art. 240 Abs. 1 ist angenommen. Abs. 2 wird ersetzt durch Antrag Porsch/Reichensperger – Nr. 1 V und Nr. 6 I der Drucksachen.

Art. 241. Dieser Artikel wird unter Streichung des zweiten Satzes im Abs. 2 angenommen.

Art. 242. Antrag *Uechtritz* – Nr. 7 der Drucksachen -: In Ziff. 2 eine Mehrheit von 3/4 des in der Generalversammlung vertretenen Grundkapitals zu fordern. – Antrag *Büsing:* dem Antrage Uechtritz beizufügen: „Der Gesellschaftsvertrag kann außer dieser Mehrheit auch andere Erfordernisse aufstellen." – Vorstehende zwei Anträge erlangen die Mehrheit und Abs. 1 wird so amendiert angenommen, ebenso Abs. 2.

Art. 243. Unverändert angenommen.

Art. 244 Abs. 1 findet Annahme. Ein Antrag Büsing, im Abs. 2 statt „zwanzigsten" zu sagen „zehnten" wird mit 9 gegen 7 Stimmen abgelehnt, hingegen der *Antrag Lipke,* hinter „darstellen" einzufügen „welcher sich seit 6 Monaten im Besitze der Aktionäre befinden muss", angenommen. – Mit dieser Maßgabe findet Abs. 2 Annahme, nachdem noch der *Antrag von Aufseß:* in der vierten Zeile hinter „Richter" einzuschalten: „aus der Zahl der in dem Antrage bestimmten Personen" in der Minderheit verblieben war. – Abs. 2 und 3 wurden unverändert angenommen.

Art. 244 a. Abg. Büsing beantragt, hinter den ersten Satz im Abs. 2 einzuschalten: „sie werden dabei durch den Aufsichtsrat überwacht."; mit diesem Antrage wird der Art. 244 a angenommen.

Art. 245. Hierzu beantragt *Heydemann:* im Abs. 1 hinter „Aktien" einzuschalten: „und nach Maßgabe der den verschiedenen Gattungen der Aktien zustehenden Berechtigung". Seitens der Regierungsvertreter wird dieser Antrag als lediglich redaktioneller Natur erklärt. – Unter Ablehnung des Antrags wird Abs. 1 angenommen; ebenso Abs. 2, Art. 202, ferner Abs. 2 und 4 und sohin der ganze Art. 245.

Art. 246, 247, 248 finden Annahme mit der Maßgabe, dass das Alegat in der letzten Zeile des Art. 248 zu ändern sei und heißen müsse: „Art. 215 Abs. 3" statt: „Art. 215 Abs. 2."

Die Kommission genehmigte den Vorschlag der Redaktionskommission, – I – statt der Schlussworte in Art. 207 a Abs. 2 „sowie ferner pp." in Art. 248 folgenden Absatz einzufügen: „Soll die Herabsetzung ... zu lassen." – *Vertagung.*

16. Sitzung vom 24.5.1884 (vormittags 9 Uhr)

Zweiter Abschnitt. Von der Kommanditgesellschaft auf Aktien.

Art. 173. Beisert beantragt, den Abs. 3 zu fassen: „Dieselben können auf Inhaber oder auf Namen lauten." Der Antrag wird mit 8 gegen 8 Stimmen abgelehnt. – Abs. 1 und 2 werden angenommen. Abs. 3 der Vorlage wird mit 8 gegen 8 Stimmen abgelehnt.

Art. 173 a. Abs. 1 wird angenommen. – Zu Abs. 2 beantragt *Abg. Meyer,* als besonderen Absatz anzufügen: „Ist die Übertragung der auf Namen lautenden Aktien an die Einwilligung der Gesellschaft gebunden, so dürfen dieselben auf einen Betrag von weniger als tausend M., jedoch nicht von weniger als 200 M. gestellt werden." Dieser Antrag wird mit 6 gegen die anderen Stimmen abgelehnt und demnächst werden Abs. 2 und 3 angenommen.

Art 174 angenommen.

Art. 174 a. Abg. Beisert beantragt, in Zeile 5 zu sagen: „fünfzigsten" statt „zwanzigsten". – Der Antrag wird mit 7 gegen 8 Stimmen abgelehnt und darauf der Artikel angenommen.

Art. 175, 175 a werden unverändert angenommen. – *Art. 175 b* nach Maßgabe der Fassung des Art. 209 angenommen. Diese Maßgabe findet Anwendung bei allen korrespondierenden Artikeln der Aktiengesellschaft.

Art. 175 c wie Art. 209 d. – *Art. 175 d* angenommen, doch soll entsprechend dem Art. 209 ee in der Fassung der Redaktionskommission – I S. 3 – ein neuer Artikel nachgesetzt werden.

Art. 175 e angenommen. – *Art. 175 f, 176–180* angenommen. – *Art. 180 a, b, c* angenommen und *Art. 180 cc,* Verjährung betreffend, beigefügt wie bei der Aktiengesellschaft.

Art. 180 d-h angenommen.

Art. 181. Anträge: *Heydemann* beantragt, in Abs. 2 Zeile 7 zu sagen: „zwei Jahren" statt „fünf Jahren", *Dr. Porsch* beantragt ebenda zu sagen „drei Jahre", *Beisert* beantragt, den Schluss dahin zu fassen: 1. „für diejenigen Privatgläubiger des persönlich haftenden Gesellschafters, deren Ansprüche erst nach Errichtung der Gesellschaft entstanden sind, nur insoweit." 2. „oder solcher Gesellschaftsgläubiger, deren Ansprüche vor dem Ausscheiden des persönlich haftenden Gesellschafters entstanden waren, verwendet oder gepfändet sind." – Dieser Beisertsche Antrag wird in seinem ersten Teil mit 8 gegen 9 Stimmen abgelehnt, in seinem zweiten Teil angenommen. – Der Antrag Porsch findet Annahme, nachdem Heydemann seinen Antrag zurückgezogen hatte. – Mit dieser Maßgabe wird Art. 181 a angenommen.

Art. 182, 183, 183 a, b, 184, 184 a-d und *Art. 185* werden angenommen. – *Art. 185 a* ist bereits früher angenommen, doch wird heute mit allseitiger Übereinstimmung in Ziff. 1 hinter „Anschaffungspreis" eingeschaltet „Herstellungspreis".

Art. 185 b/c nach Maßgabe früherer Beschlussfassungen angenommen. – *Art. 186, 187* unverändert angenommen.

Art. 188. Unter Streichung der Worte „größeren oder eines" angenommen (Zeile 7).

Art. 189, 190 Abs. 4 (der übrige Teil war schon früher angenommen), *190 a, b, 191, 192, 193–196, 196 a, 197–201* werden angenommen. – *Art. 194 Satz 2* wird gestrichen.

Zum Referenten für das Plenum wird der Abgeordnete Heydemann gewählt.

Vertagung auf Montag, 26.5.1884, abends 6 Uhr.

17. Sitzung vom 26.5.1884 (abends 5.30 Uhr)

Art. 202. Im Abs. 1 soll anstatt der Worte „gerichtlich niederzulegen" in Übereinstimmung mit der CPO gesagt werden „gerichtlich zu hinterlegen". – Der *Art. 202* ist angenommen.

Art. 203. Abg. Büsing beantragt, zwischen Abs. 1 und 2 seinen zu Art. 248 eingebrachten und angenommenen Zusatz einzuschalten, lässt jedoch im Verlaufe der Diskussion seinen Antrag hier fallen. – Art. 203 wird mit der einzigen Änderung angenommen, dass im Abs. 2 das Wort „Voraussetzungen" mit „Erfordernisse" ersetzt wird.

Art. 204. Satz 2 des ersten Alinea wird gestrichen, im Übrigen der Artikel angenommen.

Büsing kommt auf seinen Zusatz zu Art. 248 zurück und es wird beschlossen, dass dieser Zusatz auch zu Art. 203 gelten und zwischen Abs. 1 und 2 Aufnahme finden soll.

Art. 205 unverändert angenommen.

Art. 206. Mit der Modifikation angenommen, dass es in der vorletzten Zeile des Abs. 1 statt „zehnten" heißen soll „zwanzigsten", ferner 6 Monate Besitzzeit als Voraussetzung festzustellen sei, wie zu Art. 224 beschlossen.

Zur Beratung gelangt der Antrag des *Dr. Meyer,* Drucksache Nr. 8. Von Seiten der Kommissare wird die Tendenz des Antrags gebilligt, die Fassung bemängelt. – Der Antrag wird in folgender Fassung angenommen: „Art. 206 a. Die Gesellschaft kann sich in eine Aktiengesellschaft umwandeln, sofern dies durch den Gesellschaftsvertrag zugelassen ist. – Die Bestimmung über die Umwandlung bedarf zu ihrer Gültigkeit der notariellen oder gerichtlichen Abfassung und der Zustimmung der Generalversammlung der Kommanditisten. – Die der Umwandlung der Gesellschaft zustimmende Mehrheit der erschienenen Kommanditisten muss mindestens ein Vierteil sämtlicher Kommanditisten begreifen und den Betrag ihrer Anteile mindestens ein Viertel des gesamten Grundkapitals darstellen. – Die Bestimmung hat die zur Durchführung der Umwandlung erforderlichen Maßregeln, insbesondere die Firma sowie die Art der Bestellung und Zusammensetzung des Vorstandes zu enthalten.

Die Bestimmung und die in Gemäßheit derselben vollzogene Bestellung der Mitglieder des Vorstandes ist unter Beifügung der Legitimation des letzteren behufs der Eintragung in das Handelsregister (Art. 177, 179) durch die persönlich haftenden Gesellschafter anzumelden, zugleich haben diese eine Bilanz von dem Tage der Anmeldung einzureichen und den hierzu bestimmten öffentlichen Blättern bekannt zu machen. Auf die Eintragung der Bestimmung findet die Vorschrift im Schlusssatze des Art. 180 e Anwendung.

Mit der Eintragung gelten die persönlich haftenden Gesellschafter als ausgeschieden und die Gesellschaft als Aktiengesellschaft fortbestehend. Die Beschränkungen, welchen persönlich haftende Gesellschafter nach der Vorschrift in Art. 181 Abs. 2 unterworfen sind, dauern nach Maßgabe des letzteren fort.

In Ansehung der bisherigen Gläubiger der Gesellschaft sind die Vorschriften in Art. 202 zu beobachten. Für die Beobachtung derselben sind den Gläubigern die Mitglieder des Vorstandes und des Aufsichtsrats persönlich und solidarisch verantwortlich, die Mitglieder des Aufsichtsrats, soweit die Befriedigung oder Sicherstellung mit ihrem Wissen und ohne ihr Einschreiten unterblieben ist."

Art. 249. Hierzu liegt ein *Antrag Porsch-Reichensperger* – Nr. 6 I und Nr. 1 VII der Drucksachen – vor: statt „absichtlich" zu setzen „wissentlich". Dieser Antrag bleibt in der Minderheit. – Der Artikel wird unverändert angenommen.

Art. 249 a. Unverändert angenommen.

Art. 249 b. Abg. Beisert beantragt, den Abs. 2 dahin zu fassen: „Im Falle der Ziff. 1 kann zugleich ..." – Mit dieser Änderung gelangt der Artikel zur Annahme, doch soll hier wie in Art. 249 und 249 a, c gesagt werden „zugleich mit Geldstrafe".

Art. 249 c. Der Antrag *Heydemann,* in Ziff. 1 des Art. 249 c zwischen „wenn" und „länger" einzuschieben „durch ihr Verschulden" wird mit 9 gegen 9 Stimmen abgelehnt und Art. 249 c angenommen.

Art. 209 d. Abg. Meyer beantragt, am Schlusse hinzuzufügen: „Ist die öffentliche Bekanntmachung in einer periodischen Druckschrift erfolgt, so findet § 20 Alinea 2 des Gesetzes über die Presse vom 7.5.1875 (RGBl. S. 65) keine Anwendung." – Ferner zu Art. 249 d Ziff. 2: anstatt „auf Täuschung berechneten Mittel erweckt" zu sagen: „falsche Nachrichten verbreitet." [Hierzu die Stellungnahme von v. Schilling (Reichsjustizamt), in: Anlagen zu den Verh. d. Reichstags, 5 LP, 4. Session 1884, Bd. 4, S. 1027.] – Beide Meyerschen Anträge wurden abgelehnt und Ziff. 1 und 2 angenommen.

18. Sitzung vom 27.5.1884 (vormittags 10 Uhr)

Ziff. 3 des Art. 249 d angenommen. *Abg. Büsing* beantragt, unter Ziff. 4 hinzuzufügen: „Aktionäre, welche eine bösliche Handlungsweise bei Stellung des Antrages auf Ernennung von Revisoren (Art. 222 a) oder bei Erhebung einer Klage aus Art. 223 zur Last fällt." – Dieser Antrag ist abgelehnt und Art. 249 d angenommen.

Art. 209 e. Abg. Horwitz stellt den Antrag: „Wer in einer Generalversammlung die Aktien eines Andern, zu dessen Vertretung er nicht befugt ist, ohne dessen Einwilligung zur Ausübung des Stimmrechts benutzt, wird mit einer Geldstrafe von zehn bis dreißig Mark für jede der Aktien, jedoch nicht unter eintausend Mark bestraft. – Die gleiche Strafe tritt in dem Falle, dass das Stimmrecht eines Anderen mit dessen Einwilligung ausgeübt wird, denjenigen, welcher sich die Einwilligung gegen Entgelt verschafft hat, sowie denjenigen, von welchem die Einwilligung gegen Entgelt erteilt ist." – Hierzu Amendement *Aufseß*: „Wer ohne Einwilligung und Wissen eines Aktionärs die Aktien desselben aus Depots oder ... zur Ausübung des Stimmrechts in Hauptversammlungen benutzt oder benutzen lässt." Die Kommission hat sich darauf beschränkt, auszusprechen mit allen gegen eine Stimme, dass sie den Grundgedanken des Horwitzschen Antrages billige, aber Einschränkungen desselben für erforderlich halte und die Redaktionskommission zur Umgestaltung ermächtige.

Art. 209 e angenommen.

Art. 249 f angenommen.

§ 2 des Entwurfs angenommen. – §§ 3–6 angenommen. – § 7. Antrag *Büsing*, dem ersten Satz hinzuzufügen: „Für Wertpapiere und Waren, welche sich schon bei Aufstellung der letzten Bilanz vor Inkrafttreten dieses Gesetzes im Besitze der Gesellschaft befanden, kann der in die letzte Bilanz aufgenommene Börsen- oder Marktpreis als Anschaffungspreis eingesetzt werden." Angenommen salva redactione und mit dieser Änderung § 7. – Zur Beratung gelangt schließlich der Antrag *Beisert* in Nr. 2 der Drucksache zu Art. 210 b Abs. 1 – Dieser Antrag findet nicht die Mehrheit. Hiermit beendet sich die erste Lesung.

*19. Sitzung vom 10.6.1884 (vorm. 8.30 Uhr) – Zweite Lesung**

Art. 207 angenommen. *Art. 207 a.* Hierzu *Antrag Beisert* Drucksache Nr. 10 Ziff. 1 a.E., welcher nach beiden Richtungen mit 11 gegen 9 Stimmen abgelehnt wird. – Zu Abs. 2 beantragt *Abg. Geiger:* in Zeile 3 die Worte: „in Übereinstimmung mit dem Reichskanzler" zu streichen. – Er suchte diesen Antrag mit der Behauptung zu begründen, dass der Vorschlag des Entwurfs den föderativen Charakter der Reichsverfassung verletze und einen Eingriff in die Regierungsgewalt der Bundesstaaten involviere. Im gleichen Sinne sprach sich *Dr. Majunke* aus, der in dieser Bestimmung des Entwurfs eine unzukömmliche Zentralisierung erblickt und lieber noch eine weitergehende Dezentralisierung in der Weise befürworten möchte, dass die Provinzialvertretung die Entscheidung zu treffen habe. Dr. Horwitz, Kochhann und Hartmann sprechen gegen den beantragten Abstrich.

Hagens: Es liege nicht im Geringsten die Absicht vor, dem föderativen Charakter der Verfassung zu nahe zu treten. Der Grund des Vorschlags sei ein rein wirtschaftlicher. Die Wirkungen derartiger Unternehmungen, wie sie Art. 207 a

* Von einem Abdruck des Entwurfs nach der ersten Lesung wurde abgesehen (Vgl. hierzu die Fassung des Gesetzes unter Kennzeichnung der Kommissionsbeschlüsse).

Abs. 2 bezeichne, erstreckten sich oft über die Grenzen des betreffenden Staates hinaus. Eine Möglichkeit, die verschiedenen Interessen des Einzelstaates auszugleichen, müsse gegeben sein. Würde es sich um Bayern oder ähnliche größere Staaten handeln, so würde die beantragte Streichung zugegeben werden können, allein sie rechtfertige sich nicht im Hinblick auf die kleineren Staaten. Der Erfahrung lehre, dass gerade von den letzteren schon gegenüber der bisherigen Aktiengesetzgebung vielfache Missstände ausgegangen seien. Frhr. v. Aufseß macht darauf aufmerksam, dass ähnliche Beschränkungen auch auf anderen Gebieten, insbesondere dem Zollbrauche bestehen, ohne dass darin eine unzulässige Einengung der einzelstaatlichen Regierungsgewalt erblickt werde. Es treffe dies beispielsweise zu bei der Gestattung von Privatlagern, Zollbegünstigung für Privatlager, Steuernachlässe pp. Im Übrigen wurde auf die Motive des Entwurfs verwiesen. – Der Antrag Geiger wurde gegen die Stimmen der Mitglieder des Centrums abgelehnt. – Auf Anregung *Heydemanns* wurde konstatiert, dass für den Begriff „öffentliche Corporationen" das Landesrecht entscheidend sei.

Abs. 1 und 2 wurden angenommen, ebenso Abs. 3 in der Fassung des Abänderungsantrags *Aufseß und Genossen* (Nr. 9 der Drucksachen Ziff. 1 lit. a). – Bei Abs. 4 [vgl. unten S. 311] entspinnt sich eine Debatte über den Begriff „Promesse" und „Interimsschein". – *Abg. Meyer* beantragt, Abs. 4 dahin zu fassen: „Dasselbe gilt von allen Urkunden, durch welche der Bezug künftig auszugebender Aktien zugesichert wird (Interimsscheine usw.)." – Die Beratung hierüber wird ausgesetzt und der Redaktionskommission als Subkommission überlassen, bis zur nächsten Sitzung einen Antrag zu formulieren. – Mit diesem Vorbehalt wird Art. 207 a angenommen. Zu bemerken kommt noch, dass die Abstimmung über den erwähnten Antrag Beisert, die Differenzierung der Aktien zu beseitigen und für Namens- und Inhaberaktien als Minimalbetrag tausend M. festzustellen, mit dem Antrag Meyer – Abs. 3 des Art. 207 a in – der Weise in Verbindung gebracht werde, dass Meyer erklärte, in die Streichung des Abs. 3 zu willigen, wenn der Beisertsche Antrag Annahme finde. Gleichwohl blieb dieser, wie oben erwähnt, in der Minderheit.

Art. 208, 209, 209 a wurden unverändert angenommen.

Art. 209 c. Entsprechend dem Vorschlage in Drucksache 9 Ziff. 10 wird im Hinblick auf Art. 209 ee [unten S. 313] der Schlusssatz gestrichen, im Übrigen der Artikel angenommen.

Art. 209 bb [unten S. 312], *209 c* finden Zustimmung, ebenso *209 d* unter Vorbehalt einer anderen Interpunktion im Abs. 1. – *Art. 209 e, 209 ee* unverändert angenommen.

Art. 209 f. Hierzu beantragt *Büsing,* in Zeile 1 des ersten Absatzes die Worte: „des Vorstandes und" zu streichen. – Dieser Antrag sowie auch der Antrag Beiserts auf Nr. 10 der Drucksachen Ziff. 2 lit. a wird mit 12 Stimmen gegen die anderen abgelehnt und Abs. 1 unverändert angenommen. – Hingegen erlangt der Antrag Beisert Ziff. 2 lit. c mit 11 gegen 8 Stimmen die Mehrheit und mit dieser Änderung der ganze Art. 209 f Annahme.

Art. 210. Im Abs. 2 Nr. 1 wird entsprechend dem Antrag Beisert – Drucksache 10 Nr. 3 lit. a – statt des Wortes „Darlegung“ gesetzt „Erklärung“, hingegen zieht Antragsteller seinen Antrag lit. c ebenda zurück. – Hierbei wird ohne Widerspruch konstatiert, dass es nicht ausgeschlossen sei, aus dem übergebenen Betrag bei einer Bank ein depositum regulare zu bilden. – Mit dem aus dem angenommenen Beisertschen Antrag und der aus dem gleichfalls angenommenen Antrag Aufseß – Drucksachen 9 Nr. 3 – folgenden Maßgabe ist Art. 210 angenommen.

Art. 210 a. Die drei ersten Absätze finden sofortige Annahme. Der *Antrag Lipke* zu Abs. 4 – Drucksachen 10 II – wird abgelehnt und den Abs. 4 und 5 und sohin dem Artikel zugestimmt.

Art. 210 b. Mit der Korrektur, dass es „zur entsprechenden Anmeldung“ heißen möchte, angenommen.

Art. 210 c, 211, 212, 213, 213 a unverändert angenommen.

Art. 213 b. Hierzu Antrag Beisert – Drucksachen 10 Nr. 4 : Antragsteller erklärt, dass er nur dolus und luxuria getroffen wissen wolle, nicht aber auch levis culpa, worauf ihm von *Hagens* erwidert wird, dass „Unrichtigkeit“ und „Unvollständigkeit“ nicht zueinander in Gegensatz gebracht werden dürften, diesen Erfolg aber der Antrag nach sich zöge. – Der Antrag Beisert wird abgelehnt und der Artikel vorbehaltlich anderer redaktioneller Fassung angenommen.

Art. 213 c findet Annahme mit Zustimmung zu der vom Reichsrat Dr. Wiener [Der Aktiengesetz-Entwurf, Leipzig 1884] in seiner bekannten Broschüre S. 49, 50 dargelegten Auffassung betreffs der Haftung.

Art. 213 d und 213 dd unverändert angenommen. – *Art. 213 e.* Mit den *Anträgen Aufseß* – Drucksache 9 Nr. 5 a.E. – angenommen. – *Art. 214* unverändert. – *Art. 215.* Mit Antrag Aufseß – Drucksache 9 Nr. 1 lit. c. – angenommen.

Art. 215 a, 215 b unverändert. – *Art. 215 c.* Andere Redigierung vorbehalten mit Antrag Aufseß – Drucksache 9 Nr. 7 – angenommen, ebenso Antrag ebenda Nr. 1 lit c. – In Zeile 2 Abs. 3 sind die Worte „statt desselben“ zu streichen. – *Art. 215 d Abs. 1* soll durch die Redaktionskommission eine deutlichere Fassung erhalten, etwa: „Die pp. soll eigene Aktien im geschäftlichen Betriebe, sofern nicht pp. weder erwerben noch zum Pfande nehmen. Eigene Promessen oder Interimsscheine darf sie pp. nicht erwerben pp.“ Mit diesem Vorbehalt wird dem Art. 215 d zugestimmt.

Art. 216–222 unverändert. – *Art. 222 a.* Hierzu wird *Antrag Beisert* – Drucksache 10 Nr. 5 a – angenommen, worauf Antrag c fallen gelassen wird. – Abs. 1, 2, 4, 5 und 6 finden Annahme, wogegen Abs. 3 gestrichen wird.

Art. 223 wird mit der Maßgabe angenommen, dass in Abs. 2 Zeile 12 hinter „Monaten“ die Worte eingeschoben werden: „vom Tage der Generalversammlung ab zurückgerechnet.“

Art. 224, 225 angenommen mit der Korrektur des „wie“ in „wenn“ in Abs. 2 des Art. 225. – *Art. 225 a.* Hierzu *Antrag Goldschmidt* – Drucksache 10 III -, welcher gegen 7 Stimmen abgelehnt wird. Der Artikel findet unverändert Annahme.

Art. 226. Mit *Antrag Meyer* – Drucksache 11 – angenommen. Ziff. 4 des Beschlusses soll anders redigiert werden.

Art. 227–240 unverändert. – *Art. 241.* Mit *Antrag Meyer* – Drucksache 11 – angenommen. *Art. 242–247* unverändert. – *Art. 248.* Mit den *Anträgen Aufseß* – Nr. 9 Ziff. 12 und Ziff. 1 lit e angenommen.

Art. 207 Abs. 5 und *Art. 207 a Abs. 3.* Nachstehender Antrag der Redaktionskommission findet Zustimmung: 1. Im Art. 207 den Schlusssatz dahin zu fassen: „Anteilsscheine, in welchen der Bezug der Aktien zugesichert wird oder welche sonst über das Anteilsrecht des Aktionärs vor Ausgabe der Aktie ausgestellt werden (Interimsscheine), dürfen nicht auf Inhaber lauten." – 2. In den übrigen, von Promessen und Interimsscheinen sprechenden Artikels nur von Interimsscheinen zu sprechen.

Art. 173. Unverändert, wie in I. Lesung beschlossen, wobei bemerkt wird, dass der Wegfall des Abs.3 des Entwurfs eine materielle Änderung nicht involviert, indem aus den folgenden Bestimmungen unzweideutig folgere, dass bei der Kommanditgesellschaft auf Aktien diese auf Namen lauten müssen, folglich der erwägte Abs. 3 überflüssig erscheint. – Die Intention der Kommissionsmitglieder, welche Abs. 1 gestrichen wissen wollten, war sicherlich eine andere, auf Zulassung von Inhaberaktien abzielende.

Art. 173 a mit *Antrag Aufseß* – Drucksachen 9 Ziff. 1 a – angenommen.

Anbelangend die Art. 173, 173 a, 207, 207 a behält sich die Kommission ein Zurückgreifen auf die wiederholt angeregte Frage zurück: Ob nicht hinsichtlich des Mindestbetrags der Aktien ein gleichmäßiger Betrag von tausend M. sowohl für die Namens- als für die Inhaberaktie zu erzielen sei.

Art. 174. Unverändert. – *Art. 174 a.* Hierzu wird vom *Abgeordneten Beisert* der Antrag gestellt, statt „den zwanzigsten Teil" zu sagen: „den fünfzigsten Teil". – Dieser Antrag wird ohne Widerspruch angenommen.

Art. 175–175 b unverändert. – *Art. 175 c* mit *Antrag Aufseß* – Drucksachen 9 Nr. 2 – angenommen. – *Art. 175 cc* unverändert. – *Art. 175 d.* Hierzu beantragt Beisert, den Schlusspassus dahin zu fassen: „... Gesamtkapitals der Kommanditisten und der im Art. 175 b vorgesehenen Festsetzungen, insbesondere in der durch Art. 175 cc vorgeschriebenen Erklärung gemacht sind, zu erstrecken". – Mit diesem Antrage wird der Artikel angenommen.

Art. 175 c, 175 f unverändert. – *Art. 176.* Mit Antrag Aufseß – Drucksache 9 Nr. 3 – angenommen.

Art. 177–180 cc unverändert. – *Art. 180 d.* Mit den *Anträgen Aufseß* – Nr. 4 a, b – angenommen. – *Art. 180 f.* Ohne Änderung, vielmehr mit *Antrag Aufseß* – Drucksache 9 Nr. 1 lit. b – angenommen. – *Art. 180 g* unverändert. – *Art. 180 h.* Mit *Antrag Aufseß* – 9 Ziff. 6 – angenommen. – *Art. 181* unverändert. – *Art. 181 a.* Mit *Antrag Aufseß* – 9 Ziff. 1 lit. c – angenommen. – *Art. 182* unter Vorbehalt anderer Redigierung mit *Antrag Aufseß* – 9 Ziff. 1 lit. d – angenommen.

Art. 183–184 c unverändert. – *Art. 184 d.* Unter Vorbehalt anderer redaktioneller Fassung angenommen. – *Art. 185–202* unverändert. – *Art. 203.* Mit *Antrag Aufseß*

– 9 Ziff. 1 lit. e Ziff. 8 – angenommen. – *Art. 204–206* unverändert. – *Art. 206 a.* Mit *Antrag Aufseß* – 9 Ziff. 9 – angenommen.

Art. 249 und *249 a* unverändert. – *Art. 249 b.* Mit *Antrag Aufseß* – 9 Ziff. 1 lit. f – angenommen. – *Art. 249 c-249 e* unverändert. – *Art. 249 ee.* Vorbehaltlich anderer Fassung angenommen.

§§ 2–6 unverändert. – § 7. Mit *Antrag Aufseß* – 9 Ziff. 13 – angenommen.

Es dürfte kaum anzuführen sein, dass die Anträge Aufseß und Genossen – Nr. 9 der Drucksachen – mit den Kommissaren vereinbart waren.

Titel und Überschrift unverändert.

21. Sitzung vom 13.6.1884

Anträge:

A. Beisert: 1. In Art. 173 einen Abs. 3 hinzuzufügen: „Dieselben können auf Inhaber oder auf Namen lauten." – 2. Im Art. 207 a den ersten Absatz dahin zu fassen: „Die Aktien müssen auf einen Betrag von mindestens eintausend Mark gestellt werden."

B. Dr. Porsch: 1. In den Art. 173 a Abs. 2 und 207 a Abs. 2 zu sagen: „der Bundesrat" statt „die Landeszentralbehörde in Übereinstimmung mit dem Reichskanzler." – 2. Dementsprechend die gleiche Änderung vorzunehmen in den Art. 203 Abs. 3 und Art. 258 Abs. 2 (welche übrigens in Wegfall kommen).

C. Kochhann: Den Abs. 3 des Art. 203 zu streichen, ebenso den Abs. 2 des Art. 248 zu streichen.

D. Dr. Meyer: Im § 3 des Gesetzes zu sagen: „... sofern der auf die neu auszugebenden Aktien eingeforderte Betrag vor dem Inkrafttreten dieses Gesetzes geleistet ist."

E. Hartmann: Dem zweiten Satz des Art. 249 ee folgende Fassung zu geben: „Die gleiche Strafe ... sowie denjenigen, welcher hierzu durch Verleihung der Aktien wissentlich mitgewirkt hat."

Vorstehende Anträge – B 2 zessiert – wurden einstimmig angenommen, ebenso einstimmig das ganze Gesetz nach Maßgabe der Kommissionsbeschlüsse. Sämtliche Kommissionsmitglieder erklärten sich bereit, bei ihren Fraktionen auf En-bloc-Annahme hinzuwirken. – Die Petitionen möge der Reichstag als durch den Gesetzentwurf erledigt erklären. -

Im Nachgange zu meinen bereits eingesandten Bemerkungen über die Ergebnisse der zweiten Lesung des nebenbezeichneten Gesetzentwurfs gestatte ich mir gehorsamst, die heute gefassten Beschlüsse nebst den Anträgen der Redaktionskommission V [weggelassen] und die Zusammenstellung des Entwurfs mit den Kommissionsbeschlüssen erster Lesung in Vorlage zu bringen und folgende Bemerkung beizufügen:

Vor der heutigen Sitzung fand ein Zusammentritt je eines Mitgliedes der in der Kommission vertretenen Fraktionen mit den Kommissaren statt. Auch ich wohnte demselben bei. Zweck des Zusammentritts sollte sein, die noch bestehenden Differenzen zu beseitigen und wenn möglich Einstimmigkeit, wenigstens in der Kommission, zu erzielen.

Es wurden die aus der Beilage ersichtlichen Anträge vereinbart.

Hiernach wurden die Inhaberaktien auch bei der Kommanditgesellschaft eingeführt, es wird die Differenzierung des Minimalbetrags der Aktien aufgegeben und für beide Arten der Aktien derselbe auf tausend M. festgestellt, es soll die Ausnahmebewilligung nach Art. 173 a und 207 a statt „von der Landeszentralbehörde in Übereinstimmung mit dem Reichskanzler" vom Bundesrat ausgehen – wogegen als Gegenleistung der Abstrich des Abs. 3 im Art. 203 und des Abs. 2 im Art. 248 in Betracht zu kommen hat.

IV. Plenarberatungen des Reichstags

1. Anträge in der II. Beratung

Art. 173 a. Antrag Lipke – Dr.-S. Nr. 159 – zu Art. 173 a: 1. den ersten Satz dahin zu fassen: „Die Aktien müssen auf einen Betrag von mindestens Vierhundert Mark gestellt werden". – 2. die Sätze 2 und 3 zu streichen. Durch Abstimmung über Art. 207 a *erledigt.*

Antrag Richter (Hagen) – Dr.-S. 160 – Nr. 7 zu fassen wie folgt: 7. Die Form, in welcher die von der Gesellschaft ausgehenden Bekanntmachungen erfolgen, sowie die öffentlichen Blätter, in welchen dieselben aufzunehmen sind, sodann das letzte Alinea des Artikels zu fassen wie folgt: Bekanntmachungen über Vorgänge, deren Eintragung in das Handelsregister vorgeschrieben ist, sind in den Deutschen Reichsanzeiger einzurücken; *zurückgezogen.*

Art. 174 a. Antrag Lipke – Dr.-S. Nr. 159 –: Art. 174 a *zu streichen.* Abgelehnt.

Art. 180 d. Antrag Haehnle, Payer – Dr.-S. Nr. 161 -: in Art. 180 d und 213 e je die Worte des letzten Absatzes: „oder der Erwerb im Wege der Zwangsvollstreckung geschieht" *zu streichen; erledigt* durch die voraufgegangene Ablehnung des Antrages bei Art. 213 e.

Art. 180 g. Antrag Lipke – Dr.-S. Nr. 159 -: Art. 180 g: den dritten Absatz *zu streichen; erledigt* durch die Abstimmung und durch die Erklärung des Antragstellers bei Art. 174 a (cfr. S. 976 des Stenogr. Berichts).

Art. 182. Antrag Richter (Hagen) – Dr.-S. Nr. 160 I. -: in Art. 182 Alinea 2 *zu streichen:* a) in der 12. Zeile die Worte: „und der Generalversammlung", b) den letzten Satz des Alinea, beginnend mit den Worten. „Die Übertragung dieser Aktien" etc.; *abgelehnt.*

Art. 207 a. Antrag Lipke – Dr.-S. Nr. 159 – zu Art. 207 a: 1. den ersten Satz dahin zu fassen: „Die Aktien müssen auf einen Betrag von mindestens Vierhundert Mark gestellt werden" – 2. die Sätze 2 und 3 zu streichen, *abgelehnt.*

Art. 209. Antrag Lipke – Dr.-S. Nr. 159 -: den ersten Satz dahin zu fassen: „Der Inhalt des Gesellschaftsvertrages muss durch mindestens zwei Personen, welche

Aktien übernehmen, in gerichtlicher oder notarieller Verhandlung festgestellt werden." *Abgelehnt.*

Antrag Richter (Hagen) – Dr.-S. Nr. 160 – Nr. 7 zu fassen wie folgt: 7. die Form, in welcher die von der Gesellschaft ausgehenden Bekanntmachungen erfolgen, sowie die öffentlichen Blätter, in welchen dieselben aufzunehmen sind, sodann das letzte Alinea des Artikels zu fassen wie folgt: Bekanntmachungen über Vorgänge, deren Eintragung in das Handelsregister vorgeschrieben ist, sind in den Deutschen Reichsanzeiger einzurücken; *zurückgezogen.*

Art. 209 f. Antrag Haehnle, Payer – Dr.-S. Nr. 161 -: In Art. 209 f die Worte des ersten Absatzes: „das für die Vertretung des Handelsstandes berufene Organ und in Ermangelung eines solchen" *zu streichen. Abgelehnt.*

Art. 210 a. Antrag Lipke – Dr.-S. Nr. 159 -: Art. 210 a Satz 1 und 2 dahin abzuändern: „In dem Falle, dass die Gründer nicht alle Aktien übernommen haben, muss der Aufsichtsrat ohne Verzug eine Generalversammlung der in dem Verzeichnis aufgeführten Aktionäre zur Beschlussfassung über die Errichtung der Gesellschaft berufen. – Die Versammlung findet unter der Leitung des Vorsitzenden des Aufsichtsrats oder dessen Stellvertreter statt." Abs. 1 des Antrages *abgelehnt.* Abs. 2 durch Abstimmung über den ersten Teil des Antrages *erledigt.*

Art. 213 e, 180 d. Antrag Haehnle, Payer – Dr.-S. Nr. 161 -: in Art. 180 d und 213 e je die Worte des letzten Absatzes. „oder der Erwerb im Wege der Zwangsvollstreckung geschieht" *zu streichen. Abgelehnt.*

Art. 215 a. Antrag Richter (Hagen) – Dr.-S. Nr. 160 -: in Art. 215 a erstes Alinea hinter „Versicherungsgesellschaften" einzuschalten: „und Gesellschaften, deren Aktien auf Namen lauten und ohne Einwilligung der Gesellschaft nicht übertragen werden können" *abgelehnt.*

Antrag Richter (Hagen) – Dr.-S. Nr. 160 -: in Art. 215 a im dritten Absatz statt „Versicherungsgesellschaften" zu setzen: „die im zweiten Satz des ersten Alinea erwähnten Gesellschaften". *Erledigt* durch die voraufgegangene Abstimmung.

Art. 249 d. Kombinierter handschriftlicher Antrag Träger, Dr. Windthorst: Zu Art. 249 d folgenden Zusatz zu machen: Ist die öffentliche Bekanntmachung ad 1 im Inseratenteil einer periodischen Druckschrift erfolgt, und der Verfasser des Inserats unter demselben nicht nur genannt, sondern auch in dem Bereiche der richterlichen Gewalt eines deutschen Bundesstaates, so findet § 20 Alinea 2 des Gesetzes über die Presse vom 7. Mai 1874 (RGBl., 65) keine Anwendung. *Abgelehnt.*

Antrag Dr. Meyer (Halle) – Dr.-S. Nr. 159 -: Zu § 249 d folgenden Zusatz zu machen: Ist die öffentliche Bekanntmachung ad 1 in einer periodischen Druckschrift erfolgt, so findet § 20 Alinea 2 des Gesetzes über die Presse vom 7. Mai 1864 (RGBl., 65) keine Anwendung. *Zurückgezogen.*

Antrag Träger – Dr.-S. Nr. 161 -: Zu Art. 249 d folgenden Zusatz zu machen: Ist die öffentliche Bekanntmachung ad 1 im Inseratenteil einer periodischen Druckschrift erfolgt, so findet § 20 Alinea 2 des Gesetzes über die Presse vom 7. Mai 1874 (RGBl., 65) keine Anwendung. *Zurückgezogen.*

Kombinierter handschriftlicher Antrag Träger, Dr. Windthorst: Zu Art. 249 d folgenden Zusatz zu machen: Ist die öffentliche Bekanntmachung ad 1 im Inseratenteil einer periodischen Druckschrift erfolgt, und der Verfasser des Inserats unter demselben nicht nur genannt, sondern auch in dem Bereiche der richterlichen Gewalt eines deutschen Bundesstaates, so findet § 20 Alinea 2 des Gesetzes über die Presse vom 7. Mai 1874 (RGBl., 65) keine Anwendung. *Abgelehnt.*

Antrag Dr. Meyer (Halle) – Dr.-S. Nr. 156 -: Zu § 249 d folgenden Zusatz zu machen: Ist die öffentliche Bekanntmachung ad 1 in einer periodischen Druckschrift erfolgt, so findet § 20 Alinea 2 des Gesetzes über die Presse vom 7. Mai 1874 (RGBl., 65) keine Anwendung. *Zurückgezogen.*

Antrag Träger – Dr.-S. Nr. 161 -: Zu Art. 249 d folgenden Zusatz zu machen: Ist die öffentliche Bekanntmachung ad 1 im Inseratenteil einer periodischen Druckschrift erfolgt, so findet § 20 Alinea 2 des Gesetzes über die Presse vom 7. Mai 1874 (RGBl., 65) keine Anwendung. *Zurückgezogen.*

2. Anträge in der III. Beratung

Art. 182. Antrag Dr. Meyer (Halle) – Dr.-S. Nr. 183 – im Art. 182 Abs. 2 im letzten Satze statt der Worte „gerichtlichen oder notariellen" zu setzen: „gerichtlich oder notariell beglaubigten". *Angenommen.*

Art. 221. Antrag Dr. Hartmann – Dr.-S. Nr. 190 -: in Art. 221 die Worte „Einsicht und" zwischen „die" und „Prüfung" *zu streichen; Angenommen.*

Art. 249 d. Antrag Dr. Reichensperger (Olpe) – Dr.-S. Nr. 185 -: im Art. 249 d Nr. 1 zwischen den Worten „Bekanntmachungen" und „falsche" das Wort: „wissentlich" einzuschalten; *angenommen.*

Antrag Dr. Windthorst – Dr.-S. Nr. 182 – zu § 249 d folgenden Zusatz zu machen: Ist die öffentliche Bekanntmachung ad 1 im Inseratenteil einer periodischen Druckschrift erfolgt und der Verfasser des Inserates nicht nur unter demselben genannt, sondern auch in dem Bereiche der richterlichen Gewalt eines deutschen Bundesstaates, so findet § 20 Alinea 2 des Gesetzes über die Presse vom 7. Mai 1874 (RGBl., 65) keine Anwendung. *Angenommen.*

Sechster Teil: Gesetz vom 18. Juli 1884 betreffend die Kommanditgesellschaften auf Aktien und die Aktiengesellschaften unter Kennzeichnung der Änderungen der Reichstagsvorlage durch die IX. Kommission*

§ 1. Die Bestimmungen im zweiten Abschnitte des zweiten Titels und im dritten Titel vom zweiten Buche des Handelsgesetzbuchs, Art. 173 bis 249 a, werden durch nachstehende Bestimmungen ersetzt.

Zweiter Abschnitt. Von der Kommanditgesellschaft auf Aktien insbesondere

Art. 173. Das Gesamtkapital der Kommanditisten kann in Aktien zerlegt werden.

Die Aktien sind unteilbar.

Dieselben *können auf Inhaber oder* auf Namen lauten.

Anteilscheine, in welchen der Bezug von Aktien zugesichert wird, oder welche sonst über das Anteilsrecht der Kommanditisten vor Ausgabe der Aktien ausgestellt werden (Interimsscheine), dürfen nicht auf Inhaber lauten.

Art. 173 a. Die Aktien müssen auf einen Betrag von mindestens eintausend Mark gestellt werden.

Für ein gemeinnütziges Unternehmen kann im Falle eines besonderen örtlichen Bedürfnisses *der Bundesrat* die Ausgabe von Aktien, *welche auf Namen lauten,* zu einem geringeren, jedoch mindestens zweihundert Mark erreichenden Betrage zulassen. Die gleiche Genehmigung kann in dem Falle erteilt werden, dass für ein Unternehmen das Reich oder ein Bundesstaat, ein Provinzial-, Kreis- oder Amtsverband oder eine sonstige öffentliche Korporation auf die Aktien einen bestimmten Ertrag bedingungslos und ohne Zeitbeschränkung gewährleistet hat.

Auf Namen lautende Aktien, deren Übertragung an die Einwilligung der Gesellschaft gebunden ist, dürfen auf einen Betrag von weniger als eintausend, jedoch nicht von weniger als zweihundert Mark gestellt werden.

Die vorstehenden Bestimmungen gelten auch von Interimsscheinen.

Art. 174. Wie die Vorlage.

Art. 174 a. Die persönlich haftenden Gesellschafter haben sich bei Errichtung der Gesellschaft mit Einlagen zu beteiligen, welche zusammen mindestens den zehnten

* Die Beschlüsse der IX. Reichstagskommission sind kursiv gesetzt.

Teil des Gesamtkapitals der Kommanditisten und, wenn dieses drei Millionen Mark übersteigt, für den übersteigenden Betrag den *fünfzigsten* Teil desselben darstellen.

Art. 175. Der Inhalt des Gesellschaftsvertrages (Statut) muss durch die persönlich haftenden Gesellschafter in gerichtlicher oder notarieller Verhandlung festgestellt werden.

Der Gesellschaftsvertrag muss enthalten:

1. den Namen, Vornamen, Stand und Wohnort, sowie die Höhe und Art der Einlage jedes persönlich haftenden Gesellschafters;

2. die Firma der Gesellschaft und den Ort, wo sie ihren Sitz hat;

3. den Gegenstand des Unternehmens;

4. die Zahl und den Betrag der Aktien;

5. die Art der Aktien, ob sie auf Inhaber oder auf Namen lauten, und im Falle der Ausgabe beider Arten die Zahl der Aktien einer jeden Art;

6. die Form, in welcher die Zusammenberufung der Generalversammlung der Kommanditisten geschieht;

7. die Form, in welcher die von der Gesellschaft ausgehenden Bekanntmachungen erfolgen.

Bekanntmachungen, welche durch öffentliche Blätter erfolgen sollen, sind in den Deutschen Reichsanzeiger einzurücken. Andere Blätter außer diesem hat der Gesellschaftsvertrag zu bestimmen.

Art. 175 a. Der Aufnahme in den Gesellschaftsvertrag bedürfen Bestimmungen, nach welchen

1. das Unternehmen auf eine gewisse Zeit beschränkt wird;

2. Aktien für einen höheren als den Nominalbetrag ausgegeben werden;

3. eine Umwandlung der Aktien rücksichtlich ihrer Art statthaft ist;

4. für einzelne Gattungen von Aktien verschiedene Rechte, insbesondere betreffs der Zinsen oder Dividenden oder des Anteils am Gesellschaftsvermögen, gewährt werden;

5. über gewisse Gegenstände die Generalversammlung der Kommanditisten nicht schon durch einfache Stimmenmehrheit, sondern nur durch eine größere Stimmenmehrheit oder nach anderen Erfordernissen Beschluss fassen kann;

6. ein Austreten einzelner persönlich haftender Gesellschafter die Auflösung der Gesellschaft nicht zur Folge hat.

Für einen geringeren als den Nominalbetrag darf die Ausgabe der Aktien nicht festgesetzt werden.

Art. 175 b. Jeder zu Gunsten einzelner Gesellschafter bedungene Vorteil muss in dem Gesellschaftsvertrage unter Bezeichnung des Berechtigten festgesetzt werden.

Werden von persönlich haftenden Gesellschaftern oder von Kommanditisten Einlagen, welche nicht *durch Barzahlung zu leisten sind,* gemacht, so müssen die Person des Gesellschafters, der Gegenstand der Einlage und der für sie zu gewährende Anteil an dem Gesamtkapital der Kommanditisten oder dem sonstigen Gesellschaftsvermögen in dem Gesellschaftsvertrage festgesetzt werden. Ingleichen sind, falls seitens der zu errichtenden Gesellschaft vorhandene oder herzustellende Anlagen oder sonstige Vermögensstücke übernommen werden, die Person des Kontrahenten, der Gegenstand der Übernahme und die für ihn zu gewährende Vergütung festzusetzen.

Von diesen Festsetzungen gesondert ist der Gesamtaufwand, welcher zu Lasten der Gesellschaft an Gesellschafter oder Andere als Entschädigung oder Belohnung für die Gründung oder deren Vorbereitung gewährt wird, in dem Gesellschaftsvertrage festzusetzen.

Jedes Abkommen der persönlich haftenden Gesellschafter über die vorbezeichneten Gegenstände, welches nicht die vorgeschriebene Festsetzung in dem Gesellschaftsvertrage gefunden hat, ist der Gesellschaft gegenüber unwirksam.

Art. 175 c. Die Zeichnung der Aktien erfolgt durch schriftliche Erklärung, *aus welcher die Beteiligung nach Anzahl und, im Falle einer Verschiedenheit der Aktien nach Betrag, Art oder Gattung derselben hervorgehen muss.*

Die Erklärung (Zeichnungsschein), welche in zwei Exemplaren unterzeichnet *werden soll,* hat zu enthalten:

1. das Datum des Statuts, die in Art. 175 Abs. 2, 175 b vorgesehenen Festsetzungen und im Falle verschiedener Gattungen von Aktien den Gesamtbetrag einer jeden;
2. den Betrag, für welchen die Ausgabe der Aktie stattfindet, und den Betrag der festgestellten Einzahlungen;
3. den Zeitpunkt, mit dessen Eintritt die Zeichnung unverbindlich wird, sofern nicht bis dahin die Errichtung der Gesellschaft beschlossen ist.

Zeichnungsscheine, welche diesen *Inhalt* nicht *vollständig haben* oder außer dem unter Ziffer 3 bezeichneten Vorbehalte Beschränkungen in der Verpflichtung des Zeichners enthalten, sind *ungültig. Ist ungeachtet eines hiernach ungültigen Zeichnungsscheines die Eintragung des Gesellschaftsvertrages in das Handelsregister erfolgt, so ist der Zeichner, wenn er auf Grund einer dem ersten Absatze entsprechenden Erklärung in der zur Beschlussfassung über die Errichtung der Gesellschaft berufenen Generalversammlung gestimmt oder später als Kommanditist Rechte ausgeübt oder Verpflichtungen erfüllt hat, der Gesellschaft wie aus einem gültigen Zeichnungsscheine verpflichtet.*

Jede nicht in dem Zeichnungsscheine enthaltene Beschränkung ist der Gesellschaft gegenüber unwirksam.

Art. 175 cc [im Gesetz 175 d]. Die persönlich haftenden Gesellschafter haben in dem Falle des Art. 175 b Abs. 2 in einer von ihnen zu unterzeichnenden Erklärung die Umstände darzulegen, mit Rücksicht auf welche ihnen die Höhe der für die eingelegten oder übernommenen Gegenstände gewährten Beträge gerechtfertigt erscheint. Hierbei haben sie insbesondere die dem Erwerbe der Gesellschaft vorausgegangenen Rechtsgeschäfte, welche auf denselben hingezielt haben, sowie die früheren Erwerbs- und Herstellungspreise aus den letzten zwei Jahren anzugeben.

Art. 175 d [im Gesetz 175 e]. Jede Kommanditgesellschaft auf Aktien muss einen Aufsichtsrat haben.

Zur Wahl des ersten Aufsichtsrats ist die Generalversammlung der Kommanditisten sofort nach der Zeichnung des Gesamtkapitals von den persönlich haftenden Gesellschaftern zu berufen.

Die Mitglieder des Aufsichtsrats haben den Hergang der Gründung zu prüfen. Die Prüfung hat sich auf die in Art. 174 a *bestimmte* Beteiligung sowie auf die Richtigkeit und Vollständigkeit der Angaben zu erstrecken, welche rücksichtlich der Zeichnung und Einzahlung des Gesamtkapitals der Kommanditisten und *rücksichtlich* der in Art. 175 b vorgesehenen Festsetzungen von den persönlich haftenden Gesellschaftern, *insbesondere in der in Art. 175 cc vorgeschriebenen Erklärung*, gemacht sind.

Über die Prüfung ist unter Darlegung der im vorstehenden Absatze bezeichneten Umstände schriftlich Bericht zu erstatten.

Art. 175 e [im Gesetz 175 f]. Über die Errichtung der Gesellschaft muss in einer durch die persönlich haftenden Gesellschafter zu berufenden Generalversammlung der Kommanditisten Beschluss gefasst werden.

Vor der Beschlussfassung hat sich der Aufsichtsrat über die Ergebnisse der ihm rücksichtlich der Gründung obliegenden Prüfung auf Grund seines Berichts *und dessen urkundlichen Grundlagen* zu erklären.

Die der Errichtung der Gesellschaft zustimmende Mehrheit muss mindestens ein Vierteil der sämtlichen *berufenen oder als Rechtsnachfolger derselben in der Generalversammlung zugelassenen* Kommanditisten begreifen, und der Betrag ihrer Anteile muss mindestens ein Vierteil des Gesamtkapitals darstellen. Die Zustimmung aller erschienenen Kommanditisten ist erforderlich, wenn die in den Art. 175 Ziff. 1 bis *5* und 175 a bezeichneten Bestimmungen des Gesellschaftsvertrages abgeändert oder die in Art. 175 b vorgesehenen Festsetzungen zu Lasten der Gesellschaft erweitert werden sollen.

Art. 175 f [im Gesetz 175 g]. Auf die Berufung und Beschlussfassung der in Art. 175 d [e] und 175 e [f] bezeichneten Generalversammlungen finden, soweit nicht in letzterem Artikel ein anderes bestimmt ist, die Regeln entsprechende Anwendung, welche für die Gesellschaft nach der Eintragung maßgebend sind.

Art. 176. Der Gesellschaftsvertrag muss bei dem Handelsgericht, in dessen Bezirk die Gesellschaft ihren Sitz hat, in das Handelsregister eingetragen werden.

Der Anmeldung behufs der Eintragung in das Handelsregister müssen beigefügt sein:

1. in dem Falle des Art. 175 b die den bezeichneten Festsetzungen zum Grunde liegenden oder zu ihrer Ausführung geschlossenen Verträge, *die in Art. 175 cc [d] vorgesehene Erklärung* und eine Berechnung des Gründungsaufwands, in welcher die Vergütungen nach Art und Höhe und die Empfänger einzeln aufzuführen sind;

2. zum Nachweise der Zeichnung des Gesamtkapitals der Kommanditisten die Duplikate der Zeichnungsscheine und ein von den persönlich haftenden Gesellschaftern in beglaubigter Form unterschriebenes Verzeichnis der sämtlichen

Kommanditisten, welches die auf jeden entfallenen Aktien, sowie die auf letztere geschehenen Einzahlungen angibt;

3. die Urkunden über die Bestellung des Aufsichtsrats und der in der Gemäßheit des Art. 175 e erstattete Bericht nebst dessen urkundlichen Grundlagen;

4. in dem Falle, dass der Gegenstand des Unternehmens der staatlichen Genehmigung bedarf, sowie in den Fällen des Art. 173 a Abs. 2 die Genehmigungsurkunde.

In der Anmeldung ist die Erklärung abzugeben, dass auf jede Aktie, soweit nicht andere als *durch Barzahlung zu leistende* Einlagen gemacht sind, der eingeforderte Betrag bar eingezahlt und *im Besitze der* persönlich haftenden Gesellschafter sei. *Die* Einforder*ung* muss mindestens ein Vierteil des Nominalbetrages und im Falle einer Ausgabe der Aktien für einen höheren als den Nominalbetrag auch den Mehrbetrag *umfassen. Als Barzahlung gilt die Zahlung in deutschem Gelde, in Reichskassenscheinen, sowie in gesetzlich zugelassenen Noten deutscher Banken.*

Die Anmeldung muss von sämtlichen persönlich haftenden Gesellschaftern und sämtlichen Mitgliedern des Aufsichtsrats vor dem Handelsgerichte unterzeichnet oder in beglaubigter Form eingereicht werden.

Die der Anmeldung beigefügten Schriftstücke werden bei dem Handelsgerichte in Urschrift oder in beglaubigter Abschrift aufbewahrt.

Art. 177. Der eingetragene Gesellschaftsvertrag ist im Auszuge von dem Handelsgerichte zu veröffentlichen.

Die Veröffentlichung muss enthalten:

1. das Datum des Gesellschaftsvertrages und die in Art. 175 Abs. 2 und 3 [und 6], 175 a Ziff. 1, 4 [im Gesetz entfallen] und 5 und 175 b bezeichneten Festsetzungen;

2. den Namen, Stand und Wohnort der Mitglieder des Aufsichtsrats.

Art. 178. Wie die Vorlage.

Art. 179. Wie die Vorlage.

Art. 180. Wie die Vorlage.

Art. 180 a. Wer vor der Eintragung des Gesellschaftsvertrages in das Handelsregister oder in den ersten zwei Jahren nach der Eintragung, um Aktien in den Verkehr einzuführen, eine öffentliche Ankündigung derselben erlässt, ist der Gesellschaft im Falle der Unrichtigkeit oder Unvollständigkeit von Angaben, welche die persönlich haftenden Gesellschafter rücksichtlich der Zeichnung oder Einzahlung des Gesamtkapitals der Kommanditisten oder der in Art. 175 b vorgesehenen Festsetzungen behufs Eintragung des Gesellschaftsvertrages in das Handelsregister gemacht haben, sowie in dem Falle einer böslichen Schädigung der Gesellschaft durch Einlagen oder Übernahmen für den Ersatz des ihr daraus entstandenen Schadens neben den in Art. 180 bezeichneten Personen solidarisch verhaftet, sofern *ihm nachgewiesen wird, dass* er die Unrichtigkeit oder Unvollständigkeit der Angaben oder die bösliche Schädigung gekannt hat oder bei *Anwendung der Sorgfalt* eines ordentlichen Geschäftsmannes hat kennen müssen.

Art. 180 b. Mitglieder des Aufsichtsrats, welchen *nachgewiesen wird, dass sie* bei der ihnen durch Art. 175 d Abs. 3 auferlegten Prüfung die Sorgfalt eines ordentlichen Geschäftsmannes verletzt haben, haften der Gesellschaft solidarisch für den ihr daraus entstandenen Schaden, soweit der Ersatz desselben von den in Gemäßheit der Art. 180, 180 a verpflichteten Personen nicht zu erlangen ist.

Art. 180 c. Vergleiche oder Verzichtsleistungen, welche die der Gesellschaft aus der Gründung zustehenden Ansprüche gegen die in Gemäßheit der Art. 180 bis 180 b verpflichteten Personen betreffen, sind erst nach Ablauf von drei Jahren seit Eintragung des Gesellschaftsvertrages in das Handelsregister und nur mit Zustimmung der Generalversammlung der Kommanditisten zulässig. Die Zeitbeschränkung findet nicht Anwendung, sofern der Verpflichtete im Falle *der* Zahlungsunfähigkeit zur Abwendung oder Beseitigung des Konkursverfahrens mit *seinen Gläubigern sich vergleicht.*

Art. 180 cc [im Gesetz: d]. Die Ansprüche der Gesellschaft gegen die in Gemäßheit der Art. 180 bis 180 b verpflichteten Personen verjähren in fünf Jahren seit Eintragung des Gesellschaftsvertrages in das Handelsregister.

Art. 180 d [im Gesetz: e]. Werden vor Ablauf von zwei Jahren seit Eintragung des Gesellschaftsvertrages in das Handelsregister seitens der Gesellschaft Verträge geschlossen, durch welche sie vorhandene oder herzustellende Anlagen oder unbewegliche Gegenstände für eine den zehnten Teil des Gesamtkapitals der Kommanditisten übersteigende Vergütung erwerben soll, so bedürfen dieselben zu ihrer Gültigkeit der Zustimmung der Generalversammlung der Kommanditisten.

Vor der Beschlussfassung hat der Aufsichtsrat den Vertrag zu prüfen und über die Ergebnisse seiner Prüfung schriftlich Bericht zu erstatten.

Die Anteile der zustimmenden Mehrheit der Kommanditisten müssen in dem Falle, dass der Vertrag im ersten Jahre geschlossen wird, mindestens ein Vierteil des Gesamtkapitals, anderenfalls mindestens drei Vierteile des in der Generalversammlung darstellen.

Der genehmigte Vertrag ist in Urschrift oder in beglaubigter Abschrift mit dem Berichte des Aufsichtsrats nebst dessen urkundlichen Grundlagen und mit dem Nachweise über die Beschlussfassung zum Handelsregister einzureichen.

Hat der Erwerb in Ausführung einer vor der Errichtung der Gesellschaft von den persönlich haftenden Gesellschaftern getroffenen Vereinbarung stattgefunden, so kommen in Betreff der Rechte der Gesellschaft auf Entschädigung und in Betreff der ersatzpflichtigen Personen die Vorschriften der Art. 180 und 180 c zur Anwendung.

Die vorstehenden Bestimmungen finden auf den Erwerb unbeweglicher Gegenstände nicht Anwendung, sofern auf ihn der Gegenstand des Unternehmens gerichtet ist oder der Erwerb im Wege der Zwangsvollstreckung geschieht.

Art. 180 e [im Gesetz: f]. Jede Bestimmung, welche die Fortsetzung der Gesellschaft oder eine Abänderung des Inhalts des Gesellschaftsvertrages zum Gegenstande hat, bedarf zu ihrer Gültigkeit der notariellen oder gerichtlichen Abfassung.

Die Bestimmung muss *in das Handelsregister eingetragen und in gleicher Weise wie der ursprüngliche Vertrag veröffentlicht* werden (Art. 177, 179). Dieselbe hat keine rechtliche Wirkung, bevor sie bei dem Handelsgerichte, in dessen Bezirke die Gesellschaft ihren Sitz hat, in das Handelsregister eingetragen ist.

Art. 180 f [im Gesetz; g]. Abs. 1 bis 3 wie in der Vorlage.

Abs. 4: Die Bestimmung des Gesellschaftsvertrages, Inhalts deren die Übertragung von Aktien, welche in Gemäßheit des Art. 173 a Abs. 3 auf einen geringeren Betrag als eintausend Mark gestellt sind, an die Einwilligung der Gesellschaft gebunden ist, kann nicht abgeändert werden.

Art. 180 g [im Gesetz: h]. Eine Erhöhung des Gesamtkapitals der Kommanditisten darf nicht vor der vollen Einzahlung desselben erfolgen. Für Versicherungsgesellschaften kann der Gesellschaftsvertrag ein Anderes bestimmen.

Die Erhöhung kann nicht ohne Beschluss der Generalversammlung der Kommanditisten stattfinden. Für die neu auszugebenden Aktien kann die Leistung eines *höheren* als des Nominalbetrages festgesetzt werden; der Beschluss hat den Mindestbetrag zu bezeichnen, für welchen die Aktien auszugeben sind. *Ein geringerer als der Nominalbetrag darf nicht festgesetzt werden.*

Auf eine Erhöhung, welche in den ersten zwei Jahren seit Eintragung des Gesellschaftsvertrages in das Handelsregister beschlossen wird, findet die Vorschrift in Art. 174 a über die Beteiligung der persönlich haftenden Gesellschafter mit der Maßgabe Anwendung, dass die Beteiligung nach dem Gesamtkapitale einschließlich dessen Erhöhung zu bemessen ist und aus dem Beschlusse hervorgehen muss, welche Einlagen demzufolge noch gemacht werden.

Die Beschlussfassung unterliegt den Vorschriften in Art. 180 f [im Gesetz: g] Abs. 1 und 3. Die Bestimmung über die Erhöhung ist in das Handelsregister einzutragen. *Die Anmeldung hat die Angabe zu enthalten, dass das bisherige Gesamtkapital eingezahlt sei, für Versicherungsgesellschaften, inwieweit die Einzahlung desselben stattgefunden habe.* Auf die *Ab*fassung und die Eintragung finden die Vorschriften in Art. 180 e (im Gesetz Art. 180 f) Anwendung.

Eine Zusicherung von Rechten auf den Bezug neu auszugebender Aktien, welche vor dem Beschlusse auf Erhöhung des Gesamtkapitals erfolgt, ist der Gesellschaft gegenüber unwirksam.

Art. 180 h [im Gesetz: i]. Die Zeichnung der neu auszugebenden Aktien erfolgt durch schriftliche Erklärung, *welche in zwei Exemplaren unterzeichnet werden soll.*

Die stattgefundene Erhöhung des Kapitals der Kommanditisten ist behufs der Eintragung in das Handelsregister anzumelden. Die Vorschriften in Art. 176 und 179 finden entsprechende Anwendung.

Vor der Eintragung der stattgefundenen Erhöhung in das Handelsregister *desjenigen Gerichts, in dessen Bezirke die Gesellschaft ihren Sitz hat,* sollen Aktien oder Interimsscheine nicht ausgegeben werden.

Art. 181. Die Einlagen, mit welchen ein persönlich haftender Gesellschafter sich in Gemäßheit der Art. 174 a, 180 g Abs. 3 beteiligt hat, dürfen ihm weder ganz noch teilweise zurückgegeben oder erlassen werden.

Er darf den Anteil, welcher ihm am Gesellschaftsvermögen einschließlich des Gesamtkapitals der Kommanditisten auf solche Einlagen zugewiesen ist, nur an andere persönlich haftende Gesellschafter veräußern. In gleicher Weise ist, wenn er als persönlich haftender Gesellschafter ausscheidet, die Veräußerung des*jenigen, was* ihm auf solche Einlagen bei der Auseinandersetzung *zugewiesen* ist, bis zum Ablaufe von *drei* Jahren seit dem Ausscheiden, jedoch nicht länger als bis zum Ablaufe von zehn Jahren seit Eintragung des Gesellschaftsvertrages in das Handelsregister beschränkt. Während der Dauer dieser Beschränkung darf der Anteil *des Gesellschafters oder dasjenige, was ihm bei der Auseinandersetzung zugewiesen ist,* nicht ausgeliefert und für Privatgläubiger desselben nur insoweit gepfändet werden, als *diese Gegenstände* nicht bis zum Ablaufe der Zeitbeschränkung wegen Forderungen der Gesellschaft oder *solcher* Gesellschaftsgläubiger, *deren Ansprüche vor dem Ausscheiden des persönlich haftenden Gesellschafters entstanden waren,* verwendet oder gepfändet sind.

Soweit die Einlagen auf das Gesamtkapital der Kommanditisten gemacht sind, hat der Aufsichtsrat die hierfür auszustellenden Aktien oder Interimsscheine in Verwahrung zu nehmen und mit dem Vermerk „unveräußerlich" zu versehen. Die Löschung des Vermerkes findet durch den Aufsichtsrat nach dem Wegfalle der bezeichneten Beschränkung statt.

Art. 181 a. Interimsscheine, welche auf Inhaber lauten, sind nichtig. Die Ausgeber haften den Besitzern solidarisch für allen durch die Ausgabe verursachten Schaden.

Das Gleiche gilt, wenn Aktien oder Interimsscheine auf einen geringeren als den nach Art. 173 a zugelassenen Betrag gestellt sind oder ausgegeben werden, bevor der Gesellschaftsvertrag bei dem Handelsgerichte, in dessen Bezirke die Gesellschaft ihren Sitz hat, in das Handelsregister eingetragen ist.

Aus Aktien und Interimsscheinen, welche in Gemäßheit des Art. 173 a auf einen Betrag von weniger als eintausend Mark gestellt sind, sollen im Falle des zweiten Absatzes des bezeichneten Artikels die erteilte Genehmigung, im Falle des dritten Absatzes die Beschränkungen hervorgehen, welchen die Kommanditisten in Bezug auf die Form einer Übertragung ihrer Rechte und die Einwilligung der Gesellschaft in dieselbe unterworfen sind.

Art. 182. Aktien, welche auf Namen lauten, müssen mit genauer Bezeichnung des Inhabers nach Namen, Wohnort und Stand in das Aktienbuch der Gesellschaft eingetragen werden.

Sie können, soweit nicht der Art. 181 oder der Gesellschaftsvertrag ein anderes bestimmt, ohne Einwilligung der Gesellschaft auf andere Personen übertragen werden. *Zu der im Gesellschaftsvertrage vorbehaltenen Einwilligung der Gesellschaft in die Übertragung von Aktien, welche auf einen Betrag von weniger als eintausend Mark gestellt sind, ist die Zustimmung des Aufsichtsrats und der Generalversammlung erforderlich. Die Übertragung dieser Aktien bedarf zu ihrer Gültigkeit einer die Person des Erwerbers bezeichnenden gerichtlichen oder notariellen Erklärung [gerichtlich oder notariell beglaubigten; Plenum].*

Die Übertragung *anderer Aktien, welche auf Namen lauten,* kann durch Indossament geschehen. In Betreff der Form *desselben* kommen die Bestimmungen der Art. 11 bis 13 der Deutschen Wechselordnung zur Anwendung.

Art. 183. Wenn das Eigentum der *auf Namen lautenden* Aktie auf einen Anderen übergeht, so ist dies, unter Vorlegung der Aktie und des Nachweises des Überganges, bei der Gesellschaft anzumelden und im Aktienbuche zu bemerken.

Im Verhältnisse zu der Gesellschaft werden nur diejenigen als die Eigentümer angesehen, welche als solche im Aktienbuche verzeichnet sind.

Zur Prüfung der Legitimation ist die Gesellschaft berechtigt, aber nicht verpflichtet.

Art. 183 a. Die in Art. 182 und 183 enthaltenen Bestimmungen finden auf die Eintragung der Interimsscheine und die Übertragung derselben auf andere Personen Anwendung.

Vor der vollen Leistung des Nominalbetrages oder des in den Fällen der Art. 175 a Ziff. 2, 180 g Abs. 2 festgesetzten Betrages soll die Aktie nicht ausgegeben werden.

Art. 183 b. Wie in der Vorlage.

Art. 184. Ein Gesellschafter, welcher den auf die Aktie *eingeforderten* Betrag nicht zur rechten Zeit einzahlt, ist zur Zahlung von Verzugszinsen von Rechts wegen verpflichtet.

Im Gesellschaftsvertrage können für den Fall der verzögerten Einzahlung Konventionalstrafen ohne Rücksicht auf die sonst stattfindenden gesetzlichen Einschränkungen festgesetzt werden.

Ist im Gesellschaftsvertrage keine besondere Form, wie die Aufforderung zur Einzahlung geschehen soll, bestimmt, so geschieht dieselbe in der Form, in welcher die Bekanntmachungen der Gesellschaft nach dem Gesellschaftsvertrage überhaupt erfolgen müssen.

Art. 184 a. Im Falle verzögerter Einzahlung kann an die säumigen Gesellschafter eine erneute Aufforderung zur Zahlung unter Androhung ihres Ausschlusses mit dem Anteilsrechte erlassen werden. ... [wie in der Vorlage].

Art. 184 b. Wie in der Vorlage.

Art. 184 c. Wie in der Vorlage.

Art. 184 d. Die Gesellschaft soll eigene Aktien im geschäftlichen Betriebe, sofern nicht eine Kommission zum Einkauf ausgeführt wird, weder erwerben noch zum Pfande nehmen. *Sie darf eigene Interimsscheine im geschäftlichen Betriebe auch in Ausführung einer Einkaufskommission weder erwerben noch zum Pfande nehmen.*

Art. 185. Wie in der Vorlage.

Art. 185 a. Für die Aufstellung der Bilanz kommen die allgemeinen Vorschriften des Art. 31 mit folgenden Maßgaben zur Anwendung:

1. Wertpapiere und Waren, welche einen Börsen- oder Marktpreis haben, dürfen höchstens zu dem Börsen- oder Marktpreise zur Zeit der Bilanzaufstellung, sofern dieser jedoch den Anschaffungs- *oder Herstellungs*preis übersteigt, höchstens zu letzterem angesetzt werden;

2. andere Vermögensgegenstände sind höchstens zu dem Anschaffungs- oder Herstellungspreise anzusetzen;

3. Anlagen und sonstige Gegenstände, welche nicht zur Weiterveräußerung, vielmehr dauernd zum Geschäftsbetriebe der Gesellschaft bestimmt sind, dürfen ohne Rücksicht auf einen geringeren Wert zu dem Anschaffungs- oder Herstellungspreise angesetzt werden, sofern ein der Abnutzung gleichkommender Betrag in Abzug gebracht oder ein derselben entsprechender Erneuerungsfonds in Ansatz gebracht wird;

4. die Kosten der Organisation und Verwaltung dürfen nicht als Aktiva, müssen vielmehr ihrem vollen Betrage nach in der Jahresrechnung als Ausgabe erscheinen;

5. der Betrag des Gesamtkapitals der Kommanditisten, der Anteil der persönlich haftenden Gesellschafter am sonstigen Gesellschaftsvermögen und der Betrag eines jeden Reserve- und Erneuerungsfonds sind unter die Passiva aufzunehmen;

6. der aus der Vergleichung sämtlicher Aktiva und sämtlicher Passiva sich ergebende Gewinn oder Verlust muss am Schlusse der Bilanz besonders angegeben werden.

Art. 185 b. Zur Deckung eines aus der Bilanz sich ergebenden Verlustes ist ein Reservefonds zu bilden; in denselben ist einzustellen:

1. von dem jährlichen Reingewinne mindestens der zwanzigste Teil so lange, als der Reservefonds den zehnten oder den im Gesellschaftsvertrage bestimmten höheren Teil des Gesamtkapitals nicht überschreitet;

2. der Gewinn, welcher bei Errichtung der Gesellschaft oder einer Erhöhung des Gesamtkapitals durch Ausgabe der Aktien für einen höheren als den Nominalbetrag erzielt wird.

Art. 185 c. Nach erfolgter Genehmigung durch die Generalversammlung sind die Bilanz, sowie die Gewinn- und Verlustrechnung ohne Verzug von den persönlich haftenden Gesellschaftern in den hierzu bestimmten öffentlichen Blättern bekannt zu machen und zu dem Handelsregister einzureichen.

Im Übrigen werden die Grundsätze, nach welchen die Bilanz aufzunehmen, Reservefonds zu bilden und anzulegen sind und die Prüfung der Bilanz zu erfolgen hat, durch den Gesellschaftsvertrag bestimmt.

Art. 186. Wie die Vorlage.

Art. 187. Wie die Vorlage.

Art. 188. Die Generalversammlung muss berufen werden, wenn dies von Kommanditisten, deren Anteile zusammen den zehnten Teil des Gesamtkapitals darstellen, in einer von ihnen unterzeichneten Eingabe unter Angabe des Zwecks und der Gründe verlangt wird. Ist im Gesellschaftsvertrage das Recht, die Berufung der Generalversammlung zu verlangen, an den Besitz eines geringeren Anteils am Gesamtkapitale geknüpft, so hat es hierbei sein Bewenden.

Wird dem Verlangen nicht entsprochen, so kann das Handelsgericht die Kommanditisten, welche das Verlangen gestellt haben, zur Berufung der Generalversammlung ermächtigen. Mit der Berufung ist die gerichtliche Ermächtigung zu veröffentlichen.

Art. 189. Wie die Vorlage.

Art. 190. Jede Aktie gewährt das Stimmrecht. Dasselbe wird nach den Aktienbeträgen ausgeübt. Der Gesellschaftsvertrag kann für den *Fall, dass ein Kommanditist mehrere Aktien besitzt,* die Ausübung des Stimmrechts für *dieselben* durch einen Höchstbetrag oder in Abstufungen oder nach Gattungen beschränken.

Vollmachten erfordern ... [Abs. 2 bis 5 wie in der Vorlage].

Art. 190 a. Ein Beschluss der Generalversammlung kann wegen Verletzung des Gesetzes oder des Gesellschaftsvertrages als ungültig im Wege der Klage angefochten werden. Dieselbe findet nur binnen der Frist von einem Monate statt. Zur Anfechtung befugt ist außer persönlich haftenden Gesellschaftern jeder in der Generalversammlung erschienene Kommanditist, sofern er gegen den Beschluss Widerspruch zum Protokoll erklärt hat, und jeder nicht erschienene Kommanditist, sofern er die Anfechtung darauf gründet, dass die Berufung der Generalversammlung oder die Ankündigung des Gegenstandes der Beschlussfassung nicht gehörig erfolgt war.

Die Klage ist gegen die persönlich haftenden Gesellschafter, soweit sie nicht selbst klagen, und gegen den Aufsichtsrat zu richten. Zuständig für die Klage ist ausschließlich das Landgericht, in dessen Bezirke die Gesellschaft ihren Sitz hat. Die mündliche Verhandlung erfolgt nicht vor Ablauf der im ersten Absatze bezeichneten Frist. Mehrere Anfechtungsprozesse sind zur gleichzeitigen Verhandlung und Entscheidung zu verbinden.

Ein klagender Kommanditist hat seine Aktien gerichtlich zu hinterlegen *und auf Verlangen der Gesellschaft wegen der ihr drohenden Nachteile eine nach freiem Ermessen des Gerichts zu bestimmende Sicherheit zu leisten. Das Verlangen ist als prozesshindernde Einrede geltend zu machen. Wird die Sicherheit binnen der vom Gerichte gestellten Frist nicht geleistet, so ist die Klage auf Antrag für zurückgenommen zu erklären.*

Die persönlich haftenden Gesellschafter haben die Erhebung einer jeden Klage sowie den Termin zur mündlichen Verhandlung ohne Verzug in den für die Bekanntmachungen der Gesellschaft bestimmten Blättern zu veröffentlichen.

Soweit durch ein Urteil rechtskräftig der Beschluss für ungültig erklärt ist, wirkt es auch gegenüber den Kommanditisten, welche nicht Partei sind. Dasselbe ist von den persönlich haftenden Gesellschaftern ohne Verzug zu dem Handelsregister einzureichen. War der Beschluss in dasselbe eingetragen, so ist auch das Urteil einzutragen und in gleicher Weise wie der Beschluss zu veröffentlichen (Art. 177, 179).

Art. 190 b. Wie in der Vorlage.

Art. 191. Abs. 1 bis 3 wie in der Vorlage.

Abs. 4: Die Bestellung zum Mitgliede des Aufsichtsrats kann *auch vor Ablauf des Zeitraums, für welchen dasselbe gewählt ist,* durch die Generalversammlung widerrufen werden. Der Beschluss bedarf einer Mehrheit von drei Vierteilen des in der Generalversammlung vertretenen Gesamtkapitals.

Art. 192. Den Mitgliedern des ersten Aufsichtsrats darf eine Vergütung für die Ausübung ihrer *Tätigkeit* nur durch die Generalversammlung nach Ablauf *des Zeitraumes, für welchen er gewählt ist,* bewilligt werden.

Art. 193. Der Aufsichtsrat *hat* die Geschäftsführung der Gesellschaft in allen Zweigen der Verwaltung *zu* überwachen *und zu dem Zwecke* sich von dem Gange der Angelegenheiten der Gesellschaft *zu* unterrichten. Er kann jederzeit über dieselben Berichterstattung von den persönlich haftenden Gesellschaftern verlangen und selbst oder durch einzelne von ihm zu bestimmende Mitglieder die Bücher und Schriften der Gesellschaft einsehen, *sowie* den Bestand der Gesellschaftskasse und *die Bestände an Effekten, Handelspapieren und Waren* untersuchen.

Er hat die Jahresrechnungen, die Bilanzen und die Vorschläge zur Gewinnverteilung zu prüfen und darüber der Generalversammlung Bericht zu erstatten.

Weitere Obliegenheiten des Aufsichtsrats werden durch den Gesellschaftsvertrag bestimmt.

Die Mitglieder des Aufsichtsrats können die Ausübung ihrer Obliegenheiten nicht anderen Personen übertragen.

Art. 194. Der Aufsichtsrat ist ermächtigt, gegen die persönlich haftenden Gesellschafter die Prozesse zu führen, welche die Generalversammlung beschließt.

Handelt es sich um die Verantwortlichkeit der Mitglieder des Aufsichtsrats, so kann letzterer ohne und selbst gegen den Beschluss der Generalversammlung gegen die persönlich haftenden Gesellschafter klagen.

Art. 195. Wenn die Kommanditisten selbst in Gesamtheit und im gemeinsamen Interesse gegen die persönlich haftenden Gesellschafter auftreten wollen oder gegen die Mitglieder des Aufsichtsrats einen Prozess zu führen haben, so werden sie durch Bevollmächtigte vertreten, welche in der Generalversammlung gewählt werden.

Falls aus irgendeinem Grunde die Bestellung von Bevollmächtigten durch Wahl in der Generalversammlung gehindert wird, kann das Handelsgericht auf Antrag die Bevollmächtigten ernennen.

Art. 196. Wie in der Vorlage.

Art. 196 a. Wie in der Vorlage.

Art. 197. Wie in der Vorlage.

Art. 198. Wie in der Vorlage.

Art. 199. Wie in der Vorlage.

Art. 200. Wie in der Vorlage.

Art. 201. Wie in der Vorlage.

Art. 202. Die aus den Handelsbüchern der Gesellschaft ersichtlichen oder in anderer Weise bekannten Gläubiger sind durch besondere Erlasse aufzufordern, sich zu melden; unterlassen sie dies, so ist der Betrag ihrer Forderungen gerichtlich zu *hinterlegen.*

Das letztere muss auch in Ansehung der noch schwebenden Verbindlichkeiten und streitigen Forderungen geschehen, sofern nicht die Verteilung des Gesellschaftsvermögens bis zu deren Erledigung ausgesetzt bleibt, oder den Gläubigern eine angemessene Sicherheit bestellt wird.

Art. 203. Eine teilweise Zurückzahlung des Kapitals der Kommanditisten oder eine Herabsetzung desselben kann nicht ohne Beschluss der Generalversammlung der Kommanditisten und nur unter Beobachtung derselben Vorschriften erfolgen, welche für die Verteilung des Gesellschaftsvermögens im Falle der Auflösung maßgebend sind. Die Bestimmung über die Zurückzahlung oder Herabsetzung hat zugleich die Art, in welcher dieselbe erfolgen soll, und die zu ihrer Durchführung erforderlichen Maßregeln festzusetzen. Die Bestimmung ist in das Handelsregister einzutragen. Auf die Eintragung und die Beschlussfassung finden die Vorschriften in Art. 180 e und in Art. 180 f Abs. 1 und 3 entsprechende Anwendung.

Die gleichen *Erfordernisse* gelten für eine Amortisation der Aktien. Ohne Beobachtung dieser *Erfordernisse* darf die Gesellschaft ihre Aktien nur aus dem nach der jährlichen Bilanz sich ergebenden Gewinne und nur in dem Falle amortisieren, dass dies durch den ursprünglichen Gesellschaftsvertrag oder durch einen, den letzteren vor Ausgabe der Aktien abändernden Vertrag zugelassen ist.

Art. 204. Die Mitglieder des Aufsichtsrats haben bei Erfüllung der ihnen nach Art. 193 zugewiesenen Obliegenheiten die Sorgfalt eines ordentlichen Geschäftsmannes anzuwenden.

Sie sind der Gesellschaft neben den persönlich haftenden Gesellschaftern solidarisch zum Ersatze verpflichtet, wenn mit ihrem Willen und ohne ihr Einschreiten entgegen den gesetzlichen Bestimmungen

1. Einlagen an persönlich haftende Gesellschafter oder an Kommanditisten zurückgezahlt,

2. Zinsen oder Dividenden gezahlt,

3. eigene Aktien oder Interimsscheine der Gesellschaft erworben oder zum Pfande genommen,

4. Aktien vor der vollen Leistung des Nominalbetrages oder des in den Fällen der Art. 175 a Ziff. 2, 180 g Abs. 2 festgestellten Betrages, oder Aktien oder

Interimsscheine im Falle einer stattgefundenen Erhöhung des Gesamtkapitals vor Eintragung derselben in das Handelsregister (Art. 180 h Abs. 3) ausgegeben sind,

5. die Verteilung des Gesellschaftsvermögens, eine teilweise Zurückzahlung oder eine Herabsetzung des Kapitals der Kommanditisten oder eine Amortisation von Aktien erfolgt ist.

Der Ersatzanspruch kann in den Fällen des zweiten Absatzes auch von den Gläubigern der Gesellschaft, soweit sie von dieser ihre Befriedigung nicht erlangen können, selbständig geltend gemacht werden. Die Ersatzpflicht wird ihnen gegenüber dadurch nicht aufgehoben, dass die Handlung auf einem Beschlusse der Generalversammlung beruht.

Die Ansprüche aufgrund der vorstehenden Bestimmungen verjähren in fünf Jahren.

Art. 205. Wie in der Vorlage.

Art. 206. Zu dem Antrage auf Ernennung von Liquidatoren durch den Richter sind außer jedem persönlich haftenden Gesellschafter und der Generalversammlung der Kommanditisten auch der Aufsichtsrat sowie Kommanditisten befugt, deren Anteile zusammen den *zwanzigsten* Teil des Gesamtkapitals darstellen. *Die Kommanditisten haben bei Stellung des Antrages glaubhaft zu machen, dass sie die Aktien seit mindestens sechs Monaten besitzen.*

Die Abberufung der Liquidatoren kann durch den Richter unter denselben Voraussetzungen, wie die Bestellung erfolgen. Vom Richter ernannte Liquidatoren können nur durch diesen abberufen werden.

Art. 206 a. Die Gesellschaft kann sich in eine Aktiengesellschaft umwandeln, sofern dies durch den Gesellschaftsvertrag zugelassen ist.

Die Übereinkunft über die Umwandlung bedarf zu ihrer Gültigkeit der notariellen oder gerichtlichen Abfassung und der Zustimmung einer Generalversammlung der Kommanditisten; die Anteile der zustimmenden Mehrheit müssen mindestens ein Viertel des Gesamtkapitals darstellen. Die Übereinkunft hat die zur Durchführung der Umwandlung erforderlichen Maßregeln, insbesondere die Firma sowie die Art der Bestellung und Zusammensetzung des Vorstandes, zu enthalten.

Die Übereinkunft und die in Gemäßheit derselben vollzogene Bestellung der Mitglieder des Vorstandes ist unter Beifügung der Legitimation der letzteren behufs der Eintragung in das Handelsregister (Art. 177, 179) durch die persönlich haftenden Gesellschafter anzumelden. Zugleich haben diese eine Bilanz von dem Tage der Anmeldung einzureichen und in den hierzu bestimmten öffentlichen Blättern bekannt zu machen. Auf die Eintragung der Übereinkunft findet die Vorschrift im Schlusssatze des Art. 180 e Anwendung.

Mit der Eintragung gelten die persönlich haftenden Gesellschafter als ausgeschieden und die Gesellschaft als Aktiengesellschaft fortbestehend. Die Beschränkungen, welchen persönlich haftende Gesellschafter nach der Vorschrift in Art. 181 Abs. 2 unterworfen sind, dauern nach Maßgabe der letzteren fort.

In Ansehung der bisherigen Gläubiger der Gesellschaft sind die Vorschriften in Art. 202 zu beobachten. Für die Beobachtung derselben sind den Gläubigern die

Mitglieder des Vorstandes und des Aufsichtsrats persönlich und solidarisch verantwortlich, die Mitglieder des Aufsichtsrats, soweit die Befriedigung oder Sicherstellung mit ihrem Wissen und ohne ihr Einschreiten unterlassen ist. Die Ersatzpflicht wird dadurch nicht aufgehoben, dass die Unterlassung auf einem Beschlusse der Generalversammlung beruht.

Dritter Titel. Von der Aktiengesellschaft
Erster Abschnitt. Allgemeine Grundsätze

Art. 207. Eine Gesellschaft ist eine Aktiengesellschaft, wenn sich die sämtlichen Gesellschafter nur mit Einlagen beteiligen, ohne persönlich für die Verbindlichkeiten der Gesellschaft zu haften.

Das Einlagekapital (Grundkapital) wird in Aktien zerlegt.

Die Aktien sind unteilbar.

Dieselben können auf Inhaber oder auf Namen lauten.

Anteilscheine, in welchen der Bezug der Aktien zugesichert wird oder welche sonst über das Anteilsrecht des Aktionärs vor Ausgabe der Aktien ausgestellt werden (Interimsscheine), dürfen nicht auf Inhaber lauten.

Art. 207 a. Die Aktien müssen auf einen Betrag von mindestens eintausend Mark gestellt werden.

Für ein gemeinnütziges Unternehmen kann im Falle eines besonderen örtlichen Bedürfnisses *der Bundesrat* die Ausgabe von Aktien, welche auf Namen lauten, zu einem geringeren, jedoch mindestens zweihundert Mark erreichenden Betrage zulassen. Die gleiche Genehmigung kann in dem Falle erteilt werden, dass für ein Unternehmen das Reich oder ein Bundesstaat oder ein Provinzial-, Kreis- oder Amtsverband oder eine sonstige öffentliche Korporation auf die Aktien einen bestimmten Ertrag bedingungslos und ohne Zeitbeschränkung gewährleistet hat.

Auf Namen lautende Aktien, deren Übertragung an die Einwilligung der Gesellschaft gebunden ist, dürfen auf einen Betrag von weniger als eintausend, jedoch nicht von weniger als zweihundert Mark gestellt werden.

Die vorstehenden Bestimmungen gelten auch von Interimsscheinen.

Art. 208. Wie in der Vorlage.

Art. 209. Der Inhalt des Gesellschaftsvertrages (Statut) muss durch mindestens fünf *Personen, welche Aktien übernehmen,* in gerichtlicher oder notarieller Verhandlung festgestellt werden. In derselben ist zugleich der Betrag der von jedem *Einzelnen* übernommenen Aktien anzugeben.

Abs. 2, 3 wie in der Vorlage.

Art. 209 a. Wie in der Vorlage.

Art. 209 b. Jeder zu Gunsten einzelner Aktionäre bedungene besondere Vorteil muss in dem Gesellschaftsvertrage unter Bezeichnung des Berechtigten festgesetzt werden.

Werden auf das Grundkapital von Aktionären Einlagen, welche nicht *durch Barzahlung zu leisten sind,* gemacht oder seitens der zu errichtenden Gesellschaft vorhandene oder herzustellende Anlagen oder sonstige Vermögensstücke übernommen, so müssen die Person des Aktionärs oder des Kontrahenten, der Gegenstand der Einlage oder der Übernahme und der Betrag der für die Einlage zu gewährenden Aktien oder die für den übernommenen Gegenstand zu gewährende Vergütung in dem Gesellschaftsvertrage festgesetzt werden.

Von diesen Festsetzungen gesondert ist der Gesamtaufwand, welcher zu Lasten der Gesellschaft an Aktionäre oder Andere als Entschädigung oder Belohnung für die Gründung oder deren Vorbereitung gewährt wird, in dem Gesellschaftsvertrage festzusetzen.

Jedes Abkommen über die vorbezeichneten Gegenstände, welches nicht die vorgeschriebene Festsetzung in dem Gesellschaftsvertrage gefunden hat, ist der Gesellschaft gegenüber unwirksam.

Art. 209 bb [im Gesetz Art. 209 c]. Die Aktionäre, welche das Statut festgestellt haben, oder welche andere als durch Barzahlung zu leistende Einlagen machen, gelten als die Gründer der Gesellschaft.

Art. 209 c [im Gesetz Art. 209 d]. Wie in der Vorlage.

Art. 209 d [im Gesetz Art. 209 e]. Werden nicht sämtliche Aktien durch die Gründer übernommen, *so* muss der Errichtung der Gesellschaft die Zeichnung der übrigen Aktien vorhergehen. Die Zeichnung erfolgt durch schriftliche Erklärung, *aus welcher die Beteiligung nach Anzahl und, im Falle einer Verschiedenheit der Aktien, nach Betrag, Art oder Gattung derselben hervorgehen muss.*

Die Erklärung (Zeichnungsschein), *welche* in zwei Exemplaren unterzeichnet *werden soll,* hat zu enthalten:

1. das Datum des Statuts, die im Art. 209 Abs. 2, 209 b vorgesehenen Festsetzungen und im Falle verschiedener Gattungen von Aktien den Gesamtbetrag einer jeden;
2. den Namen, Stand und Wohnort der Gründer;
3. den Betrag, für welchen die Ausgabe der Aktie stattfindet, und den Betrag der festgesetzten Einzahlungen;
4. den Zeitpunkt, mit dessen Eintritt die Zeichnung unverbindlich wird, sofern nicht bis dahin die Errichtung der Gesellschaft beschlossen ist.

Zeichnungsscheine, welche diesen *Inhalt* nicht *vollständig haben* oder außer dem unter Ziff. 4 bezeichneten Vorbehalte Beschränkungen in der Verpflichtung des Zeichners enthalten, sind *ungültig. Ist ungeachtet eines hiernach ungültigen Zeichnungsscheines die Eintragung des Gesellschaftsvertrages in das Handelsregister erfolgt, so ist der Zeichner, wenn er aufgrund einer dem ersten Absatze entsprechenden Erklärung in der zur Beschlussfassung über die Errichtung der Gesellschaft berufenen Generalversammlung gestimmt oder später als Aktionär Rechte ausgeübt oder Verpflichtungen erfüllt hat, der Gesellschaft wie aus einem gültigen Zeichnungsscheine verpflichtet.*

Jede nicht in dem Zeichnungsscheine enthaltene Beschränkung ist der Gesellschaft gegenüber unwirksam.

Art. 209 e [im Gesetz Art. 209 f]. Wie in der Vorlage.

Art. 209 ee [im Gesetz Art. 209 g]
Die Gründer haben in dem Falle des Art. 209 b Abs. 2 in einer von ihnen zu unterzeichnenden Erklärung die Umstände darzulegen, mit Rücksicht auf welche ihnen die Höhe der für die eingelegten oder übernommenen Gegenstände gewährten Beträge gerechtfertigt erscheint. Hierbei haben sie insbesondere die dem Erwerbe der Gesellschaft vorausgegangenen Rechtsgeschäfte, welche auf denselben hingezielt haben, sowie die früheren Erwerbs- und Herstellungspreise aus den letzten zwei Jahren anzugeben.

Art. 209 f [im Gesetz Art. 209 h]. Die Mitglieder des Vorstandes und des Aufsichtsrats haben den Hergang der Gründung zu prüfen. Sind Mitglieder zugleich Gründer oder haben *sie der Gesellschaft* ein Vermögensstück überlassen oder sich einen besonderen Vorteil ausbedingen (Art. 209 b), *so muss außerdem eine Prüfung durch besondere Revisoren stattfinden, welche das für die Vertretung des Handelsstandes berufene Organ und in Ermangelung eines solchen der Vorstand und der Aufsichtsrat zu bestellen hat.*

Die Prüfung hat sich auf die Richtigkeit und Vollständigkeit der Angaben zu erstrecken, welche rücksichtlich der Zeichnung und Einzahlung des Grundkapitals und der in Art. 209 b vorgesehenen Festsetzungen von den Gründern, *insbesondere in der in Art. 209 ee vorgeschriebenen Erklärung,* gemacht sind.

Über die Prüfung ist unter Darlegung der im vorstehenden Absatze bezeichneten Umstände schriftlich Bericht zu erstatten.

Art. 210. Der Gesellschaftsvertrag muss bei dem Handelsgerichte, in dessen Bezirke die Gesellschaft ihren Sitz hat, in das Handelsregister eingetragen werden.

Der Anmeldung behufs der Eintragung in das Handelsregister müssen beigefügt sein:

1. in dem Falle des Art. 209 b, die den bezeichneten Festsetzungen zum Grunde liegenden oder zu ihrer Ausführung geschlossenen Verträge, *die Art. 209 ee [209 g] vorgesehene Erklärung* und eine Berechnung des Gründungsaufwands, in welcher die Vergütungen nach Art und Höhe und die Empfänger einzeln aufzuführen sind;

2. in dem Falle, dass nicht alle Aktien von den Gründern übernommen sind, zum Nachweise der Zeichnung des Grundkapitals die Duplikate der Zeichnungsscheine und ein von den Gründern in beglaubigter Form unterschriebenes Verzeichnis der sämtlichen Aktionäre, welches die auf jeden entfallenen Aktien sowie die auf letztere geschehenen Einzahlungen angibt;

3. die Urkunden über die Bestellung des Vorstandes und des Aufsichtsrats, *die* in Gemäßheit des Art. 209 f erstatteten Berichte nebst *deren* urkundlichen Grundlagen;

4. in dem Falle, dass der Gegenstand des Unternehmens der staatlichen Genehmigung bedarf, sowie in den Fällen des Art. 207 a Abs. 2 die Genehmigungsurkunde.

In der Anmeldung ist die Erklärung abzugeben, dass auf jede Aktie, soweit nicht andere als *durch Barzahlung zu leistende* Einlagen gemacht sind, der eingeforderte Betrag bar eingezahlt und *im Besitze* des Vorstandes sei. *Die* Einforder*ung* muss mindestens ein Vierteil des Nominalbetrages und im Falle einer Ausgabe der Aktien für einen höheren als den Nominalbetrag auch den Mehrbetrag *umfassen. Als Barzahlung gilt die Zahlung in deutschem Gelde, in Reichskassenscheinen, sowie in gesetzlich zugelassenen Noten deutscher Banken.*

Die Anmeldung muss von sämtlichen Gründern und Mitgliedern des Vorstandes und Aufsichtsrats vor dem Handelsgerichte unterzeichnet oder in beglaubigter Form eingereicht werden.

Die der Anmeldung beigefügten Schriftstücke werden bei dem Handelsgerichte in Urschrift oder in beglaubigter Abschrift aufbewahrt.

Art. 210 a. In dem Falle, dass die Gründer nicht alle Aktien übernommen haben, beruft das Handelsgericht *ohne Verzug* eine Generalversammlung der in dem Verzeichnisse aufgeführten Aktionäre zur Beschlussfassung über die Errichtung der Gesellschaft.

Die Versammlung findet unter der Leitung des Gerichts statt.

Vorstand und Aufsichtsrat haben sich über die Ergebnisse der ihnen rücksichtlich der Gründung obliegenden Prüfung aufgrund *der* Berichte *(Art. 209 f [209 g]) und deren urkundlichen Grundlagen* zu erklären. Jedes Mitglied des Vorstandes und des Aufsichtsrats kann bis zur Beschlussfassung die Unterzeichnung der Anmeldung zurückziehen.

Die der Errichtung der Gesellschaft zustimmende Mehrheit muss mindestens ein Vierteil sämtlicher *in dem Verzeichnisse aufgeführten oder als Rechtsnachfolger derselben in der Generalversammlung zugelassenen* Aktionäre begreifen und der Betrag ihrer Anteile *muss* mindestens ein Vierteil des gesamten Grundkapitals darstellen. Die Zustimmung aller erschienenen Aktionäre ist erforderlich, wenn die im Art. 209 Ziff. 1 bis 5 und 209 a bezeichneten Bestimmungen des Gesellschaftsvertrages abgeändert oder die im Art. 209 b vorgesehenen Festsetzungen zu Lasten der Gesellschaft erweitert werden sollen.

Die Beschlussfassung ist zu vertagen, wenn es von den Aktionären mit einfacher Stimmenmehrheit verlangt wird.

Art. 210 b. Auf die Berufung und Beschlussfassung der vor der Eintragung des Gesellschaftsvertrages stattfindenden Generalversammlungen kommen, soweit nicht in Art. 210 a ein Anderes bestimmt ist, die Regeln *zur* entsprechenden Anwendung, welche für die Gesellschaft nach der Eintragung maßgebend sind.

Art. 210 c. Der eingetragene Gesellschaftsvertrag ist im Auszuge von dem Handelsgerichte zu veröffentlichen.

Die Veröffentlichung muss enthalten:

1. das Datum des Gesellschaftsvertrages und die in Art. 209 Abs. 2 und 3, 209 a Ziff. 1 und 4 und 209 b bezeichneten Festsetzungen;

2. den Namen, Stand und Wohnort der Gründer und die Angabe, ob sie die sämtlichen Aktien übernommen haben;

3. den Namen, Stand und Wohnort der Mitglieder des Vorstandes und des Aufsichtsrats sowie der in Gemäßheit des Art. 209 f [209 h] bestellten *Revisoren.*

Ist im Gesellschaftsvertrage eine Form bestimmt, in welcher der Vorstand seine Willenserklärungen kundgibt und für die Gesellschaft zeichnet, so ist auch diese Bestimmung zu veröffentlichen.

Art. 211. Wie in der Vorlage.

Art. 212. Wie in der Vorlage.

Art. 213. Wie in der Vorlage.

Art. 213 a. Wie in der Vorlage.

Art. 213 b. Wer vor der Eintragung des Gesellschaftsvertrages in das Handelsregister oder in den ersten zwei Jahren nach der Eintragung, um Aktien in den Verkehr einzuführen, eine öffentliche Ankündigung derselben erlässt, ist der Gesellschaft im Falle der Unrichtigkeit oder Unvollständigkeit von Angaben, welche die Gründer rücksichtlich der Zeichnung oder Einzahlung des Grundkapitals oder der in Art. 209 b vorgesehenen Festsetzungen behufs Eintragung des Gesellschaftsvertrages in das Handelsregister gemacht haben, sowie in dem Falle einer böslichen Schädigung der Gesellschaft durch Einlagen oder Übernahmen für den Ersatz der ihr daraus entstandenen Schadens neben den in Art. 213 a bezeichneten Personen solidarisch verhaftet, sofern *ihm nachgewiesen wird, dass* er die Unrichtigkeit oder Unvollständigkeit der Angaben oder die bösliche Schädigung gekannt hat oder bei *Anwendung der Sorgfalt* eines ordentlichen Geschäftsmannes hat kennen müssen.

Art. 213 c. Mitglieder des Vorstandes und des Aufsichtsrats, welche*n nachgewiesen wird, dass sie* bei der ihnen durch Art. 209 f auferlegten Prüfung die Sorgfalt eines ordentlichen Geschäftsmannes verletzt haben, haften der Gesellschaft solidarisch für den ihr daraus entstandenen Schaden, soweit der Ersatz desselben von den in Gemäßheit der Ar. 213 a und 213 b verpflichteten Personen nicht zu erlangen ist.

Art. 213 d. Vergleiche oder Verzichtleistungen, welche die der Gesellschaft aus der Gründung zustehenden Ansprüche gegen die in Gemäßheit der Art. 213 a bis 213 c verpflichteten Personen betreffen, sind erst nach Ablauf von drei Jahren seit Eintragung des Gesellschaftsvertrages in das Handelsregister und nur mit Zustimmung der Generalversammlung zulässig; sie sind unzulässig, soweit in der Versammlung eine Minderheit, deren Anteile den fünften Teil des Grundkapitals darstellen, Widerspruch erhebt. Die Zeitbeschränkung findet nicht Anwendung, sofern der Verpflichtete im Falle *der* Zahlungsunfähigkeit zur Abwendung oder Beseitigung des Konkursverfahrens mit *seinen* Gläubigern *sich vergleicht.*

Art. 213 dd [213 e]. Die Ansprüche der Gesellschaft gegen die in Gemäßheit der Art. 213 a bis 213 c verpflichteten Personen verjähren in fünf Jahren seit Eintragung des Gesellschaftsvertrages in das Handelsregister.

Art. 213 e. Werden vor Ablauf von zwei Jahren seit Eintragung des Gesellschaftsvertrages in das Handelsregister seitens der Gesellschaft Verträge geschlossen, durch welche sie vorhandene oder herzustellende Anlagen oder unbewegliche Gegenstände für eine den zehnten Teil des Grundkapitals übersteigende Vergütung erwerben soll, so bedürfen dieselben zu ihrer Gültigkeit der Zustimmung der Generalversammlung.

Abs. 2 – 5 wie die Vorlage.

Abs. 6: Die vorstehenden Bestimmungen finden auf den Erwerb unbeweglicher Gegenstände nicht Anwendung, sofern auf ihn der Gegenstand des Unternehmens gerichtet ist oder der Erwerb im Wege der Zwangsvollstreckung geschieht.

Art. 214. Jeder Beschluss der Generalversammlung, welcher die Fortsetzung der Gesellschaft oder eine Abänderung des Inhalts des Gesellschaftsvertrages zum Gegenstande hat, muss in das Handelsregister *eingetragen und in gleicher Weise,* wie der ursprüngliche Vertrag, *veröffentlicht werden* (Art. 210 c, 212).

Der Beschluss hat keine rechtliche Wirkung, bevor derselbe bei dem Handelsgerichte, in dessen Bezirke die Gesellschaft ihren Sitz hat, in das Handelsregister eingetragen ist.

Art. 215. Abs. 1 – 5 wie die Vorlage.

Soll durch die Beschlussfassung das bisherige Rechtsverhältnis unter den verschiedenen Gattungen zum Nachteile einer derselben abgeändert werden, *so bedarf es zu dem von der gemeinschaftlichen Generalversammlung gefassten Beschlusse der Zustimmung einer besonderen Generalversammlung der benachteiligten Aktionäre, deren Beschlussfassung gleichfalls nach der Vorschrift des zweiten Absatzes sich richtet.*

Die Bestimmung des Gesellschaftsvertrages, Inhalts deren die Übertragung von Aktien, welche in Gemäßheit des Art. 207 a Abs. 3 auf einen geringeren Betrag als eintausend Mark gestellt sind, an die Einwilligung der Gesellschaft gebunden ist, kann nicht abgeändert werden.

Art. 215 a. Eine Erhöhung des Grundkapitals der Gesellschaft darf nicht vor der vollen Einzahlung desselben erfolgen. Für Versicherungsgesellschaften kann der Gesellschaftsvertrag ein Anderes bestimmen.

Über die Erhöhung hat die Generalversammlung zu beschließen. Für die neu auszugebenden Aktien kann die Leistung eines *höheren* als des Nominalbetrages festgesetzt werden; der Beschluss hat den Mindestbetrag zu bezeichnen, für welchen die Aktien auszugeben sind. Ein geringerer als der Nominalbetrag darf nicht festgesetzt werden. *Die Beschlussfassung unterliegt den Vorschriften in Art. 215 Abs. 2 und 6.*

Der Beschluss ist in das Handelsregister einzutragen. *Die Anmeldung hat die Angabe zu enthalten, dass das bisherige Grundkapital eingezahlt sei, für*

Versicherungsgesellschaften, inwieweit die Einzahlung desselben stattgefunden habe. Auf die Eintragung finden die Vorschriften in Art. 214 Anwendung.

Eine Zusicherung von Rechten, auf den Bezug neu auszugebender Aktien, welche vor dem Beschlusse auf Erhöhung des Grundkapitals erfolgt, ist der Gesellschaft gegenüber unwirksam.

Art. 215 b. Die Zeichnung der neu auszugebenden Aktien erfolgt durch schriftliche Erklärung, *welche in zwei Exemplaren unterzeichnet werden soll.*

Die stattgefundene Erhöhung des Grundkapitals ist behufs der Eintragung in das Handelsregister anzumelden. Die Vorschriften in Art. 210 und 212 finden entsprechende Anwendung.

Art. 215 c. Interimsscheine, welche auf Inhaber lauten, sind nichtig; die Ausgeber haften den Besitzern solidarisch für allen durch die Ausgabe verursachten Schaden.

Das Gleiche gilt, wenn Aktien oder Interimsscheine auf einen geringeren als den nach Art. 207 a zugelassenen Betrag gestellt sind, oder wenn sie ausgegeben werden, bevor der Gesellschaftsvertrag bei dem Handelsgerichte, in dessen Bezirke die Gesellschaft ihren Sitz hat, in das Handelsregister eingetragen ist.

Vor der vollen Leistung des Nominalbetrages oder des in den Fällen der Art. 209 a Ziff. 2, 215 a Abs. 2 festgesetzten Betrages soll die Aktie nicht ausgegeben werden. Ingleichen sollen im Falle einer stattgefundenen Erhöhung des Grundkapitals vor Eintragung derselben in das Handelsregister *des im vorigen Absatze bezeichneten Gerichts* Aktien oder Interimsscheine nicht ausgegeben werden.

Aus Aktien und Interimsscheine, welche in Gemäßheit des Art. 207 a auf einen Betrag von weniger als eintausend Mark gestellt sind, sollen im Falle des zweiten Absatzes des bezeichneten Artikels die erteilte Genehmigung, im Falle des dritten Absatzes die Beschränkungen hervorgehen, welchen die Aktionäre in Bezug auf die Form einer Übertragung ihrer Rechte und die Einwilligung der Gesellschaft in dieselbe unterworfen sind.

Art. 215 d. Die Aktiengesellschaft soll eigene Aktien, Promessen oder Interimsscheine im geschäftlichen Betriebe, sofern nicht eine Kommission zum Einkauf ausgeführt wird, weder erwerben, noch zum Pfande nehmen. *Sie darf eigene* Interimsscheine *einer Einkaufskommission weder erwerben noch zum Pfande nehmen.*

Eine Amortisation der Aktien ist zulässig, sofern sie unter Beobachtung der für die Zurückzahlung oder Herabsetzung des Grundkapitals maßgebenden Vorschriften erfolgt. Ohne Beobachtung derselben darf die Gesellschaft ihre Aktien nur aus dem nach der jährlichen Bilanz sich ergebenden Gewinne und nur in dem Falle amortisieren, dass dies durch den ursprünglichen Gesellschaftsvertrag oder durch einen, den letzteren vor Ausgabe der Aktien abändernden Beschluss zugelassen ist.

Zweiter Abschnitt. Rechtsverhältnis der Aktionäre

Art. 216. Wie in der Vorlage.

Art. 217. Wie in der Vorlage.

Art. 218. Wie in der Vorlage.

Art. 219. Wie in der Vorlage.

Art. 220. Für die Eintragung der Interimsscheine und der auf Namen gestellten Aktien in das Aktienbuch, sowie für die Übertragung derselben auf andere Personen sind die Vorschriften der Art. 182 und 183 maßgebend.

Art. 221. Wie in der Vorlage.

Art. 222. Wie in der Vorlage.

Art. 222 a. Auf Antrag von Aktionären, deren Anteile zusammen den zehnten Teil des Grundkapitals darstellen, kann das *Land*gericht, *in dessen Bezirke die Gesellschaft ihren Sitz hat,* zur Prüfung eines Herganges bei der Gründung *oder eines nicht mehr als zwei Jahre zurückliegenden Herganges bei der* Geschäftsführung oder Liquidation der Gesellschaft Revisoren ernennen, sofern ein in der Generalversammlung gestellter Antrag auf Prüfung abgelehnt ist und dem Gerichte glaubhaft gemacht wird, dass bei dem Hergange Unredlichkeiten oder grobe Verletzungen des Gesetzes oder des Gesellschaftsvertrages stattgefunden haben. *Die Antragsteller haben zugleich die Aktien bis zur Entscheidung über den Antrag gerichtlich zu hinterlegen und glaubhaft zu machen, dass sie dieselben seit mindestens sechs Monaten, von der Generalversammlung zurückgerechnet, besitzen.*

Vor der Anordnung sind der Vorstand oder die Liquidatoren, sowie der Aufsichtsrat zu hören. Die Anordnung ist von einer nach freiem Ermessen zu bestimmenden Sicherheitsleistung abhängig zu machen.

Der Vorstand hat den Revisoren die Einsicht der Bücher und Schriften der Gesellschaft und die Untersuchung des Bestandes der Gesellschaftskasse, wie der Bestände an Effekten, Handelspapieren und Waren zu gestatten.

Der Bericht über das Ergebnis der Prüfung ist von den Revisoren zu dem Handelsregister einzureichen und von dem Vorstande *bei der Berufung* der nächsten Generalversammlung *als Gegenstand der Beschlussfassung anzukündigen.*

Ist der Antrag auf Ernennung von Revisoren zurückgewiesen oder erweist er sich nach dem Ergebnisse der Prüfung als unbegründet, so sind die Aktionäre, welchen eine bösliche Handlungsweise bei Stellung des Antrages zur Last fällt, solidarisch verpflichtet, einen durch die Stellung desselben der Gesellschaft entstandenen Schaden zu ersetzen.

Art. 223. Die Ansprüche der Gesellschaft aus der Gründung gegen die in Gemäßheit der Art. 213 a bis 213 c verpflichteten Personen oder aus der Geschäftsführung gegen die Mitglieder des Vorstandes und des Aufsichtsrats, sowie aus der Liquidation gegen die Liquidatoren und die Mitglieder des Aufsichtsrats sind zu erheben, wenn in der Generalversammlung dies mit einfacher Stimmenmehrheit beschlossen oder von einer Minderheit, deren Anteile den fünften Teil des Grundkapitals darstellen, verlangt wird.

Die Erhebung des Anspruchs auf Verlangen der Minderheit muss binnen drei Monaten seit der Generalversammlung erfolgen. Die von der Minderheit bezeichneten Personen können durch das Handelsgericht als Bevollmächtigte der Gesellschaft zur Führung des Prozesses ernannt werden. *Der Klage ist das Protokoll der Generalversammlung, soweit dasselbe die Erhebung des Anspruchs betrifft, in beglaubigter Abschrift beizufügen.* Die Minderheit hat den fünften Teil des Grundkapitals in Aktien der Gesellschaft *für die Dauer des Prozesses* gerichtlich zu hinterlegen und *dem Gerichte glaubhaft zu machen, dass sie dieselben seit mindestens sechs Monaten, von der Generalversammlung zurückgerechnet, besitzt. Sie hat auf Verlangen der Beklagten wegen der denselben drohenden Nachteile eine nach freiem Ermessen des Gerichts zu bestimmende Sicherheit zu leisten. Das Verlangen ist als prozesshindernde Einrede geltend zu machen. Wird die Sicherheit binnen der vom Gerichte gestellten Frist nicht geleistet, so ist die Klage auf Antrag für zurückgenommen zu erklären.* Die Minderheit ist verpflichtet, die der Gesellschaft auferlegten Prozesskosten ihr zu erstatten. Für den Schaden, welcher durch eine unbegründete Klagte den Beklagten entstanden ist, haften ihnen solidarisch die Aktionäre, welchen bei Erhebung des Anspruchs eine bösliche Handlungsweise zur Last fällt.

Im Übrigen kommen die Bestimmungen der Art. 194 und 195 zur entsprechenden Anwendung.

Art. 224. Wie in der Vorlage.

Art. 225. Der Aufsichtsrat hat den Vorstand bei seiner Geschäftsführung in allen Zweigen der Verwaltung zu überwachen und *zu dem Zwecke* sich von dem Gange der Angelegenheiten der Gesellschaft zu unterrichten. Er kann jederzeit über dieselben Berichterstattung von dem Vorstande verlangen und selbst oder durch einzelne *von ihm zu bestimmende* Mitglieder die Bücher und Schriften der Gesellschaft einsehen, sowie den Bestand der Gesellschaftskasse und die Bestände an Effekten, Handelspapieren und Waren untersuchen. Er hat die Jahresrechnungen, die Bilanzen und die Vorschläge zur Gewinnverteilung zu prüfen und darüber der Generalversammlung der Aktionäre Bericht zu erstatten.

Er hat eine Generalversammlung zu berufen, wenn dies im Interesse der Gesellschaft erforderlich ist.

Weitere Obliegenheiten des Aufsichtsrats werden durch den Gesellschaftsvertrag bestimmt.

Die Mitglieder des Aufsichtsrats können die Ausübung ihrer Obliegenheiten nicht anderen Personen übertragen.

Art. 225 a. Die Mitglieder des Aufsichtsrats dürfen nicht zugleich Mitglieder des Vorstandes oder *dauernd* Stellvertreter derselben sein, auch nicht als Beamte die Geschäfte der Gesellschaft führen. *Nur für einen im Voraus begrenzten Zeitraum kann der Aufsichtsrat einzelne seiner Mitglieder zu Stellvertretern von behinderten Mitgliedern des Vorstandes bestellen; während dieses Zeitraums und bis zur erteilten Entlastung des Vertreters darf der letztere eine Tätigkeit als Mitglied des Aufsichtsrats nicht ausüben.*

Scheiden aus dem Vorstande Mitglieder aus, so dürfen dieselben nicht vor erteilter Entlastung in den Aufsichtsrat gewählt werden.

Art. 226. Die Mitglieder des Aufsichtsrats haben bei Erfüllung der ihnen nach Art. 225 zugewiesenen Obliegenheiten die Sorgfalt eines ordentlichen Geschäftsmannes anzuwenden.

Dieselben sind der Gesellschaft neben den Mitgliedern des Vorstandes persönlich und solidarisch zum Ersatze verpflichtet, wenn mit ihrem Wissen und ohne ihr Einschreiten entgegen den gesetzlichen Bestimmungen:

1. Einlagen an die Aktionäre zurückgezahlt;
2. Zinsen oder Dividenden gezahlt;
3. eigene Aktien oder Interimsscheine der Gesellschaft erworben, zum Pfande genommen oder amortisiert worden;
4. Aktien vor der vollen Leistung des Nominalbetrages oder des in den Fällen der Art. 209 a Ziff. 2, 215 a Abs. 2 festgesetzten Betrages, oder Aktien oder Interimsscheine im Falle einer stattgefundenen Erhöhung des Grundkapitals vor Eintragung derselben in das Handelsregister *desjenigen Gerichts, in dessen Bezirke die Gesellschaft ihren Sitz hat,* ausgegeben sind;
5. die Verteilung des Gesellschaftsvermögens, eine teilweise Zurückzahlung oder eine Herabsetzung des Grundkapitals oder im Falle des Art. 215 Abs. 4 die Vereinigung der Vermögen der beiden Gesellschaften erfolgt ist.

Der Ersatzanspruch kann in den Fällen des zweiten Absatzes auch von den Gläubigern der Gesellschaft, soweit sie von dieser ihre Befriedigung nicht erlangen können, selbständig geltend gemacht werden. Die Ersatzpflicht wird ihnen gegenüber dadurch nicht aufgehoben, dass die Handlung auf einem Beschlusse der Generalversammlung beruht.

Die Ansprüche aufgrund der vorstehenden Bestimmungen verjähren in fünf Jahren.

Dritter Abschnitt. Rechte und Pflichten des Vorstandes.

Art. 227. Die Aktiengesellschaft wird durch den Vorstand gerichtlich und außergerichtlich vertreten.

Der Vorstand kann aus einer oder mehreren *Personen* bestehen; diese können besoldet oder unbesoldet, Aktionäre oder Andere sein.

Ihre Bestellung ist zu jeder Zeit widerruflich, unbeschadet der Entschädigungsansprüche aus bestehenden Verträgen.

Art. 228. Wie in der Vorlage.

Art. 229. Wie in der Vorlage.

Art. 230. Wie in der Vorlage.

Art. 231. Wie in der Vorlage.

Art. 232. Wie in der Vorlage.

Art. 232 a. Die für Mitglieder des Vorstandes gegebenen Bestimmungen gelten auch für Stellvertreter von Mitgliedern.

Art. 233. Jede Änderung *in der Zusammensetzung* des Vorstandes muss zur Eintragung in das Handelsregister (Art. 210, 212) angemeldet werden.

Dritten Personen kann die Änderung nur insofern entgegengesetzt werden, als in Betreff dieser Änderung die im Art. 46 in Betreff des Erlöschens der Prokura bezeichneten Voraussetzungen vorhanden sind. Entscheidend hierfür ist die Eintragung bei dem Handelsgerichte, in dessen Bezirke die Gesellschaft ihren Sitz hat.

Art. 234. Wie in der Vorlage.

Art. 235. Wie in der Vorlage.

Art. 236. Wie in der Vorlage.

Art. 237. Wie in der Vorlage.

Art. 238. Wie in der Vorlage.

Art. 238 a. Wie in der Vorlage.

Art. 239. Wie in der Vorlage.

Art. 239 a. Zur Prüfung der Bilanz können *durch die Generalversammlung* besondere Revisoren bestellt werden.

Die Verhandlung ist zu vertagen, wenn dies mit einfacher Stimmenmehrheit beschlossen oder von einer Minderheit, deren Anteile den zehnten Teil des Grundkapitals darstellen, verlangt wird, auf Verlangen der Minderheit jedoch nur, soweit von ihr bestimmte Ansätze der Bilanz bemängelt werden.

Ist die Verhandlung auf Verlangen der Minderheit vertagt, so gilt bezüglich der nicht bemängelten Ansätze der Bilanz die Entlastung des Vorstandes als erfolgt.

Art. 239 b. Wie in der Vorlage.

Art. 240. Erreicht der Verlust, welcher aus der Jahresbilanz oder einer im Laufe des Geschäftsjahres aufgestellten Bilanz sich ergibt, die Hälfte des Grundkapitals, so muss der Vorstand unverzüglich die Generalversammlung berufen und dieser davon Anzeige machen.

Sobald Zahlungsunfähigkeit der Gesellschaft eintritt, muss der Vorstand die Eröffnung des Konkurses beantragen; *dasselbe gilt, wenn aus der Jahresbilanz* oder *einer im Laufe des Geschäftsjahres aufgestellten Bilanz* sich ergibt, dass *das* Vermögen nicht mehr die Schulden deckt.

Art. 241. Die Mitglieder des Vorstandes sind aus den von ihnen im Namen der Gesellschaft vorgenommenen Rechtshandlungen Dritten gegenüber für die Verbindlichkeiten der Gesellschaft persönlich nicht verpflichtet.

Die Mitglieder des Vorstandes haben bei ihrer Geschäftsführung die Sorgfalt eines ordentlichen Geschäftsmannes anzuwenden.

Mitglieder, welche ihre Obliegenheiten verletzen, haften der Gesellschaft solidarisch für den dadurch entstandenen Schaden. Insbesondere sind sie in den Fällen des Art. 226 Ziff. 1 bis 5, sowie in dem Falle einer nach der Zahlungsunfähigkeit oder Überschuldung der Gesellschaft (Art. 240 Abs. 2) geleisteten Zahlung zum Ersatze verpflichtet.

In den vorbezeichneten Fällen kann der Ersatzanspruch auch von den Gläubigern der Gesellschaft, soweit sie von dieser ihre Befriedigung nicht erlangen können, selbständig geltend gemacht werden. Die Ersatzpflicht wird ihnen gegenüber dadurch nicht aufgehoben, dass die Handlung auf einem Beschlusse der Generalversammlung beruht.

Die Ansprüche aufgrund der vorstehenden Bestimmungen verjähren in fünf Jahren.

Vierter Abschnitt. Auflösung der Gesellschaft

Art. 242. Die Aktiengesellschaft wird aufgelöst:

1. durch Ablauf der im Gesellschaftsvertrage bestimmten Zeit;
2. durch Beschluss der Generalversammlung; *der Beschluss bedarf einer Mehrheit von drei Vierteilen des in der Generalversammlung vertretenen Grundkapitals. Der Gesellschaftsvertrag kann außer dieser Mehrheit noch andere Erfordernisse aufstellen;*
3. durch Eröffnung des Konkurses.

Wenn die Auflösung einer Aktiengesellschaft aus anderen Gründen erfolgt, so finden die Bestimmungen dieses Abschnittes ebenfalls Anwendung.

Art. 243. Wie die Vorlage.

Art. 244. Die Liquidation geschieht durch den Vorstand, wenn nicht dieselbe durch den Gesellschaftsvertrag oder einen Beschluss der Generalversammlung an andere Personen übertragen wird.

Auf den Antrag des Aufsichtsrats oder von Aktionären, deren Anteile zusammen den zwanzigsten Teil des Grundkapitals darstellen, kann die Ernennung von Liquidatoren durch den Richter erfolgen. *Die Aktionäre haben bei Stellung des Antrages glaubhaft zu machen, dass sie die Aktien seit mindestens sechs Monaten besitzen.*

Die Anmeldung der ersten Liquidatoren zur Eintragung in das Handelsregister (Art. 210, 212) ist durch den Vorstand zu machen.

Die Abberufung der Liquidatoren kann durch den Richter unter denselben Voraussetzungen, wie die Bestellung erfolgen. Liquidatoren, welche nicht vom Richter ernannt sind, können auch durch die Generalversammlung *vor Ablauf des Zeitraums, für welchen sie bestellt sind,* abberufen werden.

Art. 244 a. Auf die Liquidation finden, soweit nicht in diesem Abschnitte ein Anderes bestimmt ist, die für die Liquidation einer offenen Handelsgesellschaft gegebenen Bestimmungen entsprechende Anwendung.

Die Liquidatoren haben die Rechte und Pflichten des Vorstandes *und unterliegen gleich diesem der Überwachung des Aufsichtsrats.* Die Beschränkungen des Art. 232 und die in Art. 234 zugelassene Bestellung von Prokuristen finden nicht statt.

Die Liquidatoren haben bei Beginn der Liquidation eine Bilanz aufzustellen. Dieselbe ist von ihnen ohne Verzug in den hierzu bestimmten öffentlichen Blättern bekannt zu machen und zu dem Handelsregister einzureichen.

Die Veräußerung unbeweglicher Sachen kann durch die Liquidatoren, sofern nicht der Gesellschaftsvertrag oder ein Beschluss der Generalversammlung anderes bestimmt, nur durch öffentliche Versteigerung bewirkt werden.

Art. 245. Das Vermögen einer aufgelösten Aktiengesellschaft wird nach Tilgung ihrer Schulden unter die Aktionäre nach Verhältnis ihrer Aktien verteilt.

Die Verteilung darf nicht eher vollzogen werden, als nach Ablauf eines Jahres von dem Tage an gerechnet, an welchem die Bekanntmachung in den öffentlichen Blättern *(Art. 243)* zum dritten Male erfolgt ist.

In Ansehung der aus den Handelsbüchern ersichtlichen oder in anderer Weise bekannten Gläubiger und in Ansehung der noch schwebenden Verbindlichkeiten und streitigen Forderungen kommen die bei der Kommanditgesellschaft auf Aktien gegebenen Bestimmungen (Art. 202) zur Anwendung.

Nach gelegter Schlussrechnung ist die Beendigung der Liquidation von den Liquidatoren in den hierzu bestimmten öffentlichen Blättern bekannt zu machen.

Art. 246. Die Handelsbücher der aufgelösten Gesellschaft sind *nach der Bekanntmachung von der Beendigung der Liquidation* an einem von dem Handelsgerichte zu bestimmenden sicheren Orte zur Aufbewahrung auf die Dauer von zehn Jahren niederzulegen.

Die Aktionäre und die Gläubiger können zur Einsicht der Handelsbücher vom Handelsgerichte ermächtigt werden.

Art. 247. Wie in der Vorlage.

Art. 248. Eine teilweise Zurückzahlung des Grundkapitals an die Aktionäre oder eine Herabsetzung desselben kann nur auf Beschluss der Generalversammlung und nur unter Beobachtung derselben Bestimmungen erfolgen, welche für die Verteilung des Gesellschaftsvermögens im Falle der Auflösung maßgebend sind (Art. 243, 245). Der Beschluss hat zugleich die Art, in welcher die Zurückzahlung oder Herabsetzung erfolgen soll, und die zu ihrer Durchführung erforderlichen Maßregeln festzusetzen. *Er muss, sofern der Gesellschaftsvertrag für die Beschlussfassung nicht noch andere Erfordernisse aufstellt, durch eine Mehrheit von drei Vierteilen des in der Generalversammlung vertretenen Grundkapitals erfolgen. Sind verschiedene Gattungen von Aktien ausgegeben, so bedarf es zu dem von der gemeinschaftlichen Generalversammlung gefassten Beschlusse der Zustimmung einer besonderen Generalversammlung der benachteiligten Aktionäre, deren Beschlussfassung derselben Vorschrift unterliegt.*

Der Beschluss ist in das Handelsregister einzutragen; auf die Eintragung finden die Vorschriften in Art. 214 Anwendung.

Vierter Titel. Strafbestimmungen

Art. 249. Wie in der Vorlage.

Art. 249 a. Wie in der Vorlage.

Art. 249 b. Persönlich haftende Gesellschafter, Mitglieder des Aufsichtsrats und Liquidatoren einer Kommanditgesellschaft auf Aktien, sowie Mitglieder des Vorstandes und des Aufsichtsrats und Liquidatoren einer Aktiengesellschaft werden mit Gefängnis bis zu einem Jahr und *zugleich mit* Geldstrafe bis zu zwanzigtausend Mark bestraft:

1. wenn sie wissentlich in ihren Darstellungen, in ihren Übersichten über den Vermögensstand der Gesellschaft oder in den in der Generalversammlung gehaltenen Vorträgen den Stand der Verhältnisse der Gesellschaft unwahr darstellen oder verschleiern;

2. wenn sie vor der vollen Leistung des Nominalbetrages der Aktien oder des in den Fällen der Art. 175 a Ziff. 2, 180 g Abs. 2, 209 a Ziff. 2, 215 a Abs. 2 festgesetzten Betrages Aktien ausgeben;

3. wenn sie in dem Falle einer stattgefundenen Erhöhung des Gesamtkapitals oder des Grundkapitals vor Eintragung derselben in das Handelsregister (Art. 180 h Abs. 3, 215 c Abs. 3) Aktien oder Interimsscheine ausgeben;

4. wenn sie auf einem geringeren Betrag als eintausend Mark gestellte Aktien oder Interimsscheine ausgeben, welche nicht die in Art. 181 a Abs. 3, 215 c Abs. 4, vorgeschriebenen Angaben enthalten.

Im Falle der Ziffer 1 kann zugleich auf Verlust der bürgerlichen Ehrenrechte erkannt werden.

Sind mildernde Umstände vorhanden, so tritt ausschließlich die Geldstrafe ein.

Art. 249 c. Mit Gefängnis bis zu drei Monaten und *zugleich mit* Geldstrafe bis zu fünftausend Mark werden bestraft:

1. die persönlich haftenden Gesellschafter, die Mitglieder des Aufsichtsrats und die Liquidatoren einer Kommanditgesellschaft auf Aktien, sowie die Mitglieder des Vorstandes und des Aufsichtsrats und die Liquidatoren einer Aktiengesellschaft, wenn länger als drei Monate die Gesellschaft ohne Aufsichtsrat geblieben ist oder in dem letzteren die zur Beschlussfähigkeit erforderliche Zahl von Mitgliedern gefehlt hat;

2. die Mitglieder des Vorstandes und die Liquidatoren einer Aktiengesellschaft, wenn sie entgegen der Vorschrift des Art. 240 Abs. 2 es unterlassen haben, die Eröffnung des Konkurses zu beantragen.

Sind mildernde Umstände vorhanden, so ist auf die Geldstrafe ausschließlich zu erkennen.

Die Strafe tritt nicht gegen denjenigen ein, welcher nachweist, dass die Bestellung oder Ergänzung des Aufsichtsrats oder der Eröffnungsantrag ohne sein Verschulden unterblieben ist.

Art. 249 d. Mit Gefängnis bis zu einem Jahre und *zugleich mit* Geldstrafe bis zu zehntausend Mark wird bestraft:

1. wer in öffentlichen Bekanntmachungen [im Gesetz eingefügt: wissentlich] falsche Tatsachen vorspiegelt oder wahre Tatsachen entstellt, um zur Beteiligung an einem Aktienunternehmen zu bestimmen;

2. wer in betrügerischer Absicht auf Täuschung berechnete Mittel anwendet, um auf den Kurs von Aktien einzuwirken;

3. wer über die Hinterlegung von Aktien *oder Interimsscheinen* Bescheinigungen, welche zum Nachweise des Stimmrechts in einer Generalversammlung dienen sollen, wissentlich falsch ausstellt oder verfälscht, oder von einer solchen Bescheinigung, wissend, dass sie falsch oder verfälscht ist, zur Ausübung des Stimmrechts Gebrauch macht.

Zugleich kann auf Verlust der bürgerlichen Ehrenrechte erkannt werden.

Sind mildernde Umstände vorhanden, so tritt ausschließlich die Geldstrafe ein.

Art. 249 e. Wie in der Vorlage.

Art. 249 ee (Art. 249 f). Wer in der Generalversammlung die Aktien eines Anderen, zu dessen Vertretung er nicht befugt ist, ohne dessen Einwilligung zur Ausübung des Stimmrechts benutzt, wird mit einer Geldstrafe von zehn bis dreißig Mark für jede der Aktien, jedoch nicht unter eintausend Mark, bestraft. Die gleiche Strafe trifft denjenigen, welcher Aktien eines Anderen gegen Entgelt leiht und für diese das Stimmrecht ausübt, sowie denjenigen, welcher hierzu durch Verleihung der Aktien wissentlich mitgewirkt hat.

Art. 249 f (Art. 249 g). Die persönlich haftenden Gesellschafter und die Liquidatoren einer Kommanditgesellschaft auf Aktien sind zur Befolgung der in den Art. 179, 185, 185 c, 190 a Abs. *4* und *5*, 193 Abs. 2 und 205 Abs. 5 enthaltenen Vorschriften von dem Handelsgerichte durch Ordnungsstrafen anzuhalten.

In gleicher Weise sind die Mitglieder des Vorstandes und die Liquidatoren einer Aktiengesellschaft zur Befolgung der in den Art. 212, 213 e Abs. 4, 222 (Art. 190 a Abs. *4, 5*), 222 a Abs. 3 und 4, 225 Abs. 1, 228, 233 Abs. 1, 238 a Abs. 2, 239 Abs. 2, 239 b (Art. 185 c), 240 Abs. 1, 243 Abs. 1, 244 Abs. 3, 244 a Abs. 3 und 247 Ziff. 4 enthaltenen Vorschriften anzuhalten.

Von einem Abdruck der §§ 2–7 (Übergangsbestimmungen) wurde abgesehen.

Art. 184. Ein Kommanditist, welcher den auf die Aktie zu leistenden Betrag nicht zur rechten Zeit einzahlt, ist zur Zahlung von Verzugszinsen von Rechtswegen verpflichtet. Im Gesellschaftsvertrage können für den Fall der verzögerten Einzahlung Konventionalstrafen ohne Rücksicht auf die sonst stattfindenden gesetzlichen Einschränkungen festgesetzt werden. – Ist im Gesellschaftsvertrage keine besondere Form, wie die Aufforderung zur Einzahlung geschehen soll, bestimmt, so geschieht dieselbe in der Form, in welcher die Bekanntmachungen der Gesellschaft nach dem Gesellschaftsvertrage überhaupt erfolgen müssen.

Art. 184 a. Ein Kommanditist, welcher den auf die Aktie zu leistenden Betrag nicht einzahlt, obwohl die Aufforderung zur Zahlung mindestens dreimal durch Bekanntmachung in den hierzu bestimmten öffentlichen Blättern, die erste Bekanntmachung mindestens drei Monate und die letzte Bekanntmachung mindestens vier Wochen vor dem für die Einzahlung gesetzten Schlusstermin, stattgefunden hat, ist seiner Anrechte aus der Zeichnung der Aktie und der geleisteten Teilzahlung zugunsten der Gesellschaft verlustig zu erklären. Statt der Bekanntmachungen in den öffentlichen Blättern genügt, falls das Aktienrecht nicht ohne Einwilligung der Gesellschaft übertragbar ist, die Bekanntmachung der Aufforderung mit einer vier Wochen übersteigenden Frist durch besonderen Erlass an den Kommanditisten. – Die den Ausschluss des Kommanditisten bewirkende Erklärung erfolgt mittels Bekanntmachung durch die hierzu bestimmten öffentlichen Blätter. Über das Aktienrecht ist eine neue Urkunde auszugeben, welche außer den bisher geleisteten Teilzahlungen den rückständigen Betrag zu umfassen hat. Wegen des Ausfalls, welchen die Gesellschaft an diesem Betrage oder den später eingeforderten Beträgen erleidet, bleibt ihr der ausgeschlossene Kommanditist verhaftet. – Von den vorstehenden Rechtsfolgen kann der Kommanditist seitens der Gesellschaft nicht befreit werden.

Art. 184 b. Der Gesellschaft ist für den von einem ausgeschlossenen Kommanditisten nicht eingezahlten Betrag der letzte und jeder frühere in dem Aktienbuche verzeichnete Rechtsvorgänger verhaftet, ein früherer Rechtsvorgänger, soweit die Zahlung von dessen Rechtsnachfolger nicht zu erlangen ist. Der Rechtsvorgänger erhält gegen Zahlung des rückständigen Betrages die über das Aktienrecht neu auszugebende Urkunde. – Die Haftpflicht des Rechtsvorgängers ist auf die innerhalb der Frist von zwei Jahren auf die Aktien eingeforderten Beträge beschränkt. Die Frist beginnt mit dem Tage, an welchem die Übertragung des Aktienrechts zum Aktienbuche der Gesellschaft angemeldet ist. – Von der vorstehenden Verbindlichkeit können die Rechtsvorgänger seitens der Gesellschaft nicht entbunden werden. – Ist die Zahlung des rückständigen Betrages von Rechtsvorgängern nicht zu erlangen, so kann die Gesellschaft das Aktienrecht an der Börse verkaufen.

Sachregister

Aktiengesellschaft

Kommanditgesellschaft auf Aktien

Quellennachweis

S. 1–18:	vgl. S. 1 (Fn.)
S. 19–24:	Geh.StA Berlin-Dahlem, Rep. 84 a/10445
S. 24–36:	Drucksachen und Protokolle des Bundesrats 1876/77 u. StA Hamburg 132–5/4-VI 5
S. 37–66:	BA Berlin, R 3001/2859
S. 67–81:	BA Berlin, R 3001/2862
S. 81–89:	BA Berlin, R 3001/2862
S. 89–98:	BA Berlin, R 3001/2863
S. 98–106:	BA Berlin, R 3001/2863
S. 107–141:	Drucksache des Bundesrats 74/1883
S. 143–165:	StA Hamburg 132–5/4-VI 5 bzw. Annalen des Deutschen Reichs, hrsg. von Georg Hirth und Max Seydel, 1884, S. 121 ff. (ohne die Zwischenüberschriften)
S. 165–196:	Annalen des Deutschen Reichs 1884, S. 165 ff.
S. 196–202:	BayHStA MJu 17037
S. 202–205:	BayHStA MJu 17037
S. 205:	StA Hamburg 132–5/4-VI 5
S. 206–207:	BayHStA MJu 17037
S. 207–218:	Bundesratsdrucksache 74/1884
S. 219:	StA Hamburg 132–5/4-VI 5
S. 219–220:	Bundesratsprotokoll 1884 § 89
S. 221–256:	Verh. des Reichstags, 5. Legislaturperiode, 4. Session, Bd. 3, 215 ff.
S. 256–270:	BayHStA MJu 17038
S. 270–294:	BayHStA MJu 17038
S. 294–296:	Verh. des Reichstags, 5. Legislaturperiode, Übersicht über die Geschäftstätigkeit, S. 38 ff.
S. 297–324:	RGBl. 1884, 560 in Verbindung mit Verh. des Reichstags, 5. Legislaturperiode. IV. Session, Bd. 4, 1249

Die Quellen werden unter Beibehaltung des Lautstandes in der gemäßigten neuen Rechtschreibung wiedergegeben.

RECHTSHISTORISCHE REIHE

Die nachfolgende Liste führt die Titel der "Rechtshistorischen Reihe" ab Band 300 auf.
Eine vollständige Übersicht aller bisher in der Reihe erschienenen Bücher
finden Sie auf www.peterlang.com

Band 300 Jan Kohlmann: Der Marsch zu den Gräbern von Karl und Rosa. Geschichte eines Gedenktages. 2004.

Band 301 Christian Rainer Schlicht: Die kumulative Schuldübernahme in der Rechtsprechung des Reichsgerichts und in der zeitgenössischen Literatur. 2004.

Band 302 Hans Peter Glöckner: Positive Vertragsverletzung. Die Geburt eines Rechtsinstituts. 2006.

Band 303 João Manuel Azevedo Alexandrino Fernandes: Die Theorie der Interpretation des Gesetzes bei Francisco Suárez. 2005.

Band 304 René Funk: Die Wahlprüfung der volksgewählten Abgeordneten der Volksvertretungen im Frühkonstitutionalismus. Eine Untersuchung der Wahlprüfung in den Kammern der Abgeordneten des Großherzogtums Baden, des Königreichs Württemberg und des Großherzogtums Hessen. 2005.

Band 305 Carolin O'Sullivan. Die Ahndung von Rechtsbrüchen der Seeleute im mittelalterlichen hamburgischen und hansischen Seerecht (1301-1482). 2005.

Band 306 Martin Jürgens: Staat und Reich bei Ernst Rudolf Huber. Sein Leben und Werk bis 1945 aus rechtsgeschichtlicher Sicht. 2005.

Band 307 Florian G. Dürselen: Franz Beyerle (1885-1977). Leben, Ära und Werk eines Rechtshistorikers. 2005.

Band 308 Kai Bandilla: Urheberrecht im Kaiserreich. Der Weg zum Gesetz betreffend das Urheberrecht an Werken der Literatur und Tonkunst vom 19. Juni 1901. 2005.

Band 309 Stefan Mieth: Die Entwicklung des Denkmalrechts in Preußen 1701-1947. 2005.

Band 310 Catharina Lodemann: Die Geschichte des französischen *acte de gouvernement*. 2005.

Band 311 Christina Wicke: Kodifikationsbestrebungen und Wissenschaft in Hessen-Darmstadt im vorkonstitutionellen Zeitalter. Zu der Beteiligung der Gießener Rechtsprofessoren an den Gesetzgebungsarbeiten in Hessen-Darmstadt in der Zeit zwischen 1769 und 1820. 2005.

Band 312 Christiane Chlosta: Nur dem Gesetz unterworfen? Eine rechtsgeschichtliche Untersuchung zu Idee und Wirklichkeit richterlicher Gesetzestreue unter besonderer Berücksichtigung der Aufwertungsrechtsprechung und des richterlichen Prüfungsrechts. 2005.

Band 313 Kathrin Dirr: Hoheitsrechtliche Streitigkeiten zwischen den Kölner Erzbischöfen und der Stadt Köln auf Grundlage reichskammergerichtlicher Verfahren des 16. und 17. Jahrhunderts. 2005.

Band 314 Michael Racky: Die Diskussion über Gewaltenteilung und Gewaltentrennung im Vormärz. 2005.

Band 315 Petra Thiemrodt: Die Entstehung des Staatshaftungsgesetzes der DDR. Eine Untersuchung auf der Grundlage von Materialien der DDR-Gesetzgebungsorgane mit zeitgeschichtlichen Bezügen. 2005.

Band 316 Julius F. Reiter: Entstehung und staatsrechtliche Theorie der italienischen *Carta del Lavoro*. 2005.

Band 317 André Book: Die Justizreform in der Frühzeit der Bundesrepublik. Die Beratungen der Kommission zur Vorbereitung einer Reform der Zivilgerichtsbarkeit in den Jahren 1955 bis 1961. 2005.

Band 318 Frank Zentz: Das amerikanische Strafverfahren als Element der Besatzungspolitik in Deutschland. Erziehung zur Demokratie durch den *Court of Appeals* 1948-1955. 2005.

Band 319 Friederike Quaisser: Mietrecht im 19. Jahrhundert. Ein Vergleich der mietrechtlichen Konzeptionen im Allgemeinen Landrecht für die Preußischen Staaten von 1794 und dem gemeinen Recht. 2005.

Band 320 Stefan Burghard: Professor Dr. Wilhelm Kahl – Leben zwischen Wissenschaft und Politik. 2005.

Band 321 Günter Baranowski: Die *Russkaja Pravda* – ein mittelalterliches Rechtsdenkmal. 2005.

Band 322 Christina Schneider: Die SS und das „Recht". Eine Untersuchung anhand ausgewählter Beispiele. 2005.

Band 323 Werner Schubert (Hrsg.): Zivilprozessreform in der Weimarer Zeit. Quellen zur Emminger-Zivilprozessverordnung vom 13.2.1924 und zu den Arbeiten der Zivilprozesskommission des Reichsjustizministeriums (1922-1930). Eingeleitet und herausgegeben von Werner Schubert. 2005.

Band 324 Felix Gaul: Der Jurist Rudolf Isay (1886-1956). Ein verantwortungsbewusster Vermittler im Spannungsfeld zwischen dynamischer Rechtsschöpfung, ökonomischem Wandel und technischem Fortschritt. 2005.

Band 325 Konstanze Braun: Dr. Otto Georg Thierack (1889-1946). 2005.

Band 326 Eckart Klein / Stefan Chr. Saar / Carola Schulze (Hrsg.): Zwischen Rechtsstaat und Diktatur. Deutsche Juristen im 20. Jahrhundert. 2006.

Band 327 Stefan Botor: Das *Berliner Sühneverfahren* – Die letzte Phase der Entnazifizierung. 2006.

Band 328 Andreas Köhler: Die Sorgerechtsregelungen bei Ehescheidung seit 1945. Scheidungsstrafe und verordnete Gemeinsamkeit. 2006

Band 329 Lars Düwel: Die Nichtigkeit und Anfechtbarkeit der Ehe in der Rechtsprechung des Reichsgerichts zwischen 1900 und 1945. 2006.

Band 330 Katalin Polgar: Das Oberappellationsgericht der vier freien Städte Deutschlands (1820-1879) und seine Richterpersönlichkeiten. 2007.

Band 331 Julia Schweitzer: Schiffer und Schiffsmann in den Rôles d'Oléron und im Llibre del Consolat de Mar. Ein Vergleich zweier mittelalterlicher Seerechtsquellen. 2007.

Band 332 Diana-Catharina Kurtz: Das Institut der Adoption im preußischen Allgemeinen Landrecht und im französischen Code civil zwischen Rezeption römisch-rechtlicher Prinzipien und verändertem Familienverständnis. 2006.

Band 333 Dino Joakim Duderstadt: Spiel, Wette und Differenzgeschäft (§§ 762-764 BGB) in der Rechtsprechung des Reichsgerichts und in der zeitgenössischen Literatur. 2007.

Band 334 Ronald Hoffmann: Die Domänenfrage in Thüringen. Über die vermögensrechtlichen Auseinandersetzungen mit den ehemaligen Landesherren in Thüringen nach dem Ersten Weltkrieg. 2006.

Band 335 Joachim Windmüller: *Ohne Zwang kann der Humanismus nicht existieren...* – „Asoziale" in der DDR. 2006.

Band 336 Sven Christian Gläser: Die Mediatisierung der Grafschaft Wertheim. Der juristische Kampf eines kleinen Reichsstandes gegen den Verlust der Landesherrschaft und seine Folgen. 2006.

Band 337 Benjamin Schleyer: Friedrich Wilhelm Bornemann (1798-1864). Eine Juristenkarriere im Preußen des 19. Jahrhunderts. 2006.

Band 338 Die Reform des Ehescheidungsrechts von 1976. Quellen zum Ersten Gesetz vom 14.6.1976 zur Reform des Ehe- und Familienrechts (Parlamentarische Ausschussprotokolle – Anglikanische Denkschrift von 1966 zur Scheidungsrechtsreform – Schlussabstimmung 1969 in der Eherechtskommission des Bundesministeriums der Justiz). Eingeleitet und herausgegeben von Werner Schubert. 2006.

Band 339 Andreas Feld: Das Bayerische Gesetz zum Schutz des Eigentums an Erzeugnissen der Literatur und Kunst gegen Nachdruck vom 15.04.1840. Vorgeschichte und Zustandekommen. 2007.

Band 340 Bernd Wörner: Adelbert Düringers Einfluß als Richter am Reichsgericht in Leipzig auf dem Gebiet des Personengesellschaftsrechts. 2007.

Band 341 Jan Jelle Kähler: Französisches Zivilrecht und französische Justizverfassung in den Hansestädten Hamburg, Lübeck und Bremen (1806-1815). 2007.

Band 342 Jörn Eckert / Pia Letto-Vanamo / Kjell Modéer (Hrsg.): Juristen im Ostseeraum. Dritter Rechtshistorikertag im Ostseeraum 20.-22. Mai 2004. 2007.

Band 343 Ferdinand von Weyhe: A.E. Wassermann. Eine rechtshistorische Fallstudie zur „Arisierung" zweier Privatbanken. 2007.

Band 344 Martin Klaus Römermann: Kündigungen und Kündigungsschutz im Franquismus. 2007.

Band 345 Thomas Hoffmann: Der Landrechtsentwurf David Hilchens von 1599. Ein livländisches Rechtszeugnis polnischer Herrschaft. 2007.

Band 346 Ingo Ullmann: Die rechtliche Behandlung holsteinischer Leibeigener um die Mitte des 18. Jahrhunderts. Dargestellt unter besonderer Berücksichtigung der Schmoeler Leibeigenschaftsprozesse von 1738 bis 1743 sowie von 1767 bis 1777. 2007.

Band 347 Petra Fischer-Langosch: Die Entstehungsgeschichte des Familiengesetzbuches der DDR von 1965. 2007.

Band 348 Lasse O. Johannsen: Die rechtliche Behandlung ausreisewilliger Staatsbürger in der DDR. 2007.

Band 349 Ralf Schlottau: Deutsche Kolonialrechtspflege. Strafrecht und Strafmacht in den deutschen Schutzgebieten 1884 bis 1914. 2007.

Band 350 Hartwig Brandt / Ewald Grothe (Hrsg.): Rheinbündischer Konstitutionalismus. 2007.

Band 351 Nora Lutze: Der Verwandtenunterhalt nach den §§ 1601 bis 1603 und §§ 1610 bis 1612 BGB in der Rechtsprechung des Reichsgerichts. Unter Berücksichtigung der Entstehung des BGB. 2007.

Band 352 Frank Thiäner: Das Verhältnis von Aufsichtsrat und Abschlussprüfern in der rechtshistorischen Entwicklung bis 1937. 2007.

Band 353 Britta Heymann: Ernst Melsheimer (1897-1960). Eine juristische Karriere in verschiedenen staatlichen Systemen. Mitarbeiter im Preußischen Justizministerium in der Weimarer Republik, im Justizministerium Preußens und des Reiches sowie Richter am Kammergericht in der NS-Zeit und Erster Generalstaatsanwalt der Deutschen Demokratischen Republik. 2007.

Band 354 Susanne Adlberger: Wilhelm Kisch – Leben und Wirken (1874-1952). Von der Kaiser-Wilhelms-Universität Straßburg bis zur nationalsozialistischen Akademie für Deutsches Recht. 2007.

Band 355 Moritz Waibel: Josef Berchtold (1833-1894). Ein Leben gegen den Ultramontanismus. 2007.

Band 356 Aline Levin: Erinnerung? Verantwortung? Zukunft? Die Beweggründe für die gemeinsame Entschädigung durch den deutschen Staat und die deutsche Industrie für historisches Unrecht. 2007.

Band 357 Ferdinand Krause: Die hergebrachten Grundsätze des Berufsbeamtentums. Eine rechtshistorische Analyse. 2008.

Band 358 André Tiebel: Die Entstehung der Schutztruppengesetze für die deutschen Schutzgebiete Deutsch-Ostafrika, Deutsch-Südwestafrika und Kamerun (1884-1898). 2008.

Band 359 Holger Ruff: Sittenwidrige Rechtsgeschäfte in der späten Kaiserzeit. Die Entwicklung der reichsgerichtlichen Rechtsprechung zu § 138 BGB von 1900 bis 1914. 2007.

Band 360 Frank Rohrer: Strafjustiz im Dritten Reich und in der SBZ/DDR. Die personelle und organisatorische Neuordnung des Justizapparates in den totalitären Diktaturen (1933-1955) mit ihren Auswirkungen auf die Rechtsprechung zum politischen Strafrecht. 2007.

Band 361 Hans-Georg Knothe / Marc Liebmann (Hrsg.): Gerichtskultur im Ostseeraum. Vierter Rechtshistorikertag im Ostseeraum. 18.-20. Mai 2006 in Greifswald. 2007.

Band 362 Christina Meß: Das Vertragsrecht bei Adam Smith. 2008.

Band 363 Quellen zur dänischen Rechts- und Verfassungsgeschichte (12.-20. Jahrhundert). Herausgegeben von Ditlev Tamm, Werner Schubert und Jens Ulf Jørgensen. 2008.

Band 364 Günter Baranowski: Die Gerichtsurkunde von Pskov. 2008.

Band 365 Mark Spengler: Die Entstehung des Scheckgesetzes vom 11. März 1908. 2008.

Band 366 Ivan Biliarsky / Radu G. Păun (eds./éds.): The Biblical Models of Power and Law. Les modèles bibliques du pouvoir et du droit. Papers of the International Conference, Bucharest, New Europe College 2005. Actes du colloque international, Bucarest, New Europe College 2005. 2008.

Band 367 Thomas A. Roth: Ausgestaltungen der Rechtsfähigkeit im 19. und 20. Jahrhundert. Zur Rechtspersönlichkeit natürlicher Personen in den bedeutenden deutschen Zivilrechtsordnungen. 2008.

Band 368 Björn Alexander Rautenberg: Der Fiskal am Reichskammergericht. Überblick und exemplarische Untersuchungen vorwiegend zum 16. Jahrhundert. 2008.

Band 369 Thorsten Miederhoff: *Man erspare es mir, mein Juristenherz auszuschütten*. Dr. iur. Kurt Tucholsky (1890-1935). Sein juristischer Werdegang und seine Auseinandersetzung mit der Weimarer Strafrechtsreformdebatte am Beispiel der Rechtsprechung durch Laienrichter. 2008.

Band 370 Philipp Nordloh: Kölner Zunftprozesse vor dem Reichskammergericht. 2008.

Band 371 Judith Freund: Die Wechselverpflichtung im 19. Jahrhundert. 2008.

Band 372 Hans-Michael Empell: Gutenberg vor Gericht. Der Mainzer Prozess um die erste gedruckte Bibel. 2008.

Band 373 Rainer Schröder: Die DDR-Ziviljustiz im Gespräch – 26 Zeitzeugeninterviews. 2008.

Band 374 Christian Neschwara: Ein österreichischer Jurist im Vormärz. „Selbstbiographische Skizzen" des Freiherrn Karl Josef Pratobevera (1769-1853). 2009.

Band 375 Stefan Ullrich: Untersuchungen zum Einfluss des lübischen Rechts auf die Rechte von Bergen, Stockholm und Visby. 2008.

Band 376 Johanna Gertrude Schmitzberger: Das nationalsozialistische Nebenstrafrecht 1933 bis 1945. 2008.

Band 377 Christian Brom: Urteilsbegründungen im „Hoge Raad van Holland, Zeeland en West-Friesland" am Beispiel des Kaufrechts im Zeitraum 1704-1787. 2008.

Band 378 Christian Böse: Die Entstehung und Fortbildung des Reichserbhofgesetzes. 2008.

Band 379 Tobias Röhnelt: Timm Kröger. Leben und Werk. 2009.

Band 380 Andrea Elisabeth Sebald: Der Kriminalbiologe Franz Exner (1881-1947). Gratwanderung eines Wissenschaftlers durch die Zeit des Nationalsozialismus. 2008.

Band 381 Angela Kriebisch: Die Spruchkörper Juristenfakultät und Schöppenstuhl zu Jena. Strukturen, Tätigkeit, Bedeutung und eine Analyse ausgewählter Spruchakten. 2008.

Band 382 Nana Ozawa: Louis Adolphe Bridel – Ein Schweizer Professor an der juristischen Fakultät der Tokyo Imperial University. Die geschichtliche Bedeutung der Yatoi zur späten Meijizeit. 2010.

Band 383 Christian Weißhuhn: Alfred Hueck 1889-1975. Sein Leben, sein Wirken, seine Zeit. 2009.

Band 384 Andreas Hunkel: Eduard Dietz (1866-1940) – Richter, Rechtsanwalt und Verfassungsschöpfer. 2009.

Band 385 Meike Guskow: Entstehung und Geschichte der Europäischen Charta der Regional- oder Minderheitensprachen. 2009.

Band 386 Markus J. Jahnel: Das Bodenrecht in „Neudeutschland über See". Erwerb, Vergabe und Nutzung von Land in der Kolonie Deutsch-Südwestafrika 1884-1915. 2009.

Band 387 Matthias Günter Steiner: Die Klöster und ihr Wirken – eine der Wurzeln des Stiftungswesens? 2009.

Band 388 Cornelia Staats: Die Entstehung des Bundes-Immissionsschutzgesetzes vom 15. März 1974. 2009.

Band 389 Cai Niklaas E. Harders: Das Bundesjagdgesetz von 1952 sowie die Novellen von 1961 und 1976. Vorgeschichte, Entstehung des Gesetzes sowie Problemfelder. 2009.

Band 390 Matthias Pohlkamp: Die Entstehung des modernen Wucherrechts und die Wucherrechtsprechung des Reichsgerichts zwischen 1880 und 1933. 2009.

Band 391 Sebastian Baur: *Vor vier Höllenrichtern*... Die Lizentiats- und Doktorpromotionen an der Juristischen Fakultät der Universität Heidelberg. 2009.

Band 392 Christoph Salmen-Everinghoff: Zur *cautio damni infecti*: Die Rückkehr eines römischrechtlichen Rechtsinstituts in das moderne Zivilrecht. 2009.

Band 393 Till Meno Sellschopp: Der Weg zum Revokationsrecht der Ehegatten nach § 1368 BGB. Zugleich ein Beitrag zur Geschichte des ehelichen Güterrechts. 2009.

Band 394 Marc Biermann: Das Staatseigentum an öffentlichen Sachen im Gemeingebrauch in der ersten Hälfte des 19. Jahrhunderts. Die Theorie des reinen Hoheitsrechts an den öffentlichen Sachen von Rudolph von Jhering und Friedrich Ludwig Keller im Zusammenhang mit dem Baseler Schanzenstreit von 1859/62. 2009.

Band 395 Markus Tüxen: Kollegialprinzip oder Einzelrichter. Die Entwicklung des zivilrechtlichen Spruchkörpers bei den Landgerichten sowie den Oberlandesgerichten seit 1879 unter besonderer Berücksichtigung der Reformen von 1974 und 1976. 2009.

Band 396 Adam Polkowski: Die polnische Zivilprozessordnung von 1930/33. Unter Berücksichtigung des deutschen, österreichischen, russischen und französischen Rechts. 2009.

Band 397 Barbara Riedi: Die Porten der Unteren Strasse, ihr Ladungsrecht und der Strassenunterhalt. Rechtshistorische Betrachtungen zur Verkehrs- und Wirtschaftsgeschichte Graubündens. 2009.

Band 398 Stefanie Jessica Loroch: Zeitungsrubrik: Gerichtssaal. Strafprozessberichterstattung in Münster im 19. Jahrhundert (1848-1890). 2009.

Band 399 Dirk Henning Hofer: Karl Konrad Werner Wedemeyer (1870-1934). Ein Juristen- und Gelehrtenleben in drei Reichen. Eine Biographie. 2010.

Band 400 Thomas Simon (Hrsg.): Hundert Jahre allgemeines und gleiches Wahlrecht in Österreich. Modernes Wahlrecht unter den Bedingungen eines Vielvölkerstaates. 2010.

Band 401 Dörte Mentz: Die Beweislastumkehr in der Rechtsprechung des Reichsgerichts. 2010.

Band 402 Werner Schubert (Hrsg.): Oberster Gerichtshof für die Britische Zone (1948-1950). Nachschlagewerk Strafsachen – Nachschlagewerk Zivilsachen. Präjudizienbuch der Zivilsenate. Eingeleitet und herausgegeben von Werner Schubert. 2010.

Band 403 Yong Lei: Auf der Suche nach dem modernen Staat. Die Einflüsse der allgemeinen Staatslehre Johann Caspar Bluntschlis auf das Staatsdenken Liang Qichaos. 2010.

Band 404 Andreas Schwenk: Die Formbestimmung des § 313 BGB a. F. (§ 311 b Abs. 1 BGB n. F.) bei Verträgen über Grundstücke in der Rechtsprechung des Reichsgerichts. 2010

Band 405 René Schorsch: Eberhard Georg Otto Freiherr von Künßberg (1881-1941). Vom Wirken eines Rechtshistorikers. 2010.

Band 406 Ulrike Köbler: Werden, Wandel und Wesen des deutschen Privatrechtswortschatzes. 2010.

Band 407 Björn Florian Faulenbach: Rolle und Bedeutung der Lehre in der Rechtsprechung der Internationalen Gerichtshöfe im zwanzigsten Jahrhundert. 2010.

Band 408 Guangyu Fu: Das Causaproblem im deutschen Bereicherungsrecht. Eine rechtshistorische Untersuchung. 2010.

Band 409 Andreas Kimmelmann: Die Folter im Beweisverfahren der Leges Visigothorum. Chindasvinths Gesetzgebung im Spiegel der westgotischen Rechtsentwicklung. 2010.

Band 410 Jacqueline Schmaltz: Die Entwicklung der Industrie- und Handelskammern. Zwischen Pflicht und Kür. 2010.

Band 411 Hermann Nehlsen: Bayerische Rechtsgeschichte vom frühen Mittelalter bis zum 20. Jahrhundert. 2011.

Band 412 Kathrin Spoerr: Recht und Revolution. Deutsche Ökonomen und ihr Einfluss auf das Recht der Weimarer Republik – eine Zeitschriftenschau 1917-1920. 2011.

Band 413 Moritz von Köckritz: Die deutschen Oberlandesgerichtspräsidenten im Nationalsozialismus (1933-1945). 2011.

Band 414 Annika Lillemor Lara Rabaa: Die Ehe als Rechtsinstitut im Badischen Landrecht von 1810. Unter besonderer Berücksichtigung der gesellschaftlichen Entwicklungen im 19. Jahrhundert. 2011.

Band 415 Christian Hattenhauer / Klaus-Peter Schroeder (Hrsg.): 200 Jahre Badisches Landrecht von 1809/1810. Jubiläumssymposium des Instituts für geschichtliche Rechtswissenschaft der Ruprechts-Karls-Universität Heidelberg und der Heidelberger Rechtshistorischen Gesellschaft vom 23. bis 26. September 2009. 2011.

Band 416 Tobias Alexander Krammerbauer: Die Ministerverantwortlichkeit und die Vorformen sonstiger Verfassungsgerichtsbarkeit in Württemberg zwischen 1815 und 1918. 2011.

Band 417 Werner Schubert (Hrsg.): Quellen zur GmbH-Reform von 1958 bis zum GmbH-Änderungsgesetz von 1980. Eingeleitet und herausgegeben von Werner Schubert. 2011.

Band 418 Gisela Emling: Johannes Heckel. Leben und Wirken (1889-1963). 2011.

Band 419 Jochen Kirschbaum: Die Etablierung der Historischen Rechtsschule an der Ludoviciana (1814-1824). 2011.

Band 420 Sören Koch: Unaufgeforderte Hilfeleistung in Notsituationen. Eine rechtshistorische und rechtsvergleichende Studie zu den zivilrechtlichen Aspekten der Nothilfe mit besonderer Berücksichtigung des Rechts der Geschäftsführung ohne Auftrag. 2011.

Band 421 Friedrich Carl von Savigny: Die Prinzipienfragen in Beziehung auf eine neue Strafprozeß-Ordnung. Ausgearbeitet im Justizministerium für die Gesetzrevision. Eingeleitet und herausgeben von Werner Schubert. 2011.

Band 422 Stephan Faulwetter: Von der Zunft zur Handelskammer. Zur Entwicklung des Gewerberechts in thüringischen Staaten. 2011.

Band 423 Moritz Eisenhardt: Sanierung statt Liquidation. Die Geschichte des Vergleichs zur Abwendung des Konkurses unter besonderer Berücksichtigung der Vergleichsordnung von 1927 und 1935. 2011.

Band 424 Gerd Kleinheyer: Beiträge zur Strafrechtsgeschichte. Herausgeben von Franz Dorn, Mathias Schmoeckel und Jan Schröder. 2011.

Band 425 Ralf Maertens: Das Landgericht Altona (1879-1937) und die Anfänge des Landgerichts Itzehoe (1937-1945). Unter besonderer Berücksichtigung ihrer Tätigkeitsberichte und rechtspolitischen Stellungnahmen. 2011.

Band 426 Mark Friedrich: Ferdinand von Martitz (1839-1921). Rechtshistoriker, Staatsrechtler und Völkerrechtler zwischen dem Ende des Deutschen Bundes und dem Beginn der Weimarer Republik. 2012.

Band 427 Sebastian Krusche: Die Bundesrechtsanwaltsordnung vom 1. August 1959. Vorgeschichte und Entstehung. 2012.

Band 428 Marju Luts-Sootak / Sanita Osipova / Frank L. Schäfer (Hrsg./eds.): Einheit und Vielfalt in der Rechtsgeschichte im Ostseeraum. Unity and Plurality in the Legal History of the Baltic Sea Area. Sechster Rechtshistorikertag im Ostseeraum, 3.-5. Juni 2010 in Tartu (Estland) / Riga (Lettland). 6th Conference in Legal History in the Baltic Sea Area, 3rd-5rd June 2010 Tartu (Estonia) / Riga (Latvia). 2012.

Band 429 Margret R. I. Bootz: Die Hamburger Rechtsprechung zum Arbeitsrecht im Nationalsozialismus bis zum Beginn des 2. Weltkriegs. 2012.

Band 430 Heiko Zech: Die soziale Frage im Konkursrecht 1879-1900. 2012.

Band 431 Jan C. Lorenzen: Das Bundesnaturschutzgesetz vom 20. Dezember 1976. Die Entwicklung des Naturschutzrechtes in Deutschland von den Anfängen bis zur Neukodifikation des Bundesnaturschutzgesetzes von 1976. 2012.

Band 432 Ulrike Ingrid Bernhardt: Geschichte des Weinrechts im Deutschen Kaiserreich (1871-1918). Mit einem Überblick zur Vorgeschichte und Weiterentwicklung bis zur Gegenwart. 2012.

Band 433 Elisabeth Otto: Das Verwaltungsrecht in der SBZ / DDR bis zur Verwaltungsneugliederung im Jahr 1952. 2012.

Band 434 Werner Schubert: Zur Geschichte der Justizverfassung in Schleswig-Holstein im 19. und 20. Jahrhundert. Quellen und Studien. 2012.

Band 435 Stefan Ellenberg: Herrschaft und Reform. Zur Diskussion um die Aktienrechtsreform und den Konzern in der Weimarer Zeit. 2012.

Band 436 Jasmin Sonntag: Gesetzgebung und Verwaltung im Dalbergstaat 1802-1810. 2012.

Band 437 Martin Komusiewicz: Die Diskussion um das Verhältnis von Rechtsanwaltschaft und Notariat seit dem Ende des 18. Jahrhunderts bis zum Erlass der Bundesnotarordnung. 2012.

Band 438 Henriette von Breitenbuch: Karl Neumeyer – Leben und Werk (1869-1941). 2013.

Band 439 Günter Baranowski: Russische Rechtsgeschichte: Texte und Erläuterungen. Teil 1: Von den Anfängen bis 1612/13. 2013.

Band 440 Werner Schubert (Hrsg.): Staatsanwaltschaftsrecht (1934-1982). Quellen zu den Reformprojekten (Organisation – Innerer Dienstbetrieb – Ermittlungsverfahren – Verhältnis der Staatsanwaltschaft zur Polizei) und zur Anordnung über Organisation und Dienstbetrieb der Staatsanwaltschaft (OrgStA). Eingeleitet und herausgegeben von Werner Schubert. 2013.

Band 441 York Zieren: Das Schiedsverfahrensrecht der ZPO (1877-1933) unter Berücksichtigung der Genfer Übereinkommen von 1923 und 1927 sowie der Rechtsprechung des Reichsgerichts. 2013.

Band 442 Stefan Wolf: Das Jenaer Studium der Rechte im Dritten Reich. Zwischen Tradition und nationalsozialistischer Ideologie. 2013.

Band 443 Bernhard Klose: Das Verblassen eines Makels. Das Nichtehelichenrecht der DDR als Teil der gesamtdeutschen Entwicklung. 2013.

Band 444 Peter Opitz-von Bardeleben: Das Generalgouvernement Niederrhein. 2013.

Band 445 Nadine Göppner: Vorgeschichte und Entstehung des Atomgesetzes vom 23.12.1959. 2013.

Band 446 Frank L. Schäfer / Werner Schubert (Hrsg./eds.): Justiz und Justizverfassung / Judiciary and Judical System. Siebter Rechtshistorikertag im Ostseeraum, 3.-5. Mai 2012 Schleswig-Holstein / 7th Conference in Legal History in the Baltic Sea Area, 3rd-5th May 2012 Schleswig-Holstein. 2013.

Band 447 Sandy Schenker: Gegen Täuschungen und Gesundheitsgefährdungen durch schlechte Nahrung. Zur Entwicklung des Nahrungsmittelrechts durch Rechtsprechung und Gesetzgebung zwischen 1871 und 1927. 2013.

Band 448 Youn Seok Choi: Der Besitzerwerb des Erben. Historische Entwicklungen, die Lösung des § 857 BGB und ihre Anwendungsprobleme. 2013.

Band 449 Johannes Kalb: Die innerstädtische Auseinandersetzung in Regensburg am Ende der Reichsunmittelbarkeit. Eine historische und rechtliche Untersuchung. 2014.

Band 450 Thomas Habbe: Lastenausgleich. Die rechtliche Behandlung von Kriegsschäden in Deutschland seit dem 30jährigen Krieg. 2014.

Band 451 Günter Baranowski: Russische Rechtsgeschichte: Texte und Erläuterungen. Teil 2: Von 1613 bis 1682. 2015.

Band 452 Wilhelm Brauneder (Hrsg): Landrechtsentwurf für Österreich unter der Enns 1526. 2015.

Band 453 Maximilian Elsner von der Malsburg: „Arisierung" von Privatbanken am Beispiel des Bankhauses E. J. Meyer in Berlin. 2015.

Band 454 Tanja Claussen: Johann Julius Wilhelm Planck (1817-1900). Leben und Werk. 2015.

Band 455 Werner Schubert (Hrsg.): Das Reichsjustizministerium und die höheren Justizbehörden in der NS-Zeit (1935-1944). Protokolle und Mitschriften der Arbeitstagungen der Reichsjustizminister mit den Präsidenten der Oberlandesgerichte, des Volksgerichtshofs, des Reichsgerichts sowie mit den Generalstaatsanwälten. Eingeleitet und herausgeben von Werner Schubert. 2015.

Band 456 Christian Vahl: Die gesetzliche Regelung des Seefrachtvertrags im deutschen Recht. Eine rechtshistorische Betrachtung unter besonderer Berücksichtigung der Beratungen des Seerechtsausschusses der Akademie für Deutsches Recht (1934-1942). 2015.

Band 457 Ruomeng Yang: Die Rezeption der europäischen Privatrechte in China und die konfuzianische Tradition. Das Beispiel des Deliktsrechts im frühen 20. Jahrhundert. 2015.

Band 458 Piotr Wittmann: „Der da sein Practic auß Teutschen Tractaten will lernen". Rechtspraktiker in deutschsprachiger Praktikerliteratur des 16. Jahrhunderts. 2015.

Band 459 Georg Rasche: Richter, Sachverständige, Handelskammern. Preußische Justizverwaltung und kaufmännische Interessen zwischen 1879 und 1907. 2015.

Band 460 Daniel Hupe: Von der Hierarchie zur Egalität in den Zivilrechtskodifikationen des 19. Jahrhunderts vor dem BGB. 2015.

Band 461 Wilhelm Brauneder (Hrsg.): Landrechtsentwurf für Österreich unter der Enns 1573. 2015.

Band 462 Tunay Sürek: Die Verfassungsbestrebungen der Tanzimât-Periode. Das *Kanun-i Esasî* – Die osmanische Verfassung von 1876. 2016.

Band 463 Takashi Izumo: Die Gesetzgebungslehre im Bereich des Privatrechts bei Christian Thomasius. 2016.

Band 464 Werner Schubert (Hrsg.): Quellen zum Bau- und Enteignungsrecht (1940-1958). Entwürfe zu einem Reichsbaugesetz (1940/41) – Vorentwurf zu einem Deutschen Baugesetzbuch von 1942 – Entwürfe zu einem Baugesetzbuch (1949/50) – Baulandbeschaffungsgesetz vom 3.8.1953 – Entwurf zu einem Bundesenteignungsgesetz von 1958. Eingeleitet und herausgegeben von Werner Schubert. 2016.

Band 465 Daniel Bischof: Geschichte der Wald- und Forstgesetzgebung im Bundesland Schleswig-Holstein. Unter Einbeziehung der Entwürfe zu einem Reichsforstgesetz von 1940/42 und der Entstehung des Bundeswaldgesetzes von 1975. 2016.

Band 466 Lena Darabeygi: Die Causa „Blinkfüer" und die Grundrechtsdogmatik zur Pressefreiheit in Weimar und Bonn. 2017.

Band 467 Werner Schubert (Hrsg.): Quellen zum Aktiengesetz vom 18. Juli 1884. 2017.

www.peterlang.com

www.ingramcontent.com/pod-product-compliance
Ingram Content Group UK Ltd.
Pitfield, Milton Keynes, MK11 3LW, UK
UKHW022104051026
15623UKWH00003B/680

9 783631 717820